Elisabeth Walther: Charles Sanders Peirce

Charles Sanders Peirce (1870 in Berlin)

Elisabeth Walther

CHARLES SANDERS
PEIRCE

Leben und Werk

AGIS-VERLAG · BADEN-BADEN

CIP-Kurztitelaufnahme der Deutschen Bibliothek

Walther, Elisabeth:
Charles Sanders Peirce: Leben und Werk/
Elisabeth Walther.
- Baden-Baden: Agis-Verl., 1989
ISBN 3–87007–035–8

Gedruckt mit Unterstützung des Förderungs-
und Beihilfefonds Wissenschaft der VG WORT

ISBN 3-87007-035 8
© 1989 AGIS VERLAG GmbH Baden-Baden
Druck: Koelblindruck, Baden-Baden

*This is the age of methods; and the
university which is to be the exponent
of the living condition of the human
mind, must be the university of methods.*

C. S. Peirce, 1882

Für Max Bense

Inhalt

Vorwort

Dieses Buch ist der Versuch, das Leben und Werk von CHARLES SANDERS PEIRCE zum ersten Mal ausführlich darzustellen. Ich bin mir durchaus bewußt, daß meine Sicht der Person und des Werkes nicht die einzig richtig gedeutete ist; denn in jeder Biographie sind die eigenen Vorstellungen der Filter, durch den man dieses erfaßt und jenes beiseiteläßt. Jede Darstellung, sei es vom Leben oder vom Werk eines Menschen, bleibt bruchstückhaft. Vieles, was andere Autoren über CHARLES S. PEIRCE geschrieben haben, ging in meine Darstellung ein, anderes habe ich, zum Teil mehr oder weniger bewußt, vernachlässigt.

Die Anregung zu dieser Arbeit kam vor allem von Professor MAX BENSE, der auch die Entwürfe immer wieder überprüft hat, aber auch von den interessierten und kritischen Studenten des Instituts für Philosophie und Wissenschaftstheorie der Universität Stuttgart, denen ich seit 1958 in Vorlesungen und Seminaren das Werk von PEIRCE nahezubringen versuchte, sowie den Teilnehmern der semiotisch-ästhetischen Colloquien, in denen die PEIRCEschen Ideen immer lebendig waren.

Ich danke daher vor allem MAX BENSE und vielen Studenten, die ich nicht namentlich aufführen kann, für die kritische Begleitung der Entstehung dieses Buches. Mein Dank gilt insbesondere auch JULIANE HANSEN, die die Reinschrift des Manuskripts besorgte und bei der Erstellung der Bibliographie und Register sowie bei der Korrektur mitwirkte.

Außerdem möchte ich der Houghton Library der Harvard Universität für die Rechte, Fotos zu publizieren danken sowie dem Stab der Houghton Library, insbesondere EMILY WALHOUT, für die freundliche Unterstützung während mehrfacher Besuche. Dankbar bin ich den Mitarbeitern der Public Library und der Library der Columbia Universität in New York sowie insbesondere der Main Library und der Swain Hall Library in Bloomington/Indiana, die mir bei der Suche nach Peirce-Material behilflich waren. Danken möchte ich auch der Pike County Historical Society in Milford/Pennsylvania für die Möglichkeit der Einsichtnahme in und der Überlassung von Material von und über Peirce. Nicht zuletzt gilt mein Dank MAX H. FISCH und CHRISTIAN J. W. KLOESEL vom Peirce-Edition-Project in Indianapolis für Auskünfte, Überlassung von Fotos und anderem Material, KLAUS OEHLER in Hamburg für Ermunterungen und Unterstützung sowie schließlich dem AGIS-VERLAG, Baden-Baden, der die Herausgabe dieses Buches auf sich genommen hat.

Übersetzungen PEIRCEscher Zitate sowie der Briefe von und an PEIRCE stammen, sofern sie nicht anders gekennzeichnet sind, von der Verfasserin.

Selbstverständlich bin ich für die etwaigen Fehlinterpretationen und sonstigen Mängel der Darstellung allein verantwortlich.

Stuttgart, Dezember 1988

Elisabeth Walther

Einleitung

JAMES K. FEIBLEMAN, der 1946 das erste größere Werk über CHARLES PEIRCE mit dem Titel *An Introduction to Peirce's Philosophy*[1] veröffentlichte, bezeichnete PEIRCE als einen „erstrangigen Denker" und bemerkte in der Einleitung, es sei nicht nötig, ihn den „amerikanischen Leibniz" zu nennen, um die Kraft seiner Originalität anzuerkennen. (S. XVII) Andere haben ihn – nicht zu Unrecht – mit LEIBNIZ oder auch HELMHOLTZ verglichen; denn seine Interessen waren überaus weitreichend, seine Bildung in Philosophie, Mathematik, Natur- und Geisteswissenschaften war so gründlich und der Umfang der hinterlassenen Manuskripte so groß, daß man ihn mit Recht zu den seltenen universalen Geistern zählt.

Auch wenn PEIRCE zu Lebzeiten nur kleinen philosophisch und/oder wissenschaftlich interessierten Kreisen bekannt war, wurde man sich nach seinem Tode – und vor allem nach dem 2. Weltkrieg – seiner Bedeutung immer stärker bewußt. Der späte Ruhm mag damit zusammenhängen, daß sein Werk so viele Gebiete umfaßt, daß es jedoch vorwiegend aus Zeitschriften- und Wörterbuchbeiträgen besteht, und daß noch lange nicht alle Manuskripte gedruckt vorliegen werden, die CHARLES PEIRCE in mehr als fünfzig Jahren geschrieben hat. Mit anderen Worten, sein Werk ist trotz der *Collected Papers of Charles Sanders Peirce*, den ersten drei Bänden der neuen Ausgabe: *Writings of Charles Peirce* und den vielen anderen Anthologien und Übersetzungen verschiedener seiner Schriften immer noch schwer zugänglich. Da es so viele verschiedene Wissensbereiche umfaßt, können ihm im Grunde nur Teilstudien gerecht werden, deren Anzahl seit Jahren immer größer wird.

Obwohl seine berufliche Arbeit als Naturwissenschaftler (Geodät und Astronom bei der U.S. Coast and Geodetic Survey) dreißig Jahre lang einen großen Teil seiner Arbeitszeit und -kraft in Anspruch nahm, galt das Hauptinteresse von PEIRCE unbestritten der Philosophie im exakten Sinne, also der Erkenntnistheorie, Phänomenologie, Logik, Semiotik usw., was er selbst auch immer wieder betont hat. Seine hauptberuflichen Tätigkeiten umfaßten praktische Arbeiten und theoretische Grundlagenforschung in Geodäsie, Mathematik, Astronomie und Astrophysik bzw. Spektroskopie. Darüber hinaus interessierte er sich für Fragen der Linguistik, experimentellen Psychologie, Geschichte der

---

1 *An Introduction to the Philosophy of Charles S. Peirce*, Cambridge, Mass. and London, first MIT press paperback edition March 1970.

Naturwissenschaften und nicht zuletzt für Chemie, die er an der Harvard Scientific School studiert und mit einer glänzend bestandenen Prüfung – als Erster „summa cum laude" – abgeschlossen hat. Bis in seine letzten Lebenstage hat er sich daher immer wieder einmal mit chemischen Problemen befaßt.

In der Philosophie galt und gilt PEIRCE als einer der wichtigsten Vertreter der modernen mathematischen Logik nach GEORGE BOOLE und AUGUSTUS De MORGAN, aber insbesondere als Begründer der modernen **Semiotik** oder Allgemeinen Zeichentheorie sowie der damit eng verbundenen neuen Art des Philosophierens, die er selbst „Pragmatismus" oder **„Pragmatizismus"** nannte.

Auch wenn noch heute WILLIAM JAMES gelegentlich als Begründer des Pragmatismus apostrophiert wird, hat dieser selbst CHARLES PEIRCE den Titel nie streitig gemacht, ja, er hat sein eigenes Philosophieren in seinen letzten Jahren mit dem Namen „radikaler Empirizismus" vom PEIRCEschen Pragmatismus abgesetzt. Wenn man außerdem JOHN DEWEYs „Instrumentalismus" gewöhnlich zum amerikanischen Pragmatismus zählt, so unterscheidet sich auch dieser in wesentlichen Punkten von den PEIRCEschen Intentionen. Die pragmatischen Ideen von F. C. S. SCHILLER, GEORGE SANTAYANA und GEORGE MEAD sowie die vielen Varianten, die in Deutschland, Frankreich, Italien und England als Pragmatismus bekannt wurden, sind im Grunde nur bedingt mit den PEIRCEschen Konzeptionen vereinbar, da sie eher lebensphilosophische Interessen verfolgen. Es ist daher nicht erstaunlich, daß sich PEIRCE als Vertreter eines exakten Philosophiebegriffs um 1906 durch die Bezeichnung „Pragmatizismus" für seine eigene Version von ihnen allen unterscheiden wollte.

Gelegentlich kann man lesen, daß CHARLES PEIRCE den Pragmatismus bzw. Pragmatizismus nicht nur im Sinne einer neuen exakten Art der Philosophie begründet, sondern ihn „erfunden" habe. Er selbst hat jedoch auf seine Vorläufer aufmerksam gemacht. Er nennt ARISTOTELES, KANT, BAIN und viele andere, die seine Konzeptionen anregten oder stützten. Aber vor allem war es immer wieder KANT, den er nicht nur studiert hat, dessen *Kritik der reinen Vernunft* er fast auswendig zu zitieren vermochte und mit dessen Werk er sich kritisch auseinandersetzte, um dessen größten Fehler, das „Ding an sich" und die „Transzendentale Begründung der Erkenntnis" zu vermeiden. PEIRCE hat sich explizit gegen die Transzendentalphilosophie ausgesprochen und sich als „Realisten" im Sinne von ARISTOTELES und DUNS SCOTUS (bzw. THOMAS von Erfurt), gelegentlich auch als „objektiven Idealisten" im Sinne PLATONs bezeichnet, da er wie dieser von der Realität bzw. realen Wirksamkeit der Ideen überzeugt war. KANT und den KANTIANERN empfahl er daher, das „Ding an sich" fallen zu lassen und die *Kritik der reinen Vernunft* entsprechend zu korrigieren, dann würden sie ebenfalls Pragmatisten sein.

Seine Kritik an KANT formulierte er bekanntlich vor allem vom logischen Standpunkt aus; denn obwohl KANT seine Erkenntnistheorie von empirischen und logischen Grundlagen aus konstituierte, lagen die Schwächen der KANTischen Argumentation doch gerade in seiner rudimentären Logik-Konzeption begründet.

Ich möchte an dieser Stelle betonen, daß PEIRCE die Logik, einschließlich seiner „Theorie der Graphen", die er als sein „chef d'œuvre" bezeichnete, nicht nur als formalen Kalkül verstand, sondern zunächst als „Wissenschaftslogik" oder „Logik der Forschung", dann aber mehr und mehr als Teil der umfassenderen **Semiotik**, die er zusammen mit seinen neuen, universalen und fundamentalen **Kategorien** der „Erstheit", „Zweitheit" und „Drittheit" bereits in seinen ersten Vorlesungen über *The Logic of Science* im Winter 1864/65 als Dozent an der Harvard Universität in ihren frühesten Ansätzen darlegte. Selbstverständlich hat er damals erst vague Formulierungen der Kategorien- und Zeichentheorie vorgetragen, doch verband er mit diesen Grundkonzeptionen bereits erkenntnis- und wissenschaftstheoretische Überlegungen.

Explizit ging es CHARLES PEIRCE aber vor allem um die Erarbeitung einer umfassenden **Methodologie**. Er war von der eminenten Wichtigkeit **spezieller** und **allgemeiner** Methoden in der Wissenschaft ebenso überzeugt wie etwa DESCARTES in seinem *Discours de la méthode* (1637) oder DIDEROT in seiner großen *Encyclopédie* (1751), um nur diese beiden zu erwähnen. Selbstverständlich hängt mit der Betonung der Wichtigkeit der Methoden auch seine Vorliebe für **Klassifikationen** bzw. für die **Architektonik** in den Wissenschaften zusammen, die nicht nur von ARISTOTELES bis KANT, sondern auch bei vielen anderen, z. B. FRANCIS BACON und AUGUSTE COMTE, und nicht zuletzt bei dem Zoologen LOUIS AGASSIZ, dem Freund seines Vaters, ihre Wurzeln haben. Auch mag dabei die Begeisterung für Mathematik, die er vom Vater, BENJAMIN PEIRCE, übernahm, eine Rolle gespielt haben, auch wenn er die Mathematik nicht zum Beruf machte, jedoch wichtige Arbeiten zur Grundlegung der Mathematik beisteuerte.

Seine Haupteinteilung der theoretischen Wissenschaften in **hypothetische** und **positive** Wissenschaften und die Kennzeichnung der Mathematik als **einzige hypothetische** Wissenschaft, die damit Voraussetzung und Grundlage aller positiven Wissenschaften, theoretischer und auch praktischer Art, wird, bedeutet indessen nicht, daß PEIRCE die Mathematik als absolut wahr und unveränderlich versteht. Alle, auch die mathematischen Wissenschaften, sind als lebendige Wissenschaften seiner Auffassung nach unabgeschlossen, offen, der Verbesserung und Veränderung fähig, d. h. ihre Wahrheiten sind keineswegs notwendig oder ewig. Alles, was sich **entwickelt**, also auch die Wissenschaften, ist nach PEIRCE undogmatisch, fehlbar bzw. „fallibilistisch" und verfällt der Kontrolle und Korrektur. Nichts ist mit der Wissenschaft so unvereinbar wie Dogmatismus oder Unfehlbarkeit, hat er immer wieder betont.

Mit dieser Auffassung hängt selbstverständlich auch der hohe Stellenwert der **Evolution** im Denken von PEIRCE zusammen, die ihrerseits mit dem Begriff des **Kontinuums** verbunden wird.

Da PEIRCE seine Philosophie als ein exaktes, zusammenhängendes **System** konzipiert hat, werden z. B. auch die drei Bereiche der **Metaphysik**, die er Tychismus, Agapismus und Synechismus nannte, auf die vorausgesetzten drei Universalkategorien und die triadische Zeichenrelation begründet, so daß man bei PEIRCE mit Recht von einer „Semiotischen Metaphysik" im Unterschied zu anderen Metaphysik-Konzeptionen sprechen kann.

Den Vorwurf, wegen seines „Fallibilismus" ein Skeptiker wie DAVID HUME zu sein, hat er jedoch mit Recht zurückgewiesen. Fallibilismus, wie er sein Philosophieren gern vom Dogmatismus aller Schattierungen unterscheidet, heißt für ihn nicht, an allem um des Zweifels willen zweifeln, sondern ist die Überzeugung von der vorläufigen Gültigkeit wissenschaftlicher Ergebnisse, die nie mehr **absolute** Gültigkeit beanspruchen können, selbst dann nicht, wenn eine gewisse zeitweilige **Überzeugung** an die Stelle des Zweifels treten kann.

Überzeugung wird nach PEIRCE nur mit Hilfe einer **Methode** erreicht. Seine Methodologie war anfänglich rein logischer Natur. Ähnlich wie DESCARTES sah er Deduktion und Induktion sowie die immer bedeutsamer werdende Abduktion als allgemeine Methoden an. Seine Auffassung wandelte sich jedoch im Laufe seines Lebens von der logischen zur **experimentellen** Methode im allgemeinen, in der alle drei logischen Methoden verbunden sind. Grundlegend für seine allgemeine Methoden-Konzeption war jedoch offensichtlich vor allem anderen die **Semiotik**, die er daher auch die allerumfassendste Methode, die **„Methode der Methoden"** nennt, ohne welche sein Pragmatismus bzw. Pragmatizismus nicht verstanden werden kann.

Schon das Hauptanliegen KANTs war bekanntlich die Verbindung von Theorie und Praxis, Erfahrung und Urteil gewesen, aber erst durch den Pragmatismus PEIRCEscher Prägung ist dieses Problem einer Lösung nähergebracht worden. Da sein Pragmatismus für ihn nichts anderes ist als die Quintessenz seiner Semiotik, so bedeutet das, daß allein die tri-relationale bzw. triadische Konzeption des Zeichens und dessen Begründung auf die Fundamentalkategorien der Erstheit, Zweitheit und Drittheit, die einzige echte Verbindung von Theorie und Praxis, Welt und Bewußtsein darstellen. Damit ist die Semiotik zugleich die von vielen gesuchte, aber erst von PEIRCE gefundene „unpsychologische Erkenntnistheorie".

Seine Bemühungen, seine Ideen durch Publikationen bekannt zu machen, blieben, wie gesagt, lange Zeit erfolglos. Es gibt zwar viele Abhandlungen von CHARLES PEIRCE in Zeitungen, Zeitschriften und Wörterbüchern, aber er konnte zu Lebzeiten nur ein einziges logisches Buch, die *Studies in Logic by Members of the Johns Hopkins University* (1883) und auch nur ein naturwissenschaftliches Buch, *Photometric Researches* (1878), veröffentlichen. Daher hat er lange Zeit im Schatten anderer Philosophen bzw. Pragmatisten gestanden, die bedeutender und erfolgreicher zu sein schienen, wie etwa WILLIAM JAMES, JOHN DEWEY oder F.C.S. SCHILLER. MORRIS R. COHEN hat zweifellos recht, wenn er notiert: „Wenn philosophischer Ruhm nicht an der Zahl fertiger Abhandlungen, sondern an dem Ausmaß gemessen wird, zu dem ein Mensch neue und fruchtbare Ideen von grundlegender Wichtigkeit vorgebracht hat, dann würde Charles S. Peirce leicht die größte Gestalt in der Amerikanischen Philosophie sein." (*American Thought*, 1954, S. 268)

Die eigentliche Aufnahme und Weiterentwicklung seiner Denkansätze erfolgte erst nach dem 2. Weltkrieg in größerem Umfang, insbesondere auch in unserem Institut in Verbindung mit anderen amerikanischen und europäischen Wissenschaftlern oder Zentren der PEIRCE-Forschung.

Auch wenn es nicht erforderlich ist zu sagen: „Natürlich geht alles auf Peirce zurück", wie es bei DAVID LODGE in *Small World* (1984) heißt, so hat er doch viele wichtige Grundlagen für die gegenwärtige philosophische Forschung bereitgestellt.

Mit vorsichtigem Optimismus hat er selbst um 1897 in einem Manuskript gesagt: „Die Entwicklung meiner Ideen ist die Arbeit von dreißig Jahren gewesen. Ich wußte nicht, ob ich sie je publizieren könnte, ihr Reifen schien so langsam zu sein. Aber die Erntezeit ist endlich gekommen, und diese Ernte scheint mir eine wilde Ernte zu sein, aber natürlich habe nicht ich darüber zu urteilen. Auch Du nicht, individueller Leser, sondern Erfahrung und Geschichte." (CP 1.12)

Möge diese Monographie dazu beitragen, die Bedeutung der Arbeiten von CHARLES PEIRCE für die heutige Forschung deutlich zu machen.

CHARLES SANDERS PEIRCE
SCIENTIST, MATHEMATICIAN
LOGICIAN, PHILOSOPHER
WAS BORN
IN THIS HOUSE ON
SEPTEMBER 10, 1839
ONE OF AMERICA'S MOST ORIGINAL
AND VERSATILE INTELLECTS

Das Geburtshaus mit Gedenktafel

I. Die ersten Lebensjahre

1. Das Elternhaus

Als CHARLES SANDERS PEIRCE am 10. September 1839 geboren wurde, bewohnten seine Eltern, BENJAMIN PEIRCE und SARAH HUNT MILLS PEIR-CE, mit dem 1834 geborenen ältesten Sohn JAMES MILLS PEIRCE das Haus Mason Street 11 in Cambridge/Massachusetts. (Im veränderten Gebäude befindet sich heute ein Jesuiten-Colleg.) BENJAMIN PEIRCE war zu jener Zeit Professor für Astronomie und Mathematik an der Harvard Universität in Cambridge.

JAMES MILLS PEIRCE, der ältere Bruder von CHARLES, hat während eines Aufenthaltes in England 1905[1] nach langen Nachforschungen herausgefunden, daß die Familie PEIRCE von einem Weber namens JOHN PERS aus Norwich/England abstammt, der wahrscheinlich aus einer flandrischen Weberfamilie kommt, der sich PEERS schrieb und nach England übergesiedelt war. Der Sohn ROBERT dieses JOHN PERS gilt nach Meinung von JAMES als der eigentliche Stammvater der PEIRCE-Familie. 1637 wanderte JOHN PERS nach Amerika aus und ließ sich in Watertown nieder. Die Familie PEIRCE gehört also zu den ganz frühen Einwanderern, das heißt zu den alteingesessenen amerikanischen Familien. Übrigens kam F. C. PEIRCE in seiner *Peirce Genealogy* (Worcester 1880) zu denselben Ergebnissen hinsichtlich der Abstammung wie JAMES PEIRCE.

CHARLES' Urgroßvater, JERATHMEEL PEIRCE (1747–1827) heiratete SARAH ROPES und ließ sich in Salem/Mass. nieder, wo er der East-India Company beitrat und das prachtvolle PEIRCE-NICHOLS-Haus in der Federal Street 80 baute.

Der Großvater, BENJAMIN PEIRCE sen. (1778–1831), legte sein Abschlußexamen am Harvard College ab, das als erstes College in Amerika 1636 gegründet worden war. BENJAMIN PEIRCE sen. heiratete LYDIA ROPES NICHOLS und trat, wie sein Vater, nach dem Studium in die East-India Company ein. Als diese Konkurs machte, wurde er 1826 Bibliothekar der Harvard Bibliothek. Er erstellte einen *Catalogue of the Library of Harvard University in Cambridge/ Massachusetts*, 3 Bände (Cambridge 1830–31) Supplement-Band (1834) und hinterließ ein Manuskript über die Geschichte der Harvard Universität, das nach seinem Tode unter dem Titel *A History of Harvard University, from its Foundation, in the Year 1636, to the Period of the American Revolution*, mit einem Vorwort von J. PICKERING (Cambridge 1833) herausgegeben wurde. Auch eine seiner Reden, *An Oration delivered at Salem, on the 4th of July, 1812*, wurde gedruckt.

Der Vater: Benjamin Peirce (1809–1880)

Der Vater, BENJAMIN PEIRCE, wurde am 4. April 1809 in Salem/Mass. geboren. Er studierte ab 1825 an der Harvard Universität Mathematik und legte 1829 sein Examen mit dem Grad eines Bachelor of Arts (A. B.) ab. Anschließend unterrichtete er an der berühmten „Round Hill School" von GEORGE BANCROFT[2] in Northampton/Mass. zwei Jahre lang Mathematik. 1831 wurde er zum Tutor für Mathematik an der Harvard Universität ernannt. 1833 erwarb er den Grad eines Master of Arts (M. A.) und wurde im selben Jahr Professor für Mathematik und Naturphilosophie. Von 1842 bis zu seinem Tode am 6. Oktober 1880 war er Perkins-Professor für Astronomie und Mathematik, ein Lehrstuhl, der 1842 praktisch für ihn geschaffen wurde.

22

BENJAMIN PEIRCE heiratete am 23. Juli 1833 SARAH HUNT MILLS aus Northampton/Mass., eine Tochter von ELIJAH HUNT MILLS (1776–1829) und HARRIETT BLAKE MILLS. Der Vater war einer der „hervorragendsten Juristen in West-Massachusetts", der in Cambridge eine berühmte „Law School" gegründet hat und später auch Senator wurde.

Die Mutter: Sarah Hunt Mills Peirce

Neben seiner Tätigkeit als Professor wurde BENJAMIN PEIRCE 1847 von der American Academy of Arts and Sciences in ein Fünfer-Komitee berufen, das ein Programm für die Organisierung der Smithsonian Institution aufstellen sollte. Von 1849 bis 1867 war er beratender Astronom für den Nautical Almanach. Von 1852 bis 1867 war er außerdem Direktor für Längenbestimmungen und vom 26. Februar 1867 bis 1874 der dritte Superintendent der U. S. Coast and Geodetic Survey, einer staatlichen Organisation, die, 1816 gegründet, ähnlich den europäischen Gesellschaften für Erdmessung, mit dem Vermessen des Landes und Meeres der Vereinigten Staaten, der Erstellung von Land- und Seekarten sowie mit Erdschwere- und Erdgestaltbestimmungen, der Untersuchung der Struktur des Erdinneren und des Aufbaus der Erdrinde betraut war. (Vgl. E. BRENNECKE, Rez.: *U.S. Coast and Geodetic Survey, Annual Report..., Washington 1926*, in: Die Naturwissenschaften, H. 12 (1928) 207–208.) Als Superintendent leitete BENJAMIN PEIRCE die amerikanische Expedition, die im Dezember 1870 in Catania/Sizilien die totale Sonnenfinsternis beobachtete. Sein Sohn CHARLES hat im Auftrag der Coast Survey den Standort ausgewählt. Ab 1874 bis zu seinem Tode war BENJAMIN PEIRCE dann beratender Geometer der Coast Survey.

Im Laufe seines Lebens gehörte er auch verschiedenen wissenschaftlichen Gesellschaften an. So war er Präsident der American Association for the Advancement of Science, Dekan der mathematisch-physikalischen Klasse der Academy of Science, Mitherausgeber des American Journal of Mathematics und führendes Mitglied der privaten Gesellschaft „Scientific Lazzaroni". 1842 war er bereits in die American Philosophical Society gewählt worden; 1850 wurde er außerordentliches Mitglied der Royal Society in London; 1854 Ehrenmitglied der Historical Society des Staates Wisconsin; 1858 Mitglied der American Academy of Arts and Sciences; 1860 Ehrenmitglied der Universität St. Wladimir in Kiew und 1861 korrespondierendes Mitglied der British Association for the Advancement of Sciences; 1867 wurde er in die auf 36 Mitglieder beschränkte Royal Society of Edinburgh berufen und zum Korrespondenten der mathematischen Klasse der Königlichen Akademie der Wissenschaften in Göttingen ernannt.

1847 erhielt er von der Universität von North Carolina den Grad eines Dr. jur., den er 1867 noch einmal von der Harvard Universität verliehen bekam. Der juristische Doktor (LL. D.) wird in Amerika oft als Ehrendoktor verliehen.

Als Mathematiker und Astronom hatte er auch großen Anteil an der Gründung des Harvard Observatoriums.

Von seinen Schriften sind nur ein Drittel der reinen Mathematik gewidmet, die anderen der Astronomie, Geodäsie und Mechanik. Zu seinen ersten mathematischen Veröffentlichungen gehört die Überarbeitung und Korrektur der Übersetzung von Nathaniel BOWDITCH des *Traité de Mécanique Céleste* (1829–39) von LAPLACE. Von seinen mathematischen Büchern seien genannt: *An Elementary Treatise on Plane Trigonometry with its Applications to Heights and Distances, Navigation and Surveying* (Cambridge and Boston 1836), *An Elementary Treatise on Spherical Trigonometry* (Boston 1836), *An Elementary Treatise on Algebra* (Boston 1837), *An Elementary Treatise on Plane and Solid Geometry* (Boston 1837), *An Elementary Treatise on Curves, Functions, and Forces* (Band I, Bosten 1841, Neuauflage 1852, Band II, Boston 1846). Als Hauptwerke gelten: *Physical and Celestical Mechanics. ... Developed in Four Systems: Analytic Mechanics, Celestical Mechanics, Potential Physics, and Analytical Morphology* – Kurztitel: *System of Analytic Mechanics* – (Boston 1855); *Linear Associative Algebra* (Washington, D.C. 1870), die sein Sohn

CHARLES nach seinem Tode mit eigenen Zusätzen und Anmerkungen herausgab (zunächst in: AJM, vol. 4 (1881) 97–229 und als Buch in New York 1882); und *Ideality in the Physical Sciences*, eine Sammlung von Vorlesungen am Lowell-Institut über Naturphilosophie, die sein Sohn JAMES herausgab (Boston 1881, Neudruck 1883).

BENJAMIN PEIRCE galt vor allem als einer der führenden Mathematiker Amerikas seiner Zeit. Sein Biograph, RAYMOND CLARE ARCHIBALD, sagt von ihm: „Mathematische Forschung in Amerika begann mit BENJAMIN PEIRCE."[3] Ähnlich urteilte auch FELIX KLEIN[4]: „Es ist noch keine 50 Jahre her, daß Amerika an der Entwicklung der reinen Mathematik selbständigen Anteil nimmt. Einen ersten Anfang dazu machte 1870 der Astronom Benjamin Peirce (der auch als Lehrer vielfach anregend wirkte), indem er der National Academy in Washington seine *Linear Associative Algebra* vorlegte, in welcher er die verschiedenen Möglichkeiten mehrgliedriger komplexer Zahlen zu umgrenzen sucht...."[5]

In seinem Artikel *Mathematicians, and poetry and drama* (Science, vol. 89 (13. Januar 1939) No. 2298 und 2299) bezeichnet ihn R. C. ARCHIBALD als „den inspirierendsten Mathematiker in den Hörsälen einer amerikanischen Universität in den ersten drei Vierteln des 19. Jahrhunderts". ARCHIBALD erwähnt in seinem Artikel auch, daß drei Gedichte über BENJAMIN PEIRCE gedruckt erschienen seien und zitiert drei Stanzen eines zehn-Stanzen-Gedichts von OLIVER WENDELL HOLMES sen. (Atlantic Monthly, vol. 46 (1880) 823–824), der ein Klassenkamerad von PEIRCE am Harvard-College war.

BENJAMIN PEIRCE interessierte sich nicht nur für Mathematik, Astronomie, Physik und Geodäsie, sondern auch für Literatur, Theater, Musik, bildende Künste, Philosophie und die „religiösen Folgerungen aus den Wissenschaften", ohne sektiererisch zu sein. In seinen späten Jahren sprach er gern von Gott als dem „göttlichen Geometer". Als DARWINs *Origin of Species* (1859) erschienen war, habe er jedoch bereits „Frieden mit der Evolutionslehre" gemacht und die Tragweite dieser Theorie anerkannt, wie MURREY G. MURPHEY in *The Development of Peirce's Philosophy* (Cambridge/Mass. 1961) bemerkt. PEIRCE, den seine Studenten liebevoll „Benny" und seine Freunde „Function" und dementsprechend sein Haus „function hall" nannten, muß eine faszinierende Persönlichkeit gewesen sein. Man erzählt von ihm, daß er viel Humor hatte, Kinder liebte und von ihnen geliebt wurde, mit ihnen spielte und seine Scherze trieb; daß er sich in seiner Jugend oft und enthusiastisch an privaten Theateraufführungen beteiligte; und daß er als hervorragender Pädagoge mit allen Kräften die Forschungen seiner Schüler, nicht nur der männlichen, sondern auch der weiblichen, unterstützte. Nach seiner Emeritierung von der Harvard Universität unterrichtete er noch am Radcliff-College, der Frauen-Universität neben der nur männlichen Studierenden vorbehaltenen

4ᵗʰ June 22, '60

My dear Charlie.

I shall reach
New York to morrow (Wednesday)
evening at 8 P.M. Will you
see that a room is reserved
for me at the Brevoort
House; or if one cannot be had
will you be at the New Haven
R.R. Station so as to let me know
where I had better go.

With much earnest love.

Benjamin Peirce

Brief von Benjamin Peirce an Charles

Harvard Universität, und bezeugte damit seine Vorurteilslosigkeit, was das Frauenstudium betraf.

In der Sammlung *Benjamin Peirce. Reminiscences* (AMM, vol. 32, 1925) schreibt W. E. BYERLY in seinem Beitrag: „Seine persönlichen Beziehungen mit seinen Studenten waren immer höflich, freundlich und hilfreich, wenn er auch dazu neigte, ihre Fähigkeit und Aussicht zu überschätzen, und sie ehrten und liebten ihn." (S. 7). Obwohl PEIRCE seine Vorlesungen niemals sorgfältig vorbereitete und es ihn nicht berührte, ob die Studenten seinen Ausführungen folgen konnten, waren die Hörer, laut BYERLY, fasziniert. BENJAMIN PEIRCE setzte sich in seinem Unterricht vor allem für die Darstellung und Erweiterung der „Quaternionen" von HAMILTON[6] ein, die er als den wichtigsten Schritt in der Entwicklung der mathematischen Wissenschaften betrachtete, wie AR-NOLD B. CHACE in seinem Beitrag hervorhebt. (S. 8) R. C. ARCHIBALD, dessen Beitrag wir die meisten Daten und Einzelheiten entnommen haben (S. 8–19 und 20–30), hebt vier wichtige Themenkreise hervor, die BENJAMIN PEIRCE durch eigene Forschungen und Publikationen bereicherte: 1. ein Kriterium zur Zurückweisung zweifelhafter Beobachtungen, 2. die Störungen (Perturbationen) von Uranus und die Entdeckung von Neptun, 3. die Analytische Mechanik und 4. die Lineare Assoziative Algebra, die auch FELIX KLEIN erwähnte.

„Wenn ich die Zeitspanne von 50 Jahren überblicke, als ich in das Harvard College eintrat, beeindruckt mich noch immer Benjamin Peirce, da er den stärksten Intellekt hatte, mit dem ich je in engen Kontakt gekommen bin, und da er der am tiefsten inspirierende Lehrer war, den ich je hatte", schrieb Präsident A. LAWRENCE LOWELL in seiner Erinnerung (S. 4).

BENJAMIN PEIRCE starb 1880 in seinem 75. Lebensjahr und dem 50. Jahr seines Universitätsamtes. Bei seinem Begräbnis trugen hervorragende Persönlichkeiten seinen Sarg: Präsident ELIOT von der Harvard Universität, Ex-Präsident THOMAS HILL, Superintendent der Coast Survey C. P. PATTERSON, J. J. SYLVESTER, J. INGERSOLL BOWDITCH, SIMON NEWCOMB, JOSEPH LOVERING, ANDREW P. PEABODY und seine Klassenkameraden JAMES F. CLARKE und OLIVER WENDELL HOLMES.

Im Bericht über das Treffen des Präsidenten und der Mitglieder (fellows) des Harvard Colleges am 11. Oktober 1880 heißt es über BENJAMIN PEIRCE: „Die Universität muß den Verlust einer so seltenen Intelligenz, einer so reichen Erfahrung und eines so starken persönlichen Einflusses wie der seinigen lange beklagen. Als Lehrer erfüllte er junge Geister mit einer Liebe zur Wahrheit, und steckte sie mit seiner eigenen Begeisterung an; als Wissenschaftler haben seine Kenntnisse, seine Leistungen und seine öffentlichen Dienste der Universität und dem Lande Ehre eingebracht." (Vgl. ARCHIBALD, a. a. O., S. 18.)[7]

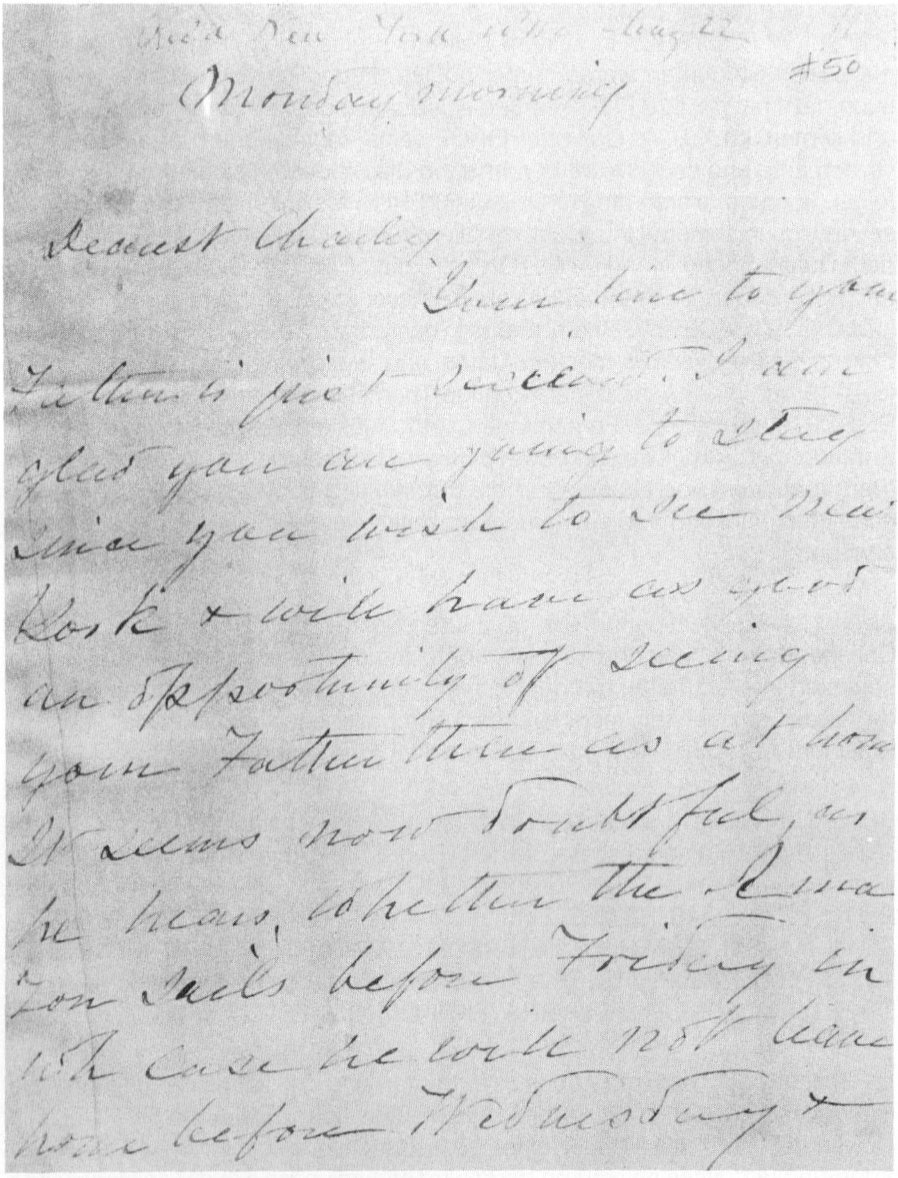
Rec'd New York 1880 Aug 22

#50

Monday morning

Dearest Charley
Your line to your
Father is just received. I am
glad you are going to stay
since you wish to see New
York & will have as good
an opportunity of seeing
your Father there as at home.
It seems now doubtful, as
he hears, whether the Ama
zon sails before Friday in
which case he will not leave
home before Wednesday +

Handschriftprobe von Sarah Hunt Mills Peirce

Die Mutter, SARAH HUNT MILLS PEIRCE, war der Mittelpunkt der großen Familie und des gastlichen Hauses, in dem Wissenschaftler und Künstler, Freunde und Verwandte gern einkehrten. Ihr Rat wurde nicht nur von den Familienmitgliedern oft gesucht. Sie wurde am 14. Februar 1808 in Northampton/Massachusetts geboren. In einem kultivierten Elternhaus aufgewachsen, sprach sie etwas Deutsch und Französisch. Ein Teil ihrer umfangreichen Korrespondenz wird unter den C. S. PEIRCE-Manuskripten der Houghton Library der Harvard Universität aufbewahrt. Ihr besonderer Liebling unter ihren Kindern war CHARLES, dessen Begabung und Genialität sie früh erkannte und förderte. Auch später, als sein beruflicher Erfolg ausblieb, glaubte sie an ihn und ermutigte ihn. CHARLES blieb ihr zeit ihres Lebens zärtlich zugetan, wie man seinen Briefen an sie entnehmen kann. Sie muß eine sehr gerade, warmherzige Frau gewesen sein. Im Alter von 79 Jahren starb sie im Herbst 1887 in Cambridge/Massachusetts.

Das Ehepaar hatte außer JAMES MILLS und CHARLES SANDERS noch drei weitere Kinder: BENJAMIN MILLS, HELEN MILLS und HERBERT HENRY DAVIS.

JAMES MILLS PEIRCE, der am 1. Mai 1834 geborene älteste Sohn, wurde wie der Vater Mathematiker. Er erwarb 1853 am Harvard College den Grad eines Bachelor of Arts, studierte 1854 an der Law School und war von 1855 bis 1857 Tutor für Mathematik an der Harvard Universität. Von 1857 bis 1859 studierte er an der Divinity School der Harvard Universität Theologie und arbeitete in den beiden folgenden Jahren als Priester an Unitarier-Kirchen. Danach kehrte er jedoch an die Harvard Universität zurück, wurde 1861 zunächst Assistenz-Professor und 1869 ordentlicher Professor für Mathematik. 1885 wurde er, wie sein Vater vor ihm, zum Perkins-Professor für Astronomie und Mathematik ernannt. Von 1890 bis 1895 war er Dekan der Graduate School und von 1895 bis 1898 Dekan der Fakultät für Arts and Sciences.

Neben der Mathematik interessierte sich JAMES – ebenfalls wie sein Vater – für Literatur und Kunst, ganz besonders für Musik und Theater. Seine Beiträge zur Mathematik[9] sind weder zahlreich noch bedeutend, da er sich, neigungsgemäß, sehr intensiv der Lehre widmete. Er wird als liebenswürdiger und hilfsbereiter Mensch geschildert. Seine Studenten lobten seine klaren, ausgefeilten Vorlesungen. Er starb unverheiratet am 21. März 1906 in Cambridge plötzlich an Lungenentzündung.

Bruder James Mills Peirce um 1895

Cambridge. 19 March 1860.
Recd Raccoon Pt. 1860. April 10.

4

Dear Charlie.

I believe I have time this even
for a few lines, though I do not know
that I shall be able to write them
without interruption. Nothing
very startling has taken place in or
about Cambridge since you last
heard. I will rather say, since you
were last written to, as you may
for aught I know receive this letter
in the same batch with 12 pre=
ceding ones, as it seems you did
mine. Charlie Mills's Class
Elections came off last week. They
resulted in the choice of Fox a-
Orator, against Wetmore & Spalding.

Brief von James Mills Peirce an Charles

Der dritte Sohn, BENJAMIN MILLS PEIRCE, wurde am 19. März 1844 geboren. Er schloß das Grundstudium 1865 an der Harvard Universität ab, studierte 1865 und 1866 an der Ecole des Mines in Paris und 1867 auch in Freiberg/ Sachsen. Anschließend ging er an die Lawrence Scientific School der Harvard Universität, wo er sein Examen als Mineningenieur ablegte. Er erstellte einen Bericht über die Bodenschätze von Island und Grönland: *A Report on the Resources of Iceland and Greenland* (U.S. State Department 1868). Vom 15. Januar bis zu seinem plötzlichen Tod am 22. April 1870 hat er als Mineningenieur in Ishpeming bei Marquette (im nördlichen Michigan) gearbeitet. Er führte Tagebücher und schrieb eine Reihe von Gedichten, die seine Schwester HELEN einige Jahre nach seinem Tod herausgeben wollte, was aber nicht verwirklicht werden konnte.

Bruder Benjamin Mills Peirce

Die Schwester: Helen Mills Peirce

Die einzige Tochter des Ehepaares PEIRCE, HELEN MILLS PEIRCE, wurde am 30. November 1845 geboren. Sie heiratete am 10. Januar 1870 WILLIAM ROBERT ELLIS, mit dem sie sechs Kinder, drei Söhne und drei Töchter hatte. HELEN MILLS PEIRCE ELLIS starb 1923 in Cambridge.

Das letzte Kind, der am 11. April 1849 geborene Sohn HERBERT HENRY DAVIS PEIRCE, graduierte 1871 an der Harvard Universität und studierte

Bruder Herbert Henry Davis Peirce

anschließend an der Royal School of Mines in London. Er arbeitete in verschiedenen Berufen, bevor er Diplomat wurde. Unter Außenminister JOHN HAY war er von 1894 bis 1911 Assistant Secretary of State und leitete das Büro von 1901 bis 1906. Als Legationsrat war er in St. Petersburg und als Botschafter von 1906 bis 1911 in Norwegen tätig. Er heiratete HELEN HUNTINGTON, mit der er zwei Söhne, BENJAMIN und HORATIO, hatte. Verschiedene Berichte über seine Inspektionsreisen wurden vom U.S. State Department veröffentlicht, z. B. *Report ... upon a Tour of Consular Inspection in Europe* (1903), *Report ... upon a Tour of Consular Inspection in Asia* (1904) und *Report on Inspection of United States Consulates in the Orient...* (1906). Er starb in einem Hospital in Portland/Maine am 4. Dezember 1916. In der New York Times erschien am 6. Dezember 1916 ein kurzer Nachruf.

CHARLES PEIRCE berichtete 1909 rückblickend von seinem Elternhaus und den vielen Besuchern, die dort gastlich empfangen wurden:

„Ich wurde 1839 in Cambridge, Massachusetts geboren; mein Vater war als der führende amerikanische Mathematiker anerkannt. Von seinem Haus muß zumindest gesagt werden, daß es ein *rendez-vous* der führenden Wissenschaftler des Landes gewesen ist, oder auf jeden Fall für jene unter ihnen, die die exakten Wissenschaften pflegten. Agassiz kam jeden Tag ohne zu klingeln herein und rief in der weiten Halle „Ben!". Davis (zuerst Leutnant der Marine, und später Konteradmiral) ging mit meinem Vater stundenlang auf und ab. Bache kam jedes Jahr zweimal; Joseph Henry nur gelegentlich; aber Sears C. Walker und Benjamin Apthorp Gould waren sehr vertraut; Josiah P. Cooke und Stevey Hunt kamen oft; Wolcott Gibbs manchmal, John und Joseph Lecomte (und einmal John C. Lecomte) zu langen Besuchen; Uriah Boyden und Alvan Clarke kamen wohl manchmal; Jefferies Wyman, Dr. Asa Gray und andere Naturwissenschaftler nicht so oft. Auch wenn Dana, die Whytneys und andere Leute von Yale nicht kamen, wurden sie bewundert, geehrt und waren erwünscht. Neben diesen versammelte sich eine Truppe jüngerer Leute: Bartlett, G. E. Oliver, J. D. Runkle, Chauncey Wright, Simon Newcomb, George Hill im Arbeits- und im Wohnzimmer. Ab und zu gab es Ausländer: Sylvester, Arago, ... Den Herzen der Familie waren auch Männer aus anderen Richtungen nahe: Thomas Hill, Francis Bowen, James Babchelder; in frühen Tagen Mariotte (d. h. Galenga), William Story, Longfellow, Margret Fuller (Gräfin d'Ossoli), sogar der verehrte Emerson; dann Frederick Don Huntington, Theodor Parker, George Hillard, Oliver Wendell Holmes, James Lowell, Charles Norten, Francis Child, ..., Horatio Greenough, Dr. Thomas Williard Parsen, später Henry James sen.; William Lloyd Garrison und seine Freunde wurden uns Jüngeren zur Verehrung und Bewunderung vorgehalten, die bis heute Zentren von ebenso viel Gutem wie Bösem sind; denn mein Vater billigte die Negerssklaverei voll und ganz." (MS 620, 5. April bis 24. Mai 1909)

Nicht alle Namen, die PEIRCE hier nennt, sind heute und außerhalb von Amerika vertraut. Diese Erinnerungen werden hier auch nur deshalb zitiert, weil sie die vielfältigen Freundschaften des Vaters bzw. der Eltern aufzeigen. Kindheit und Jugend von CHARLES PEIRCE wurden durch sie ebenso wie durch die Interessen und Vorlieben des Vaters bestimmt. So erhielt er z. B. von seinem Vater eine sorgfältige mathematische Ausbildung und viele Anregungen. Er selbst erinnerte sich später:

„Sehr selten konnte ich ihn dazu bringen, mir irgendein Theorem oder eine Regel der Arithmetik zu enthüllen. Er wollte ein Beispiel geben; den Rest sollte ich selbst ausdenken. Er gab mir in ganz zartem Alter eine Logarithmen-Tafel mit einem Beispiel der Methode, wie man sie gebraucht, um den Logarithmus einer Zahl zu finden, und einem anderen, um eine einfache Multiplikation mit Hilfe von Logarithmen vorzunehmen; aber darüberhinaus wollte er mir nichts sagen. Er machte sich viel Mühe, mich geistige Konzentration zu lehren und meine Aufmerksamkeit für eine lange Zeit in Spannung zu halten. Von Zeit zu Zeit stellte er mich auf die Probe, indem er mich von abends zehn bis Sonnenaufgang sehr schnell „double dummy" [eine Art Whist] spielen ließ und jeden Fehler scharf kritisierte. Er regte mich auch dazu an, meine sinnliche und ästhetische Unterscheidungsfähigkeit zu trainieren, im weitesten Sinne des letzteren Adjektivs. Er richtete meinen Ehrgeiz vor allem auf die Empfindsamkeit des Gaumens; und das in der Tat so sehr, daß ich mich zwei Monate lang in große Unkosten stürzte, um Privatunterricht von dem Kellermeister (sommelier) von Voisin (gegenüber der Kirche von Ste. Roche) zu nehmen, um die Rotweine aus Médoc kennenzulernen; am Ende dieser Zeit war ich für den Beruf eines Weinprüfers auf diesem besonderen Gebiet nahezu voll ausgebildet. Aber was die moralische Selbstkontrolle betraf, ging er unglücklicherweise davon aus, daß ich seinen eigenen edlen Charakter geerbt hätte, was weit von dem entfernt war, was der Fall war, so daß ich jahrelang unaussprechlich litt, da ich ein exzessiver, emotionaler Kerl war, der nicht wußte, wie er zu Werke gehen sollte, um eine Beherrschung seiner selbst zu erlangen." (MS 620)

CHARLES und sein Bruder JAMES wurden aber auch in ihren künstlerischen Interessen vom Vater gefördert. Daß JAMES später Sekretär der Shelley-Gesellschaft wurde, mag ebenfalls auf die Anregungen im Elternhaus zurückzuführen sein. Die Strenge, die der Vater im wissenschaftlichen Bereich walten ließ, scheint sich also nicht auf die sonstigen Bereiche des Lebens erstreckt zu haben. HARRIET MELUSINA FAY, die erste Frau von CHARLES PEIRCE, beklagte sich später öfter über die Unverträglichkeit und Streitsucht ihres Mannes. Als Schuljunge spielte er zwar ein wenig Hockey, scheint sich aber, entgegen den Gepflogenheiten in Amerika, wie sie auch heute noch an den Universitäten herrschen, nicht für Sport interessiert zu haben.

2. Die Schulzeit

Von 1849 bis 1854 besuchte CHARLES PEIRCE die Highschool in Cambridge. Er war mit Sicherheit kein angepaßter, leicht lenkbarer Schüler, wie er in seinem Lebenslauf für das Klassenbuch 1859 des Harvard College (s. S. 43–44) selbst gesteht.

Der Bruder seines Vaters, CHARLES HENRY PEIRCE, der eigentlich Physiker war, wurde in dieser Zeit Assistent von Professor EBEN NORTON HORSFORD, der bei LIEBIG in Gießen Chemie studiert hatte und nach seiner Rückkehr aus Deutschland den ersten Lehrstuhl für Chemie an der neugegründeten Lawrence Scientific School der Harvard Universität erhielt. Auf Anregung HORSFORDs übersetzte CHARLES HENRY PEIRCE mit seiner Schwester ELIZABETH CHARLOTTE PEIRCE, der geliebten Tante LIZZIE der PEIRCE-Kinder, die Deutsch und Französisch unterrichtete, *Die Schule der Chemie* von STÖCKARDT ins Englische und publizierte 1853 ein eigenes chemisches Buch, *Examinations of Drugs, Medicines, Chemicals, etc., as to Their Purity and Adulterations* (Philadelphia 1853). Von Onkel HENRY kam daher wohl auch die Anregung, ein chemisches Labor einzurichten und, wie er im Lebenslauf schreibt, mit elf Jahren eine Geschichte der Chemie zu schreiben, die jedoch verlorengegangen ist. Von Onkel HENRY erbte CHARLES nach dessen Tod im Jahre 1855 die chemische und medizinische Bibliothek, die ihm bei seinem eigenen Chemie-Studium später sehr nützlich werden sollte. Daß seine ersten wissenschaftlichen Interessen der Chemie, aber auch der Logik galten, bekannte CHARLES PEIRCE mit folgenden Worten: „Früh interessierte ich mich auf kindliche Weise für Dynamik und Physik, und da meines Vaters Bruder Chemiker war, richtete ich mir, ich muß etwa zwölf Jahre alt gewesen sein, ein eigenes chemisches Labor ein und begann, Liebigs hundert Flaschen qualitativer Analyse durchzuarbeiten, und solche Sachen wie Zinnoberrot sowohl auf trockenem als auch auf nassem Wege herzustellen und eine große Menge wohlbekannter chemischer Prozesse zu wiederholen. Ungefähr ein Jahr später nahm ich eines Tages im Zimmer meines fünf Jahre älteren Bruders ein Exemplar von Whateleys *Logic* auf und fragte meinen Bruder, was Logik wäre. Nachdem ich seine Antwort erhalten hatte, streckte ich mich mit dem Band auf seinem Teppich aus, und ich glaube, daß ich sie in wenigen Tagen ganz gut beherrschte." (MS 620)

Von einer anderen Begabung sprach CHARLES indirekt in einem Brief an die Mutter, als er im August 1851 mit seinem Vater eine Reise nach Springfield zu Onkel HENRY machte. Zunächst schildert er den ersten Besuch in einem Restaurant, wo sie Bohnensuppe, gebratenes Hühnchen mit Kartoffeln, einen guten Apfelkuchen und Vanille-Eis aßen. Anschließend zitiert er einen Abschnitt aus dem Cambridge Chronicle über die *Dritte Jahres-Aufführung der Cambridge High School*, in dem es heißt: „Wo alle es gut machten und viele bemerkenswert gut, fällt es schwer, den Würdigsten auszuwählen. Doch fühlen wir, daß wir einen nicht übergehen können, ein Kind von zehn oder zwölf Sommern. Sein Stück war das geistvolle Gedicht von Halleck, *Marco Boczaris*, und niemals haben wir etwas beredter, angemessener, bewundernswerter vortragen gehört. Die beseeltesten und anmutigsten Gesten — Beredsamkeit an sich selbst —, eine für jede Emotion, die in diesem Gedicht leise geäußert wird, modulierte Stimme, ein von unterdrücktem Gefühl entflammtes Auge, alles kombiniert, um uns verzaubert zu halten, während — wir schämen uns nicht, es zu sagen — Tränen aus unseren Augen flossen und nicht nur aus unseren; denn viele waren ähnlich tief bewegt." CHARLES PEIRCE sagt in dem Brief zwar nicht, daß sich diese Lobrede auf ihn bezieht, doch weshalb sollte er der Mutter dieses Zitat sonst abgeschrieben haben? Da er sich auch später für Redekunst interessierte, mag dies sein erster größerer und erfolgreicher Auftritt gewesen sein.

Die zweite größere Reise unternahm CHARLES mit der Mutter. Sie besuchte 1853 mit JAMES und CHARLES die Weltausstellung in New York, wo sie eine Woche lang blieben.

Aus den nachgelassenen Manuskripten, die viele autobiographische Bemerkungen enthalten, wissen wir, daß CHARLES mindestens seit 1853, wenn nicht bereits früher, seine Gedanken niederschrieb. So entstanden zum Beispiel die *Private Thoughts Principally on the Conduct of Life*, die er vom 17. März 1853 bis in das Jahr 1888 in einem Notizbuch aufzeichnete. Sie stellen eine Sammlung philosophischer Aphorismen dar, die für einen Jüngling von vierzehn Jahren erstaunlich sind. (MS 891). Sie sind nun in *Writings of Charles S. Peirce*, Band I (Bloomington, Indiana 1982) 4–9 zugänglich gemacht worden.

In seiner Jugend übernahm CHARLES viele Anschauungen seines Vaters sowohl in Philosophie als auch in Religion. Er war zunächst Unitarier, wie seine Eltern, trat aber später der Episcopalischen Kirche bei. Über seine religiöse Einstellung schrieb er an WILLIAM BENJAMIN SMITH (25. Juli 1908): „Ich selbst verabscheue die Unitarier, weil ich während meiner ganzen Kindheit in unserer unitarischen Familie nichts als böse Zänkereien zwischen Calvinisten und Unitariern hörte, und obwohl die letzteren weniger absurd waren als die ersteren, dachte ich, ihre Kirche wäre auf bloßer Verneinung begründet. Und als ich älter wurde, trat ich der Episcopalischen Kirche bei, ohne etwas anderes als ihr allgemeines Wesen und ihren allgemeinen Sinn zu glauben. Dies glaubte ich und glaube ich tief." (MS L 408)

Charles im Alter von 20 Jahren

II. Studium

1. Das Grundstudium am Harvard College

1855 trat CHARLES PEIRCE in das Harvard College ein.

Das Harvard College, 1636 als privates Institut gegründet, ist seit 1780 Universität. 1781 wurde das Phi Beta Kappa-Kapitel (die Pädagogik-Schule) angegliedert, 1782 die Medical School, 1811 die Divinity School (Theologische Fakultät), 1817 die Law School (Juristische Fakultät), 1859 die Lawrence Scientific School (Naturwissenschaftliche Fakultät) und 1936 schließlich die Faculty of Design. Frauen wurden erst nach 1960 zum regulären Studium mit Examen zugelassen. Sie durften bis 1956 noch nicht einmal die Bibliotheken benutzen. 1879 wurde jedoch ein spezielles Frauen-College, das Radcliff College for Women, gegründet, an dem auch Harvard-Professoren lehrten. Zum Beispiel hat MARY WHITON CALCINS (1863–1930), eine Schülerin von JOSIAH ROYCE, vergebens versucht, an der Harvard Universität zu promovieren. Da sie nur einen Doktor von Harvard haben wollte, verzichtete sie auf die Promotion, die ihr von anderen Universitäten angeboten wurde, und war später auch ohne diesen Titel Präsidentin der American Philosophical Society.

CHARLES PEIRCE studierte Mathematik bei seinem Vater und seinem Bruder JAMES, der, wie schon gesagt, von 1855 bis 1857 Tutor für Mathematik am Harvard College war. Neben Philosophie, neuen und alten Sprachen und den sonstigen vorgeschriebenen Fächern hörte er „so wenig Religion wie möglich", das heißt, er besuchte nur eine Vorlesung über Religion im ersten Studienjahr, beschäftigte sich dagegen aber ausgiebig mit Naturwissenschaften und Philosophie. Bei den Professoren WALKER[1] und BOWEN[2] hörte er Vorlesungen über JOUFFROY[3] und REID[4]. Bei Professor BOWEN besuchte er außerdem die Vorlesung über JOHN STUART MILLs[5] *Logic* und über THOMSONs[6] *Laws of Thought*.

Seine Leistungen im College waren nicht bedeutend. Er schloß im ersten Jahr als 71. von 91 Hörern ab und wurde im letzten Jahr sogar nur 79. Er beschäftigte sich jedoch neben den vorgeschriebenen Vorlesungen mit vielen anderen Dingen. Aus seinen Aufzeichnungen weiß man zum Beispiel, daß er neben den vorgeschriebenen philosophischen Werken aus eigenem Antrieb (vielleicht auch auf Grund der Anregungen im Elternhaus) SCHILLER und KANT studierte. Er selbst berichtet über seine College-Zeit, seine Vorlieben und Schwierigkeiten: „Als ich ein ‚freshman' im College wurde, brachte mich die Tatsache, daß wir im Klassenzimmer nach dem Alphabet gesetzt wurden, in die unmittelbare Nachbarschaft zu einem edelherzigen jungen Mann von gediegenem Charakter, Horatio Paine, der fast der einzige Kamerad war, den ich je hatte, denn er interessierte sich nicht nur für die Ideen, die mich interessierten, sondern war auch in der Lage, allein in denselben Pfaden des Denkens zu denken, die ich selbst verfolgte. Er und ich beschäftigten uns in unserer Freizeit gemeinsam damit, Schillers *Ästhetische Briefe* zu lesen, das einen unauslöschlichen Eindruck auf mich machte, da es das erste philosophische Werk war, das ich je las. Ich muß hier bemerken, daß ich von Natur keine Begabung für Sprache besitze. Wenn ein neuer Slang-Ausdruck *en vogue* kam, war ich einer der letzten, die entdeckten, was er bedeutete, und wenn ich es endlich wußte, dann nur, nachdem ich jemanden gebeten hatte, ihn mir zu erklären. Ich bin sehr oft in solchem Zweifel über die Schattierung der Bedeutung eines bekannten Wortes, etwa wie ‚lovely', daß ich gezwungen bin, es in Wörterbüchern und in Gedichten, in denen es vorkommt, aufzustöbern, und es vergeht kaum ein Tag, wo ich nicht ein- oder zweimal zu den Zitaten im Oxford Dictionary Zuflucht nehme. Unglücklicherweise scheint jenes Werk nicht für so Unbegabte wie mich gemacht worden zu sein, und vertraute Zitate, die oft entscheidenden Einfluß auf die Schattierungen der Bedeutung hatten, die Wortassoziationen, sind offensichtlich dort vermieden worden. Ich glaube nicht, daß ich je in Worten dachte: ich verwende visuelle Diagramme, erstens, weil diese Denkmethode meine natürliche Sprache der Selbstkommunikation ist, und zweitens, weil ich überzeugt bin, daß dies das beste System für diesen Zweck ist. Aber in meinen Diagrammen ist nichts Märchenhaftes. Ich sehe zum Beispiel keine farbigen Zahlen, die an ihnen angebracht und an einer Kurve plaziert sind, und ich bin völlig erstaunt darüber, wie einige Leute in der Lage sind, solche seltsamen Konstruktionen nutzvoll zu machen. Wenn ich gesund bin, bemerke ich nie, daß ich Träume habe, außer vielleicht von einem algebraischen Problem, wo keine realen Bedeutungen mit den Buchstaben verbunden sind, oder irgend etwas ähnlich Abstraktes. Meine „Existential Graphs" haben eine bemerkenswerte Ähnlichkeit mit meinen Gedanken über irgendein Thema der Philosophie.

Schillers *Briefe* erweckten natürlich Horatios und meine Neugier auf Kant, und wir begannen das Studium jenes großen Werkes sowie der *Prolegomena*. Ich war in der Tat jahrelang fast ganz versunken in die *Critik* und die Leibnizschen, Englischen und anderen Werke, auf die die *Critik* Bezug nimmt. Ich kannte die *Critik* in beiden Ausgaben fast auswendig. Sie war, kurz gesagt, eine Bibel für mich; und wenn mein Vater die Schwäche einiger ihrer Argumente nicht herausgestellt hätte, weiß ich nicht, wie lange meine Verehrung für sie gedauert hätte. Der Standpunkt der *Prolegomena* befriedigte mich nicht annähernd so sehr. Weil jene fundamentalen Begriffe, die Kant „Kategorien des Reinen Verstandes" nennt, und die Gesamtheit der Wissenschaft, die Kant „Die Critik der Reinen Vernunft" nennt (die Ästhetik, die eigentlich ein Zweig der Logik ist, inbegriffen), mit Recht auf Formaler Logik begründet sind, schien es mir, daß Logik die fundamentalste Wissenschaft sein müßte, und ich begann ernsthaft zu überlegen, ihr mein Leben zu weihen. Ich legte die Grundlagen für ein mehr als üblich ernsthaftes Studium der Scholastik." (MS 620)

CHARLES PEIRCE wurde zunächst ein überzeugter Anhänger KANTs, während im Amerika jener Zeit – auch von den sich selbst so nennenden „Transzendentalisten" um EMERSON – vor allem HEGEL studiert und diskutiert wurde.

Die „Transzendentalisten" bildeten eine Gruppe von romantisch-idealistischen Philosophen, Pädagogen und Schriftstellern, die sich vor allem auf KANTs „Selbstbestimmung des Menschen" bezogen. Neben RALPH WALDO EMERSON und HENRY DAVID THOREAU, den berühmtesten des Kreises, gehörten ihm an: WILLIAM CHANNING, AMOS B. ALCOTT (der „amerikanische Pestalozzi"), MARGRET FULLER (Redakteurin der Gruppen-Zeitschrift „Dial"), THEODOR PARKER, GEORGE RIPLEY (der SCHLEIERMACHER in Amerika einführte), in dessen Haus in Concord/Mass. am 19. September 1836 der „Transcendental Club" gegründet wurde. RIPLEY gründete 1841 auch die berühmte „Brook-Farm", eine Schule und Forschergemeinschaft, die geistige und körperliche Arbeit als gleichberechtigt ansah und ihr Erziehungsziel auf ihrer Verbindung aufbaute. Die Farm bestand jedoch nur bis 1849. Das Ideal ließ sich nicht auf diese recht dilettantische Weise verwirklichen. Die Zeitschrift „Dial" wurde übrigens ebenfalls von RIPLEY ins Leben gerufen. Zur romantischen Bewegung im weiteren Sinne, das heißt, ohne Mitglied des „Transcendental Club" zu sein, gehörten auch EDGAR ALLEN POE und HENRY JAMES sen., der Vater von HENRY und WILLIAM JAMES. (Vgl. GUSTAV E. MÜLLER, *Amerikanische Philosophie* (Stuttgart 1936, [2]1950) und JULIUS LENGERT, *Die Zukunftsgesellschaft von gestern. Utopische Experimente des 19. Jahrhunderts in den USA* (Diss. München 1973).)

Insbesondere scheinen die KANT-Studien CHARLES PEIRCE von der Beschäftigung mit der vorgeschriebenen Lektüre abgelenkt zu haben, was sich für seine Noten wohl als nachteilig erwiesen hat.

In seinem Junior-Jahr in Harvard hat er pflichtgemäß Griechisch gelernt und bei seinen Lehrern EVANGELINUS APOSTOLIDES SOPHOCLES[7] und CORNELIUS C. FELTON[8] die *Ilias* von HOMER in der Ausgabe von FELTON gelesen. FELTON hat ihm 1870 auch vorgeschlagen, die *Ilias* auf seine Europareise mitzunehmen. Auch wenn er sie nicht bei sich hatte, dachte er sicher an die Worte seines Lehrers, als er in der Nähe von Arisbe vorüberfuhr, und an die Gestalten aus der *Ilias*, wie Axylos, der ein wunderbarer Gastgeber war und aus Arisbe stammte, oder vielleicht an Asios, an den ihn sein Klassenkamerad WILLIAM EVERETT erinnerte, der ihm um 1893, als PEIRCE in seinem Haus Arisbe in Milford/Pennsylvania wohnte, schrieb: „Ich bewundere den Namen Deines Hauses so sehr. Asios von Arisbe, der stolze Wagenlenker, war immer meine Lieblingsgestalt in der *Ilias.*" (MS L 136. Vgl. MAX H. FISCH, *Peirce's Arisbe*, TCSPS, 7 (1971) 187–210)

CHARLES PEIRCE hat neben Griechisch und Latein auch Deutsch und Französisch gelernt, das er später gelegentlich zur Niederschrift wichtiger Gedanken benutzte und mit seiner zweiten Frau, JULIETTE, sprach. Überhaupt interessierte er sich zeit seines Lebens für Sprachen und ihre Grammatik, obwohl er des öfteren von sich selbst behauptete, keinerlei Talent für Sprache bzw. sprachlichen Ausdruck zu besitzen. „Im College erhielt ich die schlechtesten Noten für meine Aufsätze ... Mein freundschaftlicher Lehrer, Professor Francis James Child ... dachte, ich gäbe mir keine Mühe. Aber ich gab mir Mühe." Er führte dies übrigens auf seine Linkshändigkeit zurück. (MS 632, vom 24. bis 26. August 1909)

Trotz dieser Selbsteinschätzung veröffentlichte er mit neunzehn Jahren, noch vor Abschluß des College-Studiums, in The Harvard Magazine (Band 4 (April 1858) 100–105) seinen ersten Artikel mit dem für ihn bezeichnenden Titel *Think Again!* unter dem Pseudonym „The normal man". Er protestierte darin gegen die Anmaßung eines Kritikers des Magazins, der SHAKESPEARE und insbesondere dessen *Taming of the Shrew* angegriffen hatte, weil eine grundlegende Änderung eines Charakters nicht möglich sei, auch wenn das Stück eine meisterliche Idee enthalte. PEIRCE hielt dagegen, daß radikale Charakteränderungen gewiß unwahrscheinlich seien, daß es aber unnatürlich für Unwahrscheinlichkeiten sei, niemals aufzutreten. Sie sind außergewöhnlich, sagte er, aber ein Stück **ohne** außergewöhnliche Verhaltensweisen des Charakters ist einfach ein Gemeinplatz. Er verteidigte SHAKESPEARE, dessen außergewöhnliches Ergebnis der Verwendung außergewöhnlicher Mittel verdankt werde: nämlich der Macht der Liebe. Auch vertrat er die Ansicht, daß die jungen Leute im College von „master-spirits" lernen und durch sie, nicht gegen sie, etwas hervorbringen sollten. Seine Kenntnisse der Literatur, die er in diesem Artikel bekundet, zeigen – entgegen seiner Selbsteinschätzung – nicht nur seine Liebe, sondern sein tiefes Verständnis für Literatur und Sprache. Darüber hinaus ist die Bemerkung über Unwahrscheinlichkeit für einen Neunzehnjährigen höchst bemerkenswert; denn sie läßt darauf schließen, daß er sich anscheinend bereits mit den Arbeiten von A.A. COURNOT[9] über Zufall und Wahrscheinlichkeit, *Exposition de la théorie des chances et des probabilités* (1843) und *Essai sur les fondements de la connaissance* (1851), beschäftigt hat. (MAX BENSE hat in seinen ästhetischen Schriften (1979 et al.) verschiedentlich den Satz von COURNOT: „Unwahrscheinliche Ereignisse sind selten", zitiert, um vor allem die Unwahrscheinlichkeit des Ästhetischen hervorzuheben. Von dieser Arbeit von PEIRCE hatte er jedoch keine Kenntnis.)

Frühe schriftstellerische Bemühungen von CHARLES PEIRCE zeigen auch die Berichte über das *13th Annual Meeting of the American Association for the Advancement of Science*, deren Präsident damals sein Vater war (Boston Daily Evening Traveller, 3. bis 10. August 1859).

Von den PEIRCE-Kindern war CHARLES zweifellos das unabhängigste und begabteste. Er war immer der „Star" in der Familie, wie Schwester HELEN nach seinem Tode schrieb.

Als er 1859 sein Examen am Harvard College machte, verfaßte er einen Lebenslauf *My Life Written for the Class Book*[10], dem er nach 1859 in einem Notizbuch (MS 1634) noch einige Angaben hinzufügte. Da dieser Lebenslauf kurz und für seine unabhängige und witzige Art charakteristisch ist, soll er hier angedruckt werden:

Mein Leben
geschrieben für das Klassenbuch

1839
10. September geboren.

1840
Getauft.

1841
Machte einen Besuch in Salem, an den ich mich ganz genau erinnere.

1842
31. Juli. Ging zum ersten Mal in die Kirche.

1843
Nahm an einer Hochzeit teil.

1844
Verliebte mich heftig in Fräulein W und begann meine Erziehung.

1845
Zog in ein neues Haus in Quincy Street und begann meine Forschungen über die Physiologie der Ehe.

1846
Ging nicht mehr in den Morgen-Unterricht zur Schule, sondern begann zu Fräulein Wares zu gehen – eine sehr lustige Schule, wo ich mich sofort heftig in ein anderes Fräulein W verliebte, das ich zur besseren Unterscheidung Fräulein W' nennen möchte.

1847
Begann äußerst ernsthaft und hoffnungslos in der Liebe zu werden. Versuchte, meinen Kummer abzulegen und beschäftigte mich mit Chemie – ein Gegengift, dessen langwierige Experimente es mir ermöglichten, als Souverän neu zu beginnen.

1848
Wohnte in der Stadt bei meinem Onkel C. H. Mills [CHARLES HENRY MILLS, Bruder der Mutter] und ging zu Reverend I. R. Sullivan in die Schule, wo ich meine ersten Lektionen in Vortragskunst erhielt.

1849
Infolge von Schuleschwänzen und Baden im Froschteich wurde ich krank. Nach meiner Genesung wurde ich nach Cambridge zurückgeholt und wurde als Mitglied der Cambridge High School zugelassen.

1850
Schrieb eine „Geschichte der Chemie".

1851
Stellte eine Druckpresse auf.

1852
Trat in einen Debattierklub ein.

1853
Wurde ein flotter Mann und ein schlechter Schuljunge.

1854
Verließ schließlich die High School, nachdem ich zahlreiche Male ausgeschlossen worden war. Arbeitete ungefähr sechs Monate lang in Mathematik und trat dann in Herrn Dixwells Schule in der Stadt ein.

1855
Schloß in Dixwells mit Examen ab und trat ins College ein. Las Schillers Ästhetische Briefe und begann das Studium Kants.

1856
Sophomore. Gab die Idee auf, ein flotter Mann zu sein und versuchte mich in der Jagd nach Vergnügen.

1857
Junior. Gab die Jagd nach Vergnügen auf und versuchte, mich des Lebens zu freuen.

1858
Senior. Gab auf, mich des Lebens zu freuen und rief aus: „Eitelkeit der Eitelkeiten, sagt der Priester, alles ist Eitelkeit."
(Ende des Eintrags im *Class-Book)*

1859
Wollte gerne wissen, was ich im Leben tun würde. Wurde zur Hilfskraft in der Coast Survey ernannt. Ging nach Maine und dann nach Louisiana.

1860
Kam aus Louisiana zurück und erhielt eine Stelle als Prüfungsaufseher in Harvard. Studierte Natur-Geschichte und Natur-Philosophie.

1861
Wollte nicht länger wissen, was ich im Leben tun würde, sondern definierte meinen Gegenstand.

... (MS 1634)

2. Abschluß des College-Studiums, erste wissenschaftliche Tätigkeiten und Studium der Chemie

Nachdem CHARLES PEIRCE seine Studien am Harvard College mit dem Baccalaureatem in Artibus (B. A.) abgeschlossen hatte, wurde er vom 21. September 1859 bis 1. Juni 1860 in der United States Coast and Geodetic Survey, deren Direktor für Längenbestimmungen zu jener Zeit sein Vater war, als Hilfskraft eingestellt. Die United States Coast and Geodetic Survey hatte eine große Bedeutung für die industrielle und kommerzielle Entwicklung der Vereinigten Staaten und war die wichtigste Forschungseinrichtung auf dem Gebiet der Naturwissenschaften[11]. Zu Triangulationsarbeiten ging PEIRCE mit einer Gruppe von Geodäten zunächst nach Maine, in die Nähe von Machias, danach ins Mississippi-Delta. Die erste Expedition erstreckte sich nur auf Landvermessungen, die zweite brachte auch Arbeiten auf See mit sich.

Ein erster kurzer Bericht über seine Arbeit als Hilfskraft der Coast Survey ist *Triangulation of the Western Side of Isle au Breton Sound/Louisiana*[12]. Außerdem machte er verschiedene Berechnungen für die Berichte seines Vaters[13].

Diese Expeditionen haben CHARLES anscheinend ganz gut gefallen, aber er war sich zu jener Zeit über seinen weiteren Lebensweg noch nicht im klaren. Schließlich bildete der Abschluß als Bachelor of Arts keine berufliche Grundlage, und sein Vater hat ihn wohl gedrängt, weitere Studien anzuschließen.

In einem längeren Brief aus Pascaquola, wo sich die Expedition der Coast Survey befand, vom 18. Dezember 1859, beklagte sich CHARLES bei seinem Bruder JAMES darüber, daß ihn sein Vater immer dränge, sein Leben der Wissenschaft zu weihen. Er sah seine Aufgabe damals aber nicht in der Wissenschaft, sondern vertrat die überraschende Ansicht, daß das Erste im Leben doch essen, schlafen, Schmerzen vermeiden und seinen Lebensunterhalt verdienen sei. Die Wissenschaft solle ein Vergnügen sein, und außerdem sei sie kein höchstes Gut. Auch sei das Streben nach Wissenschaft nicht die edelste Beschäftigung, und was ihren Nutzen angehe, so sei dieser für die gegenwärtige Generation gering und die zukünftigen müßten ihren eigenen zu gegebener Zeit selbst daraus ziehen. „Kurz gesagt", beendete er den Brief, „ich bin nicht verpflichtet, mein weltliches Wohlergehen der Wissenschaft zu opfern, noch bin ich bereit, dies freiwillig zu tun, weil sich die Wissenschaft nicht auszahlen wird. Und es wäre irrational zu erwarten, daß sie dies tun könnte."

Die hier geäußerten wissenschaftsfeindlichen Ansichten hat er jedoch nur kurze Zeit vertreten und allein seinem Bruder anvertraut; denn als er im Sommer 1860 „aus der Wildnis von Louisiana" nach Cambridge zurückgekehrt war, studierte er den Winter über bei dem Zoologen und Geologen LOUIS

AGASSIZ[14], dem besten Freund seines Vaters, sechs Monate lang Klassifikationstechniken. Anschließend schrieb er sich an der Lawrence Scientific School[15] des Harvard Colleges für Chemie ein.

Die Vielseitigkeit seiner Interessen, die sich nicht allein auf Naturwissenschaften, Wissenschaftstheorie usw. beschränkten, erkennt man aus einem Brief an die Mutter (11. Mai 1859), wo er ihr von dem von ihm sehr geschätzten JOHN NOYES und ihrem Gespräch über SHAKESPEAREs *Love's Labor Lost* erzählt. Mit NOYES gemeinsam hat er übrigens dann 1864 einen Artikel über die Aussprache SHAKESPEAREs veröffentlicht, der aus ihren langjährigen gemeinsamen literarischen Studien hervorgegangen ist.

Im gleichen Brief an die Mutter erwähnt er eine Predigt von Dr. WALKER, einem seiner Lehrer am Harvard College, die ihn sehr beeindruckt zu haben scheint. WALKER vertrat nämlich die Ansicht, daß Religion, ebenso wie Gesellschaft, *keine* Wissenschaft sei, und daß die beste Religion die sei, die für den „besten Menschen die beste", aber nicht notwendig für „alle die beste" sei; denn man müsse erst zu ihr hin erzogen werden. Er hat der Mutter seine Gedanken und Gefühle häufig anvertraut. Aus der Korrespondenz mit ihr geht immer wieder hervor, wie sehr sie ihn liebte und bewunderte und wie zärtlich er an ihr hing.

Auch über die Sklavenfrage, die kurz vor dem Bürgerkrieg überall diskutiert wurde, hat er sich der Mutter gegenüber im Brief vom 15. Dezember 1859 geäußert. Er war der Meinung, daß man das beste aus der Rassentrennung, die jedoch nicht ewig dauern könne, machen müsse. Der Abolitionismus (die Sklavereigegnerschaft) werde wahrscheinlich zum selben Ergebnis wie der Sozialismus in Frankreich führen. Mutter und Sohn scheinen bezüglich des „französischen Sozialismus" gleicher Meinung gewesen zu sein; denn CHARLES gibt darüber keine weiteren Erklärungen ab.

Aus dieser frühen Zeit sind verschiedene Manuskripte erhalten, z. B. *Sheets from a Notebook on Logic* (MS 741, um 1860–67), in dem viele Begriffe semiotischer Art enthalten sind wie: *denotation of subjects, connotation of predicates, extension, intension, information.* Zum Stichwort *associative principle* gibt es Ausführungen von 11 Seiten (davon 7 in der Handschrift seiner ersten Frau ZINA), die um 1867 entstanden sein müssen. In einem anderen Manuskript, *Fragments of Early Writings on Metaphysics* (MS 919, um 1860) spricht er von der Metaphysik als der *„queen of the sciences, the supreme science".* Auch darin werden wieder Überlegungen zu Zeichen, Symbolen und ihren Objekten usw. gemacht.

Am 1. Juli 1861 wurde CHARLES PEIRCE zum „Regular Aid" in der Coast Survey ernannt, was ihn vom Militärdienst befreite. Der amerikanische Bürgerkrieg oder Unionskrieg war 1860 ausgebrochen und dauerte bis zum 9. April 1865. CHARLES hat an dem Krieg nicht nur nicht teilgenommen, es finden sich auch weder in seinen publizierten Schriften noch in den Manuskripten Bemerkungen irgendwelcher Art über den Bürgerkrieg. Das Militärische scheint ihn überhaupt nicht berührt oder interessiert zu haben. Das schließt jedoch nicht aus, daß er z. B. in der Vorlesung VI seines Kurses über *The Logic of Science; or, Induction and Hypothesis*, die er im Oktober-November 1866 am Lowell Institut in Boston hielt, ein logisches Schlußbeispiel gab, das sich auf die politischen Schwierigkeiten der Zeit, nämlich auf das Wahlrecht der Neger, bezieht. Es lautet:

> „Alle Menschen haben gleiche politische Rechte;
> Neger sind Menschen;
> Neger haben die gleichen politischen Rechte wie Weiße."

(MS 344; W, I, 444 und NEM, III/1, 298–331)
Dies bringt offensichtlich seine eigenen, modifizierten Ansichten über die Negerfrage sowie die liberale Gesinnung der Nordstaaten zum Ausdruck.

Auch folgende, undatierte Manuskripte könnten aus dieser frühen Zeit stammen: *First Four Chapters of a Treatise on Metaphysics* (MS 920, das Vorwort ist mit dem 21. August 1861 datiert; W, I, 50–57); *Notes for a Work on Metaphysics* (MS 922, eine Seite datiert mit 29. Mai 1862); *Views of Chemistry: Sketched for Young Ladies* (MS 1047, um 1861)[16]; *Fragments* (MS 1048, evt. um 1862). Eines dieser *Fragments* hat den Titel *Principles* und enthält eine frühe Passage, in der PEIRCE seine allgemeine Konzeption der **Relationen** darlegt. Es heißt dort: „Die übliche, und wie ich glaube irrige Auffassung der Relation zwischen dem erkannten Ding und der erkennenden Person sieht etwa so aus: 1. Es gibt das Subjekt, das Ego. Das erkannte Ding wird durch eine Affizierung des Bewußtseins erkannt, folglich wird es nur durch seine Wirkung erkannt. Deshalb wird eine Unterscheidung gemacht zwischen 2. dem *Noumenon* oder Ding, wie es existiert – welches völlig unerkannt bleibt (es sei denn, daß es durch reine Vernunft erkannt wird, wie einige Philosophen annehmen), und 3. dem Gegenstand oder *Ding, wie es gedacht wird*. 4. gibt es die Affektion des Bewußtseins oder das *Phänomen* und 5. gibt es die Relation der Kausalität zwischen dem Gegenstand und dem Phänomen. ... Ich stelle die Relation folgendermaßen dar: 1. Es gibt die Seele. 2. Es gibt das Feld des Bewußtseins, in dem wir die Seele erkennen. 3. Es gibt das Ding, *an das gedacht wird*. 4. Es gibt die Vorstellung (idea) oder den Eindruck (impression), welchen das Ding in der Seele hinterläßt. 5. Es gibt den Gedanken oder die Idee, wie sie im Bewußtsein erscheint." (zitiert nach MURPHEY, 1961, S. 23 ff.)

Die **Relation** hat in den philosophisch-wissenschaftstheoretischen Überlegungen von CHARLES PEIRCE die entscheidende Rolle gespielt und wurde die Grundlage seiner Erkenntnistheorie und Semiotik. Er hat sie viele Jahre lang intensiv bearbeitet. (Wir kommen darauf mehrfach zurück.)

Am 16. Juli 1862 erwarb CHARLES PEIRCE den Grad eines Masters of Arts am Harvard College. Es ist anzunehmen, daß dafür keine Prüfung erforderlich war; denn mindestens bis zum Jahre 1872 konnte man den Grad gegen eine

Gebühr von 5 Dollar erhalten, wenn man während des Studiums die erforderlichen Leistungen erbracht und einen „guten Charakter" hatte. HENRY DAVID THOREAU, der berühmte Autor von *Walden*[17], hat z. B. die Annahme des Grades als Farce abgelehnt.

Während des anschließenden Chemie-Studiums lernte PEIRCE den drei Jahre jüngeren WILLIAM JAMES kennen, mit dem ihn eine enge Freundschaft bis zum Tode von James im Jahre 1910 verband, obwohl sich beide in ihren Auffassungen über Wissenschaft, Philosophie und Religion deutlich unterschieden. GAY WILSON ALLEN, der Biograph von WILLIAM JAMES, spricht in *William James, A Biography* (New York 1967) davon, daß CHARLES PEIRCE „um 1860 herum" zu den Freunden von WILLIAM JAMES zählte und charakterisiert ihn mit dem Satz: „Charles S. Peirce, Sohn des Mathematik-Professors Benjamin Peirce, der einen großen Einfluß auf die Logik und Semantik [sic!] des 20. Jahrhunderts bekommen sollte, obwohl er trotz der vielen Bemühungen von William James, ihm zu helfen, ein schrecklich erfolgloses Leben führte." (S. 80) Ob diese Charakteristik zutreffend ist, soll hier nicht diskutiert werden. Auf die Freundschaft zwischen PEIRCE und JAMES werden wir noch öfter eingehen müssen.

3. Eheschließung 1862 mit Harriet Melusina Fay und erste wissenschaftliche Publikationen

Während seines Chemie-Studiums an der Harvard Universität heiratete CHARLES PEIRCE die um drei Jahre ältere HARRIET MELUSINA FAY (1836–1923), eine Enkelin von JOHN HENRY HOPKINS, dem ersten episkopalischen Bischof von Vermont, und Tochter von Reverend CHARLES FAY und seiner Frau CHARLOTTE EMILY HOPKINS FAY. Die Eltern MELUSINAs oder ZINAs, wie sie genannt wurde, hatten insgesamt neun Kinder, von denen vor allem AMELIA MULLER FAY, die unter dem Namen AMY FAY als eine der ersten großen Pianistinnen Amerikas sehr bekannt wurde, erwähnt werden muß. In einem Brief an den Bruder JAMES vom 1. Februar 1862 aus St. Albans, als CHARLES PEIRCE die Familie FAY besuchte, schrieb er, daß er nun auch das letzte Mitglied von ZINAs großer Familie, nämlich AMY kennengelernt habe.

Er schildert sie als ein „wunderschönes Mädchen, sehr groß, wunderschöne Gestalt, feine Gesichtszüge, goldenes Haar, und ein ganz besonderer Charakter. Sie ist sehr lebhaft und spielt wundervoll". Ihretwegen gab es später offenbar gelegentlich Streit mit ZINA. AMY FAY hat von 1869 bis 1875 in Deutschland, u. a. bei LISZT in Weimar, bei CLARA SCHUMANN in Berlin und bei LUDWIG DEPPE in Frankfurt Klavierunterricht genommen. Nach ihrer

Rückkehr aus Deutschland lebte sie als Pianistin zunächst in New York und Cambridge, 1878 siedelte sie dann nach Chicago über. Ihre begeisterten Schilderungen des Musikunterrichts in Deutschland, die sie in ihren Briefen gab, wurden von MELUSINA FAY PEIRCE in einer Auswahl 1874 in The Atlantic Monthly und 1880 in Buchform unter dem Titel *Music Study in Germany. From the home correspondence of Amy Fay* (1. Aufl. Chicago 1880, 18. Aufl. New York 1905, insgesamt 21 Auflagen, Übersetzungen ins Deutsche und Französische)[18] herausgegeben.

HARRIET MELUSINA FAY hatte 1859 die „Agassiz School for Young Ladies" besucht, die Professor AGASSIZ in seinem Haus in der Quincy Street, gegenüber dem Peirce-Haus, eingerichtet hatte.

Wahrscheinlich lernten sich CHARLES und ZINA im Winter 1860/61 – vielleicht auch schon früher – dort kennen. Der erste Brief, den CHARLES von ZINA erhielt, ist mit dem 14. Januar 1861 datiert und wird mit vielen anderen Briefen von Jugendfreunden und -freundinnen, von Eltern und Geschwistern, in einem Karton in der Bibliothek der Pike County Historical Society in Milford/Pennsylvania aufbewahrt, so wie PEIRCE sie gesammelt und selbst gebunden hat. Sie stammen alle aus den Jahren 1859 bis 1861. PEIRCE versah sie mit einem Inhaltsverzeichnis und fügte ein Blatt an, wo er alle Anreden, die die Briefschreiber machten, aufführte. Da er in diesen Jahren – wie gesagt – Expeditionen der Coast Survey mitmachte, befindet sich in dieser Briefsammlung auch ein Schreiben des Coast Survey Office vom 22. Mai 1860, in dem er aufgefordert wird, seine Reisekostenabrechnung noch einmal, und zwar genau nach den Vorschriften zu machen. Der Karton enthält auch einige Liebesbriefe von verschiedenen jungen Damen; die meisten stammen von einer C. L. BODGER (oder so ähnlich), die er wohl öfter vergeblich warten ließ. Auch Briefe seiner Freunde JOHN B. NOYES und HORATIO PAINE befinden sich darin.

CHARLES und ZINA verlobten sich im Frühjahr 1862. Da ZINA der Episkopalischen Kirche angehörte, ließ sich CHARLES von ZINAs Großvater, Bischof HOPKINS, episkopalisch konfirmieren und von ihrem Vater, CHARLES FAY, am 16. Oktober mit ihr trauen[19]. Der Vater ZINAs war übrigens ein Klassenkamerad von BENJAMIN PEIRCE. Obwohl die PEIRCE-Familie zu den Unitariern gehörte, wurde die „Konversion" offensichtlich gebilligt.

CHARLES PEIRCE schrieb für ZINA und ihre Schwestern die schon zitierte Abhandlung *Views of Chemistry: Sketched for Young Ladies.* Er widmete seiner Frau auch verschiedene Schriften über Metaphysik („for Z. F."), die allerdings nicht publiziert wurden.

Nach der Hochzeit bezogen sie das Haus Arrow Street 2; 1875 ein anderes, Arrow Street 6, in Cambridge, unweit der Harvard Universität, in dem CHARLES in den nächsten zwölf Jahren viele Diskussionen mit seinen Freunden führen sollte.

HARRIET MELUSINA FAY PEIRCE war eine intelligente Frau, die sich aktiv für die Emanzipation der Frauen einsetzte. Sie wurde als Schriftstellerin politisch-gesellschaftlicher Bücher und als Organisatorin von Frauenversammlungen bekannt und setzte sich vor allem für die bessere Schulbildung junger Mädchen und den Zugang zu den Universitäten für Frauen ein. Vom November 1868 bis März 1869 veröffentlichte sie fünf Artikel in The Atlantic Monthly, die 1881 als Buch zur Frauenemanzipation mit dem Titel *Cooperative Housekeeping. How not to do it and how to do it. A Study in Sociology* erschienen. Sie war auch ein führendes Mitglied der „Cambridge Cooperative Housekeeping Society", die viele ihrer ersten Treffen – ab Mai 1869 – im Hause von BENJAMIN PEIRCE, genannt „Function Hall", veranstaltete. Im Oktober wurde sie in New York Präsidentin des „Woman's Parliament", das bis 1877 bestanden hat. Nachdem sie mit CHARLES ein halbes Jahr in Washington gelebt hatte, kritisierte sie im Dezember 1873 *The Externals of Washington* im Atlantic Monthly. 1875 veröffentlichte sie ein kleines Buch mit dem Titel *The Democratic Party*, worin sie ihre politischen Ansichten über die Rolle der Frauen darlegte. 1880 gab sie, wie schon erwähnt, die Briefe ihrer Schwester AMY

Harriet Melusina
Fay Peirce,
Charles' erste Frau

MULLER FAY heraus und veröffentlichte 1918 das Buch *New York: A Symphonic Study in Three Parts*, das ein Kapitel von CHARLES PEIRCE enthält, das er vermutlich zwischen 1865 und 1870 geschrieben hat. Des weiteren ist von ZINA PEIRCE bekannt *The Landmark of Fraunce's Tavern. An Adress, 21th December 1900* sowie eine Rede, die sie auf der Versammlung der „Women's Auxiliary..." am 4. Dezember 1900, am Jahrestag des Friedensvertrages von 1783, gehalten hat.

Die Ehe zwischen ZINA und CHARLES hatte nur dreizehn Jahre Bestand. Ende 1875, als ZINA zum zweiten Mal mit CHARLES in Europa, und zwar in Paris weilte, verließ sie ihn und reiste allein nach Amerika zurück. Sie hat danach nie mehr mit ihm zusammengelebt, doch die Scheidung wurde erst am 23. April 1883 juristisch vollzogen. Über die Gründe der Trennung ist nichts Näheres bekannt, aber da beide von den Interessen und vom Temperament her sehr verschieden waren, kann schon ein kleiner, vielleicht äußerlicher und nichtiger Anlaß zum Bruch geführt haben. In den Briefen von CHARLES an seine junge Frau während seiner ersten Europa-Reise im Jahre 1870 ist, was doch sehr überraschend ist, keine Spur von Zärtlichkeit zu finden. Trotzdem kann man nicht annehmen, daß er der „kalte Logiker" war, als der er bezeichnet wurde, und daß dies der Grund für die mangelnde Zärtlichkeit gegenüber seiner ersten Frau gewesen ist. Denn in den Briefen an seine zweite Frau, JULIETTE, zeigt er sich als leidenschaftlicher und überaus zärtlicher Liebhaber. Wahrscheinlich hat eine gewisse gefühlsmäßige Interessenlosigkeit und Gleichgültigkeit – möglicherweise auch auf Grund der zu starken Betonung ihrer emanzipatorischen Aufgaben – CHARLES und MELUSINA beherrscht, die schließlich zur Trennung führten. Aber dies sind nur Vermutungen, die nicht belegt werden können. Ob Eifersucht von ihrer Seite hinsichtlich ihrer Schwester oder von seiner Seite hinsichtlich eines anderen Mannes im Spiel war, ist nicht auszuschließen, aber auch nicht beweisbar.

Im Januar 1863 erschien, noch während seines Chemie-Studiums, die erste wissenschaftliche Abhandlung von CHARLES PEIRCE mit dem Titel *The Chemical Theory of Interpenetration*[20]. Sie ist datiert mit „Cambridge/Mass., Dezember 1862". Diese chemische Untersuchung zeigt schon sein auch später auffallendes Interesse an erkenntnis- und wissenschaftstheoretischen Voraussetzungen naturwissenschaftlicher und historischer Forschung. Hier betreffen sie die Frage des Zusammenhangs der Begriffe *Kraft, Veränderung* (bzw. den *mathematischen Funktionen der Veränderung)* und *Bewegung.* In der vorangestellten hypothetischen **Grundvoraussetzung** heißt es:

> „Etwas erklären heißt, es in den Bereich
> unserer apriorischen Begriffe bringen."

Das Ziel seiner Untersuchung ist die Anwendung „dieses Prinzips" auf die Begriffe der chemischen Atomtheorie. Die wissenschaftstheoretische Konzeption von PEIRCE liegt offensichtlich auf der Linie der „interpretierten Theorie", die sehr viel später von RAMSEY[21], BRAITHWAITE[22], BUNGE[23], CARNAP[24] und STEGMÜLLER[25] vertreten wurde. Es sei hier noch angemerkt, daß der wichtige englische Logiker (neben BERTRAND RUSSELL und ALFRED N. WHITEHEAD) FRANK P. RAMSEY explizit auf PEIRCE zurückgeht. RAMSEY stellte seinem Aufsatz *Truth and Probability*[26] von 1926 folgendes Zitat aus PEIRCE voran:

„Der Gegenstand des Schließens ist der, daß wir von der Betrachtung dessen aus, das wir schon kennen, etwas anderes herausfinden, das wir noch nicht kennen. Folglich ist Schließen gut, wenn es so ist, daß es eine wahre Folgerung aus wahren Prämissen liefert, und nicht anders."

Den Schluß seines Artikels bezeichnete RAMSEY als „entirely based on the writings of C. S. Peirce" (vollständig begründet auf den Schriften von C. S. Peirce). RAMSEY kannte unter anderem die Aufsätze *Illustrations of the Logic of Science*, die PEIRCE 1877/78 in The Popular Science Monthly veröffentlichte und die erste Anthologie PEIRCEscher Schriften, die MORRIS R. COHEN 1923 unter dem Titel *Chance, Love, and Logic* publiziert hat.

Die erste Klasse der neugegründeten Lawrence Scientific School der Harvard Universität, zu der CHARLES PEIRCE gehörte, machte 1863 Examen. PEIRCE schloß das Chemie-Studium mit dem „Baccalaureus of Science" (Sc. B.) und der Note „summa cum laude" am 15. Juli 1863 ab, und zwar als Bester seines Jahrgangs. Obwohl die Chemie-Ausbildung zu dieser Zeit in Amerika, im Vergleich zu den europäischen Universitäten, noch in den Anfängen steckte, hat CHARLES eine gründliche Ausbildung erhalten und seine Liebe zu chemischen Fragen, zur chemischen Notation und zur Verallgemeinerung chemischer Valenzen, die er später auch in seiner Graphentheorie verwendete, aus diesem Studium zeit seines Lebens beibehalten. Noch in seinen letzten Lebensjahren hat er sich mit chemischen Fragen beschäftigt. Er bezeichnete zum Beispiel die „Tafel der Atomgewichte" als eine von zwei außergewöhnlichen Leistungen der Induktiven Logik, deren andere für ihn die Theorie KEPLERs über das Planetensystem (Keplersche Gesetze) war[27].

Obwohl er in der Coast Survey angestellt war, wo er sich mit naturwissenschaftlichen Themen zu beschäftigen hatte, trieb er dennoch seine Forschungen in Logik und Wissenschaftstheorie weiter, was für ihn aber nie nur eine Nebenbeschäftigung war. Wie weitreichend seine Interessen waren, geht auch aus seinem ersten öffentlichen Vortrag hervor, den CHARLES PEIRCE am 12. November 1863 auf der Versammlung der Cambridge Association hielt. Er hatte den Titel *The Place of our Age in the History of Civilization* und wurde gekürzt im Cambridge Chronicle am 21. November 1863 veröffentlicht[28].

Mit dem Studienjahr 1864/65 erhielt PEIRCE am Harvard College seinen ersten Lehrauftrag für *Logik und Geschichte der Logik*, was jedoch nicht bedeutet, daß er damit bereits eine akademische Karriere eingeschlagen hätte.

III Lehrtätigkeit und wissenschaftliche Publikationen

1. Vorlesungen an der Harvard Universität 1864/65

Bevor CHARLES PEIRCE im Studienjahr 1864/65 als Dozent (Lecturer) seine ersten Vorlesungen über *The Logic of Science* hielt, hatte er – wie schon erwähnt – zusammen mit seinem Freund JOHN BUTTRICK NOYES eine Arbeit, nämlich eine Rezension verschiedener Publikationen über Englische Literatur, SHAKESPEAREs Werke und das Englisch SHAKESPEAREs publiziert, die mit dem Titel *Shakespearian Pronunciation*[1] erschien. (In einem von PEIRCE selbst verfaßten Schriftenverzeichnis (MS 1575) wird sie ohne Hinweis auf NOYES als zweite Veröffentlichung aufgeführt.)

Vor 1864 hatte er schon einige kürzere Abhandlungen und Entwürfe verfaßt, aus denen die Intentionen seiner ersten philosophisch-logischen Überlegungen hervorgehen, die aber nicht veröffentlicht wurden. So schrieb er u. a.: *The Modus of the It*[2] (MS 916); *I, It, and Thou*[3] (MS 917); *Analysis of the Ego*[4] (MS 1116); verschiedene Abhandlungen über *Metaphysic*[5] (MSS 919, 920, 921, 922); ein *Notizbuch* (MS 1601, begonnen im Juni 1864 und bis 5. November 1909 geführt) mit dem Titel *Family Record* (es enthält Ausführungen zu Topologie, Mengenlehre, Secundals, eine binäre Rechnungsart, die ihn zeit seines Lebens beschäftigt hat, und weitere mathematische Themen); und *A treatise of the major premisses of the science of finite subjects (nature)* (MS 924, datiert mit dem 5. August 1864)[6] und das sehr interessante *Analysis of Creation* (MS 1105)[7].

Aus allen diesen Manuskripten wird deutlich, daß er neben erkenntnistheoretisch-ontologischen, logischen und wissenschaftstheoretischen stets auch mathematische Probleme erörtert hat. Der ständige Umgang mit Mathematik in seinem Elternhaus und die enge Beziehung zu seinem Vater und seinem älteren Bruder JAMES haben sein Interesse an mathematischen Problemen immer wach gehalten, auch wenn er nicht so sehr an rein mathematischer Theorienbildung und Praxis selbst als vielmehr an einer „Philosophie der Mathematik" bzw. an „mathematischer Grundlagenforschung"[8] interessiert war und gearbeitet hat.

Auch die Beschäftigung mit **Kategorien**, insbesondere mit den Kategorien KANTs, die er kritisch studierte, fällt in diese Zeit. Rückblickend sagte er 1898 selbst[9], daß er in seiner Jugend ein großer Anhänger KANTs gewesen und daß seine Kategorienlehre aus dieser kritischen Auseinandersetzung mit KANT hervorgegangen sei. Das Resultat dieser Studien hat er im Mai 1867 unter dem Titel *A New List of Categories*[10] veröffentlicht. Dieser Artikel war der eigentliche Ausgangspunkt seines wissenschaftstheoretischen Werkes. (Wir kommen darauf zurück.) CHARLES PEIRCE hat immer wieder betont, daß seine Kategorien nicht nur im Zusammenhang mit Ontologie und Logik wie bei ARISTOTELES oder mit Erkenntnistheorie wie bei KANT, sondern insbesondere mit der **Zeichentheorie** entwickelt wurden. Es ist daher nicht erstaunlich, daß häufig neben kategorientheoretischen auch semiotische Erörterungen in anderen frühen Manuskripten zu finden sind. Zum Beispiel spricht PEIRCE von Zeichen, Symbolen und ihren Objekten (MS 919) oder, in Anlehnung an JOHN St. MILL von der „denotation of subjects" und der „connotation of predicates" (MS 714). (Später hat er den Begriff „connotation" als ungeeignet fallengelassen.) In dem wichtigen *Logic Notebook*[11] (MS 339), das er vom 12. November 1865 bis kurz vor seinem Tode führte und in dem er viele Gedanken zur Logik „in ihrem ersten Zustand" notierte, findet man auch die Formulierung „theory of signs". In einer anderen kleineren Abhandlung mit dem Titel *Teleological Logic*[12] (MS 802) gibt er folgende Ketten-Definition, um den von ihm betonten Zusammenhang zwischen Logik und Semiotik zu zeigen:

„Logik ist objektiv symbolistisch. Symbolistik ist die Semiotik der Symbole. (...) Semiotik ist die Wissenschaft der Repräsentation. Repräsentation ist alles beliebige, das ist oder repräsentiert wird, um für ein anderes zu stehen und durch welches jenes andere für etwas stehen kann, das für die Repräsentation stehen kann. (...)"

Die gründlichste Durchführung seiner Absicht, die Logik als eine Zeichentheorie und als eine Wissenschaftslogik (logic of science) aufzubauen, hat CHARLES PEIRCE jedoch in den Manuskripten zu seinen ersten Logik-Vorlesungen mit dem Titel *On the Logic of Science*[13] im Studienjahr 1864/65 an der Harvard Universität niedergelegt. Welche der erhaltenen Manuskripte der Vorlesungen vorgetragen wurden, ist nicht bekannt, und es scheint auch, daß PEIRCE die Vorlesungen unterbrochen hat; denn er schrieb am 17. März 1865 an seinen Freund F. E. ABBOT[14]: „Meine Vorlesungen fielen wegen Hörermangel aus." Mit Sicherheit heißt das nicht, daß er schlechte Vorlesungen hielt; denn WILLIAM JAMES sagte im Brief an HENRY BOWDITCH vom 29. Dezember 1869[15], als er eine der Vorlesungen von PEIRCE über *British Logicians* gehört hatte, daß sie ohne Notizen vorgetragen worden und bewundernswert in der Sache, der Art und der Klarheit der Aussage gewesen sei. Wahrscheinlich war das Interesse an Logik an der Harvard Universität damals ebenso gering wie bei GOTTLOB FREGE in Jena oder ERNST SCHRÖDER in Karlsruhe, die beide unter Hörermangel zu leiden hatten. Bekanntlich kommt es aber auch heute noch vor, daß eine Spezialvorlesung nur von wenigen Hörern besucht wird.

Der Titel *On the Logic of Science*, den PEIRCE für diese ersten Vorlesungen an der Harvard Universität wählte, verrät seine Absicht, die Logik nicht nur als eine Analytik im Sinne des ARISTOTELES und der Logiker seiner Zeit darzulegen, die der Logik nur „eine Anzahl abstrakter Prinzipien" unter dem Titel „höhere Gesetze der Logik" hinzufügten, sondern sie als eine **„Methode der Forschung"** zu entwickeln. Ähnlich wie in BERNARD BOLZANOs *Wissenschaftslehre* (1837), die PEIRCE jedoch nie zugänglich war, werden die logischen zu wissenschaftstheoretischen Untersuchungen weiterentwickelt und dadurch auch zur Lösung erkenntnistheoretischer Fragen befähigt. Desgleichen werden aber auch ontologische Probleme berührt und erste Ansätze zu einer allgemeinen Zeichenlehre gemacht. Damit hat CHARLES PEIRCE bereits einige seiner Grundprobleme dargelegt. Vor allem was die Semiotik betrifft, hat er aber immer wieder gesagt, daß er sich als einen „Pionier in dieser Wissenschaft" verstehe, deren Probleme er zwar angeben, aber allein nicht lösen könne.

In den ersten sechs Vorlesungen gibt PEIRCE einen Überblick über verschiedene Logik-Auffassungen von ARISTOTELES bis zu seiner Gegenwart und begründet seine Ablehnung der psychologischen Behandlung der Logik. In der Vorlesung VII stellt er dann fest, daß die Syllogismen „keine zusätzlichen abstrakten Prinzipien" benötigen, da jede Schlußfigur bereits ein abstraktes Prinzip sei, das der Erkenntnis Einheit verleihe. Hinsichtlich des deduktiven Schließens stellt er fest, daß dieses rein explikativ sei; denn das, was in den Prämissen *implizit* vorhanden sei, werde in der Konklusion nur *explizit* gemacht. Diese Überlegung führt ihn zur Unterscheidung direkter und indirekter Explikationen und zur Feststellung, daß die direkte Explikation eines *Wortes* die Ersetzung eines Wortes durch das ist, was durch das Wort *impliziert* wird. Damit eine Aussage etwas impliziert, das noch nicht *ausgedrückt* ist, müsse ein Wort jedoch entweder etwas *denotieren* oder etwas *meinen*. Nach PEIRCE ist eine Explikation im allgemeinen die Anwendung der Maxime, daß das, was ein Wort denotiert, das ist, was es meint. Aber er unterscheidet dabei zwei *Funktionen* eines Wortes: 1. etwas denotieren, d. h. für etwas stehen, 2. etwas konnotieren, d. h. etwas meinen. Der *Umfang* eines Wortes wird denotiert, der *Inhalt* eines Wortes wird konnotiert. Durch diese Differenzierung ist es möglich, Umfang oder *Extension* und Inhalt oder *Intension* von Worten zu vergleichen. So ist z. B. der Umfang von „Neger" kleiner als der Umfang von „Mensch", aber der Inhalt von „Neger" größer als der Inhalt von „Mensch". Als wichtigen Satz findet er: „Je größer der Umfang, desto kleiner der Inhalt." Der höchste Begriff, der überhaupt keinen Inhalt hat, ist das „Seiende"; der niederste Begriff, der jeden beliebigen Inhalt hat, ist das „Nichts". „Seiendes" hat die größte Extension, aber keine Intension, „Nichts" hat die größte Intension, aber keine Extension. Der Umfang individueller Begriffe ist nahe bei Nichts und ist nicht abzählbar; Oberbegriffe, die nahe beim „Seienden" sind, sind inhaltlich zwar „einfach", aber ebenfalls nicht abzählbar. Diese „extremen Begriffe" sind zwar denkbar, aber praktisch unmöglich; denn man kann weder ein Individuum ganz erreichen, noch kann man einen wirklich einfachen Begriff finden. Allerdings enthalten individuelle Begriffe immer schon etwas Allgemeines und einfache Begriffe sind immer schon mit anderen Begriffen verbunden oder in anderen enthalten, d. h., es gibt keinen von anderen getrennten oder isolierten Begriff.

Im Verlauf der Vorlesungen verbindet PEIRCE diese Überlegungen mit der Darlegung der Induktion und Hypothese (später „Abduktion" genannt), die er neben der Deduktion als „logische Methoden" betrachtet und die er für die Arbeit jedes Wissenschaftlers als unabdingbar ansieht. (Vorwegnehmend sei gesagt, daß er in seinen Vorlesungen über *Pragmatismus*, die er 1903 an der Harvard Universität hielt, die Abduktion, die selbst nicht ohne Induktion und Deduktion begriffen werden könne, durch die allein jedoch die Innovation in der Wissenschaft zu gewinnen sei, als die wichtigste logische Methode seines Pragmatismus bezeichnete.) In diesen ersten Vorlesungen von 1865 sieht er die Induktion noch als diejenige logische Methode an, durch die wir unser Wissen vermehren können, und bemerkt, daß, wenn unser Wissen ansteigt, dann entweder die Extension oder Intension eines Begriffes wächst. Die Identifikation von zwei vorher verschiedenen Begriffen wird von ihm als „Prozeß der Ernährung von Begriffen" verstanden, durch den sie „Leben, Kraft und kreative Energie" gewinnen, da sie den Effekt haben, das „Chaos des Nicht-Wissens auf den Kosmos der Wissenschaft zu reduzieren". Jedes Äquivalent eines Begriffes sei die Erklärung dessen, was im ersten Begriff enthalten sei, und damit seien sie „Surrogate", im Sinne von „Ersetzungen" oder „Interpreten" des ursprünglichen Begriffs. „Sie sind neue Körper, die durch dieselbe Seele belebt sind. Ich nenne sie die Interpretanten des Begriffs. Und die Quantitäten dieser Interpretanten nenne ich die Information oder Implikation des Begriffs."

Das Gesetz über den Zusammenhang von Extension und Intension lautet hier: „Extension mal Intension gleich Information." Zweifellos stellt diese Formulierung eine gewisse Vorläuferschaft zur modernen statistischen Informationstheorie (WIENER, SHANNON) dar.

Diese Ausführungen sind bereits explizit semiotischer Natur, und die von ihm eingeführten neuen Begriffe wurden die Grundlage des terminologischen Rahmens der von ihm entwickelten Zeichenlehre.

Der erste Schritt zur Gewinnung des Wissens von etwas ist nach PEIRCE die *Setzung* eines Begriffs, was zugleich der „Ursprung der Information dieses Begriffs" ist. „Ich verkünde hier das große und fundamentale Geheimnis der Wissenschaftslogik", fügt er etwas pathetisch hinzu.

Nach diesen, noch logisch zu nennenden Ausführungen geht PEIRCE zu der neuen, rein *semiotischen* Betrachtungsweise über, die durch den Begriff des „Interpretanten" eingeleitet wird. Ein Wort oder „Zeichen" (hier noch „symbol" genannt) habe viele Implikationen, d. h. viele *Interpretanten*, es sei aber auch eine Art *Repräsentation* und damit etwas, das *für etwas anderes* stehe. Analysiere man den Begriff „stehen für etwas", so finde man, meint PEIRCE, daß es eigentlich heißen müßte „stehen zu etwas für etwas", und das, an was sich ein Wort oder Zeichen wendet oder *zu* was es steht, sei sein Interpretant oder sein identifizierendes Zeichen. Er stellt dann fest, daß Objekte auf verschiedene Weise repräsentiert werden können, und zwar können Zeichen „Ähnlichkeit" mit ihrem Objekt haben (z. B. Statuen, Bilder, Embleme, Hieroglyphen), sie können „von den Menschen oder Gott" aufgestellt sein (z. B. Kerbhölzer, Eigennamen) und sie können „Symbole oder allgemeine Repräsentationen" sein (z. B. Wörter, Begriffe, Sätze, ein ganzes Buch). Später hat er die Objektrepräsentation begrifflich geklärt und methodisch erweitert.

In der VIII. Vorlesung (MS 346) verwendet PEIRCE zum ersten Mal den Begriff „Triade". Er sprach übrigens später mit der immer wieder festzustellenden Neigung zur Selbstironisierung von seiner Krankheit, der „Triadomanie". Hier heißt die Triade: „Ding – Repräsentation – Form", wobei er unter „Repräsentation" (im Unterschied zu KANTs „Vorstellung", die nicht mit „Repräsentation" identisch sei) das versteht, was einem Geist, der dies wirklich versteht, etwas anderes repräsentiert. *„Unsere ganze Welt, die wir verstehen können, ist daher eine Welt der Repräsentationen"*, heißt einer der wichtigsten Sätze, die sich daraus ergeben und von BERKELEY übernommen sein könnten, wenn BERKELEY die Außenwelt nicht geleugnet hätte oder – wie PEIRCE sich einmal ausdrückte –, wenn BERKELEY „Wahrnehmung" und „wahrgenommen-sein" nicht identifiziert hätte.

Unter „Ding" (oder „Objekt") versteht er das, für das eine Repräsentation steht, und unter „Form" die Relation, in der eine Repräsentation *zu* etwas stehen kann. Nur die Repräsentation sei „absolut" bekannt, Formen und Dinge hingegen nur mit Hilfe der Repräsentation. Da wir Dinge und Formen nur durch Repräsentation kennen, besitzen unsere Repräsentationen, wenn sie konsistent sind, „alle Wahrheit, die der Fall zuläßt". Er unterteilt die Repräsentationen in „Zeichen" (später: „Index"); „Kopie" (später: „Icon"[16]) und „Symbol" und findet eine Reihe grundlegender Definitionen und Theoreme seiner Semiotik, die er später nur noch begrifflich, nicht inhaltlich verändert hat.

Auch die bei ihm immer wieder auftauchende Einteilung der Semiotik kann man in diesen Manuskripten bereits antreffen. Er formuliert hier: *„Allgemeine Grammatik* ist die Wissenschaft von den Gesetzen der Relationen von Symbolen. *Logik* ist die Wissenschaft von den allgemeinen Gesetzen ihrer Relationen zu Objekten. *Rhetorik* ist die Wissenschaft von den allgemeinen Gesetzen ihrer Relationen zu anderen Zeichensystemen."

In der IX. Vorlesung (MS 347) spricht PEIRCE u. a. von „Bedeutung" oder „Konnotation" und von „Relation zu den Dingen" oder „Denotation" und folgert daraus: „Ein Begriff hat Intension, wenn er Bedeutung hat; und hat Extension, wenn er auf Objekte anwendbar ist." Nach der Unterscheidung eines „materialen Objektes" (Ding) von einem „formalen Objekt" (Bedeutung) und einem „repräsentierenden Objekt" (das wir in Stuttgart in unseren semiotischen Arbeiten „Mittel" nennen und das er selbst in seinen letzten Jahren „medium" oder „means" nannte) differenziert er die logischen Methoden wie folgt: „Hypothesen liefern uns die Fakten; Induktion erweitert unser Wissen; Deduktion macht es deutlich." Einige Jahre später korrigierte er diese Aussage, wie wir noch sehen werden.

Beurteilt man diese erste Vorlesungsreihe von 1865 im ganzen, so kann man feststellen, daß PEIRCE bereits im Alter von 25 Jahren grundlegende Probleme der Logik und Semiotik nicht nur gestellt hat, sondern auch zu lösen versuchte. Selbst wenn diese Lösungsversuche nur ein Herantasten an die ins Auge gefaßte Theorie darstellen, sind sie später, wie gesagt, in ihren wesentlichen Bestandteilen nur präzisiert und ergänzt, nicht verändert worden.

Aus dem Jahre 1865 sind verschiedene Manuskripte erhalten, die ebenfalls logischen Untersuchungen gewidmet sind, etwa: *An Unpsychological View of Logic to which are appended some applications of the theory of psychology and other subjects* (MS 726, W, I, S. 305–321); hier werden wiederum „denotation", „connotation", „information", „extension" und „comprehension" usw. behandelt, die alle als Vorarbeiten zu dem Artikel *Upon Logical Comprehension and Extension*, der 1867 publiziert wurde, anzusehen sind. Dazu gehört auch *Preliminary Sketch of Logic* (MS 742) mit Ausführungen zu den Begriffen: „argument", „leading principle", „copula", „term" usw. sowie die ausführlichen Notizen zu philosophischen Begriffen von A–Z, *Notes for a Philosophical Dictionary* (MS 1156).

CHARLES PEIRCE hielt diese Vorlesungen übrigens neben seinen physikalisch-astronomischen bzw. mathematisch-geodätischen Arbeiten für die Coast Survey, für die er im Auftrag seines Vaters Berechnungen der Dauer der Finsternisse der Pleiaden machte. Er assistierte seinem Vater auch bei astronomischen Berechnungen der Beobachtungen des Mondes.

2. Vorlesungen am Lowell Institut in Boston 1866/67

Seine zweite Vorlesungsreihe über „Logik der Forschung"[17] oder „Wissenschaftslogik", wie man *Logic of Science* übersetzen kann, hielt CHARLES PEIRCE im Studienjahr 1866/67 mittwochs und samstags abends vom 24. 10. bis 1. 12. 1866 am Lowell Institut in Boston.

Dieses Institut wurde von JOHN LOWELL (1799–1836) als Zentrum für „höhere Vorlesungen für den Durchschnittsbürger" gegründet. Führende Wissenschaftler aus aller Welt hielten dort mehr als hundert Jahre lang freie Vorlesungen aus allen Bereichen menschlichen Wissens.[18]

Ob es sich bei PEIRCE um 11 oder 12 Vorlesungen handelte, läßt sich nicht mit Bestimmtheit sagen[19]. Die Manuskripte der Vorlesungen: V, VI und VIII sind verlorengegangen, die restlichen (MSS 351–359) sind seit 1982 zugänglich.[20]

Zu diesen Vorlesungen verfaßte PEIRCE einen Privatdruck mit dem Titel *Memoranda Concerning the Aristotelian Syllogism*, der im November 1866 am Lowell-Institute verteilt wurde (vollständig CP 2.792-807, und W, I, 505–515).

Vorlesung I vom 24. Oktober 1866 (MSS 351 und 352) war als Einführung gedacht. PEIRCE geht zunächst auf den Streit zwischen Realisten und Nominalisten ein, berührt den Unterschied zwischen formalen und anthropologischen (oder psychologischen?) Logikern und bestimmt die Logik als „klassifizierende Wissenschaft". Abschließend erläutert er den traditionellen Syllogismus (MS 351).

In MS 352 erörtert er die Natur der Logik, die Arten von Argumenten sowie die Modi und Figuren des kategorischen Syllogismus. Vorlesung II (MS 353) vom 27. Oktober 1866 handelt vom „hypothetischen Syllogismus", „Zenons Paradoxon" und von verschiedenen „Sophismen".

Vorlesung III (MS 354, erstmals publiziert in NEM III/1, 218–230) beschäftigt sich vor allem mit „Wahrscheinlichkeit", der Bedeutung von „likely" (wahrscheinlich, vielversprechend, geeignet) und „probable" (wahrscheinlich, mutmaßlich, einleuchtend), behandelt darüber hinaus die „Boolesche Algebra" und fragt nach der Berechtigung der Induktion. Schließlich stellt er die allen Schlußweisen gemeinsamen Eigenschaften fest und übt Kritik an den Antworten, die gewöhnlich von „Mathematikern und Theologen" gegeben werden.

Am 4. November 1866 berichtete WILLIAM JAMES seiner in New York weilenden Schwester ALICE, daß er die Vorlesung von C. S. PEIRCE besucht habe – es ist mit großer Wahrscheinlichkeit anzunehmen, daß es sich um die eben genannte Vorlesung III handelte – und sagte darüber in seinem Brief: „... von der ich nicht ein Wort verstehen konnte, aber die Empfindung des Zuhörens eine Stunde lang sehr genoß". G. W. ALLEN, der diese Briefstelle zitiert, fährt danach fort: „William sagte nicht, was ihr Gegenstand war, aber vielleicht war ihm sogar dieser nicht klar. Dieser brillante aber stachlige Sohn des berühmten Professors der Mathematik in Harvard sollte bald großen Einfluß auf William James' intellektuelle Entwicklung gewinnen, indem er ihm einige Grundideen und -begriffe, einschließlich ‚Pragmatismus' lieferte, die er auf seine eigene Weise entwickeln sollte. Aber James, intuitiv und introspektiv, sollte Peirce, der völlig auf Mathematik und den Naturwissenschaften basierte und ein formaler, rigoroser, kalter, unpersönlicher Logiker war, niemals voll verstehen. Keine Freunde hätten in Temperament und Intellekt verschiedener sein können." (ALLEN, 125)

William James
(1842–1916)

Wer W. JAMES aus seinen Schriften kennt, wird sich der Meinung seines Biographen anschließen; denn tatsächlich kann man sich keine größeren Gegensätze als PEIRCE und JAMES vorstellen, auch wenn man PEIRCE selbstverständlich nicht als einen „kalten Logiker" bezeichnen kann. Ob JAMES 1866 noch eine andere Vorlesung gehört hat, ist nicht sicher. Aber auch später hat er sich immer wieder einmal Vorträge von PEIRCE angehört und war bestrebt, ihm bei der Suche nach einer akademischen Stelle behilflich zu sein.

In Vorlesung IV (gehalten am 3. November 1866, MS 355) übt PEIRCE Kritik an J. St. MILLs Auffassung der Induktion, insbesondere an seiner Definition der „Gleichförmigkeit der Natur", auf die er 1878 in seinem Aufsatz *The Order of Nature* zurückkommen wird.

Die Vorlesungen V (MS 343) und VI (MS 696) sind wahrscheinlich am 7. und 10. November gehalten worden. Die Vorlesung VII (MSS 356, 345, 919, 1571) eröffnete die zweite Hälfte der Reihe. PEIRCE macht hier vor allem Ausführungen zu „extension" und „comprehension" und beklagt schon damals den „Niedergang der intellektuellen Vorherrschaft von Boston". Er spricht auch über die Rolle der Philosophie in Amerika und stellt fest, daß es bisher keine amerikanische Philosophie gebe, daß dies aber in Zukunft der Fall sein würde, und notiert verschiedene Züge des „Yankee-Charakters", die für das Philosophieren nützlich seien.

Vorlesung VIII ist wohl verlorengegangen. Die Vorlesungen IX, X, XI (MSS 357, 358, 359) sind nicht datiert. Diese drei Vorlesungen beschäftigen sich vorwiegend mit der Thematik der Zeichentheorie. So wird in Vorlesung IX erörtert, daß Sinneswahrnehmungen keine Repräsentationen unbekannter Dinge, sondern jene Dinge selbst seien[21]; Sensation plus Konzeption, d. h., Sinneswahrnehmung plus Begriff sei Repräsentation. Weitere Thematiken sind: Substanz, seiend, vermittelnder Begriff; Grund, Korrelat und Interpretant; Qualität, Relation, Repräsentation; Kopie (Icon), Index, Symbol; Term, Proposition, Argument; Arten von Begriffen usw. Dieses Manuskript enthält auch ein Zitat aus dem Werk des deutschen Philosophen JOHANN FRIEDRICH HERBART (1776–1841), der in Amerika viel gelesen wurde.[22]

In Vorlesung X (MS 358) wurde zum ersten Mal sehr deutlich die erkenntnistheoretische Position dargelegt, die PEIRCE auch später verteidigt hat, daß nämlich jede Kenntnis (cognition) aus einer anderen Kenntnis hergeleitet wird und es daher *keine erste Prämisse* oder *Intuition*[23] gebe. Er geht auch auf einige Konsequenzen, die sich aus dieser Position ergeben, ein. Ausführlich schreibt er 1868 über diese Thematik in seinem Aufsatz *Questions Concerning Certain Faculties Claimed for Man* und in dem darauf folgenden *Some Consequences of Four Incapacities*, die er 1868 in zwei Heften des Journal of Speculative Philosophy veröffentlichte.

In Vorlesung XI (MS 359) war vom Zeichen und der Triade: „Objekt, Interpretant und Grund" die Rede, von Dreiheit und Christlicher Dreieinigkeit, wobei der „Heilige Geist" dem „Grund", „Gott" (Vater und Sohn) dem „Objekt" und der „göttliche Logos" dem „Interpretanten" gleichgesetzt wurden.

Allen Vorlesungen war, wie den vorhergehenden am Harvard College, gemeinsam, daß sie die logische in eine semiotisch-erkenntnistheoretische Thematik erweiterten.

3. Tätigkeit in der Coast Survey und Vorträge vor der American Academy of Arts and Sciences

Nach dem Tode von ALEXANDER BACHE (einem Enkel von BENJAMIN FRANKLIN) wurde BENJAMIN PEIRCE am 17. 2. 1867 der 3. Superintendent der Coast Survey. Am 1. Juli 1867 wurde CHARLES PEIRCE vom „Aide" zum „Assistant" in der Coast Survey befördert. Er arbeitete für die Coast Survey in den folgenden 24 Jahren in Amerika und Europa mit großem Erfolg, das heißt bis zu seinem Ausscheiden am 31. Dezember 1891. Zunächst wurde er mit Arbeiten am Harvard Observatorium, das heute noch besteht, betraut, wo er zum ersten Mal verschiedene neue Linien im Spektrum der Aurora Borealis beobachtete und maß.[24]

Im Januar 1867 wurde er auch als „fellow" (vollberechtigtes Mitglied) in die American Academy of Arts and Sciences aufgenommen.

Neben der Tätigkeit für die Coast Survey verfolgte er vor allem seine logischen Studien. Seinen Bruder JAMES, der nach Deutschland gereist war, bat er, ihm doch folgende Bücher zu kaufen: BENEKE: *System der Logik* (2 Bände); DROBISCH: *Logik*, 3. Aufl.; INESTEN: *Logik*; BRANDISS: *Geschichte der griechisch-römischen Philosophie*; KIRCHMANN: *Philosophie des Wissens*; ÖSTERLEN: *Medicinische Logik*; FRIEDR. FISCHER: *Lehrbuch der Logik*. (Brief vom 16. Juli 1867)

CHARLES PEIRCE wurde als einer der vielversprechenden jungen Gelehrten angesehen, von dem sein Vater meinte, er hätte eine große Karriere als Mathematiker vor sich, was zwar der Sache, aber nicht der beruflichen Stellung nach richtig war, wie man heute, nach der Publikation eines Teils seiner hinterlassenen mathematischen Schriften weiß.

Obwohl er mit achtundzwanzig Jahren bereits viel erreicht hatte, war es ihm jedoch noch nicht gelungen, eine Stelle an einer amerikanischen Universität zu erhalten, und sowohl an der Harvard Universität als auch in der Coast Survey galt CHARLES PEIRCE immer noch als *Sohn* des großen BENJAMIN PEIRCE.

Er versuchte vermutlich, sich nun mit einer Vortragsreihe, die auch als Artikelserie publiziert wurde, aus dem Schatten des Vaters zu lösen. Es handelte sich um die Reihe von Vorträgen, die er 1867 vor der American Academy of Arts and Sciences gehalten hat und die in den proceedings dieser Gesellschaft (PAAAS, vol. 7, 1868)[25] publiziert wurden. Die Titel der Vorträge waren:

1) *On an Improvement in Boole's Calculus of Logic,*
2) *On the Natural Classification of Arguments,*
3) *On a New List of Categories,*
4) *Upon the Logic of Mathematics,*
5) *Upon Logical Comprehension and Extension.*

Neben rein logischen Themen gehört vor allem die erste Darstellung seiner neuen Konzeption der Kategorien und der Zeichen zu dieser Serie.

Der erste Vortrag (12. März 1867) *On an Improvement in Boole's Calculus of Logic* (250–261) stellt eine wichtige Erweiterung des BOOLEschen Kalküls von 1848 durch die Einführung der *Distribution*, d. h. der Deutung der algebraischen Summe als einer nicht-ausschließenden oder-Verknüpfung oder logischen Summe, dar. Neben seiner späteren Neuformulierung der *Inklusion* wird dies z. B. von J. M. BOCHENSKI (*Formale Logik* (1956) 345, 352) als einer der wichtigsten Beiträge von PEIRCE zur modernen mathematischen Logik angesehen. Des weiteren werden in diesem Vortrag die *logische Multiplikation* und die *logische Substraktion* dargelegt und eine scharfe Unterscheidung zwischen „Ereignis-Wahrscheinlichkeit" und „Wahrscheinlichkeit der Ausdrucksformen", die BOOLE nicht berücksichtigt hatte, gemacht.

Schließlich werden drei entscheidende Unterschiede zwischen dem eigenen und BOOLEs logischem System formuliert, die nach PEIRCE folgendes besagen:

1) BOOLE benutzte die von ihm so genannten Operationen der „logischen Addition und Substraktion" nicht, die jedoch drei Vorteile bieten: 1) geben sie dem System Einheit, 2) verkürzen sie die Arbeit und 3) ermöglichen sie den Ausdruck „partikulärer Sätze" („einige a"), was BOOLE in seinem Kalkül nicht ausdrücken kann.

2) BOOLE benutzte das algebraische Multiplikationszeichen für die logische Multiplikation, was ihn hinderte, „logische Identität" in „Gleichgewicht von Wahrscheinlichkeiten" zu überführen.

3) BOOLE kannte keine Funktion von der Art a_b (d. h. b ist eine Funktion von a), was ihm zwei Schwierigkeiten einbrachte: 1) wenn die Wahrscheinlichkeit einer solchen Funktion gefordert wird, kann er sie nur aufgrund der Striktheit seines Systems erhalten; 2) da er das Symbol nicht hat, muß er, ohne das Prinzip anzunehmen, erklären, daß, da einfache unbedingte Ereignisse, deren Wahrscheinlichkeiten gegeben sind, unabhängig sind, ein auf Wahrscheinlichkeit anwendbarer Logikkalkül unmöglich ist. [Das heißt, er gelangt hier nicht zu der dann später von dem russischen Mathematiker MARKOW eingeführten „abhängigen Wahrscheinlichkeit".]

Im Juli 1867 hat PEIRCE in der Rezension von JOHN VENNs *The Logic of Chance* (The North American Review, 105 (July 1867) 317–321)[26] zum ersten Mal seine eigene Wahrscheinlichkeitslehre dargelegt. Ausgehend von dem Hinweis auf die Leistung von FRANCIS BACON für die moderne Wissenschaft, der in seinem *Novum Organon* (1620) mit der Diskussion wahrscheinlicher Argumente oder Schlüsse die Logik für die Wissenschaften interessant gemacht habe, erörtert PEIRCE zunächst die verschiedenen Auffassungen der Wahrscheinlichkeitslehre bei BERNOULLI, JOHN ST. MILL und JOHN VENN und bemerkt dann, daß, wenn Wahrheit in der Übereinstimmung einer Repräsentation mit ihrem Objekt besteht, die Modifikation eines Urteils dieses nicht wahrer machen kann. Die Brüche, die man Wahrscheinlichkeiten nennt, geben nur Sicherheit *auf lange Sicht*. Damit der Grad der Überzeugung mit einer Wahrscheinlichkeit auf lange Sicht korrespondiere, müsse er die Repräsentation eines allgemeinen statistischen Faktums, d. h. eines *realen, objektiven* Faktums sein. Dann sei aber der Grad der Überzeugung bei der Definition der Wahrscheinlichkeit überflüssig; denn das Faktum, nicht die Überzeugung sei wahrscheinlich. BOOLE habe zwar als erster die mathematische Wahrscheinlichkeitslehre mit der logischen Lehre der wahrscheinlichen Schlüsse in Einklang gebracht, meint PEIRCE, habe aber den Fehler begangen, zuzulassen, daß einfache Ereignisse, deren Wahrscheinlichkeiten gegeben sind, unabhängig sind. JOHN VENN habe dies zwar überwunden, aber andere, konzeptualistische Fehler begangen, die man aus seinen „Anwendungen auf Moral und Sozialwissenschaft" entnehmen könne. PEIRCE selbst unterscheidet:

1) die Wahrscheinlichkeit eines Ereignisses oder Satzes und

2) die Wahrscheinlichkeit, daß ein Individuum einer Klasse ein gewisses Merkmal besitzt, wenn damit die Verhältniszahl zwischen den Individuen der Klasse, die dieses Merkmal besitzen, und der Gesamtzahl der Individuen in der Klasse gemeint ist.

Überzeugung und Erwartung können nach PEIRCE nicht durch eine einzelne Zahl repräsentiert werden, und keine einzelne konstante Zahl kann irgendeinen Wert repräsentieren.

Am 9. April 1867 hielt PEIRCE den zweiten Vortrag: *On the Natural Classification of Arguments* (261–287; CP 2.461-516)[27]. Ausgangspunkt seiner Untersuchung ist KANTs Abhandlung *Die falsche Spitzfindigkeit der vier syllogistischen Figuren*, in der KANT behauptete, daß alle logischen Figuren auf das Schlußschema „Barbara" zurückführbar seien. Laut PEIRCE übersah KANT, daß bei der Reduktion der anderen Figuren auf Barbara *zusätzliche* logische *Regeln* eingeführt werden müssen, die angegeben werden könnten.

Das Prinzip (oder die Regel), das es gestattet, aus wahren Prämissen eine ebenfalls wahre Konklusion zu folgern, nennt PEIRCE das „Leitprinzip" des Arguments. Das Argument wird hier noch als „Prämissenkörper" vom „Schluß", der ein Urteil über das Argument darstelle, unterschieden. Da Argument und Schluß voneinander abhängen und beide für die Logik notwendig seien, sei eine „natürliche Klassifikation der Argumente" möglich, nämlich in: 1) vollständige, 2) unvollständige und 3) rhetorische oder enthymematische Argumente. Nur das vollständige Argument sei für das Genus oder die „natürliche Klasse der Argumente" konstitutiv. Es habe zwei Prämissen oder könne auf eine Reihe von Argumenten reduziert werden, deren jedes zwei Prämissen habe.

Die allgemeinen Formen der Argumente notiert PEIRCE wie folgt:

M ist P	es ist falsch: S ist P	S ist M
S ist M	es ist falsch: M ist P	es ist falsch: S ist P
S ist P	es ist falsch: S ist M	es ist falsch: M ist P

Daraus folgert er, daß kein Syllogismus einer indirekten Figur auf „Barbara" reduziert werden kann, ohne daß eine *Substitution* vorgenommen werden muß. PEIRCE behandelt somit die Syllogismen als Substitutionen und unterscheidet aufgrund der Formen der Substitutionen drei verschiedene Klassen von Argumenten, d.h., der Syllogismus ist für ihn nichts anderes als die *Operation der Substitution*.

In diesem Vortrag ist PEIRCE noch der Auffassung, daß die *Deduktion* zur ersten Figur, die *Hypothese* zur zweiten, die *Induktion* zur dritten und die

Analogie zur vierten Figur gehören; später erkannte er jedoch, daß die Schluß-*methoden* nicht auf die Schluß*figuren* zurückgeführt werden können. Er bemerkt hier aber bereits, daß manche Sätze nicht zwei, sondern drei Terme (Begriffe) haben: Subjekt, Prädikat und Objekt, und daß sie aktiv oder passiv sein können, was in der traditionellen Logik unbeachtet blieb. Diese Überlegungen führten ihn zwangsläufig zur *Relationenlogik*, in der die klassische Logik nur den Spezialfall der Relation der „Ähnlichkeit" (similarity) darstellt.

PEIRCE bemerkt auch, daß die Relation zwischen Subjekt und Prädikat oder *Vorgänger* und *Nachfolger* im wesentlichen dieselbe ist wie die zwischen Prämisse und Konklusion[28].

Da die Prinzipien der Klassifikation, die die Logik in allen ihren Formen beherrschen, laut PEIRCE in den *Operationen* und nicht in den *Inhalten* gefunden werden müssen, lassen sich die Operationen durch die Klassifizierung der „Muster der Relationen" charakterisieren. Es müsse demnach ein *triadisches Muster* geben, das die drei Formen von Argumenten in einem ihrer Vorkommen umfaßt, und diese fundamentalen Muster, die den Argumenten zugrunde liegen, seien die *Kategorien*.

Der dritte Vortrag *On a New List of Categories* (287–298; CP 1.545-559) wurde am 14. Mai 1867 gehalten. Er führte den letzten Gedanken des vorhergehenden Vortrages aus und war für alle späteren Arbeiten von PEIRCE ganz besonders wichtig und grundlegend, so daß PEIRCE selbst sowohl hinsichtlich der Kategorien wie auch der Zeichenlehre, immer wieder auf ihn zurückgegriffen bzw. verwiesen hat. Der Ausgangspunkt der Erörterungen ist wieder KANT, und zwar dessen Auffassung, daß die „Funktion der Vorstellungen darin besteht, die Vielzahl sinnlicher Eindrücke auf Einheit zurückzuführen, und daß die Gültigkeit einer Vorstellung in der Unmöglichkeit der Reduzierung des Inhalts des Bewußtseins auf Einheit, ohne die Einführung dieser Funktion, besteht". PEIRCE wendet gegen KANT ein, daß eine Vorstellung zwar die sinnvolle Vielfalt vereinigen könne und dann eine andere gefordert werden müsse, die die Vorstellung und die Vielfalt, auf die sie angewendet wird, vereinige usw., daß man aber Anfang und Ende dieses Prozesses bestimmen müsse. Und er stellt fest, daß beim vollständigen Argument die *Prämisse* den Beginn und das *Leitprinzip* das Ende darstelle und damit der Konstruktionsprozeß angebbar sei. Da nun die allgemeine und den Sinnen am nächsten liegende Vorstellung die Vorstellung von *Gegenwart* im allgemeinen aber nur das „rein denotative Vermögen des Geistes" sei, könne es „keine eigene Einheit" besitzen. Es sei die Vorstellung des „Es" im allgemeinen, d. h. der Substanz.

Die nächste Stufe der Erkenntnis sei diejenige, wo „die Einheit, auf die der Verstand die Impressionen reduziert, die Einheit der Aussage" ist, d. h. die Verknüpfung von Subjekt und Prädikat oder das, was in der Kopula impliziert ist, d. h. die Vorstellung von „sein" (being), durch die die Vielheit auf Einheit reduziert wird. Substanz (it) und „sein" (is) bezeichnen demnach Beginn und Ende jeder Vorstellung, doch ist das Wort „sein" nach PEIRCE so lange leer, bis es in einer Formulierung wie etwa „... *ist* ein Mensch" verstanden werden kann. Substanz und Sein werden in einem bestimmten Urteil durch den Prozeß der *Präzision* oder *Abstraktion* verknüpft, der sorgfältig von zwei weiteren Prozessen, der *Diskrimination* (Unterscheidung) und der *Dissoziation* (Trennung) unterschieden werden müsse. Fakten, die man aus der Betrachtung geistiger Prozesse gewinne, bildeten die Grundlage einer systematischen Untersuchungsmethode dessen, welche allgemeinen elementaren Vorstellungen *zwischen* der „Vielfalt der Substanz" und der „Einheit des Seins" vorhanden seien. Das, was von unmittelbaren Daten abstrahiert werden könne, bilde die Vorstellung einer *Qualität* oder dessen, das eine Substanz charakterisiert. Die Vorstellung „reiner Abstraktion" ist nach PEIRCE unabdingbar, weil man die Übereinstimmung zweier Dinge nur als Übereinstimmung in einer *Hinsicht*, etwa der „Schwärze", verstehen kann. Als Grundlage eines jeden Vergleichs müsse daher die Relation zu einer *Qualität* oder zu einem „Grund" genannt werden. Qualität könne nur durch ihren Kontrast zu oder ihre Ähnlichkeit mit einer anderen Qualität erkannt werden. Daß man vom „schwarzen Ofen" spreche, schließe ein, daß er nicht anders als schwarz sei, d. h. einen „Bezug zu **einem** Korrelat" besitze. Das *Korrelat* sei demnach die nächste Vorstellung nach der Qualität. Nun schließe jeder Akt des *Vergleichs* irgendeinen *Modus der Repräsentation* ein. Jeder Vergleich erfordere eine vermittelnde Repräsentation, die PEIRCE den *Interpretanten* nennt, weil, wie er sich ausdrückt, der Interpretant die Dienste eines Dolmetschers erfüllt, der sagt, daß ein Ausländer dasselbe sagt, das er selbst auch sagt: „Jeder Bezug zu einem Korrelat verbindet mit der Substanz die Vorstellung eines Bezugs zu einem Interpretanten, und das ist die nächste Vorstellung, wenn man von Sein zu Substanz übergeht." Die fünf Vorstellungen, die PEIRCE aus dieser Analyse gewinnt, sind:

1) Sein (seiend)
2) Qualität (Bezug zu einem Grund)
3) Relation (Bezug zu einem Korrelat)
4) Repräsentation (Bezug zu einem Interpretanten)
5) Substanz
oder:

was ist (is)
   Quale (zu einem Grund)
   Relate (zu Grund und Korrelat)
   Repräsentamen (zu Grund, Korrelat und Interpretant)
es (it).

Diese drei Vorstellungen der *Beziehung zu einem Grund*, zu einem *Objekt* und zu einem *Interpretanten* seien, so PEIRCE, die fundamentalsten Vorstellungen oder *Kategorien*, zumindest *einer* universalen Wissenschaft, nämlich der *Logik*.

PEIRCE, der sich hier offensichtlich scheute, explizit die *Semiotik* zu zitieren, teilt die *Logik* aufgrund der Beziehung der „Symbole im allgemeinen" zu ihren Objekten in die drei Bereiche ein:

1) *Formale Grammatik* (formale Bedingungen von bedeutungsvollen Symbolen)
2) *Kritische Logik* (formale Wahrheitsbedingungen von Symbolen)
3) *Formale Rhetorik* (formale Bedingungen der Kraft von Symbolen).

Der 4. Vortrag mit dem Titel *Upon the Logic of Mathematics, Part I* wurde am 10. September 1867 gehalten (402–412; CP 3.20-44). Es handelt sich dabei *nicht* um die Darstellung „mathematischer Logik", sondern PEIRCE wollte zeigen, daß es „gewisse allgemeine Sätze gibt, aus denen die Wahrheiten der Mathematik [gemeint ist hier die Arithmetik und Algebra] syllogistisch folgen", wie es im ersten Satz heißt. Er kommt zunächst auf die im Artikel *On an improvement...* dargelegten acht Operationen zurück, nämlich: die logische und die arithmetische Addition, die logische und die arithmetische Multiplikation und deren inverse Prozesse. Danach gibt er sieben Definitionen an, und zwar für 1. Identität, 2. logische Addition, 3. logische Multiplikation, 4. Null, 5. Einheit, 6. arithmetische Addition und 7. arithmetische Multiplikation. Interessant sind besonders die Definitionen von Null, mit der er „*Nichts* oder die Klasse ohne *Umfang* (extent)", und von Einheit, mit der er „*Sein* oder die Klasse ohne *Inhalt* (content)", bezeichnet. Dazu formuliert er noch sechs Bedingungen (conditions). Aus diesen Definitionen sowie drei Hilfssätzen (corollaries) folgert er vierzehn Theoreme, „ohne Beweise für die meisten", da sie leicht und uninteressant seien.

Nach dieser Darstellung des logisch-algebraischen Apparates geht er im § 2 zu Betrachtungen hinsichtlich der Arithmetik über. Er beginnt mit der Definition: „Gleichheit ist eine Relation, von der Identität ein Spezialfall ist." Und er fährt fort, daß, wenn wir „Gleichheit" ohne weitere Definition ließen, alle formalen Regeln der Arithmetik dann daraus folgen würden. Das letzte von ihm angegebene Allgemeine Scholion besagt, daß aus dem vorangehenden Apparat diejenigen Theoreme folgen, die mit direkten Operationen verbunden sind. Er hat hier jedoch nicht die „Prinzipien der Logik selbst", sondern die „Maximen des logischen Vorgehens (procedure), sofern ein gewisses Zeichensystem gegeben ist", demonstrieren wollen. Die Herausgeber der *Collected Papers* machen an dieser Stelle darauf aufmerksam, daß seine Ausführungen zu einer Definition der Kardinalzahl führen, die, ähnlich der von RUSSELL und WHITE-HEAD in der *Principia Mathematica* (1912), den Charakter einer Äquivalenzrelation hat.

Grundlegend für die weiteren Analysen PEIRCEs ist, wie gesagt, die Unterscheidung von Gleichheit und Identität und die Definition der Identität als eines Spezialfalles der Gleichheit, sowie die Verbindung der Identität mit Extension und Comprehension. Wichtig ist außerdem auch die Unterscheidung von „Termen erster und zweiter Intention". Zu letzteren zählt er die traditionsgemäß seit ARISTOTELES sogenannten Prädikabilien: Gattung, Art, Unterschied,

Wesensmerkmal und zufälliges Merkmal, und bemerkt, daß die Terme zweiter Intention auf die Comprehension erster Intention, das heißt auf verschiedene Arten der Prädikation bezogen werden können. Gattung und Arten hätten jedoch mindestens auch eine zweite Beziehung zur Extension erster Intention. Berücksichtige man zum Beispiel den speziellen Unterschied einer Klasse wie der (sechs) „Neu-England-Staaten" nicht, dann gäbe es keinen Unterschied zwischen dieser Klasse und der Klasse der „Seiten eines Würfels".

Diese Vorstellung der Kardinalzahl als Identität zwischen zwei Klassen aufgrund der identischen Anzahl ihrer Elemente entspricht natürlich auch der späteren Vorstellung FREGEs in *Die Grundgesetze der Arithmetik, begriffsschriftlich dargestellt* (1893), der die Kardinalzahl definitorisch als „Äquivalenzklasse" eingeführt hat, auf die RUSSELL und WHITEHEAD Bezug nahmen (s. o.).

Im Zusammenhang mit der „arithmetischen Multiplikation" interpretiert PEIRCE übrigens die „Boolesche Algebra" als eine „Ereignisalgebra". CORNELIE LEOPOLD hat darauf aufmerksam gemacht, daß diese Auffassung noch heute die Grundlage der Wahrscheinlichkeitstheorie bildet.[29]

Der 5. und letzte Vortrag *Upon Logical Comprehension and Extension* (416–432; CP 2.391-426)[30] vom 13. November 1867 nimmt Gedanken wieder auf, die er bereits in den ersten Vorlesungen an der Harvard Universität dargelegt hatte.

Zunächst gibt er hier einen historischen Überblick über die Behandlung der Termini „Comprehension" und „Extension". Aus der Fülle der auftretenden Namen und Werke von Logikern läßt sich ablesen, wie gründlich PEIRCE bereits mit 28 Jahren die logische Literatur studiert hatte. Um dies zu zeigen, möchte ich nur die von ihm erwähnten Namen anführen, ohne auf die Auseinandersetzung PEIRCEs mit ihren Thesen einzugehen, obwohl dies zweifellos interessant wäre. Er nennt: ARISTOTELES, die Port-Royalisten, ALEXANDER APHRODIENSIS, BAYNES, Sir WILLIAM HAMILTON, LOTZE, PORPHYRIUS, BOETHIUS, JOHN of SALISBURY, VINCENTIUS BELLOVACENCIS, WILHELM von AUVERGNE, PRANTL, DUNS SCOTUS, LEIBNIZ, DESCARTES, CAJETAN, BURNET, KANT, DeMORGAN, JOHN ST. MILL, JAMES MILL, OCCAM, MORIN, CHAUVIN, EUSTACHIUS, THOMAS von AQUIN, ALEXANDER von HALES, ROGER BACON, ALBERTUS, PETRUS HISPANUS, EKKIUS, RÖSLING, ÜBERWEG, BAUMGARTEN, FOWLER, SPALDING, SHEDDEN, McGREGOR, JEVONS, EUKLID, GERLACH, SIGWART, DROBISCH, BACHMANN, TRENDELENBURG, DEWEY, HERBERT SPENCER, WATTS, FRIEDRICH FISCHER, ESSER, SCHULZE, E. REINHOLD, FRIES, BOWEN, THOMSON, MAHAN, HERBART, VORLÄNDER, STRÜMPEL, RITTER, KIESEWETTER, DUNCAN, G. B. JÄSCHE, DRESSLER, BENEKE, W. D. WILSON u. a.

Hinsichtlich der Analyse der beiden Termini übernimmt er den Vorschlag Sir WILLIAM HAMILTONs, Extension (Umfang) mit „breadth" (Breite) und Comprehension (Inhalt) mit „depth" (Tiefe) zu bezeichnen, die ihm kürzer und verständlicher erscheinen, weil die anderen Bezeichnungen im Verlaufe der Geschichte dadurch Verwirrung gestiftet hätten, daß sie immer wieder anderen Gegenständen zugeordnet worden wären.

Die Hauptfrage des Artikels betrifft jedoch den Zusammenhang zwischen diesen beiden Begriffen, das heißt das „Gesetz der umgekehrten Proportionalität von Breite und Tiefe". Zuvor definiert er außerdem, was er unter „informed breadth of a term" und „informed depth of a term" sowie unter „essentieller" und „substantieller" Breite und Tiefe versteht. Übrigens bemerkte er 1893 dazu, daß man diese Begriffe nicht allein auf „Terme" beschränken dürfe, sondern daß man auch bei Sätzen und Argumenten gleichermaßen Breite und Tiefe unterscheiden müsse. Zur „Kopula", dem Bindeglied zwischen Breite und Tiefe von Termen, führt er aus, daß er sie nicht wie HAMILTON im Sinne von „Gleichheit", sondern „wie die meisten Logiker" im Sinne von „hat alle Attribute gemeinsam mit" verwenden werde. BOLZANO ersetzte die Kopula „ist" in seiner *Wissenschaftslehre* von 1837 bekanntlich durch die Formulierung „hat die Beschaffenheit", was der Auffassung von PEIRCE genau entspricht.

Bevor PEIRCE das Gesetz des Zusammenhangs formuliert, verweist er noch auf seine Abhandlung *On a New List of Categories* vom Mai 1867, und dort insbesondere auf die drei Vorstellungen: „Beziehung zu einem Grund", „Beziehung zu einem Correlat" und „Beziehung zu einem Interpretanten", sowie auf seine Einführung des Terminus „symbol", der sowohl „Begriff" wie „Wort" umfasse. „Logik handelt von der Beziehung von Symbolen im allgemeinen zu ihren Objekten", war die daran anschließende Definition, doch diese Beziehung ist für PEIRCE immer eine dreifache, nämlich 1. „zu seinem Objekt", 2. „zu einem Grund durch sein Objekt" und 3. „zu einem Interpretanten durch sein Objekt". Oder anders ausgedrückt, unterscheidet er:

„1. die mitgeteilte (informed) Breite des Symbols,
  2. die mitgeteilte (informed) Tiefe des Symbols,
  3. die Information hinsichtlich des Symbols."

Er kann sodann die Abhängigkeit dieser Begriffe definieren als:
   „Breite × Tiefe = Bereich (area)",

wobei er nunmehr die „Information" umbenennt in „Bereich" (area). Schließlich verbindet er diese Ausführungen noch mit Deduktion, Induktion, Generalisation, Abstraktion usw., die er jetzt durch das Anwachsen oder Abnehmen ihrer „Breite" oder „Tiefe" erklären kann, wohingegen sie ohne eine solche Erklärung immer zu Verwirrung Anlaß gaben.

Später hat er dieser Abhandlung noch einen Zusatz beigefügt, der den Titel *Terminology* (1893) hatte, aber nicht mit seinen Ausführungen zur *Ethik der Terminologie* identisch ist. Wir werden später darauf zurückkommen.

Zu seinem logisch-philosophischen Werdegang bemerkte CHARLES PEIRCE in der zweiten Vorlesung der Reihe *Detached Ideas on Vitally Important Topics* (Cambridge 1898) folgendes:

„Ich kam zum Studium der Philosophie nicht wegen ihrer Lehren über Gott, Freiheit und Unsterblichkeit, sondern weil ich vor allem auf Kosmologie und Psychologie neugierig war. In den frühen sechziger Jahren war ich ein leidenschaftlicher Anhänger von Kant, zumindest was die Transzendentale Analytik in der ‚Kritik der reinen Vernunft' betrifft. Ich glaubte noch tiefer an die zwei Tafeln der Urteilsfunktionen und der Kategorien, als wenn sie vom Berge Sinai heruntergebracht worden wären. Hegel, soweit ich ihn durch das Buch von Vera[31] kannte, stieß mich ab. Nun zeigte Kant einige Relationen zwischen den Kategorien auf. Ich entdeckte andere; aber diese anderen, wenn sie überhaupt eine geordnete Relation zu einem Begriffssystem hatten, gehörten zu einem weiterreichenden System als dem von Kants Tafel. Hier lag ein Problem, dem ich zwei Jahre lang täglich drei Stunden widmete, aus dem sich schließlich mit beweiskräftiger Sicherheit ergab, daß etwas in Kants formaler Logik falsch war. Demzufolge las ich jedes Buch über Logik, das ich in die Hand kriegen konnte, und natürlich Kants Essay ‚Über die falsche Spitzfindigkeit der vier syllogistischen Figuren erwiesen' (1762); und hier entdeckte ich einen Fehlschluß, der dem der phlogistischen Chemiker ähnelte. Denn Kant behauptet, daß die Tatsache, daß alle Syllogismen auf Barbara reduziert werden können, zeigt, daß sie kein logisches Prinzip einschließen, das Barbara nicht einschließt. Ebenso könnte ein Chemiker behaupten, daß, weil Wasser, das mit zinksaurem Salz erhitzt wird, Wasserstoff freigibt, aber Wasserstoff nicht von Zink stammt, Wasser eine bloße Form von Wasserstoff ist. Kurz, Kant versäumte zu untersuchen, ob das Schließen, durch das er die indirekten Modi auf Barbara reduziert, nicht selbst ein zusätzliches logisches Prinzip einführt. Als ich dieser Annahme nachging, fand ich, daß dies tatsächlich der Fall war, und es gelang mir 1866 zu zeigen, daß sowohl die zweite als auch die dritte Figur ein spezielles zusätzliches Prinzip einschlossen, die beide in die vierte Figur eingehen. Das zusätzliche Prinzip der zweiten Figur ist nämlich das, wodurch wir vom Urteil, daß unter ‚dummem Vieh' kein Tier mit einer Hand gefunden werden kann, zum Urteil, daß unter Tieren mit Händen kein ‚dummes Vieh' gefunden werden kann, übergehen; und das zusätzliche Prinzip der dritten Figur ist das, wodurch wir vom Urteil, daß es unter menschlichen Wesen Weibchen gibt, zum Urteil, daß es unter weiblichen Tieren menschliche Wesen gibt, übergehen. Da ich mich nicht damit begnügte, den Beweis zu liefern, nahm ich an, daß es streng bewiesen ist, daß dies unterschiedliche Prinzipien der Logik sind. Herauszufinden, daß von dieser Betrachtung des Faktums zu einer anderen Betrachtungsweise des gleichen Faktums überzugehen, ein logisches Prinzip sein sollte, war natürlich Nahrung für die Reflexion. Ich bemerkte, daß während die Umstände identisch sind, bei denen Sätze der Form ‚Kein A ist B' und ‚Kein B ist A' wahr sind, doch die Umstände, bei denen solch ein Paar von Sätzen sich unbestimmt der Wahrheit nähert, sich nicht in allen Fällen unbestimmt dem Identisch-sein nähert. Zum Beispiel kann die Wahrscheinlichkeit, daß ein ‚at random' [zufällig] genommener Mann ein ebenso großer Dichter wie Dante sein wird, unbestimmt nahe bei Null sein; aber daraus folgt nicht, daß die Wahrscheinlichkeit, daß ein Dichter, der so groß wie Dante ist, ein Mann sein wird, sich Null überhaupt nähert. Diese Überlegung führte mich dazu, zu untersuchen, ob es nicht Formen wahrscheinlichen Schließens geben könnte, die der zweiten und dritten Figur der Syllogismen analog sind, die voneinander und von der ersten Figur ganz verschieden sind. Hier half mir Aristoteles' Aufzählung der Induktion; denn Aristoteles (vgl. z. B. Analytica Priora, II, 23) machte die Induktion zu einem wahrscheinlichen Syllogismus der dritten Figur.

...

Dies führte dazu, daß ich erkannte, daß die Relation zwischen Subjekt und Prädikat oder Antezedent und Konsequent essentiell dieselbe ist wie die zwischen Prämisse und Konklusion. Es war interessant zu sehen, wie die verknüpften Ergebnisse all dieser Erweiterungen und einiger anderer, die ich nicht erwähnt habe, für die Konsolidierung jener systematischen oder synthetischen Einheit im System der formalen Logik bestimmend waren, die in Kants Denken einen so breiten Raum einnahm. Aber obwohl es hierin mehr Einheit als in Kants System gab, gab es, wie die Sache stand, doch nicht so viel, wie ich wünschte. Warum sollte es drei Prinzipien des Schließens geben, und was haben sie miteinander zu tun? Diese Frage, die mit anderen Teilen meines Plans der philosophischen Forschung, der nicht im einzelnen angegeben werden muß, verknüpft war, rückte nun nach vorn. Sogar ohne Kants Kategorien war die Wiederkehr von Triaden in der Logik schon ganz bezeichnend und dies mußten die Ergebnisse einiger fundamentalen Begriffe sein. Ich unternahm es nun, sicherzustellen, was das für Begriffe waren. Diese Forschung ergab das, was ich meine Kategorien nenne. Ich gab ihnen damals (1867) die Namen Qualität, Relation und Repräsentation. Aber ich bemerkte damals nicht, daß unteilbare Relationen notwendig mehr als zwei Subjekte erfordern können; deshalb ist Reaktion ein besserer Terminus. Darüber hinaus wußte ich damals noch nicht genug über Sprache, um zu sehen, daß der Versuch, das Wort Repräsentation für eine Idee dienstbar zu machen, die so viel allgemeiner war als jene, die sie gewöhnlich trug, ungerechtfertigt war. Das Wort Mediation (Vermittlung) wäre besser. Qualität, Reaktion und Mediation, dies kann angehen. Aber als wissenschaftliche Termini müssen Erstheit, Zweitheit und Drittheit vorgezogen werden, da sie ganz neue Wörter sind, die überhaupt keine falsche Assoziation haben. Wie die Begriffe genannt werden, macht jedoch wenig Unterschied...

Im Hinblick auf meine logischen Studien von 1867 bewiesen mir verschiedene Fakten ohne Zweifel, daß mein Schema formaler Logik noch unvollständig war; denn zum einen fand ich es ganz unmöglich, irgendeinen Verlauf des Schließens in der Geometrie oder sogar irgendein Schließen in der Algebra, außer in Booles logischer Algebra, in Syllogismen darzustellen. Darüber hinaus hatte ich gefunden, daß Booles Algebra eine Erweiterung erforderte, damit sie die gewöhnlichen Syllogismen der dritten Figur repräsentieren konnte; und obwohl ich eine solche Erweiterung gefunden hatte, war sie offensichtlich vom Charakter eines Notbehelfs, und es mußte eine andere Methode geben, die aus der Idee der Algebra selbst entsprang. Übrigens macht Booles Algebra ihre Unvollkommenheit selbst deutlich. Indem ich diese Ideen zusammenbrachte, entdeckte ich die **Logik der Relative**. Ich war nicht der erste Entdecker; aber ich glaubte es zu sein, und ich hatte Booles Algebra so weit vervollständigt, daß ich sie für alles Schließen über dyadischen Relationen adäquat gemacht hatte, bevor mir Professor De Morgan seine epochemachende Schrift (‚On the Syllogism IV, and on the Logic of Relations‘, Cambridge Philosophical Transactions, vol. 10, pp. 331–358) schickte, in der er die Logik der Relative in Harmonie mit seinem eigenen logischen System mit Hilfe einer anderen Methode anging. Aber die immense Überlegenheit der Booleschen Methode war offensichtlich genug, und ich werde nie vergessen, was da alles an Männlichkeit und Pathos in De Morgans Gesicht war, als ich es ihm 1870 auseinanderlegte. Ich frage mich, ob ich, wenn meine letzten Tage gekommen sind und ein junger Mann kommt und mir darlegt, wie viel von meinem Werk ersetzt werden muß, wohl fähig wäre, es mit derselben ursprünglichen Offenheit aufzunehmen.

. . .

Der große Unterschied zwischen der Logik der Relative und gewöhnlicher Logik ist der, daß die erstere die Form von Relationen in all ihrer Allgemeinheit und in ihren verschiedenen möglichen Spezies betrachtet, während die letztere sich darauf beschränkt, nur die spezielle Relation der Ähnlichkeit zu berücksichtigen. Das Ergebnis ist, daß jede logische Lehre und jeder logische Begriff in der Logik der Relative wunderbar verallgemeinert, bereichert, verschönert und vervollständigt wird.

Daher hat die gewöhnliche Logik eine Menge über genera und species oder, im Dialekt unseres neunzehnten Jahrhunderts, über Klassen zu sagen. Nun ist eine Klasse eine Menge von Objekten, die all das einschließt, was zueinander in einer speziellen Relation der Ähnlichkeit steht. Aber wo gewöhnliche Logik von Klassen spricht, spricht die Logik der Relative von Systemen. Ein System ist eine Menge von Objekten, das alles einschließt, was zueinander in einer Gruppe verknüpfter Relationen steht. Induktion entsteht nach gewöhnlicher Logik aus dem Vergleich eines Beispiels (sample) einer Klasse mit der ganzen Klasse; aber nach der Logik der Relative entsteht sie aus dem Vergleich eines Fragments eines Systems mit dem vollständigen System." (CP 4.1-4.5)

Einen besseren als diesen Selbstkommentar kann man zu seinen frühen logischen Studien nicht geben.

4. Probleme des Nominalismus und Realismus in den erkenntnistheoretischen Publikationen von 1868/69

Als WILLIAM JAMES im Winter 1868 von einer Deutschlandreise nach Cambridge zurückgekehrt war und im Hause seiner Eltern in Quincy Street 20 wohnte (in derselben Straße hatte auch BENJAMIN PEIRCE mit seiner Familie sein Haus), trafen sich viele Freunde bei WILLIAM JAMES. G. W. ALLEN berichtet darüber: „Ein anderer Freund, der häufig hereinkam, war Charles Peirce, den William zuerst als Kommilitonen in der Chemie kennengelernt hatte. Peirce war so kampflustig wie eine aufgestörte Wespe und intellektuell arrogant, aber William tolerierte seine unangenehmen Züge um seiner anregenden Konversation willen. Wegen seiner Taktlosigkeit konnte er keine akademische Stellung erhalten. Am 24.–25. Januar 1869 schrieb William an Henry Bowditch, der noch in Paris studierte, daß ein paar Artikel, die Peirce neuerdings in ‚Speculative Philosophy' veröffentlicht hatte, ‚außerordentlich kühn, subtil und unverständlich' wären, aber ‚der arme Kerl sieht keine Chance, irgendwo eine Professur zu erhalten, und wird wahrscheinlich für immer in das (Harvard Astronomische) Observatorium gehen'. Es scheint wirklich sehr schade zu sein, daß ein so origineller Mann wie er, der willig und fähig ist, die Kräfte seines Lebens der Logik und Metaphysik zu weihen, von einer Karriere ausgeschlossen werden muß, wenn es eine Menge von Professuren dieser Art gibt, die in diesem Land an ‚sichere' orthodoxe Männer vergeben werden." (ALLEN, 155)

In dieser Artikelserie, die JAMES „außerordentlich kühn, subtil und unverständlich" nannte, wurde eine der vielen Auseinandersetzungen von PEIRCE mit Nominalismus und Realismus ausgetragen, aber vor allem die Klärung der eigenen philosophischen Position und ihre Abgrenzung zu anderen Auffassungen versucht. Diese Ausführungen betreffen sowohl logische wie erkenntnistheoretische, ontologische und bewußtseinstheoretische Fragen, die immer deutlicher von semiotischen Grundlagen aus behandelt werden, und die PEIRCE 1868/69 zum ersten Mal in einer Zeitschrift, dem Journal of Speculative Philosophy, einem breiteren Leserkreis darlegte.

Diese Zeitschrift war 1867 von WILLIAM TORREY HARRIS (1835–1909) in St. Louis gegründet worden und hat bis 1893 bestanden. Sie zählte neben C. S. PEIRCE u. a. zu ihren Mitarbeitern: HENRY CONRAD BROKMEYER (1826–1906), der HEGELs *Große Logik* bzw. *Wissenschaft der Logik* (1812–16) ins Englische übersetzte und im Februar 1866 die St. Louis Philosophical Society gründete, die unter dem Namen „Schule von St. Louis" bekannt wurde, WILLIAM JAMES, JOSIAH ROYCE und später auch JOHN DEWEY. Die Zeitschrift war das Organ der ersten amerikanischen Hegelianer; denn auch HARRIS selbst, ein Anhänger BROKMEYERs, war ein Vermittler HEGELs in

Amerika. Er schrieb ein Buch über HEGELs *Logik* und gab darin auch einen Überblick über seine *Phänomenologie des Geistes* (1807). Auch andere Mitarbeiter, die zur „Schule von St. Louis" gerechnet werden, gehörten dazu. Die ersten Hegelianer Amerikas waren jedoch die sogenannten „Ohio-Hegelianer", eine lose Vereinigung, zu denen die deutschen Einwanderer: JOHANN BERNHARD STALLO (1823–1900), der im Grunde kein Hegelianer, sondern Naturwissenschaftler, Philosoph, Jurist und Diplomat war; FREDERICK AUGUSTUS RAUCH (1806–1841); PETER KAUFMANN (1800–1869); AUGUST WILLICH (1810–1878), FRANCIS LIEBER (1800–1872) sowie der Amerikaner MONCURE DANIEL CONWAY (1832–1907) gehörten. Ihre aktivsten Jahre lagen zwischen 1848 und 1860; STALLO und WILLICH wurden 1867 Mitglieder der St. Louis Philosophical Society. Sie waren (mit Ausnahme von STALLO) nicht nur von HEGEL beeinflußt, sondern echte Nachfolger HEGELs, regten aber auch andere deutsche kulturelle Einrichtungen in Ohio an. HENRY BOYNTON SMITH (1815–1876) gehörte zwar nicht zu ihrem Kreis, hatte aber von 1837 bis 1840 in Halle und Berlin studiert und war mit der Witwe HEGELs befreundet. Er übersetzte HEGELs *Einleitung in die Philosophie der Geschichte* und seinen berühmten Essay *Wer denkt abstrakt?*, in dem HEGEL den Gegensatz „abstrakt – konkret" durch die soziologischen Bestimmungen „arm – reich" kennzeichnete, und durch den BROKMEYER die Werke HEGELs kennenlernte. (Vgl. LOYD D. EASTON, *Hegel's First American Followers, The Ohio Hegelians: John B. Stallo, Peter Kaufmann, Moncure Conway, and August Willich* (Ohio University Press, Athens/Ohio 1966).

Obwohl CHARLES PEIRCE kein Hegelianer war – sein Urteil über HEGEL war in den frühen Jahren, als er noch nichts **von** ihm, sondern nur **über** ihn gelesen hatte, eher negativ, und erst viel später nannte er ihn den „König der Philosophen" –, publizierte er seine zweite Artikelserie im Journal of Speculative Philosophy. Es handelt sich um die Artikel:

1. *Nominalism versus Realism*[32]
2. *What is Meant by ‚Determined'?*[33]
3. *Questions Concerning Certain Faculties Claimed for Man*[34]
4. *Some Consequences of Four Incapacities*[35]
5. *Grounds of the Validity of the Laws of Logic. Further Consequences of Four Incapacities*[36]

Bei den beiden ersten Schriften handelt es sich um unsignierte Briefe an W. T. HARRIS, den Herausgeber der Zeitschrift. Die erste enthält eine Kritik an einem Artikel von HARRIS im 1. Heft (1867, S. 250–256), die zweite ist die Entgegnung auf die Antwort von HARRIS.

In der Abhandlung *Questions Concerning Certain Faculties Claimed for Man* stellt PEIRCE sieben Fragen auf, die er zu erklären bzw. zu beantworten versucht und die sich alle auf die von anderen Philosophen vor ihm, vor allem von den englischen Empiristen und KANT erörterten menschlichen Erkenntnisfähigkeiten beziehen. Auch hier werden die erkenntnistheoretischen Probleme zugleich mit logischen Erklärungen verbunden.

In der ersten Frage wirft PEIRCE das Problem auf, ob es eine *intuitive Erkenntnis eines Gegenstandes* überhaupt geben kann, das heißt eine Erkenntnis, die von keiner anderen, vorangehenden Erkenntnis bestimmt ist. In der Explikation dieser Frage geht er zunächst auf den Begriff der *Intuition* selbst ein, die er auf die Erkenntnis eines Gegenstandes außerhalb des Bewußtseins beschränkt und die traditionell ohne vorangehende Erkenntnis möglich sein soll. Er verbindet diese Überlegung mit einer logischen Explikation; denn es müßte sich, sagt er, bei der Intuition um etwas handeln, das „wie eine Prämisse ist, die selbst keine Konklusion ist". Doch bezieht er die Intuition zunächst nicht nur auf Urteile oder Sätze, sondern auf irgendeine beliebige Art der Erkenntnis, die „direkt durch das transzendente Objekt", das heißt das Objekt, das das Bewußtsein transzendiert bzw. das bewußtseins-externe Objekt bestimmt wird.

Da aber zwischen einer intuitiven Erkenntnis eines Gegenstandes und der Erkenntnis, daß diese Gegenstandserkenntnis selbst intuitiv ist, unterschieden werden muß, da sich unser Verstand einmal auf den externen Gegenstand und dann auch auf die Erkenntnistätigkeit des Bewußtseins selbst richten kann, kommt PEIRCE zu der Folgerung, daß wir die Intuition nicht von einer anderen Erkenntnisart unterscheiden können, da es dafür keinen Beweis, sondern höchstens ein *Gefühl* (feeling) gibt. Aber so, wie uns Gefühle täuschen und wir keine Möglichkeit haben, immer genau zwischen Prämissen und Konklusionen zu unterscheiden, besteht die einzige Möglichkeit, mit Sicherheit etwas zu erkennen, darin, daß wir uns auf **Zeichen** verlassen, aus denen wir **schließen** können, daß wir eine Tatsache **gesehen** oder **erschlossen** haben müssen.

Sinneswahrnehmung oder Perzeption und innere Wahrnehmung oder Reflexion wurden selbstverständlich auch bei BERKELEY, HOBBES und anderen Empiristen unterschieden, so wie diese auch die einfachen Wahrnehmungen von den zusammengesetzten unterschieden haben und damit Wahrnehmung und Erfahrung, die den Prozeß des Vergleichs von Wahrnehmungen darstellt, trennten. PEIRCE macht hier übrigens auch auf BERKELEYs *Neue Theorie des Sehens* aufmerksam, in der deutlich zwischen Betrachten und Erschließen unterschieden wurde. Er kommt dann zu dem Schluß, daß durch die Verwendung eines *Begriffs* für komplexe Phänomene eine gewisse „Ordnung" oder „Einfachheit" erreicht werden kann. Er zeigt auch, daß durch Raum- und Zeitwahrnehmungen weder die Dreidimensionalität des Raumes noch die zeitliche Dauer festgestellt werden kann und es also schwerwiegende Gründe gibt, die intuitive Erkenntnisfähigkeit zu bezweifeln.

Auch die 2. Frage, ob wir ein *intuitives Selbstbewußtsein* haben können, wird von ihm negativ beantwortet, da sich das Selbstbewußtsein in der Auseinandersetzung mit der Umwelt, das heißt mit Gegenständen und anderen Personen, entwickelt und durchaus das Resultat eines Schlusses sein kann, also nicht intuitiv sein muß.

In der dritten Frage geht es um *subjektive und objektive Elemente der Erkenntnis*. Ein Problem, das auch EDMUND HUSSERL ausführlich diskutiert hat, der die Konstituierung der „Bewußtseinstatsache" bekanntlich von der „doppelten Beschreibungsrichtung", nämlich der *noematischen* (auf den Gegenstand) und der *noetischen* (auf das Bewußtsein), abhängig machte. PEIRCE geht bei der Erläuterung der Fragestellung ähnlich wie HUSSERL davon aus, daß jede Erkenntnis „etwas Repräsentiertes" involviert[37], „dessen wir uns bewußt" sind, und außerdem ein Handeln oder Leiden des Selbst (wie träumen, vorstellen, überzeugt sein, usw.), wodurch es repräsentiert wird. Er hält also den Unterschied zwischen dem Erkenntnisobjekt und -subjekt fest, indem er beide Pole durch ihr Repräsentiert-Sein verbindet. Aber da wir intuitiv nicht erkennen können, daß eine Erkenntnis intuitiv ist, schließt er, daß es keine intuitive Erkenntnis eines solchen Unterschiedes gibt.

Die 4. Frage betrifft das Vermögen oder die *Fähigkeit der Introspektion*, das heißt die Frage, ob die Erkenntnis der inneren Welt von den Fakten der äußeren Welt abgeleitet ist oder nicht. Aufgrund der Erläuterungen zur 3. Frage muß PEIRCE hier voraussetzen, daß die Sinneswahrnehmung (sensation) teilweise von inneren Bedingungen (dem Bau des Verstandes) abhängt und in diesem Sinne also von etwas Innerem. Doch die Betrachtung der Sinneswahrnehmung (z. B. einer Rot-Wahrnehmung) führt dazu, daß wir aus ihr eine Erkenntnis über unseren Verstand *ableiten* können. Auch wenn man die *Emotionen* als verstandesintern hinzunimmt, kommt man zu dem Schluß, daß sie Prädikationen von irgendwelchen äußeren Objekten sind, so daß sowohl Sensationen als auch Emotionen nicht einem Vermögen der *Introspektion* verdankt werden. Abschließend bemerkt PEIRCE – und dies ist eine der frühen publizierten Bemerkungen –, daß die Untersuchung einer psychologischen Frage nur in der Ableitung aus externen Fakten bestehe.

Die 5. Frage lautet, ob wir *ohne Zeichen denken können*. Hier ist PEIRCE an einem zentralen Punkt seiner Überlegungen angelangt. Denn wenn Denken selbst erkennbar sein soll, dann muß es „Denken in Zeichen" sein. Wenn aber ein Gedanke ein Zeichen ist, muß er sich an einen anderen Gedanken wenden, einen anderen Gedanken determinieren, da darin das wesentliche Merkmal des Zeichens beruht. Es sei ein vertrautes Axiom, meint PEIRCE, daß es in einer Intuition, als unmittelbarer Gegenwart, kein Denken gibt; denn das, worüber man reflektiert, ist bereits vergangen. Denken kann nicht in einem Augenblick zustande kommen, sondern benötigt Zeit. Das heißt es eben, daß jeder Gedanke in einem anderen interpretiert werden muß oder daß jeder Gedanke ein „Gedanke in Zeichen" ist.

Die 6. Frage, ob ein *Zeichen für etwas Unerkennbares* eine Bedeutung haben kann, führt PEIRCE zu der Feststellung, daß alle Begriffe durch Abstraktionen und Kombinationen von Erkenntnissen gewonnen wurden und es keinen

Begriff des absolut Unerkennbaren geben kann; denn dieses ist nicht erfahrbar. Da die Bedeutung einer Bezeichnung aber der Begriff ist, den sie mit sich führt, gibt es nach PEIRCE keine Bezeichnung, keinen Ausdruck, der eine solche Bedeutung haben kann. Wenn dann Unwissenheit und Irrtum Korrelate zu Wissen und Wahrheit sind, so sind **Erkennbarkeit** und **Sein** nicht nur metaphysisch dasselbe, sondern synonyme Ausdrücke. Mit dieser Feststellung manifestiert PEIRCE wie BERNARD BOLZANO in seiner *Wissenschaftslehre* (1837) seinen realistischen Standpunkt, den er immer wieder gegen nominalistische Auffassungen verteidigt hat.

Er fügt hier die logische Betrachtung an, daß die Wahrheit der Schlüsse aus allgemeinen und hypothetischen Sätzen zwar nicht mit absoluter Sicherheit als wahr erwiesen werden könne, jedoch durch Induktion als wahrscheinlich.

Bei der Erörterung der letzten Frage, ob es eine *Erkenntnis ohne vorangehende Erkenntnis* gibt, durch die diese bestimmt wird, erwägt er beide Möglichkeiten, das heißt, daß es eine **erste** Erkenntnis gibt, die nicht durch eine vorhergehende bestimmt wird, und daß es **keine** Erkenntnis gibt, die einen Anfangspunkt der Erkenntnis darstellt. Da nun zum Erkennen *Zeit* benötigt wird, gibt es nach PEIRCE weder eine intuitive Erkenntnis, die nicht aus äußeren Fakten abgeleitet wird, noch eine erste Erkenntnis, da diese intuitiv, ohne Ableitung aus äußeren Fakten gewonnen werden müßte. PEIRCE folgert daraus, daß „Erkenntnis aus einem **Prozeß** des Beginnens entsteht, so wie jede Veränderung geschieht".

Der Aufsatz *Some Consequences of Four Incapacities* stellt folgende Thesen in den Mittelpunkt der Betrachtungen:

1) Wir haben kein Vermögen der *Introspektion*, sondern alle Erkenntnis der „inneren Welt" ist durch hypothetisches Schließen aus unserer Erkenntnis äußerer Fakten abgeleitet.
2) Wir haben kein Vermögen der *Intuition*, sondern jede Erkenntnis wird von vorhergehenden Erkenntnissen logisch bestimmt.
3) Wir haben kein Vermögen, *ohne Zeichen zu denken*.
4) Wir haben keine Vorstellung von dem *absolut Unerkennbaren*.

Die Konsequenzen, die sich aus diesen Thesen ergeben, sind nach PEIRCE folgende: Erkenntnis entsteht durch einen kontinuierlichen Prozeß, nämlich den Prozeß gültigen Schließens. Alle geistige Tätigkeit ist ein solches gültiges Schließen, ob es nun *apodiktisch-deduktiv* oder *wahrscheinlich-induktiv* oder *hypothetisch* ist.

Die *Induktion* charakterisiert er als einen Schluß, bei dem man annimmt, daß das von einer Gesamtheit wahr ist, was von einer Anzahl von Beispielen wahr ist, die man „at random" (zufällig) entnommen hat. Man könnte dies auch einen wahrscheinlichen bzw. statistischen Schluß nennen. Die *Funktion der Induktion* besteht nach ihm darin, für eine Reihe von vielen Subjekten ein einzelnes zu setzen, das diese und eine unbestimmte Anzahl anderer Subjekte umfaßt, was eine Art der „Reduktion der Mannigfaltigkeit auf Einheit" ist.

Die *Hypothese* ist nach PEIRCE ein Schluß, der von der Annahme ausgeht, daß eine Eigenschaft, von der man weiß, daß sie notwendig eine gewisse Anzahl von anderen impliziert, mit Wahrscheinlichkeit von jedem Gegenstand ausgesagt werden kann, der alle diese Eigenschaften hat, von denen man weiß, daß diese Eigenschaft sie impliziert. Die *Funktion der Hypothese* besteht darin, eine große Reihe von Prädikaten, die in sich selbst keine Einheit bilden, durch ein einzelnes Prädikat zu ersetzen, das sie alle, vielleicht mit einer Anzahl anderer zusammen, impliziert. Sie ist daher ebenfalls eine „Reduktion eines Mannigfaltigen auf Einheit".

In *Some Consequences of Four Incapacities* sowie in *Grounds of the Validity of the Laws of Logic* wird auch zum ersten Mal schon die „Gemeinschaft der Forscher" erwähnt, wenn PEIRCE schreibt: „In Wissenschaften, in denen die Menschen zu einer Übereinstimmung kommen, wird eine Theorie, die zur Sprache gebracht worden ist, so lange als ‚auf Probe' betrachtet, bis diese Übereinstimmung erreicht ist. Wenn sie erreicht ist, wird die Frage nach der Gewißheit eine müßige, weil es niemanden mehr gibt, der sie bezweifelt. Wir alle können nicht vernünftig hoffen, daß wir einzeln die letzte (ultimate) Philosophie erreichen, nach der wir streben; wir können sie deshalb nur für die Gemeinschaft der Philosophen suchen." (CP 5.265) Oder im zweiten Aufsatz:

„Das soziale Prinzip ist daher tief in der Logik verwurzelt. ... Denn wer die logische Notwendigkeit der vollständigen Selbstidentifikation der eigenen Interessen mit denen der Gemeinschaft und ihre potentielle Existenz im Menschen erkennt, wird, auch wenn er sie selbst nicht besitzt, wahrnehmen, daß nur die Folgerungen dessen, der sie besitzt, logisch sind, und er sieht daher seine eigenen Folgerungen nur insofern als gültig an, als sie von jedem akzeptiert werden würden. Aber sofern er diese Überzeugung hat, wird er mit jenem Menschen identisch. Und jene ideale Vollkommenheit des Wissens, durch das, wie wir gesehen haben, Realität konstituiert wird, muß daher zu einer Gemeinschaft gehören, in der diese Identifikation vollständig ist." (CP 5.356)

Viele weitere Ausführungen in *Some Consequences . . .* berühren die Frage des Realismus und Nominalismus. So wirft PEIRCE den modernen Nominalisten zum Beispiel vor, daß sie höchst oberflächliche Menschen seien, da sie nicht wissen, „daß eine Realität, die keine Repräsentation besitzt, eine Realität ist, die keine Relation und keine Qualität besitzt".

Aus diesen Betrachtungen folgert er, daß es für menschliches Bewußtsein kein Element gibt, das nichts ihm Entsprechendes im Wort besitzt. „Und daher *ist* das Wort oder Zeichen, das der Mensch benutzt, der Mensch selbst." „Denn wenn die Tatsache, daß jeder Gedanke ein Zeichen ist, verbunden wird mit der Tatsache, daß das Leben ein Zug von Gedanken ist, beweist dies, daß der

Mensch ein Zeichen ist." Und schließlich folgert er daraus: „... der Mensch und das *externe* Zeichen sind im selben Sinne identisch, wie ‚homo' und ‚Mensch' identisch sind. Daher ist meine Sprache die Gesamtsumme meiner selbst; denn der Mensch ist der Gedanke."

Auch wenn das für seine Leser schwer verständlich sein sollte, weil sie sich eher mit ihrem Willen identifizieren, macht PEIRCE geltend, daß der Organismus ja nur ein Instrument des Denkens ist und die Identität des Menschen in der *Konsistenz* dessen besteht, was „er tut und denkt". (CP 5.314f)

In der letzten Abhandlung, *Grounds of Validity of the Laws of Logic*, geht PEIRCE aufgrund seiner Behauptung „... daß, wenn sich jedes Urteil aus einem Schluß ergibt, man alles bezweifelt, wenn man jeden Schluß bezweifelt", auf die universale Gültigkeit von Schlüssen ein und fragt, wie man denn zeigen könne, daß nach seinen Prinzipien „die Gültigkeit der logischen Gesetze anders als unerklärbar sein kann". Bei der Beantwortung dieser Frage kommt er zunächst zu der Feststellung, daß die Deduktion aus der allgemeinen Schlußfigur wesentlich auf der *suppositio communis* beruhe, das heißt auf einer allgemeinen Voraussetzung wie: „jedes M ist P" und ähnliche. Wenn man diese Formel aber auf einen *realen Gegenstand* beziehe, so heißt das, daß man etwas Reales von einem realen Subjekt aussagt, oder – mit anderen Worten – daß das *Prädikat* ein *Zeichen* des Subjekts ist. Die Gültigkeit der Formel: „S ist M; M ist P; also S ist P" bestehe daher tatsächlich, selbst dann, wenn man negative, partikuläre oder relative Terme in die Formel einsetze. Alle dadurch möglichen Formeln „hängen von dem Prinzip ab, daß in einem Zeichensystem, in dem kein Zeichen in zwei verschiedenen Bedeutungen genommen wird, zwei Zeichen, die nur in der Art, wie sie ihr Objekt repräsentieren, unterschieden werden, aber in der Bedeutung äquivalent sind, immer für einander substituiert werden können." Damit hat PEIRCE die grundlegende Bedeutung der semiotischen Operation der **Substitution** hervorgehoben.

Im weiteren Verlauf der Abhandlung geht PEIRCE auf verschiedene Einwände gegen die universale Gültigkeit logischer Formeln ein, ob das die Unmöglichkeit ist, wahre Prämissen aufzustellen, um aus ihnen wahre Schlüsse zu ziehen, da diese ja selbst bewiesen werden müßten, oder die Auffassung, daß, wenn der Schluß ein rein mechanischer Prozeß ist, das heißt, die Prämisse in eine Maschine eingegeben werden kann, dies dann nicht *Denken* genannt werden könne. Doch auch wenn keine Anzahl von Syllogismen die Gesamtsumme einer geistigen Aktion konstituieren kann, so folgt daraus nach PEIRCE nicht, daß der Syllogismus die geistige Aktion nicht wirklich repräsentiert; denn geistige Akte bilden eine kontinuierliche Bewegung, und zwei sukzessive Positionen in einem geistigen Akt müssen untereinander gewisse Relationen besitzen. Das heißt aber, „daß, wenn Fakten, die in dieser oder jener Form durch Worte ausgedrückt werden, wahr sind, ein anderes Faktum, dessen Ausdruck in gewisser Weise mit dem Ausdruck des ersteren verbunden ist, auch wahr ist".

Gegen HEGEL gewandt, folgert PEIRCE dann: „Doch so viel wir auch wissen, es wird mehr geben, das wir herausfinden müssen. Daher kann niemals alles gewußt werden." Diese Aussage hängt natürlich eng mit dem vorausgesetzten Prozeßcharakter des Denkens bei PEIRCE und der damit verbundenen Leugnung eines Anfangspunktes oder Endpunktes des Denkens zusammen, was auch mit seiner Theorie des „Fallibilismus" in Einklang steht.

Kommt die kausale zur formalen Betrachtung hinzu, dann kann nach PEIRCE „ein Ereignis ein hinweisendes Zeichen für ein vorangehendes Ereignis" sein, da „die Verursachung (causation) wirklich Ereignisse in der direkten Zeitordnung bestimmt".

Die von ihm vertretene Theorie der Realität basiert jedoch auf der Deduktion vom relativ *Zukünftigen* auf das relativ *Vergangene*, etwa „wenn es Rauch gibt, so hat es Feuer gegeben", wobei das nachfolgende Ereignis das Antezedens des vorangehenden ist. „Realität ist also etwas, das durch ein unbestimmt zukünftiges Ereignis konstituiert wird."

Bei zeitlichen Bestimmungen könnten aber leicht Fehler bei der Aufstellung von Prämissen gemacht werden und „diesmal" oder „manchmal" müßten zum Beispiel streng unterschieden werden, betont er.

Nach der Erörterung von Sophismen und Fehlschlüssen stellt PEIRCE, entgegen der Auffassung von JOHN STUART MILL, der die „Gleichförmigkeit der Natur" für die induktiven Schlüsse voraussetzte, fest: „Die Natur ist nicht gleichförmig. Keine Unordnung wäre weniger geordnet als die existierende Anordnung." Und obwohl man natürlich unzählige spezielle Gleichförmigkeiten findet, sind die Ungleichförmigkeiten seiner Meinung nach unendlich viel häufiger, doch selbst wenn es Ordnungslosigkeit in den Dingen gäbe, so würde sie wohl nie zu entdecken sein. Universalbegriffe wie *Sein*, *Qualität*, *Relation* usw. seien nur als Eigenschaften von Wörtern oder Zeichen bekannt, die durch einen sprachlichen Ausdruck den Dingen beigelegt werden. Andererseits könne aber keine Bestimmung von Dingen, könne kein Faktum die Gültigkeit eines wahrscheinlichen Schlusses, einer Induktion oder Hypothese, beweisen.

Da nach KANT die zentrale Frage der Philosophie lautet: „Wie sind synthetische Sätze a priori möglich?", verlangt PEIRCE, daß vor der Klärung dieser Frage die noch allgemeinere Frage, *wie synthetisches Schließen möglich ist*, geklärt werden müsse. Man müsse zunächst festhalten, daß wahrscheinliche Folgerungen immer Folgerungen von den Teilen auf das Ganze, also *statistische* Folgerungen sind. Und nur diese sind ja synthetisch. Die Gültigkeit der Induktion beruhe nun vor allem darauf, daß es eine Realität gibt, die vorausgesetzt wird, und durch induktives Schließen nähere man sich „auf lange Sicht" der Wahrheit zwar an, sei ihrer aber nie ganz sicher. Die Realität oder das Reale bestehe letztlich in dem Übereinkommen aller Menschen und in der Berücksichtigung des Faktums, daß ein Schließen von den Teilen auf das

Ganze die einzige Art synthetischen Schließens sei, das die Menschen zur Erkenntnis der Realität führen kann.

Die Beantwortung der allgemeinen Frage nach dem synthetischen Schließen bringt PEIRCE wiederum in die Nähe BOLZANOs, denn er argumentiert weiter: „... daß, wenn nichts Reales existiert, dann jede Frage, da sie voraussetzt, daß etwas existiert – denn sie behauptet ihre eigene Gültigkeit –, allein Illusion als existierend voraussetzt. Aber sogar die Existenz einer Illusion ist eine Realität ..."

Aus all diesen Erörterungen ergibt sich für PEIRCE zweifelsfrei die Gültigkeit nicht nur der deduktiven, sondern auch der induktiven und hypothetischen Schlüsse, und aufgrund dieser allgemeinen Gültigkeit zieht er noch eine weitere Folgerung: „So ist das soziale Prinzip wirklich in der Logik verwurzelt." Das heißt für ihn, daß der einzelne, der nur sein eigenes Ich, sein eigenes Wohlergehen im Sinne hat, sowohl gegen die Logik als auch gegen die Realität verstößt. Fast gleichlautend argumentiert BERNARD BOLZANO in der *Wissenschaftslehre* (1837), was PEIRCE jedoch nicht bekannt war.

WILLIAM JAMES schrieb über diese Aufsätze an HENRY P. BOWDITCH im Brief vom 22. Mai 1869: „(...) Charles S. Peirce hat ein paar sehr scharfsinnige und originelle psychologisch-metaphysische Artikel im St. Louis Philosophical Journal geschrieben, obwohl sie so verworren ausgedrückt sind, daß man ihren exakten Sinn kaum erfassen kann. Er ist ein origineller Kerl, aber mit einer Fähigkeit zur Beliebigkeit, die einen ihm gegenüber mißtrauisch macht. (...)"[38] Dieses Urteil ist typisch für JAMES, es enthält Lob und Tadel in einem, aber es zeugt vor allem auch davon, daß JAMES nicht in der Lage war, die Ausführungen von PEIRCE zu verstehen. Insbesondere hat er den Angriff auf die Psychologie als Grundlage der Logik umgedeutet in psychologische Argumentation und hat die erkenntnistheoretischen Probleme mit metaphysischen gleichgesetzt.

PEIRCE selbst bemerkte rückblickend 1909 zu diesen Abhandlungen von 1867 bis 1869: „1866, zehn Jahre nachdem ich die Philosophie in Angriff genommen hatte, fühlte ich mich stark genug, mich daran zu wagen, zu unserem Schatz des Denkens beizutragen, indem ich mich jedoch auf mein Spezialgebiet, das heißt Logik, beschränkte. Dementsprechend wurden neun Schriften von mir in den drei Jahren von 1867 bis 1869 gedruckt. Als ich dann von niemandem hörte, der meinen Überlegungen folgte, verhielt ich mich ruhig; denn ich war nicht geneigt, mich mit der Erklärung elementarer Instruktionen abzumühen." (MS 620 (25.–28. März 1909), *Essays Toward the Interpretation of our Thoughts (My Pragmatism)*.)

Zum Problem der „Realität", das ihn damals so sehr beschäftigte, existieren aus dem gleichen Jahr 1868/69 einige Manuskripte, z. B. *Questions on Reality* (MS 931; W, II, 162–187), das aus zwölf Fragen und dogmatischen Antworten besteht und u. a. auch wieder Denken und Zeichen, Zeichen des Unerkennbaren etc. behandelt, dann *Potentia ex Impotentia* (MS 932; W II, 187–192) über Probleme der Realität und die Verteidigung der Ansicht, daß kein Zeichen etwas völlig Unerkennbares meinen kann (gegen KANT) sowie eine Betrachtung über Idealismus und erste Sinneseindrücke. Der *Catalogue of Books on Medieval Logic which are Available in Cambridge* (MS 1549), ein Notizbuch, begonnen am 1. Januar 1868, macht PEIRCEs intensive Kenntnis und Lektüre der Logik, insbesondere der mittelalterlichen Logik, offenkundig.

Ein besonderes Ereignis aus diesen Jahren ist noch erwähnenswert, weil es einerseits einiges öffentliches Aufsehen erregte und andererseits eine erste Anwendung wahrscheinlichkeitstheoretischer Methoden auf einen besonderen juristischen Fall darstellt. BENJAMIN und CHARLES PEIRCE traten nämlich 1867 als Gutachter in einem Erbschaftsprozeß auf, und zwar sollten sie die Echtheit zweier Unterschriften nachweisen. Sie legten ihre Gutachten über die Schriftanalysen am 5. Juni 1867 dem Supreme Court of the United States (dem höchsten Gericht) vor. Dieser „Erbfall Sylvia Ann Howland" erzeugte durch ihre Analysen viele kontroverse Ansichten und heftige Diskussionen, weil durch ihr Gutachten der Prozeß zu Ungunsten der Klägerin beeinflußt wurde. Die wahrscheinlichkeitstheoretischen Grundlagen, auf denen ihr Urteil basierte, wurden von CHAUNCEY WRIGHT in seinem Artikel *Mathematics in Court* (The Nation, 19. Sept. 1867) verteidigt.

5. Arbeiten am Harvard Observatorium für die Coast Survey

CHARLES PEIRCE machte 1869 als Assistent der Coast Survey am Harvardobservatorium Sternenbeobachtungen und -messungen, die er bis 1875 fortführte, sowie Breitenfeststellungen und spektroskopische Beobachtungen von Finsternissen (eclipses). (CS (1867) 1869, 19–20.)

So beobachtete er zum Beispiel die Sonnenfinsternis von 1869 in den Vereinigten Staaten „im Feld" (Kentucky) und machte darüber einen Unter-Bericht mit dem Titel *Report on the Results of the Reduction of the Measures of Photographs of the Partial Phases of the Eclipse of August 7, 1869, taken at Shelleyville/Kentucky, under the Direction of Professor Winlock.* (CS (1869) 1872, 181–185. Ein anderer Unterbericht ohne Titel (126–127; W II, 290–294.)

Aufgrund dieser Arbeiten erhielt er den Auftrag, für die amerikanische Expedition der Coast Survey den geeigneten Ort zur Beobachtung der Sonnenfinsternis am 22. Dezember 1870 in Südeuropa festzulegen. (Wir werden darauf noch eingehen.)

Verschiedene seiner astronomisch-physikalischen Arbeiten dieser Jahre veröffentlichte CHARLES PEIRCE in The Atlantic Almanach, so z. B. *Astronomical Explanations* (1868), *Calendars* (1868, 1869, 1870, 1871), *Astronomical Information etc.* (1870) und *The Spectroscope* (1870). Arbeiten mit dem Spektroskop bzw. Arbeiten im Gebiet der Spektroskopie haben ihn einige Jahre lang stark interessiert, worauf wir noch zu sprechen kommen.

6. Logik-Vorlesungen an der Harvard Universität 1869/70

Neben FRANCIS BOWEN (1811–1890), RALPH WALDO EMERSON (1803–1882), FREDERICK H. HEDGE (1805–1890), GEORGE PARK FISHER, JAMES ELLIOTT CABOT und JOHN FISKE (1842–1909) wurde CHARLES PEIRCE eingeladen, im Studienjahr 1869/70 neun Vorlesungen über Logik an der Harvarduniversität zu halten. Er teilte Präsident CHARLES W. ELIOT (1834–1926) am 2. September 1869 mit, daß er neun Vorlesungen über *British Logicians* geben, sie aber nicht schriftlich fixieren würde. Obwohl CHARLES PEIRCE vom 14. Dezember 1869 bis 18. Januar 1870 nur neun Vorlesungen halten sollte, hielt er dann aber fünfzehn, wie man aus Aufzeichnungen seines Hörers, FRANCIS G. PEABODY (1847–1936), weiß, der seine Notizen der Harvarduniversität zur Verfügung stellte.

PEIRCE hat seinen Studenten anscheinend zu Beginn seiner Vorlesungen gesagt, daß er keine Rednergabe besitze und bei seinem Publikum noch weniger Interesse finde, wenn er geschriebene Vorlesungen ablese. Außerdem wünsche er, daß Fragen gestellt würden, die er gern beantworten wolle. Er hätte es vorgezogen, diese Reihe nicht „Vorlesungen", sondern „Konversationen" zu nennen.

Die beiden ersten einführenden Vorlesungen hatten den Titel *Early Nominalism and Realism*[39] und dienten PEIRCE zur Darlegung seines Programms und zur Aufzählung der Logiker, die er zu behandeln gedachte. Er sprach kurz über WILLIAM OCKHAM als Nominalist, DUNS SCOTUS als Realist, ROGER BACON („... dieses einzigartige Phänomen, der Wissenschaftler war, bevor die Wissenschaft begann..."), FRANCIS BACON, dessen *Novum Organon* er als „wohl überschätzt" bezeichnete, WHEWELL, MILL, HERSCHEL, BOOLE, De MORGAN, Sir WILLIAM HAMILTON (zu dem er bemerkte, daß er „zwar scharf gegen die Mathematik eingestellt war, dessen eigene Lehre vom quantifizier-ten Prädikat im wesentlichen jedoch mathematisch ist"), WILLIAM SHER-WOOD und GEORGE HENRY LEWES. Neben diesen „englischen Logikern" zitierte er u. a. auch BERENGARIUS, LANFRANC, St. AUGUSTINUS, ARISTO-TELES, PORPHYRIUS, BOETHIUS, HERBERT SPENCER, DARWIN und GAUSS.

Die 3. und 4. Vorlesung handelte von DUNS SCOTUS, dem PEIRCE auch Schriften wie z. B. die *Grammatica Speculativa* zuschrieb, für die aber erst MARTIN GRABMANN in *Mittelalterliches Geistesleben* (1926, 118–125) THO-MAS von ERFURT als Autor nachweisen konnte. (Vgl. KLAUS OEHLER, *Das Parallelismusschema von Sein, Denken und Sprache in der Spekulativen Grammatik*, Semiosis 46/47 (1987) 10–18) Die 5. Vorlesung war OCKHAM gewidmet[40], die 6. WHEWELL[41], die 7. MILL, die 8., 9. und 10. De MORGAN und der Relationenlogik, die 11., 12. und 13. BOOLE, die 14. MILL und dem induktiven und hypothetischen Schließen, die 15. BACON sowie Induktion und Hypothese[42].

Unter seinen Hörern befand sich auch wieder WILLIAM JAMES, der über die Vorlesung vom 28. Dezember 1869 seinem Freund HARRY BOWDITCH am 29. Dezember u. a. schrieb: „Ich hörte C. P. gestern vortragen, eine von seinen neun Vorlesungen über ‚Britische Logiker'. Sie wurden ohne Notizen gehalten und waren in Inhalt, Art und Klarheit der Aussage bewundernswert. Er ist kürzlich zum astronomischen Assistenten (assistant astronomer) mit 2 500 Dollar pro Jahr gemacht worden. Aber ich wünschte, daß er irgendwo eine Philosophie-Professur bekäme. Das ist seine *forte*, und darin ist er sicherlich *très fort*. Ich sah niemals jemanden so intensiv und gründlich in die Sachen eindringen." (PERRY, S. 119)

Trotz dieses positiven Urteils über seine Kenntnisse und Fähigkeiten sollte CHARLES PEIRCE außer einer Dozentur (half-time lecturer) für Logik an der Johns Hopkins Universität in Baltimore – und diese auch nur für fünf Jahre – keine feste Professur bekommen. Die Gründe dafür werden auch in dieser Monographie nicht umfassend dargelegt werden können. Aber sicherlich sind nicht seine wissenschaftlichen Leistungen, sondern gesellschaftliche „Män-gel" und unorthodoxe Ansichten ein Hindernis für seine Universitätskarriere gewesen.

7. Weitere Publikationen von 1869

Im Juni 1869 veröffentlichte CHARLES PEIRCE eine kleine Arbeit mit dem Titel *The Pairing of the Elements*[43], die aus seinen chemischen Versuchen hervorgegangen war. Da der Wertigkeitsbegriff (valency) der Elemente von PEIRCE auch formal in die Semiotik bzw. die Kategorienlehre übertragen worden ist, kam er später gelegentlich, wie gesagt, darauf zurück.

Als wissenschaftlicher Schriftsteller machte er sich vor allem durch seine Beiträge in The Nation einen Namen, auch wenn sie nicht immer gezeichnet waren. The Nation war die Sonntagsausgabe der New York Evening Post. Seitdem die dreibändige Ausgabe der Beiträge von PEIRCE in The Nation[44] erschienen ist, wurden auch die Rezensionen, Berichte und Abhandlungen, die er seit 1869 für diese Zeitschrift geschrieben hat und die nicht in den *Collected Papers* nachgedruckt worden sind, zugänglich. Gerade durch diese Arbeiten wird die Breite seiner Bildung und seiner Interessen sowie auch einerseits seine kritische Haltung gegenüber unwissenschaftlichen, ideologischen Veröffentlichungen und andererseits seine bewundernde, neidlose Verehrung für große wissenschaftliche Leistungen klar erkennbar.

Die erste Rezension in The Nation vom 18. März 1869 betraf das Buch *Human Intellect* (1868) von NOAH PORTER[45], der Professor für Moralphilosophie und Metaphysik an der Yale Universität in New Haven war. PEIRCE kritisierte das Werk von PORTER sehr selbstbewußt schon deshalb, weil sein Äußeres „nicht einladend, die Type zu klein, das Volumen zu groß, das Papier zu unangenehm, der Stil zu technisch und zu formal" sei, aber dann auch, weil PORTER zu viele Begriffe aus dem Deutschen übernommen habe und die moderne deutsche Terminologie der Psychologie „unbegründet und unsystematisch" sei. Hingegen bescheinigte er dem Werk, daß die Doktrinen, die es lehre, „mit orthodoxer Theologie völlig konform und frei von jeder materialistischen Anleihe" seien, was jedoch nicht als positives Urteil gewertet werden dürfe. Der größte Fehler PORTERs liegt seiner Meinung nach aber darin, daß er sich nicht von McCOSH und der Schottischen Philosophie unterscheide, daß er TRENDELENBURG zu streng folge, daß er die psychischen Prozesse: Fühlen, Wollen und Denken, nicht scharf genug trenne, was zu seinem Sensualismus führe, und daß er schließlich die Induktion nicht benutze, um die wissenschaftliche Gültigkeit eines Satzes zu beweisen, sondern um sie zur Grundlage der Religion zu machen. Er übersehe jedoch, daß er damit die Religion in die Nähe des reinen Rationalismus bringe, der doch die Religion der Wissenschaft untergeordnet habe. Und PEIRCE schließt die Rezension mit der Frage: „Kann es möglich sein, daß der direkteste und unkritischste Glaube an den Gegenstand, der unsere Anbetung erfordert – der Glaube eines kleinen Kindes – das einzige aktuelle Motiv für die Religion ist, das es je gegeben hat oder je geben wird, und daß alles Für-oder-Wider-Nachdenken über den Grundsatz der Religion völlig irrelevant und unbefriedigend sein muß?"

Die zweite, diesmal positive, Rezension betraf das Werk *Spectrum Analysis* (1869) von HENRY E. ROSCOE[46], das heißt die Publikation von sechs Vorlesungen, die dieser 1868 vor der Society of Apothecaries in London gehalten hatte. PEIRCE geht von eigenen historischen Betrachtungen über die Entwicklung der Spektroskopie von J. F. W. HERSCHEL, A. F. TALBOT, W. A. MILLER; FRAUNHOFER, BREWSTER, STOKES und THOMSON aus, die erst durch die Forschungen KIRCHHOFFs und BUNSENs aus ihrer „vergleichsweisen Unfruchtbarkeit" befreit worden seien. Durch sie sei die Entdeckung verschiedener Metalle sowie die chemische Zusammensetzung der Sonne, der Sterne, Sternennebel, Kometen und der „Aurora Borealis" erst möglich geworden.

Was das Buch ROSCOEs betrifft, so wird es von PEIRCE einmal wegen seines interessanten und genauen Berichts über die Spektralanalyse, dann aber auch wegen seiner Ausstattung („Papier, Druckerschwärze, Type, Platten sind wunderschön") und wegen ROSCOEs unsensationellen und einfachen (aber nicht zu kindlichen) Stils, der in populärwissenschaftlichen Büchern selten zu finden sei, gelobt. „Professor Roscoes Buch kann wirklich populär und wissenschaftlich zugleich genannt werden." Etwas bedauernd, scheint mir, fügt er an, daß das Buch für Praktiker und „allgemeine Leser" deshalb gleichfalls empfehlenswert sei, weil es „nicht mathematisch" vorgeht.

Der dritte und letzte Beitrag des Jahres 1869 in The Nation war die Rezension der Neuauflage des Buches *Analysis of the Phenomena of the Human Mind* von JAMES MILL, herausgegeben von ALEXANDER BAIN, ANDREW FINLATER und GEORGE GROTE, mit Anmerkungen von JOHN STUART MILL (London 1869, in zwei Bänden), die am 25. 11. 1869 erschien. (*Contributions*, I, 32–38) PEIRCE nimmt die Gelegenheit wahr, mit dieser Rezension die wesentlichen Eigenschaften des „Englischen Denkens" darzulegen, die er in diesem Buch besonders scharf hervortreten sieht. Er kritisiert hauptsächlich die Einseitigkeit der philosophischen Methoden der Engländer, die damit verbundene Beschränkung der geistigen Kräfte und die Ignorierung der Ergebnisse, die in anderen Ländern erzielt werden. Die englischen Philosophen können nach PEIRCE keinesfalls als Positivisten im Sinne von Philosophen exakter Experimente, höchstens als nominalistische Ockhamisten verstanden werden. Ihre Analyse bestehe allein in der Zerlegung komplexer Ideen oder Empfindungen in ihre konstituierenden Ideen oder Empfindungen, und sie verwendeten ihre Energien nur dazu, ihre Theorien den Tatsachen anzupassen, statt ihre Gewißheit festzustellen. ALEXANDER BAIN, den PEIRCE an anderen Stellen als den „Großvater des Pragmatismus" bezeichnete, wird von dieser Kritik zwar explizit ausgenommen, aber bedauernd als zur Englischen Schule gehörend bezeichnet. Die von JAMES MILL vertretene Theorie charakterisiert PEIRCE durch drei Hauptpunkte: 1. Jede Idee ist nur eine Kopie einer Empfindung, 2. Was im Geist ist, ist erkannt, und 3. Die Ordnung der Ideen ist nur eine Reproduktion der Ordnung der Empfindungen. Wenn es jedoch nur Ideen oder Empfindungen im Geist gebe, die jeweils singulär sind, dann könnten wir nie ein Wort „im allgemeinen Sinne" haben, wendet PEIRCE ein. Und wenn MILL die Singularität durch „Ähnlichkeiten" zwischen Ideen überwinden wolle, die Ideen-Assoziationen also auf „Ähnlichkeiten" begründe, so müsse diese Begründung als fehlgeschlagen bezeichnet werden und mit ihr seine ganze Theorie.

Außerdem kritisiert PEIRCE, daß die Engländer die Theorie der Ideen-Assoziation nicht entdeckt haben, wie sie irrtümlich meinen, sondern sie, wie HAMILTON bewies, von ARISTOTELES übernommen haben. Außerdem habe WUNDT die Assoziationstheorie neuerdings verwandelt, indem er zeigte, daß Gedankengänge Schlußcharakter besitzen, also von Schlußprinzipien geregelt werden, was aber ebenfalls schon bei ARISTOTELES zu finden sei. Abschließend bedauert PEIRCE, daß ein so hervorragend geschriebenes Buch nur diese „simple Englische Psychologie" zum Thema habe.

Mit diesen drei Beiträgen, die den Dreißigjährigen als scharfsinnigen Denker und unabhängigen Kritiker ausweisen, der in verschiedenen Wissenschaften kompetent war, begann die fast vierzig Jahre während Mitarbeit von CHARLES PEIRCE an The Nation.

IV. Verbindung von Praxis und Theorie, Naturwissenschaft und Logik

1. Die Logik der Relative

Nach jahrelangen Forschungen und den genannten Vorlesungen und Vorträgen an verschiedenen Orten publizierte CHARLES PEIRCE schließlich einen Vortrag, den er am 26. Januar 1870 vor der American Academy of Arts and Sciences gehalten hatte, mit dem Titel *Description of a Notation for the Logic of Relatives, Resulting from an Amplification of Boole's Calculus of Logic*[1] in den Memoirs dieser Akademie. Im gleichen Jahr erschien er auch in Cambridge (Mass.) als kleines Buch.

Man hat immer wieder einmal bedauert, daß PEIRCE zu Lebzeiten nur ein Buch, nämlich die *Photometric Researches* von 1878 (auf das wir noch eingehen werden) veröffentlicht habe, das jedoch ein astronomisches, kein philosophisches Werk sei. Man hat demnach das Buch über *Die Logik der Relative*, das immerhin einen Umfang von 62 Seiten hatte, für gar nicht erwähnenswert gehalten, obwohl es als logisch-erkenntnistheoretisches Werk eminent wichtig wurde und neue Aspekte innerhalb der Logik eröffnet hat. Natürlich enthält es viele Ausführungen zur mathematischen und logischen Algebra, und der Formelapparat verlangt ein intensiveres Studium als eine metaphysische oder lebensphilosophische Abhandlung. PEIRCE selbst war sich der Wichtigkeit durchaus bewußt, als er 1903 in einer Vorlesung am Lowell Institut in Boston darauf zu sprechen kam: „1870 machte ich einen Beitrag zu diesem Gegenstand [Logik der Relative], der außer Booles ursprünglichem Werk der wichtigste war, der je gemacht wurde, was niemand, der den Gegenstand meistert, leugnen kann." (CP 3.45) Aber leider gab es wohl viel zu wenige Logiker, die – wie etwa ERNST SCHRÖDER in Karlsruhe – dieses Buch überhaupt gelesen und verstanden hatten, das heißt diesen „Gegenstand meisterten".

PEIRCE führt darin seine neue Relation „enthalten in" (inclusion in) oder „so klein wie" (as small as) bzw. die „transitive Relation" (transitive relation) als Grundrelation seiner *Logik der Relative* ein. Die Inklusion (bzw. das Enthaltensein) war zwar schon von J. D. GERGONNE 1816 in seinem *Essai de Dialectique Rationelle*[2] benutzt worden[3], auch De MORGAN hatte sie in seiner

Abhandlung von 1859[4] ebenfalls eingeführt, aber PEIRCE macht sie in § 2 *Allgemeine Definitionen algebraischer Zeichen* zur Grundrelation, auf die alle anderen Operationen (Gleichheit, Addition, Multiplikation, etc.) bezogen werden. Er stellt fest, daß aus der Inklusion ($-\!\!\prec$) die Formel folgt: „wenn x $-\!\!\prec$ y, und y $-\!\!\prec$ z, dann x $-\!\!\prec$ z". Für den Kenner zeigt sich hier eine Verwandtschaft mit der Begriffsbildung der modernen mathematischen Kategorientheorie (McLANE, EILENBERG). Auch das allgemeine Zeichenschema läßt sich in der PEIRCEschen Formulierung als triadische Relation über Zuordnungen von M, O und I (Mittel, Objekt und Interpretant), wie M. BENSE[5] zeigte, so schreiben. In § 3 *Anwendung algebraischer Zeichen auf Logik* unterscheidet er „drei große Klassen logischer Begriffe: (...) Qualität, (...) Objekt... und Relation" und führt darüber hinaus „absolute", „einfach-relative" und „konjugative" Begriffe ein, die in der Logik unterschieden werden müßten und die sich auf „Qualität", „Objekt" und „Relation" bezögen. Der Begriff „Universum", den er in diesem Abschnitt definiert, soll verstanden werden als „Klasse der Individuen, über die allein die ganze Abhandlung (discourse) spricht", das heißt, das „Universum" ist je nach Klasse der Individuen ein verschiedenes[6]. Auch diese Definition ist erst heute in ihrer ganzen Tragweite verstanden worden[7] und wird zum Beispiel auch im selben Sinne in der Linguistik verwendet.

In § 4 *Allgemeine Formeln* führt PEIRCE diejenigen Formeln auf, die aus seinen Voraussetzungen hervorgehen. In § 5 *Allgemeine Arbeitsmethoden (working methods) mit dieser Notation* hebt er u. a. einen für die Mathematik wichtigen Satz hervor: „Tatsächlich beweist die logische Algebra überzeugend, daß sich die Mathematik über den ganzen Bereich formaler Logik erstreckt; und jede beliebige Erkenntnistheorie, die mit diesem Faktum nicht in Einklang gebracht werden kann, muß aufgegeben werden."

Er macht hier auch interessante Ausführungen erkenntnistheoretischer Art über das Individuelle, Singuläre und Allgemeine und sagt u. a.: „Alles, was wir wahrnehmen oder denken, oder was existiert, ist allgemein..." Er unterscheidet aber auch in der Logik der Relative drei weitere Arten von Begriffen: 1. „individuelle", 2. „infinitesimal-relative" und 3. „elementar-relative" Begriffe. Die Formeln, die sich daraus ergeben, interpretiert PEIRCE als logische Quaternionen und stellt fest, daß alle Algebren (so wie seines Vaters *Linear Associative Algebra*) über den Prinzipien dieser Notation in der von ihm angegebenen Weise interpretierbar sind. Nachdem er in § 6 *Eigenschaften von partikulär relativen Begriffen* diese relativen Begriffe ausführlich erklärt hat, kommt er zu einer allgemeinen *Conclusion*, zu einem Schlußabschnitt, in dem er hinsichtlich der „axiomatischen Prinzipien dieses Zweigs der Logik, die nicht aus anderen deduziert werden können", folgendes sagt: „Aber diese Axiome sind bloß Substitute für Definitionen der universalen logischen Relationen, und sofern diese definiert werden können, kann auf alle Axiome verzichtet werden. Die fundamentalen Prinzipien der formalen Logik sind nicht eigentlich Axiome, sondern Definitionen und Unterteilungen; und die einzigen Fakten, die sie enthält, beziehen sich auf die Identität derjenigen Begriffe, die sich aus jenen

Prozessen ergeben, mit gewissen vertrauten Begriffen." Mit anderen Worten, PEIRCE stellt hier fest, daß die *Logik der Relative* (und damit auch die Semiotik) nicht nur keiner Axiomatisierung bedarf, sondern im Gegenteil **ohne Axiome** aufgebaut werden muß. Die gleiche Ansicht vertritt auch MAX BENSE in *Axiomatik und Semiotik* (1981) und anderen Schriften.[8]

Aus diesem Buch von CHARLES PEIRCE konnten nur einige Punkte herausgegriffen werden, die selbstverständlich kein annähernd genaues Bild seiner Gedankengänge wiedergeben. Ihre Tragweite hat damals, wie schon gesagt, wohl nur ERNST SCHRÖDER erkannt, der aber zu PEIRCEs Bedauern die Dreistelligkeit der Relationenlehre nicht bemerkte, die für PEIRCE so wesentlich war. Über PEIRCEs *Logik der Relative* schrieb neuerdings auch RICHARD M. MARTIN einige klärende Sätze in seinem Artikel *Of Servants, Lovers and Benefactors: Peirce's Algebra of Relatives of 1870*[9]. Er zitiert darin eine Stelle aus C. I. LEWIS' *A Survey of Symbolic Logic* (1918), wo LEWIS über PEIRCEs logische Schriften, nicht nur über diejenigen von 1870, sagt, daß sie „kurz bis zum Punkt der Dunkelheit" seien und diese Auffassung begründet: „Ergebnisse werden summarisch, mit wenigen oder keiner Erklärung, und nur selten mit Beweisen gegeben. Daraus folgt, daß die wertvollsten Schriften sehr schwer zu lesen sind und nie mehr als ein Zehntel der Aufmerksamkeit erfahren haben, die ihnen wegen ihrer Wichtigkeit zukäme."[10]

Daß PEIRCE bis heute hinsichtlich seiner semiotischen Grundlegung nur vereinzelt voll gewürdigt wird, mag seine eigene Schuld gewesen sein. Daß er aber nicht nur ein bedeutender, sondern auch ein leidenschaftlicher Forscher war, kann u. a. durch folgendes Selbstzeugnis belegt werden: Als sein jüngerer Bruder BENJAMIN MILLS PEIRCE im April 1870 in Nord-Michigan, wo er als Mineningenieur gearbeitet hatte, gestorben war, begleitete CHARLES seinen Vater nach Marquette, von wo aus sie den Leichnam des Bruders nach Cambridge zurückholten. Auf dieser Reise hatte CHARLES ein langes Gespräch mit seinem Vater über seine Zukunftspläne, von dem er selbst berichtet: „Als mein Vater und ich zusammen nach Marquette fuhren und den Körper meines Bruders Ben zurückholten, sprach mein Vater sehr ernst mit mir, indem er mir darlegte, daß ich alle Hoffnungen auf Erfolg im Leben opfern würde, wenn ich mich der Logik verschriebe, und daß die Leute immer denken würden, daß es auf nicht viel hinauslaufen würde, wenn ich das täte. Ich sagte ihm, daß ich die Wahrheit dessen, was er sagte, voll erkenne, daß aber die Neigung meines Geistes so stark in diese Richtung ginge, daß es ein sehr harter Kampf sein würde, die Logik aufzugeben. Daß ich dennoch beabsichtigte, es zu versuchen und mir viel Zeit zu nehmen, um zu irgendeinem Schluß zu kommen." Trotz allen Nachdenkens über die Worte seines Vaters hat CHARLES PEIRCE ohne „Hoffnung auf Erfolg" sein Leben der Logik gewidmet, die er aber, wie schon gesagt, als Teil der Semiotik verstanden hat.

Eine weitere Veröffentlichung dieser Zeit ist die Rezension von *The Secret of Swedenborg* von HENRY JAMES sen.[11], die im April 1870 in der North

American Review ungezeichnet erschien, außerdem Rezensionen für The Nation, von denen nur diejenigen der *Logic*[12] von ALEXANDER BAIN[13] erwähnt werden soll, den PEIRCE auch als „Großvater des Pragmatismus" apostrophierte. PEIRCE nennt das Werk ein „Schulbuch der trockensten Art", aber in gewisser Weise originell und der Beachtung wert, da es vom besten lebenden englischen Psychologen geschrieben wurde. (Man beachte die feine Spitze dieser Formulierung.) Aber was er BAIN und allen englischen Logikern wiederum vorwirft, ist die Ignoranz gegenüber allen nicht-englischen logischen Schriften, etwa BENEKEs und insbesondere TRENDELENBURGs. Die Besonderheit des BAINschen Werkes stellt nach PEIRCE die „angewandte Logik" dar. Der Autor unterscheide eine Logik der Mathematik, der Physik, der Chemie, der Biologie, der Psychologie, der Klassifikationswissenschaften, der Praxis, der Politik und der Medizin. (Ein Verfahren, das übrigens auch in der Gegenwart zu beobachten ist, wenn man die Flut von Schriften zur „angewandten Semiotik" ansieht.) PEIRCE greift die Behandlung der „Logik der Chemie" heraus und kritisiert vor allem, daß BAIN mehr daran gedacht habe, „wie ein Textbuch geschrieben sein sollte" als daran, „wie das Thema erforscht werden muß". Auch weist er ihm überholte Auffassungen und den Mangel an gründlichen Kenntnissen in den Wissenschaften, vor allem in der Mathematik nach, was schon peinlich sei und von Selbstüberschätzung zeuge. Was die Logik selbst betrifft, kritisiert PEIRCE, daß er den Prozeß des Definierens vom Prozeß des Folgerns abtrennt, was unrichtig sei; und obwohl BAIN der Definition einen hohen Wert beimesse und sich dadurch von den nominalistischen Metaphysikern, zu denen er gehöre, unterscheide, seien seine Ausführungen nicht ausreichend. Bei seiner Darstellung der Erkenntnisse von BOOLE und De MORGAN bemängelt PEIRCE „einige schwerwiegende Fehler", ohne sie allerdings aufzuzählen. Zum Schluß meint er, daß dieses Werk als Schulbuch einige Vorteile aufweise, aber die Ausdrucksweise sei zu vage, um dem Geist des Schülers Präzision einzuschärfen. Kurz, mit dieser Rezension weist sich PEIRCE nicht nur als Kenner der Logik, sondern auch als ein selbstbewußter Forscher aus, der das gewählte Gebiet nicht mehr aufgeben konnte und wollte.

2. Erste Europareise 1870

CHARLES PEIRCE sollte im Winter 1870/71 wieder eine Reihe von Vorlesungen über *Logic*[14] an der Harvard Universität halten, die jedoch ausfallen mußten; denn am 17. Juni 1870 fuhr er im Auftrag der Coast Survey zum ersten Mal nach Europa, wo er den geeigneten Ort für die Beobachtung der Sonnenfinsternis im Dezember 1870 für die amerikanische Expedition ausfindig machen sollte.

Zunächst besuchte er England. In London hielt er sich zwei Monate lang auf und kaufte dort für die Coast Survey ein Goniometer (Winkelmesser) und ein Chronometer, was er seinem Vater im Brief vom 12. Juli 1870 mitteilte. Im gleichen Brief machte er ihn auf einige Fehler in dessen neuer Schrift über Algebra aufmerksam und schlug ihm deren Korrektur vor. Außerdem erzählte er, daß er Professor De MORGAN am Vortage seinen Brief zusammen mit seiner Schrift über die Logik der Relative (*Description of a Notation ...*) abgegeben, ihn selbst aber noch nicht gesehen hätte. Ausführlich schilderte er auch das angenehme Klima und die gute (?) Küche Englands.

Von London fuhr er über Rotterdam nach Berlin. Seinen Bruder JAMES warnte er vor einer Berlin-Reise; denn er hätte für die Fahrt nach Berlin achtzehn Stunden gebraucht, was doch sehr beschwerlich wäre. Im Brief vom 30. Juli 1870 bezeichnet er Berlin als einen „schrecklichen Ort", dessen Architektur auf dem Foto besser aussehe als in Wirklichkeit, nur der Tiergarten sei „charmant" und das Essen „gut und billig". Der folgende Brief an den Bruder vom 11. August wurde in Dresden geschrieben. Er hatte in Berlin seine Schwägerin AMY FAY getroffen, die damals dort Musik studierte, und fuhr gemeinsam mit ihr von Berlin nach Dresden. AMY FAY schilderte ihrer Schwester MELUSINA PEIRCE den gemeinsamen Aufenthalt mit CHARLES in Dresden im Brief vom 21. August 1870 mit den Worten: „Ich nehme an, daß Dir C. unseren Besuch in Dresden ausführlich beschrieben hat und welch eine reizende Zeit wir hatten. Es waren wirklich fünf poetische Tage, da für uns beide alles neu war. (...)"[15].

Sie skizzierte die Stadt mit ihren Menschen, die Bühlsche Terrasse, Belvedere, die Elbe, die Gartencafés usw.

CHARLES reiste nach diesem Aufenthalt in Dresden (übrigens wird im Pike County Historical Museum in Milford/Pa. eine Hutschachtel mit zwei Melonen gezeigt, die ein Firmenschild aus Dresden aufweist und wahrscheinlich damals dort gekauft wurde) allein weiter. Die Fahrt ging über Prag nach Wien. Am 23. August befand er sich auf dem Weg von Wien nach Budapest, dann die Donau abwärts bis zum Schwarzen Meer und Konstantinopel. Der Mutter schilderte er im Brief vom 2. September 1870 die auf ihn völlig fremd und neu wirkende Stadt ausführlich und sehr anschaulich. Die Einwohner seien vor allem Türken, Griechen, Armenier, Juden und Franzosen. Es gebe Zeitungen in türkischer, griechischer, französischer, englischer, hebräischer und armenischer Sprache. Fünf verschiedene Alphabete habe er bemerkt. Auch gebe es viele Neger, Perser, Araber, auch Inder und Burmesen. Vielfältig sei dementsprechend die Kleidung der Menschen; vor allem auch durch die Kleider der Russen, der Priester, die Uniformen und die verschleierten Frauen. In Konstantinopel machte er die Bekanntschaft zweier Engländer, dem Arabisten PALMER aus Cambridge und dessen Begleiter, GORDON, mit denen er Moscheen besuchte und viel lernte, wie er schrieb. Besonders beeindruckt war er von der arabischen Chirographie, die er fast als Malerei empfand, und die den Bildern

Amy Muller Fay
(Berlin 1870)

von RAFFAEL ähnlich sei. Möglicherweise gehen die kunsthandschriftlichen Blätter mit dem Titel *Art Chirography* (MS 1539, undatiert) auf diese Erfahrung zurück, in denen er das Raben-Gedicht[16] von EDGAR ALLAN POE so kunstvoll schrieb, damit seine düster-geheimnisvolle Stimmung schon durch die Chirographie zum Ausdruck käme. Er zeichnete in dem Brief auch einen türkischen Tisch nach, der ihm besonders gut gefallen hat, weil er achteckig war. „Konstantinopel ist bei allem Häßlichen der schönste und faszinierendste Ort, den ich bis jetzt gesehen habe", schwärmte er. Nebenbei drückte er übrigens sein Bedauern darüber aus, daß er weder Französisch sprechen noch reiten könne. Beide Fähigkeiten hat er erst später erworben. Die französische Sprache erlernte er vor allem während seines zweiten Aufenthalts in Europa, als er 1875 und 1876 für die Coast Survey Pendelversuche in Paris und Berlin machte.

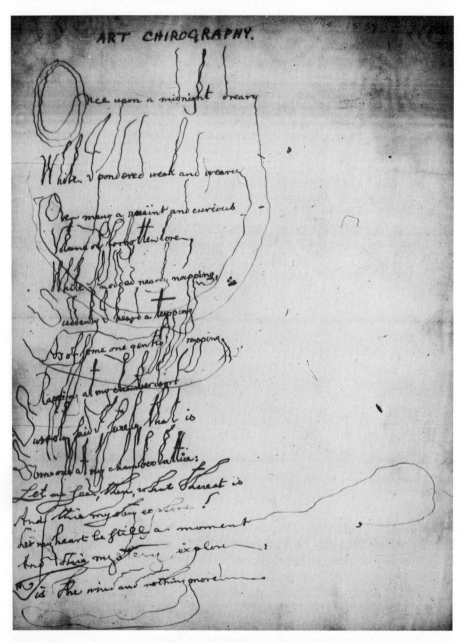

Gedicht von Edgar Allan Poe

Als PEIRCE von Konstantinopel aus mit dem Schiff, dem Dampfer „Neptun", westwärts reiste, passierte dieser am 4. September den Hellespont und legte auf der europäischen Seite in Gallipoli[17] sowie auf der asiatischen Seite auf den Dardanellen an. Bevor sie die Meerenge erreichten, sah PEIRCE auf der linken Seite die Mündung des Selleis, in dessen Nähe, landeinwärts, HOMERs Arisbe gelegen hat, ein Ort, der später zum Namen seines Hauses in Milford/Pa. werden sollte. Zwanzig Kilometer nordöstlich von Arisbe lag Lampsachus, wo EPIKUR einige Jahre lebte und lehrte (in dessen Akademie bekanntlich auch Frauen zugelassen waren), bevor er nach Athen zurückkehrte. Südlich von Arisbe lag Scepsis, wo, nach STRABO, die Manuskripte der Schriften von ARISTOTELES anderthalb Jahrhunderte lang in einem feuchten Keller lagerten, bevor sie entdeckt und veröffentlicht wurden. Im April 1870 hatte SCHLIEMANN in Hissailik mit den Ausgrabungen Trojas begonnen, was CHARLES PEIRCE selbstverständlich sehr interessierte. Die „Neptun" fuhr an den Ausgrabungsstellen vorbei nach Lagos, dann über Kavalla nach Saloniki und schließlich von Volo nach Athen. Auf dem Wege nach Saloniki schrieb CHARLES an seine Frau ZINA einen poetischen Brief, in dem es heißt:

„Als ich heute morgen aufstand, regnete es und es war ziemlich feucht und nebelig und wolkig und es war der Olymp zu sehen, der sehr groß und schön aussah, als ob er das Heim der Götter wäre. Sein Fuß war im Nebel verborgen. Sein Gipfel unterschied sich farblich kaum von der hellen Wolke, die über ihn hinwegschwamm und es schien ziemlich zweifelhaft, ob er zur Erde oder zum Himmel gehörte."[18]

In Volo ging CHARLES von Bord der „Neptun" und feierte am 10. September seinen 31. Geburtstag.

Er erforschte Larissa als möglichen Ort für die Beobachtung der Sonnenfinsternis, fuhr dann mit einem anderen Dampfer nach Messina und erkundete von dort aus verschiedene Orte an der Ostküste Siziliens, wie Siracusa, Taormina, Catania. Er besuchte auch Calabrien und bestieg den Ätna. Vorläufig faßte er als Standort der Beobachtung der Sonnenfinsternis Orte in Sizilien oder Südspanien ins Auge, das heißt, er blieb nicht in Sizilien, sondern reiste nach Rom. Im Brief vom 14. Oktober an die Mutter beschreibt er die Stadt und äußert einige politische Überlegungen hinsichtlich des Papstes. Im Palazzo Barberini war er besonders von den Bildern GUIDO RENIs, DÜRERs und RAFFAELs beeindruckt. Eine interessante Passage des Briefes über BALZAC, den er gerade gelesen hatte, verrät seine ästhetischen Vorstellungen. Er hält BALZAC zwar für einen „der größten Schriftsteller, die je geschrieben haben", doch findet er in seinem Werk auch evidente Fehler, und zwar: 1. sei er der katholischen Kirche und den Bourbonen zu leidenschaftlich ergeben, 2. neige er dazu, das Leben zu zynisch zu betrachten, 3. umfasse seine *Comédie Humaine* nur den französischen Charakter, 4. sei seine Analyse des menschlichen Charakters gut, aber nicht sehr groß, da BALZACs Größe nur in der „Kraft der Beschreibung" liege, 5. interessiere er seine Leser nicht an den Personen, die er ohne Sympathie beschreibe, und 6. seien seine Personen nicht so selbstisch, wie er sie beschreibe.

Aus dem Brief an die Mutter vom 16. November 1870 erfährt man, daß er einen Tag in Narbonne verbrachte und dann über Grenoble, am Mont Blanc vorbei, nach Chambéry gekommen war. Er hatte Florenz nämlich am 28. Oktober „in wilder Hast" verlassen, um nach Spanien zu reisen. Anscheinend ist er bis Madrid gekommen; denn er rühmt CANOVAs Statuen, die er gesehen habe. Auch war er von den „antiken Raritäten" dort sehr angetan. In einer allgemeinen Bemerkung hinsichtlich der bildenden Kunst von 1870 stellt er fest, daß sie nur noch „Spielzeug" oder „Luxus" sei, und begründet diese Auffassung folgendermaßen: „Die Schwierigkeit liegt darin, daß unser Zeitalter keine Überzeugung mehr hat; es ist noch nicht einmal von sich selbst überzeugt. So lange das so ist, erfordert es nur Kritiker und Wissenschaftler, aber keine Künstler." Sollte er die HEGEL-Stelle in Erinnerung haben, wo dieser davon spricht, daß die Kunst nicht mehr in der Lage sei, die „höchsten Interessen des Geistes" zur Geltung zu bringen? Oder ist er unabhängig von HEGEL zu dieser Meinung gelangt? In diesem Brief an die Mutter zählt er übrigens auch die achtzehn Sprachen auf, die er in Europa gehört hat: Englisch, Holländisch, Deutsch, Böhmisch, Slawisch, Ungarisch, Wallachisch, Türkisch, Arabisch, Persisch, Armenisch, Griechisch, Malayisch, Italienisch (die „musikalischste"), Französisch, Spanisch, Zigeunersprache und Baskisch. Sein Interesse für Linguistik, insbesondere Probleme der Aussprache, Grammatik, Zeichensetzung, Rechtschreibung und Übersetzung in verschiedene Sprachen, ist fast nur in Manuskripten[19] dokumentiert, scheint ihm aber seit der genannten Veröffentlichung von 1864 über das Englisch im Zeitalter von SHAKESPEARE bis ins hohe Alter erhalten geblieben zu sein.

Am nächsten Tag, dem 17. November, beabsichtigte PEIRCE, über Turin, Mailand, Venedig und Graz nach Wien weiterzureisen. Ob die Reise wirklich so verlief, ist nicht zu belegen, doch hat er schließlich Catania als geeignetsten Ort für die Beobachtung der Sonnenfinsternis bestimmt.

Im Dezember nahm CHARLES PEIRCE als Mitglied der amerikanischen Expedition, deren Leiter sein Vater war, an der Beobachtung der totalen Sonnenfinsternis in Catania teil. Zu den Mitgliedern der Expedition gehörten übrigens auch seine Frau ZINA und sein jüngerer Bruder HERBERT. CHARLES berichtet in einem Brief (vom 22. Dezember 1870) über die Finsternis, der zusammen mit einem Brief seiner Frau in den Berichten der Coast Survey[20] abgedruckt wurde.

Als die Expedition ihre Arbeit in Catania beendet hatte, fuhr CHARLES im Januar 1871 mit seiner Frau, seinem Vater, seinem Bruder HERBERT und anderen nach Rom. Er notierte in einem Kalender[21]: „Rom ... Regenwetter. Straßen voller Schlamm von der Überschwemmung. St. Peter sehr schön im dämmrigen Licht. Abends großer Empfang in Vaters Salon. Barnards, Jellys, Veddire, Clifford, Fräulein Barret ..."

Charles Sanders Peirce um 1878

Am 3. Januar reisten Vater und Bruder nach London weiter, CHARLES blieb mit seiner Frau noch in Rom, wo er von Besichtigungen und Schmuck-Einkauf für ZINA schreibt. „Sixtinische Kapelle eine überschätzte Sache", notiert er in seinem Kalender. Fünf Tage später fuhren sie von Rom über Florenz nach Milano, wo sie eine Nacht verbrachten und er das gute Frühstück „ausgezeichneter Kaffee, vier Eier, hervorragend, und vier Brötchen für 36 Cents" rühmt. Am Abend des 10. Januar ging die Fahrt weiter über Turin nach Susa, Mt. Cenio, St. Michel, Culoz nach Genf, wo sie am 12. um 2 Uhr 30 morgens ankamen. In den fünf Tagen in Genf nahm PEIRCE Kontakt mit Professor PLANTAMOUR[22] auf, der in den folgenden Jahren ein wichtiger Kollege hinsichtlich der geodätischen Arbeiten von PEIRCE werden sollte. Am 17. Januar begaben sie sich von Genf nach Bern. Aus einigen Bemerkungen in diesem Kalender geht übrigens hervor, daß ZINA und CHARLES sich häufig stritten, daß ZINA wohl oft schlechter Laune und CHARLES anderer Ansicht als seine Frau war.

Von Bern („überall Bären") ging es weiter über Basel, Straßburg („machten uns selbst krank mit paté de foie-gras") und Würzburg nach Nürnberg, wo ZINAs Schwester AMY am 23. Januar zu ihnen stieß. Gemeinsam fuhren sie am 24. Januar nach Leipzig; denn AMY gab dort am 26. ein Konzert. CHARLES und ZINA fuhren von Leipzig nach Köln, wo sie nach einer sehr kalten Zugfahrt morgens um 8 Uhr eintrafen. Am 29. erreichten sie Dover und am 30. schließlich über Canterbury London. In London besuchten sie Theater und Konzerte, kauften ein, besichtigten Museen usw. CHARLES traf auch mit WINLOCK, dem Direktor des Harvard Observatoriums, in London zusammen.

Er war ja seit 1869 Assistent des Observatoriums und veröffentlichte viele seiner astronomischen Untersuchungen in den „Annals" dieser Institution. Als er am 9. Februar einen Besuch in Cambridge machte, traf sich ZINA mit Leuten von der „social science" und dem „cooperative store", mit denen sie Erfahrungen austauschte. Die letzte Eintragung im Kalender ist vom 14. Februar. Wahrscheinlich ist das Ehepaar PEIRCE Ende Februar von England aus mit dem Schiff nach Amerika zurückgefahren.

Im Brief an seine Schwester HELEN zur Geburt ihres ersten Sohnes schilderte PEIRCE die Reise von Sizilien nach Leipzig (wo der Brief Ende Januar geschrieben wurde) sehr anschaulich. Die Reise muß sehr beschwerlich gewesen sein. Sie hatten viele Mißgeschicke zu überstehen, die große Überschwemmung in Rom mit viel Schlamm überall, verpaßte und kalte Züge, schlechte Hotels, beide immer wieder erkältet, vor allem durch die Nachtfahrt in einer Kutsche über die Alpen, so daß sie Genf mit seiner „bize" (einem kalten Nordwind) als „die kälteste Stadt der Welt außerhalb Sibiriens" empfanden.

Der Brief endet mit einer Formulierung, die an die moderne Konkrete Poesie erinnert: „Am Tage der Sonnenfinsternis erkältete ich mich, weil ich rückwärts auf einer ‚garouche' geritten war. Das war das erste meiner Mißgeschicke und dann ging alles Bumblety, bomblety, bemblety bom. Bumblety bomblety bamblety bom. Bomblety bamblety bemblety bim. Bemblety bamblety bomblety bum." Auch folgender Text aus MS 1573 ähnelt der Konkreten Poesie:

        Yes Yes Yes
        Yes Yes No Yes
        Yes Yes No No Yes
        Yes Yes No No No Yes
        Yes No Yes Yes
        Yes No Yes No No Yes
        Yes No No Yes Yes
        Yes No No Yes No Yes
        No Yes Yes Yes
        No Yes Yes No Yes
        No Yes Yes No Yes Yes
        No Yes No Yes Yes
        No Yes No Yes No Yes

A. BC. CD

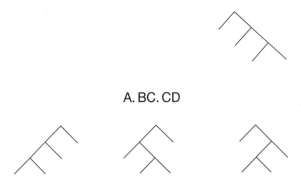

A. BC. CD

Auch in MS 1126 *Common Characteristics of the Great Men of the Past Century* gibt es einen kleinen literarischen Versuch, den man der Konkreten Poesie zurechnen kann:

> brim prim swim
> dim rim trim
> grim slim whim
> glim stim vim.

Selbst wenn diese Aufzeichnungen als kleine Spielereien erscheinen, so zeigen sie doch zumindest auch die literarischen Interessen oder Neigungen von PEIRCE an.

3. Rückkehr aus Europa und Gründung des „Metaphysical Club"

Als CHARLES PEIRCE mit seiner Frau ZINA am 7. März 1871 aus Europa zurückgekehrt war, setzte er seine gewohnte Tätigkeit für die Coast Survey fort, nahm aber auch das gesellige Leben in Cambridge wieder auf. Das für seine geistige Entwicklung damals entscheidende Ereignis war die Gründung des „Metaphysical Club", die vermutlich im Frühjahr oder Herbst dieses Jahres stattfand. MAX FISCH[23] kam bei seinen Nachforschungen zu dem Ergebnis, daß er jedenfalls wohl noch vor dem Winter 1871 gegründet worden sei. Außer PEIRCE zählten zu seinen Mitgliedern: WILLIAM JAMES, OLIVER W. HOLMES Jr., CHAUNCEY WRIGHT, NICHOLAS St. JOHN GREEN und JOSEPH B. WARNER, vermutlich auch JOHN FISKE und FRANCIS E. ABBOT. Dieser Club existierte bis zum Winter 1874–75 und wurde im Winter 1875–76, als sich PEIRCE auf seiner zweiten Europareise befand, *neu* gegründet. In der ersten Periode trafen sich die Freunde einmal wöchentlich, später dann unregelmäßig. Der Club tagte fast ausschließlich entweder bei PEIRCE, der mit seiner Frau damals in Cambridge, Arrow Street 2 wohnte, oder bei JAMES, Quincy Street 20. Vermutlich wurde die *Neue Theorie des Sehens* von BERKELEY und die erkenntnistheoretischen und logischen Methoden von DUNS SCOTUS und OCKHAM diskutiert. PEIRCE trug einen wesentlichen Teil seiner später publizierten Abhandlungen *The Fixation of Belief* und *How to Make our Ideas Clear* im November 1872 dort vor. Richter HOLMES sprach im Frühjahr 1872 über *Prediction Theory of Law* und WILLIAM JAMES stellte seine Abhandlung *Against Nihilism* zur Diskussion. Für den intellektuellen Hintergrund des Clubs waren nach MAX FISCH JOHN St. MILLs *Examination of Hamilton* wohl ebenso entscheidend wie DARWINs *Origin of Species* und ALEXANDER BAINs *The Emotion and the Will.*

Die einzige von CHARLES PEIRCE zu Lebzeiten veröffentlichte Bemerkung über den Club findet sich in dem Artikel *A Neglected Argument for the Reality of God* von 1908[24], die eigentlich nur als eine zusätzliche Bemerkung für den Herausgeber, aber nicht zum Abdruck bestimmt war, in der es heißt: „1871 pflegte ich im Metaphysical Club in Cambridge, Massachusetts dieses Prinzip [das pragmatische] als eine Art logisches Gospel zu predigen, indem ich die unformulierte Methode, die Berkeley befolgte, darstellte und sie im Gespräch darüber ‚Pragmatismus' nannte."

Im MS 620 von 1909 geht er übrigens ausführlich auf die „Satzung" des Clubs und verschiedene seiner Mitglieder ein: „Ein oder zwei Jahre später [gemeint ist, nach der Veröffentlichung der Artikelserie von 1868] lud ich ein Dutzend philosophische Freunde ein, einen Abend in meinem Haus zu verbringen, und als sie versammelt waren – ich verlasse mich auf ein unzuverlässiges Gedächtnis bei all dem –, brachte ich sie dazu, sich ‚Der Metaphysische Club' zu nennen und folgende Satzung anzunehmen:

Satzung

Artikel eins: alle vierzehn Tage soll der Metaphysische Club von einem Mitglied in sein Arbeitszimmer eingeladen werden, wobei es diesem freisteht, ein neues Mitglied zuzulassen, von dessen Mitgliedschaft der Club profitieren wird.

Artikel zwei: Der Metaphysische Club hat keinen Ordnungs- oder sonstigen Beamten und keine Satzung.

Einige Mitglieder waren Chauncey Wright[25], Nicholas St. John Green (ein guter Jurist, der sehr an den Schriften von Alexander Bain interessiert war, von dessen Gewohnheit, Doktrinen in Begriffen des praktischen sozialen Lebens auszudrücken, ich sehr beeindruckt wurde[26]), William James, John Fiske[27], der nie etwas disputierte und so bequem im festen Glauben gegründet war, daß die meisten seiner eigenen Meinungen alle falsch waren – und alle mehr oder weniger falsch –, daß er so unerschütterlich und unangreifbar wie ein optisches Bild war. Wenn eine seiner Schriften länger als fünf Minuten zum Gegenstand geworden wäre, wäre er mit Sicherheit eingeschlafen; denn er kam immer nur dann, wenn er zum Arbeiten zu müde war. Es gab Oliver Wendell Holmes Jr.[28] (der gegenwärtige Herr Richter Holmes), Herr Francis Greenwood Peabody[29], damals fast bis zum geistlichen Amt (Reverenditute) gelangt, Joseph Bangs Warner[30], der – wenn ich mich richtig erinnere – gerade am Gericht zugelassen worden war, Herrn Tutor William Pepperell Montague und Henry Ware Putnam, Esq. Ich kann mich über einige andere irren; aber ich bin sicher, daß an einem Abend Francis Ellingwood Abbot[31] kam und uns schließlich, bevor er ging, nachdem er den ganzen Abend bolzengerade dagesessen hatte, ohne den Mund aufzumachen, auf die netteste Weise mit all der Empfindsamkeit des kampflosen Taktes, den er besaß, erklärte, daß nicht zu erwarten wäre, daß der Intellekt, der die Geschichte der Philosophie zu ihrem vollständigen und endgültigen dénoument brächte, an dem Geschwätz eines Haufens von Geistern wie den unseren sehr interessiert sein sollte."[32]

Auch in einem Antwortbrief an seine ehemalige Schülerin, CHRISTINE LADD-FRANKLIN, die ungehalten darüber war, daß man seinen Artikeln von 1877/78 so wenig Aufmerksamkeit zollte, ging PEIRCE auf das Ziel des Clubs näher ein:

„In den Sechzigern startete ich einen kleinen Club, genannt der Metaphysische Club. Selten waren mehr als ein halbes Dutzend anwesend. ... Dort erblickte der Name und die Lehre [Pragmatismus] das Licht der Welt. Eine meiner Schriften wurde sehr bewundert, und das Manuskript machte unter verschiedenen Mitgliedern, die sich noch einmal genauer damit beschäftigen wollten, als sie es beim Hören tun konnten, die Runde."[33] Und in einem unveröffentlichten Manuskript gibt es weitere Informationen über die Ziele, Mitglieder und Arbeit des Clubs, die vielleicht die deutlichste Stellungnahme dazu darstellen: „Es war in den ganz frühen siebziger Jahren, als sich eine Gruppe von uns jungen Leuten, die sich halb ironisch, halb herausfordernd ‚The Metaphysical Club' nannten – denn damals saß der Agnostizismus auf dem hohen Roß und mißbilligte großartig jede Metaphysik –, in Alt-Cambridge, manchmal in meinem Studierzimmer, manchmal in dem von William James, zu treffen pflegten. Mag sein, daß es einige der damaligen Verschwörer heute nicht gerne sehen, wenn ich bekanntmache, wie wir ‚wilden Hafer säten' [uns die Hörner abstießen], obwohl doch nichts als gekochter Hafer, Milch und Zucker im Essen war.

Bundesrichter Holmes wird es jedoch, meine ich, nicht übelnehmen, daß wir stolz sind, uns an seine Mitgliedschaft zu erinnern, ebensowenig Joseph Warner; Esq. Nicholas St. John Green war einer der interessiertesten Kollegen, ein fähiger und gelehrter Jurist, ein Schüler von Jeremy Bentham. Sein außerordentliches Vermögen, aus der Verkleidung längst verbrauchter Formeln warme und lebensechte Wahrheit herauszuholen, lenkte die Aufmerksamkeit überall auf ihn. Insbesondere führte er uns oft vor Augen, wie wichtig es sei, Bains Definition von Überzeugung ‚als das, aufgrund dessen ein Mensch zu handeln bereit ist' anzuwenden. Der Pragmatismus ist fast nichts anderes als eine Folgerung aus dieser Definition, so daß ich dazu neige, ihn als den Großvater des Pragmatismus anzusehen. Chauncey Wright, eine Art philosophische Berühmtheit in jenen Tagen, fehlte bei unseren Treffen nie. Ich möchte ihn unsere Koryphäe nennen, aber er wird besser als unser Boxmeister beschrieben, dem wir – besonders ich – gewöhnlich gegenübertraten, um mit bloßen Fäusten verprügelt zu werden. ... John Fiske und, seltener, Francis Ellingwood Abbot waren manchmal anwesend, sie liehen dem Geist unserer Unternehmung ihre Unterstützung, während sie sich von jeder Zustimmung zu ihrem Erfolg fernhielten. Wright, James und ich waren Männer der Wissenschaft, und wir erforschten die Lehren der Metaphysiker eher nach ihrer wissenschaftlichen Seite hin, als daß wir sie für geistig bedeutsam ansahen. Unsere Denkweise war entschieden britisch. Als einziger aus unserer Gruppe war ich über den Torweg Kants auf den Dreschboden der Philosophie gelangt, und sogar meine Ideen nahmen dann den englischen Akzent an."[34]

Der Metaphysical Club gab weder Protokolle noch gar eine Zeitschrift heraus, so daß seine Wirkung auf die Mitglieder und die gelegentlich Eingeladenen beschränkt blieb. Für CHARLES PEIRCE war er aber das geeignete Zentrum, um seine Gedanken gleichrangigen Freunden mündlich darzulegen.

4. Nachruf auf De MORGAN, Rezension der neuen BERKELEY-Ausgabe und der Realismus/Nominalismus-Streit

Drei Veröffentlichungen des Jahres 1871 seien hier kurz charakterisiert, weil sie wichtige Punkte der Forschungen von PEIRCE betreffen.

Die erste Publikation, zwei unsignierte *Notes*[35], wurde als Nachruf auf De MORGAN, den Mathematiker und Logiker, geschrieben, der PEIRCE wohl am stärksten zu seinen eigenen Untersuchungen auf dem Gebiet der „Logik der Relative" – wie es bei PEIRCE heißt – angeregt hat. Die erste *Note* ist eine Kurzbiographie De MORGANs, die wegen der Auswahl der Daten und ihrer Kommentierung für PEIRCE sehr typisch ist. Er erwähnt u. a., daß De MORGAN 1806 in Madura/Süd-Indien geboren wurde, in Cambridge (England) Mathematik studierte und, obwohl er 1827 Erster im „Mathematischen Tripos" wurde [Tripos ist das letzte Examen zur Erlangung eines Ehrengrades in Cambridge], weder den Magistergrad noch die College-Mitgliedschaft erwerben konnte, weil er sich den notwendigen religiösen Prüfungen nicht unterzog. Ein Jahr später, also 1828, habe De MORGAN jedoch schon eine Professur für Mathematik an der Universität London angenommen, „deren Prinzipien", schreibt PEIRCE, „mit seiner religiösen Unabhängigkeit übereinstimmten". Als er jedoch meinte, man habe JAMES MARTINEAU wegen dessen religiösen Ansichten eine Professur verweigert, habe er die Universität London 1866 verlassen und in Londoner Versicherungsgesellschaften gearbeitet. PEIRCE zählt einige seiner wichtigsten Bücher auf, erwähnt seine zahlreichen Veröffentlichungen in Zeitschriften und Enzyklopädien, rühmt sein fast professionelles Instrumentenspiel und weist auf seine Vorliebe für humoristische Romane hin. „Als Mathematiker hatte er das seltene Verdienst, seine Lieblingswissenschaft nicht zu überschätzen; denn er bewies durch seine ‚Formal Logic', daß ein Mathematiker durchaus auch ein Logiker sein kann", schreibt er.

Diesen letzten Satz bezog er vermutlich auch auf sich selbst. De MORGAN sei zwar einer der „gewichtigsten Anhänger des Spiritualismus" gewesen, aber trotzdem einer der klarsten Geister, die je gelehrt haben. Durch seine geniale und zugleich herzliche Art habe er privat und im Hörsaal alle angezogen, die mit ihm in Berührung kamen. „Und die, die ihn an der Wandtafel gesehen haben, wenn er Schnupftabak und Kreide zu gleichen Teilen mischte, werden die einzigartige Erscheinung, die er oft darstellte, nicht so bald vergessen", fügt er zum Schluß hinzu.

Die zweite *Note* enthält einige kritische Bemerkungen. PEIRCE lobt zwar De MORGAN wegen der „Vollständigkeit seiner Logik", bemängelt aber seine geringen analytischen Fähigkeiten. Am bemerkenswertesten findet er seine Schrift über die *Triple Algebra*, obwohl er seine Analyse dieser schwierigen Sache für nicht subtil genug hält, da sie nur den Beginn in diesem Gebiet darstelle, ohne eine Lösung zu bieten. Um ein endgültiges Urteil über De MORGANs System zu bilden, hätte auch seine eigene „Logik der Relative", die er als erster gründlich erforscht habe, einbezogen werden müssen.

Im Oktober 1871 erschien die wichtige, für seinen eigenen philosophischen Standpunkt aufschlußreiche Kritik der Ausgabe FRASERs der *„Works of George Berkeley"* in der North American Review, signiert mit CSP. Er rühmt darin zunächst die neue Ausgabe als die beste der bisher erschienenen und weist darauf hin, daß BERKELEY vor allem als Engländer, nicht nur als Bischof verstanden werden müsse; denn er sei eine „ebenso erstaunliche Illustration dieses Nationalcharakters wie jener seltsamen Verbindung von Nominalismus und Platonismus".

In diesem Zusammenhang zitiert PEIRCE auch den von ihm so bewunderten DUNS SCOTUS, da dieser, wie er meint, zum ersten Male eine „konsistente Formulierung der realistischen Position" entwickelt habe. Selbstverständlich gibt PEIRCE dem realistischen Realitätsbegriff den Vorzug, da er „natürlicher und einleuchtender" sei und bemerkt: „Jedes menschliche Denken und jede Meinung enthält ein willkürliches und zufälliges Element, das von den Grenzen des Individuums in seinen Verhältnissen, seiner Fähigkeit und Neigung gesetzt sind; kurz, ein Element des Irrtums. Aber die menschliche Neigung tendiert im allgemeinen auf lange Sicht zu einer definiten Form, die die Wahrheit ist. Hat ein menschliches Wesen ausreichende Information und denkt es lange genug über jede Frage nach, dann wird sich ergeben, daß es zu einer gewissen, definiten Schlußfolgerung kommt, die dieselbe ist, die jedes andere denkende Wesen unter ausreichend günstigen Umständen erreichen wird." Und er verstärkt dies, indem er kurz danach bemerkt: „Folglich gibt es auf jede Frage eine wahre Antwort, eine endgültige Konklusion, zu der die Meinung eines jeden Menschen beständig hingezogen wird." Und hinsichtlich des Realen heißt es dann: „Daher ist all das real, von dem man auf Grund dieser endgültigen Meinung denkt, daß es existiert, und sonst nichts."

Im weiteren Verlauf dieser Rezension BERKELEYs weist er die Idee eines Dinges-an-sich zurück, das von der Vorstellung unabhängig ist, doch sieht er die sinnlichen Erscheinungen nur als *Zeichen* der Realitäten an, diese Realitäten, die die Zeichen repräsentieren, seien aber nicht die „unerkennbare Ursache der Sinnesempfindung", sondern *„noumena* oder intelligible Vorstellungen, die die Endprodukte der geistigen Tätigkeit sind, die durch die Sinnesempfindung in Bewegung gesetzt wird". Er unterscheidet daher den „Stoff der Sinnesempfindung" und die „Information", die „praktisch durch jede beliebige Sinnesempfindung vermittelt wird". Mit dem Hinweis auf KANTs „Kopernikanische Wende", das heißt vom nominalistischen zum realistischen Weltverständnis, betont PEIRCE, daß dies heißt, „die Realität als das normale Produkt der geistigen Tätigkeit und nicht als eine unerkennbare Ursache" anzusehen. Der Realist wird demnach das Sein außerhalb und das Sein innerhalb des Verstandes nicht als zwei verschiedene Seinsweisen betrachten, das heißt, er wird den „Begriff des Dinges" und das „Ding selbst" als ein und dasselbe Ding unter zwei Gesichtspunkten ansehen.

BERKELEY hat sowohl die Existenz allgemeiner Begriffe bzw. allgemeiner Ideen geleugnet als auch die Existenz der Materie, und hat alle Erfahrung der Dinge, die durch die Sinne gewonnen wird, in die Existenz Gottes verlegt. PEIRCE attackiert BERKELEY und den Berkeleyanismus von COLLYNS SIMON, FRASER und ARCHER BUTLER, die behaupten, daß er besonders leicht mit wissenschaftlichem Denken vereinbart werden könne, da er „so weit wie nur irgend möglich von der Wahrheit entfernt" sei. Er räumt aber ein, daß BERKELEYs *Neue Theorie des Sehens* größere Beachtung verdient hätte; denn der wichtigste Satz aller empirizistischen Theorien sei der, „daß die Sinnesempfindungen, die wir beim Sehen haben, Zeichen für die Relationen von Dingen sind, deren Interpretation induktiv entdeckt werden muß", und er rühmt BERKELEYs „beachtliche Fähigkeit bei der Aufzählung der Zeichen und ihres Gebrauchs".

Obwohl die Entscheidung über realistische oder nominalistische Wissenschaft nach PEIRCE nur in der Logik (gemeint ist natürlich die Semiotik) gefällt werden kann, werde eine Lösung erst dann gefunden und akzeptiert werden, wenn sie praktischem Gebrauch dient. Doch das Problem, Realismus oder Nominalismus, erstreckt sich seiner Meinung nach über unser ganzes Leben, denn es sei die *„fundamentalste praktische Frage"*, ob der Mensch nur als Individuum mit persönlichem Glück usw. angesehen werde oder ob es eine höhere Würde, Wert und Bedeutung gebe, das heißt eine „Gemeinschaft der Menschen". Er spricht hier nicht allein von der „Gemeinschaft der Forscher", die in wissenschaftlichen Fragen die Wahrheit konstituieren, sondern allgemein von der „menschlichen Gemeinschaft" überhaupt.

Zur Realismus/Nominalismus Kontroverse erschien außerdem am 14. Dezember 1871 in The Nation ein von PEIRCE voll gezeichneter Brief[37] aus Washington vom 10. Dezember, der in wenigen Sätzen noch einmal Stellung dazu nimmt, und wo er ausführt: „. . . die Realisten behaupten, daß die Realität zu dem gehört, was uns in wahrer Erkenntnis jeder beliebigen Art gegenwärtig ist, die Nominalisten behaupten, daß die absolut externen Ursachen der Wahrnehmung die einzigen Realitäten sind". Und bedauernd führt er an, daß „der geistige Horizont beider Parteien zu begrenzt war", um die Konzeption der anderen Seite verstehen zu können, und leider sei das bis auf den heutigen Tag so.

5.   Astronomie, Logik und Mathematik. Vorträge und Veröffentlichungen von 1871/72

Die Arbeiten als Assistent der Coast Survey am Harvard Observatorium führten zu Ergebnissen, die CHARLES PEIRCE gelegentlich auch in öffentlichen Vorträgen darlegte. So berichtete er zum Beispiel am 16. Dezember 1871 vor der Philosophical Society of Washington, D. C., die 1871 gegründet wurde, über *The Appearances of Encke's Comet as Seen at Harvard College Observatory*[38] und am 12. März 1872 vor der American Academy of Arts and Sciences über *Photometric Measurements of the Stars*[39], wobei er auch ein von ZÖLLNER[40] erfundenes Instrument vorführte, das vom Observatorium 1871 erworben worden war.

Seine Stellung in der Coast Survey zwang ihn, vom April bis November 1872 mit seiner Frau ZINA nach Washington zu übersiedeln, um JULIUS ERASMUS HILGARD[41], den „Assistant in Charge" der Coast Survey, der später auch ihr Superintendent wurde, während dessen Europareise zu vertreten[42]. Von der Coast Survey wurde er zusätzlich zu seinen bisherigen Aufgaben zum „Assistant computer for the Nautical Almanach" bestellt und in den nächsten Jahren mit der verantwortlichen Leitung aller Gravitationsforschungen in Amerika betraut. Er beschäftigte sich dementsprechend ausgiebig mit Pendelversuchen und entwarf eine mathematische Theorie, die er in den folgenden Jahren immer mehr verfeinerte, um die Fehlerquellen bei den Messungen möglichst ganz auszuschalten bzw. im voraus berechenbar zu machen.

Aus Washington verwies er in einem Brief an seine Mutter vom 20. April 1872 nicht wenig selbstbewußt auch auf andere Forschungen: „An klaren Nächten beobachte ich mit dem Photometer; an wolkigen Nächten schreibe ich an meinem Buch über Logik, das von der Welt so lange und so begierig erwartet wird." Neben seiner Arbeit für die Coast Survey bzw. für das Harvard Observatorium hat er also weiter an seinen logischen Aufzeichnungen geschrieben, die zu dem geplanten, aber nicht veröffentlichten Werk über Logik, das heute als *Logic of 1873* bekannt ist, führten. (Wir kommen darauf zurück.)

Mit seinem Vater hat CHARLES PEIRCE mündlich und brieflich nicht nur mathematische, vor allem algebraische Probleme (z. B. auch die Arbeiten von COURNOT), sondern auch sonstige wissenschaftliche Fragen erörtert. Ein wissenschafts*politisches* Problem, die Ernennungen in der Coast Survey, trug er ihm im Brief vom 19. Juni 1872 vor. Er vertrat darin die Ansicht, daß Einstellungen bzw. Ernennungen nach einem *Eignungsexamen* vorgenommen werden sollten, damit die Coast Survey *kein* politisches Unternehmen würde. Vielleicht sei das den Tendenzen des Zeitalters entgegengesetzt. Aber die Wissenschaft würde zerstört, wenn man die Stelle des Superintendenten der Coast Survey auf Grund von politischen Rücksichten besetze. Er plädierte ausdrücklich gegen die Ernennung HILGARDs, den er für die Stelle des Superintendenten als ungeeignet bezeichnete.

1871 hatte BENJAMIN PEIRCE vom Kongreß die Genehmigung erhalten, die Surveys der Ost- und Westküste Amerikas entlang dem 39. Breitengrad zu vereinigen. Die bisher rein geodätischen Arbeiten machten auch Erdschwerebestimmungen erforderlich, die in Europa mit Reversionspendeln durchgeführt wurden. Auf die Anfrage seines Vaters, ob *er* denn gewillt sei, eine feste Stelle bei der Coast Survey anzunehmen, antwortete CHARLES am 17. September 1872, daß sie ihm „besser als irgendeine Professur" erscheine. Zwei Monate später, am 30. November 1872, wurde er zum „Assistant in Charge" (was einem Abteilungsleiter entspricht) ernannt und mit der verantwortlichen Leitung aller Pendelexperimente der Coast Survey beauftragt. Es ist also nicht erstaunlich, daß er 1872 vor allem Arbeiten, die er für die Coast Survey im Zusammenhang mit seinen Beobachtungen am Harvard Observatorium gemacht hatte, veröffentlichte.

Unter den Titeln findet man: *Astronomical*; *Calendars*; *Rainfall*; *On the Theory of Errors of Observation*[43] usw. Ein Manuskript, das in diesen Umkreis gehört und vom 4. Mai bis 10. Juni 1872 datiert ist, hat den Titel *Record of C. S. Peirce's Photometric Observations* (MS 1055).

CHARLES PEIRCE hat sich damals also überwiegend astronomischen bzw. geodätischen Aufgaben gewidmet. WILLIAM JAMES, der einige seiner logischen Vorlesungen gehört hatte und auf Grund vieler Diskussionen mit CHARLES seine erkenntnistheoretischen und logischen Forschungen kannte, schrieb seinem Bruder HENRY JAMES, der sich nach langen Reisen im Herbst 1872 in Paris niedergelassen hatte, am 24. November 1872, daß PEIRCE und seine Frau den Winter über und vielleicht für immer nach Washington gingen und bemerkte: „Er sagt, er sei dort geschätzt und hier nur geduldet, und er würde ein Narr sein, wenn er nicht ginge. Er las uns neulich ein wunderbares Einleitungskapitel zu seinem Buch über Logik vor." WILLIAM JAMES, der von PEIRCEs logisch-philosophischen Fähigkeiten überzeugt war, obwohl er immer betonte, daß er nichts von dem, was PEIRCE tue, verstehen könne, setzte sich erneut für den Freund ein und empfahl ihn DANIEL GILMAN[44], der mit der Aufstellung des Lehrkörpers für die neu gegründete Johns Hopkins Universität in Baltimore betraut worden war. PEIRCE erhielt 1879 an dieser Universität eine Stelle als „half-time lecturer on logic" (was etwa einem Dozenten entspricht) mit einem Jahresgehalt von 1 500 Dollar. Es sollte übrigens die einzige Universitätsstelle bleiben, die er länger als eine Vorlesungsreihe (term) innehatte.

Am 21. Dezember 1872 hielt PEIRCE vor der Philosophical Society of Washington erneut einen Vortrag, der den seltsamen Titel hatte: *On the Coincidence of the Geographical Distribution of Rainfall and of Illiteracy, as shown by the Statistical Census Report*[45]. Was hat wohl der Anteil der Regenmenge mit dem Anteil der Analphabeten in gewissen Regionen zu tun? Nun, PEIRCE, der denselben Vergleich später in seinem Essay *A Theory of Probable Inference* (1883)[46] wieder verwendet hat, wollte zeigen, daß dies „ein gutes Beispiel für eine Induktion" sei, „in der der Anteil der P unter den M verschieden, aber nicht sehr verschieden von dem Anteil unter den nicht-M" ist und daher unbefriedigend bleibt und zu weiteren Untersuchungen anregt. Dieser Vortrag zeigt, wieweit er seine logischen Untersuchungen intensiv weiterführte. Das geht auch aus seinen Besprechungen von „Educational Text-books" für The Nation hervor, die am 4. und 11. April 1872 erschienen[47]. Zwei dieser Besprechungen betrafen naturwissenschaftliche Werke, und zwar: 1. RICHARD ANTONY PROCTORs *Star-Atlas*, den PEIRCE als fehlerhaft, lückenhaft usw. charakterisiert und von dem er abschließend sagt: „Wenn jemand, der an Sternen interessiert ist, nicht Argelanders unvergleichliches Werk besitzt, dann soll er das von Elihu Burritt oder irgendein anderes nehmen, aber nur nicht dieses neue." 2. CLERK MAXWELLs *Theory of Heat*, das PEIRCE uneingeschränkt als das „allerbeste Textbuch der Physik, das seit einigen Jahren erschienen ist", preist. Es erfordere allerdings „einiges Denken vom Studenten, was ein verhängnisvoller Einwand gegen seinen extensiven Gebrauch in diesem Lande ist". (Er scheint die wissenschaftlichen Fähigkeiten und Interessen seiner Landsleute nicht gerade hoch eingeschätzt zu haben.) Die weiteren Besprechungen sind rein logischen Büchern gewidmet, und zwar: 1. *Elements of Deductive Logic* von FOWLER, in der PEIRCE in der zweiten Serie von

Besprechungen in The Nation ausdrücklich auf FOWLERs Induktive Logik hinweist, die zusammen mit der Deduktiven Logik studiert werden sollte; 2. *Lectures on the Psychology of Thought and Action, Comperative and Human* von WILSON; 3. das *Compendium* der Logiken von HAMILTON, THOMPSON usw. von BOWEN; 4. *Science of Thought* von CARROLL EVERETT, das er dazu benutzt, HEGELs Logik als überholt und die „vaguen Begriffe und komplizierten Schlüsse, die zu Fehlschlüssen führen" als universalen Fehler aller Hegelianer zu bezeichnen; 5. *System of Logic and History of Logical Doctrines* von ÜBERWEG, das er als ein sorgfältig geschriebenes und gelehrtes Buch charakterisiert und – wieder gegen den amerikanischen Leser gerichtet – bemerkt, daß „der Stil klar und präzis, präziser als ihn der amerikanische Leser wünscht" sei.

Die Besprechung des Werkes von FOWLER nimmt PEIRCE übrigens zum Anlaß, um auf die „Wertlosigkeit der deduktiven Logik in der Erziehung, sofern sie nicht als Einführung in die Wissenschaftslogik dient", hinzuweisen. Die dort enthaltene Feststellung: „Pedanten lehren gern so wenig wie möglich und lehren es auf möglichst formale Weise und mit einem möglichst komplizierten System aus großen Worten", könnte auch heute noch manchem Verfasser von Lehr- oder Textbüchern als Warnung dienen. FOWLERs Ausführungen über MILLs Theorie der Logik veranlaßten ihn übrigens dazu, einige Bemerkungen zu Hypothesen bzw. hypothetischem Schließen zu machen, was er später verschiedentlich erörtern wird.

6. Die Logik von 1873

Vor der Philosophical Society of Washington, D. C. hielt CHARLES PEIRCE am 17. Mai 1873 einen Vortrag mit dem Titel *On Logical Algebra*[48]. Manuskripte, die diesen Titel tragen, sind nicht datiert, könnten aber die Grundlage dieses Vortrags gewesen sein. Möglicherweise stellt er aber auch einen Teil der später so genannten *Logic of 1873* dar. Zu dieser *Logic*, die von PEIRCE nicht veröffentlicht wurde, sind eine Reihe von Manuskripten[49] erhalten, die großenteils von einem Sekretär geschrieben und von PEIRCE korrigiert wurden. Einige sind fertiggestellt, andere fragmentarisch oder verlorengegangen. Einige sind datiert mit dem 6. bis 15. März 1873 und dem 1. bis 7. Juli 1873, die anderen wurden von den Editoren der *Collected Papers* um 1873 datiert und auszugsweise (CP 7.313–361) veröffentlicht. Die Editoren vermuten, daß manche Manuskripte bereits 1872 geschrieben wurden. (Vgl. CP 7.313 Anm.1)

Die Arbeiten an diesem Buch gehen mit Sicherheit bis in die Anfangsmonate des Jahres 1872 zurück; denn – wie wir schon sagten – schrieb er der Mutter im April 1872, daß er an seinem Buch über Logik schreibe, wenn ihm die Arbeit für die Coast Survey Zeit dazu lasse.

Aus den Titeln der einzelnen Kapitel geht bereits hervor, daß diese Logik keine formal-logische, sondern eine wissenschafts- bzw. erkenntnistheoretisch-semiotische Abhandlung werden sollte. Es werden u. a. Probleme der „For-schung" (inquiry), die „Vier Methoden der Festigung der Meinung", Fragen der „Realität", „Zeit und Denken" (verbunden mit den Begriffen „Kontinuum und Diskontinuum"), „Kategorien", „Zeichen", „Repräsentation", und „Natur der Zeichen" sowie „Breite und Tiefe", „Kopula", „Syllogismen" – also rein logi-sche Themen – dargelegt. Zum Beispiel vertritt er (MS 368) die Ansicht, daß das Denken als ein *Strom* (stream) verstanden werden müsse, der vom Assoziations-Gesetz regiert werde. WILLIAM JAMES sprach in seinen *Princip-les of Psychology* (1890) vom „Bewußtseinsstrom", eine Formulierung, die wahrscheinlich auf den „Gedanken-Strom" von PEIRCE zurückgeht, aber fast immer als glanzvolle Formulierung (oder gar Entdeckung) von JAMES hinge-stellt wird. Man weiß nicht erst seit den kritischen Rezensionen und Briefen von PEIRCE, daß sein Freund JAMES gern frappierende Wendungen in seinen Werken auftreten ließ, ohne ihren Zusammenhang, ihre richtige Verwendung oder ihr sinnvolles Auftreten zu beachten.[50] Jedenfalls wollte JAMES das Bewußtsein nicht als „Entität" oder „Substanz" einführen, was der experimen-tellen Auffassung der Psychologie unangemessen, weil „metaphysisch" sei, sondern als „Prozeß" bzw. „Strom". Andererseits nannte er die „Entität" des Bewußtseins ein „konstituierendes Prinzip jeder Erfahrung"[51], was PEIRCE zu weiteren Rückfragen veranlaßte.

Von besonderer Bedeutung sind jedoch diejenigen Kapitel der *Logic*, in denen von „Zeichen" und „Repräsentation" gehandelt wird sowie von der „Existenz von Zeichen", den „drei Elementen der Zeichen", den „drei Bedingungen für die Existenz von Zeichen" und der „Natur des Zeichens". Dazu gehören des weiteren die Unterscheidung zwischen „Wissen" als solchem und „Wissen, daß man weiß" sowie Betrachtungen über die Art der kausalen Verknüpfung zwischen Denken und Ding, mit dem der Gedanke verbunden ist. Die Unter-scheidung von Realität und Fiktion und die Bestimmung der „Realität der Fiktion", wenn sie als solche und nicht als Repräsentation von etwas anderem betrachtet wird, gehören in den gleichen Umkreis. Alle diese Ausführungen führen schließlich zu der schon publizierten Ansicht, daß es unmöglich ist, eine Vorstellung von etwas zu haben, das nicht ein Objekt des Denkens ist. Aus *On the Nature of Signs* dieser *Logic of 1873* (MS 381) möchte ich die Definitionen des Zeichens anführen, die einfach und deutlich die dreistellige Relation, als die er die Zeichen bereits in seinen ersten Vorlesungen an der Harvard Universität und am Lowell Institut einführte, kennzeichnet:

„Ein Zeichen ist ein Objekt, das *für* ein anderes *zu* einem Geist steht.

1. Zuerst muß es wie jedes Ding Qualitäten haben, ob es als Zeichen betrach-tet wird oder nicht.

Ein gedrucktes Wort ist schwarz, hat eine gewisse Anzahl von Buchstaben, diese haben eine gewisse Gestalt. Dies sind materielle Qualitäten. [Wir nennen das heute den „Mittelbezug des Zeichens".]

2. Ein Zeichen muß eine reale Verbindung zu dem Ding haben, das es bezeichnet. (Beispiel: „Wetterhahn", Zeichen einer Windrichtung, Gemaltes Porträt). [Heute als „Objektbezug" bekannt.]

3. Ein Zeichen muß als Zeichen verstanden werden; denn es ist nur ein Zeichen für denjenigen Geist, der es so versteht; und wenn es nicht ein Zeichen für einen Geist ist, ist es überhaupt kein Zeichen." [Was unserem „Interpretantenbezug" entspricht.]

In diesen Manuskripten betont PEIRCE wiederum die Bedeutung der Logik für die *Forschung*, die leitmotivisch alle seine logisch-semiotischen Schriften bestimmt. Er definiert sie hier als einen Prozeß, der aus den beiden Teilen: *Schließen* und *Beobachten* besteht.

Alle Themen, außer denen, die sich explizit mit Zeichen, Bedeutung und Repräsentation beschäftigen, sind später in den Abhandlungen der Reihe *Illustrations of the Logic of Science* (1877/78) wieder aufgenommen worden. Was PEIRCE bewogen haben mag, seine Grundüberlegungen zur Semiotik in den Publikationen von 1877/78 nicht auftreten zu lassen, kann hier nicht entschieden werden. Wahrscheinlich war er bei Freunden und Kollegen auf so großes Unverständnis gestoßen, daß er es nicht wagte, sie einem größeren Publikum darzulegen, obwohl sie für ihn so eminent wichtig waren.

Die Arbeit am Logik-Buch war für PEIRCE aber, wie gesagt, nur eine seiner Nebenbeschäftigungen; denn hauptberuflich war er ja für die Coast Survey mit Pendelversuchen beschäftigt. Seinem Vater, der damals noch Superintendent der Coast Survey war, teilte er zum Beispiel am 16. Juli 1873 mit, daß er seine Pendelversuche mit einem Pendel machen wollte, das die Firma REPSOLD in Hamburg eigens für ihn herstellen würde. Er hatte darüber bereits mit der Firma REPSOLD[52] korrespondiert, die die bedeutendste Herstellerin astronomischer Meßgeräte jener Zeit war. Er teilte seinem Vater auch mit, daß er es für erforderlich halte, dieses Pendel mit denen der „Europäischen Gradmessung" in London, Paris, Berlin und in der Schweiz (Genf) zu vergleichen. Auch plante er, nach Japan, China und Ägypten zu gehen, wo er sein Pendel auf der Spitze der höchsten Pyramide schwingen lassen wollte, das heißt, er hoffte, die Coast Survey würde alle diese Reisen genehmigen. An den europäischen Orten hat er zwei Jahre später mit seinem in Hamburg abgeholten Pendel tatsächlich gearbeitet, doch die Coast Survey schickte ihn weder nach Japan noch nach China oder Ägypten.

Im Februar 1874 wurde BENJAMIN PEIRCE als Superintendent der Coast Survey pensioniert und unternahm vermutlich anschließend eine private Reise mit seiner Frau und seinem ältesten Sohn nach Europa. CHARLES schrieb ihm, daß er seinen Bruder JEM (JAMES) beneide, der mit Vater und Mutter dort sein könne. Die Mutter habe die Gabe, sich an allem so sehr zu erfreuen. Er wünschte ihnen allen, daß sie den Winter über „drüben" bleiben und auch nach Italien fahren könnten, was der Mutter sicher sehr gefallen würde. „Ich wünschte mir", setzte er hinzu, „daß wir alle im Frühjahr drüben sein können."

1873 war übrigens nur ein Beitrag von PEIRCE in The Nation erschienen, der für sein unabhängiges Urteil typisch ist, und zwar die Rezension des Buches *One Law in Nature* von Kapitän H. M. LAZELLE (10. Juli 1873).[53] Die beiden ersten Sätze der Rezension lauten: „Wir können von Kapitän Lazelles ‚One Law in Nature' nicht mit Hochachtung sprechen. Obwohl es nicht die beschränkte Ignoranz verrät, die viele anmaßende Theorien über das Universum verraten, können wir nicht sagen, daß es irgendeinen Wert als Beitrag zur Naturphilosophie hat." PEIRCE zitiert dann zwei Sätze aus diesem Buch, um seine vernichtende Kritik zu belegen und widmet die restlichen zwei Drittel seiner Rezension der Beschreibung der Lage der zeitgenössischen Physik.

Da er selbst beständig naturwissenschaftliche (astronomische und geodätische) Untersuchungen durchführte, in denen er die Verbindung zwischen Experimenten und Theorien demonstrierte (und was nicht nur wissenschaftstheoretische, sondern auch mathematische Fähigkeiten erfordert), besaß PEIRCE die besten Voraussetzungen zur Bearbeitung naturphilosophischer bzw. kosmologischer Probleme. Es ist also nicht erstaunlich, daß neben logischen auch mathematische und naturphilosophische Fragen öffentlich dargelegt wurden. So hielt PEIRCE im Frühjahr 1874 vor der Philosophical

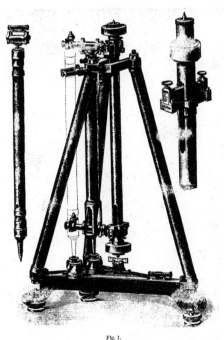

Der Repsoldsche
Pendelapparat

Fig. 1.

Society of Washington, D. C. zwei Vorträge: am 3. Januar über *On Quaternions, as Developed from the General Theory of the Logic of Relatives*[54] und am 14. März über *On Various Hypotheses in Reference to Space*[55].

Zwei Manuskripte, beide datiert mit dem 21. September 1874, betreffen übrigens ebenfalls mathematische Fragen. Es handelt sich um *First Attempt at a Geometry Logically Correct*[56] und um *On Political Economy*[57]. Mit Fragen der Ökonomie in Forschung und Wissenschaft hat er sich bis in seine letzten Lebensjahre beschäftigt.

1874 arbeitete PEIRCE für die Coast Survey am Hoosac-Tunnel in West-Massachusetts. Im Herbst 1874 kehrte er nach Cambridge zurück. Im April 1875 reiste er dann mit seiner Frau ZINA zum zweiten Mal nach Europa, um sein Pendel an verschiedenen Orten „schwingen zu lassen".

V. Logisch-algebraische Arbeiten und Pendelversuche in Europa

1. Vorträge im Frühjahr 1875

Vor der American Academy of Arts and Sciences hielt PEIRCE am 9. März 1875 einen Vortrag aus seinem astronomischen Arbeitsgebiet über *Photometric Measurements of the Stars*[1] und präsentierte der Akademie für die Sitzung vom 11. Mai eine Schrift mit dem Titel *On the Application of Logical Analysis to Multiple Algebra*[2], in der er die sogenannten „Nonionen" und „Quaternionen" im Anschluß an seines Vaters *Linear Associative Algebra* von seinem Gesichtspunkt der Logik der Relative her behandelte. Die Frage der Begründung der „Nonionen" führte übrigens zu einem heftigen Prioritätsstreit mit dem englischen Mathematiker JAMES JOSEPH SYLVESTER, der später PEIRCEs Kollege an der Johns Hopkins Universität in Baltimore werden sollte. SYLVESTER hatte in seiner Schrift *Word upon Nonions*[3] hinsichtlich einer Gruppe von neun Formen, die zur Algebra der Nonionen gehören, gesagt: „Diese Formen können aus der von Herrn Charles S. Peirce entwickelten Algebra hergeleitet werden", aber in einer anderen Schrift[4] später festgestellt, daß PEIRCE „viele Jahre früher in Verbindung mit seiner ‚Logik der Relative' "[5] (also 1870) zum selben Resultat wie er selbst gekommen sei. Später hat er seine Bemerkungen wohl nicht mehr wahrhaben wollen; denn PEIRCE schrieb 1883 in den „Circulars" der Johns Hopkins Universität[6]: „... Als ich 1875 in Deutschland war, schrieb mir mein Vater, daß er eine vermischte Schrift über Multiple Algebra drucken lassen wollte und gern hätte, wenn sie von einer Arbeit von mir begleitet würde, die über das, was ich herausgefunden hatte, Rechenschaft ablegen sollte. Ich schrieb eine solche Arbeit und schickte sie ihm, aber irgendwie ging alles außer den ersten wenigen Seiten verloren, ein Umstand, den ich erst entdeckte, als ich den Teil (und den er für das Ganze hielt) gedruckt sah. Ich publizierte die Sache nicht an anderer Stelle, weil ich ihr keine große Wichtigkeit beimaß, und weil ich dachte, daß schon zu viel für die einfache Sache, die ich gemacht hatte, getan worden war.

Ich schließe den Bericht hier. Die Priorität der Publikation der fraglichen partikulären Gruppe gehört Prof. Sylvester. Aber die meisten Leser werden mit mir übereinstimmen, daß er sie nicht ohne irgendeine Erwähnung meines

Werkes hätte drucken lassen sollen und daß es nicht zu viel verlangt war, wenn er sagte, daß die Gruppe aus meiner Algebra hergeleitet werden konnte." (CP 3.648).

2. Zweite Europareise zur Teilnahme am Kongreß in Paris 1875 und Pendelversuche an verschiedenen Orten Europas

Am 3. April 1875 reiste CHARLES PEIRCE mit seiner Frau ZINA zum zweiten Mal nach Europa, um Pendelversuche zu machen und als erster amerikanischer Abgesandter an einer Internationalen Geodätischen Konferenz teilzunehmen, die vom 20. bis 29. September 1875 in Paris stattfand. Amerika war damals noch nicht Mitglied der Europäischen Geodätischen Gesellschaft und hatte bisher an ihren Versammlungen nicht teilgenommen.

Am 19. April trafen CHARLES und ZINA in London ein. In Briefen an die Mutter berichtet er ausführlich über Stadt und Leben, über ihre Besuche in Cambridge und am Kew Observatorium, über Reisen nach Leamington, Chester, Birmingham, Warwick und Stratford-on-Avon. Er preist seinen Lieblingsschriftsteller SHAKESPEARE und schickt der Familie zwanzig Fotos, die er an diesen Orten gemacht hatte. Aus einem Brief vom 2. und 4. Mai 1875 erfährt man, daß er wegen seiner Pendelarbeit am Kew Observatorium bei London gewisse Schwierigkeiten hatte, daß er von der Royal Society zu einer Versammlung eingeladen wurde, daß er CLIFFORD besuchte und mit ihm ein interessantes Gespräch über Logik führte, daß er eine „Notiz" von HERBERT SPENCER erhielt, daß er Mitglied des „Athenaeum-" und des „Saville-Clubs" wurde, daß er mit CLIFFORD und SYLVESTER zu Abend aß, daß er MAXWELL[7] in seinem Labor in Cambridge besuchte und in Cambridge auch PALMER und GORDON wiedersah, die er 1870 in Konstantinopel kennengelernt hatte, daß er an weiteren Treffen der Royal Society und der Mathematical Society teilnahm und mit seiner Frau ZINA Theater und Konzerte besuchte. Voller Stolz berichtet er auch, daß ihn verschiedene Leute über seine „Logik der Relative" befragt hätten.

In den Monaten vor dem Kongreß machte er verschiedene Pendelversuche am Observatorium in Paris und fuhr im Mai 1875 nach Hamburg, um bei der Firma Repsold für die Coast Survey das nach seinen Angaben abgeänderte Repsold-pendel[8] abzuholen. Er reiste auch nach Berlin, wo er mit General BAEYER vom Königlich Preußischen Geodätischen Institut[9], mit dem ihn in den folgenden Jahren große Sympathie verband, konferierte. Er besuchte außerdem Profes-

außerdem Professor EMILE PLANTAMOUR, den Direktor des Genfer Observatoriums, den er, wie schon berichtet, seit 1870 persönlich kannte. In Genf machte er ebenfalls Versuche mit seinem neuen Pendel.

Der Mutter schrieb er am 7. August 1875 aus Genf, daß er an der Lösung eines Problems arbeite, an dem er ganz besonders stark interessiert sei, nämlich dem der Form des Sternenhaufens, in dem wir leben, und der fast alle Sterne umfaßt, die wir sehen. Es sei ein „edles Problem", das große Imagination erfordere und das er in ungefähr zehn Jahren wohl gelöst haben würde. „Ich sehe genau, wie, und werde damit eine große Rolle in der Geschichte der Entdeckungen spielen", merkt er an. Er lobte in diesem Brief übrigens auch seinen Verleger ENGELMANN in Leipzig, der sein Buch (gemeint ist *Photometric Researches*) in 150 Exemplaren drucken wolle.

Auf dem Kongreß vom 20. bis 29. September 1875 in Paris sprach er über seine Pendelexperimente und legte dar, daß seiner Meinung nach die Fehlerquelle, die bis dahin noch nicht entdeckt worden war, aber bei den Berechnungen der Erdschwere berücksichtigt werden muß, im Mitschwingen der Konsolen liege. Seine Ansichten, die für seine Kollegen neu waren, wurden diskutiert und zunächst heftig abgelehnt, einige Monate später dann jedoch allgemein anerkannt.[10] In Paris machte er nach dem Kongreß weitere Pendelversuche und fand auch Unterstützung von Seiten seiner Kollegen. Er arbeitete mit seinem Pendelapparat anschließend zunächst in Berlin und am Kew-Observatorium bei London und schloß diese Arbeiten nach seiner Rückkehr aus Europa am Stevens Institute of Technology in Hoboken, das mit den Stationen in Genf, Paris, Berlin und dem Kew-Institut bei London vergleichbar ist, ab.

Seine Frau ZINA, die ihn noch nach Paris begleitet hatte, verließ ihn Ende 1875. Wahrscheinlich fuhr sie zunächst nach Berlin, wie CHARLES seiner Mutter schrieb. Etwas wehmütig fügt er an, wie gern er noch einmal im Haus der Mutter leben möchte. Dem Bruder JAMES gegenüber erklärte er die Abreise ZINAs jedoch mit ihrem Gesundheitszustand, „nicht wegen ihrer Schwester Amy".

CHARLES und ZINA haben danach nie mehr zusammengelebt. Man weiß bis heute nicht genau, weshalb sie ihn verlassen hat, ob wegen eines anderen Mannes oder weil sie das Leben mit ihm nicht mehr ertragen konnte. PEIRCE schrieb einmal – und man hat diese Stelle auch auf den Weggang seiner Frau bezogen: „Manch einer hat jahrelang als sein Hobby irgendeinen vagen Schatten einer Idee geliebt, die zu bedeutungslos war, um positiv falsch zu sein; er hat sie dennoch leidenschaftlich geliebt, hat sie zu seinem Gefährten bei Tag und Nacht gemacht, und hat ihr seine Kraft und sein Leben gegeben, indem er alle anderen Beschäftigungen um ihretwillen aufgab, kurz, hat mit ihr und für sie gelebt, bis sie gleichsam Fleisch von seinem Fleisch und Blut von seinem Blut geworden war, und dann ist er an einem strahlenden Morgen aufgewacht und sie war fortgegangen, offenbar verschwunden wie die schöne Melusine der Fabel, und die Essenz seines Lebens war mit ihr gegangen. Ich habe selbst einen solchen Mann gekannt, und wer kann wohl nicht Geschichten von Leuten erzählen, die die Quadratur des Kreises entdeckt haben, von Metaphysikern, Astrologen, und was sonst noch in der alten deutschen Fabel erzählt wird?" (*How to Make Our Ideas Clear,* The Popular Science Monthly, vol. 12 (January 1878) (CP 5.393); dt. in: *Die Festigung der Überzeugung und andere Schriften* (Baden-Baden 1967) 62.)

Seine Frau hatte ihn öfter als unerträglich geschildert. Sie selbst wird als sehr gesellig beschrieben; sie stammte ja aus einer großen angesehenen Familie und hatte viele Freunde. CHARLES PEIRCE galt zwar als geistreich und witzig, unterhaltsam und anregend, aber im Grunde war er ungesellig, stachlig, arrogant und ungeduldig. Da er sich nur mit Gleichrangigen gern unterhielt, wirkte er meistens überheblich. Jedenfalls verbrachte er den Winter 1875 allein mit einem Sekretär in Paris, um weitere Pendelversuche zu machen.

Henry James
(1843–1916)

Aus dem Brief vom 10. Dezember an seinen Bruder JAMES erfährt man übrigens, daß er sich für die französische Politik interessierte. Er schildert die Ansichten der Linken, Rechten und Bonapartisten. Er berichtet auch über die französische Presse, über Theater, Oper, Variétés usw. Er erwähnt darüber hinaus den Romancier HENRY JAMES, der „wahrscheinlich einige Jahre in Paris leben" wolle. „Ich sehe ihn ein über den anderen Tag. Er hatte am 15. November eine Erzählung in der Revue des Deux Mondes. Er ist ein feiner Kerl, aber seine Gesundheit ist ein wenig zart." Er bemerkt auch, daß er Französisch nunmehr gut verstehe und schreibe, aber noch nicht sehr gut spreche.

Die wenigen publizierten Auskünfte aus dieser Zeit in Paris verdankt man vor allem HENRY JAMES, dem Bruder von WILLIAM JAMES, der in seinen *Notebooks*[11] und in Briefen an die Familie verschiedentlich von Zusammentreffen mit CHARLES PEIRCE berichtete. Er hat ab November 1875 ein Jahr lang in Paris, in der Rue de Luxembourg (jetzt Rue Cambon) Nr. 29 gelebt. Im *Notebook* heißt es: „...ich traf mich in jenem Winter recht oft mit Charles Peirce, dessen Genie mich mit vielem aussöhnte, was unausstehlich an ihm war." (S. 60) HENRY JAMES spricht dort auch von der „kleinen amerikanischen Kolonie", dem „amerikanischen Dorf en plein Paris", wo er sich zwar häufig aufhielt, es aber langweilig und unergiebig fand.

Von PEIRCE sagt er im Brief vom 3. Dezember: „Ich habe wenige Leute gesehen – hauptsächlich Turgenjew ...Außerdem noch Charles Peirce, er ist ausgezeichnet angezogen, etc. Er schwingt Pendel im Observatorium und glaubt sich von den Pariser Wissenschaftlern ziemlich schlecht behandelt. Wir treffen uns alle zwei, drei Tage und essen zusammen; aber obwohl wir ganz gut zusammen auskommen, ist unsere Sympathie eher eine ökonomische denn eine intellektuelle..." (ALLEN, 204)

In einem weiteren Brief vom Dezember 1875 an WILLIAM JAMES fügt er hinzu: „Er ist ein sehr guter Kerl, und man muß seine geistige Beweglichkeit schätzen; aber er hat zu wenig gesellschaftliches Talent, zu wenig von der Kunst, sich selbst angenehm zu machen." (ALLEN, 205)

WILLIAM entgegnet am 12. Dezember: „Es amüsiert mich, daß Du Charles Peirce in die Hände gefallen bist. Ich kann mir gut vorstellen, daß Du ihn für einen ziemlich unbequemen Gesellen hältst, dornig und stachlig. Am besten behandelt man ihn nach dem bewährten ‚Brennessel-Rezept': Packe fest zu, widersprich, stoße fest zu, mache Dich lustig über ihn, und dann ist er so nett wie jeder andere. Aber wenn man sich von seiner sentenzenreichen Art und seinen paradoxen und dunklen Behauptungen verleiten läßt – sie sind so sicher wie Tag und Nacht –, dann hat man es nicht leicht mit ihm. So erging es mir jahrelang, bis ich mein Verhalten änderte und ihn mehr oder weniger leicht nahm. Ich gestehe, daß ich ihn sehr gern mag, trotz all seiner Eigenarten, denn er ist ein Genie und das nötigt einem immer Sympathie ab. ..." (*Festigung der Überzeugung*, 10)

Am 11. Januar 1876 berichtet HENRY JAMES seiner Familie noch einmal über PEIRCE: „... Der Einzige, mit dem ich hier häufig verkehre, ist Charles Peirce. Ich esse meist ein paarmal die Woche mit ihm. Er ist ein sehr netter Mensch, wenn er nicht schlecht gelaunt ist, dann ist er unerträglich. Aber wie William sagt, er ist ein Genie, und dann kommt man auf die Dauer doch auf seine Kosten. Er führt hier ein schrecklich einsames und ödes Leben – aber mit viel materiellem Luxus, anscheinend hat er eine Menge Geld. Außer mir und seinem Sekretär sieht er buchstäblich niemanden..." (*Festigung der Überzeugung*, 10)

Ganz anders, aber auch die Berichte über ihn ergänzend, schildert CHARLES im Brief vom 2. Januar 1876 an die Familie sein Leben in Paris. Er fand zum Beispiel die Preise viel höher als in Berlin und bat daher, ihm doch noch etwas Geld zu schicken. Das Leben sei zwar sehr angenehm, aber eben sehr teuer. Er spricht auch von HARRY (HENRY) JAMES, über dessen Anwesenheit in Paris er sehr glücklich sei. „Es ist eine große Sache, ihn hier zu haben." Er lobt im Brief des weiteren die intellektuellen Qualitäten der Franzosen, bemängelt jedoch, daß die Grundlage ihres Charakters Eitelkeit sei und plädiert daher gegen eine franco-amerikanische Union.

Wenn HENRY JAMES auch seinen „materiellen Luxus" betonte, so bedeutet das nicht, daß CHARLES PEIRCE jemals *reich* gewesen ist. Er sagte von sich selbst einmal, daß er in Geldangelegenheiten wie ein dreijähriges Kind sei. Wenn er Geld in der Hand hatte, zerrann es stets viel zu schnell. Daher gibt es in den Briefen an seine Familie, an seine zweite Frau JULIETTE oder an WILLIAM JAMES immer wieder Klagen über Geldmangel und Bitten um Hilfe. Zeitlebens haben ihn Schulden gequält.

3. Die Reise nach Berlin von 1876

Im Frühjahr 1876 beabsichtigte CHARLES PEIRCE, seine Pendelversuche in Berlin fortzusetzen. Er fuhr von Paris zunächst nach Köln, wo er am 6. März ein Notizbuch kaufte, in das er ausschließlich Notizen über Farbexperimente eintrug und das er bis zum Februar 1877 führte. Es enthält Eintragungen von der Art: „6. März – Köln. Wetter und Licht variabel. 8. März – Berlin. Dunkler Tag. Gutes Licht (...). 5. Februar 1877 Fundamentales Grün von G. G. Müller, fast richtig."[12] Dazu fertigte er eine Reihe von Tabellen von Farbwerten an. Die Farbexperimente machte er wahrscheinlich im Zusammenhang mit seinen photometrischen Forschungen am Harvard-Observatorium; vielleicht war er von den Untersuchungen von HERMANN von HELMHOLTZ dazu angeregt worden.

Über seine Pendelversuche erfährt man aus den Kongreßakten der Konferenz der Europäischen Gradmessung in Brüssel zum Beispiel: „Von Mitte März bis Ende Mai 1876 arbeitete Peirce mit seinem eigenen Pendel-Apparat von Repsold in Berlin, im Comparator-Saale, zwecks Beobachtungen zur Bestimmung der Länge des Sekundarpendels und zur Bestimmung des Einflusses, den das Mitschwingen des Stativs auf das Resultat der Pendelbeobachtungen ausübt. ..."[13] und „Herr Peirce hat zwei Monate auf dem Bessel'schen Standorte (Berlin) gearbeitet, um aufs Neue die Intensität der Schwere mittels eines Reversionspendels zu bestimmen. Die Beobachtungen des Herrn Peirce haben das merkwürdige und gewiß wenig erwartete Resultat geliefert, daß an dem Apparate, welchen er benutzt hat, der Dreifuß an den Schwingungen des Pendels teilnimmt und daß man deshalb an der Länge des Pendels eine Verbesserung von 0,25 $\mu\mu$ anbringen muß..."[14]

Von seinem Aufenthalt in Berlin berichtete er am 9. April 1876 der Mutter u. a. über Bekannte, vor allem über Generalleutnant BAEYER und seine Tochter sowie über eine „andere reizende Bekanntschaft", nämlich seine Deutschlehrerin, „eine junge Lady", die ihm „täglich für eine kleine Summe Deutsch-Unterricht" gab. CHARLES PEIRCE fand sie „hübscher, als ich dachte, daß Berlinerinnen sein könnten". Er nannte keinen Namen, erwähnte aber noch eine unzertrennliche Freundin, deren Gesellschaft er sehr schätze und die ihn an seine Frau ZINA erinnere. Es ist nicht ausgeschlossen, daß das Foto einer hübschen jungen Frau, das sich im PEIRCE-Nachlaß befindet und in Berlin

Annette Juliette Pourtalès (?)

Juliette Peirce als junges Mädchen (?)

aufgenommen wurde, dasjenige der hübschen Deutschlehrerin ist. Aufgrund der Ähnlichkeit mit Fotos seiner zweiten Frau JULIETTE aus späterer Zeit könnte es sich um ein Jugendbildnis JULIETTEs handeln. Es müßte dann angenommen werden, daß die Deutschlehrerin mit der zweiten Frau PEIRCE identisch ist. Das heißt, CHARLES und JULIETTE hätten sich 1876 in Berlin kennengelernt. Da PEIRCE an der Konferenz der Europäischen Gradmessung im Oktober 1876 in Brüssel nicht teilnahm, sondern bereits im August nach Amerika zurückkehrte, ist es auch nicht ausgeschlossen, daß er JULIETTE damals mitnahm; denn nach ihren Aussagen verlebte sie das Weihnachtsfest 1876 bereits am Washington Square in New York, wahrscheinlich im Hotel Breevort, dem bevorzugten Hotel der PEIRCE-Familie[15]. Die Identität JULIET-TEs ist bis heute nicht belegbar. Da sie auf der Heiratsurkunde als Mrs. JULIETTE ANNETTE POURTALAI eingetragen ist, müßte sie bei ihrer Ehe-schließung mit CHARLES PEIRCE bereits verwitwet oder geschieden gewesen sein. Ihren Mädchennamen gab sie mit FROISSY an, ihren Geburtsort mit Nancy. Aber weder ihr Mädchenname noch der Name ihres ersten Ehemannes, weder ihr Geburtsdatum noch ihr Geburtsort lassen sich belegen. Es gibt hinsichtlich ihrer Person nur widersprüchliche Dokumente, die bisher keine Identifikation zulassen. So existiert zum Beispiel erstens ein Fragment eines deutsch-französisch-englischen Wörterbuchs mit der Widmung auf der Titel-seite: „Juliette de Pourtalès from her friend and devoted servitor C. S. Peirce." (MS 1640) Diese Eintragung ist nicht datiert. Zweitens heißt es auf der Heiratsurkunde[16] vom 26. April 1883 in New York: „Mrs. Juliette Annette Pourtalai aus Washington". Drittens erfährt man aus einem Kurzlebenslauf, den CHARLES PEIRCE sie zu schreiben bat (MS L 483), daß sie 1863 im Alter von sechs Jahren in Trier und in Köln war, also 1857 geboren wurde; von 1864 bis 1869 jedes Jahr einmal in Nancy war und nach dem Tod ihrer Mutter im Jahre 1870 Weihnachten in Köln verlebte; 1871 wieder in Nancy war, 1872 in Frankfurt und zu Weihnachten in Köln, 1873 in Genf und zu Weihnachten in Hamburg, 1874 am Rhein und an der deutschen Küste und zu Weihnachten wieder in Köln, 1875 in Aachen und zu Weihnachten in Hamburg war und 1876 Weihnachten am Washington Square in New York verlebte. In diesem Lebens-lauf treten neben Nancy, das sie mehrfach besuchte, eine Reihe deutscher Städte außer Berlin auf. Man kann aus ihren Angaben schließen, daß sie Nancy zwar kannte, sich aber mehr in Deutschland als in Frankreich aufhielt und daher kaum aus Frankreich stammen kann. Wie man aus Briefen und persönlichen Aufzeichnungen von CHARLES und JULIETTE erfährt, sprach sie deutsch, französisch mit elsässischem Akzent, und polnisch. Die englische Sprache erlernte sie nach PEIRCE erst in Amerika.

Sollte JULIETTE tatsächlich keine Witwe gewesen sein und selbst aus der in Deutschland, Frankreich und der Schweiz verbreiteten Familie der POURTA-LES stammen, die von NAPOLEON I. in den Grafenstand erhoben worden war, so könnte sie auf Grund des wahrscheinlichen Geburtsjahres mit ANNA ADA von POURTALES identisch sein, die am 28. Juli 1857 in Laasow/Niederlausitz (in der Nähe von Cottbus) als erstes Kind von JACQUES ALFRED von POURTALES und seiner zweiten Frau SOPHIE von THIELAU, die insgesamt sieben Kinder hatten, geboren wurde. Allerdings ist in *Les Pourtalès. Histoire d'une famille huguenotte des Cévennes 1500–1860* (1914) von Dr. LOUIS MALZAC auf Tafel V des genealogischen Anhangs vermerkt: „Anna Ada, geboren am 28. Juli 1857, gestorben am 17. April 1889, ohne verheiratet gewesen zu sein."[17] JULIETTE PEIRCE hat ihren Mann hingegen um zwanzig Jahre überlebt; denn sie starb erst 1934 in Milford/Pennsylvania und ist auch dort beigesetzt worden.

Sollte es sich bei JULIETTE PEIRCE *nicht* um ANNA ADA Gräfin von POURTA-LES gehandelt haben, so gibt es einige schwächere, undeutliche und widersprüchliche Hinweise hinsichtlich ihrer Herkunft. Zum Beispiel gibt es eine Eintragung von JULIETTE in einem Notizkalender: „La duchesse de Parme à Wartegg ma soeur". Diese Herzogin könnte nur Herzogin LOUISE von BOUR-BON-PARMA gewesen sein, die zur königlichen Hauptlinie gehörte, deren Bruder den Titel Comte de CHAMBORD führte. JULIETTE sprach aber auch von einer anderen Schwester, die den Großfürsten SERGIUS von Rußland geheiratet hätte, und von zwei Brüdern. Sergius von Rußland, der 1905 ermordet wurde, war mit Prinzessin ELISABETH von Hessen und bei Rhein (1866–1917) verheiratet. Wenn eine Schwester zum Hause BOURBON-PAR-MA, die andere zum Hause HESSEN gehört, ist das offensichtlich ein Widerspruch, das heißt, die eine oder die andere oder beide „Schwestern" sind reine Fiktionen. (Allerdings spricht CHARLES PEIRCE später einmal von einer Nichte JULIETTEs in Frankreich, die sie als Erbin einsetzen solle.) Andererseits gibt es aber eine Bemerkung von PEIRCE in einem Brief an VICTORIA Lady WELBY, JULIETTE sei eine „real princess", was entweder tatsächlich „echte Prinzessin" oder – im übertragenen Sinne – eine „wunderbare Frau" bedeuten kann.

Auf Grund der Erzählungen JULIETTEs kann angenommen werden, daß sie ihre Identität nicht preisgeben durfte und wollte, um wahrscheinlich eine Apanage aus „Europa" nicht zu verlieren. Wie aus Aufzeichnungen von CHAR-LES PEIRCE hervorgeht, hoffte die Familie lange Zeit auf die Rückkehr der Tochter. Als sie 1889 endgültig abgelehnt hatte zurückzukommen, hat man sie vermutlich für tot erklären lassen, was im deutschen Adel gelegentlich gemacht wurde.

Alle Nachforschungen führten bisher zu keinem gültigen Resultat, das heißt, sie können dokumentarisch nicht belegt werden. Alle, die sie kannten oder in Amerika wiedererkannten, schwiegen. CHARLES PEIRCE, GIFFORD PIN-CHOT und seine Familie, MARIE CHOL-OLSEN, die 1977 verstorbene Erbin des Hotels Fauchère in Milford, sie alle hatten Stillschweigen gelobt und haben nichts preisgegeben.

Auf jeden Fall steht fest, daß JULIETTE aus sehr gutem Hause stammte, daß sie in Amerika Musik und Französisch unterrichtete, daß sie selbst in New York Malunterricht nahm, eine gute Pianistin war und wohl auch Gesangsunterricht erhalten hatte. CHARLES PEIRCE rühmte sie als eine große Innenarchitektin des gemeinsamen Hauses „Arisbe" in Milford, das so wundervoll eingerichtet war, daß es sogar besichtigt wurde. In der Manuskriptsammlung der Houghton Library der Harvard Universität existiert heute noch eine Liste der Einrichtungsgegenstände des Hauses, die CHARLES PEIRCE selbst angefertigt hat. Über Einzelheiten aus ihrem gemeinsamen Leben in Amerika wird noch zu berichten sein. Hier mögen vorläufig die Hinweise auf ihre ungeklärte Herkunft und die Hypothesen dazu genügen. Übrigens bemerkte JAMES FEIBLEMAN: „Nach Joseph Jastrow wurde die neue Frau Peirce von den Pinchots von Pennsylvania aufgenommen, als sie von ihrem Mann zuerst in dieses Land gebracht wurde."[18]

Die Familie PINCHOT in Milford stammt übrigens von dem napoleonischen General PINCHOT ab, der nach der Verbannung NAPOLEONs auf die Insel St. Helena nach Amerika emigrierte und – wie viele Franzosen, Schweizer und Deutsche – sich in Pennsylvania ansiedelte. Der Familie PINCHOT gehört bei Milford eine herrliche Besitzung mit dem Schloß „Grey Towers", das nach französischem Vorbild erbaut wurde und von einem riesigen, herrlichen Park umgeben ist. Der mit CHARLES und JULIETTE befreundete GIFFORD PINCHOT (1865–1946) war zweimal Gouverneur von Pennsylvania, und zwar von 1923 bis 1927 und von 1931 bis 1935. Er hat die Forstakademie in Nancy besucht und wurde dadurch berühmt, daß er die Forstwissenschaft in Amerika begründete. Sein Besitz ist heute eine forstwissenschaftliche „Foundation", die besichtigt werden darf. Obwohl er es bestritt, könnte GIFFORD PINCHOT aus seiner Zeit in Nancy JULIETTE PEIRCE gekannt haben.

Grey Towers Milford, Pa., Besitzung von Gifford Pinchot

4. Verschiedene wissenschaftliche Tätigkeiten nach der Rückkehr aus Europa 1876

Nach der Rückkehr aus Europa lebte CHARLES PEIRCE von Ende August bis November teils in Cambridge und teils in Washington. Seine Eltern waren in das Haus Kirkland Place 4 gezogen, das Tante LIZZIE (ELIZABETH CHARLOTTE) 1872 gebaut hatte. BENJAMIN PEIRCE starb dort 1880, die Mutter SARAH 1887 und Tante LIZZIE 1888. Nach dem Tode des Vaters zog auch JAMES PEIRCE in dieses Haus und verbrachte dort den Rest seines Lebens. Da sich CHARLES und ZINA in Paris getrennt hatten, wohnte wohl auch CHARLES in diesem neuen Familienhaus, wenn er sich in Cambridge aufhielt. Am 3. November ließ er sich schließlich in Washington nieder, wo sich der Hauptsitz der Coast Survey befand; da er aber für diese Institution immer wieder in New York sein mußte, hat er sich zunächst einige Wochen im Hotel Breevort am Washington Square aufgehalten (wo auch, wie gesagt, JULIETTE 1876 ihr erstes Weihnachtsfest in Amerika feierte) und wohnte dann 558 Lexington Avenue.

Für die Coast Survey setzte PEIRCE in Amerika seine Pendelversuche, die er an verschiedenen Orten in Europa gemacht hatte, fort, arbeitete aber auch an einem neuen Sternenkatalog für das Harvard Observatorium. Die Berichte über seine Untersuchungen wurden im *Report* der Coast Survey (1876) 1879[19] gedruckt.

Über den Sternenkatalog sprach CHARLES PEIRCE übrigens am 11. Oktober 1876 auch vor der American Academy of Arts and Sciences. Sein Vortrag hatte den Titel *On a New Edition of Ptolemy's Catalogue of Stars*[20]. Mit Sternenkatalogen hat er sich vor und nach diesem Vortrag ausgiebig beschäftigt; denn sie gehörten auch zu seinem Arbeitsgebiet am Harvard Observatorium.

Nachdem er verschiedentlich vor der American Academy of Arts and Sciences vorgetragen hatte, wurde er 1877 Mitglied dieser Akademie. Am 18. April 1877 wurde er auch in die National Academy of Sciences gewählt, nachdem er bereits 1872, 1873, 1874 und 1876 nominiert worden war. Kurz vor der Tagung der Akademie schrieb er an seinen Vater einen längeren Brief, in dem er u. a. ausführte: „Ich habe eine Einladung erhalten, zur Akademie zu kommen und einen Vortrag zu halten. Hilgard bat mich auch, eine Liste meiner gedruckten Schriften zu schicken. Ich schickte nur die Titel von vier logischen Schriften und sagte, daß ich als Wissenschaftler mit diesen stehen oder fallen wollte. Daß die Mitglieder der Akademie meiner Meinung nach fühlen würden, daß sie über dieses Thema wenig wüßten und die Verdienste der Schriften nicht beurteilen könnten, daß sie mich natürlich nicht aufnehmen könnten, wenn das so wäre, und daß ich eine Ablehnung dann so interpretieren würde und überhaupt nichts dagegen hätte, wenn ich nur auf Grund dieser Schriften präsentiert würde. Daß ich echte Ansprüche in der Logik und keine außerhalb ihrer hätte, und daß es mit dem Vorhergehenden nicht in Einklang stehen würde, wenn man mich auf ein tieferes Niveau drängte, und ich wünschte, daß dies nicht getan würde."[21]

Diese Zeilen zeigen einmal mehr, wie sehr sich CHARLES PEIRCE als Logiker verstand, als Logiker im Sinne eines Semiotikers, Wissenschafts- und Erkenntnistheoretikers natürlich. Auch erkennt man hier, daß er selbst alle anderen wissenschaftlichen Tätigkeiten – am Harvard Observatorium und für die Coast Survey als verantwortlicher Leiter der Pendelversuche – nicht so hoch einschätzte wie seine logisch-methodologischen Forschungen. Die praktischen Arbeiten als Naturwissenschaftler waren ihm stets ein Anlaß, die theoretischen Untersuchungen in Logik und auch Mathematik weiterzuführen bzw. die einen mit den anderen zu verbinden.

Das ersieht man zum Beispiel auch aus einem kleinen Kommentar *Logical Contraposition and Conversion* zu einem Artikel von GEORGE CROOM ROBERTSON (Mind (January 1876) 148), der im Juli 1876, als PEIRCE noch in Europa war, in der Zeitschrift Mind (424–425) erschienen ist (vgl. CP 2.550)[22]. ROBERTSON antwortete in derselben Nummer (425).

Seine Farb-Experimente, deren Resultate im Kölner Notizbuch festgehalten worden waren, faßte er übrigens in einem Aufsatz zusammen, der im April 1877 unter dem Titel *Note on the Sensation of Color*[23] erschienen ist. PEIRCE hat sich immer wieder einmal mit Sinnesempfindungen im Zusammenhang mit seiner Bewußtseinstheorie beschäftigt, wie wir noch sehen werden.

Auf mathematischem Gebiet interessierte sich CHARLES PEIRCE in dieser Zeit vor allem für die Untersuchungen des deutschen Mathematikers HERMANN GRASSMANN[24], von dem gerade die Abhandlung *Die Mechanik nach den Prinzipien der Ausdehnungslehre*[25] in den Mathematischen Annalen erschienen war, wie er im Brief vom 5. September 1877 an die Familie schrieb. Am 10. Oktober hielt PEIRCE dann einen Vortrag vor der American Academy of Arts and Sciences mit dem Titel *Note on Grassmann's Calculus of Extension*[26], in dem er GRASSMANNs Kalkül, der einer achtfachen Algebra entspreche, mit seinem eigenen System verglich. Insbesondere sah er die Wichtigkeit der von GRASSMANN unterschiedenen Multiplikationsarten der „internen" und „externen" Multiplikation[27], die seiner Meinung nach von der Algebra direkt in die Logik überleiten. Ich erwähne dies, ohne näher darauf eingehen zu können. FELIX KLEIN, der die Bedeutung GRASSMANNs ebenfalls früh erkannte, hat dessen Beiträge zur Invarianten- und Determinantentheorie ausführlich dargestellt und gewürdigt[28]. Er verweist dabei allerdings nicht auf CHARLES PEIRCE, nennt aber die Arbeiten von BÔCHER[29] und SYLVESTER[30], zwei Mathematiker, die für PEIRCE wichtig werden sollten, der eine als Kollege an der Johns Hopkins Universität, der andere als erster Verteidiger der PEIRCEschen Beiträge zur mathematischen und logischen Algebra. (Wir kommen darauf noch zurück.)

5. Dritte Europa-Reise im Herbst 1877
Die Geodätische Konferenz in Stuttgart

CHARLES PEIRCE war im Auftrag der Coast Survey 1870 und 1875-76 in Europa gewesen. Die Zweite Reise war Pendelversuchen und dem Kauf eines Pendels gewidmet, das nach seinen Angaben verändert und in Hamburg von der Firma REPSOLD angefertigt worden war. Im Herbst 1877 fuhr er zum dritten Mal nach Europa, um vom 27. September bis 2. Oktober an der Geodätischen Konferenz in Stuttgart teilzunehmen. Er selbst schildert seine Arbeiten und Versuche für die Coast Survey und berichtet von einer List, die er anwenden mußte, um tatsächlich nach Stuttgart fahren zu können, folgendermaßen:

„Als ich 1875 in Paris bei einer Zusammenkunft aller führenden Geodäten Europas, zu der ich eingeladen war, von dem Präsidenten, General Ibanez, öffentlich gebeten wurde, meine Meinung über die Bestimmungen der absoluten Beschleunigung der Schwerkraft zu geben, die damals gerade gemacht wurden, sah ich mich gezwungen zu antworten, daß ich überzeugt war, daß sie einem konstanten Fehler unterworfen waren, der etwa hundertmal größer war als der, der als wahrscheinlich gehalten worden war, und der dem elastischen Schwingen des messingnen Dreifußes mit dem Pendel verdankt würde. Da die Vorstellung für meine Zuhörer neu war, wurde zu jener Zeit wenig dazu gesagt; denn Wissenschaftler wie sie ereifern sich nicht ohne exakte Beobachtungen, die ihre Meinung stützen. Aber im nächsten Jahr bei einem Treffen in Brüssel beschrieben drei der führenden Männer Experimente, die sie gemacht hatten, die sie überzeugt hatten, daß 'unser amerikanischer confrère' – einem Schwindel aufgesessen sei. Ich erhielt den Bericht dieser Äußerungen gerade um die Zeit eines dritten Treffens dieser Körperschaft (die Europäische Gradmessung oder Vereinigung der regierungsamtlichen Überwachungen des europäischen Kontinents), das in Stuttgart abgehalten werden sollte, und machte bei meinem Vorgesetzten, dem Superintendenten der Coast and Geodetic Survey, ein Gesuch um Urlaub, um bei diesem Treffen anwesend sein zu können und um dort zu verteidigen, was bisher kaum mehr als eine wohlbegründete Meinung gewesen war, das aber im weiteren durch andere materielle Analysen und Messungen in gewisse Erkenntnis überführt worden war. Aber der Superintendent war so über-ehrfürchtig vor der großen Autorität jener, die sich gegen meine These erklärt hatten, daß ich bei dem Treffen nicht hätte erscheinen können, wenn ich nicht eine List gebraucht hätte, indem ich einen Abschnitt auf der Herausgeberseite jener New Yorker Tageszeitung einrückte, die den größten Einfluß in Washington hatte, in dem ganz besonders dringend gefordert wurde, daß irgendein CS-Officer zu dem Treffen entsandt werden müsse. Am nächsten Tag erhielt ich nicht die Erlaubnis, sondern den telegrafischen Befehl, dort anwesend zu sein; und nachdem ich meine Analyse und meine Experimente im einzelnen dargelegt und meine Aufzeichnungen vorgelegt hatte, standen meine drei früheren Opponenten einer nach dem anderen auf und erkannten an, daß ich recht hatte; denn sie waren Männer der Wissenschaft und sie verlangten nach Wahrheit und nicht nach persönlichem Ruhm." (MS 641 vom 16. November 1909)

Aus einem Brief an die Mutter (10. September) kurz vor seiner Abreise nach Europa geht hervor, daß er zunächst nach Berlin und von dort aus nach Stuttgart fahren wollte. Aber die Reiseroute mußte wohl noch geändert werden; denn kurz vor der Rückkehr nach Amerika schrieb er der Mutter:

„Auf der Reise nach Europa waren wir nur fünf erste Klasse Passagiere. Zwei Damen, beide allein und drei Herren allein. Einer der Herren war die ganze Zeit der Reise krank. Der andere widmete sich den Damen und daher hatte ich den Rauchsalon ganz für mich und machte meine Studien ..." (Le Havre, 2. November 1877)

PEIRCE fuhr mit dem Schiff bis Plymouth und reiste über London, Dover, Ostende, Brüssel, wo er einen Tag blieb, durch das Rheintal nach Stuttgart. In einem Brief an JULIETTE (ohne Datum) berichtet er: „Ich ging in Plymouth an Land und fuhr die Nacht und den Tag hindurch nach Stuttgart, wo die Tagung stattfand, und erreichte das Hotel zur Abendessenszeit. Ich wußte, daß es 2 Männer gab, die an mich glaubten, oder sagen wir lieber 1 ⅓. Der eine war General Baeyer ... Das Drittel war ein Teil von Herrn Emile Plantamour, der mich in Genf bei der Arbeit gesehen hatte." (MS L 482)

Über sein Hotel und die Stadt Stuttgart bemerkt er in einem anderen Brief an die Mutter: „Hotel Marquard, eines der besten Europas. Stuttgart ist eine hübsche und lustige kleine Stadt; ihre Straßen sind sehr sauber und ihre Architektur sehr malerisch. Das jährliche Cannstadter Fest fand statt, als ich dort war & es gab auch eine fète champêtre, etc. Alle außer mir gingen hin. Ich war mit meinem Schreiben zu sehr beschäftigt."

Aufgrund eines Briefes von Professor PLANTAMOUR vom 27. August 1877 an den Präsidenten der Europäischen Geodätischen Vereinigung hatte PEIRCE vor der Tagung in Stuttgart die Aufforderung erhalten, seine Ergebnisse in einem Artikel zusammenzufassen, der den Anwesenden während der 5. Allgemeinen Conferenz der Europäischen Gradmessung ausgehändigt werden sollte. Da aus dem Brief hervorgeht, weshalb PEIRCE dazu aufgefordert wurde, d. h. mit welchen Problemen er sich beschäftigte und welche Resultate er erzielt hatte, wird der Brief hier im Wortlaut veröffentlicht:

„Genf, den 27. August 1877
Herr Präsident!
Letzten Winter waren Sie so freundlich, mich zu bitten, der Konferenz, bevor sie in Stuttgart zusammentritt, die bisher mit dem Reversionspendel zur Bestimmung der Schwerkraft erhaltenen Resultate vorzulegen. Ich betonte in meiner Antwort nachdrücklich die Schwierigkeiten, zu dieser Zeit einen derarti-

gen Bericht vorzulegen, der mir, und zwar aus folgenden zwei Gründen, verfrüht erschien:

Erstens ist die Anzahl der Laboratorien, in denen die Versuchsergebnisse in extenso und mit genügend Einzelheiten veröffentlicht worden waren, außerordentlich beschränkt; man findet zwar in einem der letzten Generalberichte eine recht lange Liste von Laboratorien, in denen diese Versuche gemacht worden sind, von anderen, für die sie nur geplant sind, aber die Ergebnisse sind noch nicht bekannt. Zweitens können die Ergebnisse der Laboratorien, in denen diese schon vollständig vorgelegt wurden, nur als provisorische Resultate angesehen werden, weil bei diesen Versuchen eine Fehlerquelle nicht berücksichtigt wurde, die einen außerordentlich kleinen Einfluß auf die Schwingungsdauer und auch auf die Länge des eigentlichen Pendels haben kann, nämlich die Bewegung oder Schwankung des Stativs, die die Schwingungen begleitet.

In einer Abhandlung, die im Oktoberheft 1875 der 'Archives scientifiques de la Bibliothèque universelle de Genève' erschien, hat Professor Cellérier die Theorie der Bewegung des Stativs dargelegt und eine Möglichkeit aufgezeigt, diese Bewegung zu erkennen und zu messen. Ferner hat er eine Korrekturformel angegeben, mit der man diesen Fehler berücksichtigen kann. Er wurde durch Gespräche mit Herrn Peirce von der Coast Survey dazu veranlaßt, sich mit diesem Gegenstand zu beschäftigen. Herr Peirce weilte derzeit in Genf, um Pendelversuche zu machen. Ich wußte, daß sich Herr Peirce nicht nur seinerseits mit der theoretischen Behandlung dieser Frage beschäftigt hatte, sondern auch an verschiedenen Orten umfassende Experimente mit der Bewegung des Stativs gemacht hatte. Daher erschien es mir sehr wichtig, daß die Wissenschaftler so bald als möglich vom Resultat dieser Arbeiten unterrichtet werden. Ich hatte Ihnen in meinem Brief ebenfalls vorgeschlagen, an Herrn Peirce, der inzwischen nach Amerika zurückgekehrt war, zu schreiben und ihn zu bitten, die Resultate seiner theoretischen und experimentellen Forschungen in einem Artikel darzulegen, der dann in den Publikationen der ‚Internationalen Geodätischen Vereinigung' veröffentlicht werden würde. Auf die positive Antwort, die ich von Ihnen erhielt, habe ich nun an Herrn Peirce geschrieben, der meine Bitte sehr freundlich aufnahm und sich bereit erklärte, ihr nachzukommen, sobald er einige noch geplante Versuche sowie die Berechnung und Zusammenfassung seiner Ergebnisse beendet haben würde.

Ich habe vor kurzem von Herrn Peirce beiliegenden, in Französisch ausgeführten Artikel erhalten, dessen sofortige Veröffentlichung mir außerordentlich wünschenswert erscheint. Damit hätten die Kommissionsmitglieder und Delegierten, die sich im nächsten Monat in Stuttgart treffen werden, diesen Artikel bei ihren Diskussionen über das Reversionspendel zur Hand, ja, sie könnten ihn sogar vorher einsehen.
Wollen Sie, geehrter Herr Präsident, den Ausdruck meiner höchsten Wertschätzung entgegennehmen.   E. Plantamour"
(übersetzt von W. Häcker)

In den Verhandlungen der Europäischen Gradmessung ist die Abhandlung *De l'influence de la flexibilité du trépied sur l'oscillation du pendule à réversions*[31], die von Professor PLANTAMOUR eingereicht worden war, erschienen.

PEIRCE wurde übrigens auf der Konferenz in Stuttgart während der 2. Sitzung, am 29.9., durch folgendes Schreiben des Superintendenten der Coast Survey präsentiert:

U.S. Coast Survey Office,
Washington, den 10. September 1877

Mein Herr,
Ich habe die Ehre, Ihnen mit größter Genugtuung mitzuteilen, daß mich das Schatzamt autorisiert hat, einen Vertreter der US Coast and Geodetic Survey zu der Versammlung der Internationalen Geodätischen Vereinigung, die Sie so hervorragend leiten, zu entsenden. ...
Da wir den Wert und die Wichtigkeit der Treffen der Internationalen Geodätischen Vereinigung für die Diskussion aller Belange, die mit der geodätischen Arbeit zusammenhängen, anerkennen, habe ich Charles S. Peirce, Abteilungsleiter der CS, gebeten, sich selbst vorzustellen und um Erlaubnis zu bitten, den Diskussionen Ihres Treffens beizuwohnen und Beiträge dazu zu liefern, und ich gestatte mir, um Ihr Wohlwollen hinsichtlich dieser Anfrage nachzusuchen.
...
Hochachtungsvoll
Ihr gehorsamer Diener
Carlyle P. Patterson
Supt. U.S. Coast Survey

Nach der Verlesung dieses Schreibens heißt es in den Kongreßakten weiter:

„Der Präsident heißt den Vertreter Amerikas, Herrn Peirce, willkommen und spricht den Dank der Versammlung aus für die Teilnahme, welche die U.S. Coast Survey den europäischen Gradmessungen schenkt. Herr Peirce spricht seine Genugtuung aus, den Berathungen beizuwohnen, und dankt für das freundliche Entgegenkommen." (a. a. O., 22)

In den Berichten des Schwäbischen Kuriers über die Geodätische Konferenz tritt PEIRCE am 29. September, 1. und 2. Oktober namentlich auf. Es wird dort auch mitgeteilt, daß auf Grund eines Antrags von Herrn HIRSCH, Herr PEIRCE mit weiteren Pendelversuchen beauftragt wurde. Welche Bedeutung solche Pendelexperimente hatten, geht aus den folgenden Zeilen in dem Buch *Geschichte und Bedeutung der Internationalen Erdmessung* von ULRICH VÖLTER (Diss. München, Deutsche Geodätische Kommission bei der Bayerischen Akademie der Wissenschaften, Reihe C: Dissertationen – Heft Nr. 63 (München 1963) 63) hervor, wo es heißt:

„Die IE (Internationale Erdmessung) bezeichnete nun bereits auf ihrer ersten Sitzung 1864 die ‚vollständige Untersuchung der Wirkungen der Schwerkraft' als eine ihrer Aufgaben. Während die genannten Kapitäne einfach konstruierte, invariable Pendel benutzen, empfahl sie das Reversionspendel und beauftragte die Hamburger Firma J. Repsold, derartige Pendelapparate zu bauen. W. Bessel hat die notwendigen Bauelemente beschrieben, nachdem J. Bohnenberger bereits 1811 in seinem Lehrbuch der Astronomie das Grundprinzip des Reversionspendels angegeben hatte[32]. Dabei wurde das Schwerependel im allgemeinen auf die Schwingungsdauer einer Zeitsekunde abgestimmt und aus dem Schneideabstand die Länge des mathematischen Pendels ermittelt.

In den Jahren nach 1864 entfaltete sich bezüglich der Pendelmessungen ein reger Austausch der Erfahrungen: Etwa um das Jahr 1870 wurde die Koinzidenzmethode eingeführt, das ist der Vergleich der Pendelschwingungen mit den Schwingungen einer genau gehenden Pendeluhr. Die 4. A. C. 1874 beauftragte eine Kommission mit der Untersuchung verschiedener Pendelapparate, wobei besonderer Wert gelegt wurde auf die Lagerung der Schneiden und die Zurückführung der Pendelschwingungen auf unendlich kleine Schwingungen eines physikalischen Pendels. – 1875 regte die P. C. an, verschiedene Pendelapparate im Normaleichungsamt in Berlin untereinander und mit dem von Bessel 1826 ermittelten Fundamentalwert zu vergleichen.

Im Verlaufe derartiger Prüfmessungen entdeckte C. S. Peirce, Mitarbeiter des U.S. Coast and Geodetic Survey, daß sich die Schwingungen des Pendels auf das Pendelstativ übertragen. Peirce ließ sein Pendel abwechselnd an der Wand oder auf einem Stativ schwingen und stellte fest, daß die Meßergebnisse durch das Mitschwingen des Stativs verfälscht werden, und zwar bis zu 0,016 cm/sec^2.

In der Folgezeit entwickelten sich lebhafte Diskussionen darüber, wie dieses Mitschwingen beseitigt werden könne: Der Direktor der Sternwarte zu Genf, E. Plantamour, wies nach, daß auch das Fundament des Stativs einen störenden Einfluß auf die Schwingungen des Pendels ausübt. – Der Präsident des Längenbüros in Paris, H. Faye, äußerte 1877 den Gedanken, daß zwei entgegengesetzt schwingende Pendel das unerwünschte Mitschwingen kompensieren. – Der Genfer Mathematikprofessor Ch. Cellérier schlug vor, zwei Pendel gleicher Form, aber verschiedenen Gewichts auf demselben Stativ nacheinander schwingen zu lassen; ein Verfahren, das G. Defforges, Bataillonschef im Geographischen Amt der Armee zu Paris, bei seinen zahlreichen Schweremessungen benutzte. – Die Europäische Gradmessung setzte Studienkommissionen ein. Cellérier, Peirce und Th. v. Oppolzer, Professor für Astronomie und Geodäsie in Wien, entwickelten Formeln, die den störenden Einfluß des Mitschwingens erfassen sollten. – In Berlin wurden verschiedene Pendelapparate verglichen. – Durchgreifende Verbesserungen erbrachten aber erst die Erfindungen von R. v. Sterneck."

Nach dem Kongreß in Stuttgart reiste PEIRCE nach Leipzig zum Verlag von WILHELM ENGELMANN, wo sein Buch *Photometric Researches*[33] erscheinen sollte. Von Leipzig fuhr er weiter nach Berlin, um mit den Professoren PLANTA-MOUR und FÖRSTER das neue Observatorium in Potsdam zu besichtigen und weitere Pendelexperimente zu machen. Nach Paris zurückgekehrt, benutzte er die Pendel-Apparate von BIOT und ARAGO zu seinen Messungen im Observatorium. Er verbrachte auch einen Tag im Labor des Chemikers DEVILLE und nahm an dem Treffen des „Instituts" teil, als BREGNET das Telephon vorstellte. Aus seinen Briefen an die Familie geht hervor, daß er den Louvre, den Luxembourg-Park und Versailles besuchte sowie Aufführungen in Theatern und der Opéra Comique sah. Die beiden Artikel *The Fixation of Belief*[34] und *How to Make Our Ideas Clear*[35], auf die wir im nächsten Kapitel ausführlich eingehen werden, sollten in französischer Fassung in der Revue Philosophique erscheinen und er mußte daher in Paris einen Übersetzer bzw. einen Korrektor des von ihm selbst in französischer Sprache geschriebenen zweiten Artikels aufsuchen.[36] Er verließ Paris, um in Rouen noch eine Messe zu besuchen und sich am 3. November in Le Havre an Bord der „Herder" zu begeben, die ihn nach Amerika zurückbrachte.[37]

6. Die Artikel-Serie in The Popular Science Monthly: Illustrations of the Logic of Science von 1877/78

Die Reise nach Europa hatte nicht nur dazu gedient, am Geodätischen Kongreß in Stuttgart teilzunehmen und verschiedene deutsche und französische Städte zu besuchen, sondern verschaffte ihm auch die Zeit zur Abfassung des zweiten Artikels der Reihe *Illustrations of the Logic of Science*, der als Ausgangspunkt des von ihm konzipierten Pragmatismus gilt. Um 1900 schrieb er dazu an seine ehemalige Schülerin CHRISTINE LADD-FRANKLIN an der Johns Hopkins Universität, die inzwischen selbst eine geachtete Logik-Professorin geworden war, folgendes: „Im Herbst 1877 fuhr ich hinüber, um der Geodätischen Gesellschaft eine gewisse Wahrheit vorzutragen. Ich sollte französisch sprechen und auch die Diskussion in dieser Sprache führen, so daß ich aus praktischen Gründen auf der Reise zwischen Hoboken und Plymouth einen Artikel über Pragmatismus [How to Make Our Idea Clear] in französischer Sprache begann und beendete. Ich übersetzte dann meinen Artikel vom November 1877 [The Fixation of Belief] ins Französische, und beide erschienen in der Revue Philosophique, ich glaube in Band 6... Ich übersetzte den Dampferartikel ins Englische und in diesem Gewande erschien er in der Popular Science vom Januar 1878, etwas früher als die Veröffentlichung des Originaltextes..."[38]

Es handelt sich bei den Schriften dieser Reihe um die folgenden:

1. *The Fixation of Belief*
2. *How to Make Our Ideas Clear*
3. *The Doctrine of Chances*
4. *The Probability of Induction*
5. *The Order of Nature*
6. *Deduction, Induction, and Hypothesis*[39]

PEIRCE wollte in diesen Artikeln seine theoretischen Ausführungen von 1867–69 durch Beispiele aus der Erkenntnis- und Wahrscheinlichkeitstheorie einem nicht fachlich ausgebildeten Publikum näher bringen sowie insbesondere den wissenschaftstheoretisch so wichtigen Grundsatz, den er später als „Pragmatische Maxime" bezeichnete, vorstellen.

Betrachtet man die Schriften genauer, so fällt im ersten Artikel[40] vor allem wieder die Verbindung von **Logik** und **Erfahrung** auf, ohne die nach PEIRCE keine wissenschaftliche Tätigkeit möglich ist. Die großen Themen von DESCARTES und LEIBNIZ: „Zweifel und Beweis" sowie „klare und dunkle Ideen" werden in einen neuen Rahmen gespannt und ausführlich erörtert. Auffallend ist insbesondere, daß PEIRCE den Ansatz des Denkens nicht in einem Zeitpunkt sieht, sondern in einer „Vielzahl von Sachverhalten", d. h. in einer für ihn typischen polykausalen Denkweise, die „immer schon vorausgesetzt wird, wenn eine logische Frage zum ersten Mal gestellt wird". Und er fährt fort: „Impliziert wird zum Beispiel die Existenz von geistigen Zuständen wie Zweifel und Überzeugung, und daß ein Übergang von einem zum anderen möglich ist, wobei der Gegenstand des Denkens derselbe bleibt, und daß dieser Übergang einigen Regeln, die für alle Geister gleich bindend sind, unterworfen ist."

Aus der Feststellung, daß es einen Übergang von Zweifel zu Überzeugung geben muß, ergibt sich die Frage: „Wie gelangt man vom Zustand des Zweifels zu dem der Überzeugung?" Und nachdem PEIRCE verschiedene Methoden, die zur Überzeugung führen, wie die *autoritäre Methode*, die *Methode des Beharrens* (oder der Trägheit) und die *apriorische Methode* verworfen hat, kommt er zu der allein zu verteidigenden *Methode der Wissenschaft*, die darin bestehe, daß man den Zweifel immer wieder zuläßt und keine Überzeugung für absolut wahr und unumstößlich gültig hält, sondern stets nur als vorläufig, revidierbar und neuem Zweifel offen. Diese wissenschaftliche Methode – später sagt er noch deutlicher „experimentelle Methode"[41] – vermittelt uns nicht nur Erkenntnisse über die reale Welt, in der wir leben, sondern dient auch der Entwicklung des Individuums. Die Überzeugungen, zu denen wir mittels der wissenschaftlichen Methode gelangen, haben darüber hinaus den Vorzug, daß sie „mit den Tatsachen übereinstimmen".

In MS 328, einem Notizbuch, das um 1906 datiert wird, mit dem Titel *Sketch of Some Proposed Chapters on the Sect of Philosophy Called Pragmatism* zitiert

PEIRCE verschiedene Philosophen, die ihn zu seinen eigenen Überlegungen hinsichtlich seiner Methodologie angeregt haben. Neben ARISTOTELES, den Scholastikern, den englischen Empiristen (vor allem BERKELEY) und KANT nennt er in diesem Zusammenhang auch den deutschen Juristen und Rechtsphilosophen LUDWIG KNAPP, dessen Buch *System der Rechtsphilosophie* (1857) er wahrscheinlich genau studiert hat; denn er zitiert den Satz „Das Denken ist theils ein vorstellendes, theils ein muskelerregendes" (fälschlich bei PEIRCE „muskulär erregendes") und fügt hinzu, daß das, was KNAPP hier sage, sicher wahr sein mag, aber einer größeren Wahrheit zugehöre, da nämlich „alles Denken, so fern es irgendeinen Wert hat, ‚muskelerregend' ist oder wirklich die Aktion beherrscht, und daß es diese oder jene Vorstellung [deutsch im Original] anregt, ist nur insoweit nützlich, als es einen Gedanken vom anderen unterscheidet".

Im § 33 seines Buches spricht KNAPP übrigens – was PEIRCE hier nicht zitiert – ebenfalls von der *Festigkeit der Überzeugung* und sagt, daß „das Gefühl der Gewißheit" nur dann die Grundlage der Wahrheit sein kann, wenn es „nachweislich aus der strengen Erfahrung stammt" (48). Auch der folgende Satz KNAPPs stimmt mit der PEIRCEschen Auffassung von Erkenntnis und Wahrheit überein: „Systeme, die in der Theorie phantasieren, wollen in der Praxis gewöhnlich oktroyren, weil sie fühlen, daß dasselbe erfahrungsvergessene Princip, das sie zur schlüssigen Erkenntnis unfähig macht, ihnen auch die Gewalt der Wahrheit und damit die Möglichkeit freithätiger Einwirkung nimmt."[42]

Die Verbindung von Theorie und Praxis, der Grundgedanke der pragmatischen oder pragmatistischen Philosophie, so wie PEIRCE sie verstanden wissen wollte und die das Wesentliche der „wissenschaftlichen Methode" ist, war natürlich nicht seine Erfindung. Aber er hat das, was er die „unformulierte Denkmethode" der BERKELEY, KANT u. a. nennt, die jene Philosophen praktizierten, ohne sie klar zu erkennen, ausgearbeitet und zum Prinzip erhoben. Er betont ausdrücklich, daß das Thema dieser Schriftenreihe die Beschreibung der *Methode* der wissenschaftlichen Untersuchungen ist, ohne jedoch auf seinen wichtigsten Beitrag zur Erkenntnistheorie hinzuweisen: die Semiotik oder Zeichentheorie. Er spricht nur ganz allgemein von „wissenschaftlicher Methode", die die Überzeugung festlegt und die *„mit den Tatsachen übereinstimmt"*. Dabei ist er sich aber, wie schon angedeutet, bewußt, daß es keine *„absolute Wahrheit"* in der Wissenschaft, sondern, im Gegensatz zur *„Unfehlbarkeit"* der Theologen, nur *„Fehlbarkeit"* (fallibility)[43] geben kann, der jeder Wissenschaftler unterworfen ist.

Das Hauptproblem des zweiten Aufsatzes *How to Make Our Ideas Clear*[44], betrifft die Frage nach der Klarheit von Ideen. „Wann bezeichnet man eine Idee als klar?", hatte DESCARTES gefragt und als Lösung angeboten: klare Ideen sind deutlich, unklare Ideen sind verworren. LEIBNIZ, der das gleiche Problem behandelte und erkannte, daß DESCARTES die Schwierigkeiten mit seiner

Erklärung nicht beseitigt hatte, da man ja oft glaubt, klare Ideen zu erfassen, die in Wirklichkeit völlig verworren sind, verlangte für jeden wichtigen Terminus eine abstrakte Definition. PEIRCE aber meint: „Aus analytischen Definitionen kann nichts Neues mehr gelernt werden. Indessen können unsere bereits bestehenden Überzeugungen durch diesen Prozeß in Ordnung gebracht werden, und Ordnung ist ein wesentliches Element geistiger wie auch jeder anderen Ökonomie." Dieser Gedankengang führt ihn wiederum auf den Begriff der Überzeugung zurück, die einen Ruhezustand des Erkennens darstelle. „Was ist dann Überzeugung?" fragt er und kommt zu dem Ergebnis: „Da aber die Überzeugung eine *Regel des Handelns* [Hervorhebung von mir] darstellt, führt ihre Anwendung zu weiterem Zweifel und weiterem Denken; sie ist zugleich Haltepunkt und neuer Ausgangspunkt des Denkens."

Eine *Regel des Handelns* ist eine *Gewohnheit* (oder deutlicher eine *Denkgewohnheit*), die PEIRCE davon abhängig macht, „wann und wie sie zu einer Handlung veranlaßt". Das „wann", das heißt der Anreiz zu einer Handlung, beruht auf einer Perzeption, das „wie" bzw. der „Zweck" einer Handlung besteht darin, „ein vernünftiges Resultat zu erzielen".

Die Wurzel jeder realen Unterscheidung des Denkens liegt also in dem, was „greifbar praktisch" ist. „Es gibt keine Unterscheidung der Bedeutung, die so fein ist, daß sie in etwas anderem als in einem möglichen Unterschied der Praxis bestehen könnte", sagt er.

Auf die Klarheit der Ideen bezogen, besagen die weiteren Ausführungen in dieser Abhandlung, daß man unmöglich eine Idee im Geiste haben kann, „die sich auf irgend etwas anderes bezieht als auf die empfangenen, wahrnehmbaren Wirkungen der Dinge". Das heißt, wir besitzen eine klare Idee einer Sache, wenn wir die Wirkungen dieser Sache kennen bzw. die Sache an ihren Wirkungen erkennen. Alle Fragen nach dem Wesen oder der Bedeutung einer Sache sind nach PEIRCE nur als Fragen nach ihren Wirkungen sinnvoll. Es gibt kein Wesen oder Eidos, das irgendwo unabhängig, losgelöst von den Sachen existieren kann. Die Regel, die PEIRCE 1903 als seine erste **„Pragmatische Maxime"** bezeichnete, und die er hier anschließend durch Beispiele erläutert, lautet: „Überlege, welche Wirkungen, die denkbar praktische Bezüge haben können, wir dem Objekt unserer Vorstellung zuschreiben. Dann ist die Vorstellung dieser Wirkungen unsere ganze Vorstellung des Objekts." Die Klarheit der Erfassung von Ideen hängt also nach PEIRCE erstens davon ab, daß wenige klare Ideen mehr wert sind als eine Vielzahl verworrener [was schon DESCARTES betonte], zweitens daß der Denkprozeß durch den Zweifel angeregt und durch die Überzeugung beendet wird, und daß drittens unsere Vorstellungen oder Ideen von etwas nur durch die wahrnehmbaren Wirkungen des Objekts erkannt werden. Aber jede „Aktivität des Denkens" führe schließlich zu einem „vorbestimmten Ziel"; denn was wir unter „Wahrheit" verstehen, ist die „Meinung, der es schicksalhaft bestimmt ist, zuletzt von allen Forschern bejaht zu werden, und das Objekt, das in dieser Meinung repräsentiert wird, ist das *Reale.*"

Es ist hier, wie gesagt, nicht von Zeichen die Rede, aber diejenigen, die die PEIRCEsche Zeichenkonzeption kennen, werden die Bindung des „Wesens" einer Sache an die „Wirkung" dieser Sache, die wahrnehmbar sein muß, mit der Zeichenkonzeption in Verbindung bringen können und wissen, daß er nichts anderes meint, als daß der „Interpretantenbezug" nicht ohne den „Objektbezug" und den „Mittelbezug" des Zeichens gedacht werden kann.

In der dritten Schrift, *The Doctrine of Chances*[45], betont PEIRCE zunächst die Wichtigkeit der „kontinuierlichen Größen", das heißt den Meßwert oder die Maßzahl, und stellt fest, daß für die Wissenschaften das *Messen* wesentlicher als das *Zählen* sei. Unter Wahrscheinlichkeitstheorie versteht er dabei eine Wissenschaft der quantitativ behandelten Logik. Was ist aber Wahrscheinlichkeit und welcher Unterschied besteht zwischen einem Grad der Wahrscheinlichkeit und einem anderen?

Logisch verstanden, gilt im Falle des überzeugenden Arguments, daß aus Prämissen, in denen wirkliche Tatsachen ausgedrückt werden, Konklusionen ableitbar sind, die ebenfalls wirkliche Tatsachen enthalten. Ist das Argument nur wahrscheinlich, so enthalten nicht alle Konklusionen, sondern nur der größte Teil, wirkliche Tatsachen. Der Unterschied des Wahrscheinlichkeitsgrades hängt damit von den Schlußweisen ab, d. h. eine Schlußweise kann mehr Wahrheit enthalten als eine andere. Bei einer einzigen Schlußfolgerung, meint PEIRCE, kann man nur von Wahrheit sprechen, bei mehreren muß man vom Verhältnis des Erfolgs der einen zu dem der anderen sprechen, was wiederum ein wahrscheinliches Verhältnis ist. Er unterscheidet hier zwei Auffassungen von Wahrscheinlichkeit, die historisch überliefert sind: die *konzeptualistische* und die *materialistische*. Bezieht sich die Wahrscheinlichkeit auf *ein Ereignis*, spricht er von konzeptualistischer Auffassung (heute auch „Ereigniswahrscheinlichkeit" genannt); bezieht sich die Wahrscheinlichkeit auf das *Verhältnis der Häufigkeit von Ereignissen einer Art zur Häufigkeit der Ereignisse der übergeordneten Gattung* spricht er von materialistischer Auffassung von Wahrscheinlichkeit. Später haben KEYNES und JEFFREY[46] eine Auffassung von Wahrscheinlichkeit entwickelt, bei der sie wie PEIRCE vom „Grad des vernünftigen Glaubens" (Überzeugung) an einen Satz aufgrund der Erfahrungsdaten sprechen und die größere Wahrscheinlichkeit von der größeren Glaubhaftigkeit abhängig machen. Man bezeichnet diesen Wahrscheinlichkeitsbegriff heute gern als „Hypothesenwahrscheinlichkeit".

Den Statistischen Wahrscheinlichkeitsbegriff in bezug auf Aussagen definierte RUDOLF CARNAP 1959 ähnlich wie PEIRCE den materialistischen und nannte ihn „induktiv"[47]. Er stützte sich dabei hauptsächlich auf KEYNES und JEFFREY. Es gibt übrigens frappierende Ähnlichkeiten der Formulierungen bei PEIRCE, KEYNES und CARNAP, ohne daß letztere auf PEIRCE hingewiesen haben.

Im allgemeinen wird PEIRCE in der Geschichte der Wahrscheinlichkeitsrechnung nicht genannt. Auch in der Arbeit von HANS FREUDENTHAL und HANS-GEORG STEINER *Aus der Geschichte der Wahrscheinlichkeitstheorie und der mathematischen Statistik* in: *Grundzüge der Mathematik* (1966) findet man seinen Namen nicht, obwohl die Autoren auf die Grundlagen und Philosophie der Wahrscheinlichkeit eingehen. Doch spielt PEIRCE sowohl in der Vorgeschichte des axiomatischen Wahrscheinlichkeitsbegriffs von KOLMOGOROFF[48] als auch in der Vorgeschichte der induktiven Wahrscheinlichkeit CARNAPS zweifellos eine Rolle.

Das allgemeine Prinzip der logischen Wahrscheinlichkeit formuliert PEIRCE in seiner Abhandlung folgendermaßen: „Die Wahrscheinlichkeit, daß, wenn A wahr ist, B es auch ist, multipliziert mit der Wahrscheinlichkeit, daß, wenn B wahr ist, C es auch ist, ergibt die Wahrscheinlichkeit, daß, wenn A wahr ist, C es auch ist."

Alle Fragen nach der Wahrscheinlichkeit von Ereignissen und der Unabhängigkeit der Wahrscheinlichkeiten (von Ereignissen) faßt PEIRCE unter dem Begriff der *Zufallsrechnung* zusammen, die seiner Meinung nach die Grundlage der „Theorie des Schließens" ist. Als er diese Schrift 1910 noch einmal durchlas, bemerkte er jedoch, daß er verschiedene Punkte darin schlecht dargestellt hatte und betont nun, daß sich die Wahrscheinlichkeit immer auf die *Zukunft* beziehe, auch wenn man nicht voraussagen könne, wie oft ein Würfel zukünftig geworfen werde. Die Wahrscheinlichkeit könne aber nur dann auf die Zukunft bezogen werden, wenn man mit Grund davon überzeugt sein könne, daß sie sich in der Zwischenzeit nicht zu sehr verändert habe. Er definiert die Wahrscheinlichkeit daher neu und meint, daß es sich immer dann um Wahrscheinlichkeit handele, wenn unter bestimmten allgemeinen Bedingungen eine Konklusion verifiziert werden könne, wobei eine bestimmte Tatsächlichkeit wahrscheinlich werde. Er unterscheidet dabei die Wahrscheinlichkeit p (wobei p jeder gewöhnliche Bruch sein kann) hinsichtlich einer Anfangsbedingung m und einer spezifischen Ereignisart n. Wenn ein Würfel die Wahrscheinlichkeit 1/3 habe, so werde er beim Würfeln „auf lange Sicht" eine durch 3 teilbare Zahl aufweisen.

PEIRCE will die Wahrscheinlichkeit nicht-tautologisch, d. h. nicht-axiomatisch herleiten, obwohl man nicht *sicher* sein könne, bei einer endlichen Reihe von Würfen eine bestimmte Zahlenfolge zu erhalten; denn Sicherheit sei erst bei einer unendlichen Folge erreichbar. Auch mit einer Maschine, die länger als ein Mensch würfeln könne, sei Sicherheit nicht zu erzielen. Das einzige, was man mit Sicherheit kenne, sei nur das Verhalten der würfelnden Hand, die mit äußerst unregelmäßiger Bewegung zu 1/3 hin- und von 1/3 fortschwingen werde.

Im nächsten Essay *The Probability of Induction*[49] werden Regeln für die Addition und Multiplikation von Wahrscheinlichkeiten sowie eine spezielle Regel für die Multiplikation „unabhängiger Wahrscheinlichkeiten" aufgestellt.

Neben dem klassischen Begriff der Wahrscheinlichkeit, die das Verhältnis der *günstigen* zu allen *möglichen* Fällen zugrundelegt, führt PEIRCE ein weiteres Verhältnis ein, nämlich das der *günstigen* zu den *ungünstigen* Fällen, und nennt dieses Verhältnis *Zufall*. Der Zufall wird gleich oder gleichzahlig genannt, wenn sich die günstigen zu den ungünstigen Fällen wie 1 zu 1 verhalten. PEIRCE geht hier offensichtlich auf HUME zurück, der in seiner *Enquiry Concerning Human Understanding* (1742, 70/71) die gleiche Auffassung vertrat. Der Einfluß HUMEs auf PEIRCEsche Begriffsbildungen ist übrigens sehr groß gewesen. Sogar das zitierte Beispiel mit dem „Fußabdruck" auf Robinsons Insel stammt von HUME.

Im klassischen Sinne wäre diese Wahrscheinlichkeit durch ½ ausgedrückt worden (wenn z. B. alle Sätze entweder wahr oder falsch sind, ist die Wahrscheinlichkeit *eines* Satzes ½). Diese Betrachtungen sind Anlaß für PEIRCE, den Zufall mit dem *Grad der Überzeugung* (bei CARNAP *Bestätigungsgrad*) zu verbinden und er erläutert: „Man kann jedoch auch absolut vom Zufall eines Ereignisses sprechen. Damit ist der Zufall der Kombinationen aller Argumente gemeint, die für uns bei einem gegebenen Stand unseres Wissens existieren. In diesem Sinne ist es unbestreitbar, daß der Zufall eines Ereignisses in einer sehr engen Verbindung mit dem Grad unserer Überzeugung steht."

Die Intensität einer Überzeugung, meint PEIRCE, müsse vom „Wert des Zufalls" abhängen; und so wie der Wert des Zufalls abnehme, müsse auch die Intensität der Überzeugung abnehmen oder eine neue Überzeugung müsse an Intensität gewinnen. Diese Abhängigkeit sei durch den „Logarithmus des Zufalls" ausdrückbar. Analog dem WEBER-FECHNERschen Gesetz[50] sollte die *Empfindung der Überzeugung* proportional dem *Logarithmus des Zufalls* bestimmt werden.

Schließlich erörtert PEIRCE noch einmal die Unterschiede des deduktiven und induktiven Schließens und betont, daß deduktives Schließen unser Wissen nur ordnen könne, allein beim induktiven Schließen unser reales Wissen vermehrt werde. Diesen Punkt stellte später auch CARNAP heraus und I. ROTHSTEIN benutzte ihn in *Philosophy of Science* (1956) zur informationstheoretischen Analyse der Theorienbildung im Verhältnis zur Empirie. Auch A. A. MOLES entwickelte seine informationsästhetischen Ansätze aus diesen Voraussetzungen, z. B. in *Théorie de l'information et perception esthétique* (Paris 1958), dt. *Informationstheorie und ästhetische Wahrnehmung* (Köln 1971).

Würden wir annehmen, die Natur wäre nicht geordnet und es gäbe keine „Gleichförmigkeit" in der Natur bzw. wäre die Natur ein reines Chaos oder eine „Zufallskombination unabhängiger Elemente", so wäre nach PEIRCE das Schließen (von einer Tatsache auf eine andere) unmöglich und jede Erkenntnis illusorisch. Wie andere Autoren vor und nach ihm macht er von der Vorstellung Gebrauch, daß in einer ungeordneten Welt Urteile über zukünftige Ereignisse, also Wahrscheinlichkeitsaussagen, nicht möglich sind.

Offensichtlich ist er der Meinung, daß die konzeptualistische Auffassung der Wahrscheinlichkeit (relative Häufigkeit) dazu führt, daß man „synthetische Urteile" auf „analytische" zurückführt. Durch die Verwechslung der beiden Auffassungen von Wahrscheinlichkeit komplizierten sich die Probleme jedoch unnötig und man solle eben besser von *relativer Häufigkeit von Ereignissen und induktiver Wahrscheinlichkeit eines Ereignisses* sprechen. Auch solle man nicht nach der Wahrscheinlichkeit der Konklusion suchen, sondern mit der Tatsache, auf die die synthetische Schlußfolgerung hinzielt, beginnen, und auf die Tatsachen, die in den Prämissen enthalten sind, zurückgehen.

Im letzten Abschnitt polemisiert PEIRCE gegen KANTs „synthetische Urteile a priori", indem er die Frage aufwirft, wie denn „synthetische Urteile" überhaupt möglich seien, das heißt, wie es möglich sei, eine Tatsache beobachten und unmittelbar ein Urteil über eine andere verschiedene Tatsache aussprechen zu können. Semiotisch gesprochen würde die Frage lauten, wie Zeichen bzw. Sätze oder Urteile überhaupt auf beobachtbare Gegenstände bezogen werden können.

Die Ausführungen in der fünften Schrift *The Order of Nature*[51] betreffen die Fragen nach einer allgemeinen Eigenschaft des Universums, nach einem universal gültigen Gesetz und nach den Vorstellungen über „das Ensemble der Dinge" bzw. das „Universum" überhaupt. Wenn die Materie aus Molekülen zusammengesetzt ist, die den Gesetzen der Mechanik gehorchen, scheint diese Welt kein zufälliges Durcheinander zu sein. Aber, fragt PEIRCE, gibt es eine Methode, mit der der Ordnungsgrad des Universums bestimmt werden kann und ist diese Welt strukturierter als eine reine Zufallswelt?

Er charakterisiert dann die „Gleichförmigkeiten", die wir in der Natur voraussetzen, durch das Nichtauftreten gewisser Merkmalskombinationen, z.B. „A ist nicht B". Eine Welt ohne Gleichförmigkeiten würde alle logisch möglichen Merkmalskombinationen enthalten, das heißt, jede Merkmalskombination wäre in jedem Objekt vorhanden.

In dieser *Zufallswelt* würde einem Gegenstand jede Merkmalskombination zugeordnet, die entweder das positive oder negative Merkmal enthält. Bei fünf Merkmalen mit ihren Negaten erhalte man $2^5 = 32$ Gegenstände, die ihrerseits 3^5 Merkmale besitzen, wenn man die Negation jeder Kombination dazuzählt.

Die *reale Welt* vergleicht PEIRCE mit Drucklettern, die aus einem Sack geschüttet wurden, das heißt, sie ist sowohl durch gewisse Ordnungen als auch gewisse Unordnungen charakterisiert.

Von LEIBNIZ' Prinzip ausgehend, daß jede Menge von Gegenständen gemeinsame positive oder negative Merkmale besitzt, folgert er, daß jede Gruppe von Gegenständen schon durch ein Merkmal von jeder anderen Gruppe unterschieden werden könne. Setze man eine Welt von fünf Dingen voraus, so ergebe dies eine Welt von $2^5 = 32$ Dingen, die durch $2^{32} = 4\,294\,967\,296$ Merkmale charakterisiert werden. [KOLMOGOROFF nennt dies ein „zufälliges

Ereignis bei fünf Elementarereignissen"]. Sehe man von der relativen Wichtigkeit gewisser Merkmale ab, so gebe es, rein logisch betrachtet, weder einen höheren noch geringeren Ordnungsgrad als diesen. Wenn es überhaupt Denken gebe, müsse das *System der Beziehungen* zwischen Merkmalen bzw. der *Ordnungsgrad* in den vorausgesetzten Fakten enthalten sein.

PEIRCE fragt dann, wie eine Welt gedacht werden könne, in der es *keine* Beziehung der Gleichförmigkeiten zu uns interessierenden Merkmalen gebe. Würden die Merkmale nur mit den Sinnen erfaßt, so wäre das Universum für uns völlig regelmäßig und ohne Probleme. Wir wären frei von jeder Verantwortung, brauchten kein Gedächtnis, das ja nur für die Lebensordnung wichtig wäre, kurz diese Welt wäre eine Welt vom Standpunkt eines Tieres ohne jede Intelligenz. Die reale Welt dieser Art wäre völlig identisch mit der vorher skizzierten „Zufallswelt".

Er kommt schließlich noch einmal auf synthetisches Schließen, d.h. auf induktive Wahrscheinlichkeit zurück und fordert, daß ein Merkmal *vor* der Entnahme einer Stichprobe bezeichnet werden müsse; denn aus der Gleichförmigkeit ergeben sich so viele zufällige Übereinstimmungen der Merkmale, daß die Induktion nicht auf die Gleichförmigkeit zurückgeführt werden dürfe.

In bezug auf die Frage nach der Endlichkeit oder Unendlichkeit des Universums gibt er folgendes zu bedenken: „Falls das Universum unendlich ist, ist der Versuch, einen allgemeinen Plan zu entdecken, vergeblich und enthält eine falsche Art, das Problem anzugehen. Wenn das Universum keinen Beginn hätte und sich im Raum endlos Welt hinter Welt erstreckte, dann gäbe es auch kein All der materiellen Dinge und folglich keine allgemeine Eigenschaft des Universums und damit weder Bedarf noch Möglichkeit für einen Herrscher. (...) Falls die Dingwelt scharf gegen die reine Leere abgegrenzt ist, (...) ist die Hypothese eines großen, entkörperten Lebewesens (...) natürlich genug. (...) Die einzig wissenschaftliche Annahme besteht jedoch darin, daß die unbekannten Teile von Raum und Zeit den bekannten entsprechen." Er versäumt nicht hinzuzufügen: „Man darf übrigens nicht glauben, daß sich jemand an einer Bewegung mit vielleicht atheistischem Ziel beteiligt, ohne sich ernsthaft Gedanken über seine Verantwortung gemacht zu haben."

In der letzten Schrift *Deduction, Induction, and Hypothesis*[52], die der Unterscheidung dieser Schlußmethoden gewidmet ist, versucht PEIRCE allgemeine Schemata zu entwickeln, die die verschiedenen Methoden charakterisieren.

Die *Deduktion* ist nach ihm die Anwendung einer *Regel*, die die erste Prämisse darstellt und auf die die zweite Prämisse als *Fall* folgt. Die Konklusion ist die Anwendung der Regel auf den Fall und stellt somit das *Ergebnis* dar.

Die *Induktion* verläuft invers zur Deduktion, in ihr wird von Fall und Ergebnis auf die Regel geschlossen.

Eine zweite Inversion der Deduktion nennt er *Hypothese* (später *Abduktion*);

hier schließt man von einer Regel und einem Ergebnis auf einen Fall. Induktion und Hypothese sind indirekte Schlußweisen.

PEIRCE bemerkt schließlich, daß man bei der *Induktion* von beobachteten *ähnlichen* Fakten auf die Wahrheit von Fällen schließt, die nicht beobachtet wurden; daß man bei der *Hypothese* auf die Existenz eines Faktums schließt, das ganz verschieden von etwas Beobachtetem ist, und zwar aufgrund bekannter Gesetze, aus denen etwas Beobachtetes notwendig folgt. Wenn die Induktion der Schluß vom Besonderen auf das allgemeine Gesetz ist, so ist die *Hypothese* der Schluß von der Wirkung auf die Ursache, meint er. Hinsichtlich von „Überzeugung" und „Gewohnheit" stellt er fest, daß die Überzeugung von einer Regel nichts anderes ist als eine Gewohnheit, oder daß jede Überzeugung von allgemeinem Charakter eine Gewohnheit ist. Er ordnet schließlich der Induktion das *Gewohnheitselement*, der Hypothese das *„sinnliche Element"* und der Deduktion das *Willenselement* des Denkens zu. Die auf diese Weise klassifizierten Denkmethoden dienen ihm zur „Klassifikation der Wissenschaften", die ihn auch später immer wieder beschäftigte. Er faßt sie hier unter den Oberbegriffen „Induktive Wissenschaften", „Hypothetische Wissenschaften" und „Theoretische Wissenschaften" zusammen. In seiner *Minute Logic* von 1902 (MSS 425–434) unterteilt er zum Beispiel die theoretischen Wissenschaften in: 1. Mathematik, 2. Phänomenologie, 3. Ästhetik, 4. Ethik und 5. Logik. Eine ähnliche Einteilung gibt er auch in den *Vorlesungen über Pragmatismus* an der Harvard Universität von 1903, wo er jedoch die Mathematik als „hypothetische" Wissenschaft von den „positiven theoretischen" Wissenschaften: Phänomenologie, Ästhetik, Ethik, Logik und Metaphysik unterscheidet sowie die theoretischen positiven Wissenschaften von den praktischen, die den theoretischen entsprechen.

Damit reichen diese Essays von der Definition der Begriffe und Methoden über die Darstellung und Untersuchung bis zur Anwendung. In gewisser Hinsicht kann man vor allem seine Hypothesentheorie als eine der wichtigsten Ergänzungen der Wissenschaftstheorie des klassischen Rationalismus (DESCARTES und LEIBNIZ) ansehen.

7. Astronomische und geodätische Forschungen von 1878

Das einzige größere, selbständige, zu Lebzeiten veröffentlichte Buch von CHARLES PEIRCE, *Photometric Researches. Made in the Years 1872–1875*, ist – wie schon erwähnt – 1878 bei WILHELM ENGELMANN in Leipzig erschienen, und zwar als Band 9 der *Annals of the Astronomical Observatory of Harvard College*[53]. PEIRCE hat darin die Ergebnisse seiner Untersuchungen am Observatorium des Harvard College, die er jahrelang für die Coast Survey gemacht hatte, zusammenfassend dargestellt.

Das Buch gliedert sich in fünf Kapitel:

1. The Sensation of Light
2. On the Number of Stars of Different Degrees of Brightness
3. Original Observations (ZÖLLNER, ROSEN, PEIRCE)
4. Comparisons of the Different Observers
5. On the Form of the Galactic Cluster.

Die Breite seiner naturwissenschaftlichen Argumentationsmöglichkeiten läßt sich bereits aus einer Passage im ersten Kapitel erkennen, wo er folgendes schreibt: „Licht, das nur als etwas in der externen Welt betrachtet wird, kann *noumenales Licht* genannt werden. Licht, das als eine Erscheinung und als eine Funktion der Empfindung betrachtet wird, so daß es mit Hilfe der eben genannten Konvention gemessen werden kann, kann *phänomenales Licht* genannt werden. Photometrie betrifft im allgemeinen phänomenales Licht; und ich werde in diesen Forschungen nirgends die Frage berühren, wie das noumenale Licht von Sternen konstituiert wird (zum Beispiel im Unterschied zu ihren Spektren), sondern werde mich auf die Betrachtung seiner Erscheinung beschränken."

Ohne auf die interessanten astronomischen Ausführungen und Berechnungen einzugehen, möchte ich nur noch einen Satz zitieren, der den Kern des Buches betrifft: „Das Hauptziel der Beobachtungen der Größe von Sternen liegt darin, die Form des Sternenhaufens, in dem sich unsere Sonne befindet, zu bestimmen. (...) Ich werde mich bemühen, die allgemeinen Formen der Oberflächen von gleichen Sternendichten überall in dem Sternenhaufen aufzuzeigen." (174)

Soviel ich feststellen konnte, erschienen nur zwei Rezensionen dieses Buches: die eine erschien anonym in den Monthly Notices of the Royal Astronomical Society (Bd. 39, London 1879, 270–273), die andere von THEODOR WOLFF hatte den Titel *Peirce, C. S., Photometric Researches. Made in the Years 1872–1875* und wurde in der Vierteljahresschrift der Astronomischen Gesellschaft (Bd. 15, 1880, 193–208) veröffentlicht.

1931 würdigte schließlich SOLON I. BAILEY in seinem historischen Werk *The History and Work of Harvard Observatory 1839–1927* die astronomischen Untersuchungen von CHARLES PEIRCE mit den Worten: „Der erste Versuch am Harvard Observatorium, die Form der Milchstraße oder des galaktischen Systems zu bestimmen, wurde von Charles S. Peirce gemacht. (...) Die Untersuchung war eine Pionierleistung, die auf spärlichen Daten begründet war." (198/199)

Über seine geodätischen Arbeiten für die Coast Survey in dieser Zeit kann man sich an Hand folgender Vorträge bzw. Hinweise orientieren: Der American Academy of Arts and Sciences präsentierte PEIRCE am 13. März 1878 eine

Arbeit aus seinem geodätischen Arbeitsgebiet mit dem Titel *On the Influence of Internal Friction upon the Correction of the Length of the Second's Pendulum for the Flexibility of the Support*[54], ein Vortrag, der seinem Beitrag auf dem Kongreß in Stuttgart eine neue Wendung gibt.

Auf der Tagung der National Academy of Sciences vom 5. bis 8. November 1878 in New York sprach er ebenfalls über ein geodätisches Thema: *On the Acceleration of Gravity at Initial Stations*[55].

Weitere Informationen über seine damaligen Pendelversuche und deren Ergebnisse findet man in den Kongreßakten der Internationalen Geodätischen Konferenzen: 1878 in Hamburg[56], wo er in einem Brief an die Commission vom 6. September 1878 über seine Pendelarbeiten des letzten Jahres berichtet und eine Denkschrift über den Vergleich der europäischen und amerikanischen Pendelversuche, an der er arbeitet, ankündigt; 1879 in Genf[57], 1880 in München[58], 1883 in Rom[59], 1887 in Nizza[60] und 1900 in Paris[61].

VI Die fruchtbaren Jahre um 1880

1. Naturwissenschaftliche und philosophische Vorträge und Abhandlungen von 1879/80

Noch bevor CHARLES PEIRCE seine Lehrtätigkeit an der Johns Hopkins Universität aufnahm, berichtete er in einer Reihe von Vorträgen über seine verschiedenen naturwissenschaftlichen und logischen Forschungen, die ich anführe, um noch einmal auf seine vielseitigen Interessen und Arbeitsgebiete hinzuweisen.

So hielt er zum Beispiel auf der Sitzung der National Academy in Washington vom 15. bis 18. April 1879 vier Vorträge[1]: 1. *Comparisons of the Meter with Wave Lengths*; 2. *Ghosts in the Diffraction Spectra*; 3. *On the Projections of the Sphere which Preserves the Angles* und 4. *On the Errors of Pendulum Experiments, and on the Method of Swinging Pendulums Proposed by Mr. Faye*. Den letzteren Vortrag hat General BAEYER übrigens während der Tagung der Europäischen Gradmessung, die vom 16. bis 20. September 1879 in Genf stattfand, und an der CHARLES PEIRCE nicht teilnehmen konnte, gedruckt verteilt. Die Wichtigkeit dieser „interessanten Note unseres gelehrten Kollegen der Coast Survey" (BAEYER) für die Arbeit der Commission wurde von den Kollegen zwar anerkannt, die von PEIRCE vorgeschlagene Methode, zwei Pendelapparate, die gegeneinander schwingen, gleichzeitig zu benutzen, wurde jedoch nur von HERVÉ FAYE, Paris, mit der Begründung verteidigt, man könne damit eine Reihe schwieriger Messungen vermeiden, die sonst jeweils zusätzlich gemacht werden müßten, falls man mit nur einem Pendel arbeite.[2] Die Abhandlung *On a Method for Swinging Pendulums for the Determination for Gravity, Proposed by M. Faye*, die in etwa das gleiche Thema betrifft wie der vierte Vortrag vor der National Academy, wurde im August 1879 in The American Journal of Science and Arts (112–119) veröffentlicht. Eine zusammenfassende deutsche Übersetzung von E. WIEDEMANN erschien bereits 1880 unter dem Titel *Über eine Methode, mit schwingenden Pendeln die Schwere zu bestimmen* (Beiblätter zu den Annalen der Physik und Chemie, Bd. 4, 1880, S. 240). Zusammenfassungen seiner Vorträge *On Ghosts in Diffraction Spectra* und *Comparison of Wave Lengths with the Meter* veröffentlichte die Zeitschrift Science News unter dem Titel *Spectroscopic Studies* (vol. 1, 1. Mai 1879, S. 196–198).

Die Beziehungen von CHARLES PEIRCE zur Harvard Universität waren zwar gering, doch wurde er vom Philosophical Club der Harvard Universität zu einem Vortrag eingeladen. Der Club war 1878 für Undergraduates, Graduates und Ehrenmitglieder gegründet worden, bestand bis 1896/97 und wurde am 6. März 1902 neugegründet[3]. PEIRCE sprach am 21. Mai 1879 über *The Relation of Logic to Philosophy*, ein Thema, das übrigens auch ERNST SCHRÖDER verschiedentlich aufgegriffen hat, indem er auf PEIRCEs Verdienste in dieser Angelegenheit, das heißt, die Logik den Philosophen näherzubringen, hinwies.

In derselben Periode trug PEIRCE vor der American Academy of Arts and Sciences in Boston am 11. Juni wiederum über *The Reference of the Unit of Length to the Wave Length of Light*[4] vor. Aus den Manuskripten ist ersichtlich, daß der Vortrag aus drei Teilen bestand, der zweite Teil war der „Verfeinerung der Theorie" und der dritte Teil ihrer „Anwendung" gewidmet. Zum gleichen Thema hatte er, wie gesagt, vor der National Academy im April gesprochen. Schließlich veröffentlichte PEIRCE im Juli einen Artikel ähnlichen Inhalts mit dem Titel *Note on the Progress of Experiments for Comparing a Wave Length with a Meter*[5], dessen Kurzfassung in deutscher Sprache von E. WIEDEMANN noch im gleichen Jahr publiziert wurde[6].

Das spektroskopische Thema, das er im April der National Academy vorgetragen hatte, wurde unter dem Titel *On the Ghosts in Rutherford's*[7] *Diffraction Spectra* (AJM, 2, 1879, 330–347) veröffentlicht. In der gleichen Nummer dieser Zeitschrift erschien auch die besonders wichtige Arbeit *A Quincuncial Projection of the Sphere*[8], zu der I. FRISCHAUF erst 1897 *Bemerkungen zu C. S. Peirce's Quincuncial Projection*[9] publizierte.

CHARLES PEIRCE hatte in seinem Bericht vom 17. Juli 1879 an Superintendent CARLYLE PATTERSON der Coast Survey bemerkt, daß er die „Theorie der formalen Kartenprojektion" hinsichtlich ihres Gebrauchs bei Schwere-Untersuchungen studiert und eine neue Projektion erfunden habe. PEIRCE nannte die neue Projektionsmethode zunächst „Quincunx" und datierte sie auf 1876, wie er im Artikel *Projections* für das *Century Dictionary* (1889) sagt. In seinem Artikel ist er davon ausgegangen, daß es für meteorologische, magnetologische und andere Zwecke bequem sei, eine Projektion der Sphäre zu haben, die die Verbindung aller Teile der Oberfläche zeigt. Es handele sich bei dieser neuen Projektion um eine orthomorphe oder konforme Projektion, die durch die Transformation der stereographischen Projektion, mit einem Pol bei unendlich, mittels einer elliptischen Funktion gebildet wird. Zu ihrer Ausführung sind vier verschiedene Funktionen erforderlich: 1. algebraische Funktionen, 2. trigonometrische Funktionen, 3. elliptische Funktionen und 4. Funktionen, deren *pattern* zentral oder spiral sind. (s. Abb. S. 144)

Während des zweiten Weltkriegs veröffentlichte die Coast Survey eine erweiterte Ausgabe dieser PEIRCEschen Karte, da man sie für die beste Methode zur Aufzeichnung internationaler Flugrouten hielt.

1878/79 war CHARLES PEIRCE übrigens einige Monate lang der Vertreter von LANGLEY[10] als „Acting Director" des Allegheny-Observatoriums.

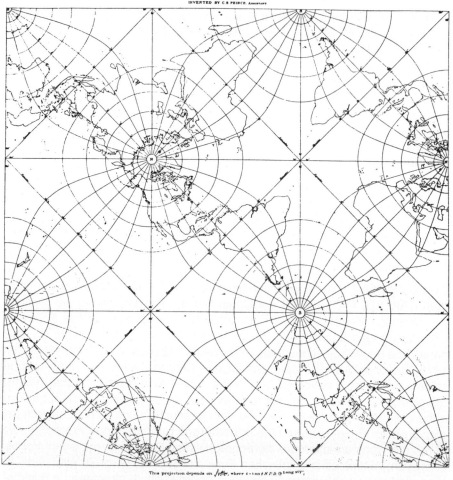

The Quincuncial Map Projection invented by C. S. Peirce in 1876.

Das „Quincunx" Weltkartenprojekt, erfunden von Charles S. Peirce, 1876

2. Lecturer (Dozent) für Logik an der Johns Hopkins Universität in Baltimore

Im Jahre 1876 war die Johns Hopkins Universität in Baltimore gegründet worden. Ganz anders als die Harvard Universität und einige andere ältere Universitäten stellte diese neue Lehrstätte die **Gemeinschaft** von Lehrern und Schülern ins Zentrum ihrer Ausbildung. Für BENJAMIN und auch für CHARLES PEIRCE bedeutete diese Gründung die Erfüllung eines Traumes bzw. die Verwirklichung eigener Vorstellungen. DANIEL COIT GILMAN[11], ihr erster Präsident, konnte einige interessante Persönlichkeiten berufen. So wurden zum Beispiel GEORGE SYLVESTER MORRIS[12] und CHARLES PEIRCE für die philosophische Fakultät gewonnen. Das heißt, PEIRCE behielt seine Stelle bei der Coast Survey bei und erhielt am 12. Juni 1879 zunächst einen Jahresvertrag als „halftime lecturer of Logic", was einem Dozenten entspricht. Seiner Forderung bei der Annahme der Berufung, daß die Stelle zu einer vollen Professur ausgebaut werden sollte, wurde jedoch nie entsprochen. Obgleich PEIRCE später häufig mit „Professor" angeredet wurde, erhielt er den Titel weder hier noch anderswo. Er hat übrigens auch nicht promoviert und wurde in den Universitätsakten schlicht als „Mister Peirce" geführt.

Johns Hopkins Universität in Baltimore, Hauptgebäude

Für Mathematik wurde der englische Mathematiker JAMES JOSEPH SYLVE-STER[13] berufen, durch den die Johns Hopkins Universität großes Ansehen als amerikanisches mathematisches Zentrum gewann. Nicht nur seine Vorle-sungstätigkeit, sondern auch die Gründung des American Journal of Mathe-matics, die SYLVESTER und WILLIAM E. STORY[14] verdankt wird, brachte der jungen Universität schnell internationalen Ruhm ein. In der ersten Nummer dieser Zeitschrift (1, 1878, 59–63) veröffentlichte CHARLES PEIRCE die Re-zension der Schrift *Esposizione del Metodo dei Minimi Quadrati* (1876) von ANNIBALE FERRERO[15], deren Grundidee auf Arbeiten von GAUSS zurück-geht, der die Methode der „kleinsten Quadrate" bereits 1795 gefunden hat, wie er selbst sagt. PEIRCE hat in den folgenden Jahren einige weitere wichtige Arbeiten aus seinem mathematisch-logischen Arbeitsgebiet in dieser Zeit-schrift veröffentlicht, zum Beispiel *On the Algebra of Logic* (1880) und *On the Logic of Number* (1881), auf die wir noch eingehen werden.

Was seine Vorlesungen an der Johns Hopkins Universität betrifft, so nahm CHARLES PEIRCE seine Lehrtätigkeit im Herbst 1879, das heißt mit dem Studienjahr 1879/80, auf. Seine finanzielle Lage hat sich durch die Dozentur wesentlich gebessert. Da er von der Coast Survey ein Jahresgehalt von 3 500 Dollar bezog und nun zusätzlich von der Johns Hopkins Universität 2 500 Dollar erhielt, kam er auf ein jährliches Einkommen von 6 000 Dollar, was damals eine ansehnliche Summe für einen jungen Wissenschaftler gewesen sein muß. Er konnte nunmehr durchaus an eine zweite Eheschließung denken.

JULIETTE POURTALAI(S) hatte inzwischen ein Haus in Washington bezogen. Die PEIRCE-Familie, insbesondere wohl die Mutter, scheint die geplante Ehe mit JULIETTE begrüßt zu haben. Sie war aber ohne vollzogene Scheidung von ZINA, der ersten Frau, zunächst nicht zu verwirklichen. Die Mutter bestellte jedenfalls in den Briefen an ihren Sohn des öfteren Grüße an „Madame Pourtalais" oder „Madame P." und schrieb zum Beispiel in ihrem Brief vom 9. November 1879: „(...) Ich erhielt vor wenigen Tagen einen sehr süßen Brief von Madame P. Er war ohne Datum noch Adresse & so sende ich Dir hier meine Antwort mit. (...)" Aus der Korrespondenz mit der Mutter wissen wir auch, daß JULIETTE ihren ersten Brief an sie in deutscher Sprache abgefaßt hat, später aber zunächst französisch schrieb, weil CHARLES' Mutter mit dem Deutschen nicht mehr so vertraut war. Ein Indiz dafür, daß JULIETTE entweder aus dem deutschsprechenden Teil Lothringens (Nancy) oder aus einer Gegend in Deutschland stammen könnte.

CHARLES teilte der Mutter, wie schon gesagt, immer wieder einmal Einzelhei-ten aus seiner wissenschaftlichen Arbeit mit. So erwähnte er im Brief vom August 1879 seine Arbeit über „Ghosts" (Geister), die er bald zu veröffentli-chen hoffte, da viele Wissenschaftler an der gleichen Sache arbeiteten. (Diese „Geister" betreffen spektroskopische Irregularitäten, die von ERNEST RU-THERFORD entdeckt worden waren.) Die Arbeit von PEIRCE erschien jedoch erst 1881, also zwei Jahre später. Im genannten Brief äußerte er sich übrigens auch zum „elektrodynamischen Prinzip" (Elektromotor, Elektromagnet, etc.)[16], das gerade entdeckt worden war.

Die Logik-Vorlesungen von CHARLES PEIRCE wurden u. a. auch von einigen begabten Mathematikstudenten besucht, von denen vor allem CHRISTINE LADD[17] genannt werden muß. Sie kam 1878 im Alter von 31 Jahren nach Baltimore, nachdem sie 1869 am Vassar College for Women graduiert, Mathematik unterrichtet und mathematische Vorlesungen an der Harvard Universität bei Prof. BYERLY und Prof. JAMES PEIRCE gehört hatte. Sie hatte bereits verschiedene mathematische Beiträge in The Educational Review (London) und The Analyst (Amerika) veröffentlicht, durch die sie J. J. SYLVESTER kannte, der ihre Zulassung zum Mathematikstudium an der Johns Hopkins Universität befürwortete. Sie wurde als „fellow", sogar mit Stipendium, aufgenommen. Unter der Anleitung von CHARLES PEIRCE schrieb sie eine Dissertation mit dem Titel *On the Algebra of Logic*, die PEIRCE in *Studies in Logic by Members of the Johns Hopkins University* (1883) publizierte. Der Doktorgrad, den sie damit erworben hätte, wurde ihr jedoch *nicht* verliehen, weil auch die Johns Hopkins Universität Frauen keine Doktortitel zuerkannte. Sie verließ die Universität ohne Titel 1882 und heiratete im gleichen Jahr den Mathematiker FABIAN FRANKLIN[18], der ebenfalls bei PEIRCE Logik-Vorlesungen gehört und 1880 promoviert hatte. FRANKLIN blieb als Professor für Mathematik bis 1895 an der Johns Hopkins Universität. Von den beiden Kindern des Ehepaars starb der Sohn als Kleinkind, die Tochter, MARGARET FRANKLIN, setzte sich später mündlich und schriftlich für das Wahlrecht der Frauen ein und eiferte damit

Wandbild in der Shriver Hall, Johns Hopkins Universität
Mitte: Charles Sanders Peirce

ihrer Mutter nach, die sich nach ihrem Studium um den Zugang von Frauen zu den Universitäten bemüht hat. CHRISTINE LADD-FRANKLIN, wie sie sich nannte, erhielt vom Vassar College 1887 den Ehrentitel LL.D. (den juristischen Doktor). Sie arbeitete nach ihrem Studium, vielleicht ebenfalls von PEIRCE angeregt, auf dem Gebiet der physiologischen und psychologischen Optik. Als sie 1891 mit ihrem Mann in Deutschland war, konnte sie ihre Studien über die Optik der Farbempfindungen in den Laboratorien von G. E. MÜLLER in Göttingen und H. von HELMHOLTZ in Berlin vertiefen. Ihre Untersuchungen auf diesem Gebiet erschienen unter dem Titel *Colour and Colour Theories* (New York and London 1929, Neudruck New York 1973). Ihre neue Farbtheorie trug sie 1892 auf dem Internationalen Kongreß für Psychologie in London vor. HELMHOLTZ, der den Kongreß ebenfalls besucht hat, soll von ihrem Vortrag gesagt haben: „Ach, Frau Franklin, *die* versteht die Sache." CHRISTINE LADD-FRANKLIN war dann von 1904 bis 1909 „lecturer" in Logik und Psychologie an der Johns Hopkins Universität und, als ihr Mann Mit-Herausgeber der New York Evening Post geworden war, von 1910 bis 1930 an der Columbia Universität.

CHRISTINE LADD-FRANKLIN wurde übrigens von ERNST SCHRÖDER in der Einleitung zu seinen *Vorlesungen über die Algebra der Logik* (1890) lobend erwähnt. Nachdem er festgestellt hat, daß das weibliche Geschlecht reiner Verstandestätigkeit im allgemeinen „abgewendet" sei, schreibt er: „Nicht ohne Ausnahmen. Wir werden in diesem Werk auch mit den Leistungen einer Dame [gemeint ist CHRISTINE LADD-FRANKLIN] auf dem Gebiet der rechnenden Logik Bekanntschaft zu machen haben." In seinem Buch kommt SCHRÖDER dann mehrfach auf die logischen Beiträge von CHRISTINE LADD-FRANKLIN zu sprechen.

Als sie 78 Jahre alt geworden war, bot ihr die Johns Hopkins Universität zur Abschlußfeier am 22. Februar 1926 endlich den Grad eines Ph. D. in Mathematics an, den sie also 44 Jahre nach Fertigstellung ihrer Dissertation erhielt. Vier Jahre später starb sie in ihrem Heim an Lungenentzündung. Sie blieb ihrem einstigen Doktorvater CHARLES PEIRCE immer verbunden, was neben ihrem Briefwechsel mit PEIRCE insbesondere in ihrem Beitrag für das Sonderheft des Journal of Philosophy, Psychology, and Scientific Methods (1916) mit dem Titel *Charles S. Peirce at the Johns Hopkins* zum Ausdruck kommt. JUDY GREEN berichtet (a. a. O.), daß sie in ihren späten Jahren die vorherrschende Mathematische Logik von BERTRAND RUSSELL, FREGE und PEANO angriff, weil sie vor allem mit RUSSELLs Vorstellungen nicht einverstanden war.

Unter den anderen Schülern von PEIRCE sind außerdem erwähnenswert: O. H. MITCHELL, JOSIAH ROYCE, JOHN DEWEY und JOSEPH JASTROW. Besonders nahe standen ihm wohl FABIAN FRANKLIN und WILLIAM STORY.

CHARLES PEIRCE hielt seine Vorlesungen – jedenfalls seiner Meinung nach – so verständlich wie eben möglich. Doch gestand JOHN DEWEY z. B. später, daß sie für ihn zu schwierig gewesen seien. PEIRCE wurde trotzdem als Lehrer von vielen gelobt und als Kollege geschätzt. Daß er von den Grundideen seiner Universität voll überzeugt war, spiegelt sich in dem bereits genannten Buch *Studies in Logic* (1883) wider, das er mit seinen Studenten gemeinsam publizierte. Einige seiner damaligen Hörer veröffentlichten nach seinem Tode ihre Erinnerungen an diese Zeit in Baltimore ebenfalls in dem PEIRCE-Sonderheft des Journal of Philosophy, Psychology, and Scientific Methods (Dezember 1916), um ihre Dankbarkeit für seine Lehre und die vielen Anregungen, die er in seinen Vorlesungen gab, auszudrücken.

Unter den Themen seiner Vorlesungen seien nur folgende genannt: Allgemeine Logik, Mittelalterliche Logik, Logik für Fortgeschrittene, Wahrscheinlichkeitslehre, Mills Logik, Philosophische Terminologie, Logische Algebra, Algebra der Relative. Hinweise auf die Vorlesungen von PEIRCE findet man in den *Johns Hopkins University Circulars* (JHUC) und in den *Johns Hopkins University Reports* (JHUR)[19]. Sie geben auch Auskunft über die Zahl seiner Hörer. Danach hatte er maximal 14, meistens aber weniger Hörer; im Kurs für Fortgeschrittene hatte er sogar einmal nur zwei. Diese Zahlen sind allerdings für spezielle Lehrgebiete wie Logik bis heute nicht außergewöhnlich.

Mit dem Beginn des Studienjahres 1879/80 wurde von CHARLES PEIRCE und einigen anderen Kollegen an der Johns Hopkins Universität ein neuer Metaphysical Club gegründet, der, außer von Juli bis September, einmal monatlich tagte und wahrscheinlich sechs Jahre lang bestand. Nach PEIRCEs Weggang von der Universität hat der Club offensichtlich seinen Initiator und Promotor verloren. Das erste Treffen fand am 28. Oktober 1879 statt. Am 11. November hielt PEIRCE seinen ersten Vortrag mit dem Titel *Questions Concerning Certain Faculties Claimed for Man*[20], der wahrscheinlich mit seiner gleichlautenden Schrift von 1868 identisch oder ihr zumindest ähnlich ist. Wie wir gesehen hatten, ging es ihm darin vor allem um den Nachweis, daß ein Denken ohne Zeichen nicht möglich ist; das heißt, er wollte seine Zeichenkonzeption in dieser Diskussionsrunde nun ebenfalls vorstellen. Der Metaphysical Club an der Harvard Universität traf sich übrigens laut WILLIAM JAMES, der 1879 an der Harvard Universität Professor für Physiologie und Philosophie im Rahmen der philosophischen Fakultät geworden war, im Winter 1879/80 nicht.[21]

Die Tätigkeit von PEIRCE an der Johns Hopkins Universität beschränkte sich also nicht nur auf die eigenen Logik-Vorlesungen, sondern fand einen größeren Rahmen durch den Metaphysical Club, das Mathematische Seminar und die Scientific Association dieser Universität, vor denen er verschiedene Vorträge hielt und sich engagiert an den Diskussionen der Vorträge seiner Kollegen beteiligte.

Er sprach zum Beispiel am 5. November und am 3. Dezember 1879 vor der Scientific Association über *The Geographical Problem of the Four Colours*[22], ein Thema, über das er nach diesen Vorträgen verschiedentlich gesprochen und geschrieben hat. (Wir werden darauf noch zurückkommen.) Beim Treffen des Metaphysical Club am 13. Januar 1880 gab er einen Bericht mit Kommentar über *Allan Marquands Abhandlung über Philodemus*.[23] (MARQUAND[24] war einer seiner Schüler.) Im Mathematischen Seminar, an dessen Veranstaltungen er immer teilnahm, wenn es seine anderen Pflichten erlaubten, trug er am 21. Januar über die Arbeit von STRINGHAM *A Generalization for the n-fold Space of Euler's Equation for Polyhedra* (vgl. JHUC, 1 (April 1882) 49) vor. Am 9. März hielt er gleich zwei Vorträge im Metaphysical Club, und zwar *Jevons and Schröder* (es war das erste Mal, daß er ERNST SCHRÖDER erwähnte) und *On Kant's Critic of the Pure Reason in the Light of Modern Logic*[25]. Im Mathematischen Seminar kommentierte er im März 1881 die Arbeit von O. H. MITCHELL *On Binomical Congruences*[26]. Im April hielt er im Metaphysical Club einen Vortrag mit dem Titel *On Relations between Sensations*[27]; im November sprach er vor der Scientific Association über *A Fallacy of Induction*[28], worüber er im April schon vor der National Academy vorgetragen hatte, und kommentierte im Metaphysical Club B. I. GILMANs *Theories of Induction*[29]. Über alle Vortragstätigkeiten im Rahmen der Johns Hopkins Universität finden sich Hinweise in den *Circulars* dieser Universität.

Neben Lehr- und Vortragstätigkeit und seinen Experimenten für die Coast Survey fand CHARLES PEIRCE noch Zeit zur Mitarbeit an Zeitschriften. So rezensierte er für The Nation im Jahre 1879 die *Theory of Logic* von CARVETH READ (3. April, 234–235; N, I, 56–58), die er ziemlich negativ kritisierte, indem er abschließend sagte, daß ihr Autor keine ausreichenden Grundlagen für dieses Buch besessen habe. Die *Chromatics* von OGDEN N. ROOD (16. Oktober, 260; N, I, 58–61) rezensierte er zusammen mit RUSSELL STURGIS. Sie rühmten sie sehr. Reklame für das American Journal of Mathematics machte er mit einer *Note* (25. Dezember, 440; N, I, 61–62), in der er auch das „Beobachtungsvermögen bei der Entdeckung rein mathematischer Gesetze" hervorhob und auf die Bedeutung SYLVESTERs für die Mathematik nachdrücklich hinwies. Für die Zeitschrift Nature hat er einen kleinen Aufsatz *The U. S. National Academy* (29. Mai 1879, 99–101) geschrieben sowie *Mutual Attraction of Spectral Lines* (4. Dezember 1879, 108)[30]. Beide Beiträge betrafen seine spektroskopischen Forschungen.

3.   Die vierte Europa-Reise 1880

Im Frühjahr 1880 fuhr CHARLES PEIRCE, zusammen mit den Kollegen J. J. SYLVESTER und B. L. GILDERSLEEVE[31] von der Johns Hopkins Universität, wieder nach Europa, um in Paris vor allem weitere Pendelexperimente zu machen. Während dieses Aufenthaltes in Paris sprach er auf dem Jahrestreffen der französischen Académie des Sciences am 14. Juni über seine Pendelversuche zur Erdschwere-Bestimmung mit dem Titel *Sur la valeur de la pésanteur à Paris*[32]. Er wurde in den *Comptes Rendus* der Akademie abgedruckt und erschien in englischer Übersetzung 1891 im *Report* der Coast Survey[33]. Zu diesem *Mémoir* von CHARLES PEIRCE gibt es in den gleichen *Comptes Rendus* der Akademie einen *Rapport*[34] von HERVÉ FAYE, der in deutscher Übersetzung lautet: „(...) Wenn man das Interesse betrachtet, das sich von neuem mit dieser Frage verbindet, die bei uns seit fünfzig Jahren ein bißchen vernachlässigt wurde, die die Internationale Geodätische Gesellschaft jedoch wieder auf die Tagesordnung der großen wissenschaftlichen Unternehmen gesetzt hat, erscheint die Arbeit, die Herr Peirce soeben am Observatorium gemacht hat, nicht nur als eine einfache retrospektive Ehrung für zwei hervorragende Wissenschaftler, Borda[35] und Biot[36], sondern als ein echter Dienst, den er der französischen Wissenschaft erwiesen hat. Wir bitten daher die Akademie, Herrn Peirce ihre volle Zufriedenheit bezeugen zu wollen."

In den Comptes Rendus heißt es dann weiter: „Die Folgerungen aus diesem *Rapport* wurden zur Abstimmung gebracht und angenommen." (1465)

CHARLES PEIRCE wurde von der französischen Académie des Sciences auf Grund dieses *Rapports* von H. FAYE nicht nur geehrt, weil er selbst zwei berühmten französischen Wissenschaftlern eine Ehrung hatte zuteil werden lassen, sondern weil er durch seine eigenen Untersuchungen der Schwere in Paris der französischen Wissenschaft, wie es heißt, einen „echten Dienst" erwiesen hat, so daß die Mitglieder der Akademie die Ehrung einstimmig beschlossen.

Diesem Ereignis gingen aber nicht nur PEIRCEs neue Pendelexperimente voraus. HERVÉ FAYE hatte bereits 1879 in den *Comptes Rendus* der Akademie einen Hinweis auf PEIRCEs Arbeiten mit dem Titel *Théorie mathématique des oscillations d'un pendule double par M. Peirce*[37] veröffentlicht, und PEIRCE selbst hatte vor der National Academy in Washington auf der Sitzung vom 15. bis 18. April 1879, wie schon erwähnt, über *The errors of pendulum experiments, and on the method of swinging pendulums proposed by M. Faye* gesprochen. PEIRCE und FAYE haben sich also gegenseitig zu ihren Arbeiten geäußert und sich gegenseitig auch angeregt.

In den Verhandlungen der Allgemeinen Conferenz der Europäischen Gradmessung vom 13. bis 16. September 1880 in München, die PEIRCE selbst nicht besuchen konnte, gibt es Hinweise auf seine Pendelarbeit (1881, 43, 96; App. II, 1–12; App. IIa, 1–8) sowie seinen *Letter to Monsieur Faye* (30–32, 84–86).

Von seinen astronomischen Untersuchungen wäre noch der kleine Bericht *On the Colours of Double Stars* zu erwähnen, den er in Nature (29. Juli 1880, 291–292) veröffentlichte.

Während seines Europa-Aufenthaltes hielt CHARLES PEIRCE am 4. Juli 1880, anläßlich des Amerikanischen Unabhängigkeitstages, vor den Angehörigen der amerikanischen Kolonie in Paris eine kleine Rede mit dem Titel *The State of Science in America* (MS 1330).

4.   Tod des Vaters 1880

Einer der wichtigsten Lehrer und später auch Gesprächspartner in bezug auf mathematische, allgemein philosophische und erkenntnistheoretische Probleme war für CHARLES PEIRCE stets der geliebte und verehrte Vater, BENJAMIN PEIRCE, der ihn zu vielen mathematischen Untersuchungen anregte und ihm ja auch die Stellung in der Coast Survey vermittelt hatte. CHARLES hat aber auch seinerseits die mathematischen Arbeiten seines Vaters, vor allem dessen Hauptwerk, die *Linear Associative Algebra* (1870) kritisch und durch eigene Beiträge ergänzend begleitet.

Da dieses Werk des Vaters eine große Bedeutung für die Mathematik hat, bemerkte FELIX KLEIN in seinen *Vorlesungen über die Mathematik im 19. Jahrhundert* (1926/27, Reprint 1979) dazu folgendes: „Es ist noch keine 50 Jahre her, daß Amerika an der Entwicklung der reinen Mathematik selbständigen Anteil nimmt. Einen ersten Anfang dazu machte 1870 der Astronom *Benjamin Peirce* (der auch als Lehrer vielfach anregend wirkte), indem er der National Academy in Washington seine „Linear Associative Algebra" vorlegte, in welcher er die verschiedenen Möglichkeiten mehrgliedriger komplexer Zahlen zu umgrenzen sucht. Auch der glänzende Aufschwung der theoretischen Astronomie in Amerika, wie er durch die Namen *Newcomb* und *Hill* belegt wird, geht auf seine Lehrtätigkeit zurück." (Bd. II, S. 45) FELIX KLEIN zitiert den Sohn in seinem Buch zwar nicht, spricht aber von der Wirkung SYLVESTERs, der seinerseits CHARLES PEIRCE für den größeren Mathematiker als den Vater hielt.

Als BENJAMIN PEIRCE am 6. Oktober 1880 in Cambridge/Mass. gestorben war, versuchte CHARLES, der von der weitreichenden Bedeutung des väterlichen Werkes überzeugt war, seinen Bruder JAMES als Mitherausgeber einer Neuausgabe der *Linear Associative Algebra* zu gewinnen. Er wollte das Buch auf Grund seiner eigenen neuen Erkenntnisse bearbeiten bzw. erweitern. Als JAMES von einer Mitherausgabe Abstand nahm, weil er vermutlich die Auffassungen seines Bruders nicht teilte, bereitete CHARLES die neue Ausgabe allein vor und publizierte sie zunächst im AJM (1881) mit seinen Anmerkungen und folgenden Zusätzen: *On the Relative Forms of the Algebras (Addendum II)*, (der Licht auf die Bedeutung und Beziehung der Algebra zur Logik der Relative wirft) und *On the Algebras in which Division is Unambiguous (Addendum III)*[38]. Im Januar 1881 hatte er im Mathematischen Seminar der Johns Hopkins

Universität unter dem Titel *Proof that there are only three Linear Associative Algebras in which division is unambiguous*[39] das gleiche Thema behandelt. Als Buch erschien die Neuauflage ein Jahr später im Verlag Norstrand (New York 1882).[40] Wie wir noch sehen werden, gelang es CHARLES PEIRCE später nicht mehr, das andere Buch des Vaters über die Geometrie neu herauszubringen.

JAMES PEIRCE wurde im gleichen Jahr alleiniger Herausgeber eines anderen Werkes von BENJAMIN PEIRCE, nämlich von *Ideality in the Physical Sciences*[41], einer Sammlung der Vorlesungen, die dieser 1878 am Lowell Institut in Cambridge gehalten hatte. Das Buch erschien mit einem Vorwort von JAMES PEIRCE in Boston 1881.

BENJAMIN PEIRCE ist, wie MAX BENSE in *Das Universum der Zeichen* (1983, 142 ff) bemerkt, in diesen Vorlesungen als „theoretischer Astronom und erkenntnistheoretischer Grundlagenforscher" zu betrachten, der schon in seinem Werk *Physical and Celestical Mechanics* (1855) ähnliche Gedanken entwickelt hatte, wie sie in diesen Vorlesungen vorgetragen wurden. Übrigens macht MAX BENSE darauf aufmerksam, daß BENJAMIN PEIRCE „Idealität" als „eine Art ontologischer Bezugs- und Zustandsbeschreibung im Rahmen erkenntnistheoretisch orientierter Grundlagenforschung naturwissenschaftlicher Disziplinen" verstehe, das heißt, nicht als metaphysischen Idealismus der deutschen Philosophie. (Daß CHARLES PEIRCE auf Grund der Erläuterungen seines Vaters KANTs *Kritik der reinen Vernunft* nicht kritiklos las, hatten wir bereits erwähnt.) Die Idealität bei BENJAMIN PEIRCE könnte als „das platonische Tragwerk einer erkenntnistheoretischen Methodologie" aufgefaßt werden, bemerkt BENSE, da er von Idealität im Sinne „geistiger Anerkennung materieller Existenz" (B. P.) spreche sowie davon, daß die ganze physikalische Wissenschaft „mit Idealität durchsetzt" sei und daß er daraus folgere, daß „es keine physikalische Manifestation gebe, die ihre ideale Repräsentation nicht im Kopf des Menschen" habe. MAX BENSE sieht diese Ausführungen von BENJAMIN PEIRCE als Ausdruck des heute so viel diskutierten „anthropischen Prinzips" an, das – wie wir noch sehen werden – auch bei CHARLES PEIRCE (vor allem um 1903) von grundlegender Bedeutung für seine erkenntnistheoretischen Konzeptionen werden sollte. Daß sich CHARLES PEIRCE übrigens hinsichtlich seiner erkenntnistheoretischen Grundpositionen einmal als „objektiver Idealist" und ein andermal als „scotistischer Realist" (nach DUNS SCOTUS) bezeichnete, wurde gelegentlich als Widerspruch deklariert. Dies hängt aber wahrscheinlich mit diesen Ideen seines Vaters zusammen, die ja auch einen „platonischen Realismus" darstellen. Es scheint, daß der Sohn auch hinsichtlich des Problems der „Potentialität" vom Vater beeinflußt wurde. BENJAMIN PEIRCE sprach nämlich von „Potentialität" in dem Sinne, daß die „ideale Potentialität" die „aktuelle Potentialität" einschließe. Vermutlich ging CHARLES auch in seinem Vortrag *Logical Theory of Evolution* vom Februar 1886 darauf zurück, den F. E. ABBOT folgendermaßen charakterisiert: „Peirce beginnt mit absoluter oder reiner Potentialität, mit absolutem Zufall oder

Negation aller, sogar logischer Gesetze, um schließlich das absolute Sein und das absolute Gesetz zu entwickeln." (*Journal*, Eintrag vom 3. 2. 1886. Proc. of the National Academy of Sciences, vol. 1, part 3 (1895) 269.)

5. Logische und mathematische Untersuchungen von 1880/81

1880 publizierte CHARLES PEIRCE die Abhandlung *On the Algebra of Logic* (AJM, 15–57)[42], die er 1885 mit einer zweiten Arbeit gleichen Titels in derselben Zeitschrift fortsetzte. Die Abhandlung von 1880 gliedert sich in drei Kapitel: 1. *Syllogistic*, 2. *The Logic of Non-relative Terms* und 3. *The Logic of Relatives*. Ich möchte eine eigene Kritik von PEIRCE am zweiten und dritten Kapitel hier voranstellen, die er 1903 während seiner Vorlesungen am Lowell Institut machte, da sie sehr anschaulich zeigt, daß er nicht nur Fehler und Unzuläng- lichkeiten anderer Autoren rügte, sondern auch die seltene Größe besaß, eigene Fehlleistungen einzugestehen: „Diese beiden Teile im ganzen sind schlecht, erstens, weil der Gegenstand nicht vom Standpunkt reiner Mathe- matik behandelt wird, wie es hätte gemacht werden sollen, und zweitens, weil die fundamentalen Sätze nicht bewiesen worden sind. Ich folge den Fußstap- fen der gewöhnlichen numerischen Algebra zu eng und der Abriß der Algebra der Kopula ist sehr unzureichend." (CP 3.154 Anm.)

Trotz dieser Selbstkritik hat die Arbeit von 1880 verschiedene wichtige Neuhei- ten in die Logische Algebra eingeführt und soll deshalb wenigstens skizziert werden.

PEIRCE beginnt seine Überlegungen mit Fragen über die Herkunft der Logik, um zum Verständnis des „Ursprungs der verschiedenen, in der logischen Algebra verwendeten Zeichen" und zu den „Gründen für die fundamentalen Formeln" zu gelangen. Er geht zunächst auf die Gehirntätigkeit ein, die dem allgemeinen Gesetz der Nerventätigkeit unterliege. Da alle vitalen Prozesse durch *Wiederholung* leichter werden, und da Wiederholungen Gewohnheiten erzeugen, müßte eine Gewohnheit vererbbar sein. Daß PEIRCE eine Denkge- wohnheit höchster Art, die in einem Urteil ausgedrückt werden kann, *Überzeu- gung* nennt, ist natürlich nicht mehr überraschend. Eine Überzeugungsge- wohnheit beginne vage, speziell und mager und werde immer präziser, allge- meiner und reicher. Dieser Entwicklungsprozeß werde allgemein *Denken* ge- nannt. Treten zur ersten Überzeugung weitere hinzu, spreche man von *Folge- rung*. Das vorgängige Urteil sei die Prämisse, das folgende die Konklusion, der Übergang von einem zum anderen, der ebenfalls in einem Satz gefaßt werde, sei das *Leitprinzip*.

Damit hat PEIRCE alle seine wichtigen Begriffe eingeführt, um auch diejenigen Leser zu erreichen, die der Logik in ihrer algebraischen Form noch wenig Verständnis entgegenbringen; denn er argumentiert hier zunächst als Erkenntnistheoretiker, wenn er zum Beispiel sagt, daß Überzeugung einerseits von alten Überzeugungen, andererseits von neuer Erfahrung bestimmt wird, die auf lange Sicht zu einer gewissen prädestinierten Folgerung führt, die für alle Menschen dieselbe ist. Das heißt aber, daß alles, von dem man überzeugt sein muß, letztlich unabhängig von dem ist, das bisher für wahr gehalten wurde, und das deshalb den Charakter der *Realität* besitzt. Wir kennen diese Argumentation bereits. Erst danach erläutert PEIRCE rein logische Begriffe wie Folgerung, Klasse von Folgerungen, Prämissen, Regeln, Wahrheit und Falschheit, mögliche Fälle, Auftreten und Nicht-Auftreten von etwas, Leitprinzip, Kritik, Beobachtung zweier Urteile, die wie Prämisse und Konklusion zusammenhängen, usw.

Mit der normalen Form der Folgerung $P \therefore C$ (aus der Prämisse P folgt die Konklusion C) führt er sogleich die Formel $P_i \prec C_i$ ein. Das Symbol $\prec$ ist seine Kopula der „Inklusion", P_i ist die Klasse von Prämissen, C_i ist die Klasse von Konklusionen und die Formel $P_i \prec C_i$ ist das „Leitprinzip", das PEIRCE auch das *logische Prinzip* nennt, da es sich nicht auf Fakten beziehe. Es sei *leer* oder ein *rein formaler* Satz. Mit Hilfe der Unterscheidung von vollständigen und unvollständigen Argumenten kann er dann den *Syllogismus* (die Schlußfigur) auf ein vollständiges Argument mit zwei Prämissen beschränken; die Argumente mit nur einer Prämisse und zwei alternativen Konklusionen nennt er *Dialogismus*. PEIRCE unterscheidet an dieser Stelle übrigens auch die *logische Folge* (sequence) von der *kausalen Folge*.

Außerdem definiert er in diesem Kapitel den inzwischen oft zitierten Begriff des *„universe of discourse"* als „das Ganze von allem, das wir als möglich betrachten und das sehr begrenzt (limited) sein kann". Unser Universum könne z. B. dadurch begrenzt werden, daß wir nur das betrachten, was aktual auftritt, so daß das, was nicht auftritt, als unmöglich angesehen wird.

Wenn man also die Relation von $A \prec B$ mit der Implikation identifiziere, so identifiziere man den Satz mit der Folgerung und den Begriff mit dem Satz, was die wichtigste „Denkmaschine" (engine of reasoning) sei. Führe man dann die Negation der Formel ein: $A \overline{\prec} B$, so sei damit die Kritik des Schließens bzw. Denkens selbst eingeführt; denn beide Sätze seien wesentlich verschieden.

PEIRCE kann nach weiteren Erläuterungen folgern, daß aus der Identität der *Inklusion* mit der *Implikation* eine **Algebra** entspringt. Diese „Algebra der Kopula" entwickelt er in 29 Formeln, beginnend mit dem „Prinzip der Identität", das er $x \prec y$ schreibt und das im Syllogismus Barbara: $x \prec y$, $y \prec z$, also $x \prec z$, auch als Regel für die Eliminierung von y verstanden werden könne. Wenn man die Kopula-Relation mit der Implikation identifiziert, dann sei sie offensichtlich ebenso transitiv wie die Implikation. Im Gegensatz zu anderen Logikern, wie etwa De MORGAN, dehnt PEIRCE in seiner Algebra die Negation auch auf das Prädikat aus, die bisher nur auf das Subjekt beschränkt war, wodurch das Aussagensystem bedeutend größer wird.

Im zweiten Kapitel konstituiert PEIRCE eine „Logik nicht-relativer Begriffe", in der er zunächst die BOOLEschen Zeichen 0 und 1 durch 0 und ∞ ersetzt und zwei notwendige Operationen: die nichtrelative Addition und Multiplikation einführt. Aus ihren Definitionen leitet er 36 Formeln ab, die sein System ausmachen. Dabei geht er selbstverständlich nicht nur auf eigene frühere Arbeiten zurück, sondern auch auf Arbeiten bzw. Formeln von BOOLE, JEVONS, ROBERT GRASSMANN, SCHRÖDER, CHRISTINE LADD-FRANKLIN, McCOLL und auf die sieben wichtigen Formeln von De MORGAN. Er verwendet hier übrigens auch sein „distributives Prinzip", allerdings ohne Beweis.

Der Beweis scheint verlorengegangen zu sein, als die Abhandlung 1880 gedruckt wurde, und wurde erst 1904 von E. V. HUNTINGTON in seiner Abhandlung *Sets of Independent Postulates for the Algebra of Logic* (Transactions of the American Mathematical Society, vol. 5 (1904) 300ff) abgedruckt, nachdem PEIRCE sie wiedergefunden hatte, wie er 1904 an HUNTINGTON schreibt (MS L 210). Im Anschluß an die genannten 36 Formeln gibt CHARLES PEIRCE eine fünfte algebraische Methode zur Problemlösung in der Logik an, die er in fünf Prozesse bzw. Schritte unterteilt. CORNELIE LEOPOLD hat sie folgendermaßen charakterisiert: „Boole bringt die verschiedenen Prämissen in eine Gleichung, die dann nach der Unbekannten aufgelöst wird (...), während Peirce die einzelnen Prämissen analysiert und sie erst nach der Einzelanalyse zusammenfaßt. Außerdem arbeitet Peirce mit *Inklusionen*, nicht wie Boole mit Gleichungen."[43] Sie zitiert dazu auch eine Darstellung der PEIRCEschen Arbeit von C. T. MICHAELIS[44] sowie ein Urteil von ERNST SCHRÖDER[45], das ich anführen möchte: „Wie der Leser wohl bereits herausgefühlt hat, besteht der Vorzug der Natürlichkeit gegenüber der Boole'schen Methode bei der Peirce'-schen darin, daß sie – nicht wie jene mit Gleichungen – sondern vielmehr mit Subsumtionen operiert, sonach mit Subjekten und Prädikaten zu thun hat, die den Urtheilsfunktionen im gewöhnlichen Denken sich durchaus anpassen." (a. a. O., 584)

CHARLES PEIRCE entwickelte im „2. Schritt" übrigens die 1922 von H. BEHMANN[46] so benannten „disjunktiven und konjunktiven Normalformen", wie C. LEOPOLD anmerkt. D. HILBERT und W. ACKERMANN haben sie 1931[47] dann als Beweismethode der Logik (neben der axiomatischen Methode) verwendet.

Im dritten Teil dieser *Algebra der Logik* entwickelt PEIRCE schließlich die *Logik der Relative*. Er nennt sie nicht wie De MORGAN „Relationenlogik", sondern geht von seiner eigenen Definition des „Relativs" aus, das ihr Grundelement ist: „Ein *Relativ* ist ein Term, dessen Definition beschreibt, welche Art eines Systems von Objekten dasjenige ist, dessen erstes Glied (welches das *Relat* genannt wird) durch den Term bezeichnet wird; und Namen für die anderen Glieder des Systems (*Korrelate* genannt) werden gewöhnlich hinzugefügt, um die Denotation noch weiter zu begrenzen. In diesem System ist die Ordnung der Glieder wesentlich; so daß (A, B, C) und (A, C, B) unterschiedliche Systeme sind." (CP 3.218)

PEIRCE geht also nicht von der „Relation", sondern vom „Relativ" aus. Er versteht darunter ein Relat mit den damit verbundenen Korrelaten. Handelt es sich zum Beispiel um ein Paar von Objekten, A und B, etwa in der Relation von „Liebhaber", „Diener" oder dgl., spricht er von „dualem Relativ"; handelt es sich um mehr als zwei Glieder, nennt er es „plurales Relativ". (Später hat er diese Bezeichnungen geändert in: monadische, dyadische, triadische bzw. polyadische Relative, wie wir noch zeigen werden.) Außerdem unterscheidet er „allgemeine Relative", „singuläre Relative" und „einfache Relative". Die Negation, die in der nicht-relativen Logik das Universum in zwei Bereiche (wahr und falsch) unterteile, unterteile das Universum in der relativen Logik in 2^n Bereiche, wobei n die Anzahl der enthaltenen Objekte bezeichne. PEIRCE diskutiert des weiteren sowohl die „Verknüpfung" als auch die „Komposition" von Relativen und bezeichnet die „Limit-Methode" (method of limits) als „universale Methode" dieser Algebra. Als „allgemeine Formeln" oder Theoreme seiner Logik gibt er die „Distributions-Formel" und die „Assoziations-Formel" an.

Nach NICOLAS BOURBAKI, *Elemente der Mathematikgeschichte* (1971, 19), wird dieser Arbeit von CHARLES PEIRCE außerdem die Einführung der „Variablen" und der „Quantifikatoren" in die Logik verdankt, die GOTTLOB FREGE, unabhängig von PEIRCE, etwa um die gleiche Zeit entwickelte.

Aus dem Jahr 1880 stammt auch die nicht publizierte, aber als MS 535 ohne Titel erhaltene, logisch wichtige Arbeit, die von den Herausgebern der *Collected Papers* mit *A Boolean Algebra with One Constant* (MS 535; CP 4.12–20) überschrieben wurde. Es handelt sich dabei um eine Logik mit einer Konstanten oder einem Junktor, der folgendermaßen zu verstehen ist:

schreibt man A, soll das heißen: der Satz A ist wahr,
schreibt man AA, soll das heißen: der Satz A ist falsch,
schreibt man AB, soll das heißen: der Satz A ist falsch und
der Satz B ist falsch;

usw. Es gibt Paare von Sätzen und höhere Komplexe von Sätzen. DAVID HILBERT und PAUL BERNAYS bemerkten in ihren *Grundlagen der Mathematik* (1934, [2]1968, 48, Anm. 1) dazu folgendes: „Die Tatsache der Ausdrückbarkeit der Wahrheitsfunktionen durch eine einzige unter ihnen wurde zuerst von Charles Sanders Peirce entdeckt. Die diesbezügliche Abhandlung „A Boolean Algebra with one Constant" stammt aus dem Jahre 1880 (vgl. in der Sammlung Collected Papers of Charles Sanders Peirce, Cambridge, Mass., 1933, Bd. 4, S. 13–18). Die Entdeckung gelangte jedoch anscheinend nicht zu allgemeiner Kenntnis. Die genannte Tatsache wurde dann, unabhängig, von H. M. Sheffer wiedergefunden. Siehe die Abhandlung „A Set to Five Independent Postulates...“; Trans. Amer. Math. Soc., Bd. 14 (1913) S. 481–488.“

1902 führte PEIRCE in *The Simplest Branch of Mathematics* (MS 429 *Minute Logic*, Chap. 3 (1902); CP 4.264ff) ein Zeichen für den Junktor ein, das er „Ampheck“, ⊼, nannte und als „nicht beide – und –“ erklärte: x ⊼ y = $\overline{x}$. $\overline{y}$.

Neben den logischen und mathematischen Arbeiten veröffentlichte und sprach PEIRCE selbstverständlich auch über seine geodätischen Forschungen. So schrieb er im Oktober 1880 im American Journal of Science and Arts über *Results of Pendulum Experiments*[48] und sprach auf der Tagung der National Academy of Sciences in New York City vom 16. bis 19. November 1880 über *The Ellepticity of the Earth as Deduced from the Pendulum Experiments*[49]. Von seinen geodätischen Arbeiten druckte die Coast Survey 1880 Hinweise auf die Pendelarbeiten und veröffentlichte in Appendix 15 die Abhandlung, die er im AJM publiziert hatte: *A Quincuncial Projection of the Sphere*[50]. Auch vor der Scientific Association der Johns Hopkins Universität hielt er im Februar 1881 einen Vortrag über seine Pendelexperimente und die aus ihnen gezogene Folgerung hinsichtlich der Gestalt der Erde mit dem Titel *A New Computation of the Compression of the Earth, from Pendulum Experiments*[51].

Desgleichen sprach er auf der Tagung der National Academy in Washington vom 19. bis 22. April 1881 *On the Progress of Pendulum Work*[52]. Während der Tagung der American Association for the Advancement of Science im August 1881 in Cincinnati/Ohio sprach CHARLES PEIRCE über ein mathematisch-geodätisches und maßtheoretisches Thema, nämlich *Comparison Between the Yard and Meter by Means of the Reversible Pendulum*[53]. Während der Tagung wurde er übrigens zum Mitglied dieser Association gewählt.

Ein Grundproblem der Mathematik behandelte PEIRCE dann auf der Tagung der National Academy vom 15. bis 17. November 1881 in Philadelphia, wo er einen Vortrag mit dem Titel *On the Logic of Number*[54] hielt. Unter dem gleichen Titel wurde er noch 1881[55] veröffentlicht. PEIRCE behauptete 23 Jahre später in einem Vortrag vor der National Academy of Sciences (15./16. November 1904)[56], daß er diese Abhandlung an RICHARD DEDEKIND[57] geschickt habe, der sie aber weder bestätigt noch berücksichtigt habe. Der Vortrag bzw. die Abhandlung betrifft hauptsächlich die Abbildung der unendlichen Menge auf ihre Teilmengen, durch die GEORG CANTOR und RICHARD DEDEKIND so berühmt wurden. Der holländische Mathematiker GERRIT MANNOURY[58] schreibt in seinem Buch *Methodologisches und Philosophisches zur Elementarmathematik* (1909) dazu folgendes: „Der erste wirklich vollständige Beweis der ‚eindeutigen Zählbarkeit‘ der endlichen Zahlen, auf wohlumschriebene Voraussetzungen gestützt, ist, wie wir schon mitteilten ... von Ch. S. Peirce geliefert worden, in einer höchst anerkennungswerten, jedoch viel zu wenig beachteten Arbeit, welche er 1881 im American Journal of Mathematics publicirt hat; die schwerfällige Einkleidung von Peirce's Ausführungen mag die Verbreitung seiner Methode wesentlich beeinträchtigt haben.“ (75) MANNOU-

RY gibt die wichtigsten Definitionen von PEIRCE aus dessen Arbeit an: z. B. „einfache Quantität", „diskrete Quantität", „halb-begrenztes einfaches System diskreter Quantität", „infinites (einfaches, diskretes) System", wonach erst die „Ordinalzahl" von PEIRCE als „halb-infinite, diskrete und einfache Quantität" definiert werde. MANNOURY fährt fort: „... und sodann werden die Grundoperationen der Arithmetik eingeführt und ihre Fundamentalgesetze bewiesen. Erst jetzt werden die Begriffe des ,Zählens' und der ,endlichen Vielheit' definirt durch die Festsetzung. (Begrenzte diskrete einfache Quantität. Wenn es bei irgendeinem Zählen eine maximale Zählzahl gibt, so wird das Zählen finit genannt, und jene Zahl wird die Zahl des Zählens genannt.) Mittels dieser letzten Definition beweist der Verfasser zuletzt die eindeutige Zählbarkeit der so definierten endlichen Zahlen, d. h. die ,Grundeigenschaft der Arithmetik'." (75) MANNOURY schreibt in bezug auf DEDEKIND und PEIRCE weiter: „Augenscheinlich unabhängig von Peirce entstanden, ist die viel bekanntere Arbeit R. Dedekinds: ,Was sind und was sollen die Zahlen?' (1888), welche ebenfalls einen vollkommen strengen Beweis der ,Grundeigenschaft' enthält... In seiner Vorrede ... teilt Dedekind sodann mit, er habe einen ersten Entwurf schon 1872–78 niedergeschrieben und mit Andern besprochen. Weil aber nicht bekannt ist, wann Peirce den Entwurf seiner ,On the Logic of Number' verfaßt hat, wird die Frage nach der Priorität des Gedankens auch hier, wie fast immer, nicht zu entscheiden sein. Für die Mit- und Nachwelt jedoch verdient eigentlich allein die Frage nach der Priorität der Veröffentlichung Interesse, und diese Priorität kommt zweifelsohne Peirce zu." (76ff)

Nachdem MANNOURY auch auf die Arbeiten PEANOs und FREGEs eingegangen ist, fügt er noch hinzu: „Es hat jedoch die so zustandegekommene neue Theorie nicht bloss Anerkennung und Verteidigung, sondern auch Bekämpfung gefunden, und weil die eigentliche Bedeutung der Entdeckungen Peirces und Dedekinds hierin besteht, daß sie den analytischen Charakter der Arithmetik, und dadurch der ganzen Mathematik feststellen, und diese Theorie also in starkem Gegensatz steht zur Kantischen Ansicht, die ,Zahlformeln' (K.d.r. V., 3. Aufl., S. 204) seien synthetische Urteile a priori, so war im voraus zu erwarten, daß diese Bekämpfung insbesondere seitens der Kantischen Schule würde geführt werden." (80)

6. Spektroskopische und geodätische Forschungen

Neben den genannten mathematischen Abhandlungen muß auch eine der wichtigsten naturwissenschaftlichen Arbeiten von PEIRCE aus dieser Zeit genannt werden, die den Titel hat *Width of Mr. Rutherford's Rulings*.[59] E. WIEDEMANN publizierte noch im selben Jahr eine deutsche Zusammenfassung des Artikels unter dem Titel *Über die Weite der Gitterabstände in Rutherford's Gittern*[60]. CHARLES PEIRCE berichtet darin nicht nur von RUTHERFORDs spektroskopischen Forschungen, sondern schlägt auch vor, eine bestimmte Spektrallinie der Sonne als Standardbeziehung des astronomischen Messens zu benutzen, was eine größere Sicherheit bei den Messungen bewirken würde. Es heißt dort: „Es gibt eine Spektrallinie der Sonne, die für genaue Beobachtungen sehr gut liegt. (...) Ich möchte vorschlagen, daß diese Linie als Standardbeziehung von jenen Beobachtern von Wellenlängen akzeptiert wird, die der mühsamen Operation des Messens der Hauptbreite ihrer Gitter entgehen möchten" (262). Sein Vorschlag stieß in der Fachwelt auf lebhaftes Echo und verbreitet auf Zustimmung.

Übrigens erschienen 1881 in den Beiblättern zu den Annalen der Physik und Chemie Zusammenfassungen weiterer PEIRCEscher Artikel in deutscher Sprache von E. WIEDEMANN, und zwar *Resultate von Pendelversuchen*[61] und *Über Gespenster (ghosts) in den Rutherford'schen Beugungsspectren*[62].

E. WIEDEMANN, THEODOR WOLFF und EDWARD C. PICKERING hatten, wie schon erwähnt, bereits ein Jahr zuvor in der Vierteljahresschrift der astronomischen Gesellschaft und in den Astronomischen Nachrichten über PEIRCEsche Forschungen berichtet. Seine astronomischen und geodätischen Untersuchungen wurden demnach sofort nach ihrem Erscheinen auch in Deutschland beachtet.

Neben diesen astronomischen Arbeiten hat PEIRCE sowohl seine Logik der Relative als auch die damit zusammenhängende Konzeption der Kategorien weiterentwickelt, was sich aus verschiedenen, fragmentarisch in den *Collected Papers* publizierten Manuskripten[63] ersehen läßt. Es handelt sich dabei stets um die drei Fundamental-Kategorien, die er einmal „Erstheit", „Zweitheit" und „Drittheit" oder einfach „Eins, Zwei, Drei" (One, Two, Three) nennt; später spricht er auch von „Primian, Secundian, Tertian". Offensichtlich hat er von 1867 bis zu seinem Tod auch immer wieder versucht, sowohl einen stichhaltigen Beweis für ihre Irreduzibilität als auch für die Reduzibilität höherstelliger Kategorien bzw. Relationen auf dreistellige zu geben. Das fragmentarische MS 533 *On the Formal Classification of Relations* entstand wahrscheinlich um die gleiche Zeit. Er gibt darin eine Klassifikation der Relationen bzw. Relative an, indem er sie unterteilt in Einzel-Elemente, Paare von Elementen und Kontinuum von Elementen bzw. Unendlichkeit von Elementen. Zum Begriff der Unendlichkeit gibt es aus der gleichen Zeit das MS 819 *The Conception of Infinity*, worin PEIRCE diesen Begriff vor allem logisch bzw. folgerungstheoretisch versteht. Zum Begriff der Unendlichkeit hat er danach immer wieder Aufzeichnungen gemacht bzw. Vorträge gehalten.

7. Begründung der Algebra der Relative von 1882

Im Nachlaß von CHARLES PEIRCE gibt es einen kleinen Kalender für das Jahr 1882 mit verschiedenen Eintragungen: Auf der ersten Seite vermerkte er als Programm für das neue Jahr: „Dieses Jahr hoffe ich, gesch.[ieden] zu werden und zu heir.[aten]. Zum Abteilungsleiter „Gewichte und Maße" ernannt zu werden. Vaters Lin. Ass. Algebra zu publizieren. Schrift über Wahrscheinlichkeitsschluß zu publizieren. Schrift über flex. Pendelstütze. Schrift über Spektr. Meter. Schrift über Effekt von Bell und Cylinder. Mein Buch über Logik zu schreiben. Die meisten meiner Schulden zu zahlen."

Nun, CHARLES PEIRCE reichte am 3. März zwar die Scheidung in Baltimore ein, wurde im Jahre 1882 von ZINA jedoch noch nicht geschieden und konnte JULIETTE erst ein Jahr später heiraten. JULIETTE wohnte weiterhin in Washington, Rigg Street, und PEIRCE, der in Baltimore wohnte, pendelte zwischen beiden Städten (wie aus dem Kalender hervorgeht) häufig hin und her, weil sich ja auch der Sitz der Coast Survey in Washington befand. Im Januar war JULIETTE zwei Wochen lang sehr krank, doch danach berichtet er nicht mehr von Krankheit, sondern vor allem von gemeinsamen Essen. Am 14. Mai lautet der Eintrag: „J. machte eine wichtige Mitteilung." Ohne weitere Unterlagen ließ sich jedoch nicht herausfinden, um welche Mitteilung es sich dabei hätte gehandelt haben können. Wahrscheinlich hing sie mit der geplanten Eheschließung zusammen.

Die wichtigsten wissenschaftlichen Arbeiten in diesem Jahr betrafen einerseits tatsächlich die Logik der Relative, andererseits Studien zu Maßen und insbesondere zum Spektro-Meter. Begleitend zu den Vorlesungen an der Johns Hopkins Universität hat PEIRCE darüber hinaus einen Privatdruck veröffentlicht mit dem Titel *Brief Description of the Algebra of Relatives*[64], der nicht mit dem geplanten Logik-Buch identisch ist. Diese kleine Schrift von sechs Seiten wurde für ERNST SCHRÖDER der entscheidende Anstoß zur Ausarbeitung seiner eigenen *Logik der Relative* von 1890, wie er selbst dort sagt.

Was die Vorlesungen in Baltimore betrifft, so vermerkte CHARLES am 4. Januar: „Niemand in meiner Vorlesung." Wie schon berichtet, ist das, da seine Hörerzahl nie groß war, gelegentlich vorgekommen.

Hinweise auf seine Vorlesungen findet man übrigens in den Johns Hopkins University Circulars (JHUC)[65] und in dem Aufsatz von ELLERY W. DAVIS *Charles Peirce at the Johns Hopkins*[66], außerdem auch in den Johns Hopkins University Reports[67].

Während seiner Tätigkeit an der Universität pflegte er vor allem enge Kontakte mit den dortigen Mathematikern, insbesondere mit JAMES JOSEPH SYLVESTER, besuchte gelegentlich deren Vorlesungen und Seminare und trug selbst verschiedentlich im Mathematischen Seminar vor. So hielt er zum Beispiel im

Januar einen Vortrag mit dem Titel *On the Relative Forms of Quaternions*[68]. Am 13. Januar vermerkte er in seinem Kalender überraschenderweise: „Sylvester ist ein Flegel (cad)!" Es ist nicht sicher, worauf sich diese Eintragung bezieht. Wahrscheinlich war es nach dem Vortrag zu einer Kontroverse mit SYLVESTER gekommen. Jedenfalls kann der Vortrag über *J. S. Mill's Logic*[69], den er ebenfalls im Januar, aber im Metaphysical Club, hielt, kaum der Anlaß gewesen sein. Die „Quaternions" oder „quadratische Formen" hatte SYLVESTER mindestens seit 1852 bearbeitet und wichtige Beiträge dazu im Zusammenhang seiner Invariantentheorie geliefert. Es kann sein, daß ihn PEIRCEs Ausführungen zu heftigem Widerspruch reizten; denn die „relative forms" von PEIRCE sind eine andere Darstellung der „quadratischen Formen" als diejenigen von SYLVESTER.

Was die *Brief Description of the Algebra of Relatives* betrifft, die seine Vorlesungen begleiten sollten, so unterscheidet PEIRCE darin u. a. den „absoluten Term" (was er auch „einfaches Relativ" nannte) vom „individuellen zweifachen Relativ" bzw. dem „Paar individueller Objekte" und vom „dreifachen Relativ". Die logische Interpretation des „dreifachen Relativs" besagt, daß zum Beispiel ein Buchstabe als „Name" betrachtet werden kann, der sich auf ein oder mehrere Objekte bezieht. Unter einem „Namen" versteht PEIRCE „etwas Repräsentatives von einem Objekt für einen Geist" oder allgemein „(...) etwas in einer verbundenen Relation zu einem Zweiten und einem Dritten, das heißt ein Dreifaches Relativ". (CP 3.319) Selbstverständlich ist diese Definition des „Namens" nichts anderes als die des „Zeichens", und PEIRCE macht hier denn auch auf seine früheren logisch-algebraischen Arbeiten zu Relativen aufmerksam, nämlich: *Description of a Notation of the Logic of Relatives* (1870), *On the Application of Logical Analysis to Multiple Algebra* (1875), *Note on Grassmann's Calculus of Extension* (1877) und *On the Algebra of Logic* (1880)[70]. Er verweist in diesem Zusammenhang auch auf verschiedene Logik-Vorlesungen, die er früher gehalten hat.

Im Text erklärt er dann, daß Professor SYLVESTER in seiner *New Universal Multiple Algebra* offensichtlich auf einem ganz anderen Wege zu einem System gelangt sei, das mit dem seinen in einigen wichtigen Punkten übereinstimme, wie man aus den genannten Arbeiten ersehen könne. Er stellt auch fest, daß er überzeugt sei, daß die logische Interpretation dieses Systems (genauer die semiotische, wie man hinzusetzen muß), als ein mächtiges Instrument für die Entdeckung und den Beweis neuer algebraischer Theoreme gehalten werden wird. In der Nachschrift vermerkt er, daß er jetzt erst Professor CAYLEYs *Memoir on Matrices* in den Philosophical Transactions von 1858 gelesen habe und es ihm scheine, daß die Algebra, die CAYLEY dort beschreibe, mit seiner Algebra zweifacher Relative identisch sei. Seine, PEIRCEs, eigene Studien seien jedoch logischer und *nicht* mathematischer Natur gewesen; denn sie seien primär auf die „wesentlichen *Elemente* der Algebra", nicht auf die „*Lösung* von Problemen" gerichtet gewesen. (CP 3.322) Diese Einschätzung des Unterschieds zwischen Mathematik und Logik, daß die Mathematik auf die Lösung von Problemen, die Logik jedoch auf die Untersuchung der Lösungsschritte selbst eingestellt sei, findet sich an verschiedenen Stellen des PEIRCEschen Werkes wieder. Nicht verstanden wurde von ERNST SCHRÖDER und anderen Logikern jedoch, daß PEIRCE die Algebra der Relative nicht auf *zweifache* Relative einschränkte, sondern *dreifache* Relative nicht nur berücksichtigte, sondern auch jedes höhere Relativ als Produkt dreifacher Relative verstand und damit eine Relationentheorie von ein-, zwei- und dreistelligen Relativen aufbaute, die für den Zeichenbegriff seiner Semiotik von grundlegender Bedeutung geworden ist.

Aus seinem logischen Arbeitsgebiet präsentierte CHARLES PEIRCE der National Academy während der Versammlung vom 18. bis 21. April 1882 in Washington die Abhandlung *On a Fallacy in Induction*[71], worüber er bereits im November 1880 in der Scientific Association of the Johns Hopkins University vorgetragen hatte. Auf der Sitzung des Metaphysical Club im April 1882 gab er einen Kommentar zu dem Vortrag von B. I. GILMAN *On Propositions and the Syllogism*[72]. Im Mathematischen Seminar sprach er im April noch einmal über *Logic of Relatives*, die J. J. SYLVESTER mit *Remarks on C. Peirce's Logic of Relatives*[73] kommentierte. In diesen Themenkreis gehören auch die Manuskripte 560 *Logical Algebra* und 549 *Algebra of Logic*.

Neben der Logik der Relative beschäftigte sich PEIRCE in dieser Zeit noch intensiv mit Maß-Systemen, wie z. B. aus MS 1089 *On Metrology* hervorgeht, in dem er ägyptische, hebräische und griechische Maße untersucht hat. Das Manuskript wurde zwischen dem 21. Juli und dem 1. November 1882 geschrieben. Auch MS 1085 über *Metrological Notes*, das von der Geschichte der Metrologie (Meßkunst) handelt, aber nicht datiert ist, gehört wohl hierzu.

Aber kommen wir noch einmal auf seine logischen Arbeiten zurück. Im September 1882 hielt PEIRCE eine Einführungsvorlesung zu seinem Logik-Kurs an der Johns Hopkins Universität mit dem Titel *Introductory Lecture on the Study of Logic*[74]. Er spricht darin zunächst vom Wert der Logik als einer „Methode der Methoden", die nicht darüber Auskunft gebe, welche Experimente von einem Wissenschaftler gemacht werden sollen, um spezielle wissenschaftliche Probleme zu lösen, die indessen sagen könne, was man tun müsse, um einen „Forschungsplan" aufzustellen. Diese allgemeine Konzeption des Methoden-Begriffs hat selbstverständlich ihre historischen Vorläufer wie DESCARTES, DIDEROT, FRANCIS BACON und BERNARD BOLZANO, der – wie PEIRCE – einen erweiterten Logik-Begriff vertrat. PEIRCE gründet seine Vorstellung noch expliziter auf Methodologie und bemerkt in dieser Vorlesung, fast programmatisch: „Moderne Methoden haben moderne Wissenschaft geschaffen." Sofern er von „modernen Methoden" spricht, ist ihm zweifellos bewußt, daß auch Methoden historische Phänomene sind, die nicht absolute, sondern relative Geltung besitzen. Doch das Bewußtsein von der wichtigen Rolle der Methoden bewog ihn zu der Aussage, daß nun „das Zeitalter der Methoden" gekommen sei und die Universität, die „der Exponent der Lebensbedingungen des menschlichen Geistes" sein wolle, die „Universität der Methoden" sein müsse. Da jedoch die Praxis leider immer der Theorie vorausgehe, heißt es etwas später, sei es das Schicksal der Menschheit, daß die Dinge zunächst auf verworrene Weise gemacht würden und erst später herausgefunden werde, wie sie leichter und vollkommener gemacht werden könnten. Etwas pathetisch fügt er hinzu: „Und wir müssen gestehen, daß wir Forscher der Wissenschaft von den modernen Methoden bis jetzt nur eine Stimme sind, die in der Wildnis ruft und sagt, präparieret den Weg für diesen Herrn der Wissenschaften, der kommen wird."

Natürlich wisse er, sagt PEIRCE seinen Studenten, und zwar aus eigener Praxis, daß Wissenschaft aus speziellen Wissenschaften (specialities) bestehe, aber er sei davon überzeugt, daß unter den Wissenschaften der kommenden Jahre diejenigen den höchsten Platz einnehmen werden, denen es gelingt, die Methoden einer Wissenschaft auf die Erforschung anderer anzuwenden. Wissenschaftler wie DARWIN, MAXWELL, WUNDT, GALTON, De MORGAN und COURNOT hätten zum Beispiel das Verdienst, andere Wissenschaften auf die eigene angewandt zu haben. Dafür benötige der Forscher aber mehr als nur seine Spezialkenntnisse, nämlich ein „allgemeines Training seines Geistes", eine allgemeine Kenntnis, und diese sei die Logik. Mit anderen Worten, wenn jemand eine intellektuelle Erziehung wünsche, so wünsche er eben die Logik. Und obwohl man die Logik weder aus Lehrbüchern noch aus Vorlesungen lernen könne, sei er dennoch der Meinung, daß er seinen Studenten etwas Nützliches zu bieten habe, und daß die „Theorie der Methode" Licht auf alle ihre anderen Studien werfen könne. Das Programm für das kommende Semester sollte daher Ausführungen zur Erkenntnistheorie, zu den Schlußfiguren, zu De MORGAN, zu BOOLEs Logischer Algebra, zur Logik der Relative, zum Zahlbegriff, zur Behandlung statistischer Probleme, zur Lehre vom Zufall, Wahrscheinlichkeitstheorie, Induktionstheorie im weitesten Sinne als wissenschaftliches Schließen und schließlich das Studium von „Keplers großem Werk ‚De Motu Stellae Martis'" wegen einer langen Verkettung wissenschaftlicher Schlüsse und der Illustration der Schlußmethode hinsichtlich eines mehr metaphysischen Gegenstandes, umfassen. Außerdem wolle er auch die „wissenschaftlichen Theorien der Konstitution der Materie" behandeln sowie einige eher philosophische Fragen, etwa den Begriff der Verursachung und Ähnliches, untersuchen.

Diese Einführungsvorlesung zeigt einmal mehr, daß PEIRCE die Logik nicht nur (aber selbstverständlich auch) als formalen Kalkül verstanden hat, sondern als die Methode der wissenschaftlichen Forschung oder, anders ausgedrückt, als Wissenschaftstheorie, die eine verallgemeinerte Methode bzw. eine Methodologie für die speziellen Wissenschaften sein sollte. Sehr deutlich zeigt er in dieser Vorlesung den Zusammenhang von Praxis und Theorie auf und betont, daß aus der Praxis allein nichts Neues erfahren werde, da sie nicht viel mehr als ein Handwerk darstelle, daß hingegen die *auf Praxis angewandte Theorie* allein für den Fortschritt der Wissenschaften maßgebend sei.

Es ist unerheblich, ob die Vorlesungen tatsächlich nach diesem Programm abgelaufen sind oder nicht. Die Intention, die hier sichtbar wird, ist das Wesentliche.

Übrigens griff CHARLES PEIRCE das gleiche Thema auch im Brief vom 4. Oktober 1882 an seinen Bruder JAMES auf, in dem er zunächst von seiner „glänzenden Klasse" spricht und dann fortfährt: „Ich sprach von unserer Zeit als dem Methoden-Zeitalter und sagte, daß die höchsten Ehren heute nicht länger dem bloß wissenschaftlichen Spezialisten erwiesen werden könnten, sondern denen, die die Methode einer Wissenschaft zum Nutzen einer anderen anwenden. Daß eine liberale Erziehung, sofern sie den Intellekt betrifft, LOGIK als die Methode der Methoden – die via ad principia methodum – bedeutete. (...)" Es ist wohl nicht mehr nötig zu betonen, daß PEIRCE unter Logik eine „logic considered as semiotic" versteht, daß heißt eine Logik im größeren Rahmen der Semiotik. Es müßte hier also eigentlich schon heißen: die Semiotik ist die **„Methode der Methoden"**.

Am 18. Oktober hielt PEIRCE vor der Mathematical Society der Johns Hopkins Universität noch einen rein mathematischen Vortrag mit dem Titel *A Class of Multiple Algebras*[75], der eine Erweiterung der Linearen Algebra seines Vaters ist und eine Anwendung auf die Geometrie gestattet.

Aus dem genannten Kalender geht des weiteren hervor, daß er für die Coast Survey im Jahre 1882 verschiedene Reisen machte. So begleitete er Sir JOHN HERSCHEL[76] aus London im Februar, März und April sowohl nach Baltimore als auch nach Washington, New York und New Bedford (Providence). Im Juli reiste er von Washington nach Atlantic City und New York und hielt sich Ende August in Montreal auf. Am 9. September war er in Albany und reiste am 18. September über New York nach Washington zurück. Es handelte sich bei diesen Reisen vorwiegend um Pendelexperimente, von denen auch zwei Manuskripte zeugen, und zwar MS 1081 *Pendulum Experiments at Stevens Institute Hoboken, New Jersey* (ein Notizheft aus dem August 1882, das zwar nicht von PEIRCE selbst geschrieben wurde, in dem er aber als „chief of party" bezeichnet wird) und MS 1082 *Pendulum Experiments at the Observatory of McGill College, Montreal* (teils von PEIRCE, teils von seinem Mitarbeiter PRESTON im September 1882 geschrieben). Im Oktober 1882 veröffentlichte PEIRCE eine kleine Abhandlung aus diesem Arbeitsgebiet mit dem Titel *On Irregularities in the Amplitude of Oscillation of Pendulums*[77], die auch ins Spanische übersetzt wurde.

Auf der Versammlung der National Academy in New York vom 14. bis 17. November präsentierte er drei Vorträge: *On the Determination of the Figure of the Earth by the Variations of Gravity*[78], *On Ptolemy's Catalogue of Stars*[79] und *On the Logic of Relatives*[80].

Seine astronomischen Studien aus der Zeit von 1866 bis 1872 wurden zum Teil in *Micrometric Measurements*[81] veröffentlicht, das von JOSEPH WINLOCK und EDWARD CHARLES PICKERING, Direktoren des Harvard Observatoriums, herausgegeben wurde. Auch die Hinweise auf seine Pendelbeobachtungen, seinen Vergleich des Meters mit einer Wellenlänge des Lichts sowie sein *Report on the Spectrum Meter*[82] geben Zeugnis von seiner praktischen wissenschaftlichen Arbeit.

8.   Scheidung, zweite Eheschließung und fünfte Europareise

Neben seinen beruflichen und freien wissenschaftlichen Tätigkeiten in den achtziger Jahren lag CHARLES PEIRCE aber vor allem die Klärung seines privaten Lebens am Herzen, vor allem die Scheidung von seiner ersten Frau ZINA und die danach erst mögliche zweite Eheschließung mit JULIETTE POURTALAI(S). Der Mutter schrieb er am 29. August 1882, daß „Madame Pourtalais'" Gesundheitszustand weiterhin sehr ungewiß sei und es ihr unglücklicherweise nicht gut genug gegangen sei, um in diesem Jahr nach Europa zu fahren, um ihre Interessen wahrzunehmen. Sie wolle dies auf jeden Fall im nächsten Frühjahr machen, aber er fürchte, daß es dann zu spät sei. Der Inhalt dieser Aussage ist nicht zu klären. In allen erhaltenen Briefen und Papieren von und an JULIETTE ist mit Bedacht jeder Anhaltspunkt hinsichtlich von Herkunft, Namen, Vermögen etc. getilgt, unleserlich gemacht oder herausgeschnitten worden.

Im Winter 1882 muß es dann noch gewisse Schwierigkeiten zwischen CHARLES und JULIETTE gegeben haben, so daß die Mutter schließlich eingriff und „Madame Pourtalais" im Brief vom 16. März 1883 bat, ihren unglücklichen Sohn, der JULIETTE seit so langer Zeit so ergeben sei, nun, wo die Heirat möglich sei, doch nicht im Stich zu lassen. Selbstverständlich müsse sie aber in dieser Frage, die für beide und „uns alle" so wichtig sei, allein und richtig entscheiden. Ob dieser Brief zur Einwilligung JULIETTEs in die Heirat beigetragen hat, läßt sich natürlich nur vermuten. Am 31. März teilte CHARLES der Mutter schließlich mit, daß JULIETTEs Gesundheitszustand zwar alarmierend sei, sie aber nunmehr standesamtlich in Amerika und kirchlich in Frankreich heiraten wollten.

Am 24. April 1883 wurde CHARLES PEIRCE endlich von seiner ersten Frau, mit der er seit dem Winter 1875 nicht mehr zusammengelebt hatte, geschieden. Beide haben über die Gründe der Scheidung Stillschweigen bewahrt. Zwei Tage später, am 26. April 1883, heiratete er „Mrs. Juliette Annette Pourtalai aus Washington", wie sie auf der Heiratsurkunde bezeichnet wird. Sie gab ihren Mädchennamen mit „JULIETTE ANNETTE FROISSY", den

Juliette Peirce um 1890(?)

Namen des Vaters mit „AUGUSTE FROISSY" und den Mädchennamen der Mutter mit „ROSE EYEM" an. Wenn es sich bei der Heirat tatsächlich um eine zweite Eheschließung JULIETTEs gehandelt haben sollte, müßte sie mit einem Herrn POURTALAI(S) (oder de POURTALES) verheiratet gewesen sein. Der erste Mann müßte dann entweder verstorben sein oder sie müßte von ihm geschieden worden sein. Nach SIMON NEWCOMB[83] soll der erste Mann tatsächlich verstorben sein. Jedenfalls teilte er seiner Frau in einem Brief vom 14. Oktober 1883 mit: „(. . .) Du erwähnst C. Peirce in Deinem letzten. Er heiratete, bevor er nach drüben fuhr, die Witwe von Graf Pourtalès." Im nächsten Brief vom 21. November 1883 korrigierte er sich jedoch: „(. . .) Charlie Peirces Heirat ist anders, als ich vermutete. Es ist die Witwe von einem Grafen

Portalès, einem Franzosen, nicht unser Schweizer Pourtalès. Sie waren einige Jahre lang so intim, daß es einen großen Skandal gab; es wurde tatsächlich gesagt, daß sie mehr als einmal aus Hotels hinausgeworfen wurden. Deshalb scheint die Hochzeit wahrscheinlich große Schwierigkeiten zu verursachen."[84]

Doch obwohl der Mädchenname von JULIETTE auch in den Nachrufen auf CHARLES PEIRCE mit „FROISSY" angegeben wird, ist bisher weder eine Geburtsurkunde, die diesen Namen belegt, noch eine Heiratsurkunde über die angebliche erste Eheschließung, noch der Name eines ersten Ehemannes zu finden gewesen, so daß angenommen werden muß, daß diese Angaben JULIETTEs reine Fiktionen sind, zumal bei Nachforschungen in Nancy[85] weder der Name FROISSY, noch ein Graf PORTALES gefunden werden konnten.

Mit einer gewissen Wahrscheinlichkeit – aber nicht mit Sicherheit – handelt es sich bei JULIETTE PEIRCE wohl, wie bereits festgestellt wurde (s. S. 120 ff), um ANNA ADA von POURTALES. Vielerlei Indizien weisen zumindest darauf hin. So gibt zum Beispiel HENRY JAMES jr. (der Sohn von WILLIAM JAMES) in dem genannten *Memorandum* (1921), also noch zu Lebzeiten von JULIETTE, einige Einzelheiten aus ihrem Leben bekannt, die er von ihr selbst bzw. auch von seiner Mutter, ALICE JAMES, erfahren hat, ohne allerdings einen anderen als den Namen JULIETTE PEIRCE zu verwenden. Bei diesen Einzelheiten kann es sich selbstverständlich wiederum um Irreführungen handeln, sie mögen aber auch Körnchen von Wahrheit enthalten. Hinsichtlich ihres Alters gibt JULIETTE dort zwei Personen an, die etwa gleich alt waren: GIFFORD PIN-CHOT und WILHELM II., den deutschen Kaiser. Der erste wurde 1865, der zweite 1859 geboren. Da sie das Weihnachtsfest 1876 bereits in New York verlebte, kommt allerdings eher 1859 als Geburtsjahr in Frage, denn sie kann nicht mit elf, jedoch eventuell mit siebzehn Jahren, noch dazu als Witwe, nach Amerika gekommen sein. Interessanter als die Angaben über ihr Geburtsjahr sind jedoch diejenigen über die genannten Persönlichkeiten. GIFFORD PIN-CHOT war ein guter Freund von JULIETTE und CHARLES, als sie später in Milford/Pennsylvania lebten. Es ist daher nicht erstaunlich, daß sie ihn nennt. Aber wieso spricht sie – in Amerika – ausgerechnet vom deutschen Kaiser? Sollte sie mit ANNA ADA von POURTALES identisch sein, so wäre dies nicht sehr verwunderlich; denn die Familie von POURTALES ist in Frankreich, Deutschland, der Schweiz und den Vereinigten Staaten von Amerika verbreitet. Sie stammt aus den Cévennen und fand als eine der Hugenotten-Familien in der Schweiz und in Preußen Zuflucht. Ein Zweig der Familie ging später nach Frankreich zurück und wurde von NAPOLEON I. in den Grafenstand erhoben. Der Grafentitel wurde auch vom Preußischen König erneuert. In allen POUR-TALES-Familien wurde sowohl Französisch als auch Deutsch gesprochen, und in der in der Niederlausitz begüterten Familie mit Sicherheit auch Polnisch. Einige männliche Mitglieder der Familien POURTALES und POURTALES-GORGIER waren Kammerherren des Preußischen Königs bzw. Deutschen Kaisers, andere waren Botschafter oder Gesandte an verschiedenen europäi-schen Höfen, Offiziere im preußischen oder französischen Heer usw. Ein sehr schönes Schloß der Familie POURTALES befindet sich zum Beispiel in der Nähe von Straßburg, in der Robertsau (deutsch Rupprechtsau), und ist – in gutem Zustand – heute Sitz des Schiller-Colleges. Die Familie POURTALES aus der Robertsau traf sich, zumindest kurz vor dem deutsch-französischen Krieg, auch mit den Verwandten in Berlin, war aber stärker für Frankreich engagiert und betrachtete die „Annektion" von Elsaß-Lothringen durch Preußen bzw. durch das Deutsche Reich als ein Unrecht.

Sollte es sich bei JULIETTE PEIRCE also um ANNA ADA von POURTALES handeln, so wäre sie laut *Gotha* von 1860 das erste Kind von JACQUES ALFRED von POURTALES (1824-1889) und seiner zweiten Frau SOPHIE, geborene von THIELAU (1835-1897) gewesen. ANNA ADA wird jedoch im *Gotha* von 1890 nicht als „verstorben" weitergeführt, sondern taucht hier und in den folgenden Ausgaben einfach nicht mehr auf. Ihr Bruder CARL ALFONS, geboren 1861, bisher das zweite Kind, wird nun als Erstgeborener genannt. Über den Vater JACQUES ALFRED erfährt man im Buch von LOUIS MAL-ZAC[86], daß er „Herr auf Laasow und Kransdorf in Preußen, Bürger von Neuchâtel und Bern und Besitzer von La Lance in der Schweiz" war. Außerdem war er Kammerherr des Preußischen Königs und späteren Deutschen Kaisers. In dieser Eigenschaft lebte er und seine Familie wohl vor allem dort, wohin seine Stellung ihn zu leben verpflichtete: am Preußischen Hof, an den Orten, wo sich der Preußische König bzw. Deutsche Kaiser aufhielt, oder wo er selbst Besitzungen hatte (in der Niederlausitz auf Laasow oder in der Schweiz) oder dort, wo Mitglieder der großen Familie POURTALES wohnten (in der Robertsau, in der Schweiz und in Paris, wo sein Vater JAMES von POURTALES ein schönes Palais in der Rue Tronchet, hinter der Madeleine-Kirche, im italienischen Stil hatte bauen lassen, das noch heute erhalten, aber wohl nicht mehr im Besitz der Familie ist). Auf Grund dieser familiären Bedingungen hätte JULIETTE den Deutschen Kaiser als etwa gleich alt zitieren und HENRY JAMES jr. gegenüber erklären können, daß ihr Vater an vielen europäischen Höfen ein und aus ging.

Diese Interpretation widerspricht allerdings verschiedenen anderen Indizien, die aber auch nicht sehr deutlich sind. So bezeichnet CHARLES PEIRCE JULIETTE in einem Brief an VICTORIA Lady WELBY, wie gesagt, als „real princess", nicht als „countess". Auch gibt es in einem Notizkalender von JULIETTE die Bemerkungen: „Duchesse de Parme à Wartegg ma sœur. Comte de Chambrun Robert et Bertie fils Comte né 1820", „Reine Victoria petite dame ronduillarde aux yeux en boules de loto au menton fuyant aux bras gras. Comte Dalmas un chic tipe". Sie zeigte HENRY JAMES jr. auch Fotos ihrer beiden Schwestern, von denen die ältere Großherzog SERGE von Rußland geheiratet habe, die jüngere, ihre Lieblingsschwester, in Frankreich verheiratet gewesen, aber früh verstorben sei. Sie habe eine Tochter gehabt. (Gelegentlich taucht eine „Nichte" in Briefen von CHARLES an JULIETTE auf.) Dazu ist anzumerken, daß Großfürst SERGE von Rußland mit Prinzessin ELISABETH von Hessen und bei Rhein (1864–1917) verheiratet war. Deren

Vater war Großherzog LUDWIG IV. von Hessen und deren Mutter Prinzessin ALICE von England (zweite Tochter der Königin VICTORIA). Es gibt in dieser Familie aber keine JULIETTE, und daß sie eine natürliche Tochter von LUDWIG IV. war, ist nicht nachzuweisen, obwohl nicht auszuschließen. Das Haus HESSEN (bzw. BATTENBERG) und der PREUSSISCHE Hof sind mehrfach mit dem ENGLISCHEN Hof verwandt.

JULIETTE PEIRCE erzählte HENRY JAMES jr. auch, daß ihre jüngere Schwester eine wunderbare Sängerin gewesen, aber nur bei Wohltätigkeitsveranstaltungen öffentlich aufgetreten sei. Sie habe außerdem zwei Brüder gehabt, von denen der jüngere, den sie sehr geliebt habe, früh gestorben, der andere ein Tunichtgut gewesen sei, der in Skandale verwickelt war und sie, als sie gerade siebzehn Jahre alt war (das heißt sie wäre 1859 geboren), veranlaßt habe, „nach New York zu verschwinden", und zwar unter Umständen, die es wahrscheinlich erscheinen ließen, daß sie mit einem „Niemand" durchgebrannt sei, den sie nie zuvor gesehen habe und den ihr Vater mit Sicherheit nie gebilligt haben würde. Sie habe auch eine Verzichterklärung hinsichtlich ihres Erbes unterschrieben, damit ihr Vater das Geld für die Begleichung der Schulden ihres Bruders habe auftreiben können. Wenige Monate später habe ihr Bruder jedoch Selbstmord begangen. Als ihr Vater dann durch einen Diplomaten in Washington, der sie wiedererkannt habe und ein Freund ihrer Familie gewesen sei, die Wahrheit über ihr angebliches Entlaufen erfuhr, habe ihn der Schock getötet. (Es kann sein, daß GEORGE BANCROFT jener Diplomat war. Er hat von 1818 bis 1822 in Deutschland studiert, war von 1846 bis 1849 in London und von 1867 bis 1874 amerikanischer Botschafter in Berlin. Sollte JULIETTE in Berlin aufgewachsen sein, muß BANCROFT die Familie gekannt haben.)

Sie berichtete HENRY JAMES jr. auch folgende Geschichte: Während des deutsch-französischen Krieges von 1870/71 sei ein preußischer Offizier im Hause ihres Vaters in Nancy einquartiert gewesen. Als er sich eines Tages schlecht benommen hatte, sei JULIETTE als kleines Mädchen in das nahe gelegene Hauptquartier des Kronprinzen gelaufen und habe ihn vom Essen weggeholt. Er sei mit ihr gegangen und habe dem Offizier die Epauletten abgeschnitten. Der Kronprinz hatte im Krieg 1870/71 den Oberbefehl über die III. Armee (fünf Korps Württemberger), die den Entsatz von Metz durch MACMAHON verhindern sollten[87]. Eine derartige Äußerung über den Kronprinzen kann doch wohl nur von jemandem gemacht werden, der ihn tatsächlich persönlich gekannt hat. Aus ihr könnte man jedoch wieder auf die Familie POURTALES, nicht auf das Haus HESSEN schließen. Wahrscheinlich wurden alle diese widersprüchlichen Geschichten von JULIETTE erzählt, um ihre Identität nicht offenbar werden zu lassen.

Wer immer sie auch gewesen sein mag, CHARLES PEIRCE kannte offensichtlich ihre Identität, gab sie aber nicht preis.

Kurz nach der zweiten Eheschließung in New York reiste CHARLES mit seiner jungen Frau, die er „my little girl" zu nennen pflegte, am 1. oder 2. Mai 1883 nach Europa. Sie erreichten Le Havre am 12. Mai und hielten sich zunächst in Paris auf, wo sie bis 6. Juni blieben. Am 23. Mai berichtete CHARLES dem Bruder JAMES von JULIETTEs schwacher Gesundheit, von schlechtem Essen in den Restaurants, von Theaterbesuchen, Bücherkäufen (z. B. *Integralrechnung* von HERMITE und *Funktionstheorie* von WEIERSTRASS), und von seiner Arbeit in der Bibliothèque Nationale, wo er *De Magnete* von PETRUS PEREGRINUS kopiert habe, ohne zu wissen, ob und wo er dieses Werk publizieren könne. Von einer kirchlichen Trauung ist nirgends die Rede. Ob eine solche, die im Urlaubsgesuch an die Coast Survey als Grund für die Reise angegeben worden war, irgendwo in Frankreich oder Deutschland stattgefunden hat, ließ sich bisher nicht nachweisen. JULIETTE war zwar Katholikin, schloß sich aber später der Episkopalischen Kirche an, wie MARIE CHOL-OLSEN MAX BENSE und mir berichtete.[88] Ob sie – wie PEIRCE selbst – der Episkopalischen Kirche beigetreten ist, ist ebenfalls nicht bekannt.

Nach dem Aufenthalt in Frankreich reiste das junge Paar nach England, wo es bis zum 25. Juli blieb. Anschließend besuchten beide Brüssel, Lüttich und Köln. Am 1. August waren sie in Brühl bei Köln, danach in Hamburg und schließlich in Genf. Am 8. September traten sie, wieder von Le Havre aus, die Heimreise an und trafen am 18. September in New York ein.

Nach der Rückkehr aus Europa mieteten CHARLES und JULIETTE ein Haus in der Calvert Street in Baltimore, wo sich die Johns Hopkins Universität befindet. Das äußere Leben war allem Anschein nach nun geregelt und der weitere wissenschaftliche und ökonomische Aufstieg von CHARLES PEIRCE gesichert; denn er bekleidete jetzt eine wichtige Position in der Coast Survey, die ihn zu weiteren Pendelversuchen wegen Erdschwere- und Erdgestalt- Bestimmungen an verschiedene Orte in den Vereinigten Staaten und Kanada führte. Außerdem war er ‚Lecturer' für Logik an der Johns Hopkins Universität und hoffte, daß seine Lecturer-Stelle in eine Professur für Logik umgewandelt würde. Er veröffentlichte darüber hinaus zahlreiche Arbeiten aus seinen naturwissenschaftlichen, logischen, wissenschaftstheoretischen und mathematischen Forschungsgebieten.

9. Publikationen und Vorträge im Jahre 1883

Die Jahre zwischen 1875 und 1900 waren wohl die fruchtbarsten im Leben von CHARLES PEIRCE. Neben seinen experimentellen Arbeiten und der Lehre an der Johns Hopkins Universität berichtete er schriftlich und mündlich aus allen seinen Forschungsgebieten.

Die wichtigste Publikation des Jahres 1883 war das mit einigen seiner Studenten verfaßte Werk *Studies in Logic by Members of the Johns Hopkins University*[89], das er herausgab und zu dem er selbst folgende Beiträge beisteuerte: *Preface*[90], *A Theory of Probable Inference*[91], *Note A: On a Universe of Marks*[92] und *Note B: The Logic of Relatives*[93]. Er plante, weitere gemeinschaftliche Arbeiten in dieser Form mit seinen Studenten zu veröffentlichen.

Die Beiträge seiner Studenten sind folgende: ALLAN MARQUAND: *The Logic of the Epicureans*, *A Machine for Producing Syllogistic Variations* und *Note on an Eight-term Logical Machine*; CHRISTINE LADD-FRANKLIN: *On the Algebra of Logic*; O. H. MITCHELL: *On a New Algebra of Logic* und B. I. GILMAN: *Operations in Relative Number with Applications to the Theory of Probabilities*.

CHARLES PEIRCE betont in seinem Vorwort, daß dieses Buch das Werk seiner Studenten sei, denn ihre Schriften seien für ihn so instruktiv gewesen, daß er sie mit ihrer Zustimmung publiziere. Die Beiträge von CHRISTINE LADD und O. H. MITCHELL bezeichnet er als Weiterentwicklung der BOOLEschen Algebra und macht insbesondere auf die Neufassung gewisser logischer Zeichen sowie auf die Einführung neuer Zeichen zum Beispiel für die logische Addition, für Existenz und Nicht-Existenz und für die Inklusion aufmerksam, die eine Weiterentwicklung der BOOLEschen Algebra erst möglich machten. Er hielt die Einführung neuer Zeichen für „relative Begriffe" für eine besonders wichtige Erweiterung der ursprünglichen Notation von GEORGE BOOLE, da sie „ein reiches und neues Feld für die Forschung" eröffnen. Die Erweiterung der Methode zur Anwendung des BOOLEschen Calculus durch Fräulein LADD und Herrn MARQUAND zeige, meint PEIRCE, mit welcher Leichtigkeit diese Methode nunmehr zur Lösung schwieriger Probleme verwendet werden könne. Die Schrift von Herrn GILMAN, in der Regeln für die Kombination relativer Zahlen gegeben werde, und die Schrift von Dr. MARQUAND, in der gezeigt werde, wie eine Rechenmaschine mit einem binären Zahlensystem die acht Modi universaler Syllogismen von De MORGAN darstellen kann, betreffen die deduktive Logik. In der Abhandlung von Dr. MARQUAND über die interessanten logischen Vorstellungen der Epikureer, insbesondere von PHILODEMUS, und in dem Beitrag von PEIRCE selbst über die wahre Theorie des induktiven Prozesses und die korrekte Maxime seiner Bildung werde die induktive Logik behandelt. PEIRCE geht in diesem *Vorwort* nicht weiter auf seine beiden *Notes* ein, die einmal die Frage der begrenzten und nichtbegrenzten (limited and unlimited) Universen betreffen, zum anderen die dual-relativen Begriffe in einer Logik der Relative, wodurch man zum Beispiel aktive und passive Verbformen unterscheiden könne. Vor allem in der *Note B* sind Ausführungen enthalten, die inzwischen auch von linguistischer Seite Interesse gefunden haben.

Zu diesem Werk erschienen übrigens einige Rezensionen, und zwar von JOHN VENN[94], von O. H. MITCHELL und JOHN VENN[95], von CHRISTINE LADD-FRANKLIN[96] sowie von C. T. MICHAELIS[97] und von SCHLEGEL[98], dazu zwei anonyme Kritiken[99].

172

Aus diesem Werk zitiert J. BOCHENSKI in seinem Buch *Formale Logik* (1956) einen Abschnitt aus dem Beitrag von O. H. MITCHELL, der die logischen Quantoren betrifft, die aber nach BOCHENSKI erst von PEIRCE 1885 (*On the Algebra of Logic*) in einer klaren Theorie behandelt worden seien. PEIRCE hat in den hinterlassenen Manuskripten 549 (um 1882) und 560 (um 1880) verschiedene Ausführungen zu Quantoren gemacht und versucht, eine logische Algebra ohne Σ [Summe] für „einige" und ohne Π [Produkt] für „alle" aufzubauen. Man kann daraus schließen, daß er seine diesbezüglichen Gedanken seinen Studenten der Johns Hopkins Universität ebenfalls auseinandergelegt und MITCHELL zu seinem Beitrag angeregt hat. Aus der *Note B* von PEIRCE selbst zitiert BOCHENSKI den Abschnitt über den „zweistellig-relationalen Terminus" (CP 3.328, 3.330–334). Auf drei- und mehrstellige Relative bei PEIRCE weist er zwar hin, ohne sie jedoch weiter zu beachten, obwohl er ganz klar erkennt, daß die Relationenlogik bzw. Logik der Relative [und diese ist nicht nur zweistellig] eine der „Neuschöpfungen" der modernen Logik ist (477). BOCHENSKI hat in seinem Buch bei der Darstellung der Entwicklung der formalen Logik von der Antike bis zur Gegenwart CHARLES PEIRCE neben BOLZANO, De MORGAN, BOOLE, PEANO und FREGE gestellt und verschiedene seiner Arbeiten (wohl in eigener Übersetzung) zur modernen formalen (mathematischen, theoretischen oder symbolischen) Logik zitiert. BOCHENSKI bezeichnet darin Nordamerika seit PEIRCE als eines der heute wichtigsten Zentren der formal-logischen Forschung. Er bedauert nur, daß PEIRCE – ebenso wie FREGE – praktisch unbemerkt geblieben sei und eine Monographie über PEIRCE immer noch fehle. BOCHENSKI ist weiterhin der Meinung, daß RUSSELL und WHITEHEAD in der *Principia Mathematica* (1910, und 1912, 1913, Neudruck 1950; *Einleitung*, deutsch 1932) die wichtigsten Gedanken FREGEs, den er für den bedeutendsten modernen Logiker hält, unter Benutzung der Symbolik von PEANO bekannt gemacht hätten.

Was die Semiotik betrifft, die für PEIRCE den Rahmen seiner logischen Untersuchungen bildet, bemerkt BOCHENSKI zwar ihre Wichtigkeit für die Logik, benutzt aber nur die Begriffe, die CHARLES MORRIS eingeführt hat (zum Beispiel: Syntax, Semantik und Pragmatik), ohne die Semiotik von PEIRCE in diesem Zusammenhang auch nur zu erwähnen, obwohl in den ersten vier Bänden der *Collected Papers* bereits viele semiotische Ausführungen publiziert worden waren, die BOCHENSKI gelesen haben könnte. MORRIS machte einige semiotische Begriffe von PEIRCE zur Grundlage seiner eigenen Ausführungen, ohne allerdings die formale Konsistenz der PEIRCE-schen Theorie zu bemerken, anzustreben oder gar zu erreichen.

Wenn BOCHENSKI in seinem Buch jedoch die Meinung vertritt, PEIRCE habe wie BOOLE und andere Logiker des 19. Jahrhunderts die Logik als einen Zweig der Mathematik betrachtet, so trifft dies zumindest auf PEIRCE nicht zu, wie wir schon zeigten und noch ausführlicher darstellen werden. Gerade PEIRCE machte nachdrücklich auf die grundsätzlichen Unterschiede zwischen Mathematik und Logik aufmerksam und war durchaus nicht der Auffassung

FREGEs und moderner Logistiker, daß alles Arithmetische durch Definitionen auf das Logische zurückzuführen sei (vgl. BOCHENSKI, 339), sondern, ganz im Gegenteil, daß die Mathematik die Grundlage der Logik darstelle. (Auf gewisse widersprüchlich erscheinende Bemerkungen von PEIRCE hinsichtlich der gemeinsamen semiotischen Grundlage von Mathematik und Logik werden wir noch eingehen.)

Ich breche hier die Ausführungen zu *Studies in Logic* ab, obwohl sie das einzige in Buchform erschienene logische Werk von PEIRCE bleiben sollten. Alle späteren Veröffentlichungen zur Logik waren entweder Abhandlungen in Zeitschriften, Wörterbuch-Artikel oder Privatdrucke.

Was seine beruflichen Arbeiten betrifft, veröffentlichte er aus seinen astronomischen und geodätischen Forschungen zahlreiche theoretische und experimentelle Arbeiten in den *Reports*[100] der Coast Survey.

Die astronomischen Beobachtungen von PEIRCE am Observatorium der Harvard Universität wurden unter dem Titel *Observations with the Meridian Photometer During the Years 1879–1882* in den Annalen des Observatoriums[101] veröffentlicht. Sie hatten insgesamt einen Umfang von über 200 Seiten! Es handelt sich hier also um ein weiteres größeres Werk von CHARLES PEIRCE, auch wenn es nicht als selbständiges Buch erschienen ist.

Einen kleinen mathematischen Artikel veröffentlichte er in der Zeitschrift Science. Er hatte den Titel *A New Rule for Division in Arithmetic*[102].

An der Johns Hopkins Universität hielt CHARLES PEIRCE übrigens neben seinen speziellen Logik-Vorlesungen für graduierte Studenten auch allgemeinere Vorlesungen; so sprach er zum Beispiel in einer pädagogischen Reihe im Studienjahr 1883/84 über *The Observational Element in Mathematics* und über *The a priori Element in Physics*[103]. Beide Vorträge sind leider nicht mehr vorhanden. Ihre Themen: das Beobachtungselement in der Mathematik einerseits und das Apriori-Element in der Physik andererseits könnten an gewisse Vorstellungen seines Vaters angeknüpft haben, der, wie bereits erwähnt, über *Idealität in den physikalischen Wissenschaften* gesprochen hatte.

Es gibt einen Hinweis[104] auf einen weiteren nicht-publizierten Vortrag von PEIRCE, den er am 13. November 1883 im Metaphysical Club in Baltimore gehalten hat: *Reply to Professor Morris on ‚Life'* (Professor GEORGE S. MORRIS).

Auf ein großes, wichtiges, aber nicht publiziertes Projekt von CHARLES PEIRCE soll noch hingewiesen werden, das um 1883 und später bearbeitet wurde und von dem zumindest zwei Manuskripte Zeugnis ablegen. Das erste, MS 1119, besteht aus einem Modell-Formular und 50 zum Teil ausgefüllten Formularen über „Große Männer". Beim zweiten Manuskript, MS 1120 *Materials for an Impressionistic List of 300 Great Men*, handelt es sich um mehr als 250 Seiten an Material für eine Liste von 300 Großen Männern, das heißt um biographische Notizen, Fragebögen etc. CHARLES PEIRCE hatte die Absicht, dieses Projekt mit einer Gruppe von interessierten Studenten zusätzlich zu seinen Vorlesungen an der Johns Hopkins Universität zu bearbeiten, um den Studenten dadurch „ein wertvolles Training in einer solchen induktiven Untersuchung" zu vermitteln, wie er 1901 in MS 1123 *The Productiveness of the Nineteenth Century in Great Men* anmerkte und wo er auch die „eindrucksvolle Liste von 300 Großen Männern" erwähnt. Doch wurden diese Arbeiten von 1883 nicht so weit geführt, daß sie hätten publiziert werden können. Erst WILHELM OSTWALD (1853–1932), der Mitbegründer der physikalischen Chemie und Nobelpreisträger für Chemie von 1909, veröffentlichte ein ähnlich konzipiertes Werk mit dem Titel *Große Männer. Studien zur Biologie des Genies* (1909), das PEIRCE wahrscheinlich nicht mehr kennengelernt hat.

10. Ausscheiden aus der Johns Hopkins Universität

Am 26. Januar 1884 entschloß sich die Johns Hopkins Universität, den Vertrag mit CHARLES PEIRCE, ohne Angabe von Gründen, nicht mehr zu erneuern. Trotz seines Protestes hat er nie erfahren – und es ist bis heute auch nicht vollständig geklärt –, weshalb er nicht zu weiteren Vorlesungen unter Vertrag genommen wurde. Zwar gab es an der Johns Hopkins Universität für Lecturers nur befristete Verträge, aber bei seinem Lehrerfolg, seinem wissenschaftlichen Ansehen und der Beliebtheit bei seinen Studenten (auch wenn sich immer nur kleine Gruppen für Logik interessierten), ist diese Nichtverlängerung des Vertrages unverständlich; denn anderen Wissenschaftlern, etwa SIMON NEWCOMB, wurde eine Verlängerung ohne weiteres angeboten. Wahrscheinlich stimmt die Vermutung, daß gesellschaftliche Gründe – die Scheidung von seiner ersten Frau und die Wiederverheiratung mit einer Frau, deren Identität nicht bekanntgegeben werden durfte – dabei eine Rolle gespielt haben. Die Nichtverlängerung des Vertrages von seiten dieser Universität stellt jedoch offensichtlich keinen Einzelfall dar. Einen ähnlichen Vorgang an der Harvard Universität berichtet zum Beispiel HAROLD J. LASKI in einem Brief an BERTRAND RUSSELL (29. August 1919), wo es heißt: „. . . Ich würde Sie auch gern von einer privaten Angelegenheit unterrichten, falls Sie glauben, es bestünde die Möglichkeit, daß Sie helfen könnten. Ich weiß aus Ihrer *Introduction to Mathematical Logic*, daß Sie etwas von SHEFFER halten, der augenblicklich hier in der Philosophischen Abteilung ist. Ich weiß nicht, ob Sie irgendwie persönlich mit ihm bekannt sind. Er ist Jude und hat jemanden geheiratet, den die Universität nicht billigt; außerdem besitzt er nicht jene gesellschaftlichen Tugenden, die Harvard so hoch schätzt. Die Folge ist, daß sich die meisten seiner Abteilung entschieden bemühen, seiner Karriere hier ein Ende zu bereiten. HOERNLE, der zur Zeit Vorsitzender ist, ist überzeugt, daß, wenn jemand die Verdienste SHEFFERs erläutern könnte, die Stimmen gegen ihn schweigen würden; SHEFFER hat im übrigen eine Abhandlung über einen gewissen Aspekt der mathematischen Logik beendet, der ihm seiner Meinung nach großes Ansehen verschaffen würde, wenn er veröffentlicht werden könnte.[105] Ich selbst meine, daß das Ganze eine Kombination von Antisemitismus und diesem merkwürdigen Respekt der Universitäten für gesellschaftliches Ansehen ist, das hier eine so große Rolle spielt. Kennen Sie jemanden in Harvard gut genug, um ihm (wenn Sie dieser Ansicht sind) zu sagen, daß SHEFFER eine Chance haben muß?"

Es ist nicht unwahrscheinlich, daß PEIRCE aus ähnlichen wie den von LASKI genannten Gründen die Stelle an der Johns Hopkins Universität verloren hat. Zwar schieden damals auch andere, gleichzeitig mit PEIRCE berufene Mitglieder wie J. J. SYLVESTER und G. S. MORRIS aus der Universität aus; ihr Ausscheiden ist jedoch mit dem PEIRCEschen nicht vergleichbar. MORRIS ging an die Universität von Michigan zurück und wurde dort Präsident, SYLVESTER folgte einem Ruf auf den Savilian-Lehrstuhl für Geometrie an der Universität Oxford und wurde ehrenvoll als Professor Emeritus in der Johns Hopkins Universität[106] verabschiedet.

Für CHARLES PEIRCE war die Entlassung sehr hart. Obgleich er einflußreiche Freunde hatte, sein Vater ein angesehener und auch in Europa bekannter Mathematiker und Astronom der Harvard Universität und sein Bruder JAMES ebenfalls Mathematik-Professor und Dekan an der Harvard Universität waren, bekam CHARLES nie wieder eine akademische Stelle. Man muß bedenken, daß er damals erst 45 Jahre alt war! Seine starke Betroffenheit geht aus einem Brief an die Mutter vom Januar (1884?) hervor, wo es heißt: „... Ich bin traurig, daß ich die Universität hier aufgeben muß, aber so ist es eben. Ich werde in diesem Sommer wahrscheinlich in ganz entfernte Gegenden gehen. – Ich meine, ich habe in diesem Winter hier in der Wertschätzung der Leute verloren, aber ganz ungerechtfertigt. Es war mir aus vielen Gründen unmöglich, Leute zu sehen. ..." Er sprach in diesem Brief aber auch stolz von seiner umfangreichen Korrespondenz mit europäischen Logikern und Geodäten und bemerkte: „Ich habe die Befriedigung, daß ich geschätzt werde, obwohl mir das nichts nützt. Ich denke jedoch, daß ich versuchen sollte, weiterzukommen & wahrscheinlich werden die Leute von Johns Hopkins schließlich versuchen, mich zurückzuholen." Leider ist dieser Fall, wie schon gesagt, nie mehr eingetreten. Auch von anderen Universitäten wurde er später nur zu Vorträgen oder Vortragsreihen eingeladen, bekam aber nirgends eine Professur. Wenn man weiß, wie viele weniger begabte und für die Universitäten weniger wichtige Männer (eine Erwähnung der wenigen Frauen erübrigt sich) Lehrstühle erhielten und Institute leiteten, die ohne jede Wirkung auf die Zeitgenossen, geschweige auf die nachfolgenden Generationen blieben, ist die Behandlung, die PEIRCE widerfuhr, auch ein Zeichen dafür, daß die mittelmäßigen fast immer den genialen

Wissenschaftlern den Rang ablaufen. Man schätzt den Angepaßten, nicht den Erneuerer, den Unauffälligen, nicht den Brillierenden.

Ein weiterer Punkt dürfte aber ausschlaggebend gewesen sein, auf den MAX FISCH und J.I. COPE aufmerksam gemacht haben (*Peirce at the Johns Hopkins University*, Studies I (1952) 277–311). Es erhielten nämlich immer diejenigen Personen Professuren an den amerikanischen Universitäten, die sich insbesondere in religiösem Eifer hervortaten. Das war von CHARLES PEIRCE selbstverständlich nicht zu erwarten. FISCH und COPE belegen diese Situation u.a. mit einer Passage aus der Autobiographie von G. STANLEY HALL, *Life and Confession of a Psychologist* (1923), wo es heißt: „Für Baltimore war eher extremer Konservatismus in der Religion, der sich im Presbyterianismus konzentrierte, charakteristisch. (...) Einige wenige von uns paßten sich dadurch an, daß sie irgendeine Kirche besuchten. Auf Gilmans Verlangen tat ich das auch. (...)" (285) Der „religiöse Eifer" veranlaßte GILMAN in seiner Ansprache vom Februar 1885, wo er die Errichtung des psychologischen Lehrstuhls begründete, sogar zu Formulierungen wie: „Ich glaube daher, daß die Ethik des Neuen Testamentes von der wissenschaftlichen als auch der religiösen Fähigkeit des Menschen akzeptiert werden wird; von der ersteren als Gesetz, von der letzteren als Evangelium." Dieser Auffassung entspricht ein Abschnitt aus der Antrittsvorlesung von HALL, die GILMAN in seiner Ansprache zitiert: „Die Bibel wird allmählich als des Menschen größtes Textbuch in Psychologie enthüllt."

Mußte sich HALL wissenschaftlich so weit kompromittieren, daß er zu einer solchen Aussage Zuflucht nahm? HALL, der Angepaßte, wurde als Philosophieprofessor an die Johns Hopkins Universität berufen. Er sei überhaupt kein Philosoph und nur ein sehr mittelmäßiger Psychologe gewesen, bemerken FISCH und COPE, und fügen hinzu, daß von 1884 bis zur Berufung von LOVEJOY im Jahr 1910 kein nennenswerter Philosoph dort gelehrt hat. PEIRCE hat in Baltimore fünf Jahre lang Logik für Graduierte unterrichtet. „Das war die hervorragendste und kreativste Lehre, die eine Universität jemals in Logik hatte, und Peirces Studenten wurden auf eine Höhe originaler Leistung gebracht, die niemals Konkurrenz bekam." (FISCH und COPE, 287) Doch die Universität nannte PEIRCE als Grund für die Nichtverlängerung seines Vertrags, daß er zwar ein guter Forscher, aber kein erfolgreicher Lehrer gewesen sei. Sein Antrag, wenigstens noch ein Jahr lesen zu dürfen, wurde ebenfalls abgelehnt. Da er wegen seiner Lehrtätigkeit 1883 für zwei Jahre ein Haus in der Calvert Street in Baltimore gemietet hatte, erhielt er lediglich eine Abfindung von 1 000 Dollar, um die restliche Miete zahlen zu können.

Die Johns Hopkins Universität verdankte PEIRCE aber nicht nur den Ruf, den besten Logiker Amerikas und einen der besten der Welt zu ihrem Lehrkörper rechnen zu dürfen. Sie kam durch ihn auch an eine mehr als 200 Titel umfassende Bibliothek; denn 1881 verkaufte PEIRCE der Johns Hopkins Universität für 550 Dollar 295 Bände (210 Titel) von ARISTOTELES bis zur

Gegenwart aus seiner privaten Bibliothek: viele sehr seltene Bücher, eine Reihe von Inkunabeln, mehrere Manuskripte, u. a. die *Sententiae* von PETRUS LOMBARDUS. „Es ist zu bezweifeln, daß eine ähnliche Sammlung in irgendeiner Bibliothek dieses Landes existiert", sagte der Bibliothekar Dr. WILLIAM HAND BROWN in seinem Jahresbericht von 1881.

Außerdem schenkte PEIRCE der Universität noch verschiedene Logik-Bücher. (FISCH und COPE, 292–293) Einige von ihnen entlieh er dann für sein geplantes Logik-Lehrbuch, gab sie aber nicht mehr zurück. Nach FISCH/ COPE sind sie wahrscheinlich nach JULIETTEs Tod mit anderen Sachen *verbrannt* worden (sic!).

VII. Die zweite Lebenshälfte

1. Beförderung in der CS und Ernennung im Office for Weights and Measures. Reisen und verschiedene wissenschaftliche Tätigkeiten

Ein Äquivalent für die Entlassung aus der Johns Hopkins Universität mag für CHARLES PEIRCE 1884 die Ernennung zum „Special Assistant of Gravity Research" in der Coast Survey gewesen sein. Bis zu seinem Ausscheiden aus dieser Institution im Dezember 1891 behielt er diese Stellung inne. Er hatte sich weiterhin vor allem mit Schwere-Forschungen zu beschäftigen, was aus den *Reports* der Coast Survey[1] hervorgeht, und hat zwecks Pendelbeobachtungen zum Beispiel auch an einer Expedition zur Lady Franklin Bay vom 1. bis 10. Dezember 1884 teilgenommen.[2]

Am 1. Oktober 1884 war CHARLES PEIRCE außerdem zum „Assistant in Charge" des Office of Weights and Measures ernannt worden, dem er jedoch nur bis zum 22. Februar 1885 angehörte. Während eines regierungsamtlichen Hearings am 24. Januar 1885 hatte PEIRCE festgestellt: „Es tut mir leid, sagen zu müssen, daß das Office of Weights and Measures gegenwärtig eine sehr schwache Angelegenheit ist." Er schlug vor, daß das Office ermächtigt werden sollte, Zertifikate für Gewichte und Maße auszustellen, und daß es straffer organisiert werden sollte[3]. Wahrscheinlich fand man seine Ansichten zu unbequem und entließ ihn wieder. Drei Jahre später, also 1888, wurde er von der National Academy of Sciences in das Committee of Weights and Measures berufen und im gleichen Jahr auch in die Assay Commission for United States Coinage[4]. Übrigens wurde 1901 ein National Bureau of Standards gegründet, wozu auch PEIRCEs damalige Kritik beigetragen haben könnte.

Obwohl er zum 31. 12. 1883 aus der Johns Hopkins Universität ausgeschieden war, hielt er im Rahmen der Universität auch 1884 noch verschiedene Vorträge. Am 16. Januar 1884 sprach er in der Mathematical Association über *The Mode of Representing Negative Quantity in the Logic of Relatives*[5] und am 17. Januar im Metaphysical Club über *Design and Chance*[6]. Möglicherweise hat CHARLES PEIRCE noch weitere Logik-Vorträge an der Johns Hopkins Universität gehalten. Das kleine MS 1580 ist z. B. mit dem 7. Februar und 1. April

1884 datiert und trägt den Vermerk „für eine Vorlesung über Logik". Es ist also nach seinem Ausscheiden aus der Universität entstanden. Auch im Metaphysical Club hielt er noch am 13. Mai 1884 einen Vortrag, und zwar über *The Logic of Religion*[7].

Auf der Herbsttagung der National Academy of Sciences vom 14. bis 17. Oktober in Newport sprach PEIRCE über drei verschiedene Themen: 1. *On Gravitation Survey*[8], 2. *On the Algebra of Logic*[9] und 3. zusammen mit JOSEPH JASTROW *On Minimum Differences of Sensibility*, was unter dem etwas veränderten Titel *On Small Differences of Sensation*[10] publiziert wurde.

Die letzte Untersuchung hat die Unterscheidung von Sinneswahrnehmungen zum Thema, für die eine Sensibilisierung vorausgesetzt werden müsse. Beide Autoren vertreten die Meinung, daß dafür das Weber-Fechnersche Gesetz nicht ausreiche. Außerdem wird hier das Wahrnehmungsurteil als ein subjektives Faktum gekennzeichnet, was PEIRCE in späteren Vorträgen und Publikationen weiterentwickelte, sowie die im Selbstbewußtsein repräsentierten Prozesse auf die im Unbewußten ablaufenden zurückgeführt, ohne daß exakte Grenzen zwischen diesen Bewußtseinsstufen angegeben werden könnten. Als Beispiel führen die Autoren die Suche nach einem Wort an, das einem auf der Zunge liegt, aber nicht einfällt. Sie sind der Meinung, daß man dabei weniger an das Wort selbst als vielmehr an die eigene Anstrengung denkt, wenn die Suche ohne Erfolg bleibt[11].

Am 14. November 1884 sprach CHARLES PEIRCE im Metaphysical Club über ‚*The Magnet*', *a Fourteenth Century Manuscript of Petrus Peregrinus*[12]. CHARLES PEIRCE hat sich intensiv mit verschiedenen klassischen Werken der Naturwissenschaft befaßt und wollte den berühmten Traktat von PEREGRINUS, den er – wie berichtet – in Paris kopiert hatte, in englischer Übersetzung veröffentlichen, was ihm aber nicht gelang. Zu der um 1893 geplanten Übersetzung gibt es einen *Prospect*[13] von 16 Seiten, in dem die Einstellung von PEIRCE zu naturwissenschaftlichen und -historischen Problemen zum Ausdruck kommt. In den *Collected Papers* wurden daraus sechs Seiten abgedruckt und der Herausgeber, ARTHUR BURKS, bemerkt dazu, daß sie PEIRCEs Bestreben, durch das Studium der Wissenschaftsgeschichte ein Verständnis der Natur der wissenschaftlichen Methode zu erlangen, sehr gut illustriere. Die abgedruckten Seiten zeigen besonders gut, welche Bedeutung PEIRCE der experimentellen Forschung im allgemeinen und der Abhandlung von PEREGRINUS im besonderen beimißt; denn er bezeichnet ihn als ersten echten **experimentellen** Naturwissenschaftler, weil er als erster **Instrumente** beim Experimentieren benutzt habe. Aber er bemerkt in diesem Zusammenhang auch wieder, daß nie nur ein einzelner, sondern stets eine Gruppe von Wissenschaftlern einen Fortschritt auf irgendeinem Gebiet der Wissenschaften zu erzielen in der Lage sei. Beide Gesichtspunkte: die experimentelle Methode und die Team-Arbeit lassen sich an vielen Stellen des PEIRCEschen Werkes aufzeigen. Sie haben im Verlauf seines Lebens eine immer genauere Ausformulierung erfahren. Zu diesem naturwissenschaftlich-methodischen Themenkreis gehörten 1884 auch die Aufsätze in der Zeitschrift Science, und zwar *The Numerical Measure of the Success of Predictions*[14] und *The ,Old Stone Mill' at Newport*[15] sowie sein Vortrag vor der Metrological Society am 30. Dezember 1884 *On Weights and Measures*[16].

Aus seinem Lebenslauf (MS 1609) erfährt man überdies, daß PEIRCE nach seinem Weggang aus Baltimore 1884 zunächst in Fort Munroe war und sich 1885 in Key West[17], Ithaka[18], Ann Arbor und Madison aufgehalten hat. Diese Reisen machte er selbstverständlich im Auftrag der Coast Survey. Daß er sich aber nicht ausschließlich mit experimentellen Arbeiten beschäftigte, geht aus einem Brief an den Bruder JAMES aus Madison vom 25. Oktober 1885 hervor, wo er unter anderem schreibt: „(...) Die wahre Theorie über die Konstitution der Materie, die nur auf gültiger Logik begründet werden kann, muß die bedeutendsten Konsequenzen in jeder Richtung haben. Auch auf Psychologie, die die große Wissenschaft der nächsten hundert Jahre sein wird, muß die Logik gewichtige Einflüsse ausüben. Über Logik habe ich etwas zu sagen, worüber noch niemand sonst nachgedacht hat und so bald wahrscheinlich nicht nachdenken wird. Zumindest ist das meine Überzeugung. Ich weiß, daß es wahr ist. (...)" (MS L 339) Nun, auch hier versteht CHARLES PEIRCE unter Logik selbstverständlich Semiotik im Sinne der Grundlagenforschung. Es hat tatsächlich sehr lange gedauert, bis seine diesbezüglichen Gedanken aufgenommen und fortgeführt wurden. Seine Einschätzung der Psychologie als „große Wissenschaft" könnte überraschen, aber man darf nicht übersehen, daß er sie als „experimentelle Wissenschaft" und nicht als metaphysische Grundlage für Philosophie und Logik gelten ließ, was man vielen deutschen Logikern des 19. Jahrhunderts mit Recht vorgeworfen hat.

Während seines Aufenthaltes in Ithaka hielt PEIRCE im Mathematischen Seminar der Cornell Universität am 1.12.1885 einen Vortrag mit dem Titel *Connected Pendulums*[19] und vor der Association of Engineers derselben Universität am 4.12. einen zweiten mit dem Titel *Gravimetric Surveys*[20].

Seine Forschungsarbeiten für die Coast Survey sind in verschiedenen Publikationen dargelegt worden, so zum Beispiel in dem Artikel *The Coast Survey Investigation*[21], in dem Hinweis auf seine eigene Arbeit in dieser Institution[22] sowie in dem Bericht *Testimony before the Joint Commission to Consider the Present Organizations of the Signal Service, Geological Survey, Coast and Geodetic Survey, ...*[23]. Weitere Publikationen sind im *Report*[24] der CS für 1885 enthalten.

Ob die anonymen Beiträge in The Washington Post vom Juli und August 1885 und Oktober 1886[25] sowie in der Zeitschrift Science[26], die sich kritisch mit der Arbeit der Coast Survey auseinandersetzen, auch die Arbeiten von CHARLES PEIRCE betreffen, entzieht sich meiner Kenntnis.

Als Ergebnis seiner Lehr- und Forschungstätigkeit an der Johns Hopkins Universität muß zweifellos der besonders wichtige Artikel aus dem Jahre 1885 mit dem Titel *On the Algebra of Logic: A Contribution to the Philosophy of Notation*[27] angesehen werden. Dieser 22 Seiten umfassende Artikel beginnt in §1: *Three Kinds of Signs* mit der Darlegung des Objektbezuges seiner triadischen Zeichenrelation, das heißt mit Erläuterungen zu Icon, Index und Symbol (hier ‚token' genannt).

In §2: *Non-relative Logic* gibt PEIRCE fünf hypothetische Axiome, die er „Icons" nennt, an, die den „Satz der Identität", den „Satz des Widerspruchs", den „Satz des ausgeschlossenen Dritten" und die Schlußformen: „Modus ponens", „Barbara" und „Modus tollens" umfassen. Neben diesen Icons verwendet PEIRCE folgende Arten von Zeichen:

1. *Symbole* (Zeichen für einfache Sätze);
2. das einfache operative Zeichen $\prec$, das ebenfalls von der Natur eines *Symbols* ist;
3. die Vertauschung der Buchstaben rechts und links des operativen Zeichens. Diese Vertauschung erfüllt die Funktion eines *Index*, da sie die Verbindungen der *Symbole* bezeichnet;
4. Die Klammern, die dasselbe Ziel haben (zu ergänzen: also *Indices* sind!);
5. die Buchstaben α, β, etc., die *Indices* für *Symbole* sind, um die Negation auszudrücken;
6. die *Indices* der *Symbole* x, y, z, etc., die in den allgemeinen Sätzen verwendet werden;
7. die allgemeinen Sätze selbst, die *Icons* sind, oder Beispiele für algebraische Verfahren;
8. das vierte *Icon*, das eine zweite Interpretation des allgemeinen Satzes leistet.

In §3: *First-intentional logic of relatives* entwickelt PEIRCE eine Methode, wie eine gegebene Menge von Prämissen vereint werden kann und wie man gewisse Buchstaben weglassen kann, was in sieben transformativen Schritten möglich sei.

In §4: *Second-intentional logic*, das heißt in einer „Logik der Begriffe, die in kollektiven Bedeutungen verstanden werden", führt er weitere vier Axiome bzw. Icons ein und zeigt, daß er mit dieser Methode schneller und leichter zu einer Konklusion kommt als AUGUSTUS De MORGAN, „der beste Logiker, der je lebte und fraglos der Vater der Logik der Relative", wie er anmerkt.

In den *Collected Papers* folgt als §5: *Note*, ein auf 1885 datiertes Manuskript[28] von 47 Seiten. Es wurde von PEIRCE selbst weder mit diesem Artikel noch separat veröffentlicht, gehört aber zweifellos in diesen Zusammenhang.

In den Jahren zwischen 1884 und 1889 erschienen nur fünf Beiträge von CHARLES PEIRCE in The Nation[29]. Sie betreffen Ökonomie, Mathematik,

Philosophie und Religion. Es ist für den heutigen Leser immer wieder überraschend zu sehen, wie kurz, scharf und treffend seine Rezensionen abgefaßt waren und wie wenig er sich in seinem Urteil beeinflussen ließ. Vielleicht haben ihn persönliche Freundschaften z. B. mit CLIFFORD und ABBOT bewogen, weniger scharf zu kritisieren als bei PERRIN, dem er bescheinigt, daß für die Darlegung seines Themas sechs an Stelle von sechshundert Seiten ausgereicht hätten. Vernichtender kann eine Kritik wohl nicht sein.

Aus dem Jahre 1885 müssen außerdem drei Manuskripte erwähnt werden, die auszugsweise in den *Collected Papers* publiziert wurden. Es handelt sich um:

1. MS 901: *One, Two, Three: Fundamental Categories of Thought and Nature*[30]. PEIRCE gibt darin eine modifizierte Darstellung seiner Fundamentalkategorien der Erstheit, Zweitheit und Drittheit. Außerdem enthält das Manuskript Spekulationen darüber, ob die Zelle alle fundamentalen Elemente des Universums enthalten könne oder nicht.

Eine Beziehung zu diesem Manuskript hatte wohl auch ein Vortrag von PEIRCE in Cambridge, den F. E. ABBOT am 3. 2. 1886 in seinem Tagebuch folgendermaßen charakterisiert: „Ich nahm an einem Treffen von ‚Philosophen‘ teil, mit John Fiske, James, Royce und Perry bei Professor J. M. Peirce, 4, Kirkland Place, um Professor Charles Peirce von der Johns Hopkins Universität (mein Klassenkamerad) zu begrüßen und von ihm eine neue „Logische Theorie der Evolution" zu hören. Peirce beginnt mit absoluter oder reiner Potentialität, mit absolutem Zufall oder Negation aller, sogar logischer Gesetze, um schließlich das absolute Sein und das Absolute Gesetz zu entwickeln – tatsächlich, um Unendlichkeit aus Null, Gott aus Nichts zu entwickeln. Brillant, genial, und – unmöglich. Wir hatten auch ein Wein-Abendessen, während dem Charley sein glitzerndes Spinnengewebe weiterspann. Er hörte nicht auf, bis es fast Mitternacht war, als ich mit Fiske nach Hause ging."[31]

2. MS 1368: Entwurf einer Besprechung von T. K. ABBOTs Übersetzung von KANTs *Einführung in die Logik* (1885)[32], in der PEIRCE folgende kritische Bemerkung zu KANT macht: „Seine Lehre von den Schemata kann nur ein nachträglicher Gedanke gewesen sein, eine Hinzufügung zu seinem System, nachdem es im wesentlichen vollständig war. Denn wenn seine Schemata rechtzeitig beachtet worden wären, hätten sie sein ganzes Werk überwuchert." Diese Aussage von PEIRCE ist nur vom semiotischen Standpunkt aus verständlich; denn die Schemata KANTs können mit den triadischen Zeichenrelationen (Zeichenklassen) identifiziert werden[33].

3. MS 1369: die wahrscheinlich 1885 geschriebene, aber nicht publizierte Besprechung von JOSIAH ROYCEs *The Religious Aspect of Philosophy* (1885)[34]. Sie ist nicht nur eine Kritik des ROYCEschen Buches, sondern auch eine Verteidigung der eigenen philosophischen Position, der Vorteile der modernen mathematischen Logik, der Semiotik (auch wenn nur von den unterschiedlichen Zeichen hinsichtlich der Objekte die Rede ist und vor allem die Indices hervorgehoben werden, die allein „reale Objekte" in einem Satz

bezeichnen und deshalb neben Symbolen und Icons unbedingt berücksichtigt werden müssen) und der empirischen, wissenschaftlichen Methoden, die die Menschen schließlich zur „Festigung der Meinung" befähigen.

Den kommunikativen Aspekt der Zeichen diskutiert PEIRCE hier, indem er fragt, wie wir wissen können, ob ich und ein anderer tatsächlich über das gleiche Objekt sprechen. Er beantwortet die Frage folgendermaßen: wenn es Möglichkeiten der Beschreibung gibt, ist ein Objekt als das, von dem die Rede ist, sowohl dem einen als auch dem anderen gegenwärtig. Mit anderen Worten, die **Beschreibung** bzw. die **Zeichen** sind die Grundlage der **Kommunikation**. Diesen Gesichtspunkt hat ROYCE später, vor allem in *The World and the Individual* (1900–01), zu einer Kommunikationstheorie ausgearbeitet, die allerdings zu spekulativ ist, um in der modernen Kommunikationsforschung berücksichtigt zu werden.

PEIRCE macht in seinem Manuskript auch kurze Bemerkungen zur Bewußtseinskonzeption. Für ihn ist das Bewußtsein aus den drei Stufen: Empfinden, Wollen und Intellekt zusammengesetzt, was vor ihm zwar schon ähnlich z. B. als Fühlen, Wollen und Denken bezeichnet wurde, aber von PEIRCE im Sinne seiner Fundamentalkategorien, d. h. wohlgeordnet in dieser Reihenfolge, zu verstehen ist. Er hat diese Konzeption an verschiedenen Stellen seines Werks immer wieder einmal in ähnlicher Weise erläutert. Übrigens macht er in diesem Entwurf auch ironische, ja satirische Anmerkungen zum ROYCEschen Buch, zu den deutschen Philosophen, zu HEGEL und KANT (nur GRASSMANN und SCHRÖDER nimmt er namentlich aus), zur christlichen Moral usw. Diese Manuskripte, die PEIRCE selbst nicht veröffentlicht hat, können aber vielleicht nur als Nebenprodukte seiner sonstigen Tätigkeiten angesehen werden.

Außer der Teilnahme an der Tagung der National Academy of Sciences vom 20. bis 23. April 1886 in Washington, wo er einen Vortrag mit dem Titel *Review of Papers on Color Contrasts*[35] hielt, beschäftigte er sich vor allem, wie gesagt, mit Erdschwere-Bestimmungen an verschiedenen Orten Amerikas, was in den *Reports*[36] der Coast Survey nachzulesen ist.

2.   Aufenthalt in New York und Rückzug nach Milford/Pennsylvania

Nach den erwähnten Reisen für die Coast Survey wohnten CHARLES und JULIETTE 1886/87 in New York, und zwar 36 W, 1st Street, also im südlichen Manhattan. CHARLES erzählt seiner Mutter im Brief vom 5. Dezember 1886 von ihrem dortigen Leben, von Malern wie MUNKASCY und BERTIER, die zu ihnen kamen, sowie von anderen Freunden, mit denen sie Umgang pflegten. Auch scheinen ihn die Kleiderkäufe JULIETTEs sehr beeindruckt zu haben, denn er beschreibt der Mutter detailliert ein entzückendes Kleid aus graublauem Flanell, mit Venezianisch-Rot abgesetzt, und ein anderes Ensemble: Kostüm, Mantel und Hut, in goldbraun, das ihm wohl besonders gut gefallen hat. Außerdem bemerkt er, daß ihr Haar so enorm gewachsen sei, daß sie planten, wenn alles schiefginge, ein Schaufenster in der 14. Straße zu mieten, um JULIETTE hineinzustellen. Sie müßte den ganzen Tag ihr Haar kämmen und damit für ein Haartonikum werben, das sie verkaufen könnten. Doch resigniert konstatiert er auch: „Geld ist das Einzige, das in New York respektiert wird. Der Century [Club] ist die einzige Oase in der Gold-Wüste." Dazu ist anzumerken, daß CHARLES PEIRCE an dem zehnbändigen Wörterbuch *The Century Dictionary and Cyclopedia*[37] mitarbeitete, das 1889 in erster Ausgabe erschien. Er bearbeitete Definitionen aus den Gebieten der Logik, Metaphysik, Mathematik, Mechanik, Astronomie, der Gewichte und Maße, der Farbbegriffe usw. (Wir kommen darauf noch zurück.) Das Wörterbuch wurde von der Century Company veröffentlicht. CHARLES PEIRCE hat seinen Aufenthalt in New York wohl vorwiegend der Definitionsarbeit für dieses Wörterbuch gewidmet. Nicht festzustellen war, wie viele Hörer er privat in Logik unterrichtete und in welcher Zeitspanne er Unterricht in diesem Jahr in New York gab.

CHARLES und JULIETTE hatten jedoch nicht vor, New York zu ihrem dauernden Wohnsitz zu machen. Sie suchten einen Ort, wo sie, nicht zu weit von den Städten, an denen sie zu arbeiten hatten, in Ruhe und Bequemlichkeit wohnen konnten. Ihre Wahl fiel schließlich auf Milford in Pennsylvania, das etwa 75 Meilen von New York entfernt liegt. Durch die Eisenbahnlinie zwischen New York und Philadelphia, die man in Port Jervis, etwa 5 Meilen nordöstlich von Milford erreichte, kamen sie schnell zu den wichtigsten Orten. Daß sie Milford wählten, hing aber wohl auch mit der Freundschaft zur Familie von GIFFORD PINCHOT zusammen, die dort ihren großen Landsitz hatte. JULIETTE wurde ja angeblich, wie schon erwähnt, von den PINCHOTs aufgenommen, als sie 1876 nach Amerika kam (vgl. FEIBLEMAN, a. a. O.). Offensichtlich gab es keine anderen als diese beiden Gründe, sich in Milford niederzulassen.

CHARLES und JULIETTE PEIRCE wohnten in Milford zunächst im Hotel Fauchère, das 1858 gegründet worden war. MARIE CHOL-OLSEN, die Enkelin des Gründers und damaligen Besitzers, gab uns, MAX BENSE und mir, auf meine Anfrage hin in einem Brief vom Winter 1976 folgende Auskunft über den Aufenthalt der PEIRCEs in diesem gemütlichen Milforder Hotel: „Ich glaube, Professor und Juliette Peirce kamen zum ersten Mal am 20. April 1887 mittags in ‚Fauchère's' an und nahmen die Zimmer 1 bis 3. Sie war in einem geschwächten Zustand und wurde zu ihren Zimmern nach oben getragen. Professor Peirce sagte, daß Großvater Fauchère ihr durch die gute Pflege und Diät, die er Juliette gab, das Leben rettete." Sie hat uns dann während des Besuchs im Hotel Fauchère am 3. und 4. September 1976 folgendes von CHARLES und JULIETTE erzählt, das vielleicht nicht in allen Punkten richtig ist; denn gewisse Einzelheiten hatte MARIE CHOL-OLSEN wohl nur aus Erzählungen anderer erfahren:

„Juliette und Charles Peirce lernten sich in Washington kennen. Es war eine ganz große Romanze. Er war ihr und sie war ihm ganz ergeben. Sie erhielt bis zum ersten Weltkrieg monatlich Geld aus Europa. Charles Peirce war mittelgroß. Er arbeitete den ganzen Tag. Juliette brachte ihm zwischendurch eine Erfrischung, zum Beispiel wilde Erdbeeren, die um den Ziehbrunnen am Haus wuchsen und die ich gesammelt hatte. Sie hatten das Haus wunderbar eingerichtet, mit Möbeln, die Juliette aus Europa bekam. Juliette war eine sehr zerbrechliche, kleine, zarte Frau mit äußerst kleinen Füßen. Sie hatte langes, schwarzes, dichtes Haar, das ich manchmal bürsten durfte.

Gouverneur [Gifford] Pinchot war der große Freund und Helfer. Als im ersten Weltkrieg die Zahlungen aus Europa eingestellt werden mußten, zahlte Pinchot weiter. Er ließ auch das Gras mähen, Holz anfahren usw.

Als Peirce gestorben war, wurde sein Leichnam verbrannt. Juliette hob seine Asche in einer Urne auf, die sie auf einen Sims über ihrer Couch, auf der sie schlief, stellte. Nach ihrem Tode wurde sie mit ihr zusammen begraben.

Obwohl Juliette katholisch war, gehörte sie der episkopalischen Kirche an, bei deren Festen sie den Leuten zu Gunsten der Armenhilfe die Karten legte. Sie scheint in die Milforder Gesellschaft ganz integriert gewesen zu sein. Charles Peirce hatte wenig gesellschaftlichen Umgang. Er sprach gern mit jungen Leuten und Kindern, aber nicht mit Erwachsenen. Er hatte immer Probleme zu lösen."

Auf die Frage, welcher Religionsgemeinschaft denn CHARLES PEIRCE angehört habe, antwortete MARIE CHOL-OLSEN: „Er war wohl nicht so kirchlich eingestellt."

MARGRET, die Schwester von MARIE CHOL-OLSEN, die während ihrer Erzählung zugegen war, fügte noch hinzu: „Marie fuhr oft mit dem Rad zum Peirce-Haus und brachte etwas aus der Küche zum Essen. Juliette ging später nach Milford und zum Haus Pinchot zu Fuß. Der einfache Weg nach Milford beträgt mehr als drei Meilen. Marie war Juliette sehr zugeneigt. Man sagte, Juliette stamme aus königlichem Hause."

CHARLES und JULIETTE scheinen etwa ein Jahr lang im Hotel Fauchère in Milford gewohnt zu haben; denn erst für 1888 vermerkt CHARLES: „Juliette kauft Farm." (MS 1609) Es handelte sich um die zwischen Milford und Port Jervis gelegene „Quick-Farm", so benannt nach TOM QUICK, dem vorherigen Besitzer, einer bekannten Figur der Gegend. Die PEIRCEs hatten an verschiedenen Orten nach einem passenden Haus oder Grundstück gesucht und „näherten sich bei ihrer Suche rasch dem ‚wildesten Land der Nordstaaten, südlich der Adirondacks und östlich der Alleghenies'." (MS 842) Oder, wie es CHARLES auch einmal ausdrückte, „um Ablenkungen von meinem Logik-Studium zu entgehen, zog ich mich in das wildeste Land, das ich leicht erreichen konnte, zurück." (MS 843) Milford bzw. Port Jervis war damals mit der Erie-Railway in zweieinhalb Stunden von Jersey-City und der Manhattan-Fähre aus zu erreichen.

Während der Suche nach dem geeigneten Haus starben die Mutter von CHARLES und die geliebte Tante LIZZIE, die unverheiratete Schwester des Vaters, ELIZABETH CHARLOTTE PEIRCE.

Kurz vor dem Tod der Mutter wechselten CHARLES und sein älterer Bruder JAMES verschiedene Briefe. Sie hatten anscheinend eine ernste Auseinandersetzung wegen JULIETTE. Am 5. September schrieb JAMES jedoch einen versöhnlichen Brief zum Geburtstag von CHARLES. Später, am 22. September, sprach er auch vom schlechten Gesundheitszustand der Mutter, den er jedoch nicht als lebensbedrohend ansah. Wahrscheinlich ist der undatierte Brief der Mutter in diesen Wochen geschrieben worden, in dem sie u. a. sagt: „(...) Dies wurde im Bett geschrieben, wo ich es am besten finde, bis gegen Mittag zu bleiben. Gib Juliette viele liebe Grüße von mir. – Du selbst, mein Liebling Charlie, empfange meinen zärtlichen und aufrichtigen Segen – für alles, was Du gewesen bist & bist für Deine Dich liebende alte Mutter." Wir hatten schon gesagt, daß das Verhältnis zwischen Mutter und Sohn besonders innig war, daß die Mutter von seiner wissenschaftlichen Bedeutung überzeugt war und an seine überragenden Fähigkeiten glaubte. Die Mutter ist dann aber doch schneller als die Geschwister, JAMES und HELEN, die in Cambridge wohnten, meinten, im Oktober 1887 gestorben. Am 1. November schrieb JAMES, daß HELEN die von der Mutter hinterlassenen Sachen ordne und fragte an, ob und was CHARLES und JULIETTE aus ihrem Nachlaß haben wollten. Auch der Grundbesitz der Mutter wurde von JAMES erwähnt, doch es vergingen noch Monate, ehe das Erbe aus Grund- und Aktienbesitz unter den Geschwistern aufgeteilt werden konnte. CHARLES erhielt neben dem Erbteil seiner Mutter auch ein bescheidenes Erbe aus dem Besitz seiner geliebten Tante LIZZIE. Mit anderen Worten, er scheint in der Lage gewesen zu sein, die Farm bei Milford mitzuerwerben. Ob JULIETTE die Farm allein kaufte oder ob beide gemeinsam als Käufer angesehen werden müssen, ist nicht zu klären, aber jedenfalls ließen sie das Haus nach CHARLES' Plänen renovieren und gaben ihm später den Namen „Arisbe"; denn CHARLES liebte die *Ilias*, in der der Ort Arisbe eine Rolle spielt. Wir hatten schon erwähnt, daß er 1870,

Haus „Arisbe" in Milford, Pa., um 1888

Gedenktafel für C. S. Peirce
vor dem Haus „Arisbe"

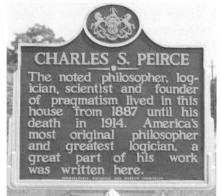

CHARLES S. PEIRCE

The noted philosopher, logician, scientist and founder of pragmatism lived in this house from 1887 until his death in 1914. America's most original philosopher and greatest logician, a great part of his work was written here.

Haus „Arisbe" in Milford, Pa., um 1970

während seiner ersten Europareise (MSS 1560, 1560 a, 1561), in der Nähe der ehemaligen Stadt Arisbe in der Gegend von Troja, wo SCHLIEMANN seine Ausgrabungen begonnen hatte, vorübergefahren war. „Arisbe war eine schon vor Homer bezeugte Siedlung.“[38] Oder genauer: „Eine Stadt in der Region Troas Alt-Anatoliens. Sie lag zwischen den antiken Städten Abydos und Perkote, heute in dem Tal, das sich zwischen der Musaköy-Weide und dem Yapildak-Fluß ausbreitet. Im 5. Jahrhundert v. Chr. war Arisbe eine reiche Stadt, die von Miletos gegründet worden war. Als Alexander der Große zum ersten Mal nach Anatolien kam, schlug er sein Heerlager im Tal von Arisbe auf. Im Bürgerkrieg zwischen Cäsar und Pompeius schickte Arisbe Pompeius Hilfstruppen. Die Stadt existierte noch in frühchristlicher Zeit.“[39] Vielleicht war aber nicht die Begeisterung für HOMERs *Ilias* der einzige Grund, die Quick-Farm in „Arisbe" umzubenennen.

Wie PEIRCE sagt, hat JULIETTE das Haus nicht nur mit schönen alten Möbeln[40] aus Europa, sondern auch mit viel Geschmack eingerichtet. Und obwohl sie am Anfang ihres Aufenthaltes in Milford sehr krank war, scheint das Ehepaar PEIRCE mit Hilfe von einigen Angestellten ein angenehmes, ruhiges Leben geführt zu haben. Über die Angestellten erfährt man aus einem undatierten Briefentwurf von CHARLES, daß sein Haushalt zu einer gewissen Zeit aus sechs Personen bestand, nämlich seiner Frau, ihm selbst und vier Hausangestellten: „einem Franzosen, der weder Englisch noch Deutsch sprach, einem Deutschen und seiner Frau, die Englisch, aber nicht Französisch sprachen, und einem englischen Mädchen, das weder Deutsch noch Französisch sprach. Sie kamen aus drei völlig verschiedenen Ecken zu mir. Meine Frau spricht ein halbes Dutzend Sprachen, vielleicht mehr. Ich dachte nicht im Traum daran, daß jemand von ihnen Polnisch spräche, bis ich sie eines Tages, als ich nach Hause kam, Polnisch sprechen hörte und meine Frau ihrer Unterredung ganz gut folgen konnte. Ich hatte vermutet, daß die Kenntnis des Polnischen ein Talent sei, das man nicht einmal unter tausend Nicht-Polen finden könnte. Aber jetzt beginne ich zu vermuten, daß es doch allgemeiner verbreitet ist." (MS L 483)

Die Krankheit JULIETTEs, die im Leben der beiden eine große Rolle spielte, scheint – zumindest in der ersten Zeit ihrer Ehe und ihres Aufenthaltes in Milford – eine Lungenkrankheit gewesen zu sein. Ein kleines undatiertes Briefchen von CHARLES legt das nahe: „Liebe Juliette, komm nicht herein. Der Qualm wird Deinen Lungen ernstlich schaden. Gehe zur Vordertür. Klingele dreimal, so daß ich weiß, daß Du es bist und gehe dann zur Französin, während ich frische Luft hereinlasse und das Zimmer gut durchlüfte. Das wird eine halbe Stunde dauern. Denke ich. C." Doch anscheinend war nicht nur diese Krankheit Anlaß zu ständiger Sorge, sondern auch noch andere, nicht minder schwere Erkrankungen, wie wir noch sehen werden. Schon wegen ihrer Krankheiten war JULIETTE gezwungen, Milford immer wieder einmal zu verlassen.

3. Beiträge im Century Dictionary und andere wissenschaftliche Arbeiten 1887–1888

Obwohl sich CHARLES PEIRCE in das „wilde Land" bei Milford zurückgezogen hatte, um in Ruhe seinen Forschungen nachgehen zu können, verrichtete er dennoch verschiedene Tätigkeiten an anderen Orten der Vereinigten Staaten. Außer seinen Artikeln für die Coast Survey wurde er zum Beispiel von GROVER CLEVELAND zu einem der Kommissare für die Prüfung von Gewicht und Reinheit der Münzen bestellt, die an den verschiedenen Münzstätten der USA während des Jahres 1887 aufbewahrt wurden. Die abschließenden Berichte wurden von ihm mitunterzeichnet.[41]

Seine Haupttätigkeit in Milford bestand in diesem und in den nächsten beiden Jahren aber, wie bereits in New York, vor allem wohl in der Abfassung zahlreicher Definitionen von Begriffen für die erste Ausgabe des *Century Dictionary and Cyclopedia*[42], ein großes enzyklopädisches Werk von 24 Bänden, das von 1889 bis 1891 in New York erschien. Auch für die Supplement-Bände, die 1909 folgten, steuerte PEIRCE Begriffsbestimmungen bei. Sein eigenes, durchschossenes Exemplar dieses Wörterbuchs, in dem er Angaben über die von ihm stammenden Definitionen macht, wird heute in der Houghton Library der Harvard Universität aufbewahrt.[43] Als alleiniger Verfasser oder als Mitverfasser bearbeitete er über 6 000 Begriffe! Sie reichen von „A", „a^2" bis „zone". Manche Definitionen machen nur wenige Zeilen aus, andere ein bis zwei Seiten. Die Arbeit an so vielen Stichworten aus den verschiedensten Gebieten, zum Beispiel aus Logik, Mathematik, Philosophie, Astronomie, Chemie, Physik, Geologie, Grammatik, Literatur, usw., usw. stellen eine enorme Leistung an Konzentration und Formulierungskunst dar und beruhen vor allem auf guten Kenntnissen auf allen diesen Gebieten.

Vieles, was PEIRCE hier publizierte, hätte wohl in einem eigenen, umfassenden Werk seinen eigentlichen Ort gehabt. Aber einerseits brauchte er Geld, andererseits gelang es ihm nicht – wie wir schon sahen und noch sehen werden –, seine Ideen und Erkenntnisse in eigenen Büchern zu veröffentlichen. Er blieb darauf angewiesen, das, was er zu sagen hatte, in Zeitschriften oder Enzyklopädien zu publizieren.

Neben seiner Arbeit für das Century Dictionary schrieb er 1887 drei Abhandlungen für Zeitschriften, und zwar: *Science and Immortality*[44], *Logical Machines*[45], und *Criticism on ‚Phantasm of the Living'. An Examination of Messrs. Gurney, Mycos, and Podmore*[46].

Auf eine große wissenschaftliche Diskussion in den Jahren 1887–1889 muß hier noch einmal hingewiesen werden, da sie auf einen Vorschlag von CHARLES PEIRCE zurückgeht. Es handelt sich um eine Diskussion in Amerika, England und Deutschland, wo der Vorschlag von PEIRCE, eine Wellenlänge des Sonnenlichts, und zwar die Natriumlinie, als Standardmaß bei astronomischen Berechnungen zu verwenden, diskutiert wurde. Unter anderen äußerten sich zu diesem Problemkreis LOUIS BELL[47], HENRY A. ROWLAND[48], ALBERT A. MICHELSON und E. W. MORLEY[49], JOHN TROWBRIDGE[50], FERDINAND KURLBAUM[51], PAUL KEMPF[52] und Sir WILLIAM HUGGINS[53]. Trotz anfänglicher Einwände kam der PEIRCEsche Vorschlag später voll zur Geltung.

Neben seinen praktischen und theoretischen Forschungen hatte PEIRCE aber auch immer Interesse für schöne Literatur. (Wir hatten seine Bemerkungen zu BALZAC zitiert.) Vor allem aus dem Briefwechsel mit seinem Bruder JAMES, mit dem er zwar nicht immer einer Meinung war, kann man zum Beispiel auch seine Beziehung zur Literatur ganz gut kennenlernen. JAMES, der eine Zeit lang Präsident der Shelley-Gesellschaft war, war vielleicht noch stärker an Literatur interessiert als CHARLES. Auf seine Frage, was er denn gerade an Literatur lese, antwortete CHARLES am Thanksgivingday 1888, daß er in letzter Zeit „wenig Literatur" gelesen habe, das heißt, nur folgende Bücher: PEPYS (gemeint sind wohl dessen interessante *Tagebücher*), SIDNEYs *Arcadia*, Dr. DEEs Vorwort zu EUKLID, THIRIOTs *History of Arithmetic*, BROWNING, SHELLEY, KEATS, WORDSWORTH, MONTAIGNE, die *Mémoires* von CASANOVA, *Our mutual Friend*, sowie alte arithmetische und andere alte Bücher. Das kann man selbstverständlich nicht gerade „wenig" nennen. Auffallend ist, daß er auch Mathematik zur Literatur rechnet und daß in dieser Aufzählung sehr viel Lyrik vorkommt. Im selben Brief schreibt er dem Bruder übrigens nebenbei, daß er mit JULIETTE drei Wochen „im besten Hotel" (wo?) verlebt und sie anschließend nach New York gebracht habe. Er sei allein auf die Farm bei Milford zurückgefahren.

Am selben Tag, an dem CHARLES dem Bruder von seiner Lektüre berichtete, also am 24. November 1888, wurde von THOMAS FISKE, EDWARD W. STABLER und HAROLD JACOBY die New York Mathematical Society mit sechs Mitgliedern gegründet. In diese Gesellschaft konnte man nur durch Wahl aufgenommen werden. 1894 wurde die Gesellschaft dann in American Mathematical Society[54] umbenannt. Sie war die erste mathematische Vereinigung in den Vereinigten Staaten. CHARLES PEIRCE wurde 1891 zugewählt.

4. Die Krankheit Juliettes und ihre Europareise 1889/90

Seit der Ankunft von CHARLES und JULIETTE in Milford scheint sich die Krankheit der jungen Frau („eine Lunge ist etwas angegriffen", wie er am 26. Januar 1889 im Kalender notierte) auch nach einem vierwöchigen Aufenthalt im Süden der Vereinigten Staaten nicht gebessert zu haben. CHARLES teilt dies jedenfalls besorgt seinem Bruder JAMES am 30. März mit. Das Leben auf der Farm bei Milford schildert er ihm jedoch als angenehm und abwechslungsreich. Sie hätten zwei Pferde gekauft, die Kuh hätte ein Kälbchen geboren, usw. Zwar finde er die Landarbeit mühsam, aber einem Leben in Paris, London oder New York vorzuziehen, weil man in den Städten zu viel Geld zum Leben brauche. Er beabsichtigte zu dieser Zeit, die Farm eventuell in „Sunbeam-Farm" umzutaufen, bevor er sie schließlich „Arisbe" nannte. Die PEIRCEs lebten aber nicht ständig in Milford und das so gepriesene Landleben wurde immer wieder durch Reisen unterbrochen. So fuhr CHARLES zum Beispiel im April 1889 nach Washington, wo er während der Tagung der National Academy of Sciences vom 16. bis 19. April zwei Arbeiten präsentierte: *On Sensations of Color* und *On Determinations of Gravity*[55].

Im Frühsommer des Jahres hielten sich CHARLES und JULIETTE wohl auch in New York auf, wo er wieder Logik-Unterricht erteilen wollte, wie aus einem undatierten Brief an JAMES, der aus dieser Zeit stammen muß, hervorgeht. Er hat diesen Unterricht in New York tatsächlich gegeben und war mit seinen Privatschülern auch sehr zufrieden. Der Brief enthält außerdem eine Bemerkung über JULIETTEs Besuch beim Treasure Department (Schatzamt), wodurch ihm gewisse Schwierigkeiten bei der Coast Survey entstanden seien. Er bat den Bruder jedoch, diesen Brief sofort zu verbrennen und betonte, daß er JULIETTE „hingebungsvoll" liebe.

Die Krankheit JULIETTEs hat sich im Laufe des Jahres 1889 wohl so verschlimmert, daß sie im Winter ohne ihren Mann nach Europa reiste. Sie machte in Gibraltar und Neapel Station und war kurze Zeit in Palermo, wo sie Weihnachten verlebte. JAMES, der etwa zur gleichen Zeit eine Europareise machte, schrieb CHARLES am 23. Januar 1890, daß er JULIETTE in Palermo leider verpaßt habe. Sie war mit dem Herzog und der Herzogin d'HARCOURT schon nach Cairo weitergereist, wo sie bei „Dr. Fouquet und Madame Santi"[56] eine Kur machte. Übrigens war Cairo am Ende des vorigen und am Anfang unseres Jahrhunderts das Modebad gegen „Schwindsucht" (Lungentuberkulose), das vom europäischen und insbesondere vom russischen Hochadel bevorzugt wurde. Einige Briefe von CHARLES an JULIETTE zeugen von der großen Sorge, die er sich um die Gesundheit seiner Frau machte. Zwei Monate nach ihrer Abreise (am 23. Januar 1890) schreibt er: „. . . Liebling, schreibe mir. Schicke Dein Foto und Dein Gewicht. . . . Glaube mir, daß ich Dich mit meinem ganzen Herzen und meiner ganzen Kraft und meinem ganzen Geist liebe. Meine wunderbare, meine treue & noble kleine Frau! Meine Juliette, mein Weib, der Schatz und die einzige Freude meines Lebens. C." In einem anderen Brief (vom 22. April 1890) erinnert er sie an den Beginn ihrer Liebe, an Spaziergänge im Park (wo?) am Tage und bei Mondschein, an ein Wiedersehen in Washington, wo sie Fähigkeiten zeigte, die ihn überraschten und worauf eine „furchtbare Zeit folgte, als alles im Leben schrecklich, schrecklich verbittert" war.

JAMES hielt sich im März ebenfalls in Cairo auf und traf dort mehrfach mit JULIETTE zusammen. Er berichtete dem daheim gebliebenen CHARLES, daß JULIETTE zwar so bleich wie immer aussehe, ihm aber nicht eigentlich krank erscheine. Sie wolle noch kurze Zeit in Alexandria bleiben und dann nach Neapel fahren, wo sie im Grand Hotel wohnen werde. Von Neapel aus komme sie mit dem Schiff nach New York zurück.

Man kann aus diesen Bemerkungen des Bruders schließen, daß CHARLES PEIRCE nicht immer und nicht vollständig über JULIETTEs persönliches Leben informiert war. Er wußte anscheinend nicht genau, mit wem sie reiste und wem sie auf der Reise begegnete. Deshalb hatte er den Bruder wohl um Auskunft gebeten, der sich sicher sehr bemühte, aber recht wenig in Erfahrung gebracht zu haben scheint.

Die Reise JULIETTEs nach Ägypten beweist aber wiederum, daß sie, auch wenn sie nicht selbst zum Hochadel gehörte, doch zumindest enge Beziehungen zum Hochadel besaß. Wie hätte sie sonst in einem von diesem bevorzugten Badeort eine Kur machen können? Die Bemerkung von CHARLES im Brief vom 5. April 1894 an JAMES würde diese Vermutung verstärken: „Sie ist an einem Hof erzogen worden."

Während der Abwesenheit JULIETTEs scheint PEIRCE damals intensiv an verschiedenen Projekten gleichzeitig gearbeitet zu haben. Er verstärkte auch seine Mitarbeit in The Nation. Nachdem *The Century Dictionary* erschienen war, wurden übrigens verschiedene Rezensionen dieses Werkes veröffentlicht. So machte zum Beispiel SIMON NEWCOMB in seiner Besprechung (The Nation, 13. 6. 89; N, I, 75) auf gewisse Fehler im *Dictionary* aufmerksam, die der vorhergehende Rezensent übersehen habe. NEWCOMB nennt keinen Verfasser der fehlerhaften Definitionen, aber PEIRCE, als wohl einzig Betroffener, gibt am 20. Juni im selben Organ eine Gegendarstellung und verteidigt alle Definitionen außer einer. Diese könne er tatsächlich nicht aufrecht erhalten, da er dabei seine sonst angewandte **Methode** nicht befolgt habe. Am 27. Juni antwortet NEWCOMB auf diesen „sehr offenen Brief von Peirce" mit weiteren Beanstandungen in einer neuen Zuschrift an den Herausgeber der Nation. Aber welches Wörterbuch könnte perfekt sein? Bei dieser Kontroverse muß man übrigens berücksichtigen, daß zwischen NEWCOMB und PEIRCE zeitlebens eine Rivalität bestanden hat. PEIRCE kannte die wissenschaftlichen Grenzen NEWCOMBs sehr genau, das heißt, er ließ ihn als Astronomen, aber nicht als Mathematiker gelten. Obwohl NEWCOMB ein Lieblingsschüler seines Vaters war und im elterlichen Hause verkehrte, bestand zwischen den fast gleichaltrigen Wissenschaftlern (NEWCOMB war nur vier Jahre älter) keine wirklich freundschaftliche Beziehung. Ihr Umgangston – wenn man nach den Briefen schließen darf – war stets kühl und distanziert.

PEIRCEs Beiträge in The Nation waren, wie schon gezeigt, meistens Rezensionen von Büchern aus seinen wichtigsten Arbeitsgebieten. So rezensierte er am am 15. August 1889 die *Deductive Logic* von St. GEORGE STOCK, die er zum Anlaß nimmt, neben der kritischen Beurteilung dieses Buches vor allem auf die Bedeutung der modernen „Symbolischen Logik" hinzuweisen, die sich mit den Namen VENN, De MORGAN, u. a. verbinde und mit der STOCK überhaupt nicht vertraut zu sein scheine. Neben der Erwähnung von De MORGANs „begrenztem Universum" und der Konvention, daß partikuläre Sätze die Existenz von Termen implizieren, aber universale Sätze dies nicht tun, ist vor allem die Anmerkung wichtig, daß die Unterscheidung zwischen logischer und materialer Folgerung (sequence) ganz und gar dieselbe sei wie die Unterscheidung zwischen dem verbalen und dem realen Satz. Diese Auffassung entspricht genau derjenigen BERNARD BOLZANOs, der den „realen Satz" bekanntlich „Satz an sich" nannte und vom sprachlich geäußerten unterschied. Die Beachtung des Unterschieds ist deshalb so wichtig, weil es andernfalls immer wieder fehlerhafte Darstellungen „logischer Gegenstände" gibt.

Es würde zu weit führen, auf alle Besprechungen von PEIRCE im Jahre 1890 einzugehen[57]. Ich möchte nur betonen, daß er die Rezensionen immer auch dazu benutzte, seinen eigenen Standpunkt klar zum Ausdruck zu bringen, insbesondere wenn er mit dem Werk, das es zu besprechen galt, nicht oder nur teilweise einverstanden war.

Daß in Amerika am Ende des 19. Jahrhunderts viele aus Europa stammende Ideen sogar in Tageszeitungen diskutiert wurden, kann man zum Beispiel an einer Kontroverse ablesen, die zwischen dem 23. März und dem 27. April 1890 in der New York Times über HERBERT SPENCER[58] ausgetragen wurde. Eine Reihe von Artikeln erschien unter vollem Namen, andere unter Pseudonymen wie „Kappa", oder Abkürzungen von Namen wie „R. G. E.", „W. H. B." usw. und wieder andere anonym. Auch CHARLES PEIRCE griff in die Diskussion ein und veröffentlichte unter dem Pseudonym „Outsider" folgende Beiträge: *Herbert Spencer's Philosophy. Is it Unscientific and Unsound? – Its Pretensions Attacked and a Demonstration Called For* (23. März) und *‚Outsider' Wants More Light. He Cometh After his Critics and Searcheth Them – Spencer's Standing in Science – His Theory of Evolution – ‚Outsider' is an Inquirer, Not an Assailant* (13. April). Den Abschluß der Debatte bildeten die Beiträge von W. J. YOUMANS, LEWIS G. JANES und GEORGE ILES. Letzterer veröffentlichte, wie die beiden anderen, am 27. April dann eine Adresse zum 70. Geburtstag von SPENCER.

5. A Guess at the Riddle

Um 1890 arbeitete CHARLES PEIRCE neben allen anderen Tätigkeiten an einem Buch, das den Titel *A Guess at the Riddle* erhalten sollte. Es wurde nicht fertiggestellt, aber ein Tipskript[59] von 65 Seiten ist erhalten, aus dem man die wichtigsten Gesichtspunkte, die in dem Buch behandelt werden sollten, kennenlernen kann. „Riddle" bezieht sich auf „The Riddle of the Sphynx" in EMERSONs Gedicht *The Sphynx* in den *Poems* (1889). Das Buch sollte neun Kapitel umfassen, die im *Plan of the Work*[60] folgendermaßen beschrieben werden:

„Kapitel 1: *One, Two, Three.* Schon geschrieben [Wahrscheinlich MS 901, um 1885, 39 Seiten, auszugsweise in CP 1.369–372 und 1.376–378].

Kapitel 2: *The Triad of Reasoning.*
Noch nicht in Angriff genommen. Es sollte folgendermaßen ausgeführt werden: 1. *Three Kinds of Signs*; am besten darge-stellt in meiner Schrift *On the Algebra of Logic* [AJU 7, Nr. 2 (1885)]; 2. *Term, Proposition, and Argument*; erwähnt in meiner Schrift *On a New List of Categories* [PAAAS (1867) 287–298; CP 1.545–572]; 3. *Three Kinds of Arguments: Deduction, Induc-tion and Hypothesis*, wie gezeigt in meiner Schrift in *Studies in Logic* (*A Theory of Probable Inference*) [CP 2.694–754], auch in *Three Syllogistic Figures* und in meiner Schrift *Classification of Arguments* [CP 2.461–516]; 4. *Three Kinds of Terms, Absolute, Relative and Conjugative*, wie gezeigt in meiner ersten Schrift über *Logic of Relatives* [MAA, vol. 9 (1870); CP 3.45–149].

Kapitel 3: *The Triad in Metaphysics.* Dieses Kapitel, eines der besten, soll die Erkenntnistheorie behandeln.

Kapitel 4: *The Triad in Psychology.* Der größere Teil ist geschrieben.

Kapitel 5: *The Triad in Physiology.* Der größere Teil ist geschrieben.

Kapitel 6: *The Triad in Biology.* Dies soll die wahre Natur der Darwinschen Hypothese zeigen.

Kapitel 7: *The Triad in Physics.* Das Keim-Kapitel. 1. Die Notwendigkeit einer Naturgeschichte der Naturgesetze, so daß wir einige Kenntnisse darüber erhalten, was wir erwarten können. 2. Das logische Postulat zur Erklärung verbietet die Voraussetzung des Absoluten. Das heißt, es verlangt die Einführung von Drittheit. 3. Metaphysik ist eine Nachahmung von Geometrie; und da die Mathematiker sich gegen Axiome ausgesprochen haben, sind die metaphysischen Axiome dazu bestimmt, ebenfalls zu fallen. 4. Absoluter Zufall. 5. Die Universalität des Gewohnheitsprin-zips. 6. Die ganze vorgetragene Theorie. 7. Folgerungen.

Kapitel 8: *The Triad in Sociology,* oder sollte ich sagen in der Pneumatolo-gie. Daß das Bewußtsein eine Art allgemeiner Geist (public spirit) zwischen den Nervenzellen ist. Der Mensch als ein Gemeinwesen (community) von Zellen; zusammengesetzte Tiere und zusammengesetzte Pflanzen; Gesellschaft; Natur; Empfinden in Erstheit impliziert.

Kapitel 9:   *The Triad in Theology.* Glaube verlangt von uns, daß wir Materialisten sind, ohne zurückzuschrecken."

Im *Preface* (CP 1.3–14) zu diesem geplanten Buch gibt CHARLES PEIRCE einen Abriß seines philosophisch-wissenschaftstheoretischen Werdegangs und betont, daß er, seit er überhaupt selbständig denken konnte, vor allem mit der Untersuchung der **Forschungsmethoden** beschäftigt gewesen sei, daß er auf Grund seiner chemischen, physikalischen und anderen naturwissenschaftlichen Studien, sowohl was die Gegenstände dieser Wissenschaften als auch ihre erfolgreichen Methoden betrifft, gründlich ausgebildet sei und selbst einige Beiträge in Mathematik, Gravitation, Optik, Chemie, Astronomie usw. geliefert habe, von denen jedoch vielleicht keiner besonders wichtig sei. Daneben sei er auch Logiker gewesen und habe die wichtigsten Werke der griechischen, englischen, deutschen, französischen usw. Logiker, vor allem auch der mittelalterlichen Denker gründlich studiert und selbst eigene Systeme in deduktiver und induktiver Logik geschaffen. Nachdem er bekannt hat, daß seine Studien der Metaphysik weniger systematisch gewesen seien, vergleicht er die deutsche und englische Philosophie. Die deutsche hält er zwar für anregend, aber weniger wichtig als die mageren und rohen Konzeptionen der englischen Philosophie, die die sichereren Methoden und die akkuratere Logik besäßen. Er lobt auch die Lehre von den Ideen-Assoziationen als „das feinste Stück philosophischer Arbeit des vorwissenschaftlichen Zeitalters". DUNS SCOTUS wird mit gewissen Vorbehalten für das eigene Denken als wichtig erachtet, weniger der Sensationalismus und Evolutionalismus (SPENCER). Seine eigene Philosophie könne als der Versuch eines Physikers beschrieben werden, der die Konstituierung des Universums hypothetisch mit wissenschaftlichen Methoden und mit Hilfe aller vorangehenden Philosophen wage. Dabei könne natürlich nicht an einen demonstrativen Beweis gedacht werden. „Die Beweise der Metaphysiker sind alle Unsinn. Das einzige, das getan werden kann, ist, eine Hypothese aufzustellen, die nicht bar jeder Wahrscheinlichkeit ist, in der allgemeinen Wachstumslinie der wissenschaftlichen Ideen liegt und von zukünftigen Beobachtern verifiziert oder zurückgewiesen werden kann."

Ebenso wie religiöse „Unfehlbarkeit" läßt PEIRCE auch alle diejenigen Personen nicht gelten, die ihre Begriffe über Wissenschaft durch **Lesen**, nicht durch **Forschen** gefunden haben. Wissenschaft habe auch nichts mit Kenntnissen zu tun, sondern brauche Menschen, die von dem Verlangen verzehrt werden, „Dinge herauszufinden". „Unfehlbarkeit" hat für ihn im wissenschaftlichen Bereich etwas „unwiderstehlich Komisches" an sich; denn der „wahrscheinliche Irrtum" (probable error) werde von allen Forschern der messenden Wissenschaften hinsichtlich ihrer Ergebnisse einkalkuliert.

Er – PEIRCE – sei ein Mann, von dem die Kritiker nie etwas Gutes zu sagen gewußt hätten. Nur einer habe ihn ungewollt gelobt, als er sagte, PEIRCE sei „seiner eigenen Folgerung nicht absolut sicher". „Mein Buch ist für Leute gedacht, die herausfinden möchten, aber Leute, die Philosophie ausgeschöpft bekommen möchten, mögen anderswohin gehen. Philosophische Suppenküchen gibt es, gottseidank, an jeder Straßenecke."

Auch betont er in diesem *Vorwort* noch einmal, daß er jahrelang vorgehabt habe, seine Vorstellungen unter dem Titel „Fallibilismus"[61] zu sammeln, da der erste Schritt beim „Herausfinden" immer darin bestehe zuzugeben, daß man nichts wirklich gründlich kenne.

Ein uns schon bekannter wichtiger, aber weniger allgemeiner Gesichtspunkt, den PEIRCE hier erörtert, betrifft die „Relationen". Er unterscheidet in diesem fragmentarischen Werk „reale" und „rationale" Relationen, wie sie in der Scholastik, vor allem bei OCKHAM, und später bei HEGEL diskutiert wurden. In einer realen Relation darf nach PEIRCE keines der beiden verknüpften Objekte zerstört werden; eine rationale Relation besteht hingegen auch dann weiter, wenn eines der Objekte zerstört ist. Zur „Ähnlichkeitsrelation" bemerkt er, daß zwei beliebige Objekte einander immer ähneln; so ähnelte RUMFORD zum Beispiel FRANKLIN, weil beide Amerikaner waren, aber jeder wäre Amerikaner gewesen, auch wenn der andere nicht existiert hätte. Die Ähnlichkeitsrelation ebenso wie Gegensätze und Vergleiche sind nach PEIRCE stets rationale Relationen.

Das Ziel seines Werkes formuliert PEIRCE in einem anderen „Vorwort", das die Herausgeber der *Collected Papers* an den Anfang von Band 1 gesetzt haben, folgendermaßen: „Das Unternehmen, das mit diesem Buch begonnen wird, besteht darin, eine Philosophie wie die des Aristoteles zu verfassen, das heißt eine so umfassende Theorie zu umreißen, daß das gesamte Werk menschlicher Vernunft in der Philosophie jeder Schule und Art, in der Mathematik, Psychologie, Physik, Geschichte, Soziologie und jedem beliebigen anderen Gebiet, das es geben mag, als die Ausarbeitung ihrer Einzelheiten erscheinen wird. Der erste Schritt in dieser Richtung besteht darin, einfache Begriffe zu finden, die auf jeden Gegenstand anwendbar sind." (CP 1.1; aus einem Fragment um 1898) Damit ist wiederum der Grundlagenforscher, der Methodologe und Wissenschaftstheoretiker deutlich sichtbar geworden.

6. Spiritualismus und Telepathie

Ein bisher noch nicht aufgetauchter Themenkreis wurde von CHARLES PEIRCE ab 1890 bearbeitet, nämlich Spiritualismus und Telepathie, der zunächst in zwei Manuskripten dargestellt wird: MS 971 *Notes on the Questions of the Existence of an External World* und MS 878 *Logic and Spiritualism*. Das erste Manuskript wurde größtenteils 1931 (CP 1.36–39) veröffentlicht; das zweite Manuskript hatte PEIRCE für The Forum geschrieben, auch die Fahnenabzüge korrigiert, aber als unbefriedigend nicht publiziert. Es wurde 1935 (CP 6.557–587) vollständig gedruckt. Andere undatierte Manuskripte sind wahrscheinlich um 1890 entstanden, wurden aber alle nicht veröffentlicht: MS 876 *Suggestions for a Course of Entretiens Leading up through Philosophy to the Questions of Spiritualism, Ghosts, and Finally to that of Religion* (Sketch eines Kurses von halbstündigen Vorlesungen. MS 857 *Lecture I* gehört dazu.); MS 877 *Brief Sketch of a Proposed Series of Articles on the Cosmology of the Here and Hereafter*; MS 879 *Logic and Spiritualism* (wo er sagt, daß bevor Spiritualismus diskutiert werden könne, das Leib-Seele-Problem gelöst sein müsse); MS 880 *On Spiritualism, Telepathy, and Miracles*. Thematisch gehören des weiteren in diesen Umkreis: MS 885 *Dmesis* und MS 886 *Immortality in the Light of Synechism*, die 1892 geschrieben wurden. (MS 886 war für The Open Court gedacht, ist aber erst 1958 (CP 7.565–578) vollständig publiziert worden). Das Thema der Telepathie hat PEIRCE um 1895 in MS 882 und 1903 in MS 881 wieder aufgenommen. Das letztere Manuskript hatte einen Umfang von 100 + 49 Seiten. Es wurde erst 1958 auszugsweise (CP 7.597–688) veröffentlicht.

Selbstverständlich hat PEIRCE Telepathie und Spiritualismus sehr skeptisch beurteilt. Er habe niemals an einer gelungenen spiritistischen Sitzung teilgenommen, sagt er. Aber wenn er eine von beiden Richtungen vorziehen sollte, so sei Spiritualismus eher zu akzeptieren als Telepathie. Hinsichtlich seines Skeptizismus betreffend Spiritualismus und Telepathie hat er sich auch als „sturen Logiker" bezeichnet.

Seine logischen Untersuchungen hat er 1890 übrigens auch auf Maschinen zur Lösung logischer Probleme ausgedehnt. So gab er zum Beispiel in einem Brief an seinen ehemaligen Schüler der Johns Hopkins Universität, ALLAN MARQUAND[62], die erste Beschreibung eines (elektrischen) Schwingkreises zur Lösung solcher Probleme.

VIII Verstärkung der publizistischen Tätigkeit und Ausscheiden aus der Coast Survey

1. Vortragstätigkeit und Publikationen von 1891

Auf der Tagung der National Academy of Sciences vom 10. bis 12. April 1891 in New York sprach CHARLES PEIRCE über *Astronomical Methods of Determining the Curvature of Space*[1] und lieferte einen Diskussionsbeitrag zum Vortrag von O. N. ROOD, *On a Color System*.

Wichtiger als dieser Vortrag bzw. seine Teilnahme an dieser oder überhaupt an den Tagungen der National Academy of Sciences sind seine Publikationen in verschiedenen Zeitungen und Zeitschriften, die in dieser Zeit erschienen. Als in der New York Daily Tribune zwei Artikel über *The ‚Pons Asinorum'*, am 19. Dezember 1890 (gezeichnet mit A. B. C.) und am 21. Dezember (gezeichnet mit W. L. S.), sowie ein weiterer Artikel *Not ‚Pons' But ‚Pontes Asinorum'* am 2. Januar 1891 (gezeichnet mit W.) erschienen waren, publizierte PEIRCE am 6. Januar den Artikel *The ‚Pons Asinorum' Again. Mr. Peirce sets forth the History of the Phrase from the Times of Duns Scotus' Followers.* „Pons asinorum" (Eselsbrücke) ist einerseits ein bekanntes Verfahren der klassischen Logik (angeblich von PETRUS TARTARETUS um 1480 ersonnen), um den Studenten das Auffinden des Mittelbegriffs einer Schlußfigur zu erleichtern, andererseits auch der Satz des EUKLID, daß, wenn zwei Seiten eines Dreiecks gleich sind, dann auch die Gegenwinkel gleich sein müssen.

In The Nation rezensierte PEIRCE 1891 eine Reihe von Büchern[2], von denen ich nur zwei hervorheben möchte: 1. Die *Principles of Psychology* von WILLIAM JAMES und die *Vorlesungen über die Algebra der Logik* von ERNST SCHRÖDER. Das Werk von JAMES war in zwei Bänden publiziert worden, PEIRCE besprach Band I am 2. Juli, Band II am 9. Juli. Zur gleichen Zeit hat er sicher auch das MS 1099 *Questions on William James' ‚Principles of Psychology'* geschrieben, in dem er zu Band I 45 Fragen[3] notiert hat, von denen 15 Fragen erstmals 1958 (CP 8.72–90) veröffentlicht wurden. Aus ihnen gehen die kritischen Einwände von PEIRCE gegen die JAMESsche Auffassung von Psychologie klarer hervor als aus der damals publizierten Rezension.

CHARLES PEIRCE hatte bei der Besprechung der beiden Bände der *Psychology* von JAMES eine schwere Aufgabe zu meistern: Er mußte seine freundschaftliche Verbundenheit mit seiner berechtigten Kritik vereinbaren. So nennt er das Werk eingangs zwar den „wichtigsten Beitrag zur Psychologie", der für viele kommende Jahre damit gemacht worden sei und der „eine der gewichtigsten Produktionen des amerikanischen Geistes" darstelle, bezeichnet das Buch aber gleichwohl als eine Zusammenfassung heterogener Artikel, da es weder ein einziger Essay, noch eine zusammenhängende Serie von Essays, noch eine einheitliche Abhandlung sei. Auch bemängelt er sogleich den unberechtigten und unangemessenen Gebrauch von Wörtern und Phrasen exakten Inhalts. Er bezeichnet das Denken von JAMES zwar als höchst originell oder zumindest neuartig, jedoch mit der Einschränkung, die Originalität sei von destruktiver Art. Außerdem wirft er JAMES viele Ungereimtheiten vor, die JAMES in seiner Intellektfeindlichkeit und Unkenntnis naturwissenschaftlicher Methoden fälschlich für sich in Anspruch nehme. Das Prinzip der unkritischen Übernahme von Daten, zu der JAMES neige, führe zu einer neuen Art von Denkfreiheit, die mit allen überkommenen Methoden der Psychologie und der Wissenschaften im allgemeinen breche. Was seine neue kritische Methode betreffe, die ohne Logik auskommen wolle, kann PEIRCE nur feststellen, daß sich JAMES eben überhaupt nicht in der Logik auskenne. Die hier genannten kritischen Punkte zeugen von den zugrundeliegenden Divergenzen der beiden Freunde.

Die andere Rezension in The Nation (13. August 1891) ist den *Vorlesungen über die Algebra der Logik* von ERNST SCHRÖDER gewidmet, deren erster Band 1890 erschienen war. In seinem Vorwort hatte SCHRÖDER geschrieben: „Seit dem Erscheinen von des Verfassers *Operationskreis des Logikkalküls* (1877) hat diese Behandlung (exakte Logik) noch höchst bedeutende Fortschritte gemacht: vor allem durch die Arbeiten des Amerikaners Charles S. Peirce und seiner Schule. Namentlich gebührt Herrn Peirce das Verdienst, die Brücke von den älteren blos verbalen Behandlungen jener Disziplin zu der neuen rechnerisch zuwerke gehenden geschlagen zu haben, eine Brücke, welche im Lager der Berufsphilosophen mit Recht vermisst worden und deren Fehlen es wohl zuzuschreiben ist, daß die neue Richtung daselbst nur mit Befremden aufgenommen wurde." (III)

In seiner Rezension findet PEIRCE das Buch zwar zu breit und zu diffus, erkennt aber an, daß die Lehre SCHRÖDERs fast durchweg richtig ist und seine Argumente für die Eingliederung der Logik in die allgemeine menschliche Erziehung sehr überzeugend vorgebracht worden sind. Und natürlich vermerkt er dankbar die oben zitierte Würdigung seiner eigenen und seiner Schüler Arbeiten, obwohl seiner Meinung nach die Verdienste von O. H. MITCHELL nicht genügend berücksichtigt worden sind. Er lobt das Buch auch vor allem deshalb, weil es ohne Vorkenntnisse gelesen werden könne, und macht darauf aufmerksam, daß eine spanische Übersetzung bereits in Angriff genommen wurde und eine englische, vielleicht mit Änderungen, wünschenswert sei. Nur soweit zu dieser Rezension.

In seinem Buch hat SCHRÖDER übrigens auch Ausführungen zu Zeichen, Begriffsschrift, Universalsprache, Namen, Urteil, Pasigraphie usw. gemacht, die von DESCARTES, LEIBNIZ, TRENDELENBURG, De MORGAN, EULER und anderen beeinflußt worden sind. ERNST SCHRÖDER bezieht sich übrigens nie auf GOTTLOB FREGE. In einer Rezension der *Begriffsschrift* (1879) von FREGE meinte er, daß sie „diesen ihren Namen nicht verdient, sondern etwa als eine in der That logische (wenn auch nicht zweckmäßigste) Urteilsschrift zu bezeichnen wäre". (Zeitschrift für Mathematik und Physik, 1880) Es ist mir keine Stelle im Werk von PEIRCE bekannt, wo CHARLES PEIRCE selbst GOTTLOB FREGE erwähnt oder kritisiert. Meines Wissens hat nur seine Schülerin CHRISTINE LADD-FRANKLIN in der Bibliographie ihres Beitrags in den *Studies in Logic* (1883) GOTTLOB FREGEs *Begriffsschrift* sowie deren Rezension von SCHRÖDER zitiert.

Ich möchte hier nebenbei noch auf eine weitere Rezension der *Algebra der Logik* von SCHRÖDER hinweisen, die wegen der Erwähnung von PEIRCE genannt werden muß. Es handelt sich um E. G. HUSSERLs (EDMUND HUSSERL, wie er sich später kurz nannte), damals noch Dozent in Halle, Besprechung in den Göttingschen gelehrten Anzeigen (Bd. 1, Nr. 7, 1. April 1891). Neben einer fundierten Kritik der logischen Ausführungen im allgemeinen, stimmt HUSSERL dem rein Technischen, das heißt dem „Calkül" zu. C. S. PEIRCE wird auf den Seiten 248, 257f, 261 und 278 genannt. Die Bemerkung auf Seite 278 ist eine erste, sehr positive Stellungnahme HUSSERLs zu PEIRCE, die bisher nicht bemerkt wurde und deshalb zitiert werden soll: „Ein besonderer § (27) ist gewidmet den Methoden von McColl und C. S. Peirce, von denen die letztere grundverschieden ist von der Boole-Schröderschen und durch ihre besondere Originalität, Einfachheit und Eleganz imponiert. Sie erscheint, zumal nach der Vereinfachung, die Schröder ihr zu Teil werden läßt, als eminent brauchbar, und es wäre demgemäß ein größerer Reichtum an sie anschließender und ausgerechneter Aufgaben erwünscht gewesen." HUSSERL hat also PEIRCE zumindest aus dem Buch SCHRÖDERs gekannt und seinen Beitrag zur Logik sehr hoch geschätzt. Auch PEIRCE hat später den Namen HUSSERL positiv erwähnt, wie noch gezeigt werden wird. HUSSERL spricht in seiner Rezension des SCHRÖDERschen Buches überhaupt ganz selbstverständlich von den so „wichtigen semiotischen Fragen", die in Abschnitt B (Über Zeichen und Namen) der Einleitung behandelt werden, die sich bei der Prüfung ihrer Richtigkeit oder Anwendbarkeit jedoch als nicht sehr brauchbar erwiesen. Man muß hier anmerken, daß sich SCHRÖDER bei seinen semiotischen Ausführungen nicht auf PEIRCE beruft, sondern – wie HUSSERL ebenfalls feststellt – von TRENDELENBURG und LEIBNIZ beeinflußt ist, deren Zeichenkonzeption nach HUSSERL viel zu wünschen übrig läßt.

HUSSERL hat sich zur Zeit dieser Rezension selbst intensiv mit Zeichen beschäftigt. Sein Manuskript *Zur Logik der Zeichen*, das mit dem 14. 3. und

13. 9. 1890 datiert ist, sollte wohl ein Teil des geplanten zweiten Bandes seiner *Philosophie der Arithmetik* werden. Es wurde zu Lebzeiten jedoch nicht veröffentlicht und ist erst 1970 (*Husserliana*, Bd. 12, 340–379 und 524–530) zugänglich gemacht worden. Da HUSSERL darin auf BOLZANO verweist, der den Terminus „Semiotik" in seiner *Wissenschaftslehre* (1837) benutzt hatte, ist es für ihn wohl selbstverständlich gewesen, diesen Terminus ebenfalls zu verwenden. Ein Beitrag zur Rezeption der Semiotik HUSSERLs im Zusammenhang mit der PEIRCEschen Zeichenkonzeption liegt nun in *‚Denken' und ‚Sprechen' nach Aspekten der theoretischen Semiotik unter besonderer Berücksichtigung der Phänomenologie Edmund Husserls* (Diss. Stuttgart 1983) von JOSEF KLEIN vor, der die engen Beziehungen zwischen beiden Philosophen hinsichtlich der Phänomen- und Zeichenrelation aufgezeigt hat.

CHARLES PEIRCE hat sich mehrfach mit SCHRÖDER auseinandergesetzt. Seine erste Äußerung über ihn findet man in seinem Artikel *On the Algebra of Logic* (1880), wo er sagt: „Professor Schröder aus Karlsruhe veröffentlichte im Frühjahr 1877 seinen ‚Operationskreis des Logikkalküls'. ... Schröder gibt eine originelle, interessante und bequeme Methode zur Arbeit mit der Algebra." (3.199, Anm. 2) In seinem Artikel *On the Algebra of Logic. A Contribution to the Philosophy of Notation* (1885) spricht er von „my friend, Professor Schröder" (3.384 Anm.). In *The Regenerated Logic* (1896) spendet er dem 3. Band der *Vorlesungen* ... (1895) SCHRÖDERs großes Lob. Auch in seiner Definition von *Imaging* (*Baldwin's Dictionary*, 1901–1902) bezeichnet er den 3. Band als „sein großes Werk". Hingegen findet er den zweiten Band (1891) nicht so gelungen; er meint, daß er darin „weit unter sich selbst ist" (Definition: *Logic*, (Exact), a. a. O.). Er erwähnt ihn auch in verschiedenen anderen Definitionen dieses *Dictionary*, desgleichen in seiner *Grand Logic* (1893), seiner *Minute Logic* (1902), in den *Vorlesungen über Pragmatismus* (1903) u. a. Besonders lobt er SCHRÖDER wegen dessen Ausführungen über die transitive Relation und die Translation, die Schröders brillanteste Entdeckung" gewesen sei, „vor allem wegen ihrer Einfachheit, als sie einmal festgestellt war". (*Nomenclature and Divisions of Dyadic Relations* (1903; CP 3.594). Nicht ohne Selbstbewußtsein heißt es aber auch: „Schröder, der immer sorgfältig des Schreibers Terminologie folgte, außer wo er gute und ausreichende Gründe hatte, davon abzugehen." (CP 3.580) In der *Minute Logic* (1902) nennt er ihn „den Führer der exakten Logik in Deutschland" (CP 2.19) und in der Definition *Symbolic Logic* (*Baldwin's Dictionary*, 1902), zitiert er ihn dreimal und sagt u. a.: „Schröder, der eine bewundernswerte Abhandlung über dieses System geschrieben hat (obwohl seine Charaktere [Schriftzeichen] zurückgewiesen und nicht mehr verwendet werden sollten) hat ihre Macht beträchtlich vermehrt." (CP 4.392–3) In den Briefen an VICTORIA WELBY, auf die wir noch eingehen werden, heißt es am 12. Oktober 1904: „Mein Freund Schröder verliebte sich in meine Algebra dyadischer Relationen. Die wenigen Seiten, die ich ihr in meiner Note B in den ‚Studies in Logic by Members of the Johns Hopkins University' einräumte, waren ihrer Wichtigkeit angemessen. Sein Buch ist tief, aber seine

Tiefe macht es nur noch klarer, daß Zweitheit Drittheit nicht einschließen kann." (CP 8.331) Ähnlich formulierte er auch in *Some Amazing Mazes. The First Curiosity* (1908): „. . . meine Algebra der dyadischen Relative, in die der zu betrauernde Schröder so sehr verliebt war." (CP 4.617) Ich zitiere diese Bemerkungen von PEIRCE nicht nur, um zu zeigen, wie eng die geistigen Beziehungen zwischen beiden Logikern gewesen sind, ohne daß sie sich jemals persönlich kennenlernten, sondern auch um hervorzuheben, daß die „triadischen Relative" bzw. die triadischen Relationen von PEIRCE auf SCHRÖDER (und viele andere) nicht den Eindruck machten, den PEIRCE beabsichtigte bzw. sich erhoffte.

2.   Exkurs über ERNST SCHRÖDER

Da ERNST SCHRÖDER der einzige deutsche Logiker war, der bereits im vorigen Jahrhundert die Arbeiten von CHARLES PEIRCE studierte und zur Grundlage der eigenen Werke machte, jedoch wenig bekannt ist, das heißt im *Philosophischen Wörterbuch*, neu bearbeitet von G. SCHISCHKOFF (Stuttgart [19]1974) zum Beispiel überhaupt nicht erwähnt wird und dem im *Dictionary of Philosophy*, hsg. von DAGOBERT D. RUNES (Totowa/N. J. 1968) nur wenige Zeilen gewidmet sind, sei er hier kurz vorgestellt.

FRIEDRICH WILHELM KARL ERNST SCHRÖDER wurde am 25. November 1841 in Mannheim geboren. Mit acht Jahren „sprach er gewandt lateinisch", erhielt vom Großvater Unterricht, besuchte von 1852 bis 1855 die Höhere Bürgerschule in Mannheim, deren Direktor sein Vater war, und von 1856 bis 1860 das Lyzeum in Mannheim, das er mit dem Zeugnis der Reife abschloß. Er studierte anschließend in Heidelberg Mathematik und Physik bei HESSE, KIRCHHOFF und BUNSEN und promovierte 1862. Bis Herbst 1864 studierte er mit einem Stipendium in Königsberg, legte anschließend die erste Lehramtsprüfung in Karlsruhe ab und habilitierte sich für Mathematik am Eidgenössischen Polytechnikum in Zürich, wo er anschließend als Vikar an der Kantonsschule arbeitete. 1868 erhielt er eine Stelle als Aushilfslehrer an der Höheren Bürgerschule in Karlsruhe, kurz danach eine Lehrstelle am Pädagogikum in Pforzheim. 1869 legte er die zweite Staatsprüfung mit der Note „vorzüglich" ab. Als Kriegsfreiwilliger machte er 1870 die Belagerung von Straßburg und den Vormarsch auf Dijon mit, wurde aber bereits am 1. November 1870 von der Schulbehörde reklamiert und zum Professor ernannt. Bis 1874 unterrichtete er Mathematik und Naturwissenschaften am Realgymnasium in Baden-Baden, wo 1873 sein *Lehrbuch der Arithmetik und Algebra* erschien. Er sprach gut Französisch und Englisch und lernte in der Zeit in Baden-Baden noch Russisch. 1874 wurde er als Ordinarius für Mathematik an die Technische Hochschule in Darmstadt berufen, 1876 erhielt er einen Ruf an die Technische Hochschule Karlsruhe, wo er Arithmetik, Trigonometrie und Höhere Analysis lehrte. Seit seiner Übersiedlung nach Karlsruhe beschäftigte er sich mit der „rechnerischen Behandlung der Logik" und studierte die Werke von BOOLE, De MORGAN, CHARLES PEIRCE und anderen. 1877 erschien sein *Operationskreis des Logikkalküls*, dem 1890 Band I der *Vorlesungen über die Algebra der Logik* folgte, in welchem er die „Forschungen der Engländer und Amerikaner, insbesondere von Charles S. Peirce, in einheitlichem Gewande, vermehrt durch zahlreiche eigene Untersuchungen", wie er schreibt, vortrug. Band II/1 dieses Werkes erschien 1891, Band II/2 folgte erst 1905, nach seinem Tode. Aber 1895 war Band III mit dem Untertitel: *Algebra und Logik der Relative* publiziert worden.

J. LÜROTH, der 1905 Band II/2 herausgab, bemerkt hinsichtlich der Arbeiten von SCHRÖDER und PEIRCE in seiner Einleitung: „Der Schöpfer dieser Logik

Ernst Schröder
(1841–1902)

der Relative ist Charles S. Peirce, und seine Theorie ist es im wesentlichen, die Schröder vorträgt. Unter einem Relativ versteht bekanntlich Peirce die Gesamtheit aller Aussagen, die sich darüber machen lassen, ob sich irgend zwei Individuen i und j des Denkbereichs in einer bestimmten Beziehung A zu einander befinden." Und etwas später heißt es: „Während die Peirceschen Arbeiten, an sich nicht leicht zu lesen, durch den Wechsel der Bezeichnungen sehr schwer verständlich sind, bietet das Studium des Schröderschen Buches keine wesentlichen Schwierigkeiten, indem es in einheitlicher Durchführung und hinreichender Ausführlichkeit die einschlägigen Fragen beantwortet."

ERNST SCHRÖDER starb unverheiratet am 16. Juni 1902, also mit knapp 61 Jahren. Übrigens erschien von ihm auch die Rektoratsrede vom 22. November 1890 mit dem Titel *Über das Zeichen*[4]. Sie weist aber nur ganz geringe Einflüsse von PEIRCE auf und ist für die moderne Semiotik nur von historischem Interesse.

3. Weitere Rezensionen in The Nation und Mitgliedschaft in der New York Mathematical Society

Neben den restlichen Rezensionen für The Nation im Jahr 1891[5] erschien am 12. November ein Brief von CHARLES PEIRCE, *Abbot Against Royce*, adressiert an den Herausgeber, der eine Kontroverse auslöste, die in dieser Zeitung ausgetragen wurde. Es schalteten sich auch WILLIAM JAMES mit einer Zuschrift *Abbot Against Royce* (19. November) und JOSEPH B. WARNER mit *The Suppression of Dr. Abbot's Reply* (26. November) ein, zu dem FRANCIS E. ABBOTs Artikel *Dr. Royce's Professional Warning*, der jedoch nicht veröffentlicht worden ist, aber von dem WARNER durch ABBOT Kenntnis erhielt, gehört. Anlaß der Kontroverse war eine kritische Besprechung eines Buches von ABBOT durch ROYCE, durch die sich ABBOT beleidigt fühlte. Es lohnt sich nicht, auf diese Auseinandersetzung näher einzugehen. Ähnliche Kontroversen kommen ja immer wieder vor.

Im November 1891 wurde CHARLES PEIRCE, wie erwähnt, zum Mitglied in die New York Mathematical Society gewählt, die 1888 als New York Mathematical Club gegründet worden war und 1894 dann in American Mathematical Society umbenannt wurde. Er war damals bereits Mitglied der London Mathematical Society. Im *Bulletin* der New York Mathematical Society heißt es kurz und sachlich: „Herr Charles S. Peirce wohnte einem regulären Treffen der Gesellschaft am Samstag Nachmittag, dem 7. November 1891, bei." Er hat an den Treffen der Gesellschaft stets intensiv, d.h. als Vortragender oder Diskus-

sionsredner teilgenommen und sich auch schriftlich für die Gesellschaft eingesetzt.

4.   Die Artikelserie in The Monist von 1891 bis 1893

Ab 1891 begann PEIRCE eine wichtige und sehr beachtete Artikelserie in The
Monist, der von PAUL CARUS[6] herausgegeben wurde, zu veröffentlichen. Der
erste Artikel *The Architecture of Theories*[7] erschien im Januar 1891, aber erst
im April 1892 folgte der zweite *The Doctrine of Necessity Examined*[8]. Dieser
zweite Artikel löste eine heftige Kontroverse über den Begriff der „Notwendigkeit" in dieser Zeitschrift aus. Zum Artikel von PEIRCE schrieb zunächst PAUL
CARUS in derselben Nummer eine Notiz *Mr. Charles S. Peirce on Necessity*[9]
und bezog sich auch in seinem Artikel *What does Anschauung mean?*[10] im
Juli-Heft 1891 auf PEIRCE. Der dritte Artikel *The Law of Mind*[11] erschien
ebenfalls im Juli-Heft, worin auch CARUS einen weiteren Artikel *Mr. Charles S.
Peirce's Onelaught on the Doctrine of Necessity*[12] publizierte, in dem er
PEIRCE als „Hume Redivivus" bezeichnete. Im Oktober 1892 erschien dann
die in vieler Hinsicht besonders wichtige vierte Schrift von PEIRCE *Man's
Glassy Essence*[13], auf die CARUS einen weiteren Artikel über Notwendigkeit
The Idea of Necessity, its Basis and its Scope[14] folgen ließ. Im Januar 1893
veröffentlichte PEIRCE schließlich die fünfte und letzte große Abhandlung mit
dem Titel *Evolutionary Love*[15].

In diese Diskussion über Notwendigkeit griffen übrigens auch JOHN DEWEY
im April-Heft 1893 mit seiner Schrift *The Superstition of Necessity* sowie G. M.
McCRIE mit *The Issues of ‚Synechism'* ein.

Den Abschluß der Kontroverse bildeten der Aufsatz von PEIRCE im Juli-Heft
1893 *Reply to the Necessitarians*[16] und die Gegenrede von PAUL CARUS *The
Founder of Tychism, his Methods, Philosophy and Criticism: in Reply to
Mr. Charles Sanders Peirce*[17].

Da bei dieser Auseinandersetzung in den Arbeiten von PEIRCE neben bereits
bekannten Themen auch verschiedene allgemeinere und noch nicht erörterte
Auffassungen dargelegt wurden, müssen sie etwas ausführlicher dargestellt
werden.

In seinem ersten Artikel *The Architecture of Theories* gibt PEIRCE zunächst zu
bedenken, daß die fünfzig oder hundert philosophischen Systeme, die bisher
entwickelt wurden, meistens nur einer „glücklichen Idee" ihrer Autoren, gelegentlich auch Reformen und manchmal sogar Revolutionen verdankt wurden.
Aber erst seit KANT sei von *architektonisch-konstruierten* Systemen gespro-

chen worden, ohne daß KANTs Maxime jedoch ganz verstanden worden sei. PEIRCE ist der Meinung, daß jemand, dem an Grundlagenproblemen gelegen ist, zunächst einen vollständigen Überblick über das menschliche Wissen gewinnen, alle wertvollen Ideen jeder wissenschaftlichen Branche berücksichtigen und ihren Erfolg oder Mißerfolg beobachten muß, um auf diese Weise die *Materialien* für eine philosophische Theorie zu sammeln. Vor allem müßten auch alle Begriffe, aus denen eine philosophische Theorie gebildet wird, systematisch untersucht werden.

PEIRCE beginnt die Illustration dieser Vorschläge dann mit der Darlegung der *Dynamik*, insbesondere deren „Gesetz von der Erhaltung der Energie". Er zitiert GALILEI, EUKLID, HUYGENS u. a., durch die die modernen Begriffe von „Kraft" und „Gesetz" entwickelt wurden, die die intellektuelle Welt revolutioniert hätten. Im 17. Jahrhundert sei aus ihren Überlegungen die Mechanische Philosophie bzw. die Lehre, daß alle Phänomene des physikalischen Universums durch mechanische Prinzipien erklärt werden können, entstanden. Die Arbeiten von NEWTON, BOYLE, AVOGADRO und CROOKES seien Konsequenzen aus dieser Kinetischen Theorie. PEIRCE vertritt auch die ungewöhnliche Meinung, daß sich die Atome wahrscheinlich in mehr als drei Dimensionen bewegen könnten, was aber erst nach der Erforschung der „Naturgeschichte der Naturgesetze" sowie der „Gleichförmigkeiten in der Natur" dargestellt werden könnte. Man könne jedoch davon ausgehen, daß Naturgesetze und Gleichförmigkeiten Ergebnisse der Evolution, d. h. nicht absolut seien, womit ein Element der Unbestimmtheit, Spontaneität oder des absoluten Zufalls in der Natur zugelassen sei. Außerdem gebe es in der Naturforschung nicht nur Fehler der Beobachtung, sondern auch Unvollkommenheiten des Gesetzes selbst.

Doch die Erklärung der Evolution mit Hilfe mechanischer Prinzipien ist nach PEIRCE bei SPENCER aus vier Gründen unlogisch. Er nennt SPENCER deshalb sogar einen Halb-Evolutionisten. Dagegen sei DARWINs Theorie der Evolution großer Verallgemeinerung fähig. Die Theorie von LAMARCK erkläre nur die Entwicklung von Eigenschaften der Individuen, die Theorie von DARWIN nur die Entwicklung von Eigenschaften der Rassen und die Theorie von CLARENCE KING betone den Einfluß der Umgebung auf Individuen und Rassen.

Beim Übergang von der Physik zur Psychologie müssen laut PEIRCE die elementaren Phänomene in drei Kategorien eingeteilt werden, die er hier 1. Empfindung, 2. Sensation der Reaktion und 3. von einer allgemeinen Regel determinierte Empfindung bzw. Gewohnheit nennt. Dieses „Gesetz der Gewohnheit" verlange im Gegensatz zu allen physikalischen Gesetzen keine genaue Konformität, es ähnele daher den „nicht-erhaltenden" Kräften der

Physik, die statistischen Gleichförmigkeiten beim zufälligen Aufeinandertreffen von Milliarden von Molekülen verdankt werden.

Da nach PEIRCE der dualistische Begriff von „Geist und Materie" nicht mehr verteidigt werden kann, erhebe sich die Frage, ob und wie physische und psychische Gesetze von Monismus, Materialismus oder Idealismus abhängen. Materialismus und Monismus müßten aus verschiedenen Gründen abgelehnt werden. Als einzig vernünftige Theorie des Universums bleibe nur der Objektive Idealismus übrig, das heißt für ihn: „Materie ist verbrauchter Geist" bzw. hartnäckig fortbestehende Gewohnheiten werden zu physikalischen Gesetzen. Bevor eine solche Theorie akzeptiert werden kann, müsse sie sich aber als fähig erweisen, die Dreidimensionalität des Raumes, die Bewegungsgesetze und die allgemeinen Eigenschaften des Universums mit mathematischer Klarheit und Genauigkeit darzulegen.

Die sich hier anschließenden mathematischen Ausführungen mögen viele Leser dieser philosophischen Zeitschrift vor große Schwierigkeiten gestellt haben, denn nicht viele von ihnen dürften mit Projektiver Geometrie und Wahrscheinlichkeitslehre, die von PEIRCE herangezogen wurden, vertraut gewesen sein. Aber er konnte erst nach ihrer Erörterung die Frage stellen, ob die Entwicklung des Universums ähnlich wie das Anwachsen eines Winkels zu verstehen sei oder ob das Universum in unendlich ferner Vergangenheit aus dem **Chaos** entsprungen sei und sich in unendlich ferner Zukunft zu etwas anderem entwickelt haben werde, oder ob es in der Vergangenheit aus dem **Nichts** entsprungen sei und in unendlich ferner Zukunft zum reinen Nichts, aus dem es entsprang, zurückkehren werde. Überlegungen, die auch heute wieder in Arbeiten über das Verhältnis zwischen Chaos und Kosmos diskutiert werden. Diese Überlegungen führten ihn auch zur Charakteristik des Raumes, für die es nach PEIRCE drei Möglichkeiten gibt: 1. der Raum ist *unbegrenzt* und *unmeßbar*, 2. er ist *unmeßbar*, aber *begrenzt*, 3. er ist *unbegrenzt*, aber *finit*. Ob die Winkelsumme im Dreieck tatsächlich 180° beträgt oder nicht, hänge ebenfalls von der Raumdefinition ab.

Die eigentliche Diskussion architektonischer Gesichtspunkte, die nach dem Titel des Aufsatzes zu erwarten war, ist relativ kurz. PEIRCE erläutert zunächst seine Kategorien und gibt zu ihrer theoretischen Darstellung einige Anwendungsbeispiele. So ordnet er z. B. die Psychologie kategorial in: 1. Empfinden, 2. Reaktionsempfindung und 3. Mediation (bzw. Vermittlung). Die Biologie wird unterteilt in: 1. zufälliges Entstehen, 2. Vererbung und 3. Festigung der zufälligen Eigenschaften. Eine andere Einteilung ist: 1. Zufall, 2. Gesetz und 3. Tendenz zur Gewohnheit. Eine letzte Einteilung betrifft: 1. Geist, 2. Materie, 3. Evolution. Die Begründung der kategorialen Einteilung lautet, daß die Kategorien die Materialien der philosophischen Theorie im Sinne einer **kosmogonischen Philosophie** seien. Am Anfang müsse ein Chaos unpersonifizierter Empfindungen herrschen, die den Keim einer generalisierenden Tendenz, das heißt den Keim der Gewohnheit enthalten. Jederzeit überlebe jedoch ein Element reinen Zufalls, bis die Welt schließlich ein absolut perfektes, rationales und symmetrisches System werde, in welchem der Geist in unendlich ferner Zukunft kristallisiert sei.

Im April 1892 veröffentlichte PEIRCE den zweiten Artikel *The Doctrine of Necessity Examined*. Er stellt im Anschluß an seinen ersten Artikel zunächst verschiedene ältere philosophische Lehren dar, zum Beispiel die Lehren von DEMOKRIT, ARISTOTELES (er nennt ihn hier den „Fürsten der Philosophen") und EPIKUR. DEMOKRIT, den Vertreter des mechanischen Zwanges und der Determiniertheit der Fakten, stellt er EPIKUR gegenüber, dem Vertreter des Bahnwechsels von Atomen auf Grund spontanen Zufalls, sowie ARISTOTELES, der DEMOKRITs Lehre zurückwies und annahm, daß Ereignisse 1. von Wirk-Ursachen, 2. von End-Ursachen und 3. ganz irregulär, ohne bestimmte Ursache, also durch reinen Zufall erzeugt werden. Er stellt auch die Lehre der Stoiker dar, die die von EPIKUR und ARISTOTELES zugelassene Willensfreiheit ablehnten und die er als erste Nezessitarier und Materialisten bezeichnet.

Da nach der Lehre von der Notwendigkeit jeder Willensakt wie auch jede Idee des Geistes von strenger Notwendigkeit beherrscht werden, müsse der Geist demnach, meint PEIRCE, Teil der physikalischen Welt sein. Er gibt hingegen zu bedenken, daß „je präziser die Beobachtung" ist, sie mit desto größerer Gewißheit eine irreguläre Abweichung vom Gesetz darstellt. Das heißt für PEIRCE nicht, daß es überhaupt keine Regularität in der Welt gibt, aber Verschiedenheit, Spezifizierung und Irregularität haben „kontinuierlich stattgefunden" und werden dem Zufall verdankt. Überall sei „Wachstum und anwachsende Komplexität" die Hauptsache gewesen, so daß es in der Natur wahrscheinlich ein Agens gibt, durch welches die Komplexität und Verschiedenheit der Dinge wächst. Und PEIRCE betont daher: „Ich benutze den Zufall hauptsächlich deshalb, um für ein Prinzip der Generalisierung Raum zu schaffen oder für die Tendenz, Gewohnheiten zu bilden, das meiner Meinung nach alle Regularitäten erzeugt hat."

Am Ende des Artikels glaubt PEIRCE, alle wichtigen Gründe **gegen** die „Theorie universeller Notwendigkeit" und damit „ihre Nullität" aufgezeigt zu haben. Sollte aber jemand seine Argumentation zu Fall bringen, so würde er sich selbst umgehend korrigieren. Sollte dies nicht der Fall sein, müsse die „absolute Wahrheit des Prinzips des universalen Gesetzes" bzw. das „Prinzip allgemein gültiger Notwendigkeit" bezweifelt werden. Ohne den Terminus „Fallibilismus" auftreten zu lassen, ist PEIRCE auch in diesem Artikel der überzeugte Vertreter der „Fehlbarkeitslehre", wie man „Fallibilismus" übersetzen kann, die, wie er immer wieder betont, in der ständigen Fehlerkorrektur besteht.

Nach zwei kurzen Entgegnungen von PAUL CARUS publizierte PEIRCE im Juli-Heft 1892 den dritten Artikel *The Law of Mind*, über den er später sagte, er habe ihn sofort nach der Publikation bereut[18]. Er bezeichnet in diesem Artikel das philosophische System, das er in den beiden vorangegangenen Aufsätzen skizziert hatte, als „Tychismus" (týche, gr. = Zufall), möchte nunmehr aber eine andere Vorstellung entwickeln, nämlich die Idee der Kontinuität, die zu einer anderen philosophischen Betrachtungsweise führe, die er „Synechismus" nennt.

Der Begriff „Synechismus" (synechein, gr. = zusammenhängen) ist ähnlich wie der Begriff „Synechologie" von JOHANN FRIEDRICH HERBART ein Ausdruck für die allgemeine Lehre von den Zusammenhängen und ihren Strukturen. CHARLES PEIRCE stellt seine Metaphysik später als eine Lehre von drei aufeinander folgenden Teilgebieten dar: Tychismus – Agapismus – Synechismus. Der Begriff „Synechismus" gewinnt in den nächsten Jahren in seinen Werken an Gewicht. Zum Beispiel hielt er am 21. Mai 1892 vor der Graduate Philosophical Society of Harvard University einen Vortrag mit dem Titel *Synechism*, über den ABBOT in seinem Tagebuch notierte: „Am Nachmittag kam ein Herr Miller, um mich einzuladen, Charles S. Peirce heute Abend Cambridge Street 739 zu treffen. Zu Peirce kamen zwanzig Graduierte und Freunde mit seinem Bruder, Prof. J. M. Peirce. Er las eine gescheite Schrift über „Synechismus", sein neues philosophisches System." (vgl. HUG 1101.3)

CHARLES PEIRCE weist in seinem Artikel *The Law of Mind* auf seine Schrift von 1868 *Some Consequences of Four Incapacities* hin, obwohl sie noch mit nominalistischen Vorurteilen belastet gewesen sei. Er beginnt seine Ausführungen mit der Behauptung, die logische Analyse zeige, daß es „nur ein Gesetz des Geistes" gebe, daß nämlich „Ideen dazu neigen, sich kontinuierlich auszubreiten und andere zu affizieren, die zu ihnen in einer besonderen Beziehung der Affizierbarkeit stehen. Bei ihrer Ausbreitung verlieren sie an Intensität, und besonders an Kraft, andere zu affizieren, gewinnen aber an Allgemeinheit und verschmelzen mit anderen Ideen."

Der wichtigste Teil des Artikels ist der Frage der **Zeit** gewidmet, das heißt der Zeit als Gegenwart, Vergangenheit und Zukunft von Ideen. Gegenwart und Vergangenheit sind nach PEIRCE durch eine Reihe von realen, infinitesimalen Schritten verbunden. Auch das Bewußtsein umfasse selbstverständlich ein Zeitintervall, allerdings nur dann, wenn keine endliche Zeit gemeint sei. „In einem infinitesimalen Intervall perzipieren wir die zeitliche Folge von Beginn, Mitte und Ende direkt, aber nicht auf die Art von Erkenntnis; denn Erkenntnis gibt es nur von Vergangenem, sondern auf die Art unmittelbarer Empfindung."

Diese an HUSSERLs *Vorlesungen zur Phänomenologie des inneren Zeitbewußtseins* (1928, Sonderdruck des Jahrbuchs für Philosophie und phänom. Forschung, Bd. IX) erinnernde Darlegung der Zeit ist von PEIRCE-Forschern nicht immer berücksichtigt oder gelegentlich falsch dargestellt worden.

PEIRCE unterscheidet des weiteren auch die mittelbare und unmittelbare Perzeption und „einen kontinuierlichen Fluß des Folgerns während einer endlichen Zeit", sowie Zeit im objektiven und Dauer im subjektiven Sinne. Um die kontinuierlichen Übergänge von Vergangenheit zu Gegenwart und Gegenwart zu Zukunft übersehen zu können, legt er aber auch die Probleme von Unendlichkeit und Kontinuität im allgemeinen auseinander, indem er den Differentialkalkül und die „Lehre von den Limits" mit Hilfe der Relationenlogik darzustellen versucht, was er später von GEORG CANTOR so hervorragend ausgeführt sah. Daß man nur über finite Zahlen nachdenken kann, hält PEIRCE für ein irrationales Vorurteil, das bereits De MORGAN durch seinen „Syllogismus der transponierten Größe" überwunden habe.

Die nachfolgenden logischen und mathematischen Ausführungen dürften wieder zu hohe Anforderungen an seine Leser gestellt haben, obwohl alles, was er zu finiten und infiniten Mengen sagt, heute als selbstverständlich richtig beurteilt wird, daß z. B. „der Teil ist kleiner als das Ganze" nur als Theorem, aber nicht als Axiom verstanden werden darf, da der Satz davon abhängt, ob man von einer finiten oder infiniten Menge (collection) ausgeht.

Bei der Frage, was Kontinuität sei, zitiert er vor allem KANT und CANTOR, aber auch ARISTOTELES, CAUCHY, DUHAMEL und andere, um seine Bevorzugung der „Limit-Theorie" zu begründen.

Hinsichtlich des „Gesetzes des Geistes" hält PEIRCE die Unterscheidung der Beziehung von Vergangenheit zu Zukunft und von Zukunft zu Vergangenheit für ausschlaggebend; denn für das „Gesetz der physikalischen Kraft" werde die gegenläufige Richtung der Zeit nicht berücksichtigt. (Heute spricht man in der Thermodynamik allerdings auch von „reversiblen", nicht nur von „irreversiblen" Prozessen.)

Daß zwischen zwei Zuständen eine nicht-abzählbare Reihe von Zuständen liegt, wie PEIRCE ausführt, die sich gegenseitig affizieren, legt dann sowohl eine weitere Definition der Zeit als auch die Lehre von der Affizierbarkeit eines jeden „Empfindungszustandes" von jedem früheren nahe. Von der Kontinuität der Zeit kommt PEIRCE so zur Kontinuität veränderlicher Qualitäten und schließlich zur Entwicklung des menschlichen Geistes, der praktisch alle Empfindungen außer einigen wenigen ausgelöscht habe. Da weiterhin der Raum ebenfalls kontinuierlich verstanden wird, folgert PEIRCE, daß es eine unmittelbare Gemeinsamkeit des Empfindens zwischen infinitesimalen Teilen des Geistes geben muß.

Was heißt aber, eine Idee affiziert eine andere? PEIRCE definiert die Idee als etwas, das 1. aus einer inneren Qualität, nämlich der Empfindung, 2. aus Energie und 3. aus der Tendenz, andere Ideen mitzuführen, besteht. Wenn sie in der Assoziation verschmelzen, ergibt dies eine allgemeine Idee ebenso wie durch kontinuierliche Ausbreitung. Bei der allgemeinen Idee sind wiederum drei Charakteristiken festzustellen: ein Kontinuum des Empfindens, die Affizierung einer Idee durch eine andere und die Beharrlichkeit einer Idee. Die letztere Eigenschaft ist wiederum eng verbunden mit dem Gesetz der Kontinuität, weil die Verbindung von Ideen ja nur kontinuierlich gedacht werden kann.

Da das „Gesetz des Geistes" den logischen Formen der Deduktion, Induktion und Hypothese folgt, erklärt PEIRCE, daß der Geist nicht in dem gleichen strengen Sinne dem Gesetz unterworfen ist wie die Materie, sondern immer noch ein gewisser Betrag an Spontaneität in seiner Aktion gewährleistet ist.

Eine Art von Koordinierung oder Konnexion (Verbindung) von Ideen versteht er als **„Personalität"**, die ebenso wie „allgemeine Ideen" aber nichts sei, das in einem Augenblick verstanden wird, sondern in der Zeit erlebt werden muß. Sofern sie in einem Augenblick verstanden werde, sei sie unmittelbares Selbstbewußtsein. Aber Personalität sei mehr als dieses; denn das Wort „Koordination" impliziere bereits eine „teleologische Harmonie", d. h. eine Beziehung zur Zukunft. „Wären die Ziele einer Person schon explizit, gäbe es keinen Raum für Entwicklung, Wachstum, Leben; und folglich gäbe es keine Personalität."

Auf Grund dieser Überlegungen gelangt PEIRCE dann zum Problem der **Kommunikation**; denn der Begriff der Personalität lege ja nahe, von einer **und** einer anderen Person zu sprechen. Die erste Person erkennt die Personalität einer zweiten Person aufgrund der unmittelbaren Wahrnehmung des eigenen Ego und der Erkenntnis der Externität der zweiten Person. Die „Interkommunikation" zwischen zwei Personalitäten sei aber bisher wenig untersucht worden und es sei nicht sicher, ob sie für diese Untersuchung günstig sei oder nicht. Ähnliche Feststellungen machte EDMUND HUSSERL 1929 in den Pariser Vorträgen bzw. in den *Méditations Cartésiennes* (1931), die deutsch unter dem Titel *Cartesianische Meditationen und Pariser Vorträge* (Husserliana Bd. I, 1949, [2]1963) erschienen.

Für die Synechistische Philosophie notiert PEIRCE noch eine andere Schwierigkeit, nämlich die mit der Personalität verbundene Idee eines persönlichen Gottes; denn wir müßten ja eine direkte Wahrnehmung dieser Person haben und in persönlicher Kommunikation mit ihr stehen. Vorsichtig fügt er hinzu, daß diese Frage zu diesem Zeitpunkt von ihm noch nicht zu lösen sei.

Neben der Synechistischen Philosophie müßten aber auch drei weitere Lehren berücksichtigt werden: 1. *Logischer Realismus*, 2. *objektiver Idealismus* und 3. *Tychismus* mit nachfolgendem *Evolutionismus*.

Dem PEIRCEschen Artikel folgte in derselben Nummer eine weitere Auseinandersetzung mit ihm von PAUL CARUS.

Der vierte Artikel mit dem Titel *Man's Glassy Essence* wurde im Oktoberheft 1892 des Monist veröffentlicht, dem CARUS wiederum einen Diskussionsbeitrag im selben Heft folgen ließ.

PEIRCE setzt hier seine früheren Artikel voraus und nennt als wichtigste Begriffe für den Aufbau eines philosophischen Systems den „absoluten Zufall" und die „Kontinuität". Nunmehr will er die „psychischen und physischen Aspekte einer Substanz" erläutern. Er meint, daß der erste Schritt hierzu die Entwicklung einer Molekulartheorie des **Protoplasmas** sein sollte, die jedoch nicht ohne Berücksichtigung der „Konstitution der Materie im allgemeinen" unternommen werden könne. Er zitiert daher ausführlich verschiedene Physiker und deren Theorien, z. B. Lord KELVIN, Richter STALLO, FECHNER, RUMFORD, JOULE, RANKINE, JOHANN BERNOULLI, AVOGADRO, CROOKES, die sich mit der Theorie von Gasen, Flüssigkeiten oder festen Körpern beschäftigt haben. Er kommt auf Wärme, Energie, Bewegung, Viskosität, Durchdringung und Undurchdringlichkeit, Anziehungs- und Abstoßungskräfte, kinetische und potentielle Energie, Wertigkeiten von Atomen, Partikel, das Virial-Gesetz von CLAUSIUS, die van der WAALsche Gleichung, die Arbeiten von AMAGAT und ARRHENIUS und vieles andere zu sprechen, indem er die Ergebnisse anderer mit seinen eigenen Kommentaren bzw. den von ihm abgeänderten Formeln darstellt. Erst dann untersucht er die „schleimartige lebende Substanz oder das Protoplasma". Als eine der wichtigsten Eigenschaften stellt er die „extreme Instabilität" des Protoplasmas heraus, durch die die chemische Komplexität dieser Substanz schon bewiesen sei. Denn wenn ein Eiweißmolekül aus etwa tausend Atomen besteht, müßte das Protoplasma aus mehreren tausend Atomen bestehen. Die Hauptbestandteile: Sauerstoff, Wasserstoff, Kohlenstoff und Stickstoff sowie viele andere Spurenelemente bilden zusammen das Protoplasma, und PEIRCE folgert, daß, da die Anzahl der chemischen Formen mit der Anzahl der Atome pro Molekül wächst, es gewiß eine gewaltige Anzahl von protoplasmatischen Substanzen gibt, die in die Billionen oder Trillionen geht. Auch wenn Biologen nur eine Art von Protoplasma gelten lassen, so sei es doch vom chemischen Standpunkt aus sicher, daß Unterschiede zwischen „Nervenschleim, Muskelschleim, Walschleim, Löwenschleim und den kleineren Variationen von Rassen und Individuen" bestehen.

PEIRCE diskutiert dann weitere allgemeine Eigenschaften des Protoplasmas wie Verflüssigung, Verfestigung, Oberflächenspannung, Wachstum (Schleimsubstanzen wachsen ebenso wie Kristalle) und Reproduktion. Die wichtigste Eigenschaft sei aber die, daß das Protoplasma **Gewohnheiten** erwerben kann. Denn da das Protoplasma Empfindungen hat (es reagiert auf Reize), übt es auch alle anderen Funktionen des Geistes aus. Es müsse aber angenommen werden, daß mechanische Gesetze allein zur Erklärung dieser Dinge nicht ausreichen und eine „ursprüngliche Neigung zum Erwerb von Gewohnheiten" angenommen werden muß, denn „ähnliche Dinge" wirken „auf ähnliche Weise, weil sie ähnlich sind", heißt es lapidar. Die Nezessitarier seien der Meinung, die physikalische Welt sei vollkommen individuell, aber, entgegnet PEIRCE, „ein Gesetz enthält ein Element der Allgemeinheit". Wenn gesagt werde, daß Allgemeinheit etwas Ursprüngliches ist, jedoch Verallgemeinerung nicht, sei das so, als ob „Mannigfaltigkeit etwas Ursprüngliches" sei, aber der „Prozeß der Diversifikation" nicht. Und er fügt hinzu: „Es ist jedenfalls klar, daß nur ein *Prinzip der Gewohnheit*, das auf das gewohnheitsmäßige Anwachsen einer infinitesimalen zufälligen Neigung zum Erwerb von Gewohnheiten zurückzuführen ist, den Abgrund zwischen einem Zufalls-Mischmasch des Chaos und dem Kosmos von Ordnung und Gesetz überbrücken kann."

Ohne auf die Reproduktion des Protoplasmas einzugehen, da sie einer zusätzlichen Hypothese bedürfe, fragt PEIRCE: „Was kann aber über die Fähigkeit
zur Empfindung gesagt werden?" Es müsse gezeigt werden, wie diese Eigenschaft aus einer Besonderheit des mechanischen Systems entsteht, aber sie
könne niemals erklärt werden, wenn nicht zugegeben wird, daß „die physikalischen Ereignisse lediglich entartete oder unentwickelte Formen psychischer
Ereignisse sind". Das heißt aber nach PEIRCE, daß die „materiellen Phänomene nichts anderes als die erkennbare vollständige Macht der Gewohnheiten
über den Geist" sind. Das ist aber kein idealistischer Standpunkt, der ihm
irrtümlicherweise gelegentlich zugeschrieben wird.

Nun kann, nach dem Gesetz des Geistes, eine Empfindung intensiviert oder
geschwächt werden. Die Schwächung von Gewohnheiten erfolgt durch Besei-
tigung von Reizen oder auf Grund ungewohnter Reaktionen. Da das Protoplas-
ma in außergewöhnlich unstabilem Zustand sei, werde die Schwächung der
Gewohnheit und die neue zufällige Spontaneität (oder Empfindung) infolge des
Gesetzes des Geistes von der Intensivierung dieser Empfindung begleitet.
Zufall und Spontaneität seien aber nur der äußere Aspekt der Empfindung. Das
ursprüngliche Chaos ohne Regularität war zwar ein bloßes Nichts, aber kein
Nullpunkt. Der Prozeß der Diversifikation sei das Zeichen für Zufall und
Spontaneität, denn wenn die Mannigfaltigkeit zunehme, müsse der Zufall
wirksam sein, und wenn die Gleichförmigkeit zunehme, müsse die Gewohnheit
wirksam sein.

Weiter führt PEIRCE aus, daß die Elemente des Bewußtseins mit ihren physikalischen Entsprechungen in Beziehung stehen; denn er hält die physischen
und psychischen Aspekte, wie er schon sagte, nicht für absolut verschieden.
Von außen betrachtet wirke etwas durch Aktion/Reaktion, erscheine es als
Materie. Von innen betrachtet erscheine es als **Bewußtsein**.

Mechanische Gesetze seien jedoch nichts anderes als erworbene Gewohnheiten, d.h. Regularitäten des Geistes, so daß die Wirkung der Gewohnheit eine
Generalisierung sei. Generalisierung ihrerseits sei Ausbreitung der Empfindung. Wie erscheinen aber allgemeine Ideen in der Molekulartheorie des
Protoplasmas? fragt PEIRCE. Nun, Bewußtsein von Gewohnheit involviere
bereits eine allgemeine Idee und die allgemeine Idee sei eine gewisse Modifikation des Bewußtseins, die jede Regularität und jede allgemeine Beziehung
zwischen Zufallsprozessen begleite. Außerdem enthalte das Bewußtsein einer
allgemeinen Idee eine „gewisse Einheit des Ichs", die analog zu einer Person
sei und in einer zweiten Person ebenfalls vorhanden sei. Somit könne persönliches Bewußtsein, Korpsgeist, Nationalgefühl, Sympathie usw. als Individuum
im Sinne einer „größeren Person" oder einer „Gemeinschafts-Persönlichkeit"
verstanden werden. Die Societies for Psychical Research hätten die Aufgabe,
diese „Gemeinschaftspersönlichkeit" zu erforschen; denn sie sei ein stärkeres
Phänomen als Telepathie und ähnliches. Sowohl LE BON in seiner *Psychologie des Foules* (1895) als auch HUSSERL mit seiner Konzeption der „Intersub-
jektivität" (1929) berücksichtigten diese Problematik der „Gemeinschaftspersönlichkeit", wie man weiß.

Der 5. Artikel dieser Serie, der im April 1893 erschien, hat den Titel *Evolutionary Love*, was nicht nur für amerikanische Ohren seltsam geklungen haben mag. Das Wort ‚love' habe im Englischen, sagt PEIRCE, eine sehr eingeschränkte Bedeutung und umfasse nicht Begriffe wie Eros, leidenschaftliche Liebe und Haß etc., Liebe sei aber nicht auf etwas Abstraktes, sondern auf Personen, die uns nahe sind, auf „unsere Nachbarn" gerichtet. Auch „meine Idee" als „meine Schöpfung" sei eine kleine Person, die ich liebe. „Liebe, die Keime von Liebenswertem in Hassenswertem erkennt, erwärmt dieses nach und nach zum Leben und macht es liebenswert." So verstehe er die Art von Evolution, die sein Synechismus vertrete.

Nach diesen etwas merkwürdig anmutenden Erklärungen folgen einige Bemerkungen über das 19. Jahrhundert, das PEIRCE als „Ökonomisches Jahrhundert" bezeichnet, da die Politische Ökonomie in allen Bereichen vorherrsche. Im Gegensatz zu den „Ökonomen" bekennt er sich zu den „Sentimentalisten", die von den ersteren nur gering geschätzt würden. Das 19. Jahrhundert habe den „Sentimentalismus" verachtet, dafür habe es die „Herrschaft des Terrors" hervorgebracht. Die zweite Hälfte des 20. Jahrhunderts werde mit Sicherheit das Sintflut-Gewitter über die soziale Ordnung hereinbrechen sehen, denn die Welt sei durch die **„Gier-Philosophie"** (philosophy of greed) in den Ruin gestürzt worden. Er klagt die Wallstreet-Mentalität an, die solche „Gier" mit hervorgebracht habe, und Autoren wie DARWIN, die den „Kampf ums Dasein" propagieren und damit einen politisch-ökonomischen Standpunkt zur Erklärung des tierischen und menschlichen Lebens vertreten. Das Christentum habe die Liebe zum Nachbarn gepredigt, das 19. Jahrhundert hingegen den Kampf des einzelnen um sein Wohl und gegen den Nachbarn. Deshalb spreche er, PEIRCE, zu Gunsten einer „agapistischen Theorie der Evolution" (Agapé = Liebe oder Liebesmahl).

Bei der danach folgenden Untersuchung der Evolutionstheorien wird die Idee, daß der Zufall Ordnung erzeugt, als ein Eckstein der modernen Physik angeführt und Kronzeugen für seinen eigenen Standpunkt genannt, etwa Sir JOHN HERSCHEL, CLAUSIUS, KRÖNIG, MAXWELL, HELMHOLTZ und RANKINE. Daß die DARWINsche Hypothese so gut aufgenommen wurde, sei darauf zurückzuführen, daß das Zeitalter ihr günstig war und durch die „Gier-Philosophie" dazu ermutigt wurde.

Als diametral entgegengesetzt zur Evolution durch Zufall sieht PEIRCE jene Theorien an, die den Fortschritt einer inneren Notwendigkeit oder einer anderen Form der Notwendigkeit zuschreiben. Diesen Vertretern einer „mechanischen Notwendigkeit" stehe die LAMARCKsche Theorie gegenüber, die erworbene Eigenschaften für Abarten verantwortlich mache und die Evolution durch die „Macht der Gewohnheit" erkläre. Gewohnheit habe aber zwei Seiten: 1. neue Eigenschaften zu bilden und 2. sie mit der allgemeinen Morphologie und Funktion der Tiere und Pflanzen in Einklang zu bringen, zu denen sie gehören. Daher entspreche die LAMARCKsche Theorie der Evolution exakt der allgemeinen Beschreibung der Aktion der Liebe. In LAMARCKs Theorie gäbe es aber auch eine Evolution des Geistes. PEIRCE selbst hatte im vorangehenden Artikel Wachstum durch Übung als eine Art von Reproduktion bezeichnet, die auch im Geist stattfinde.

Damit hat er drei unterscheidbare Arten der Evolution beschrieben:
1. Evolution durch zufällige Variation,
2. Evolution auf Grund mechanischer Notwendigkeit,
3. Evolution durch schöpferische Liebe,

die er „tychastische Evolution" („Tychasmus"), „Anankastische Evolution" („Anankasmus") und „Agapastische Evolution" („Agapasmus") nennt. Davon unterscheidet er als bloße Sätze darüber, daß absoluter Zufall, mechanische Notwendigkeit und das Gesetz der Liebe im Kosmos herrschen: Tychismus, Anankismus und Agapismus.

Obwohl man diese drei verschiedenen Formen der Evolution unterscheiden könne, meint PEIRCE, sei keine scharfe Demarkationslinie zwischen ihnen zu ziehen und es bleibe zu fragen, ob alle drei evolutionären Elemente gleichzeitig herrschen und welche ihre überzeugendsten Charakteristiken seien. Daher wolle er diese Fragen in ihrer Beziehung zur historischen Entwicklung des menschlichen Denkens erläutern.

Die tychastische Entwicklung des Denkens bestehe in geringen Abweichungen von gewohnten Ideen. Die anankastische Entwicklung des Denkens bestehe in neuen Ideen, die akzeptiert werden, ohne vorherzusehen, wohin sie führen werden, und die von außen, durch Änderung der Umstände, oder von innen, durch logische Entwicklung von bereits akzeptierten Ideen, d. h. von Generalisierungen, kommen. Die agapastische Entwicklung des Denkens sei die Übernahme gewisser mentaler Tendenzen auf Grund unmittelbarer Anziehung durch die Idee selbst gemäß der Kontinuität des Geistes. Diese mentale Tendenz habe drei Varianten: 1. könne sie ein ganzes Volk oder eine Gemeinschaft affizieren, 2. könne sie eine private Person affizieren, die mit ihren Nachbarn unter dem Einfluß einer schlagenden Erfahrung oder der Entwicklung des Denkens sympathisiert, und 3. könne sie ein Individuum auf Grund einer Anziehung affizieren, die sie auf dessen Geist ausübt, sogar bevor es sie noch erfaßt hat. Eine Reihe von Testergebnissen auf Grund der Prüfung der drei Kategorien der Evolution sollte seine Aussagen erhärten. Sie stammen aus der Geschichte des Christentums, der politischen Geschichte und der Geschichte der Wissenschaften. Da die wissenschaftlichen Entdeckungen nie von Individuen im Sinne von tatsächlich unabhängigen Einzelnen gemacht worden sind, kommt er schließlich zu der Folgerung, daß dies alles ein „Argument für die Kontinuität des Geistes und für den Agapatizismus" sei.

Im selben Heft des Monist (April 1893) setzten sich JOHN DEWEY und G. M. McCRIE mit seinen Thesen auseinander.

Im Juli-Heft 1893 veröffentlichte PEIRCE den letzten Artikel mit dem Titel *Reply to the Necessitarians*, auf den PAUL CARUS mit *The Founder of Tychism, His Methods, Philosophy and Criticisms: in Reply to Mr. Charles Sanders Peirce* im gleichen Heft antwortete.

PEIRCE gibt eine Gegendarstellung zu den Ausführungen von CARUS vom Juli und Oktober 1892 und noch einmal eine klare Darstellung seiner eigenen Grundideen: Es gebe selbstverständlich „Regularitäten" und „Gesetze" hätten reale und allgemeine Existenz, aber natürliche Phänomene müßten nicht stets mit allgemeinen Formeln konform sein.

Die Unterscheidung zwischen „innerer und äußerer Welt" könne exakt nur mit Hilfe der „agapastischen" und „synechistischen" Ontologie gemacht werden. Notwendigkeit sei nur eine spezielle Varietät der Universalität. Das Gesetz der Identität: $A \equiv A$ besage nicht, daß Dinge mit demselben Namen äquivalent sind, sondern daß jeder Terminus von sich selbst ausgesagt werden kann; aber Identität sei ebenso real wie Ähnlichkeit. Deduktives Schließen erfordere einen „Wahlakt"; denn aus einer gegebenen Prämisse können mehrere, manchmal unendlich viele Schlüsse gezogen werden. Auch ein imaginäres Objekt müsse beobachtbar sein. „Relative Deduktion" sei vollkommen allgemein und demonstrativ und hänge von der Wahrheit der vorausgesetzten Prämissen ab.

Der Unterschied zwischen analytischen und synthetischen Urteilen sei durch die Logik der Relative und die Wahrscheinlichkeitslogik modifiziert worden: Ein analytischer Satz sei nichts anderes als eine Definition oder ein Satz, der aus einer Definition deduziert werden könne. Beim synthetischen oder wissenschaftlichen Schließen folge die Konklusion wahrscheinlich oder approximativ aus den Prämissen, sofern letztere beobachtet oder anderswie gesichert wurden. Auch mathematisches Schließen sei nicht vollkommen sicher. Es scheine auch offensichtlich zu sein, daß keine Maschine einen Akt originaler und zufälliger Bestimmungen ausführen kann, höchstens in engen Grenzen. Sie müsse vorher erdacht und in die Konstruktion eingegeben worden sein. Eine reale dynamische Bestimmung sei auch nicht gleich einer mathematischen Bestimmung, die keine reale Notwendigkeit erfordere.

Verursachung (causation) und Ursache (causa efficiens) seien schwer zu bestimmen. Es könne zwar sein, daß „Ereignisse" die Ursache von nachfolgenden „Ereignissen" sind, aber es sei keine „mechanische Wahrheit", wenn man sagt, daß die Vergangenheit die Zukunft determiniert, besser wäre zu sagen, daß die Zukunft die Vergangenheit determiniert. Jeder Mathematiker wisse, daß Verursachung nur eine „Ausdrucksform" sei; in der Philosophie sollte man das Wort nicht verwenden. (BERNARD BOLZANO diskutierte in *Was ist Philosophie?* (1837) dasselbe Thema und schlug vor, „Ursache und Wirkung" durch „Grund und Folge" zu ersetzen. PEIRCE kannte diese Schrift BOLZANOs leider nicht.) Im geistigen Bereich gebe es keine absolute Verursachung. Das „Gesetz von der Erhaltung der Energie" bzw. der „Erhaltung von

Masse und Energie" betreffe die Beschleunigung der Bewegung von Partikeln in einem beliebigen Augenblick, die allein von der relativen Position der Partikel in einem solchen Augenblick abhänge. Energie habe eine bestimmte Mächtigkeit oder Quantität, aber die Erhaltung der Energie sei nur ein Resultat der Algebra. Bei der Erhaltung von Masse oder Materie sei es anders: die totale Masse habe eine vollkommen bestimmte Quantität. Bei allen Transformationen bleibe der Betrag konstant und alle Teile behielten ihre Identität. Beide Gesetze sollten jedoch nicht verquickt werden.

Zufall und Wahrscheinlichkeit seien komplexe Themen, die sehr genau untersucht werden müßten.

In der Dynamik sollte von „positionaler Energie" als *kinetischer Potenz*, von „vis viva" als *kinetischer Energie* und von „totaler Energie" *als kinetischer Entelechie* gesprochen werden.

Wissenschaft sei nichts anderes als eine Entwicklung unserer natürlichen Instinkte. „Überlasse Originalität den Mathematikern und ihrer Brut, den Poeten und all denen, die die traurige Berühmtheit suchen, unbefestigte Meinungen zu haben." „Fliehe alle Philosophien, die nach diesem verirrten 19. Jahrhundert schmecken."

Seine **Methode** beschreibt PEIRCE hier folgendermaßen: mit einer historischen und rationalen Untersuchung einer speziellen Methode beginnen, die auf ein spezielles Problem angewendet wird. Dies ist eine **architektonische** Prozedur.

Nach allgemeinen philosophie- und wissenschaftsgeschichtlichen Überlegungen kommt PEIRCE zu dem Schluß, daß eine irgendwie geartete **„evolutionäre Philosophie"** akzeptiert werden muß. Die Frage sei nur, welches Element des Universums **keine** Erläuterung (explanation) verlange. Seiner Meinung nach erfordert „Gleichförmigkeit" eine Erklärung, absoluter Zufall hingegen **keine** Erklärung. Was den Vergleich mit HUME betrifft, der als **negativer** Kritiker bezeichnet werden könne, versteht sich PEIRCE als **positiver** Kritiker, d. h. nicht als **Skeptiker**. Er betont noch einmal: Das Absolute ist real und „die eine intelligible Theorie des Universums ist die des objektiven Idealismus", d. h., *Materie ist verbrauchter Geist*. Wissenschaft sei demnach materialistisch. Aber, fügt er einschränkend hinzu: „Ich verkündete niemals in meinem Leben eine materialistische Idee. Ich behaupte: *Gesetz* ist eine Realität. *Absoluter Zufall* ist eine Hypothese; und wie jede Hypothese kann sie nur insoweit verteidigt werden, als sie gewisse Phänomene erklärt." Man wisse jedoch, daß auch der Zufall Gesetze habe und daß daraus statistische Resultate folgten. „... ich schlage nur vor, die Regularitäten der Natur als Konsequenzen aus der einzigen Gleichförmigkeit oder dem allgemeinen Faktum zu erklären, daß es nämlich im Chaos das allgemeine Fehlen irgendeines bestimmten Gesetzes gibt."

Hinsichtlich der Frage der Notwendigkeit ist PEIRCE daher der Ansicht, daß Notwendigkeit zwar universal und immer exakt ist und daß absolute Universalität, absolute Exaktheit und absolute Notwendigkeit jedem beliebigen Satz beigemessen wird, der „nicht das Alpha und Omega behandelt", daß das Gesetz des Geistes in seiner Aktionsweise jedoch wesensmäßig vom Gesetz des Mechanischen verschieden ist. Wissenschaftliches Schließen postuliere nämlich keine absolute Universalität, Exaktheit oder Notwendigkeit. Es behaupte nur, daß dieses Postulat *gemacht ist*. Absolutheit von Universalität, Exaktheit und Notwendigkeit könne nicht bewiesen, noch durch Argumente aus der Beobachtung wahrscheinlich gemacht werden.

Was eine allgemeine Anordnung der Natur betrifft, so könne keine definite Wahrscheinlichkeit angegeben werden; denn aus beobachteten Fakten könne nicht mit irgendeinem Grad der Wahrscheinlichkeit geschlossen werden, und daher sei es nicht gewiß, daß ein Satz absolut, universal, exakt oder notwendig ist.

Weitere Kernsätze dieses Artikels sind: „Das Universum ist kein Chaos oder Zufalls-Mischmasch." „In der Idee einer Zufallswelt ist ein Widerspruch enthalten." „Ein Chaos ohne Verbindung oder Regularität würde eigentlich ohne Existenz sein." „Das Interesse, das die Gleichförmigkeit der Natur für ein Tier hat, bestimmt dessen Platz auf der Intelligenz-Skala."

Was seine soziale Theorie der Realität betrifft, so erläutert PEIRCE, daß die Gesellschaft wohl kaum jemals zu einer unveränderlichen Konklusion über eine gegebene Frage kommen wird. Man könne nur *hoffen*, daß es so sein wird. Die soziale Theorie der Realität sei mit dem Tychismus vereinbar, der als Realismus lehre, daß allgemeine Wahrheiten real sind, und zwar unabhängig davon, ob irgendeine Menge von Geistern sie dafür hält oder nicht.

Unter Chaos versteht PEIRCE etwas so Irreguläres, daß „das Wort Existenz auf diesen Keim-Zustand" nicht angewendet werden könne. Aber selbst dieses Nichts könne bis zu einem noch rudimentäreren Nichts zurückverfolgt werden, das nur eine Tendenz zur Diversifikation des Nichts darstelle. „Das Chaos ist ein Zustand intensivster Empfindung, obgleich es, da Gedächtnis und Gewohnheit total fehlen, schieres Nichts ist. Empfindung existiert nur insofern, als sie mit Empfindung verschmolzen ist. Diese Verschmelzung der Empfindung mit dem Ganzen der Empfindung kann nur durch Reflexion zu einem späteren Zeitpunkt vollendet werden. An sich ist die Empfindung Nichts; aber in ihrer Relation zum Ziel ist sie alles." Die Tendenz, Gewohnheiten anzunehmen, die selbst eine Gewohnheit sei, habe *eo ipso* die Tendenz zu wachsen, so daß nur ein kleinster Keim nötig sei.

PEIRCE nennt vier positive Argumente für die Überzeugung von *realem Zufall*: 1. das allgemeine Vorherrschen von Wachstum, das der Erhaltung der Energie entgegengesetzt zu sein scheint; 2. die Varietät des Universums, die zufällig und offensichtlich unerklärbar ist; 3. das Gesetz, das Erläuterung erfordert und wie alles, das erläutert werden muß, durch etwas anderes, nämlich durch Nicht-Gesetz oder Zufall erklärt werden muß; 4. die Empfindung, für die kein Raum ist, wenn die Erhaltung der Energie behauptet wird.

Das Wachstum erfordere absoluten Zufall, nicht quasi-Zufall. Aufgrund logischer Prinzipien dürfe man nicht schließen, daß etwas absolut unerklärbar oder unberecher bar ist. Wenn man sagt, daß Diversität das Ergebnis einer allgemeinen Tendenz zur Diversifikation ist, sei dies ein vollkommen wahrscheinlichkeitslogischer Schluß. Aus demselben Grunde könne man auch die Existenz Gottes nicht logisch erschließen, man könne ihn nur durch direkte Wahrnehmung erkennen. Wolle man schließlich Diversität erklären, so müsse man hinter das Chaos, bis zum originalen, ununterschiedenen Nichts zurückgehen, was unmöglich sei. Und wenn außerdem mechanische Verursachung absolut wäre, ließe sie dem Bewußtsein in der Welt der Materie nichts zu tun übrig. Im Rahmen des Tychismus müsse Bewußtsein jedoch als ein Faktor des Universums angesehen werden.

Mit diesen Erläuterungen seines Standpunktes war für PEIRCE diese Artikelserie abgeschlossen. Er hat die vorsichtigen, durch seine naturwissenschaftlich-mathematischen und wissenschaftstheoretischen Arbeiten begründeten Ausführungen zugunsten des Indeterminus, das heißt der möglichen Evolution, nicht ohne Berücksichtigung der Notwendigkeit gemacht, jedoch ihren Absolutheitsanspruch zurückgewiesen.

PAUL CARUS, der Vertreter des Nezessitarismus, das heißt der Lehre von der absoluten Notwendigkeit und damit des Determinismus, stellte verständlicherweise den PEIRCEschen Tychismus in den Mittelpunkt seiner Auseinandersetzung mit ihm, ohne die Einschränkungen durch Agapismus und Synechismus ausreichend zu berücksichtigen.

Neben dieser Artikelserie beschäftigte sich PEIRCE um 1892 auch weiter mit mathematischen Untersuchungen, wie aus der Existenz verschiedener Manuskripte hervorgeht. Es handelt sich dabei insbesondere um Arbeiten zur nichteuklidischen Geometrie (die bekanntlich von LOBATCHEWSKY, GAUSS, BOLYAI, RIEMANN, KLEIN, CAYLEY, CLIFFORD u. a. begründet worden ist), die in folgenden Manuskripten vorliegen: MS 117: *The Non-Euclidean Geometry Made Easy* (NEM III/1, 687–692; auszugsweise in CP 8.97–99); MS 118: *Reflections on Non-Euclidean Geometry* (NEM III/1, 692–695); MS 119: *Non-Euclidean Geometry*; MS 120: *The Elements of Non-Euclidean Geometry. Preface* (NEM III/1, 702–703); MS 121: *On Non-Euclidean Geometry* (teilweise in NEM III/1, 703–710 und CP 8.93 Anm. 2); MS 122: *Non-Euclidean Geometry. Sketch of a Synthetic Treatment* (NEM, III/1, 695–702); MS 123: *Lobatchewsky's Geometry;* und MS 124: *Formulae.* Hierzu gehört auch die Rezension von NICHOLAUS LOBATCHEWSKYs *Geometrical Researches on the Theory of Parallels* (engl. 1891), die in The Nation (11. Februar 1892) erschienen ist.

5. Ausscheiden aus der Coast Survey zum 31. Dezember 1891

Nach ausgedehnten Pendelversuchen und theoretischen Arbeiten in den Jahren von 1885 bis 1889 reichte CHARLES PEIRCE am 20. November 1889 einen *Report on Gravity at the Smithsonian, Ann Arbor, Madison, and Cornell*[19] ein, der 137 Seiten Text und dazu Formeln, Berechnungen, Methoden etc. umfaßte. Hauptthema des Berichts ist die „Form des Geoids" auf Grund der Beobachtungen, die PEIRCE selbst gemacht hatte. Dazu kommen seine Berechnungen der vorläufig maximalen Werte der Abweichung des Geoids vom Hauptspheroid. Wenn nicht **die** erste, so ist sie doch eine der ersten Anwendungen der STOKESschen Theorie über die Form des Geoids.[20]

Der *Report* ist folgendermaßen gegliedert: 1. Resultate, 2. Methoden, 3. Berechnungen, 4. Theorie, 5. Daten.

SIMON NEWCOMB beurteilte diese Einteilung des *Reports* als „unlogisch", bemerkte aber den „psychologischen Vorteil für den Leser". VICTOR LENZEN, der in seinem Artikel *An Unpublished Scientific Monograph by C. S. Peirce*[21] die PEIRCEsche Arbeit detailliert dargestellt hat, war hingegen der Ansicht, daß PEIRCEs *Report* „die beste wissenschaftliche Arbeit ihrer Art des 19. Jahrhunderts" gewesen ist.

Doch der Superintendent der Coast Survey, der seit Juli 1889 amtierende THOMAS CORWIN MENDENHALL[22] war anderer Ansicht und lehnte den *Report* in dieser Form als völlig unzulänglich ab. CHARLES PEIRCE verteidigte im Brief vom 18. Dezember 1891 seinen *Report* gegen die Auffassung MENDENHALLs mit folgenden Sätzen:

„Wegen des Reports, den ich Ihnen schickte, haben Sie mich ungerecht behandelt. Nichts könnte sorgfältiger gemacht sein. Die Trennung der Behandlung relativer von absoluter Schwere ist LOGISCH. Wenn man in dieser Schrift den Wert von g einführt, protestiere ich ernstlich dagegen als UNLOGISCH. Wenn man g in Dyn ausdrückt, ist dies – und ich hoffe, daß Sie es selbst sehen – eine Vergewaltigung des c. g. s.-Systems, zu dem das Wort Dyn gehört. Wenn man es durch log.sec ausdrückt, ist das meiner Meinung nach ein großer Vorteil. Und ich meine, daß, unter Berücksichtigung von Herrn Thorus' formalem Versprechen hinsichtlich dieser Angelegenheit, die Schrift so gedruckt werden müßte, wie ich es wünsche."

Doch trotz Korrespondenz und Diskussionen mit MENDENHALL wurde der Bericht nicht veröffentlicht. PEIRCE verzichtete daraufhin im Brief vom 31. Dezember 1891 schließlich auf seine weitere Tätigkeit für die Coast Survey. Bereits am 8. Januar 1892 veröffentlichte MENDENHALL dann in der Zeitschrift Science eine Notiz über das Ausscheiden von PEIRCE aus der Coast Survey. Zwei Jahre später, am 22. Juni 1894 bemerkte MENDENHALL vor dem Committee on Naval Affairs of the House of Representatives, PEIRCE noch einmal kritisierend, folgendes: „Peirce war ein Mann von großen Fähigkeiten; von vielen wurden seine mathematischen Leistungen höher als die seines Vaters eingeschätzt. ... Er war mit den Schwerebestimmungen in den Vereinigten Staaten beauftragt. ... Nachdem er eine Anzahl von Beobachtungen gemacht hatte, die sich über mehrere Jahre hinzogen, hat er jene Beobachtungen nicht reduziert. ... Er hatte eine ungeheure Menge an Material, das er veröffentlichen wollte, aber es gelang ihm nicht. ... Um Professor Peirce gerecht zu werden, will ich sagen, daß vieles an seiner Arbeit von bester Qualität war, und er wurde von den europäischen und anderen Geodäten und Physikern usw. gelobt, aber es mangelte ihm an praktischer Qualität, von der ich meine, daß sie wesentlich ist. ... Seit mehreren Monaten bin ich davon überzeugt, daß Professor Peirces Dienste für die Coast Survey nun nicht länger notwendig sind und daß sie nicht länger beansprucht werden sollten."

Dies war, teilweise in Lob eingekleidet, ein schwerer Vorwurf gegen die wissenschaftliche Arbeit von CHARLES PEIRCE. Die Enttäuschung über diese Haltung MENDENHALLs muß für ihn noch größer gewesen sein als über die Beendigung seiner Lehrtätigkeit an der Johns Hopkins Universität. Damit war ja auch die einzige ständige Einnahmequelle, das Gehalt von der Coast Survey, versiegt, und PEIRCE mußte sich in den folgenden Jahren mit den Einkünften aus seiner Schriftsteller- und Vortragstätigkeit begnügen, die oft nicht zum Nötigsten ausreichten.

Eine sehr späte Anerkennung seiner wichtigen Arbeiten für die Coast Survey war die Taufe eines Schiffes der Amerikanischen Coast Survey auf den Namen „SS Peirce" im Jahre 1962[23].

6. Die Artikelserie in The Open Court 1892 und Beiträge in The Nation

PAUL CARUS gab seit 1887 neben The Monist noch eine andere Zeitschrift heraus, die wie der Verlag The Open Court hieß. Trotz seiner Kontroversen mit CARUS konnte CHARLES PEIRCE 1892 eine Artikelserie über Schlußmethoden darin publizieren, die am 1. September (3374) angekündigt wurde. Es handelt sich um die folgenden: *Pythagorics* (8. September, 3375–3377)[24], *The Critic of Arguments, I. Exact Thinking* (22. September, 3391–3394)[25], *Dmesis* (29. September, 3399–3402)[26] und *The Critic of Arguments, II. The Reader is Introduced to Relatives* (13. Oktober, 3415–3418)[27]. Zwei weitere Artikel: *The Critic of Arguments: III. Synthetical Propositions a priori*[28] und *The Critic of Arguments, IV*[29] sind zwar geschrieben, aber nicht mehr in The Open Court publiziert worden.

In *The Critic of Arguments, I. Exact Thinking* bemerkt PEIRCE zunächst, daß er das Wort „Kritik" im Sinne von LOCKE, KANT und PLATON verstehe, nämlich in der Bedeutung von „Kunst des Urteilens". Er lehnt jedoch den Titel „Logik" dafür ab, weil man darunter meistens kindische Folgerungen verstehe, die Schließen außerdem von Autoritäten abhängig machten. Das Studium der Philosophie erfordert nach PEIRCE hingegen „hartes Denken", d. h. „gründliches und reifes Denken" und beim kritischen Analysieren von Argumenten außerdem „exaktes und diagrammatisches Denken". So diskutiert er als ersten Punkt die drei Prinzipien oder Sätze der Logik: den Satz der Identität, des ausgeschlossenen Widerspruchs und des ausgeschlossenen Dritten, die als notwendige und ausreichende Prinzipien gelten, gibt aber sogleich zu bedenken, daß das 2. und 3. Prinzip jeweils in drei verschiedenen Bedeutungen verstanden werden können. Für ganz besonders wichtig hält PEIRCE, daß De MORGAN in Übereinstimmung mit ARISTOTELES gezeigt habe, daß die Relationen zwischen Subjekt und Prädikat des Satzes *transitive* Relationen darstellen und er folgert daraus, daß das Prinzip der Identität für die Wahrheit des Syllogismus „Barbara" weder eine ausreichende noch notwendige Bedingung ist. Auch bei kritischer Prüfung der negativen Syllogismen „Celarent", „Camestres" und „Cesare" kommt er zum gleichen Ergebnis, findet aber zusätzlich, daß die Relation von Subjekt zu Prädikat hierbei eine sogenannte „sibi-relation" oder „concurrency" sei, die wiederum eine transitive Relation darstelle. Diese „Konkurrenz" (gleichzeitiges Auftreten) sei aber keine Identität, so daß man nach PEIRCE als Prinzipien der allgemeinen Syllogismen feststellen kann, daß die Kopula eine „sibi-relation" ist und nur der Satz vom ausgeschlossenen Widerspruch vorausgesetzt wird. Die „dilemmatischen" Syllogismen würden vom Satz vom ausgeschlossenen Dritten beherrscht.

Wenn man berücksichtigt, daß PEIRCE die logische Bildung der Studenten seiner Zeit in Amerika immer wieder beklagte und die Leser philosophischer

Zeitschriften bestimmt nicht besser in Logik bewandert waren als die Studenten, kann man mit Recht daran zweifeln, daß diese Ausführungen von PEIRCE auf Verständnis gestoßen sind. Wahrscheinlich waren die Leser schon im ersten Teil dieses Artikels überfordert.

In Teil II *The Reader is Introduced to Relatives* stellt PEIRCE noch höhere Anforderungen an seine Leser. Er erläutert nach kurzer Einleitung den Begriff der Relation (relation, relationship) und stellt zunächst fest, daß jedes Faktum eine Relation sei, da z. B. ein blaues Objekt aus der besonderen gesetzmäßigen Aktion des Objektes auf die menschlichen Augen bestehe. Aber auch das Denken des Faktums repräsentiere es als ein solches.

Er führt dann weiter aus, daß beim Urteilen ein Diagramm erforderlich sei, wozu man Zeichen oder Symbole benötige, die an verschiedenen Stellen wiederholbar und gewissen Regeln unterworfen seien. Diese Art der Bildung eines Diagramms werde Algebra genannt, handele es sich um sprachliche Zeichen, werde sie „logische Algebra" genannt.

Nun solle mit Hilfe von Diagrammen der Zustand der Dinge besser verstanden werden. Jedoch könne das „wo" und „wann" von Dingen nicht diagrammatisch dargestellt werden. „Beschreibe und beschreibe und beschreibe, aber Du wirst niemals ein Datum, einen Ort (position) oder irgend eine homologe (homoloidal) Größe beschreiben." Mit der Sprache allein könne z. B. ein Haus nicht fixiert werden, sondern nur im Zusammenhang mit weiteren Erfahrungen von Sprecher und Hörer, wenn der Hörer sehe, wo der Sprecher stehe, wohin er zeige, was rechts oder links von ihm sei, usw. Wenn ein Leser, meint PEIRCE, seine Abhandlung nicht verstehen könne, so solle er das Buch einfach zuklappen, denn erst wenn er die Probleme kenne, werde er auch die Abhandlung verstehen.

PEIRCE unterscheidet dann die Erstellung eines Diagramms von seiner Anwendung. Auf einem Diagramm markierten zwei oder mehrere Punkte die Dinge, die repräsentiert werden bzw. in Zukunft identifiziert werden könnten. Setze man an ihrer Stelle Striche (Leerstellen), so ergebe sich z. B. „– kauft – von – zum Preis von – ", was *relatives* Rhema" genannt werden könne. Ein „*nicht-relatives* Rhema" sei ein Ausdruck mit einem einzigen Strich wie „ – ist sterblich". Zwei nicht-relative Rhemata könnten zu einem vollständigen Satz verknüpft werden, ein duales relatives Rhema wie „ – liebt – " gehe in einen Satz über, wenn die Striche durch Namen ersetzt würden.

PEIRCE verbindet die Darstellung von Rhemata hier auch mit dem Hinweis auf ihre Analogie zu chemischen Atomen oder Radikalen. Aber wichtiger ist seine Unterscheidung von singulären, dualen und pluralen (drei- und mehrfachen) Rhemata, denen er die Ideen der Erstheit oder Spontaneität, der Zweiheit oder Abhängigkeit und der Drittheit oder Vermittlung (mediation) zuordnet, was mit KANTs Kategorien (denen HEGEL zustimmte) übereinstimme.

Abschließend weist PEIRCE auf den Unterschied zwischen seinen eigenen und den Diagrammen bzw. Graphen von A. B. KEMPE in dessen Abhandlung *Theory of Mathematical Forms* (1886) hin. KEMPE betrachte das Diagramm so wie es ist, er selbst betrachte ein Diagramm immer als mit der Natur verbundenes bzw. als etwas **Repräsentierendes**. Wenn man den repräsentativen Charakter eines Diagramms außer acht lasse, könne die Idee der Drittheit oder Vermittlung nicht erkannt werden. KEMPE, der in seinem Diagramm nur Punkte (spots) und Linien unterscheide, hätte besser drei Elemente, nämlich Punkte und zwei verschiedene Arten von Linien unterscheiden sollen; denn die Punkte involvieren Erstheit, die beidseitig begrenzten Linien Zweitheit und die Verbindungen zwischen Punkten und Linien Drittheit.

Erst durch das Studium der Analysen von KEMPE wurde es PEIRCE jedoch ganz bewußt, daß in einer Algebra dualer Relationen keine pluralen Relationen behandelt werden können, die nur in einer triadischen Algebra, wie er sie selbst bereits entwickelt hatte, dargestellt werden können. Diese Theorie hängt nach PEIRCE davon ab, daß man zum „Universum der konkreten Dinge" die Abstraktion als „Aktion" hinzuzählt. Seiner Meinung nach liegen alle Schwierigkeiten des Denkens bzw. Schließens in diesem Abstraktionsprozeß begründet.

Die hier geäußerten Gedanken, die selbstverständlich zu seiner Semiotik gehören, wollte PEIRCE in weiteren Artikeln in dieser Zeitschrift ergänzen. Das Manuskript des 3. Teils mit dem Titel *Synthetical Propositions a priori* war fertiggestellt, ein 4. Teil im Entwurf konzipiert, aber sie wurden weder in dieser Zeitschrift noch in den *Collected Papers* gedruckt. Teil III wurde erst 1976 (NEM, IV, 82–94), veröffentlicht. PEIRCE wendet sich darin gegen die KANTische Auffassung, daß arithmetische Sätze als analytische und geometrische Sätze als synthetische charakterisiert werden, da er sicher ist, daß sie beide gleiche Eigenschaften besitzen. Er dokumentiert seine Auffassung vor allem durch zahlentheoretische Ausführungen und fragt zunächst nach dem mathematischen Charakter des Zahlensystems. Wann ist Schließen in der Zahlentheorie gut oder schlecht? PEIRCE bezieht sich auf die „FERMATsche Folgerung", die er als die größte Erfindung eines Intellekts preist, die je gemacht wurde, um zu zeigen, daß eine solche Folgerung auf gewisse Anordnungen von Zahlen angewendet werden *kann*, aber eben nicht auf alle, da es immer davon abhänge, ob man im finiten oder infiniten Bereich argumentiere. Es ist durchaus möglich, daß die Ausführungen von PEIRCE für die Leser der Zeitschrift zu mathematisch waren und deshalb nicht veröffentlicht wurden. Es kann aber auch sein, daß PEIRCE die letzten beiden Artikel selbst nicht mehr veröffentlichen wollte. Wie dem auch sei, er hat sich auch an anderen Stellen seines Werkes über synthetische, analytische und synthetische Sätze a priori geäußert.

Die 25 Beiträge bzw. Rezensionen, die CHARLES PEIRCE 1892 in The Nation veröffentlichte, waren überwiegend mathematischen Büchern gewidmet.[30]

7. Die Artikel über Religion, Wissenschaft und Glauben und die Beiträge in The Nation von 1893

In The Open Court erschienen 1893 drei kleine Artikel von CHARLES PEIRCE über die Beziehung zwischen Wissenschaft und Religion, und zwar: *The Marriage of Religion and Science* (16. Februar)[31], *Cogito Ergo Sum* (15. Juni)[32] und *What is Christian Faith?* (27. Juli)[33].

Im Zusammenhang mit diesen Artikeln stehen wahrscheinlich auch die Manuskripte: MS 947 *Continuity and Hegel* und MS 886 *Immortality in the Light of Synechism*.

CHARLES PEIRCE, der den Unterschied zwischen Wissenschaft und Religion immer wieder betont hat, indem er für die Wissenschaft die „Fehlbarkeit" zuließ, das heißt den prinzipiellen Irrtum, die Religion hingegen durch die „Unfehlbarkeit" charakterisierte, mußte sich mehr als einmal zu religiösen Fragen äußern, wie noch zu zeigen sein wird. In dem ersten Artikel in The Open Court spricht er zunächst vom wissenschaftlichen „Geist" im Unterschied zum religiösen „Gefühl" (sentiment), das er zwar verteidigt, dessen Ziel er jedoch in einer umfassenden (catholic) Religion sieht. Er wendet sich daher gegen die Aufsplitterung dieser umfassenden Religion in Kirchen und Sekten. Des weiteren sieht er im Unterschied zur Wissenschaft, die sich immer mehr vervollkommnet, das religiöse Gefühl mehr und mehr absterben, da es vor allem nicht mit den wissenschaftlichen Erkenntnissen Schritt halten kann, was ja oft zu einer feindseligen Haltung der Religion gegenüber der Wissenschaft geführt habe. Die Wissenschaft habe es nur mit „Wirkursachen" zu tun; sie müsse der Religion die „teleologische" Betrachtungsweise überlassen.

Im 3. Artikel sieht PEIRCE in der christlichen Religion, die von Theologen beherrscht wird, einen Unterschied zur postulierten Universalreligion, aber auch zur Lehre von Christus und anderen vor ihm, die alle die „Lehre von den beiden Wegen, dem Weg des Lebens und dem Weg des Todes" verkündet hätten. Der Weg des Lebens ist für PEIRCE ganz einfach „die Liebe" und daher müßte der christliche Glaube mit der Überzeugung vom Gesetz der Liebe identisch sein. Aber nicht nur die christliche, sondern alle Religionen seien von dieser Idee beherrscht und deshalb müsse letztlich für alle Menschen eine umfassende „katholische" Religion entstehen, wo die Menschen klares Denken mit intellektueller Integrität verbänden. PEIRCE richtet an die Kirche die Frage, ob sie bei all dem Humbug, den sie benötige, denn in der Lage gewesen sei, große Forscher oder große Heilige zu ihren Mitgliedern zu zählen. Erst wenn das Prinzip der Selbst-Suche [heute heißt das ja „Selbst-Verwirklichung"] dem Prinzip der Liebe gewichen ist, ist für PEIRCE die Religion, allerdings nicht im Sinne einer „eitlen religiösen Organisation", erreicht.

1893 schrieb PEIRCE für The Nation 19 Artikel bzw. Rezensionen[34] über mathematische, naturwissenschaftliche und andere Themen, darunter auch

über *The Science of Mechanics* von ERNST MACH. THOMAS J. McCOR-
MACK, der *Die Mechanik in ihrer Entwicklung historisch-kritisch dargestellt* ins
Englische übersetzt hatte und sie im Open Court Verlag, dessen Leiter PAUL
CARUS war, 1893 veröffentlichte, bemerkte in seinem Vorwort: „Der Dank des
Übersetzers gilt Herrn C. S. Peirce, der für seine Studien sowohl in analytischer
Mechanik als auch in der Geschichte und Logik der Physik wohlbekannt ist, für
zahlreiche Anregungen und Bemerkungen. Herr Peirce hat alle Korrekturen
gelesen und hat Paragraph 8 im Kapitel über Einheiten und Maße neu geschrieben, da das Original nicht auf dieses Land übertragbar und auch ein
wenig überholt war." (280–286)

Portrait C. S. Peirce (um 1879?)

8. Vorlesungen im Lowell Institut 1892–93 über die Geschichte der Naturwissenschaften

Im Studienjahr 1892–93 hielt CHARLES PEIRCE zwölf Vorlesungen am Lowell Institut in Boston über die *History of Science*[35]. Sie fanden vom 28. November 1892 bis 5. Januar 1893 montags und donnerstags abends statt. Eine Reihe von Manuskripten zu diesen Vorlesungen[36] sind erhalten, andere Manuskripte zum gleichen Thema sind wahrscheinlich später, d. h. um 1898, entstanden. Die Schlußbemerkungen zu dieser Vorlesungsreihe wurden in den *Collected Papers* abgedruckt, desgleichen eine Bemerkung hinsichtlich der Behandlung GALILEIs. Alles andere ist nun offensichtlich in den naturwissenschaftlichen Schriften von PEIRCE, die CAROLYN EISELE unter dem Titel *Historical Perspectives on Peirce's Logic of Science. A History of Science* (Walter de Gruyter & Co., Berlin 1985) herausgegeben hat, publiziert worden.

Aus den Manuskripten ist ersichtlich, daß PEIRCE mit dem Buch von AAHMES (dem altägyptischen Gelehrten) begann, das er „das älteste wissenschaftliche Buch in der Welt" nannte. Darauf folgte: die Babylonische Astronomie, THALES, ANAXIMANDER, ANAXIMENES, PYTHAGORAS und seine Schule, ARISTOTELES, EUKLID, ARCHIMEDES, die nach-hellenistische Periode, die Araber, das 13. Jahrhundert und dort vor allem PETRUS PEREGRINUS, dessen *De Magnete* er in Paris abgeschrieben und ins Englische übersetzt hat (wir kommen noch darauf zurück).

Danach behandelte er NIKOLAUS von CUES, KOPERNIKUS, KEPLER, GALILEI, TYCHO BRAHE und verschiedene andere Naturwissenschaftler. Was er über die schlechte Behandlung GALILEIs durch die Zeitgenossen, vor allem die katholische Kirche bemerkte, ist wohl auch auf die eigenen Erfahrungen mit seinen Zeitgenossen gemünzt: „Ach, meine Damen und Herren, es ist eine *bittere* Sache, von Gott in die Welt gesetzt zu sein, um ein besonderes, großes Stück Arbeit zu leisten, hungrig und durstig zu sein, es zu tun und durch die Eifersucht und Kälte der Menschen gehindert zu werden. ... Glauben Sie nicht, daß das Blockieren der Räder des Fortschritts auf alte Zeiten und ferne Länder beschränkt ist." (MS 1283)

Die *Lectures on the History of Science*, die aus den Manuskripten gedruckt (HP, 143–295) vorliegen, sind wahrscheinlich nicht in derselben Weise vorgetragen worden; denn der Umfang des Stoffes der einzelnen Vorlesungen ist dafür meistens zu groß. Mit Sicherheit hat CHARLES PEIRCE seinen Hörern hier aber einen historischen Überblick über die Entwicklung insbesondere von Mathematik, Physik und Astronomie geboten, der wohl einmalig gewesen ist. Hat er doch nicht nur die bekannten (oder erschlossenen) Daten und Fakten dargelegt, sondern sie in seiner brillanten Art auch mit tiefen und witzigen Kommentaren versehen. Selbst wenn die Manuskripte nicht vollständig publiziert wurden und man nicht feststellen kann, was ausgelassen wurde, da manchmal nur „..." andeuten, daß das Manuskript oder der Absatz hier nicht endet, wird nicht nur der Mathematiker und Naturwissenschaftler diese Vorlesungen mit Gewinn und Vergnügen lesen.

9. Internationaler Mathematiker- und Astronomen- Kongreß 1893 in Chicago und die Vorlesungen von FELIX KLEIN in Amerika

Im Juli 1893 wurde im Bulletin der New York Mathematical Society die englische Übersetzung von FELIX KLEINs *Erlanger Programm* veröffentlicht. CHARLES PEIRCE hatte sich mit den Arbeiten KLEINs schon vorher beschäftigt. Er besaß z. B. eine Kopie der lithographierten Vorlesungen von KLEIN über *Nicht-euklidische Geometrie I und II* vom Wintersemester 1889/90 und Sommersemester 1890, die er mit eigenen Anmerkungen versah, sowie auch die Vorlesungen über *Riemannsche Flächen*, und er kannte die ins Englische übersetzten *Lectures on the Ikosahedron*, die im American Journal of Mathematics (1886/87) durch F. N. COLE bekannt gemacht worden waren.

Als FELIX KLEIN im Sommer und Herbst 1893 Amerika besuchte, war dies für die amerikanischen Mathematiker und auch für CHARLES PEIRCE ein wichtiges Ereignis. FELIX KLEIN war Ehrenpräsident des Internationalen Kongresses für Mathematiker und Astronomen, der während der Weltausstellung in Chicago stattfand. Er hielt am 21. August 1893 den Einführungsvortrag mit dem Titel *The Present State of Mathematics*, der im Oktober-Heft des Monist veröffentlicht wurde. Anschließend an den Kongreß hielt FELIX KLEIN vom 28. August bis 9. September Vorlesungen an der Northwestern Universität in Chicago im Rahmen des Evanston Colloquiums. Diese Vorlesungen wurden unter dem Titel *Lectures on Mathematics, delivered in August and September, 1893, at Evanston, III*, by Felix Klein. Reported by A. ZIWET (1894) veröffentlicht. PEIRCE hat die Vorlesungen wahrscheinlich selbst nicht gehört. Er hielt sich zwar am 3. Juli in Chicago auf, fuhr aber am nächsten Tag nach New York zurück, wo er an seinem Buch über *Arithmetic* arbeitete, wie aus einem Brief vom 2. Juli an JULIETTE hervorgeht. Er rezensierte die veröffentlichten Vorlesungen am 19. April 1894 in The Nation, wo er vor allem die Fähigkeit KLEINs rühmte, auf nur einhundert Seiten die „bewegenden Impulse moderner Mathematik" vortragen zu können und bemerkt, daß „Felix Klein fraglos allgemein als der interessanteste, wenn nicht als der größte (gewiß *nicht* in jeder Hinsicht) der lebenden Mathematiker angesehen wird". Nach solchen hundert Seiten könne der Mathematiker sonst vergebens suchen. Neben Kürze und Klarheit, die er dem Werk bescheinigt, hat ihm eine Passage besonders gefallen, da sie mit seinen eigenen Ansichten übereinstimmt, und die er deshalb zitiert. Sie betrifft die Ansicht KLEINs, daß geometrische Beweise keine absolut objektive Wahrheit haben, sondern nur für den gegenwärtigen Stand des Wissens wahr sind, wie das ja auch in der Physik der Fall sei.

FELIX KLEIN hat während seines Amerika-Aufenthaltes am 30. September auch vor der New York Mathematical Society gesprochen, und zwar über eine nicht-euklidische Entwicklung der sphärischen Trigonometrie von Dr. SCHIL-LING. Er machte dabei auf seine eigenen und die Arbeiten von EDUARD STUDY von der Universität Marburg aufmerksam. Des weiteren hat er an einem Treffen derselben Gesellschaft im Oktober 1893 in Princeton teilgenommen, das anläßlich der 150-Jahrfeier der Universität Princeton veranstaltet wurde.[37]

Ob CHARLES PEIRCE an den Treffen in New York und Princeton teilnahm, ließ sich leider nicht ermitteln. Er hat sich 1893 zwar einige Wochen lang in New York aufgehalten, aber es ist nicht sicher, ob er im Oktober noch dort war. Eine Reise von New York nach Princeton wäre natürlich ebenso leicht möglich gewesen wie von Milford aus.

Im August verbrachte PEIRCE im Century Club in New York einen Abend mit JOHN JAY CHAPMAN, der deshalb erwähnenswert ist, weil CHAPMAN in einem Brief folgendes darüber berichtet: „Charles Peirce verfaßte die Definition des Begriffs ‚Universität' im „Century Dictionary". Er nannte sie eine Einrichtung zum Zwecke der Forschung. Man schrieb ihm, daß man gemeint hätte, die Universität wäre eine Einrichtung der Lehre. Er schrieb zurück, daß, wenn man eine solche Vorstellung gehabt hätte, man sich schrecklich geirrt hätte; daß eine Universität nichts mit Lehre zu tun habe und nie etwas zu tun gehabt habe; und daß wir besser keine Universitäten in diesem Lande haben sollten, bevor wir diese Idee nicht abgelegt hätten. Er lobte die Johns Hopkins Universität und Gilman. (...)"[38]

IX Der Schriftsteller ohne Verleger

1. Bücherprojekte zu Beginn der neunziger Jahre

Um 1893 stellte CHARLES PEIRCE verschiedene Bücher fertig, die allerdings ausnahmslos **nicht** gedruckt wurden. Es handelt sich dabei um die folgenden:

A. *Grand Logic* oder *How to Reason: A Critick of Arguments*[1].
   Das Werk gliedert sich in drei Teile:

Buch I: *Of Reasoning in General*[2]
Buch II: *Demonstrative Reasoning*[3]
Buch III: *Quantitative Reasoning*[4]

Leider hat man erst in den *Collected Papers,* und dort in sieben (!) Bänden verstreut, Auszüge publiziert. Dies ist ein weiteres Musterbeispiel für unverantwortliche Editionsarbeit, wo die „gesammelten Werke" eines Autors nur noch in „gesammelten Sätzen aus den Werken" bestehen, die nach angeblich systematischen Gesichtspunkten zuerst zerstückelt und dann wieder zusammengesetzt werden. Die Verworrenheit, die man dem PEIRCEschen Denken gelegentlich vorgeworfen hat und noch heute vorwirft, geht zumindest auch auf solche Editionstechniken zurück. Hätte man seit 1967 nicht den *Catalogue* der Manuskripte von RICHARD S. ROBIN, würde man wohl kaum einen Überblick über das PEIRCEsche Werk bekommen; denn in den *Collected Papers* ist nicht nur die Anordnung der einzelnen Abhandlungen, sondern sind auch die Titel des öfteren verändert worden, so daß man an Hand der Inhaltsverzeichnisse ebenfalls keine zuverlässigen Informationen erhält, sondern sie mühsam aus Anmerkungen heraussuchen muß.

B. *Short Logic* mit dem Untertitel: *On Reasoning in General* (MS 595). Von diesem Werk ist anscheinend nur das erste Kapitel im Manuskript erhalten, aus dem Teile in den *Collected Papers* (2.286–291, 2.295–296, 2.435–443, 7.555–558) publiziert wurden.

C. Die englische Übersetzung des Traktats *De Magnete* von PETRUS PEREGRINUS.

   Das Werk wurde in The Nation vom 11. Januar 1894 angekündigt. Ein Prospekt dazu: *Prospectus. The Treatise of Petrus Peregrinus on the Lodestone.* Latin Text, English Version, and Notes. With an Introductory

History of Experimental Science in the Middle Ages. By C.S. Peirce. Printed in two Colors on Hand-made Paper. Bound in Full Persian Morocco, Hand-tooled. 140 Pages[5], wurde von PEIRCE privat gedruckt. Die Ausgabe des Traktats zerschlug sich, obwohl sich der Verlag Theo L. de Vinne and Co. bereit erklärt hatte, das Buch zu drucken, falls PEIRCE 1 300 Dollar für den Druck beisteuern könnte. Dazu war PEIRCE jedoch nicht in der Lage und so kam die Ausgabe nicht zustande. Der *Prospectus,* die lateinische Abschrift von *De Magnete* mit den Anmerkungen dazu von PEIRCE, aber ohne seine englische Übersetzung, sind nun in HP (58–95) publiziert worden. Die Herausgeberin, C. EISELE, hat dazu auch die englische Übersetzung des Traktats von S.P. THOMPSON abgedruckt (HP, 96–112).

PEIRCE betont im *Prospectus* (1–6 in CP 8, S. 280–282; HP, 58–65), daß der Text aus der Bibliothèque Nationale in Paris („Mss. latins 7378") stamme, wo er ihn, wie wir schon sagten, im Frühsommer 1883 kopiert hatte. Nach PEIRCE gibt es nur eine einzige gedruckte Ausgabe, die 1558 in Augsburg erschienen, aber äußerst selten ist. PEIRCE hat dazu drei andere wichtige Texte mit einigen weiteren unvollständigen Texten des Traktats verglichen und merkt an, daß der Mathematikhistoriker LIBRI in Italien die Transskription desselben Manuskriptes versucht, aber die Unleserlichkeit vieler Stellen des Manuskripts viele Fehler verursacht habe, obwohl ihm die fähigsten Paleographen behilflich gewesen seien.

Am 9. Oktober 1893 schrieb CHARLES dem Bruder JAMES zur geplanten PEREGRINUS-Ausgabe einen Brief[6] mit der damals neuen (Hammond-) Schreibmaschine, in dem er der Hoffnung Ausdruck gibt, 300 Exemplare des Buches an interessierte Bibliophile, vor allem unter den Elektrikern, verkaufen zu können. Er räumt zwar ein, daß PEREGRINUS nur wenig bekannt sei, daß es aber feststehe, daß zum Beispiel GILBERT, den JAMES zu hoch einschätze, einen großen Teil seines Werkes aus PEREGRINUS abgeschrieben habe. *De Magnete*, mit August 1269 datiert, könne mit Recht „das früheste Werk der experimentellen Wissenschaft, das erhalten ist", genannt werden. Und PEREGRINUS könne als Wissenschaftler bezeichnet werden, weil er einen „speziellen Apparat zum Ziele der Erforschung eines Naturphänomens" erfunden und mit ihm experimentiert habe. Er beschreibt JAMES auch die Vorgehensweise von PEREGRINUS und erklärt ihm u. a., daß dieser die Magnetpole entdeckt und so benannt habe. Eine Bemerkung über die Universität Montpellier, die im 12. Jahrhundert gegründet wurde, zeigt einmal mehr, daß PEIRCE die Theologie als den größten Feind der Naturphilosophie bzw. Naturwissenschaft ansah. Übrigens beschließt er den Brief mit einer Betrachtung über das Schreiben mit einer Schreibmaschine und unterscheidet dabei die gesprochene und die geschriebene Sprache sowie den „schreibmaschinengeschriebenen (type-writeresque) Dialekt".

D. Die Essay-Sammlung *Search for a Method*.

CHARLES PEIRCE hat diese Essays 1893 für den Druck vorbereitet, doch auch sie blieben unveröffentlicht. Wo sie publiziert werden sollten, konnte nicht ermittelt werden. Es handelt sich um folgende, überarbeitete Schriften, von denen nur die vierte nicht veröffentlicht war.

I. *On The Natural Classification of Arguments*[7]
II. *On a New List of Categories*[8]
III. *Upon Logical Comprehension and Extension*[9]
IV. *Terminology*[10]
V. *Questions Concerning Certain Faculties Claimed for Men*[11]
VI. *Some Consequences of Four Incapacities*[12]
VII. *Grounds of Validity of the Laws of Logic*[13]
VIII. *The Fixation of Belief*[14]
IX. *How to Make Our Ideas Clear*[15]
X. *The Doctrine of Chance*[16]
XI. *The Probability of Induction*[17]
XII. *The Order of Nature*[18]
XIII. *Deduction, Induction, and Hypothesis*[19]
XIV. *A Theory of Probable Inference*[20]

Diese Essays waren zwischen 1867 und 1878 in drei verschiedenen Zeitschriften von PEIRCE veröffentlicht worden. Da sie hier bereits alle dargestellt wurden (vgl. S. 73 f, 130 f), möchte ich an dieser Stelle nur betonen, daß der Titel *Search for a Method*, außer daß er an DESCARTES' *Discours de la méthode* (1637) erinnert, nahelegt, daß PEIRCE mit diesem Buch seine wohl wichtigsten Konzeptionen erkenntnistheoretischer Art dokumentieren wollte, nämlich die **methodische** oder kontrollierbare **Gewinnung der Wahrheit** bzw. die Auffassung, daß Pragmatismus nichts anderes sei als eine Methode der Erkenntnisgewinnung.

E. *The Principles of Philosophy: or Logic, Physics and Psychics, Considered as a Unity, in the Light of the Nineteenth Century*[21].

PEIRCE kündigte dieses auf zwölf Bände geplante und teilweise fertiggestellte Buch 1893 als philosophisches, das heißt als erkenntnis- und wissenschaftstheoretisches Hauptwerk an, in welchem er seine Ideen, die er in dreißig Jahren erarbeitet hatte, zusammenfassen wollte. Er hat für das Buch ein *Announcement*[22] drucken lassen, mit dem er zur Subskription aufforderte. Der Preis sollte pro Band 2,50 Dollar betragen. Die Subskription bestätigten u. a.: WILLIAM JAMES, JOSIAH ROYCE, G. STANLEY HALL, SIMON NEWCOMB, FRANCIS ABBOT, O. C. MARCH (einer der Präsidenten der National Academy of Sciences)[23]. Das *Announcement* (MS 969) wurde in den *Collected Papers* (1.176–179) vollständig abgedruckt. Obwohl der erste Band der *Collected Papers* den Titel *Principles of Philosophy* hat, stammen die dort publizierten Texte aus ganz verschiedenen Manuskripten, die zwischen 1867 und 1910 geschrieben, zum Teil auch zu Lebzeiten publiziert wurden, aber wahrscheinlich nicht alle mit den von PEIRCE für sein Hauptwerk vorgesehenen, bereits veröffentlichten, geschriebenen oder geplanten Texten identisch sind. Welche Manuskripte und bereits gedruckte Abhandlungen das Werk ausmachen sollten, kann wohl nicht mehr mit Sicherheit festgestellt werden. Aus der Beschreibung im *Announcement* kann man aber zumindest die meisten Themen, die dort behandelt werden sollten, erraten, da PEIRCE verschiedene Schriften nennt. Die Titel der einzelnen Bände lauten:

Band 1: *Review of the Leading Ideas of the Nineteenth Century* (Rez. von HENRY JAMES' ‚Secret of Swedenborg', Rez. von G. BERKELEYs ‚Works' u. a.)

Band 2: *Theory of Demonstrative Reasoning* (*Description of a Notation* (1870), *On the Algebra of Logic* (1880), *On the Logic of Number* (1881), Neuausgabe von BENJAMIN PEIRCEs *Linear Associative Algebra* (1882)

Band 3: *The Philosophy of Probability* (aus: *Studies in Logic* (1883))

Band 4: *Plato's World: An Elucidation of the Ideas of Modern Mathematics*

Band 5: *Scientific Metaphysics* (*Fixation of Belief* (1877) u. a.)

Band 6: *Soul and Body* (*Questions Concerning Certain Faculties* (1868) u. a.)

Band 7: *Evolutionary Chemistry*

Band 8: *Continuity in the Psychological and Moral Sciences*

Band 9: *Studies in Comparative Biography*

Band 10: *The Regeneration of the Church* („... it has nothing positive to say in regard to religion ...")

Band 11: *A Philosophical Encyclopaedia* („triadic categories" u. a.)

Band 12: *Index raisonné of Ideas and Words*

Im Zusammenhang mit der Beschreibung der einzelnen Bände sagt PEIRCE im Vorwort des *Announcement*, daß seine ganze Lehre „vom Wunsch zu wissen" ausgehe und entwickelt werde, und er betont auch hier wieder, daß, da es den „wahrscheinlichen Irrtum" (probable error) immer geben wird, es zu einer wissenschaftlichen Philosophie nichts Entgegengesetzteres geben könne als „Unfehlbarkeit" – sowohl des „kirchlichen Pomps" als auch unter „wissenschaftlicher Verkleidung".

Weiter heißt es dann unter anderem: „Die Prinzipien, die Herr Peirce vertritt, haben enge Verwandtschaft mit denjenigen Hegels; vielleicht sind sie das, was die Hegelschen hätten sein können, wenn er in einem physikalischen Labor statt in einem theologischen Seminar erzogen worden wäre. Herr Peirce erkennt also eine objektive Logik an (obwohl sich ihr Vorgehen von der Hegelschen Dialektik unterscheidet) und ist wie Hegel bestrebt, sich die Wahrheit anzueignen, die aus vielen anderen Systemen gewonnen worden ist.

Die Entelechie und Seele des Werkes, aus dem jeder Teil seines Inhalts fließt, ist das *Prinzip der Kontinuität*, das von Anfang an der Leitstern der exakten Wissenschaft gewesen ist, aber von dem nun neue und unerwartete Anwendungen gemacht werden. Die logische Grundlage dieses Prinzips wird untersucht und seine präzise Formel aufgestellt. Das Prinzip der Kontinuität führt direkt zum Evolutionismus und natürlich zu einer aufrichtigen Anerkennung der Folgerungen von Spencer, Fiske und anderen. Nur werden MATERIE, RAUM und ENERGIE nicht als ewig vorausgesetzt, da ihre Eigenschaften mathematisch als Produkte einer Evolution vom ursprünglichen (und unendlich lange vergangenen) Chaos unpersönlichen Empfindens an zu erklären sind. Diese modifizierte Lehre, die so sehr mit dem allgemeinen Geist des Evolutionismus harmoniert, zerschlägt den Boden unter dem Materialismus ebenso wie unter dem Nezessitarianismus.

In der Religion würde uns die neue Philosophie lehren, zu warten und definitive und wahrnehmbare Fakten der Erfahrung abzuwarten, die derzeit gemacht werden. Da Einzelheiten des Dogmas außerhalb ihres Fachgebietes liegen, würde sie eher ein altmodisches Christentum begünstigen als jeden Versuch, mit einer christianoiden Metaphysik an Stelle der Religion aufzuwarten. Noch weniger könnte sie eine Theologie der Phrasen akzeptieren, die eine Abstraktion ‚Gott' etikettieren und mit Nachwelt ‚ein zukünftiges Leben' beeinflussen würde. Ich halte einen ‚christlichen Sentimentalismus' für deutlich verschieden von einem Heils-Evangelium aufgrund intelligenten Eifers." (CP 8, S. 282–283)

Wie gesagt, ist dieses Werk, das sein Hauptwerk werden sollte, nicht zustande gekommen. Es gab dafür keinen Verleger und nicht genügend Subskriptionen. Ob PEIRCE Teile des geplanten Buches selbst zusammengestellt, neu geschrieben oder skizziert hat, ist nicht mehr festzustellen. Die Schriften und Manuskripte, die nach seinem Tode zu JOSIAH ROYCE an die Harvard Universität gelangten, sind ja nicht in der ursprünglichen Ordnung geblieben, wie sie zu Lebzeiten von PEIRCE geherrscht hatte.

2.   Mathematische Bücherprojekte

CHARLES PEIRCE arbeitete in der Zeit zwischen 1869 und 1906 an verschiedenen mathematischen Büchern. Nach CAROLYN EISELE, die 1976 eine große Anzahl mathematischer Manuskripte von PEIRCE unter dem Titel *The New Elements of Mathematics*[24] veröffentlichte, sind noch mindestens drei große Buch-Projekte in Manuskripten vorhanden gewesen. Es handelt sich dabei um:
I. *Arithmetic*, II. *The New Elements of Mathematics* und III. *New Elements of Geometry. Based on Benjamin Peirce's Works and Teachings.*

I.   *Arithmetic.* Dieses Buch wurde bereits 1889 geplant; denn wie PEIRCE am 6. 12. 1889 an JULIETTE schrieb, hatte er bei den PINCHOTs in New York zu Abend gegessen und dem Freund GIFFORD PINCHOT seinen Plan, eine Arithmetik zu schreiben, auseinandergelegt, dem dieser begeistert zustimmte. PEIRCE studierte dazu viele Arithmetik-Lehrbücher seiner Zeitgenossen in Amerika, England, Deutschland und Frankreich und besaß selbst einige sehr seltene Arithmetikbücher aus dem 16., 17. und 18. Jahrhundert. Er hat sich zu allen verschiedene Notizen[25] für sein eigenes Projekt gemacht.

Nach seinem Ausscheiden aus der Coast Survey am 1. 1. 1891 versuchte sein Bruder JAMES, ihm durch Anregungen bei diesem Buch zu helfen. CHARLES PEIRCE korrespondierte wegen dieses Buchplanes auch mit seinem ehemaligen Assistenten bei der Coast Survey, ALLAN DOUGLAS RISTEEN, und schickte ihm Anfang 1891 ein Manuskript, das dieser mit seinen Änderungsvorschlägen aber erst am 16. 10. 1891 zurückschickte. Bis 1893 war das Buch jedoch noch nicht im Druck, und am 5. April 1894 schrieb CHARLES an JAMES, daß er selbstverständlich vor allem an der *Arithmetic* arbeiten müsse, aber von irgend jemandem wenigstens 500 $ für seine Unkosten bekommen müßte. Er beriet sich auch mit seinem Freund, dem Richter FRANCIS RUSSELL in Chicago, über das Buch. Schließlich muß sich der Verleger EDWARD C. HEGELER, der The Monist und The Open Court herausbrachte und Arbeiten von PEIRCE aus beiden Zeitschriften kannte, für den Druck des Buches interessiert haben; denn er gab PEIRCE einen Vorschuß von 2 000 $, damit er daran arbeiten konnte. Obwohl das Manuskript im Frühjahr 1894 nahezu fertiggestellt war, beklagte sich PEIRCE bei RUSSELL (Brief vom 5. September 1894), daß HEGELER seine Meinung wohl geändert habe und das Buch nicht mehr drucken wolle, obwohl er das ganze Manuskript erhalten habe. Die *Arithmetic* war auch ein Jahr später, am 7. März 1895, immer noch im Besitz von HEGELER, und PEIRCE fürchtete, sie nicht zurückzubekommen, weil HEGELER erst den Vorschuß zurückhaben wollte. „Wenn ich das Geld nicht habe, um es [das Manuskript] bald wieder zu bekommen, wird es für immer weg sein," schrieb er ziemlich verzweifelt am 28. September 1896 seinem Freund RUSSELL.

Im Jahre 1900 forderte dann EDWARD S. HOLDEN das Manuskript der *Arithmetic* an, um sie Verlegern vorzulegen und schlug PEIRCE vor, sie mit ihm gemeinsam herauszubringen und sich den Gewinn zu teilen. Im Januar 1901 schickte ihm PEIRCE das Material ohne das Hauptstück (wahrscheinlich MS 189), das er später als verloren oder verlegt bezeichnete. Doch am 5. April 1901 gab HOLDEN das Manuskript zurück, da die beiden Verleger, McMILLAN & Co. und GINN & Co., mit denen er verhandelt hatte, den Druck dann doch nicht wagen wollten. In einem Brief an ALBERT STICKNEY von Mitte Oktober 1906 (datiert von M. FISCH) wollte PEIRCE seinem Arithmetik-Buch schließlich einen neuen Titel geben und war der Meinung, daß *Augrim* dafür gut geeignet wäre, da dieser Begriff „die Kunst des Gebrauchs der sogenannten Arabischen Zahlfiguren, 0, 1, 2, 3, 4, 5, 6, 7, 8, 9," betreffe. Ganze Zahlen und Dezimalzahlen sollten in seinem Werk als reine **Ordinalzahlen** behandelt werden, das heißt vom Standpunkt des Zählens aus. Er berichtete STICKNEY auch, daß das Buch aus zwei Teilen bestehe und Prozesse enthalte, von denen die gewöhnliche Arithmetik nicht spreche. Als Beispiel dafür gab er seine Erklärungen der Addition, Multiplikation, Involution und Faktorrechnung an:

„*Addition* ist die Operation zu finden, wie viele [Einzelne] es in zwei oder mehr sich wechselseitig ausschließenden Kollektionen gibt.

Multiplikation ist die Operation zu finden, wie viele *Paare* es gibt, von denen ein Glied aus einer und das andere aus einer anderen Kollektion stammt. Fortgesetzte Multiplikation findet, wie viele *Mengen* es gibt, von denen ein Glied aus einer Kollektion gegebener *Quoten*-Zahl gezogen wird. Daher ist zweimal drei:

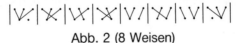

Abb. 1 (6 Weisen)

Involution ist die Operation zu finden, auf wie viele Weisen jedes Glied einer Kollektion mit einem Glied einer anderen Kollektion gepaart werden kann. Daher ist 2^3 wie folgt:

$$|V.|X|W|X|V/|W/|\backslash V|\cdot V|$$

Abb. 2 (8 Weisen)

während 3^2 wie folgt ist:

$$|V..|X.|X||/ /.|.V.|.X|/.\backslash|.\backslash\backslash|.\backslash|$$

Abb. 3 (9 Weisen)

Fakultäten werden auf dieselbe Weise behandelt. Daher ist 4.3! die Zahl der Weisen, in der 3 Objekte gepaart werden können, und zwar jedes mit *einem* von 4 anderen Objekten *verschiedenen*. Daher [18 von 24]:

Abb. 4 (24 Weisen)

Trotz aller Bemühungen gelang es PEIRCE nicht, das Buch zu veröffentlichen. C. EISELE publizierte 1976 in Band I der *New Elements of Mathematics* die MSS 189 und 181 *Primary Arithmetic*, MS 182 *Vulgar Arithmetic*, MS 177 *The Practice of Vulgar Arithmetic*, MS 178 *Vulgar Arithmetics:*

Its Chief Features, MSS 167 und 168 *Practical Arithmetic*, MS 186 *Advanced Arithmetic* und dazu verschiedene kleinere Manuskripte und Briefe (MSS 169, 61, 687, 1, 54, 57, 1575, 1361, 236, 213, 68, 179, L 376, 180, 1546, 170, 40, 47, 52, 51, 1121, 53, 1535, L 217, L 200), desweiteren die Abhandlung *A New Rule for Division in Arithmetic* aus der Zeitschrift Science (21. Dezember 1883) und die Definitionen von *Magic Squares* und *Mathematics* aus dem *Century Dictionary* (1889).

Natürlich können solche Zusammenstellungen stets nur eine Annäherung an das sein, was der Autor intendierte. Und wenn man weiß, wie oft PEIRCE Entwürfe zu Abhandlungen überarbeitete, wieviel Material er als unzureichend, unvollständig, fehlerhaft etc. bezeichnete und von einer Publikation ausschloß, versteht man, daß er vielleicht auch wegen vermeintlicher oder tatsächlicher Unzulänglichkeit des Manuskripts von einer Publikation absah und nicht nur aufgrund der Ablehnung des Verlegers HEGELER.

Übrigens ist die Zusammenstellung der arithmetischen Schriften, die CAROLYN EISELE vorgelegt hat, durchaus nicht vollständig. Nach dem *Catalogue* von R. S. ROBIN gibt es noch eine große Anzahl von Manuskripten zu Arithmetic, Elementary and Practical Arithmetic, Arithmetical Calculations, High Arithmetic, Computation, Probabilities, Measurements, Ordinals and Cardinals, Secundals (ein binäres Zahlensystem) etc., die alle in der Harvard Bibliothek aufbewahrt werden und nicht berücksichtigt worden sind. Außerdem kann man in dieser Ausgabe weder die Jahreszahlen noch den Umfang, die Auslassungen oder bereits publizierte Passagen der Manuskripte feststellen. Und wer könnte, auch wenn er den *Catalogue* zur Hand hat, erraten, welche 5 von 1 000 Seiten und aus welchem Grund zur Publikation ausgewählt wurden und andere nicht? Auch sind die Register unvollständig und die Kommentare sehr allgemein gehalten, das heißt, sie betreffen meistens nur äußere Umstände, aber nicht die inhaltliche Seite der Schriften, so daß man daraus keine Anleitung zum Verständnis der mathematischen Forschungen von PEIRCE gewinnen kann. Eine gute Kommentierung wäre aber in diesem Falle besonders wichtig gewesen, da PEIRCE ja nicht nur als Fachmathematiker, sondern vor allem als Wissenschaftstheoretiker (Semiotiker, Logiker, Erkenntnistheoretiker) argumentiert und immer bemüht ist, die „Grundlagen der Mathematik" (foundations of mathematics), die für ihn die „Zeichen" sind, und erst danach die mathematischen Prozesse selbst darzustellen.

II.	*The New Elements of Mathematics* (der Titel wurde von C. EISELE für die Gesamtausgabe der mathematischen Schriften verwendet).

Dieses Buch setzt sich aus den MSS 164, 94 a und 165 zusammen. Nicht publiziert wurde ein Entwurf zu den *New Elements*, der als MS 166 (rund 280 Seiten!) ebenfalls in der Harvard-Bibliothek aufbewahrt wird. Das publizierte Material besteht aus *Preface* (MS 165) von insgesamt 380 Seiten, von denen im *Catalogue* 36 Seiten als verloren bezeichnet werden. Zu Kapitel 1 des Buches existiert auch noch MS 1525 *Analysis of Tit-Tat-Too* (32 Seiten), das in dieser Ausgabe aber nicht berücksichtigt wurde. Die Kapitel sind folgende:

Kapitel 1: *Introduction*
Kapitel 2: *Sequences*
Kapitel 3: *The Fundamental Operations in Algebra*
Kapitel 4: *Factors*
Kapitel 5: *Negative Numbers*
Kapitel 6: *Fractional Quantities*
Kapitel 7: *Simple Equations*
Kapitel 8: *Ratio and Properties*
Kapitel 9: *Surds* (Irrationalzahlen)
Kapitel 10: *Topical Geometry*
Kapitel 11: *Perspective*

In MS 229 *Logic of Number – Lefèvre* (NEM, II, App. H, 592 ff.), das aus neun unzusammenhängenden Seiten besteht und nach 1896 geschrieben worden sein muß, spricht PEIRCE von einem Buch *The Logic of Algebra and Geometry*, das die Herren GINN zur Publikation annahmen, aber, heißt es dort, „ich war nicht mit ihm zufrieden und schrieb es gänzlich neu, indem ich ein weiteres Jahr an Arbeit hineinsteckte". Aus den publizierten Passagen geht nicht hervor, ob das ganze Buch oder nur der Teil über die „Zahlen" wirklich fertiggestellt wurde. Die Zahlentheorie hat PEIRCE jedenfalls als zufriedenstellend bezeichnet.

Ein weiteres Manuskript (MS 517), das C. EISELE in ihrer Einleitung (NEM, II, XXVII) erwähnt, aber erst in NEM IV publizierte, hat den Titel *Kaina stoicheia* (Neue Elemente) und laut *Catalogue* einen Umfang von 81 plus 81 Seiten. PEIRCE muß dieses MS um 1898 geschrieben haben. Er erwähnt darin, daß er die *New Elements of Mathematics* drei Verlegern vorgelegt habe, aber daß keiner das Buch drucken wollte. Eine Stelle ist besonders bemerkenswert für seine Selbsteinschätzung und die Beurteilung der Logik: „Ich persönlich bedauere, daß das Manuskript [*The New Elements ...*] verlorengegangen ist; denn es war der Ertrag von vielem strengen Denken. Ich kann es nie mehr reproduzieren, weil es im striktesten mathematischen Stil geschrieben war und ich mit den Jahren die Fähigkeit, über Logik in mathematischem Stil zu schreiben, verloren habe, obwohl das in meiner Jugend ganz natürlich für mich war. Als ich die Fähigkeit verloren hatte, diesen Stil zu schreiben, habe ich auch meine Bewunderung dafür verloren. Ich entschuldige mich, den mathematischen Stil in der Logik zu kritisieren." (NEM, IV, 235–236)

III. *The Elements of Geometry*
PEIRCE hatte *The New Elements of Mathematics* für den Verlag der

Brüder GINN geschrieben, was aus verschiedenen Briefen an seine Brüder JAMES und HERBERT hervorgeht. Doch die Verleger wollten schließlich zunächst ein Textbuch über Geometrie herausbringen, und so begann CHARLES, die *Elements of Geometry* seines Vaters zu erweitern und auf den neuesten Stand zu bringen. Der Titel von MS 94 *New Elements of Geometry by Benjamin Peirce, rewritten by his sons James Mills Peirce and Charles Sanders Peirce* mit einem Umfang von rund 400 Seiten, wovon etwa 110 Seiten von BENJAMIN PEIRCE stammen, zeigt an, daß CHARLES das Werk gemeinsam mit seinem Bruder JAMES publizieren wollte, da dieser als Professor der Harvard Universität dem Verlag wohl eine Garantie für den Verkauf des Buches – vielleicht auch für die wissenschaftliche Qualität – war. Doch JAMES sah sich sowohl aus gesundheitlichen Gründen als auch wegen eigener Projekte nicht in der Lage, an diesem Buch mitzuwirken (Brief vom 21. November 1894). CHARLES hat das Buchmanuskript dann Ende Februar 1895 dem Verlag GINN & Co. geschickt, wie er JAMES am 3. März mitteilte. Als er 48 Stunden später noch keine Antwort vom Verlag erhalten hatte, wie es vereinbart worden war, nahm er an, daß das Buch nicht gedruckt werden sollte. Der Verlag antwortete verspätet dann mit einem Gegenvorschlag, daß er nämlich den 1. Teil, der die „Philosophie der Mathematik" betreffe, nicht drucken wolle, sondern nur den 2. Teil für ein echtes Textbuch halte und diesen allein drucken wolle, das heißt, nur den Teil, der mit *Metrics* betitelt war. Obwohl PEIRCE diesem Vorschlag zustimmte, zerschlug sich das ganze Projekt dennoch, wohl wegen der Absage von JAMES.

Was es mit dem Manuskript *Euclid Easy* auf sich hatte, das der Verleger über JAMES an CHARLES zurückschickte, ist im Augenblick nicht zu klären. Wahrscheinlich hatte PEIRCE dem Buch *The New Elements of Geometry* diesen Namen, *Euclid Easy*, gegeben; denn es kann sich dabei kaum um das kleine Fragment gleichen Titels, das als MS 268 existiert, handeln.

Die *New Elements of Geometry ...* (MS 94) besteht aus:

Preface
Book I   *Fundamental Properties of Space*
          Chapter 1 *Continuity*
          Chapter 2 *Uniformity*
          Chapter 3 ...
          Chapter 4 *Homoloids*
          Chapter 5 *Measurement*
          Chapter 6 *The Constitution of Space*
          Chapter 7 *Branches of Geometry*
Book II   *Topology*
          Chapter 1 *Generation, Intersection, Enclosure*
          Chapter 2 *Connectivity*

Obwohl JAMES an diesem Buch, wie gesagt, nicht mitarbeitete, sind seltsamerweise die Bemerkungen, die er auf dem Manuskript machte, von C. EISELE mit abgedruckt worden. Auch wurde dem MS 94 als Ergänzung MS 137 *Topical Geometry* angefügt sowie 21 Anhänge aus verschiedenen anderen Manuskripten.

In dem oben genannten MS 229 *Logic of Number – Lefèvre* spricht PEIRCE übrigens allgemein über seine Einschätzung der Mathematik, wie er das auch des öfteren an anderen Stellen seines Werkes getan hat. Er schreibt hier: „Mathematik ist, allgemein gesprochen, die erste der Wissenschaften. ... Alle anderen Wissenschaften hängen ohne Ausnahme von den Prinzipien der Mathematik ab; und Mathematik borgt nichts anderes von ihnen als Hindernisse. Mathematik steht an der Spitze der Wissenschaften in dem Sinne, daß sie die abstrakteste ist. Sie ist abstrakter als Metaphysik oder sogar als Logik. Sie tut nichts anderes als Hypothesen aufzustellen und ihre Folgerungen abzuleiten. (...) Meines Vaters Definition „Mathematik ist die Wissenschaft, die notwendige Folgerungen zieht", *impliziert* zumindest die Wahrheit. (...) Aber die beste Definition ist: „Mathematik ist die Wissenschaft der Hypothesen" oder der präzisen Hypothesen. Denn ein wichtiger Teil des Geschäfts des Mathematikers besteht darin, seine Hypothesen aufzustellen und sie zu generalisieren. Das Ziehen von Folgerungen daraus ist nicht alles. ..." (NEM, II, 592–595)

Hinsichtlich der Beziehung zwischen Mathematik und Logik bemerkt PEIRCE hier außerdem u. a.: „Ich glaube nicht, daß Mathematik auf irgendeine Weise von Logik abhängt. (...) Im Gegenteil, ich bin davon überzeugt, daß Logik die Lösung ihrer Probleme möglicherweise nicht ohne großen Gebrauch der

Mathematik erreichen kann. Tatsächlich ist alle formale Logik lediglich auf Logik angewendete Mathematik." (NEM, I, XXII, aber keine sonstige Quelle)

PEIRCE vertritt also nicht wie A. N. WHITEHEAD und B. RUSSELL in der *Principia Mathematica* (1910–1914) und wie viele andere Logiker des 20. Jahrhunderts den Standpunkt, daß Mathematik auf Logik begründet werden könne oder müsse, was man „Logizismus" genannt hat, sondern ist im Gegenteil der Meinung, daß die formale Logik auf eine mathematische Grundlage bezogen werden muß, was bekanntlich „Mathematizismus" genannt wird.

3. Mathematische Vorträge

PEIRCE war als Mathematiker aber nicht nur an der Grundlegung der Mathematik, sondern auch immer wieder an ihrer Geschichte interessiert. Zum Beispiel sprach er auf der Tagung der New York Mathematical Society am 7. April 1894 über die sehr wenig bekannte *Arithmetik* von ROLLANDUS[26] und veröffentlichte am 8. April in der New York Times einen Bericht über diese Tagung mit dem Titel *Mathematics Their Theme*[27], dem er einen Zueignungsbrief von ROLLANDUS an JOHN OF LANCASTER in (wahrscheinlich) eigener Übersetzung beifügte. Die *Arithmetica* von ROLLANDUS, dem portugiesischen Physiker, ist 1424 geschrieben worden. PEIRCE hatte das lateinische Manuskript aus der Sammlung von GEORGE A. PLIMPTON[28] in New York entliehen. Während dieser Tagung schlug PEIRCE übrigens auch vor, die Einheit der Beschleunigung: c. g. s als späte Würdigung der Arbeiten GALILEIS, den er neben KEPLER so sehr bewunderte, nunmehr „ein Galileo"[29] zu nennen.

Als die New York Mathematical Society in American Mathematical Society umbenannt wurde, schrieb THOMAS FISKE, einer ihrer Begründer, rückblickend in den *Semicentennial Publications* (Band 1) dieser Gesellschaft unter anderem: „Hervorragend unter denen, die die Treffen der Gesellschaft in den frühen neunziger Jahren besuchten, war der berühmte Logiker Charles S. Peirce. Seine dramatische Art, seine unbekümmerte Nichtbeachtung der Genauigkeiten in ‚unwichtigen' Einzelheiten, seine geschickten Zeitungsartikel (in The Evening Post und The New York Times) über die Aktivitäten der jungen Gesellschaft interessierten und amüsierten uns alle. Er war der Berater der New York Public Library für die Anschaffung wissenschaftlicher Bücher und schrieb die mathematischen Definitionen für das ‚Century Dictionary'. Er war immer in Schwierigkeiten, da er teils von dem, was er von Freunden borgen konnte, teils von dem, was er durch lästige Arbeiten wie dem Schreiben für Zeitungen einnehmen konnte, lebte. Er erschien gleichermaßen brillant, ob unter dem Einfluß von Alkohol oder etwas anderem. Seine Gesellschaft wurde von den verschiedenen Organisationen gepriesen, zu denen er gehörte; und so wurde er auch nie von der Mitgliedschaft ausgeschlossen, selbst wenn er seine Beiträge nicht bezahlte. (…) Auf einem Treffen der Gesellschaft im November 1894 proklamierte Peirce während einer eloquenten Rede über die Natur der Mathematik, daß die intellektuellen Fähigkeiten, die für den Mathematiker wesentlich sind, ‚Konzentration, Imagination und Generalisation‘ seien. Nach einer dramatischen Pause schrie er dann: ‚Hörte ich jemanden sagen Beweis? Nun, meine Freunde,‘ fügte er hinzu, ‚Beweis ist nur das Pflaster, auf dem der Karren des Mathematikers rollt.‘ "[30]

Das Treffen der American Mathematical Society vom 24. November, das FISKE hier erwähnt, wurde von PEIRCE übrigens besucht, um einen Vortrag mit dem Titel *Rough Notes on Geometry. Constitution of Real Space*[31] zu halten.

4.   Verschiedene Manuskripte aus den Jahren 1894–1896

Neben den veröffentlichten Abhandlungen und Vorträgen hat PEIRCE eine große Anzahl von philosophisch-methodologischen Manuskripten hinterlassen, die zum Teil als Vorarbeiten, zum Teil aber auch als persönliche Notizen zu bereits bearbeiteten Themen zu betrachten sind.

So sind aus dem Jahr 1894 MS 898 *The List of Categories: A Second Essay*[32] und aus dem Jahr 1896 MS 900 *The Logic of Mathematics: An Attempt to Develop my Categories from within*[33] eine Erweiterung der Vorstellungen der ersten Abhandlung über Kategorien aus dem Jahre 1867. Auch MS 716 *Thirdness and Generality*[34] aus dem Jahr 1895 betrifft das gleiche Thema.

MS 787 aus dem Jahr 1895 *That Categorial and Hypthetical Propositions are one in Essence, with some Connected Matters*[35] beleuchtet die logisch-erkenntnistheoretische Problematik vom semiotischen Standpunkt aus.

Ein anderes wichtiges Thema, die Geschichte der Wissenschaften, wird in MS 1288 *The Principal Lessons of the History of Science*[36], aber auch in MS 860 *Nominalism, Realism, and the Logic of Modern Science*[37], behandelt. Beide stammen aus dem Jahr 1896.

Schließlich gibt es weitere Manuskripte zu Fragen der Religion: MS 894 *Religion and Politics*[38] von 1895, MS 1331 *Notes on White's History of the Warfare of Science with Theology*[39] und MS 882 *Telepathy*[40] aus dem Jahr 1895.

5.   Veröffentlichungen von 1894 und 1895

In The Nation publizierte PEIRCE 1894 wieder eine Reihe von Beiträgen zu mathematischen, naturwissenschaftlichen und philosophischen Themen[41]. Ich möchte hier nur kurz auf seinen Nachruf auf HELMHOLTZ eingehen.

HERMANN von HELMHOLTZ hatte im Spätsommer 1894 für einige Wochen die Vereinigten Staaten besucht. CHARLES PEIRCE war ein großer Bewunderer seiner wissenschaftlichen Arbeiten und als er an einem Empfang für ihn an der Columbia Universität in New York teilnahm, hatte er Gelegenheit, sich mit ihm zu unterhalten. Nur zwei Wochen später, am 8. September 1894, starb HELMHOLTZ kurz nach seiner Rückkehr nach Berlin. Bereits am 13. September veröffentlichte PEIRCE einen Nachruf in The Nation. Neben den wichtigsten biographischen Einzelheiten pries er seine wissenschaftlichen Leistungen, insbesondere sein „epochemachendes Werk" *Über die Erhaltung der Kraft* (1847), das HELMHOLTZ mit 26 Jahren der Physikalischen Gesellschaft in Berlin vorgetragen hatte. Die „große Annäherung an Exaktheit", die PEIRCE darin findet – was seiner eigenen Überzeugung entspricht –, die an die Stelle der „Wahrheit" tritt, nennt er die „Krone" und den „Schlüssel" der physikalischen Wissenschaft. Es müßte doch während dieses Vortrags von HELMHOLTZ einige Leute gegeben haben, die den „verblüffendsten Intellekt, den die menschliche Rasse bisher hervorgebracht hat", erkannt hätten, meint er. PEIRCE zitiert selbstverständlich auch andere wissenschaftliche Arbeiten von HELMHOLTZ und erwähnt seine Schüler, Nachfolger, Widersacher und Kollegen. Als sein Hauptwerk bezeichnet er *Die Lehre von den Tonempfindungen und die Theorie der Musik* (1862). Auch lobt er seine mathematischen Arbeiten ebenso wie die physikalischen und physiologischen. Mit einer gewissen Befriedigung notiert er, daß aus HELMHOLTZ' Feder niemals eine Anspielung auf irgendein moralisches oder religiöses Problem gekommen sei. Auch gebe es keine Beziehung zu HEGEL und den HEGELIANERN und keine Nachfolge KANTs, sondern eine Bewunderung des englischen Stils in der Philosophie. Daß es niemals zu Prioritätsstreits mit Kollegen gekommen sei, sieht PEIRCE in dem „bewundernswerten Temperament" HELMHOLTZ' begründet. Er sei nicht eitel gewesen und habe mehrfach Hinweise darauf publiziert, daß seine eigenen Ergebnisse nicht so neu seien, wie er selbst und die wissenschaftliche Welt geglaubt hätten, und er sei immer bemüht gewesen, „die Wahrheit herauszufinden und zu publizieren". Der Nachruf schließt mit dem Satz: „Die Welt verdankt viel der intellektuellen Klarheit und Integrität von Hermann Helmholtz, M. D."

Als ARTHUR CAYLEY, der englische Mathematiker, am 26. Januar 1895 gestorben war, schrieb PEIRCE auch diesem Wissenschaftler in The Evening Post einen Nachruf, betitelt *Professor Cayley* (NEM, II, 642 ff), der bereits am 28. Januar erschien. Ein ergänzender Nachruf von MARY AUGUSTA SCOTT wurde dort gleichzeitig veröffentlicht.

Der Nachruf von PEIRCE auf CAYLEY ist deshalb bemerkenswert, weil er nicht nur den Menschen und den Mathematiker mit einigen treffenden Sätzen anschaulich darstellt, sondern weil er voller Bewunderung und ohne Neid die hervorragenden Leistungen dieses großen Wissenschaftlers rühmt: seine Invariantentheorie, seine Beiträge zur Analytischen Geometrie, seine auch für die Semiotik so wichtige Matrizentheorie, seine Arbeiten über elliptische Funktionen, aber auch seine Gründlichkeit in allen seinen mathematischen Arbeiten und sein enzyklopädisches Wissen. CAYLEY habe ja erst nach einer glänzenden Laufbahn als Rechtsanwalt 1863 eine mathematische Professur in Cambridge erhalten, die extra für ihn eingerichtet wurde, die ihm finanziell aber sehr viel weniger einbrachte als die juristische Tätigkeit. Was PEIRCE insbesondere an ihm bewundert, ist die platonische Denkweise, daß heißt, die Vorliebe für das Reich der Ideen und das Mißtrauen gegenüber dem Reich der Sinne, aber auch seine Fähigkeit, solche Vorstellungen nicht zur Schau zu stellen. Auf einen Fehler im Nachruf von PEIRCE macht MARY AUGUSTA SCOTT in dem ihrigen aufmerksam: CAYLEY starb nicht kinderlos, wie PEIRCE geschrieben hatte, sondern hinterließ neben seiner zweiten Frau auch eine Tochter und einen Sohn. Als Ergänzung schreibt M.A. SCOTT außerdem, daß er einige Jahre lang praktisch der Präsident des ersten Frauen-Colleges in England, des Newnham College, gewesen sei. Ein Zeichen für seine unvoreingenommene Denkweise.

Außer den genannten Nachrufen veröffentlichte PEIRCE 1895 in The Nation verschiedene Rezensionen, auf die nur hingewiesen sei.[42]

X Vorlesungen, Vorträge und Publikationen von 1895 bis 1898

1. Vorbereitungen für die Vorlesungen 1898 in Cambridge

In den Jahren um 1895 scheint die finanzielle Lage von CHARLES und JULIETTE PEIRCE besonders schlecht gewesen zu sein; denn wie die New York Sun am 26.2. (1895 oder 1896?) meldete, versteigerte der Sheriff von Milford am 25. Februar rund 3 000 Bände der PEIRCEschen Bibliothek, darunter seltene arabische und lateinische Schriften, die mit 7 000 Dollar versichert waren. Aus der Zeitungsmeldung geht hervor, daß sie PEIRCEs Bruder in New York (wahrscheinlich HERBERT) erwarb, damit die 2 500 Dollar, die PEIRCE verschiedenen Personen in Milford und Umgebung schuldete, bezahlt werden konnten. Die Schulden waren wohl hauptsächlich durch die Renovierung des Farmhauses und die Erweiterung des Besitzes entstanden. PEIRCE wird in der Zeitungsnotiz übrigens als sehr exzentrisch geschildert. Er sei mehrmals, als er geistesabwesend auf der Landstraße fuhr, mit anderen Fahrzeugen kollidiert und habe Schadenersatz leisten müssen. Vor einiger Zeit habe er dann sein Heim verlassen und sei seither nicht mehr gesehen worden. Sein Pferd habe man tot im Stall gefunden, wahrscheinlich sei es verhungert. Seit seiner Abreise sei das Anwesen von einem Butler versorgt worden. Auch wenn PEIRCE selbstverständlich nur kurze Zeit verschwunden war, so kennzeichnet diese Meldung von der Versteigerung der mit viel wissenschaftlichem Enthusiasmus erworbenen und zur eigenen Arbeit so notwendigen Bücher die schlimme finanzielle Lage, in die er geraten war. Er hat sich selbst einmal als den Ärmsten seiner Familie bezeichnet. Natürlich waren seine Einkünfte nach dem Ausscheiden aus der Coast Survey sehr gering und auch ein in Geldfragen geschickterer Mensch hätte wahrscheinlich Schulden machen müssen.

Mit Sicherheit können wir annehmen, daß auch WILLIAM JAMES die prekäre finanzielle Lage des Freundes bekannt war. WILLIAM JAMES hat sich, wie bereits erwähnt, mehrfach bemüht, CHARLES PEIRCE zu einer Professur zu verhelfen. So schrieb er deshalb auch am 3. März 1895 an Präsident ELIOT der Harvard Universität u. a. folgendes: „Die Philosophische Fakultät traf sich, um die Vorlesungen für das nächste Jahr zu arrangieren, und da ich für Psychologie beauftragt bin, heißt das, (...) daß die wichtige Vorlesung über ‚Kosmologie' oder ‚Naturphilosophie' (...) im nächsten Jahr entweder ausfallen oder einem Außenseiter übertragen werden muß. Nun möchte ich Ihnen eine nicht geringere Person als Charles S. Peirce vorschlagen, dessen Name Sie hoffentlich nicht gleich mit Ärger erfüllen wird, aber Sie werden nach kurzer Überlegung besser darüber denken. (...) Die besseren Graduierten würden zusammenströmen, um ihn zu hören – sein Name ist für sie jetzt einer von geheimnisvoller Größe – und er würde eine Welle von Einfluß, Tradition, Gesprächen usw. auslösen, was viele Jahre lang nicht aussterben würde. *Ich* würde eine Menge aus seiner Vorlesung lernen. Jedermann kennt Peirces persönliche Unbequemlichkeit; und wenn ich Präsident wäre, würde ich keine harmonische Situation von seiner Verbindung mit der Universität erhoffen. Aber ich würde dies als Teil der Unannehmlichkeiten der täglichen Arbeit ansehen und meine Augen schließen und geradeaus weitergehen; denn ich wüßte, daß es vom höchsten intellektuellen Standpunkt aus das Beste für die Graduierten der Philosophischen Fakultät wäre, das passieren könnte. Es würde uns auch veranlassen, alles zu tun, was wir können, um das Beste aus jedem Ausnahmefall zu machen; und es würde eine Anerkennung der Stärke von Charles S. Peirce sein, was – dessen bin ich sicher – dem armen Kerl gegenüber nur gerecht wäre. Ich glaube sicher, daß der Weg der (möglichst) geringen Bequemlichkeit hier der *wahre* Weg ist, und daher zögere ich nicht, meine Meinung vorzutragen. ..."[1]

Aber obwohl Präsident ELIOT zugab, daß PEIRCE beachtliche Fähigkeiten besitze, die er der Universität gern nutzbar machen würde, lehnte er es ab, PEIRCE diese Vorlesungen zu übertragen.

Daß WILLIAM JAMES tatsächlich viel von CHARLES PEIRCE profitierte oder lernte, hat er auch durch die Widmung seines Buches *The Will to Belief* (1897) bestätigt, die folgendermaßen lautet: „Meinem alten Freund Charles Sanders Peirce, dessen philosophischer Freundschaft in alten Zeiten und dessen Schriften in jüngerer Zeit ich mehr Anregung und Hilfe verdanke, als ich ausdrücken oder zurückzahlen kann."

Trotz der Widmung kritisierte PEIRCE dieses Buch im Brief vom 13.3.: „(...) Ich habe den ersten Essay gelesen, der von großem Wert ist, aber ich kann nicht sehen, daß er so elementar ist, wie Du sagst, außer wenn Du meinst, daß er sehr leicht zu lesen und zu verstehen ist, und in dieser Hinsicht ist er ein Meisterwerk. Daß alles an seinen praktischen Ergebnissen überprüft werden muß, war das große Anliegen meiner frühen Schriften. Daher bin ich, soweit ich Dein Hauptziel in dem Teil des Buches, den ich gelesen habe, erkenne, im wesentlichen mit Dir einig. (...) Was ‚Überzeugung' (belief) und ‚seine eigene Meinung bilden' betrifft, bin ich, wenn sie mehr bedeuten, als daß man einen Verfahrensplan hat und man gemäß diesem Plan versucht, eine Beschreibung des Verhaltens zu geben, geneigt zu denken, daß sie mehr Böses als Gutes bewirken. (...) Es ermutigt mich sehr, daß Du so gut von ‚Tychismus' denkst.

Aber Tychismus ist nur ein Teil und ein Hilfssatz des allgemeinen Prinzips des Synechismus. Dies habe ich während der letzten fünfzehn Jahre untersucht, und ich bin immer mehr ermutigt und entzückt über die Art und Weise, wie es in alle Schlüssellöcher zu passen scheint.

Es war wirklich sehr nett von Dir, mein lieber William, mir Dein Buch zu widmen. ..." (CP 8.249–252)

Was die Vorlesungen an der Harvard Universität betrifft, so schrieb PEIRCE zwei Monate später (30. Mai 1897) an JAMES: „(...) Ich hörte vor einigen Monaten über Dr. Carus, daß Du Dich bemühst, mir eine Möglichkeit zu verschaffen, in Cambridge Logik zu lehren. ..." (PERRY, 284) Doch erst im Dezember 1897 schickte PEIRCE ihm schließlich eine Übersicht über die acht geplanten Vorlesungen, die folgende Titel haben sollten: 1. *Logical Graphs,* 2. *Lessons on the Logic of Relatives,* 3. *Induction and Hypothesis,* 4. *The Categories,* 5. *The Attraction of Ideas,* 6. *Objective Deduction,* 7. *Objective Induction and Hypothesis* und 8. *Creation.*

Auf diese Vorschläge entgegnete WILLIAM JAMES am 22. Dezember 1897: „... Es tut mir leid, daß Du so auf der Formalen Logik beharrst. Ich kenne unsere Universität hier und Royce kennt sie auch, und wir stimmen beide darin überein, daß es nur drei Männer gibt, die Deinen *Graphen* und *Relativen* möglicherweise folgen können. Sollte man so abstrakt und mathematisch verstandene Dinge nicht eher lesen als hören; solltest Du nicht, auf Kosten der Originalität, beachten, daß eine *Vorlesung als solche* Erfolg haben muß, indem sie ein Minimum an Formaler Logik verwendet und fast unmittelbar zu Metaphysik, Psychologie und Kosmogonie übergeht?

Es gibt Stoff genug in den ersten beiden Bänden des Prospekts Deines Systems[2], um einen kurzen Überblick zu geben, ohne auf den mathematischen Symbolismus zurückzugreifen, ich bin mir da ganz sicher, um nicht von den anderen Bänden zu reden. Sei so gut und denke Dir etwas leichter Faßliches aus. Ich will nicht, daß das Auditorium auf drei oder vier zusammenschmilzt, und ich sehe nicht, wie man bei Deinem Programm dagegen ankommt. ... *Du* kannst Dir kaum vorstellen, wie wenig Interesse an den rein formalen Aspekten der Logik besteht. Was zu diesem Thema gehört, sollte man für die wenigen Einzelnen *drucken.* Du bist erfüllt von Ideen; Vorlesungen brauchen nicht einmal einer einzigen ganz kontinuierlich zu folgen. Ausgewählte Themen von lebenswichtigem Charakter wären das Beste. ... *Ich* fände Anti-Nominalismus, Kategorien, Anziehungskraft von Ideen, Hypothese, Tychismus und Synechismus gut. ... Schreibe nun, daß Du alle diese Bedingungen akzeptierst, und halte bitte die Vorlesungen so unmathematisch, wie Du kannst. (...)" (PERRY, 284)

CHARLES PEIRCE antwortete am 26. Dezember etwas verärgert:
„Ich akzeptiere alle Deine Bedingungen. Ich bezweifle nicht, daß Du die Fähigkeit Deiner Studenten richtig einschätzt. Ich bin nach allem, was ich höre,

und dem wenigen, das ich von Cambridge gesehen habe, einverstanden, obgleich die Methode der Graphen sich den New Yorkern als ganz einfach erwies, und deren Sinne sind vom New Yorker Leben erfüllt, – Leute, die der Mathematik so fern stehen wie jedermann in New York. Meine Philosophie ist jedoch keine ‚Idee‘, von der ich ‚übervoll‘ bin. Sie ist ernsthafte Forschung, zu der der Zugang nicht mühelos ist, und der Teil, der am engsten mit der Formalen Logik verknüpft ist, ist der bei weitem am leichtesten zugängliche. Leute, die nicht exakt denken können (und das allein *ist* denken), können meine Philosophie natürlich nicht verstehen, – weder die Prozesse, Methoden noch Resultate. Die Vernachlässigung der Logik in Harvard ist fast vollkommen. Deine Harvard-Studenten der Philosophie finden es zu schwierig, exakt zu denken. Bald werden es Eure Ingenieure besser finden, größere Projekte ungebaut zu lassen, als die nötigen Berechnungen dafür anzustellen. Und Harvard ist dem übrigen Land nur ein bißchen voraus, so wie dieses Land Europa ein bißchen voraus ist. Der Japaner wird kommen und uns hinauswerfen, und wenn die Zeit erfüllt ist, wird er die Fragen stellen, die meine Philosophie beantwortet und mit Geduld wird er den Schlüssel finden, wie ich es getan habe. (...)

Zeit und Stunde sind mir völlig gleichgültig. Ich bin Ton in der Hand des Töpfers. Am liebsten wäre es mir, wenn ich komische Lieder singen und tanzen müßte, obwohl ich *das* schlecht machen würde. Aber ich bin nicht puritanisch genug, um das Vergnügen an diesem Geschwätz über „Themen von lebenswichtigem Charakter" verstehen zu können. Ich meine, die Hörer sollten lieber nach Hause gehen und ihre Gebete aufsagen. ..." (PERRY, 285)

Diese beiden Briefe betreffen zwar nur die Vorlesungen von 1898, aber an den philosophischen Auffassungen von PEIRCE und JAMES hat sich auch später nichts geändert.

Trotz dieser vielen Meinungsverschiedenheiten hat WILLIAM JAMES jedoch dem Freund immer wieder Geld zukommen lassen, das er angeblich von Freunden und Bewunderern von PEIRCE für dessen geplante Bücher erhalten hatte. Da er die geringen praktischen Kenntnisse des Freundes im Umgang mit Geld kannte, stellte er die Schecks auf den Namen von JULIETTE aus. „William James tat dies alles zum Teil aus Freundschaft, aber hauptsächlich weil er wußte, daß Peirce ein Genie war, einer der originellsten Denker seiner Zeit, der es verdiente, unterstützt zu werden", bemerkt ALLEN (377).

Wahrscheinlich waren die PEIRCEs aber auch durch verschiedene Krankheiten JULIETTEs finanziell stark belastet worden. Ihre zarte Gesundheit, vor allem ihre Lungenkrankheit, hatte schon immer Anlaß zur Sorge gegeben und bedurfte ständiger ärztlicher Kontrolle. Im Mai 1897 wurde sie, nachdem sie verschiedene Ärzte konsultiert hatte, die eine Operation für zu riskant hielten, in South Carolina von dem damals sehr berühmten Frauenarzt Dr. WYLIE operiert, der ihr ein Fibrom von 7 Pfund bei einem Körpergewicht von nur 90 Pfund entfernte. Da es kein Krebs war, verlief die Heilung zwar schnell und ohne Komplikationen, doch ihre Lungenkrankheit, die eine Weile passiv gewesen war, brach wieder aus und sie war einige Monate lang noch sehr krank. (Brief von CHARLES an seine Schwester HELEN vom Mai 1897 (?); MS L 129)

2. Die Vorlesungen von 1898 in Cambridge

Die Vorlesungen fanden schließlich im Frühjahr 1898 in Cambridge statt. Sie durften allerdings nicht in den Räumen der Universität gehalten werden, da Präsident ELIOT seine Erlaubnis dazu nicht gab, und so heißt es in der gedruckten Einladung: „Herr Charles Peirce aus Milford, Pennsylvania, wird einen Kurs von acht Vorlesungen über „Reasoning and the Logic of Things" in den Räumen der Cambridge Conferences, Studio House, 168 Brattle Street, im Februar und März 1898, montags und donnerstags abends um acht Uhr geben. Die speziellen Themen und Daten sind folgende:[3]

10. Februar	*Philosophy and the Conduct of Life*
14. Februar	*Types of Reasoning*
17. Februar	*The Logic of Relatives*
21. Februar	*The First Rule of Logic*
24. Februar	*Training in Reasoning*
28. Februar	*Causation and Force*
3. März	*Habit*
7. März	*The Logic of Continuity.*" (CP 8, Bibl. G – 1898, 1)

Der Haupttitel *Reasoning and the Logic of Things* ist von PEIRCE an Stelle des anderen Titels *Detached Ideas in General, and on Vitally Important Topics as Such* gewählt worden, der auf WILLIAM JAMES' Anregung (22. Dezember 1897) zurückgeht, an Stelle der Vorlesungen über Logik, die PEIRCE vorgeschlagen hatte, über „Themen von lebenswichtigem Interesse" zu sprechen.

PEIRCE bemerkt daher in der 1. Vorlesung, daß er eigentlich acht Vorlesungen über *The Logic of Things* geben wollte, dann aber erfahren habe, daß seine Hörer lieber etwas über „Dinge von lebenswichtigem Interesse" hören wollten. So habe er, meint er listig, etwas in dieser Richtung vorbereitet. Da er aber eine Menge über richtiges Schließen zu sagen habe, halte er eben **dies** in Ermangelung von etwas Besserem für eine Sache von vitaler Wichtigkeit. Er bezeichnet sich dann selbst als Aristoteliker und Wissenschaftler und verdammt die hellenistische Verquickung von Theorie und Praxis, die er getrennt behandelt, aber ihre Verbindung selbstverständlich klar aufzeigt. Er warnt seine Hörer zu erwarten, daß er ihnen etwas bieten würde, wodurch sie „besser und erfolgreicher" werden könnten, und er betont ausdrücklich – mit ausführlicher Begründung – warum er Religionsphilosophie und Ethik nicht behandeln wird.

Auszüge aus diesen Vorlesungen sind in verschiedenen Bänden der *Collected Papers*, der *New Elements of Mathematics* und in der Zeitschrift The Hound and Horn publiziert worden. Eine Reihe von Manuskripten zu diesen Vorlesungen sind erhalten, die in den *Collected Papers* jedoch zwei verschiedenen Vorlesungsreihen zugeordnet werden. Es ist aber nirgends dokumentiert, daß PEIRCE mehr als diese acht Vorlesungen gehalten hat, so daß ich annehme, daß alle relevanten Manuskripte nur diesen Vorlesungen zugeordnet werden können. Die von mir versuchte Zuordnung stimmt daher weder mit derjenigen der *Collected Papers* noch mit derjenigen der *Comprehensive Bibliography* überein.

Zu den nicht gehaltenen bzw. nicht angekündigten Vorlesungen gehören möglicherweise noch die folgenden Manuskripte: MS 440 *Induction, Deduction and Hypothesis* (teilweise CP 7.494 Anm. 9), MS 940 *Logic of Events* (teilweise CP 6.1–5 und 6.214–221), MS 941 *Notes for 8 Lectures* (teilweise CP 6.222–237), MS 942 *Abstracts of 8 Lectures* mit *Bifaria for 8 Lectures* (teilweise NEM, IV, 127–149), MS 943 *Considerations for 8 Lectures*, MS 944 *Dottings for 8 Lectures*, MS 945 *Mems for 8 Lectures* und MS 948 *The Logic of Continuity* (teilweise CP 6.185–213 und NEM, III/1, 101–116), die als letzte von acht Vorlesungen bezeichnet wird.

WILLIAM PEPPERELL MONTAGUE (1873–1958), der bei JAMES, ROYCE, MÜNSTERBERG und PERRY studiert hat, als führender Vertreter des „New Realism" bekannt wurde und an der Columbia Universität in New York lehrte, hat diese Vorlesungen im Februar und März gehört. 1930 schrieb er darüber u. a.: „Für Peirce selbst hatte ich eine Art Verehrung. Während sein Intellekt kalt und klar war, war seine metaphysische Vorstellungskraft kapriziös, glitzernd und ungezügelt, und seine ganze Persönlichkeit war so reich und geheimnisvoll, daß er ein besonderes Wesen, ein Übermensch (superman) zu sein schien. Ich hätte lieber wie er als wie irgendein anderer, dem ich je begegnete, sein mögen. Und bei den zwei oder drei Gelegenheiten, als er sorgfältig kritisierte und dann einige meiner studentischen Schriften lobte, wurde ich von einem Glücksgefühl davongetragen."[4]

Aufgrund der publizierten Fragmente dieser Vorlesungen hat PEIRCE logische, erkenntnistheoretische, mathematische, physikalische, ontologische, kosmologische etc. Ausführungen gemacht. Er hat darüber hinaus auch den Lehrbetrieb von Harvard kritisiert, weil dort zu viel Lehre und zu wenig Lernen, das heißt Forschen, vertreten seien.

Zur Lage der Philosophie im allgemeinen, um nur dies zu zitieren, sagt er in der Einleitungsvorlesung: „Meiner Meinung nach wird die gegenwärtig infantile Lage der Philosophie – denn sofern ernste und fleißige Forscher der Philosophie kaum fähig sind, über ein einziges ihrer Prinzipien Übereinstimmung zu erzielen, kann ich nichts anderes sehen, als daß sie in den Kinderschuhen steckt – der Tatsache verdankt, daß sich in diesem Jahrhundert hauptsächlich Männer mit ihr beschäftigt haben, die nicht in Seziersälen und anderen

Laboratorien ausgebildet wurden und die folglich nicht vom wirklich wissenschaftlichen *Eros* beseelt waren, sondern im Gegenteil aus theologischen Seminaren kamen und folglich von dem Wunsch beseelt waren, ihr eigenes und das Leben anderer zu verbessern, eine Einstellung, die zweifellos für Menschen in gewöhnlichen Situationen wichtiger ist als die Liebe zur Wissenschaft, die diese aber für die Aufgaben wissenschaftlicher Forschung völlig unfähig macht." (MS 437; CP 1.620)

Diese Äußerung von PEIRCE – falls er sie in der Vorlesung tatsächlich gemacht hat – war selbstverständlich nicht dazu angetan, die Meinung von Präsident ELIOT über ihn zu ändern. Seine Hörer konnten aus ihr seine Grundkonzeptionen kennenlernen, die ihn so entschieden auch von WILLIAM JAMES trennten; denn PEIRCE war von Anfang an, wie wir sahen, wissenschaftlich orientiert und der Ansicht, daß der Wissenschaftler auf Grund seiner Tätigkeit selbstverständlich das „Wohl aller" im Auge habe, JAMES war dagegen zwar an der Verbesserung der Lage der Menschen interessiert, verabscheute aber wissenschaftliche Strenge, die ihm kalt, abstrakt und ohne direkten Bezug zum Menschlichen erschien. Die wissenschaftliche und die lebensphilosophische Grundeinstellung sind nicht nur 1898 bei diesen beiden Philosophen, sondern auch heute noch festzustellen, und sie werden wohl auch in Zukunft immer nebeneinander bestehen.

CHARLES PEIRCE war mit seiner ersten Vorlesung in Cambridge sehr zufrieden. Er berichtete JULIETTE am 11. Februar, daß seine „Vorlesung gestern Abend *brillant*" verlief.

3. Mathematik als Spiel oder Entspannung

In den Jahren zwischen 1895 und 1898 beschäftigte sich PEIRCE neben allen anderen Problemen immer wieder mit Fragen der Wahrscheinlichkeit, des Zufalls und anderen mathematischen Fragen, die auch mit Roulette und verschiedenen mathematischen Spielen zusammenhängen.

Er benutzte übrigens im MS 210 *A Corner for Pythagoreans. Mathematical Recreations No. I* (wahrscheinlich um 1897) das Pseudonym „Pico di Sablonieri", was man vielleicht mit „Gipfel der Sandgruben" übersetzen könnte.

Wahrscheinlich gehört zu diesem Themenkreis auch MS 209 *Knotty Points in the Doctrine of Chances*, wo die Mathematik des Roulette diskutiert wird.

Eine andere Serie mathematischer Schriften aus dieser Zeit hat das Wort „Recreation" (Entspannung, Spiel, Erheiterung) im Titel. Es handelt sich um MS 205 *Recreation in Reasoning*[5] (um 1897), wo PEIRCE eine „Theory about

communicated at all except through their physical effects. Our photographs, telephones, and wireless telegraphs, as well as the sum total of all the work that steam-engines have ever done, are, in sober common sense and literal truth, the outcomes of the general ideas that are expressed in the first book of the 'Novum Organum.'

The speculative rhetoric that we are speaking of is a branch of the analytical study of the essential conditions to which all signs are subject, — a science named semeiotics, though identified by many thinkers with logic. In the Roman schools, grammar, logic, and rhetoric were felt to be akin and to make up a rounded whole, called the trivium. This feeling was just; for the three disciplines named correspond to the three ~~means~~ essential branches of semeiotic, of which the first, called speculative grammar by Duns Scotus, studies the ways in which an object can be a sign; the second, the leading part of logic, best termed

~~speculative~~ critic, studies the ways in which a sign can be related to the object it represents, *independent of it that*; while the third is the speculative rhetoric just mentioned.

In a publication like this, all scientifically thorough discussion of any but the smallest points would be out of place. We have no room for more, nor has the average reader, — reading the journal during his journey up-town, let us suppose, — leisure for anything more than such ideas, serious or light, as might be struck out in conversation between two clever, but two probably tired and hungry, companions. Of the writer it . and that he should t....

Zwei Manuskriptseiten von C. S. Peirce

Quantity" (Zahlentheorie) vorstellt, in der er die Zahl als „transitive Relation" einführt und die Kardinalzahlen mit ihrer Anwendung in der Arithmetik behandelt, sowie um die Manuskripte: MS 206 *Recreative Exercises in Reasoning*, MS 207 *Recreations in Reasoning* und MS 208 *Recreations of Reasoning*.

4.　Quantitative Logik

Wir müssen noch einmal zum Jahre 1896 zurückgehen, als auf der Tagung der National Academy of Sciences vom 21. bis 24. April 1896 in Washington die Arbeit von CHARLES PEIRCE *On the Logic of Quantity* (Hinweis in RNA (1897) 9) vorgelesen wurde, da er selbst nicht anwesend sein konnte. Das vorgetragene Manuskript als solches ist nicht bekannt, ähnelt aber sicherlich den Ausführungen über Mathematik, Logik und Philosophie in den Manuskripten: MS 14 *On Quantity, with special reference to Collectional and Mathematical Infinity* (NEM, III/1, 39–64); MS 15 *On Quantity, ...* (NEM, IV, 265–285); MS 16 *On the Logic of Quantity, and especially of Infinity*; MSS 17–20 *On the Logic of Quantity;* MS 21 *Mémoire sur la Logique de Quantité. Deuxième Partie;* MS 22 *Systems of Quantity.*

In MS 15 charakterisiert PEIRCE zunächst die Mathematik im allgemeinen mit Sätzen wie „Mathematik ist daher das Studium der Substanz von Hypothesen oder mentalen Schöpfungen mit der Absicht, notwendige Schlüsse zu ziehen". (268) Und „Mathematik, die allein die Schöpfungen des Mathematikers selbst beobachtet". (272) Formulierungen, die er immer wieder in ähnlicher Weise vorgetragen hat.

Zur Logik im allgemeinen heißt es: „Logik ist die Wissenschaft, die Zeichen untersucht; die ermittelt, was für das Zeichen-Sein wesentlich ist und seine grundlegend verschiedenen Varietäten beschreibt; die die allgemeinen Bedingungen seiner Wahrheit beschreibt und diese mit formaler Exaktheit feststellt und die das Gesetz der Entwicklung des Denkens untersucht, es genau aufstellt und seine verschiedenen Arbeitsweisen aufzählt." (271)

Bei der speziellen Behandlung der „Natur der Quantität" (§ 3 des MS 15 (NEM, IV, 275–283)) geht PEIRCE von der „modernen exakten Logik" aus, d. h. er verbindet Logik und Mathematik und unterscheidet vor allem vier wichtige Schritte: 1. Aufstellung eines Diagramms, 2. Modifikation des Diagramms, 3. Sorgfältige Beobachtung der Ergebnisse des Experiments am Diagramm und 4. Wiederholung des Experiments, wobei induktiv geschlossen wird. Wichtiger als diese vier Schritte sind aber die verschiedenen Arten deduktiven Schließens, die PEIRCE hier auf Grund seines „Systems der logischen Graphen" bzw. der „negativen logischen Graphen" unter Berücksichtigung der *consequentia simplex de inesse* von DUNS SCOTUS formuliert: Jeder *Satz* könne als eine Folgerung *de inesse* verstanden werden, demnach sei er entweder wahr oder falsch, und ein falscher Satz könne dann als Null-Satz (zero proposition) bezeichnet werden. Beim *Verb* unterscheidet PEIRCE folgendes: ein Verb kann einem Wort oder einer Kombination von Wörtern, und entweder einem vollständigen Satz oder einem Satz mit Leerstellen (blanks), der in einen vollständigen Satz übergeht, wenn in die Leerstellen Eigennamen eingesetzt werden, äquivalent sein. Daher könne das Verb *medadisch* (von griechisch *medenos* = Null), *monadisch, dyadisch, triadisch* usw. sein. Jeder Satz könne als eine einfache oder komplexe Folgerung *de inesse* betrachtet werden und die Formen logischer Folgerungen *de inesse* seien Formen logisch möglicher Deduktion.

Unter der weiteren Berücksichtigung von *Antezedent* und *Konsequent* kann PEIRCE dann die „verschiedenen Arten deduktiver Folgerungen" aufzählen und erläutern: 1. Folgerung durch *Weglassung*, 2. Folgerung durch *Einsetzung*, 3. Folgerung durch *Iteration*, 4. Folgerung durch *Deiteration*, 5. Folgerung durch *Kontradiktion,* 6. Folgerung durch *ausgeschlossenes Mittelstück* (middle), 7. Folgerung durch *Kommutation*, was die Einführung des Null-Satzes als Konsequent und damit die Verneinung voraussetze, und 8. Folgerung durch *Identifikation* von Subjekten verschiedener Verben oder durch *Abstraktion von Identifikationen.*

Ob PEIRCE in der Arbeit für die National Academy of Sciences diese Punkte tatsächlich behandelt hat, ist nicht belegbar, da – wie gesagt – nicht bekannt ist, welches der genannten Manuskripte seinem Vortrag zugrundelag.

5. Drei weitere Vorträge über logische und mathematische Themen

Bevor ich auf die weiteren Vorträge von CHARLES PEIRCE eingehe, möchte ich erwähnen, daß er an seinem Geburtstag, das heißt am 10. September 1896, seiner Frau JULIETTE ein Briefchen in französischer Sprache schrieb, das charakteristisch für seinen Humor ist, von dem bisher nur ganz sporadisch die Rede war. Es lautet: „Ma Juliette, Sais tu qu'aujourd'hui c'est la fête du bon St. Peirce? Je veux dire le Saint C. S. Peirce dont la vie montre tant de vertue et qui a fait tant de miracles en transformant l'argent en pains et poissons. C." (Meine Juliette, Weißt Du, daß heute das Fest des guten Sankt Peirce ist? Will sagen des Heiligen C. S. Peirce, dessen Leben so viel Tugend zeigt und der so viele Wunder vollbracht hat, indem er das Geld in Brot und Fische verwandelte. C.)

Nun zu den Vorträgen: Als die National Academy of Sciences vom 17. bis 18. November 1896 in New York tagte, hielt CHARLES PEIRCE zwei Vorträge: 1. *A Graphical Method of Logic* (RNA (1897) 11)[6] und 2. *Mathematical Infinity* (RNA (1897) 11), Themen, die mit den Ausführungen über Quantitative Logik im vorangehenden Kapitel bzw. im Vortrag vom April eng zusammenhängen. Zum zweiten Vortrag heißt es im Bulletin der American Mathematical Society vom Januar 1897: „Herr Peirce las die einzige streng mathematische Schrift. Ihr Titel war *Mathematical Infinity*." PEIRCE erörterte darin vor allem auch den Begriff der „multitude", der GEORG CANTORs Begriff der „Mächtigkeit" entspricht. CHARLES PEIRCE hat übrigens einige Briefe mit GEORG CANTOR gewechselt.[7] CANTORs Antworten sind leider weder in der PEIRCE-Korrespondenz der Houghton Library der Harvard Universität noch im Göttinger CANTOR-Archiv erhalten. Vor der Beantwortung des ersten dieser Briefe von PEIRCE teilte CANTOR dem Mathematiker PHILIPP JOURDAIN mit, daß er einen Brief von C. S. PEIRCE erhalten, aber noch nicht beantwortet habe. „Ich möchte zuerst wissen, ob dies derselbe Peirce ist, welcher von Herrn Schröder in Karlsruhe in dessen Werken oft citiert wird." JOURDAIN bestätigte am 15. Juli 1901 (NEM, III/1, S. VII), daß dieser tatsächlich derselbe sei. CANTOR hatte jedoch PEIRCE bereits einige Tage vorher sein Buch *Zur Lehre vom Transfiniten (Erste Abhandlung)* mit folgender Widmung zugeschickt: „Herrn C. S. Peirce in Milford, Pa., U.S.A., hochachtungsvollst d. V., Halle, 9ten Juli 1901." (NEM, III/1, S. VI)

Einen dritten Vortrag hielt CHARLES PEIRCE im Studienjahr 1896/97 in der Mathematischen Abteilung des Bryn Mawr College. Er hatte den Titel *Number: A Study of the Methods of Exact Philosophical Thought*[8]. Dieser Vortrag sollte wiederum klar machen, daß CHARLES PEIRCE mathematische Fragen stets mit logischen und philosophischen bzw. erkenntnistheoretischen oder wissenschaftstheoretischen Methoden verbunden und Mathematik im Rahmen der Grundlagenforschung behandelt hat. Was er hier über Zahl, Einheit, Kollektion, Mächtigkeit, Geometrie etc. ausführt, ist daher nie nur mathematisch orientiert, sondern berücksichtigt die logischen Schlußweisen ebenso wie ontologische, erkenntnismäßige, terminologische und modale Probleme, die damit zusammenhängen. Er zitiert in diesem Vortrag übrigens KANT, SHAKESPEARE, SCHRÖDER, FERMAT, De MORGAN, EUKLID, ALEXANDER den Großen, RICARDO, LISTING, EULER und insbesondere eben GEORG CANTOR.

6.   Rezension von ERNST SCHRÖDERs
Algebra und Logik der Relative

1895 erschien als 3. Band der *Vorlesungen über die Algebra der Logik* die *Algebra und Logik der Relative* von ERNST SCHRÖDER. CHARLES PEIRCE rezensierte nach den vorhergehenden auch diesen Band, und zwar in zwei Teilen: 1. *The Regenerated Logic*[9] und 2. *The Logic of Relatives*[10].

Er benutzt diese Gelegenheit, in *The Regenerated Logic* einige schon bekannte Thesen seiner logisch-philosophischen und mathematischen Auffassungen zu wiederholen und vor allem noch einmal zu betonen, daß Logik auf Mathematik und ontologische Philosophie und Ontologie ihrerseits auf Logik begründet werden müsse. Er verwendet dabei auch seine semiotische Terminologie, um festzustellen, daß Mathematik als abstrakteste aller Wissenschaften *diagrammatisches* bzw. *iconisches* Denken verkörpere. Exakte Logik (oder besser: Semiotik) bestehe aber aus den drei Teilen: 1. Spekulative Grammatik, 2. Logik und 3. Spekulative Rhetorik, die nicht alle in SCHRÖDERs Buch enthalten seien; denn von den 1766 Seiten seien nur 125 Seiten der Spekulativen Rhetorik und der Rest der deduktiven Logik gewidmet. Außerdem sei die Einleitung fragmentarisch und mache aus der Logik zu sehr eine Sache der Empfindung. Man könne Logik aber nicht auf Psychologie begründen, da diese selbst als Spezialwissenschaft die Begründung auf Logik erfordere.

Bei der Analyse der Behauptung (assertion) kommt PEIRCE zunächst auf die Eigenschaften der Behauptung zu sprechen und stellt fest, daß es bei der Behauptung einen „Sprecher, Schreiber oder anderen Zeichenmacher, der die Behauptung liefert" und dann einen „Hörer, Leser oder Interpreten" geben müsse, der die Behauptung empfängt. Der Sender gebe dem Empfänger auf jeden Fall Signale, von denen einige oder mindestens eines als etwas vorausgesetzt werde, das dem Hörer vertraut ist, gleichgültig, ob es Bilder, Abbildungen oder Träume sind. Da der Sender fähig sei, solche Bilder etc. im eigenen Geist willentlich hervorzurufen, könne man daher vermuten, daß auch der Empfänger dasselbe tun kann. Ausgehend von diesen kommunikationstheoretischen Formulierungen erläutert PEIRCE einen Teil seiner Semiotik, nämlich den Objektbezug mit Icon, Index und Symbol. Darüber hinaus erörtert er „logische Notwendigkeit", „hypothetische, konditionale und kategorische Sätze" und die „erste und fundamentale Verknüpfung von Sätzen", nämlich die Implikation (illation), die er seit 1867 vertrete. Er bekräftigt auch seine Ansicht, daß ein Begriff (term) nichts anderes als ein unvollständiger Satz sei, dem die Indices, das heißt die Subjekte, fehlen. Diese Zeichenlehre gebe der Logik große Einheitlichkeit, auch wenn SCHRÖDER meine, sie sei sehr fehlerhaft. PEIRCE verweist dabei übrigens auf CICERO, DIODORUS und PHILON und verteidigt die Ansichten von PHILON und DUNS SCOTUS, wobei er wiederum auf die *consequentia de inesse* von DUNS SCOTUS als für die Logik grundlegend ausgeht. Er behauptet des weiteren, daß konditionale und kategorische Sätze dieselbe Form haben und daher kein Unterschied zwischen ihnen bestehe.

Seine „General Algebra of Logic" bezeichnet er als eine „Boolesche Algebra" mit Indices an den Quantifikatoren (quantifiers) Π und Σ und verweist auch auf seine „Algebra of the Copula", die er 1880 in *On the Algebra of Logic* entwickelt habe. (In den *Lowell Lectures* von 1903 hat er letztere dann jedoch als sehr unzureichend bezeichnet.) Im Gegensatz zu SCHRÖDER setzt PEIRCE ebenso wie BOOLE zwei Werte (0 und 1) voraus und wendet sich gegen die Quantifizierung von Prädikaten, da damit die Relation der Identität oder Gleichheit zur Grundrelation werde, wohingegen die Implikation (illation) für ihn die Grundrelation darstellt.

Der **Nutzen** moderner logischer Forschung besteht nach PEIRCE darin, durch Generalisierung mehr Klarheit zu schaffen, wie er hier anfügt. Exakte Logik müsse „ein Sprungbrett für exakte Metaphysik" werden, müsse unsere logischen Begriffe erweitern, **Klassen** und **Systeme** unterscheiden und mit der Spekulativen Rhetorik zu wichtigen philosophischen Folgerungen führen. Der Kalkül der neuen Logik werde „sicherlich bei der Lösung gewisser logischer Probleme von äußerster Schwierigkeit, die mit der Begründung der Mathematik zusammenhängen, angewandt werden, gleichgültig ob er zu einer **Methode der Entdeckung von Methoden** in der Mathematik führt oder nicht".

Trotz der Unterschiede zwischen seinen eigenen und SCHRÖDERs Auffassungen über Logik stellt PEIRCE schließlich fest, daß sie beide im Besitz einer gemeinsamen Methode seien, um ihre Differenzen zur beiderseitigen Zufriedenheit zu lösen.

Im zweiten Teil seiner Rezension, also in *The Logic of Relatives*, die als Fortsetzung der vorangehenden erschien, nimmt PEIRCE zwar noch Bezug auf SCHRÖDERs *Algebra und Logik der Relative*, legt aber vor allem seine eigenen Auffassungen über die Logik der Relative sowie über Relation, Relationalität (relationship), Graphentheorie (die mit der Logik der Relative eng verbunden sei)[11], Triaden (den ursprünglichen oder genuinen Relativen), aus denen alle Polyaden konstruiert werden können, über Relative zweiter Intention etc. dar. Er entwickelt die „Algebra dyadischer Relative" mit den Operationen: relative Addition, relative Multiplikation, nicht-relative Multiplikation und nicht-relative Addition oder Aggregation. Dazu rechnet er auch die „Kopula der Inklusion", für die er seit 1870 das Zeichen $\prec$ (ein erweitertes $\leqq$) verwendet habe, das handschriftlich als $\prec$ geschrieben werden könne. Abschließend stellt er fest, daß SCHRÖDER dieser Algebra der Relative wohl einen zu hohen Wert beimesse; denn er selbst habe neben dieser noch eine andere, gültigere Algebra entworfen, die er „General Algebra of Logic" nennt. „Diese Algebra, die nur zwei Operationen hat, und diese sind leicht zu handhaben, ist meiner Meinung nach der geeignetste Apparat für das Studium schwieriger logischer

Probleme...", bemerkt er, fügt aber hinzu, daß er die Regeln zur Arbeit mit dieser Algebra noch nicht publiziert habe.

Auf SCHRÖDERs Buch zurückkommend, weist PEIRCE dessen Notation der Logik der Relative als für ihn völlig ungeeignet zurück. Auch habe sich SCHRÖDER hauptsächlich mit Lösungsproblemen (solution-problems) befaßt, die nicht als das Zentrum logischer Forschung angesehen werden könnten. Selbst in der Reinen Mathematik sei die Klasse von Problemen, die allgemeine und nützliche Lösungen erlauben, außerordentlich beschränkt. Des weiteren sei es das Ziel SCHRÖDERs, die „allgemeinste Form logischer Probleme" anzugeben, was für einen exakten Logiker nicht ungefährlich sei. Denn die Suche nach **einer** Formel für **alle** logischen Probleme verrate die Absicht, in allgemeinen Begriffen nach dem zu fragen, was der Mensch untersucht, das heißt nach dem Wesen der „Frage im allgemeinen". Da die Frage ein rationaler Kunstgriff sei, zeige die Erfahrung, daß man bei der Betrachtung der Umstände dieses Bedürfnisses mit einem Plan oder Kunstgriff beginnen müsse und dann überlegen müsse, welches allgemeine Prinzip eine Aktion dieses Bedürfnisses befriedigen solle. Dieses Bedürfnis sei aber nichts anderes als das „Bedürfnis nach Generalisierung" bzw. das „Bedürfnis der Synthetisierung einer Mächtigkeit (multitude) von Prädikaten bzw. das Bedürfnis nach **Theorie**". „Jedes Problem", meint PEIRCE, „ist dann entweder ein Problem der Schlußfolgerungen, ein Problem der Generalisierung oder ein Problem der Theorie". Spezielle Lösungen seien jedoch immer allgemeinen vorzuziehen, da sie etwas direkt meinen; allgemeine Lösungen seien nur nützlich, wenn sie spezielle Lösungen anregen könnten. Dies seien die Hauptpunkte seiner Differenz mit SCHRÖDER.

Als große Erfolge SCHRÖDERs nennt PEIRCE dann gewisse formale Lösungen, die er ausführlich darstellt, die hier jedoch nicht wiedergegeben werden können, da sie zu viele formallogische Ausführungen erfordern. Zitiert sei nur die allgemeine Formulierung des Syllogismus von PEIRCE: „A→B, B→C, also A→C" und seine Ansicht, die Kopula sei eine transitive Relation, d. h. eine *Inklusion*, da das „Hauptziel der formalen Logik" die „Repräsentation des Syllogismus" sei. Was er im letzten Viertel seines Artikels sagt, betrifft wieder die schon genannte „Logik der Quantität" bzw. die Logik der universalen, partikulären und singulären Sätze, die er – PEIRCE – mit modalen Überlegungen, das heißt mit ihrer Möglichkeit, Unmöglichkeit, Wirklichkeit, Notwendigkeit usw. verbindet. Auch dürfte das, was er über die Kollektionen (collections) und ihre Möglichkeit, „aufzählbar" (enumerable), „abzählbar" (denumerable) und „nicht-abzählbar" (abnumerable) zu sein, ausführt, für Mathematiker und Mengentheoretiker auch heute noch interessant sein. Einer zukünftigen Erörterung wollte PEIRCE die Diskussion der SCHRÖDERschen Auffassungen über Individuen und individuelle Paare vorbehalten; er hat jedoch keine weitere Arbeit über SCHRÖDER publiziert.

7. Weitere Publikationen und Manuskripte aus den Jahren 1896/97

Seitdem CHARLES PEIRCE keine feste Stelle mehr bekleidete, hat er auch durch Übersetzungen aus seinen Arbeitsgebieten zusätzlich etwas Geld verdient.

Im Annual Report of the Board of Regents of the Smithsonian Institution to July 1894 (Washington 1896) erschienen drei Übersetzungen, und zwar:

1. *Light and Electricity, According to Maxwell and Hertz* von M. LOINCARE (129–139);
2. *Photographic Photometry* von M. J. JANSSEN (191–196) und
3. *Four Days' Observations at the Summit of Mont Blanc* von M. J. JANSSEN (237–247).

Außerdem übersetzte er *Genius and Degeneration* von Dr. WILLIAM HIRSCH (New York and London 1897), das ohne Nennung des Übersetzers erschien, aber aufgrund von MS 1517 PEIRCE zugeschrieben werden muß. Das MS ist unvollständig; die Seitenzahlen reichen bis S. 347, aber viele Seiten fehlen.

In The Nation veröffentlichte PEIRCE 1896 vor allem Rezensionen[12], die sein weites Interesse an den wissenschaftlichen Produktionen seiner Zeit zeigen.

In The American Historical Review rezensierte PEIRCE außerdem *A History of the Warfare of Science with Theology in Christendom* von ANDREW DICKSON WHITE (Vol. 2 (Oct. 1896) 107–113)[13].

Als JAMES JOSEPH SYLVESTER am 15. März 1897 gestorben war, schrieb PEIRCE für den ehemaligen Kollegen an der Johns Hopkins Universität zwei Nachrufe, den ersten publizierte er am 16. März in The Evening Post, den zweiten am 25. März in The Nation. Er pries seine Strenge und Originalität als Mathematiker ebenso wie sein Talent, junge Studenten zu enthusiastischen Mathematikern zu formen.

Außer dem Nachruf auf SYLVESTER sind 1897 fünf weitere Rezensionen[14] von PEIRCE in The Nation erschienen.

Aus dem gleichen Jahr sind verschiedene Manuskripte erhalten, die neben semiotischen Untersuchungen vor allem das Thema der „Fehlbarkeit" behandeln:

MS 798 *On Signs* (Auszüge CP 2.227–229 und 2.44 Anm. 1);
MS 955 *Fallibilism, Continuity, Evolution* (Auszüge CP 1.141–175);
MS 867 *Religion, Science, and Fallibilism* (vollständig CP 1.3–7) und
MS 865 *Notes on Religion and Scientific Infallibilism* (Auszüge CP 1.8–14).

8.   Krankheit JULIETTEs und Trennungsabsichten

Aus dem Briefwechsel zwischen CHARLES und JULIETTE in den Jahren 1897/ 98, als sich CHARLES PEIRCE häufig in New York aufhielt, wo er auch privaten Logikunterricht (vgl. CP 1.668 Anm.) gab, geht unter anderem hervor, daß JULIETTE operiert werden mußte und ein Testament machen wollte. CHARLES schlug vor, ihr das Haus „Arisbe" wieder zu überschreiben und „ihren Besitz in Frankreich" ihrer Nichte oder Freunden zu vererben. Sein eigener Anteil sollte im Falle seines Todes an seine Geschwister fallen. (Brief vom 4. März 1897)

CHARLES, der seine junge Frau sehr liebte und bewunderte, war immer bekümmert, daß er ihr kein besseres Leben bieten konnte. So schrieb er ihr (wahrscheinlich im Januar 1898): „... Deine wunderbare Liebe ist eine riesige Freude für mich. Wie kannst Du solch einen alten Gockel lieben. Ich sah heute in den Spiegel. Ich sehe wie ein alter Einsiedler aus. Weiß und wild. Es ist höchste Zeit, daß wir mehr Glück haben. ..." Am 3. März schrieb er an JULIETTE, die sich bei Mrs. DUNLAP[15] in New York aufhielt, einen französischen Brief, in dem er wieder einmal auf eine mögliche Trennung von ihr zu sprechen kam. Es heißt darin: „... Der junge Pr. wird mit dem alten Herzog bald nach Amerika kommen. Das schreibt mir E. als positiv. Meine kleine Juliette muß sich als Tochter ihrer Vorfahren und nicht zu sehr als Amerikanerin benehmen. ..." Man weiß natürlich nicht, wer sich hinter dem „jungen Pr.", dem „alten Herzog" und „E." verbirgt. Es scheint aber auch um irgendwelche Verträge zu gehen, denn er bittet sie, ohne seinen Rat nichts zu unterschreiben. Doch erklärt er ihr wieder, daß er ihre Entscheidung, nach Europa zurückzukehren, verstehen werde; denn er wolle einzig und allein, daß sie glücklich sei. Im gleichen Brief gibt er übrigens seiner Verwunderung darüber Ausdruck, daß sein Bruder HERBERT Botschaftssekretär der amerikanischen Botschaft am Russischen Hof in St. Petersburg geworden war und bemerkt: „Ich kenne eine kleine Fee, die dem lieben Gott ähnelt, die auf geheimnisvolle Weise ihre Wunder vollbringt." Das kann doch nur bedeuten, daß er annahm, daß JULIETTE gute Beziehungen in diplomatischen Kreisen besaß und bei der Ernennung von HERBERT zumindest mitgewirkt hat. Auch in einem undatierten Brief an seinen Bruder JAMES sprach er von einer möglichen Trennung von JULIETTE, da ihre Angehörigen sie immer wieder zur Rückkehr aufforderten. „Ich weiß", heißt es dort, „daß sie von hoher Geburt ist und daß sie mit einigen der besten und mächtigsten Leuten der Welt verbunden ist." Doch auch diese Andeutungen reichen nicht aus, JULIETTEs Herkunft mit Sicherheit festzustellen.

Als sich sein Bruder HERBERT in St. Petersburg aufhielt, wechselte CHARLES übrigens eine Reihe von Briefen mit ihm, aus denen man u.a. erfährt, daß JAMES, der älteste Bruder, HERBERT in St. Petersburg besuchte. HERBERT hat in St. Petersburg auch Professor MENDELEJEFF[16] kennengelernt, der ihm gegenüber die Arbeiten von CHARLES über Gewichte und Maße gelobt habe. HERBERT schrieb auch, daß CHARLES' Name in Rußland bekannt sei und seine Arbeiten geschätzt würden. Seine Bitte um finanzielle Hilfe mußte ihm HERBERT jedoch abschlagen, da er für die eigene Familie zu sorgen hatte. Er empfahl ihm aber, ein Stipendium bei der Carnegie-Stiftung zu beantragen, das er gern unterstützen werde. (Wir werden darauf noch zurückkommen.) Über die Familie von HERBERT erfährt man, daß die beiden Söhne prächtig gediehen und der älteste, BEN, mit seinen fünfzehn Jahren bereits größer als der Vater sei. (L 338, Brief vom 30. März 1899)

9. Erste öffentliche Darstellung des „Pragmatismus" durch WILLIAM JAMES im Jahre 1898

Die Publikationen von CHARLES PEIRCE aus den Jahren zwischen 1867 und 1898 zur Logik, Semiotik, Erkenntnistheorie, aber auch zu Mathematik und Naturwissenschaften sowie seine zahlreichen Rezensionen und Wörterbuch-definitionen hatten ihn zwar in wissenschaftlichen Kreisen bekanntgemacht, aber bis dahin war in seinen Schriften nie explizit von „Pragmatismus" die Rede gewesen.

Nun hielt WILLIAM JAMES während einer Vortragsreihe in Californien im Spätsommer 1898 vor der Philosophy Union an der Universität von Californien in Berkeley einen Vortrag mit dem Titel *Philosophical Conceptions and Practical Results*[17], in dem er zum ersten Mal öffentlich den Begriff „Pragmatismus" für eine „neue philosophische Richtung" verwendete. Er bezeichnete darin seinen Freund CHARLES PEIRCE als dessen eigentlichen Begründer. Der Vortrag wurde jedoch erst durch die Publikation unter dem Titel *The Pragmatic Method*[18] im Jahre 1904 einem größeren Publikum zugänglich, und der „Pragmatismus" wurde dadurch selbstverständlich in der Version von WILLIAM JAMES – nicht in derjenigen von PEIRCE – in Amerika und auch in Europa (vor allem unter den Lebensphilosophen) begeistert begrüßt und übernommen. CHARLES PEIRCE sah sich sehr bald gezwungen, sich mündlich und schrift-lich von dieser Auffassung des Pragmatismus zu distanzieren und nannte seine Konzeption 1905 schließlich „Pragmatizismus", ein Ausdruck, der seiner Meinung nach so scheußlich ist, daß ihn „*kidnapper*" nicht übernehmen würden.

Obwohl WILLIAM JAMES seinen Freund PEIRCE damals in Californien als Begründer des Pragmatismus vorgestellt hat, kann man heute noch z. B. lesen: „Voll entwickelt wurde der Pragmatismus durch den amerikanischen Denker

William James, der über den Wahrheitsbegriff des Pragmatismus äußerte: ‚Als annehmbare Wahrheit gilt dem Pragmatismus einzig und allein das, was uns am besten führt, was für jeden Teil des Lebens am besten paßt, was sich mit der Gesamtheit der Erfahrungen am besten vereinigen läßt.'"[19] Oder auch: „William James ... Vertreter eines antimaterialistischen ‚radikalen Empirismus' und Begründer des Pragmatismus."[20] Und um noch ein Beispiel zu zitieren: „Wir treten an William James, der im allgemeinen als der ‚Begründer' des ‚Pragmatismus' gilt, nicht wie an den Schulmann einer bestimmten Philosophie heran, sondern – von Emerson her – an ihn als ‚repräsentativen Menschen' der amerikanischen Welt."[21]

CHARLES PEIRCE hatte schon in dem genannten Brief an WILLIAM JAMES von 1897 gegen die Wahrheitskonzeption von JAMES Stellung bezogen und ihn gefragt: „Worin liegt die Unlogik? Einfach darin, irgendein Interesse als ein ‚höchstes' zu betrachten. Kein Mensch kann logisch sein, der sein persönliches Wohlergehen für eine Sache von überwältigender Bedeutung hält."[22] Nach JAMES bezieht sich die Wahrheit übrigens nicht auf einen Satz, sondern auf eine Idee, und die Wahrheit einer Idee bezieht sich auf die Lebensführung. Man selektiere die Wahrheiten auf Grund ihrer Nützlichkeit für das eigene Wohl. Begriffe wie „Wertung", „Effekt", „Barwert" und dergleichen setzen die Wahrheit bei JAMES in Beziehung zum persönlichen Leben. Für ihn waren „Themen von lebenswichtigem Interesse" – wie wir sahen – immer wichtiger als philosophische – etwa logische oder erkenntnistheoretische – Forschung. So liest man bei ihm zum Beispiel: „Eine Idee ist so lange wahr, als es für unser Leben nützlich ist, an sie zu glauben." Oder auch: „Wir können keine Hypothese ablehnen, aus der sich nützliche Konsequenzen für das Leben ergeben. ... Wenn die Hypothese von Gott im weitesten Sinne des Wortes befriedigt, ist sie wahr." Man kann sich vorstellen, wie CHARLES PEIRCE auf solche Äußerungen reagierte.

In *Philosophie des Abendlandes*[23] kritisierte auch BERTRAND RUSSELL diese Wahrheitskonzeption von JAMES mit den Worten: „Aber die Behauptung, der eigene Glaube an die Konsequenzen sei wahr, bedeutet nach James, er habe gute Folgen, und das wiederum ist nur wahr, wenn er gute Folgen hat und so fort *ad infinitum*. So geht das offensichtlich nicht."

Trotz dieser grundsätzlichen Differenzen hinsichtlich wichtiger wissenschaftlicher und allgemein philosophischer Fragen fügte CHARLES PEIRCE aus Dankbarkeit für WILLIAM JAMES seinem Namen nunmehr „Santiago" (Saint James)[24] ein, d. h., er nannte sich CHARLES SANTIAGO SANDERS PEIRCE.

10. Anwendung der Mathematik – Die Morison-Brücke

Nach CAROLYN EISELE (NEM, III/1, 275 Anm.) war CHARLES PEIRCE in den neunziger Jahren auch als mathematischer Berater tätig. Als der Ingenieur GEORGE S. MORISON unter Präsident CLEVELAND eine große Hängebrücke im Norden von Manhattan plante, übertrug er PEIRCE z. B. die mathematischen Berechnungen und theoretischen Vorbereitungen. MORISON begann seine Vorarbeiten 1894 und korrespondierte vom 26. Februar 1895 bis 7. Januar 1903 mit PEIRCE über dieses Projekt (vgl. MS L 300). Am 13. August 1895 erhielt PEIRCE für seine Berechnungen die Summe von 1 000 $ von MORISON (NEM, III/1, 725 Anm.)

Unter den nachgelassenen Manuskripten von PEIRCE befinden sich vier umfangreiche Arbeiten zu dieser Brücke, und zwar: MS 1357 *Report on the Effect of a Live Load on Mr. Morison's North River Bridge* (106 plus 7 Seiten Tipskript); MS 1358 *Morison's Bridge* (datiert vom 3. August 1898 bis 5. März 1899, 244 Seiten verschiedener Entwürfe). In diesem Manuskript befindet sich übrigens auch ein Briefentwurf, in dem erwähnt wird, daß Geld auf zwei Juwelen von JULIETTE geliehen wurde, und der scharfe Angriffe auf Schätzer von Schmuckstücken enthält. MS 1359 *Copy of Part of my Report to Morison* (ein Notizbuch) und MS 1360 *Fragments and Scraps on Morison's Bridge Project* (188 Seiten) (Auszug in NEM, III/1, 725–730).

Die Brücke wurde jedoch erst 1914 fertiggestellt, das heißt, PEIRCE hat ihre Einweihung nicht mehr erlebt.

11. Publikationen von 1898

CHARLES PEIRCE übernahm nach seinem Ausscheiden aus der Coast Survey aber nicht nur mathematische Beratungen und erteilte Logik-Unterricht, sondern schrieb auch, wie bereits erwähnt, kontinuierlich für Zeitungen, Zeitschriften und Wörterbücher. Er veröffentlichte 1898 nicht nur in The Nation[25], sondern auch in anderen Zeitschriften. Z. B. rezensierte er für The American Historical Review im April 1898 *The „Opus Majus" of Roger Bacon*, ediert von JOHN HENRY BRIDGES. Im März 1898 schrieb er für die Educational Review *The Logic of Mathematics in Relation to Education* und im August 1898 in Science *Note on the Age of Basil Valentine*.

Die Arbeiten für The Nation betrafen mathematische, logische, psychologische, physikalische, technische, soziologische, astronomische und philosophische Themen bzw. Bücher.

12.   Die „Vierfarben-Hypothese"

Da die Mathematik in diesen Jahren ein Schwerpunkt der Forschungsarbeit von CHARLES PEIRCE war, ist es nicht verwunderlich, daß er immer wieder einmal über mathematische Themen öffentlich vortrug, wie wir ja bereits mehrfach gesehen haben.

Auch auf der Tagung der National Academy of Scienes am 14. und 15. November 1899 in New York sprach PEIRCE über ein mathematisches Problem, das ihn seit 1879 und auch nach diesem Vortrag noch einige Zeit beschäftigen sollte, nämlich über *The Mapcoloring Problem*[26]. Er formulierte das Problem wie folgt: „Beweiskräftig die kleinste Anzahl von Farben zu bestimmen, die ausreichen, um jede beliebige Landkarte zu färben, die auf einer gegebenen Fläche eingezeichnet werden kann, so daß keine zwei angrenzenden Bereiche (das heißt zwei Bereiche, die eine gemeinsame Grenzlinie haben) dieselbe Farbe haben."[27]

Dieses Problem bzw. diese berühmte „Vierfarben-Hypothese" haben nach PEIRCE viele Mathematiker ebenfalls zu beweisen versucht. Nach den Ausführungen in einem Kurzartikel in der Frankfurter Allgemeinen Zeitung vom 25. August 1976 (gezeichnet R.T.) ist sie nunmehr durch einen Computer „nach 1 200 Stunden und 10 Milliarden Rechenoperationen" bestätigt worden. JEAN MAYER von der Universität Montpellier sei kurz vorher „der Beweis gelungen, daß für jede Landkarte mit weniger als 96 Ländern vier Farben ausreichen". KENNETH APPEL und WOLFGANG HAKEN von der Universität von Illinois hätten nachgewiesen, daß es unmöglich sei, die Hypothese an einem Gegenbeispiel zu falsifizieren, und zwar „mit einer Beweismethode, wie sie schon vor hundert Jahren vorgeschlagen, aber wegen ihrer Aufwendigkeit gar nicht erst versucht worden war. ... Die Bemühungen (um ihre Lösung) haben ... verschiedene Zweige, wie die Kombinatorik und die Graphentheorie, enorm stimuliert." (Als Quellen nennt der Verfasser des Artikels in der F.A.Z.: Science, Band 192, S. 989 und Band 193, S. 564.) CHARLES PEIRCE wird *nicht* erwähnt, aber die vor hundert Jahren vorgeschlagene Beweismethode könnte von ihm gewesen sein; denn seine Vorträge zu diesem Thema wurden in der Fachwelt diskutiert.

13.   Publikationen von 1899

Neben den Beiträgen, die in The Nation[28] erschienen, veröffentlichte CHARLES PEIRCE 1899 zwei Nachrufe auf ROBERT WILHELM BUNSEN, der am

16. August 1899 in Heidelberg gestorben war, mit dem Titel *Death of Professor Bunsen,* und zwar am 16. August 1899 in The Evening Post und am 1. September in Progressive Age.

1898 Oct 1.

I am writing in this book, not this time parce que j'ai quelque chose de nouveau à laquelle je veux fixer la date, mais simplement parce que le papier que j'ai commandé pour écrire mon histoire de la science n'était pas venu, je m'occupe cependant en faisant des notes pour un traité de logique.

L'introduction doit expliquer ce que c'est de la logique. C'est la théorie de l'œuvre de la pensée considérée en son produit, c'est-à-dire, en sa signification. Pas le sentiment de la pensée, pas la pensée comme phénomène intérieur. Mais la pensée comme ce qui s'exprime, qui ne change pas en passant d'une tête dans une autre, mais reste toujours la même pensée.

Il y a là-dessus trois questions principales à étudier

1°: Comment la pensée trouve-t-elle existance, c'est-à-dire, comment s'exprime-t-elle ?

2°: Comment devient-elle et reste-t-elle vraie ?

3°: Comment développe-t-elle et comment une pensée agit-elle sur une autre ?

Il faut jeter un coup d'œil sur chacune de ces questions, de lui répondre en quelque sorte au commencement de nos recherches.

Manuskriptseite aus dem Jahre 1898

XI. Das Leben als Privatgelehrter zu Beginn des 20. Jahrhunderts

1. Publikationen in Zeitschriften und Zeitungen

Nach seinem Ausscheiden aus der Coast Survey hat CHARLES PEIRCE vor allem mathematische, semiotische und logische Probleme untersucht, interessierte sich aber auch für alle weiteren philosophischen, naturwissenschaftlichen, literarischen, soziologischen und psychologischen Themen. Er häufte eine Unmenge von Manuskripten an, die er immer wieder korrigierte, veränderte, verbesserte oder verwarf. Seine wissenschaftliche Neugier war unstillbar, seine Interessen so vielfältig, daß man sich nur vorstellen kann, daß er Tag und Nacht las und schrieb (was er übrigens selbst bestätigt hat), um ohne festes Einkommen den Lebensunterhalt für sich und seine Frau JULIETTE zu sichern.

Im Jahre 1900 publizierte PEIRCE eine Arbeit über *Infinitesimals* (als Brief an den Herausgeber; Science 16 (March 1900) 430–433; CP 3.563–570; MS 239) und einen Bericht *Clark University, 1889–1899, Decennial Celebration* (Science 20 (April 1900) 620–622), außerdem die Besprechung von *The Spiritual Life* von GEORGE A. COE und *Introduction to Ethics* von FRANK THILLY (gezeichnet mit „Jordan Brown") in The Bookman (July 1900) 491–492.

Diese journalistischen Arbeiten für Zeitungen, Zeitschriften, Wörterbücher etc., insbesondere die Rezensionen für The Nation, empfand CHARLES PEIRCE durchaus nicht als Vergnügen. Im Brief an WILLIAM JAMES vom 25. November 1902 beklagt er sich mit folgenden Worten: „Was die *Nation* betrifft, bekomme ich 250 Dollar pro Jahr, mit denen wir leben; und daher kann ich überhaupt nichts darüber äußern. Aber die Art und Weise wie meine Stückchen (ziemlich böse, bestenfalls) beschnitten werden, ist schrecklich. Ich war wirklich verletzt über die Art, wie das ganze Lob aus meiner Note über Royce weggeschnitten wurde." (CP 8.117 Anm. 10)

Wenn man sich die lange Liste von Rezensionen in The Nation[1] von 1900 ansieht, denkt man wohl nicht ohne Grund an „Sklavenarbeit". Sie betreffen die verschiedensten Bereiche: von der Mathematik bis zur Elektrizität, von der Philosophie bis zu den Bordeaux-Weinen. Ich weise nur auf sie hin, ohne auf sie einzugehen.

Während seiner Lehrtätigkeit an der Johns Hopkins Universität hatte CHARLES PEIRCE 1883 mit seinen Studenten Studien zu „Großen Männern" durchgeführt, auf die wir bereits hingewiesen haben. Zur Jahrhundertwende, das heißt erst am 12. Januar 1901, publizierte PEIRCE einen Essay mit dem Titel *The Century's Great Men in Science*, der mit seinen früheren Untersuchungen natürlich zusammenhängt. Er erschien auch im Annual Report ... of the Smithsonian Institute (1900), Washington 1901 (693–699) und in dem Buch *The Nineteenth Century*, New York and London 1901 (312–322). Zu diesem Komplex der Wissenschaft im 19. Jahrhundert existieren eine Reihe von Manuskripten[2], die als Unterlagen dafür anzusehen sind.

In seinem Essay schrieb PEIRCE u. a.: „Der Ruhm des neunzehnten Jahrhunderts war seine Wissenschaft. (...) Es war mein unschätzbares Privileg, als Junge die Wärme der stetig lodernden Begeisterung der wissenschaftlichen Generation gefühlt zu haben, die meisten ihrer geistigen Führer kannte ich zu Hause intim und einige in fast jedem Land Europas sehr gut. (...) Das Wort **Wissenschaft** war im Munde dieser Männer eines der am meisten gebrauchten, und ich bin mir ganz sicher, daß sie damit nicht ‚systematisiertes Wissen' meinten, wie es in früheren Zeiten definiert worden ist, sondern im Gegenteil eine Lebensweise; nicht Wissen, sondern das hohe, lebenslange Streben nach Wissen; (...) Vom etymologischen Standpunkt aus ist das Wort daher eine völlige Fehlbenennung. Und ebenso ist es noch heute mit der Wissenschaft. Was man unter ‚Wissenschaft' verstand und noch versteht, sollte etymologisch ‚Philosophie' genannt werden. ..."[3]

2. BALDWINs Dictionary of Philosophy and Psychology (1901/02) und die Klärung der Urheberschaft des Begriffs „Pragmatismus"

CHARLES PEIRCE hatte, wie wir berichteten, zu dem großen Wörterbuch, dem *Century Dictionary*, das 1889–91 in 6 Bänden erschienen ist, viele Definitionen beigesteuert. Als JAMES MARK BALDWIN sein *Dictionary of Philosophy and Psychology*[4] publizieren wollte, wandte er sich an PEIRCE und bat ihn, auch an diesem Werk mitzuarbeiten[5]. CHARLES PEIRCE hat dafür eine große Anzahl von Definitionen selbst geschrieben oder auch Definitionen anderer korrigiert und ergänzt, die zum Teil (vollständig oder auszugsweise) in den *Collected Papers*[6] nachgedruckt worden sind. Aus einem nicht ersichtlichen Grund sind die Definitionen für Begriffe von A bis E weder in der Bibliographie der *Collected Papers*[7], noch in der *Comprehensive Bibliography* enthalten, obwohl MS 1145 *Annotated and Corrected Proofs for Baldwin's*

Dictionary. A – Dir (Fahnenabzüge mit Korrekturen von MARSALLI, einem Mit-Autor) und MS 1146 *Critical Notes to Baldwin's Dictionary (Notes to B's D)* existieren. MS 1147 *Definitions for Baldwin's Dictionary E – W* und MS 1148 *Notes for Baldwin's Dictionary*, die sowohl in den *Collected Papers* als auch in der *Comprehensive Bibliography* aufgeführt sind, haben einen Umfang von 471 (!) plus 8 Seiten. Zu Band I steuerte PEIRCE mindestens 18 Definitionen bei, wahrscheinlich aber mehr, wenn man davon ausgeht, daß er zu Band II als alleiniger oder Co-Autor 164 Definitionen geschrieben hat. Wer selbst an Wörterbüchern mitgearbeitet hat, kann ermessen, welcher Arbeits- und Zeit-aufwand mit einer solchen Definitionsarbeit verbunden sind, ganz zu schwei-gen von den Korrekturen und der mündlichen oder schriftlichen Abstimmung mit anderen Mitarbeitern. CHARLES PEIRCE muß zwischen 1900 und 1902 tatsächlich Tag und Nacht gearbeitet haben, um seine Beiträge termingerecht fertigstellen zu können.

Während der Arbeit am *Dictionary* ist ein Punkt besonders interessant, da er weitreichende Konsequenzen für PEIRCEs weiteres Werk hatte: nämlich die Klärung der Urheberschaft des Begriffs „Pragmatismus", was später zur Auseinandersetzung mit WILLIAM JAMES, F. C. S. SCHILLER und anderen und schließlich zur Ersetzung des Begriffs „Pragmatismus" durch „Pragmati-zismus" bei PEIRCE führte.

Am 10. November 1900 schrieb CHARLES PEIRCE seinem Freund WILLIAM JAMES einen kleinen Brief, aus dem nicht nur hervorgeht, daß JAMES MARK BALDWIN ihn gebeten hatte, für sein *Dictionary*, mit dem er bis zum Buchsta-ben J gekommen war, „in größter Eile den Rest über Logik" zu schreiben, sondern daß bei dieser Arbeit auch eine wichtige terminologische Frage auftauchte, die PEIRCE seinem Freund mit folgenden Worten vorlegte: „Wer erfand ursprünglich den Begriff ‚Pragmatismus'? Ich oder Du? Wo erschien er zuerst gedruckt? Was verstehst Du darunter? (. . .)" JAMES antwortete darauf mit einer Postkarte vom 26. November: „Du hast ‚Pragmatismus' erfunden, was ich in einer Vorlesung *Philosophical Conceptions and Practical Results* voll anerkannte. Vor einigen Jahren schickte ich Dir zwei (unbestätigte) Exem-plare dieser Vorlesung."

Anscheinend hat PEIRCE bis zu dieser Postkarte nichts von jener Vorlesung von JAMES in Californien gewußt und auch während seiner eigenen Vorlesun-gen von 1898 in Cambridge mit dem Freund nicht darüber gesprochen. Der Vortrag von JAMES wurde, wie bereits gesagt, erst 1904, nach der zweiten Veröffentlichung im Journal of Philosophy . . ., einem größeren Leserkreis bekannt.

Das Wort „Pragmatismus" ist selbstverständlich nicht von PEIRCE „erfunden" worden. Der Begriff „Pragmatik" war bereits in der griechischen Philosophie gebräuchlich. PEIRCE selbst spricht denn auch von den „respektablen Ahnen des Pragmatismus" und zählt dazu SOKRATES, ARISTOTELES, die STOIKER, SPINOZA, LOCKE, BERKELEY, KANT und COMTE[8]; aber die Ausarbeitung dieser Ansätze zu einer Methode philosophischer Forschung sei dann von einem der „bescheidensten Geschlechter", nämlich dem „Metaphysical Club" der siebziger Jahre gemacht worden, wo er und seine Freunde sich die Köpfe heiß redeten. Seine „Überbescheidenheit" und „Selbstunterschätzung" (CP 5.13) hätten ihn gehindert, das Wort „Pragmatismus" zu verwenden, obwohl bereits die erste Formulierung seiner „Maxime" von 1878 [*How to Make Our Ideas Clear*] der Sache nach dazu gehöre.

PEIRCE verweist in diesem Zusammenhang übrigens neben KANT auf das „stoische Axiom", nach welchem der Zweck des Menschen in der Handlung liege und bemerkt, daß seine „Maxime" hingegen darauf abziele, allgemeine Ideen zu klären, die die „echten Interpreten unseres Denkens" sind. Unter dem Stichwort „Pragmatic and Pragmatism" in BALDWINs *Dictionary* (Band II, 321–322; CP 5.1–4) übernimmt er ein Zitat aus der Vorrede von KANTs *Anthropologie in pragmatischer Hinsicht* (1798), wenn er schreibt: „Pragmatische Anthropologie ist nach Kant praktische Ethik." Eine andere Stelle aus KANTs Werk, die PEIRCE nicht zitiert, die aber damit ebenfalls zusammenhängt, lautet: „Die physiologische Menschenkenntnis geht auf die Erforschung dessen, was die **Natur** aus dem Menschen macht, die pragmatische auf das, was **er** als freihandelndes Wesen aus sich selber macht oder machen kann." (a. a. O., S. 119) Diese letzte Formulierung war übrigens auch im Kreise der „Transzendentalisten" von Concord (EMERSON und seine Freunde) der Bezugspunkt zu KANT; denn sie nahmen die „freie Selbstbestimmung des Menschen", wie sie hieraus abgelesen werden kann, zur Grundlage ihres Philosophierens und ihres Eintretens für die Sklavenbefreiung.

Ralph Waldo Emerson
(1803–1882)

Unter dem Stichwort „Pragmatic Horizon" des *Dictionary* bekennt PEIRCE, daß er durch Reflexionen über KANTs *Kritik der reinen Vernunft* zu seiner eigenen pragmatischen Maxime von 1878 gelangt sei. Er beginnt seine Definition mit den Worten: „Pragmatischer Horizont ist die Anpassung unserer allgemeinen Erkenntnis an die Beeinflussung unserer Sitten." Zur Ergänzung dieser Aussage führe ich eine andere, von PEIRCE nicht zitierte Stelle aus der *Kritik der reinen Vernunft* an, die ihm sicher ebenfalls gegenwärtig war: „Alles Interesse meiner Vernunft (das spekulative sowohl, als das praktische) vereinigt sich in folgenden drei Fragen: 1. Was kann ich wissen? – 2. Was soll ich tun? – 3. Was darf ich hoffen? Die erste Frage ist bloß spekulativ. (...) Die zweite Frage ist bloß praktisch. (...) Die dritte Frage ist (...) praktisch und theoretisch zugleich, so daß das Praktische nur als ein Leitfaden zur Beantwortung der theoretischen und, wenn diese hoch geht, spekulativen Fragen führt. Denn alles Hoffen geht auf Glückseligkeit." (A 805/B 833)

Dieses Zitat möge für viele ähnliche stehen, die PEIRCE hätte anführen können, um seine Kantischen Wurzeln sichtbar zu machen, wenn das überhaupt noch nötig gewesen wäre. Er hat ja an vielen Stellen seines Werkes immer wieder betont, wie viel er KANT verdanke und wie früh er sich intensiv (sogar durch eigene Übersetzungen) mit ihm beschäftigt habe. Er blieb nicht, wie viele seiner Freunde, bei den englischen Empiristen, insbesondere bei HUME stehen, sondern griff das auf, was KANT aus HUME weiterentwickelt hatte. Nicht daß er deshalb ein unkritischer Leser KANTs geworden wäre; durch seines Vaters Kritik hatte er die Mängel KANTs früh erkannt. Viele Stellen des PEIRCEschen Werkes können durchaus auch als eine kritische Interpretation zu KANT verstanden werden, ohne daß PEIRCE selbst ein **Transzendental**philosoph geworden wäre, wie immer wieder fälschlich behauptet wird.

KLAUS OEHLER hat zweifellos recht, wenn er den Versuch von KARL-OTTO APEL, PEIRCE als Transzendentalphilosophen zu charakterisieren, als verfehlt zurückweist (vgl. OEHLER, *Ist eine transzendentale Begründung der Semiotik möglich?* in: *Zeichen und Realität*, ed. K. OEHLER, Tübingen 1984). Das Mißverständnis von APEL ist nicht erst in seinem Buch *Transformation der Philosophie* I und II (Frankfurt 1974) zu finden, sondern bereits in der Einleitung zu CHARLES S. PEIRCE, *Schriften I* (Frankfurt 1967), wo APEL behauptet, daß PEIRCE „trotz der Ablehnung der transzendentalen Begründung der Wahrheit synthetischer Urteile a priori ... an der Möglichkeit einer ‚metaphysischen' und ‚transzendentalen' Deduktion der Kategorien als der einfachen Begriffe einer ontologischen Logik" festhalte (S. 80). PEIRCE hat jedoch an keiner Stelle seines Werkes von einer Deduktion, geschweige einer „metaphysischen" oder „transzendentalen" Deduktion seiner Kategorien gesprochen oder eine solche Deduktion durchgeführt. Aus welchen Axiomen hätte er diese Kategorien seiner „ontologischen Logik" auch ableiten sollen? Durch die Behauptung eines solchen Satzes beweist APEL nichts anderes, als daß er PEIRCE in ein transzendentales Schema pressen möchte. Ich bin der Meinung, daß PEIRCE, ebenso wie BOLZANO, schon deshalb nicht als Transzendentalphilosoph bezeichnet werden kann, weil er – wie auch APEL und andere feststellten – einen **realistischen** Standpunkt vertreten hat. PEIRCE machte nicht das „transzendentale Bewußtsein" KANTs oder das „transzendentale Ego" HUSSERLs zum Fundament der Erkenntnis, sondern betrachtete die **allgemeinen Phänomene** als vom Bewußtsein unabhängige Realitäten, auf welche die Vorhersagen begründet werden, wie er verschiedentlich betonte. Ganz klar überschaubar wird dieser Standpunkt von PEIRCE in einem der nächsten Kapitel, wo er sich mit der Diskussion von Wundern bei DAVID HUME und von Wundern und Naturgesetzen in ihrer Verschiedenheit beschäftigt.

3. Zur Logik der Erforschung alter Geschichte

Auf der Tagung der National Academy of Sciences vom 12. bis 14. November 1901 in Philadelphia hielt CHARLES PEIRCE einen Vortrag mit dem Titel *On the Logic of Research into Ancient History*[9]. Der Vortrag selbst ist nicht erhalten, aber grundlegende Manuskripte[10], die auszugsweise in den *Collected Papers* publiziert wurden, behandeln das gleiche Thema sehr ausführlich. Aufgrund der Publikationen in den *Collected Papers* kann man feststellen, daß es PEIRCE in diesem Vortrag wohl im wesentlichen darum ging, die **logische** Methode der Behandlung alter Geschichte aufzustellen und zu verteidigen sowie diese neue Theorie auf drei Beispiele anzuwenden, um sie klarzumachen.

PEIRCE fragt zunächst, wie der Prozeß der Wahrheitsfindung bei der Erforschung alter, historischer Fakten am besten eingeleitet werden kann. Wahrscheinlichkeiten allein hält er für unzureichend, obwohl absolute Wahrheit natürlich nicht erreicht werden könne. Der wissenschaftliche Prozeß beginnt nach PEIRCE mit der sorgfältigen Aufstellung einer Hypothese, danach im Aufzeigen erfahrbarer Konsequenzen aus dieser Hypothese und im Vergleich jener Konsequenzen mit Fakten, die bei der Aufstellung der Hypothese nicht berücksichtigt worden sind. Wenn die Fakten die Hypothese nicht bestätigen, müsse sie fallengelassen und durch eine andere ersetzt werden. Wenn die Vorhersagen jedoch aufgrund dieser Hypothese verifiziert werden könnten, könne sie so lange als wissenschaftliches Ergebnis betrachtet werden, bis Ableitungen aus ihr gefunden werden, die mit den Fakten nicht übereinstimmen.

Anschließend erörtert PEIRCE die „Theorie der abwägenden Wahrscheinlichkeit" (pro und contra) auf der Basis von HUMEs *Enquiry Concerning the Human Understanding* (1742)[11], warnt jedoch vor ihrem unkritischen Gebrauch. Die bessere wissenschaftliche Methode sei die „Wissenschaftslogik" (die wir heute „Wissenschaftstheorie" nennen), die sowohl die Deduktion als auch die drei Arten der Induktion, unter Berücksichtigung der Mengen (collections), und die Abduktion umfasse. Wende man alle drei Methoden an und befolge man sechs allgemeine Regeln bei der Aufstellung einer Hypothese, dann müsse man zu approximativ wahren Sätzen über ein historisches Faktum kommen. Die zwar nicht mehr **kontrollierbaren**, aber **erklärbaren** Fakten seien zum Teil von der Natur von **Monumenten**, zum größeren Teil seien sie aber **Dokumente**, die nach PEIRCE „Behauptungen" oder „virtuelle Behauptungen" sind, und die man in Manuskripten oder Inschriften findet. Man könne also sagen, daß alte Geschichte in der Interpretation von Zeugnissen bestehe, die durch die indirekte Evidenz der Monumente gestützt oder zu Fall gebracht werden.

Man erkennt aus diesen wenigen Sätzen bereits, daß PEIRCE dieses Problem nicht mit der klassischen Wahrscheinlichkeitsrechnung lösen wollte, sondern die später auch von MISES, REICHENBACH und CARNAP[12] so betonte „induktive Wahrscheinlichkeit" zur Erforschung alter Geschichte heranzog. Hier müßte selbstverständlich im Unterschied zur Wahrscheinlichkeitsrechnung genauer auf die Wahrscheinlichkeits**logik** eingegangen werden, in der wahrscheinliche Sätze Wahrheitswerte zwischen 0 (= falsch) und 1 (= wahr) aufweisen können. Ich beschränke mich jedoch auf diese Bemerkungen.

4. Weitere Publikationen und Manuskripte von 1901

1901 veröffentlichte CHARLES PEIRCE neben einer Reihe von Beiträgen für The Nation[13] folgende Arbeiten: *Pearson's Grammar of Science* (The Popular Science Monthly, 58 (January 1901); CP 8.132–152, außer 136 Anm. 3 und 138 Anm. 4 und CP 8. 153–156); *Campanus* (Science, ns 13 (May 24, 1901) und die Rezension des Buches *Thomas Hariot, the Mathematician, the Philosopher, and the Scholar* von HENRY STEVENS (The American Historical Review, 6 (April 1901).

Außerdem erschienen im Annual Report of ... the Smithsonian Institution Ending June 30, 1899 (Washington 1901) wiederum Übersetzungen von CHARLES PEIRCE, und zwar:

On the Sense of Smell in Birds von M. XAVIER RASPAIL (367–373),
The Sculptures of Santa Lucia Cozumahualpa, Guatemala, in the Hamburg Ethnological Museum von HERMANN STREBEL (549–561),
The Progress of Aeronautics von M. JANSSEN (187–193),

The Growth of Biology in the Nineteenth Century von OSCAR HERTWIG (461–478),

Life in the Ocean von KARL BRANDT (493–506),
The Breeding of the Arctic Fox von HENRY de VARIGNY (527–533),
On Ancient Desemers or Steelyards von HERMANN SÖKELAND (551–564),
The History of Chronophotography von Dr. J. MAREY (317–340).

Für Professor SAMUEL P. LANGLEY[14], den Sekretär der Smithsonian Institution in Washington, der ihm verschiedene Übersetzungsarbeiten anvertraut hat, wollte CHARLES PEIRCE 1901 auch einen Artikel über *Hume on Miracles and Laws of Nature* schreiben. LANGLEY hatte gegen die erste Fassung verschiedene Einwände und schlug Änderungen vor. PEIRCE stellte dann eine verbesserte Fassung her mit dem Titel *The Laws of Nature and Hume's Argument Against Miracles;* trotzdem wurde der Artikel aber von LANGLEY nicht gedruckt. Aus den hinterlassenen Manuskripten[15] veröffentlichte PHILIPP P. WIENER erst 1947 einen Auszug mit Briefen von PEIRCE und LANGLEY unter dem Titel *The Peirce-Langley-Correspondence and Peirce's Manuscripts on Hume and the Laws of Nature*[16], wozu dann CAROLYN EISELE 1957 in ihrem Artikel *The Scientist Philosopher C. S. Peirce at the Smithsonian*[17] ergänzende Briefe publizierte.

Man kann die Ausführungen von PEIRCE zu „Naturgesetzen" und „Wundern" natürlich nur dann verstehen, wenn man sich seiner Ideen aus den Schriften von 1878/79 *Illustrations of the Logic of Science* erinnert. Was er damals zu den logischen Methoden der Deduktion, Induktion und Abduktion (bzw. Hypothese), zu „Ordnung der Natur", „Wahrscheinlichkeit", „Ökonomie der Forschung" usw. sagte, wird in diesen Manuskripten wiederum herangezogen. Ganz besonders wichtig ist ihm die Untersuchung der „Hypothese".

Seine Kritik an HUME richtet sich vor allem gegen dessen Definition des „Wunders" als etwas, von dem man weiß, daß es nicht passieren kann oder daß es ein „Naturgesetz" vergewaltigt. HUME habe die logische Methode der Abduktion völlig mißverstanden und habe außerdem die „Ordnung der Natur" mit dem „Naturgesetz" identifiziert. Die „Ordnung der Natur" stelle jedoch eine Realität dar, das „Naturgesetz" betreffe hingegen die menschliche Erkenntnis bzw. Erkenntnisfähigkeit. Man darf natürlich auch nicht übersehen, daß für PEIRCE nicht alle Naturgesetze „absolut wahr" (infallible) sind.

Interessant sind darüber hinaus seine Ausführungen zu *probability* (Wahrscheinlichkeit im Sinne der „mathematischen Wahrscheinlichkeitsrechnung" oder „Wahrscheinlichkeitstheorie"), die er von *likelyhood* (Wahrscheinlichkeit im Sinne von „deutlichem Anzeichen" oder „vielversprechendem Zustand", die auch eine „Ähnlichkeitsbeziehung" umfaßt) unterscheidet. In der Identifizierung dieser beiden Begriffe sieht PEIRCE die Ursache für viele Denkfehler.

Natürlich ist mit diesen Bemerkungen wieder nur eine Andeutung der Inhalte dieser Manuskripte gemacht. Eine erschöpfende Analyse kann nur in Spezialuntersuchungen geleistet werden.

Aus dem Jahr 1901 existieren außerdem folgende Manuskripte: MS 1133 *An Attempted List of Human Motives* (mit Hinweis auf den Artikel über *Pearson's Grammar of Science* in The Popular Science Monthly vom Januar 1901); MS 1134 *An Attempted Classification of Ends* (Auszüge in CP 1.585–588); MS 784 *Two Fallacies* (datiert mit 20. April 1901); MS 980 *Stylistic Development of Plato's Dialogues* (datiert mit 3. bis 5. November 1901); MS 1579 *Plan of Logic* (datiert mit 10. Juli 1901).

Ob das undatierte MS 693 *Reason's Conscience: A Practical Treatise on the Theory of Discovery; wherein Logic is Conceived as Semeiotic*, das aus sechs Notizbüchern besteht, die von S. 2 bis 422 (aber meistens nur die geraden Zahlen) paginiert ist, in dieses Jahr gehört, ist nicht zu belegen. Aus diesem umfangreichen Manuskript sind einige Seiten (NEM, IV, 185–217) veröffentlicht worden, die aber keine Ausführungen über Semiotik enthalten.

5.   Das Problem der „Klassifikation der Wissenschaften" und andere Vorträge von 1902

Obwohl er keine akademische oder institutionelle Stellung innehatte, nahm CHARLES PEIRCE mit nie nachlassendem Interesse am wissenschaftlichen Gedankenaustausch teil, wie er vor allem an der National Academy of Sciences gepflegt wurde. So hielt er während der Tagung dieser Akademie vom 15. bis 17. April 1902 in Washington drei Vorträge. Der erste hatte den Titel *The Classification of the Sciences*[18], ein Thema, das ihn sehr lange beschäftigt hat und zu dem es verschiedene Manuskripte[19] gibt. Der zweite Vortrag betraf *The Color System*[20], wofür keine Unterlagen zu finden waren, und der dritte hatte den Titel *The Postulates of Geometry*[21]. Über Geometrie im allgemeinen, nichteuklidische Geometrie, Topologie etc. gibt es eine so große Anzahl von Manuskripten, daß es ohne andere Hinweise unmöglich ist, eines oder mehrere davon diesem Vortrag zuzuordnen. Außerdem war CHARLES PEIRCE Mitberichter des *Majority Report, Committee on Weights, Measures, and Coinage*[22], der während dieser Tagung verlesen wurde.

In dem von THOMAS J. McCORMACK übersetzten Buch von ERNST MACH, *The Science of Mechanics*, das 1902 in Chicago erschien, überprüfte PEIRCE das Kapitel über Einheiten und Maße und schrieb es neu, um die Angaben, die zum Teil auch überholt waren, dem amerikanischen Maßsystem anzupassen (S. 280–286).

Aus dem Jahr 1902 stammen außerdem einige Manuskripte, die alle den Titel *Reason's Rule*[23] haben. PEIRCE hat hier offensichtlich seine schon behandelten Überlegungen über „Zweifel", „Kontrolle", „Kritik" neu dargestellt. MS 599 aus dieser Serie betrifft semiotische Probleme, das heißt, die Natur des Zeichens, Sätze, Wahrheit und Falschheit, Bedeutung etc. Auch MS 825 *The First Rule of Reason* (F. R. L.)[24], das um 1899 datiert ist, gehört zu dieser Thematik.

Manuskriptseite vom 2. Oktober 1898

XII Bücherprojekte und Vorlesungen an der Harvard Universität und am Lowell Institut von 1903

1. Die *Minute Logic* von 1902

Nach der unveröffentlichten *Grand Logic* von 1893, deren Manuskripte – wie wir sahen – einen Umfang von mehr als 850 Seiten haben, entwarf CHARLES PEIRCE noch verschiedene andere Logik-Bücher, die aber **alle** ausnahmslos nicht gedruckt wurden. In den *Collected Papers*, Band 2, zitieren die Herausgeber drei Sätze von PEIRCE über seine logischen Arbeiten aus dem Jahre 1903 als eigene Stellungnahme zu seinen logischen Schriften: „... Alles, was Sie von meinem Werk über Logik gedruckt finden können, sind einfach hier und da verstreute Schichtenköpfe einer reichen Ader, die unveröffentlicht bleibt. Das meiste ist, vermute ich, niedergeschrieben worden; aber kein menschliches Wesen könnte die Fragmente zusammensetzen. Ich selbst könnte es nicht tun." (Vgl. CP vor 2.1)

Dieses Zitat bezieht sich sicherlich auf diejenige Logik von PEIRCE, die er *Minute Logic* (sorgfältige, minutiöse Logik) betitelt hat und zu der es Manuskripte aus dem Jahre 1902 gibt, die noch umfangreicher als die zur *Grand Logic* sind: es sind mehr als 1 600 Seiten!

Die drei ersten Kapitel und ein Teil des vierten Kapitels sind geschrieben worden; weitere Kapitel waren geplant, sind aber nicht ausgeführt worden. Die *Minute Logic* gliedert sich danach in:

1. Kapitel: *Intended Character of this Treatise*[1]
2. Kapitel: *Prelogical Notions*
       I. *Classification of the Sciences*[2]

       II. *Why Study Logic?*[3]
3. Kapitel: *The Simplest Mathematics*[4]
4. Kapitel: *Ethics*[5]

Das erste Kapitel sollte ein ausführlicher „Prospectus" zu den folgenden Kapiteln sein. PEIRCE untersucht darin verschiedene logische Theorien, wie sie historisch überliefert worden sind. Er wendet sich gegen die Begründung der Logik durch Psychologie und zitiert den Satz von JOHANN FRIEDRICH HERBART: „In der Logik ist es notwendig, alles Psychologische zu ignorieren." Er wendet sich auch gegen die Begründung der Logik mit Hilfe der transzendentalen Methode KANTs, gegen HEGELs dialektische Logik und gegen die Identifizierung von Logik und Denken. „Logik untersucht die Wahrheit. ... Wie wir denken ist daher für die logische Forschung ausgesprochen irrelevant", bemerkt er. Diese Auffassung ist von JOHN DEWEY, seinem ehemaligen Schüler an der Johns Hopkins Universität, offensichtlich nicht geteilt worden. DEWEY veröffentlichte 1910 sein berühmt gewordenes Buch *How we think* bekanntlich als **logisches** Werk. Obwohl er darin viele Gedankengänge ziemlich wortgetreu von PEIRCE übernommen hat, die dieser 1878/79 in seinen Artikeln *How to Make Our Ideas Clear*, *The Fixation of Belief* und anderen publiziert hatte, ist die Grundtendenz DEWEYs, in der Beziehung der Logik auf Denken, grundverschieden von derjenigen von PEIRCE.

Übrigens diskutiert PEIRCE im ersten Kapitel auch Logische Maschinen (von BABBAGE und anderen) und vergleicht sie mit der „Mensch-Maschine"[6], wie er sich ausdrückt; denn logischer Kritizismus ist seiner Meinung nach sowohl auf die Leistungen von Maschinen als auch von Menschen gleichermaßen anwendbar.

Bekanntlich ist CHARLES PEIRCE der Meinung gewesen, daß Logik mit Erkenntniskritik beginnen muß, doch lehnt er die „Berufung auf Sprache" in der logischen Forschung entschieden ab, da die Berufung auf Sprache „keinem anderen Ziel dienen kann als der höchst inadäquaten und enttäuschenden Evidenz psychischer Notwendigkeiten und Tendenzen", die er für die Untersuchung logischer Fragen für völlig nutzlos hält. Desgleichen darf es auch keine Anerkennung von Autoritäten geben, keine Berufung auf die Wissenschaftsgeschichte und auch keine „Unfehlbarkeit", die er dem „Papst und den ökumenischen Räten" überläßt. Er zitiert nur ein Buch, das ihn beträchtlich beeinflußt habe, obwohl es unvollendet blieb und erst zwei Jahre nach dem Tod des Autors veröffentlicht wurde: die *Logischen Studien* (1877) von FRIEDRICH ALBERT LANGE[7].

PEIRCE führt weiter aus, daß die Quelle der logischen Wahrheit dieselbe sein muß wie die Quelle der mathematischen Wahrheit, die aus „der Beobachtung von Schöpfungen unserer eigenen visuellen Vorstellungskraft, die wir in Form von Diagrammen zu Papier bringen können", abgeleitet wird. Aber entgegen der Auffassung einiger Mathematiker betrachtet PEIRCE die Mathematik nicht als einen Zweig der Logik, da die Mathematik wohl die einzige Wissenschaft sei, die keiner Hilfe von einer Wissenschaft der Logik bedarf. Wir hatten diese Auffassung bereits kennengelernt.

Die Voraussetzung logischer Untersuchung ist seiner Meinung nach die unpsychologische Erkenntnislehre, die er „Spekulative Grammatik" oder die unterste Stufe der Semiotik nennt. Die Darlegung seiner Kategorien, auf die die Semiotik begründet wird, fehlt hier natürlich auch nicht. Er gibt sie mit folgenden Erläuterungen an: *Erstheit* oder Empfinden, Originalität, Qualität, Gegenwart; *Zweitheit* oder Erfahrung, Faktum, Obsistenz, Objekt etc., *esse in praeterito*; *Drittheit* oder Gesetz, Transuasion, Translation etc., Mediation, Futurum. Wegen ihrer Verbindung mit den Zahlen (1, 2, 3) nennt er sie Keno-Pythagoreische (koinós = allgemein) Kategorien.

Im semiotischen Teil geht er selbstverständlich von seiner schon bekannten triadischen Zeichenrelation aus, diskutiert die Trichotomie des Objektbezugs: Icon, Index und Symbol und definiert von dort aus die **Logik** als „Wissenschaft von den allgemeinen notwendigen Gesetzen der Zeichen und insbesondere der Symbole". Er unterteilt die Logik, wie er es seit 1865 immer wieder formuliert hat, aufgrund seiner Kategorien in: 1. „Spekulative Grammatik" oder „Originalean Logic", das heißt die Lehre von den *allgemeinen Bedingungen* von Symbolen und anderen Zeichen, die signifikanten Charakter haben; 2. „Critical or Obsistent Logic", das heißt die Theorie der *Wahrheitsbedingungen*; 3. „Spekulative Rhetorik" oder „Transuasional Logic", das heißt Methodologie oder *Methodeutik*. Ergänzend stellt er fest, daß auch „Schichten von Zeichen" (strata of signs) entstehen, was insbesondere für die Analyse und Applikation von Zeichen bedeutsam sei.

Weitere Themen dieses 1. Kapitels sind: die Darstellung von „Begriff", „Satz" und „Argument"; die Unterteilung der Argumente in „Deduktion", „Induktion" und „Abduktion"; die „Wahrscheinlichkeit" und die „Wahrscheinlichkeitstheorien" sowie die Beziehung zwischen „Wahrscheinlichkeit und Induktion"; schließlich die Erläuterung der Methodeutik als einer „Theorie der Methode der Entdeckung" [die „ars inveniendi" von LEIBNIZ sei hier erwähnt] oder einer „allgemeinen Lehre der Methoden des Erreichens von Zielen im allgemeinen" oder der „Lehre von der Natur der teleologischen Aktion im allgemeinen". Eine abschließende Bemerkung hierzu lautet: „Mit spekulativer Rhetorik wird Logik im Sinne von Normativer Semiotik zum Abschluß gebracht." Bei der Verwendung des Begriffs „normativ" beruft er sich übrigens auf WILHELM WUNDT.

Im 2. Kapitel: *Klassifikation der Wissenschaften* betont PEIRCE seine Abhängigkeit von LOUIS AGASSIZ' *Essay on Classification* (1857). Er zitiert dessen Einteilungsbegriffe: „Zweige, Klassen, Ordnungen, Familien, Gattungen, Arten" und unterscheidet in seiner eigenen Klassifikation zunächst „Theoretische" und „Praktische" Wissenschaften als Zweige, die weiter unterteilt werden. So zerfallen die „Theoretischen Wissenschaften" in die Unterzweige oder Klassen: 1. Mathematik und Philosophie oder Kenoskopie (Allgemeine Wissenschaft)[8] und 2. die Spezialwissenschaften oder Idioskopie[9]. Letztere besitzt nach PEIRCE zwei Unterklassen: „physische" und „psychische" Wissenschaften. Außerdem betont er aber zusätzlich die „Relationen der Wissenschaften untereinander", zum Beispiel zwischen Mathematik und Philosophie, oder Philosophie und allen anderen Wissenschaften. Besonders wichtig ist ihm die hier zum ersten Mal gemachte Einteilung der Philosophie selbst in: „Phänomenologie" (Lehre von den Kategorien), „Normative Wissenschaften" (Ästhetik, Ethik und Logik) und „Metaphysik". Auch für die Mathematik gibt er Unterklassen an, und zwar: „Finite Kollektionen", „Infinite Kollektionen" und „wahre Kontinua" (Topologie). Die Finiten Kollektionen werden unterteilt in „einfachste Mathematik", die bei der Anwendung auf Logik benutzt wird, und „allgemeine Theorie endlicher Gruppen". Die Infiniten Kollektionen werden unterteilt in: „Arithmetik" und „Calculus".

PEIRCE bemerkt in seinen weit ausgreifenden Erörterungen zum wiederholten Male, daß Reine Mathematik Logik nicht nötig habe, daß hingegen die Logik – ebenso wie alle anderen Wissenschaften – ihre mathematische Seite habe. Daraus dürfe allerdings nicht geschlossen werden, daß die Mathematik nur aus absolut wahren Sätzen bestehe. Für sie ebenso wie für alle Wissenschaften überhaupt gelte gleichermaßen, daß es keine „Unfehlbarkeit" geben kann. „In dem Sinne, in welchem alles in der Mathematik sicher ist, ist es auf jeden Fall höchst sicher, daß die gesamte mathematische Welt oft geirrt hat und daß in manchen Fällen solche Irrtümer ein paar Jahrtausende lang unentdeckt geblieben sind."

Im zweiten Teil dieses Kapitels, *Why Study Logic* betitelt, der eine Verteidigung der wissenschaftlichen Philosophie darstellt, selbst wenn es auch in ihr keine „Unfehlbarkeit" geben kann, kommt PEIRCE auf die „Normwissenschaften" oder „Normativen Wissenschaften" zurück, die er ausführlicher darlegt und ihre kategorialen Abhängigkeiten aufzeigt. „Ästhetik"[10] oder Erstheit ist die Grundlage der „Ethik"; „Ethik" oder Zweitheit ist die Grundlage der „Logik", die ihrerseits Drittheit ist. Zum Abschluß betont er noch einmal, daß die Wissenschaftslogik (logic of science) für „wissenschaftliches Denken über wissenschaftliche Dinge" unerläßlich ist.

Nach dem 3. Kapitel, *The Simplest Mathematics*, sollten – wie PEIRCE im ersten Satz bemerkt – das 4. und 5. Kapitel ebenfalls mathematischen Problemen gewidmet sein; indessen sind solche Kapitel nicht gefunden, das heißt vielleicht auch nicht geschrieben worden. Allerdings ist es nicht ausgeschlossen, daß sie doch unter den zigtausenden von Manuskriptseiten auftauchen.

Was er im 3. Kapitel darlegt, betrifft sowohl die Unterschiede als auch die Relationen von Logik und Mathematik untereinander. Seine erste Definition der Mathematik lautet: „Mathematik ist das Studium dessen, was von hypothetischen Zuständen der Dinge wahr ist." Er zitiert auch die Definition seines Vaters, BENJAMIN PEIRCE, der unter Mathematik die Wissenschaft versteht, „die notwendige Schlüsse zieht", und er betont, daß dies nicht heißt, Mathematik sei „die Wissenschaft vom Ziehen notwendiger Schlüsse". Wenn DEDE-

KIND die Mathematik als einen Zweig der Logik betrachte, könne er demnach nicht von der Definition seines Vaters ausgegangen sein. Der Unterschied zwischen Logik und Mathematik besteht nach PEIRCE aber des weiteren darin, daß Mathematik „rein hypothetisch", Logik aber „in ihren Behauptungen kategorisch" ist. Das widerspricht nicht der Auffassung, daß formale Logik für PEIRCE mathematische Logik ist, die aber nur einen Teil, wenn auch den wichtigsten der Logik überhaupt darstellt.

Bei der Unterteilung der Mathematik setzt PEIRCE „die Mächtigkeit (multitude) ihrer Elemente" einerseits und „die Relation zwischen diesen Elementen" andererseits voraus.

Die erste mögliche Hypothese der Mathematik besteht für ihn in der Annahme von zwei „Objekten", nämlich v (= verum) und f (= falsum), die er auch die beiden möglichen „Werte" oder „Quantitäten" nennt. Er unterscheidet des weiteren „konstante" und „variable" Quantität, „Funktion" (nach LEIBNIZ (1692) und J. BERNOULLI (1718)) und „Argument", wobei die Funktion die „abhängige Variable" und das Argument die „unabhängige Variable" genannt werden.

Es würde zu weit führen, gäbe man hier eine detaillierte Darstellung dieses Kapitels, obwohl es zum Beispiel eine Vielzahl interessanter Überlegungen hinsichtlich der Zuordnung von Werten, die einem „Universum der Werte" angehören, zu Sätzen gibt. Viele schwierige technische Fragen der Logik werden ausführlich dargelegt. Auch auf die eigenen Beiträge weist PEIRCE hin, zum Beispiel auch auf sein Zeichen $\downarrow$ = Ampheck (von griechisch amphe-kes = „beide Wege abschneiden" oder „zweischneidig"), das „nicht beide, – und –" bzw. „$x \downarrow y = \bar{x} \wedge \bar{y}$" bedeutet. Mit seiner Hilfe können die logischen Funktoren der Addition bzw. Disjunktion und der Multiplikation bzw. Konjunktion sowie der Negation auf einen einzigen Funktor[11] reduziert werden. Wie verschiedene Kommentatoren der PEIRCEschen Logik festgestellt haben, ist dies eine Vorwegnahme des sogenannten „SHEFFERschen Strichs"[12]. Die Logik mit einem Funktor (oder einer Konstanten) ist hier aber nicht das wesentliche. Seine Ausführungen darüber, daß dies alles zu einer „Dichotomischen Mathematik der zwei Werte" gehört, die nach PEIRCE trivial ist, obwohl sie eine wichtige Hilfe sowohl für die „Spekulative Grammatik" als auch für die „Kritische Logik" abgibt, zeigen wieder, wie sehr er die logischen Probleme in die umfassenderen der Semiotik eingeordnet hat.

Er entwickelt anschließend die Idee einer „Trichotomischen Mathematik", bestehend aus „Operator", „Operand" und „Resultat", deren Erforschung er für äußerst notwendig erachtet und deren Anwendungen vitaler und deren Schwierigkeiten viel größer als die der „Dichotomischen Mathematik" seien. Das grundlegende Faktum der Zahl Drei ist nach PEIRCE ihre generative Potenz, und so formuliert er hier den unter Peirceianern berühmten Satz: „Alles entspringt aus dem λ – einem Emblem der Fruchtbarkeit, im Vergleich mit welchem der heilige Phallus der Jugend der Religion tatsächlich ein armer Stock ist."

Das 4. Kapitel, *Ethics*, handelt – wie üblich – vom *summum bonum* oder den *ultimate goods* (den höchsten Gütern). Von den etwa 250 Seiten umfassenden Manuskripten sind nur wenige Seiten in den *Collected Papers* publiziert worden. Interessant ist neben den „normativen" Bestimmungen vor allem die Unterscheidung von „Realität", „Existenz" und „Sein", sowie „Wahrheit", „Sein" und „Nichts", die in der Form eines fiktiven Gesprächs zwischen PEIRCE und VELIAN (dem Fremden aus PLATOs Dialog *Sophistes*)[13] gemacht wird.

Ich breche die Darstellung dieses von PEIRCE leider nicht veröffentlichten Werkes ab. Die für die Semiotik wichtigsten Ausführungen wurden nach 1931, wie oben angegeben, in den *Collected Papers*, vor allem in Band 2, zugänglich gemacht.

2.   Antrag auf ein Stipendium der Carnegie Institution

Wie wir gesehen haben, hatte Bruder HERBERT im Brief vom 30. März 1899 CHARLES empfohlen, sich doch um ein Stipendium an die Carnegie Institution zu wenden, da er selbst ihm finanziell nicht helfen konnte. Am 15. Juli 1902 bewarb sich CHARLES PEIRCE dann tatsächlich mit einem Brief und einem Exposé von 76 Seiten bei der Carnegie Institution um ein solches Stipendium, das es ihm ermöglichen sollte, ohne andere Brotarbeiten während der Zeit der Ausarbeitung eines umfangreichen logisch-wissenschaftstheoretischen Werkes den Lebensunterhalt zu sichern. Sein Ziel definierte er mit dem Satz: „Etwa drei Dutzend Abhandlungen abzufassen, jede in sich vollständig, doch das Ganze ein einheitliches System der Logik in allen ihren Teilen bildend."

Das Inhaltsverzeichnis des Exposés[14] liest sich wie folgt:
§ 1 Explanation of *what work* is proposed.
     Appendix containing a fuller statement
§ 2 Considerations as to its *Utility*
§ 3 Estimate of the *Labor* it will involve
§ 4 Estimate of *Other Expense* involved
§ 5 Statement as to the *Need* of aid from the Carnegie Institution
§ 6 Suggestion of a *Plan* by which aid might be extended
§ 7 Estimate of the *Probability of Completion* of the work, etc.
§ 8 Remarks as to the *Probable Net Cost* to the Carnegie Institution, in money and in efficiency
§ 9 Statement of my apprehension of the *Basis* of my claim for aid.

Im *Appendix zu § 1*, der genauen Erklärung des Werkes, findet man eine Liste von 36 logischen Abhandlungen:

1. *On the Classification of the Theoretic Sciences of Research*
2. *On the Simplest Mathematics* (ein Hauptthema der *Minute Logic*)
3. *Analysis of the Conceptions of Mathematics*
4. *Analysis of the Methods of Mathematical Demonstration*
5. *On the Qualities of the Three Categories of Appearance*
6. *On the Categories in their Reactional Aspects*
7. *Of the Categories in their Mediate Aspects*
8. *Examinations of Historical Lists of Categories*
9. *On the Bearing of Esthetics and Ethics upon Logic*
10. *On the Presuppositions of Logic* (wo Sein und Repräsentiert-Sein als zwei verschiedene Dinge dargestellt werden und die reale Welt als von Ideen beherrscht, etc.)
11. *On the Logical Conception of Mind* (unterschiedliche Auffassungen des Geistes bei Logikern und Psychologen)
12. *On the Definition of Logic* (Logik wird als „formale Semiotik" definiert)
13. *On the Division of Logic* (Stechiologie oder Erkenntnislehre, Kritik und Methodeutik)
14. *On the Methods of Discovering and of Establishing the Truths of Logic* (die einzige universal gültige Methode ist die des mathematischen Beweises)
15. *Of the Nature of Stechiologic* („Erkenntnislehre" ist die unerläßliche, vorbereitende Lehre für Kritische Logik)
16. *A General Outline of Stechiology*
17. *On Terms*
18. *On Propositions*
19. *On Arguments* (Deduktion, Induktion, Abduktion)
20. *On Critical Logic in General*
21. *Of First Premisses* (nicht Empfindungen oder Wahrnehmungen, sondern Wahrnehmungs*urteile* sind erste Prämissen)
22. *The Logic of Chance* (Ursprung und Natur der Wahrscheinlichkeit)
23. *On the Validity of Induction* (Hinweis auf seinen Beitrag in *Studies of Logic* von 1883)
24. *On the Justification of Abduction* (Hauptcharakteristik: „Überraschung")
25. *Of Mixed Arguments*
26. *On Fallacies* (wie man sie entdeckt und vermeidet)
27. *Of Methodeutic* (als heuristische Wissenschaft muß sie alle Arten von logischen Schlüssen berücksichtigen, aber auch die Definition und Einteilung von Begriffen und Sätzen)
28. *On the Economics of Research* (Betrag an Wissen, Anwachsen des Wissens, wissenschaftliche Nützlichkeit, Nutzen der ökonomischen Wissenschaft für die Ökonomie der Forschung sowie Nutzen der Methodeutik; vgl. CP 7.158–161)
29. *On the Course of Research*
30. *On Systems of Doctrine*

31. *On Classification* (Klassen von Objekten menschlicher Kreation: Sprachen, Wörter, Alphabete, Wissenschaften, etc.)
32. *On Definition and the Clearness of Ideas* (nach dem Artikel von 1878; vgl. CP 8.176 Anm. 3)
33. *On Objective Logic* (gegen HEGELs Auffassung, Sein und Repräsentiert-Sein sei dasselbe, aber Verteidigung dessen, daß Ideen die physikalische Welt wirklich beeinflussen, und Beibehaltung der beiden Verursachungsarten: Wirk- und Endursache, die gemeinsam Wirkungen auslösen)
34. *On the Uniformity of Nature* (bereits in einem halben Dutzend Abhandlungen dargestellt)
35. *On Metaphysics* (im Lichte der Methodeutik)
36. *On the Reality and Nature of Time and Space* (Beweis der Dreidimensionalität des Raumes nach NEWTON).

Aus der Übersicht über die Hauptthemen, die PEIRCE bearbeiten wollte, kann man ablesen, daß er hier – wie im Manuskript der *Minute Logic* – die schon bekannten Themenkreise darstellen wollte: die Architektonik der Wissenschaften, Aufstellung und Anwendung der drei Universal-Kategorien, Einbettung der Logik in Semiotik, das heißt in „Erkenntnislehre" und „Methodeutik", ihre Verbindung mit Mathematik usw.

Bruder HERBERT wurde noch mehrfach um Hilfe gebeten. Obwohl er finanziell nicht helfen konnte, kündigte er zum Beispiel im Brief vom 26. November 1902 an, daß er CHARLES einen daunengefütterten Mantel mit Astrachankragen für das kalte Milford abgeschickt habe.

Übrigens diskutierten die Brüder in ihren Briefen auch wissenschaftliche Fragen. So fragte HERBERT im Brief vom 3. Dezember 1902 zum Beispiel, was CHARLES ihm über Codes, Dechiffrierung etc. sagen könne. Es ging ihm dabei weniger um die Geheimhaltung als vielmehr um die Ökonomie der Codierung. Er bot sich im selben Brief auch noch einmal an, seinen Antrag bei der Carnegie Institution um ein Stipendium zu unterstützen und verlangte, nähere Einzelheiten kennenzulernen (Brief vom 30. Dezember). Ob er sich für CHARLES einsetzte, ist mir nicht bekannt; zumindest hat er keinen Erfolg gehabt, denn fast ein Jahr später, am 13. Mai 1903, lehnte die Carnegie Institution den Antrag von CHARLES PEIRCE ab. Die Gutachter hatten wahrscheinlich weder die Kompetenz noch den Weitblick, der erforderlich gewesen wäre, um die Mittel, die PEIRCE so dringend benötigte, zur Verfügung zu stellen. So blieb auch dieses Projekt, wie so viele andere vor und nach ihm, nur ein Plan, zum Schaden für die heutige Wissenschaftstheorie, die noch immer nicht die verstreuten Anregungen von PEIRCE in den nunmehr publizierten Fragmenten seines Werkes berücksichtigt hat.

Noch vor diesem Stipendium-Antrag war die finanzielle Lage von CHARLES und JULIETTE PEIRCE im Herbst und Winter 1902 immer schwieriger geworden. Ernsthaft versuchten sie, das Haus „Arisbe" in Milford zu verkaufen und veröffentlichten deshalb eine Anzeige im Milford Dispatch vom 18. September 1902, der folgenden Wortlaut hat: „Besitzung zu verkaufen oder zu vermieten. 60 Morgen [acres] Nutzland und über 100 Morgen Wald. 15 große Zimmer und mehrere kleine. Wasser, Warmwasserheizung, Kamine. 2 Meilen von Milford entfernt. Schreiben Sie oder wenden Sie sich an: Frau C. S. Peirce." Dieser Versuch, das Anwesen zu verkaufen, blieb nicht der letzte, wie wir noch sehen werden.

Das Honorar, das The Nation für die Rezensionen zahlte, war der Grundstock für den Lebensunterhalt von CHARLES und JULIETTE, der wahrscheinlich nur von den Einkünften aus seiner Mitarbeit an BALDWINs *Dictionary*, gelegentlichen Gutachten oder privatem Logikunterricht ergänzt wurde. Ob JULIETTE etwas zum Leben beisteuern konnte (sie bekam ja angeblich Geld aus Europa), ist nicht nachweisbar. 1902 schrieb PEIRCE wieder eine größere Anzahl von Rezensionen[15] für The Nation.

3. Die Pragmatismus-Vorlesungen an der Harvard Universität im Frühjahr 1903

Am 25. November 1902 schrieb CHARLES PEIRCE einen ausführlichen Brief an WILLIAM JAMES, in dem er seine Stellung hinsichtlich des „Pragmatismus" noch einmal klar formulierte. Er sagt dort u. a.:

„Du fühlst wie ich, daß die Bedeutung des Pragmatismus nicht auf die Philosophie beschränkt ist. Das Land ist im Augenblick in großer Gefahr, worüber ich mich nicht auszulassen brauche. Diejenigen, die sich, wie Herr Schiller, Pragmatisten nennen, kapieren seine wesentliche Pointe nicht, daß man nämlich einfach keinen Begriff bilden kann, der nicht pragmatisch ist. Im Augenblick scheine ich der einzige Bewahrer des vollständig entwickelten Systems zu sein, das fest zusammenhängt und fragmentarisch nicht richtig dargestellt werden kann. Meine eigene Ansicht war 1877 unfertig; auch zur Zeit der Cambridger Vorlesungen [1898] war ich noch nicht zu seinem Kern vorgestoßen oder hatte ich die Einheit der ganzen Sache noch nicht gesehen. Erst danach erhielt ich den Beweis dafür, daß Logik auf Ethik begründet werden muß, deren höhere Entwicklungsstufe sie darstellt. Selbst dann war ich eine zeitlang noch so dumm, nicht zu sehen, daß Ethik in derselben Weise auf Ästhetik gründet, – womit ich, was ich nicht betonen muß, nicht Milch, Wasser und Zucker meine.

Diese drei normativen Wissenschaften entsprechen meinen drei Kategorien, die in ihrem psychologischen Aspekt als Empfinden, Reaktion und Denken erscheinen. Seit den Cambridger Tagen ist mein Verständnis dieser Kategorien größer geworden; und ich kann sie nun in ein klareres und überzeugenderes Licht setzen. Die wahre Natur des Pragmatismus kann ohne sie nicht verstanden werden. Reaktion ist nicht, wie ich zunächst dachte, das Ganze, sondern der Pragmatismus setzt den Schluß vom Ganzen als das Ganze, und der Schluß ist etwas, das der Aktion ihre Berechtigung gibt. Er gehört zur dritten Kategorie. Man darf nur keine nominalistische Ansicht vom Denken einnehmen, als ob es etwas wäre, das ein Mensch im Bewußtsein hat. Bewußtsein kann jede der drei Kategorien bedeuten. Aber wenn es Denken bedeutet, dann ist es mehr außerhalb als innerhalb von uns. Wir sind eher in ihm, als daß es in irgendeinem von uns ist. Natürlich kann ich mich nicht in wenigen Worten erklären; aber ich meine, es würde dem Psychologen einen großen Dienst erweisen, wenn ich ihm meine Konzeption von der Natur des Denkens erklären würde. Das führt dann zum Synechismus, welcher der Schlußstein des Bogens ist." (vgl. CP 8.255–257)

Ohne auf die verschiedenen, höchst interessanten Punkte dieses Briefes näher einzugehen, möchte ich nur festhalten, daß dieser Überblick WILLIAM JAMES offenbar veranlaßt hat, sich erneut für Vorlesungen von PEIRCE an der Harvard Universität einzusetzen. Zu Beginn des Jahres 1903 gelang es ihm endlich, mit Unterstützung von JOSIAH ROYCE und HUGO MÜNSTERBERG, die beide an der Harvard Universität lehrten, CHARLES PEIRCE zu einer Vorlesungsreihe einzuladen. Am 13. März 1903 schrieb er ihm daher: „Endlich ist es mir ‚mit Hilfe der Vorsehung‘ gelungen, Deinen Dingen einen leichten Aufschwung zu geben. Die Körperschaft der Harvard Universität hat dafür gestimmt, sechs Vorlesungen von Dir stattzugeben, (. . .) Du kannst sie *benennen*, wie Du willst. Die fünfzig Studenten, die ich in Philosophie 3 hatte (wovon ich Dir eine Übersicht schickte), sind über ‚Pragmatismus‘ und ‚Tychismus‘ gut informiert und würden glücklich sein, von Dir direkt darüber zu hören. Was ‚Synechismus‘ betrifft, hast Du ungepflügten Boden."

PEIRCE antwortete darauf am 16. März: „Ich habe Deinen Brief erst heute Nachmittag erhalten. Nichts könnte mich so erfreuen. (. . .) Ich (. . .) meine, daß die sechs Vorlesungen besser auf das einzige Thema des Pragmatismus beschränkt werden sollten, der, wie ich ihn verstehe, einer der Sätze der Logik ist. Seine Begründung, Definition und Limitation und seine Anwendung auf Philosophie, die Wissenschaften und die Lebensführung wird für sechs Vorlesungen völlig genug sein. (. . .) Mein lieber William, ich danke Dir noch nicht. (. . .) Du bist derjenige von allen meinen Freunden, der *Pragmatismus* in seinen nützlichsten Formen erläuterte. Du bist ein Juwel des Pragmatismus."[16] WILLIAM JAMES schrieb später in seinem Buch *Pragmatism*[17] u. a.: „Der Begründer des Pragmatismus gab kürzlich selbst einen Vorlesungskurs am Lowell Institut, mit eben diesem Wort [Pragmatismus] im Titel, – Blitze strahlenden Lichts auf dem Hintergrund kimmerischer Finsternis!"[18]

JAMES hat zweifellos die Vorlesungsreihe von PEIRCE an der Harvard Universität im Frühjahr 1903 mit derjenigen am Lowell Institut im Winter 1903 verwechselt. Da seine Vorlesungen 1906 ebenfalls im Lowell Institut gehalten wurden (sie sind als *Pragmatism* bereits 1907 erschienen) und da er wahrscheinlich beide Vorlesungsreihen von PEIRCE gehört hat, konnte es drei Jahre später über den Ort leicht zu Verwechslungen kommen. Man weiß also nicht mit Sicherheit, ob sich sein vielzitierter Ausspruch „strahlendes Licht auf dem Hintergrund kimmerischer Finsternis", mit dem er PEIRCE keinen Dienst erwiesen hat, auf die Harvard- oder die Lowell-Vorlesungen bezieht oder vielleicht auf beide.

Die Vorlesungen von PEIRCE dauerten vom 26. März bis 14. Mai 1903. Er hielt nicht sechs, sondern sieben Vorlesungen, jeweils Donnerstag abends, im Rahmen der Philosophischen Fakultät der Harvard Universität. Eine achte Vorlesung im Rahmen der Mathematischen Fakultät gab er zusätzlich am 15. Mai. Sie hatte mit den ersten sieben über Pragmatismus aber nicht direkt zu tun, sondern war den mathematischen Problemen der Mächtigkeit und Kontinuität gewidmet. Alle Manuskripte zu den Vorlesungen sind erhalten und werden im Archiv der Houghton-Bibliothek der Harvard Universität aufbewahrt.

In der Zeit, als PEIRCE seine Vorlesungen hielt, schrieb WILLIAM JAMES an F. C. S. SCHILLER am 8. April 1903 u. a.:

„... Charles Peirce gibt jetzt gerade sechs öffentliche Vorlesungen über ‚Pragmatismus' an der Harvard Universität, die ich zu seinen finanziellen und beruflichen Gunsten zuwege brachte. Er ist ein hoffnungslos grillenhafter Mensch und in vielen Hinsichten ein Versager, aber ein wirklich außerordentlicher Intellekt. Ich habe nie einen Geist von so vielen Arten gesprenkelter Intensität und Kraft kennengelernt. ..."[19]

Auch diese Bemerkungen zeugen von der zwar freundschaftlichen, aber doch zwiespältigen Haltung von JAMES seinem Freund PEIRCE gegenüber. Noch deutlicher wird diese Haltung durch folgendes erkennbar: PEIRCE hat seine Pragmatismus-Vorlesungen nicht selbst veröffentlicht; sie erschienen auszugsweise erst 1934 in Band 5 der *Collected Papers* bzw. 1973 in der von mir herausgegebenen englisch-deutschen Ausgabe[20]. Daß PEIRCE jedoch ihre Publikation selbst plante, geht aus einem Brief an seine ehemalige Schülerin an der Johns Hopkins Universität und späteren Mitautorin von Wörterbuchartikeln, CHRISTINE LADD-FRANKLIN, hervor, wo es heißt: „Ich hatte vor, sie [die Vorlesungen] zu drucken; aber James sagte, er könnte sie selbst nicht verstehen und könnte ihren Druck nicht befürworten. Ich selbst bin nicht der Meinung, daß es irgendeine Schwierigkeit für ihr Verständnis gibt, aber alle modernen Psychologen sind so sehr mit Sensationalismus durchtränkt, daß sie überhaupt nichts verstehen, was diesen nicht betrifft, und alles, was man über Logik sagt, in die Ideen von Wundt übersetzen. (...)"[21]

PEIRCE bezieht sich hier wahrscheinlich auf den Brief von WILLIAM JAMES, der am 5. Juni 1903 geschrieben hat: „Lieber Charles, Ich schicke Deine beiden Vorlesungen mit getrennter Post nach Milford, aber dies nach Cambridge, weil ich meine, daß Du vielleicht noch dort bist. Sie sind wundervoll – ich habe die zweite zweimal gelesen –, aber so originell, und Deine Kategorien sind unserem Geiste so ungewohnt, daß ich, obgleich ich den Denkbereich und die Tiefe und Realität des Niveaus, auf dem Du Dich bewegst, erkenne, die verschiedenen Thesen noch nicht so aufnehme, daß ich für meine eigenen Absichten Gebrauch von ihnen machen könnte. (...) Du sprichst davon, diese Vorlesungen zu publizieren, aber ich hoffe, nicht tel quels. (...) Wie die Dinge liegen, werden nur hoch befähigte Techniker und Professionelle das seltene Parfüm Deines Denkens schnuppern, und *nach Deinem Tode* die Dinge zu Deinem Genius zurückverfolgen. Du müßtest ein größeres Auditorium zu Lebzeiten gewinnen; und wenn Du nächstes Jahr nur einen populären Erfolg erzielen kannst, wird Dir das bei Deinen späteren Plänen viel helfen. Ich fürchte, daß, wenn Du eine völlig neue Vorlesungsreihe machst, sie sich als zu technisch und zu staunenerregend und offensichtlich nicht erleuchtend genug erweisen würde. Doch wenn Du diese überarbeitest, wirst Du nicht nur Dir selbst weniger Aufregung schaffen, sondern auch das Bestmögliche für Dein Publikum tun. Du kannst überhaupt nicht von einer zu niederen Idee ihrer Intelligenz ausgehen. Schau mich an, als einer von ihnen! (...)"[22]

Die Kontroversen zwischen PEIRCE und JAMES gipfelten immer wieder darin, daß sie einander nicht verstehen konnten. PEIRCE versuchte, JAMES von der Wichtigkeit und Nützlichkeit mathematischer und wissenschaftstheoretischer Methoden zu überzeugen. JAMES versuchte, PEIRCE von der Notwendigkeit, Gedanken populär auszudrücken, zu überzeugen. Keiner von beiden erreichte sein Ziel: PEIRCE konnte und wollte seine Gedanken nicht „populär" ausdrük- ken, JAMES lehnte es ab, sich mit Logik oder gar Mathematik zu befreunden. Und obwohl sie sich gegenseitig schätzten, entfremdeten sie sich hinsichtlich ihrer intellektuellen Arbeit – vor allem nach 1903 – immer mehr.

Die Pragmatismus-Vorlesungen von CHARLES PEIRCE oder *Pragmatism as a Principle and Method of Right Thinking*, wie der vollständige Titel lautet, sind aufgrund der überlieferten Manuskripte von den Herausgebern der *Collected Papers* folgendermaßen zusammengestellt und betitelt worden:

Vorlesung   I   *Pragmatism: The Normative Sciences*[23]
Vorlesung   II   *The Universal Categories*[24]
Vorlesung   III   *The Categories Continued*[25]
Vorlesung   IV   *The Reality of Thirdness*[26]
Vorlesung   V   *The Three Kinds of Goodness*[27]
Vorlesung   VI   *Three Types of Reasoning*[28]
Vorlesung   VII   *Pragmatism and Abduction*[29]
Vorlesung VIII   *Multitude and Continuity*[30]

Ebenso wie im Stipendium-Antrag an die Carnegie Institution, in dem CHAR- LES PEIRCE eine Reihe von Problemen angedeutet hat, die er in einem größeren Werk ausführen wollte, hat er in dieser Vorlesungsreihe nun einige seiner Hauptprobleme dargelegt. Zu ihnen gehören u. a.: 1. seine fundamenta- len Universalkategorien; 2. die Architektonik der Philosophie, die als positive theoretische Wissenschaft die Mathematik als hypothetische Wissenschaft voraussetzt und aus Phänomenologie, den Normwissenschaften (Ästhetik, Ethik und Logik) und Metaphysik besteht; 3. Semiotik und Logik mit Einschluß der Erkenntnislehre, Wahrnehmungs- und Bewußtseinstheorie; 4. seine neue Darstellung der schon 1878 aufgestellten, nun aber weniger psychologisch gefaßten „Pragmatischen Maxime"; und 5. die Zusammenfassung der drei logischen Methoden: Abduktion, Induktion und Deduktion, mit der besonderen Herausstellung der Abduktion für die Erweiterung der Erkenntnis.

Das bereits von KANT gestellte und teilweise gelöste Problem der Verbindung von Theorie und Praxis führt PEIRCE aufgrund der vor allem in der 7. Vorlesung gemachten Voraussetzungen einer, wenn auch nur angedeuteten, Lösung zu, wohl mit Rücksicht auf sein logisch bzw. semiotisch nicht so gut ausgebildetes Publikum. Denn auch in diesen Vorlesungen argumentiert PEIRCE natürlich vor allem als exakter Philosoph, und den Kenner erstaunt es nicht, wenn er in der 1. Vorlesung betont, daß die Aufgabe des Philosophen darin bestehe, die „wahren Konklusionen" oder die „Gattungen wahrer Konklusionen" mit Hilfe der „pragmatischen Methode" zu ermitteln, wird doch der Pragmatismus von ihm als methodologisches Rüstzeug bzw. als operationelle Basis für alle Wissenschaften eingeführt. Diese Auffassung des Pragmatismus wird noch dadurch verstärkt, daß PEIRCE ihn als „Maxime der Logik" und *nicht* als „Prinzip der spekulativen Philosophie" bezeichnet. Damit hängt auch seine Auffassung der pragmatischen Maxime als einer „Handlungsanweisung" zusammen. Auch betont er des weiteren, daß die Verbindung zwischen einem theoretischen, allgemeinen Satz und demjenigen, der diesen Satz denkt oder anwendet, in der Bedeutung liegt, die der Satz für jemanden hat oder haben kann, das heißt „in der Tendenz, eine korrespondierende praktische Maxime zu verstärken". Die Maxime verlange einen Vordersatz, der Bedingung und Grund eines Nachsatzes sei, welcher die Form einer Handlungsanweisung habe. Sie ist demnach eine „Regel", in der die „intelligible Sphäre", der Aspekt des Denkens, mit dem Aspekt des Wollens vereinbart seien. Der gedankenlose Wille wird ebenso ausgeschlossen wie der willenlose Gedanke. Daß ein theoretischer Satz einer praktischen Maxime entspricht, beruht nach PEIRCE auch darauf, daß einerseits der theoretische Satz nicht unabhängig von der Wahrnehmung ist, und daß andererseits in der Wahrnehmung bereits allgemeine Elemente involviert sind.

Nach den einführenden Passagen über die pragmatische Maxime gibt PEIRCE zunächst die Einteilung der Philosophie in: Phänomenologie, Normative Wissenschaften und Metaphysik. Diese drei Bereiche bezeichnet er näher als „positive theoretische Wissenschaften", weil sie sich mit Fakten beschäftigen, die sie zwar nicht selbst erforschen, sondern von den „praktischen positiven Wissenschaften" übernehmen, deren Bearbeitung jedoch positive Ergebnisse hat, die mit den Tatsachen übereinstimmen müssen. Grundlage der Philosophie kann nach PEIRCE nur die Reine Mathematik sein, die, unabhängig von empirischen Fakten, sich als „hypothetische Wissenschaft" auf *jede mögliche Welt*, nicht nur auf die empirische beziehen läßt.

Die Phänomenologie oder – wie er später sagt – Phaneroskopie[31] hat die wichtige Aufgabe, die Kategorien[32] bzw. „fundamentalen Modi" zu bestimmen, mit deren Hilfe die Phänomene beschrieben werden können. Diese „universalen" Kategorien, die PEIRCE seit *A New List of Categories* (1867) immer wieder untersucht hat, enthalten „partikuläre Kategorien", die er als „Entwicklungsphasen" der universalen versteht. Wenn die Kategorie ein „Element höchster Allgemeinheit" ist, so sei zur Gewinnung von Allgemeinem die Fähigkeit der Generalisierung oder Abstraktion neben den Fähigkeiten der Wahrnehmung und Diskrimination (Unterscheidung) erforderlich. PEIRCE erklärt die erste Kategorie oder „Erstheit" als Gegenwärtigkeit oder Empfindungsqualität, die zweite oder „Zweitheit" als Kampf oder Reaktion, und die dritte oder „Drittheit" als Geist, Repräsentation oder Kontinuität. Wesentlicher als diese Erklärungen ist aber die Charakteristik der Kategorien als monadische, dyadische und triadische Relationen, die wohlgeordnet sind und zwischen denen eine „Generierung" bzw. „Degenerierung" stattfinden kann. Hier sei auch noch einmal darauf hingewiesen, daß Begriffe wie „Erstheit" eine Verknüpfung von Ordinal- und Kardinalzahl beinhalten, daß sie die Ordnung mit der Klassifikation verbinden. Die Grundlegung der Semiotik mit Hilfe dieser Kategorien verleiht der PEIRCEschen Zeichenvorstellung einen Grad der Abstraktheit und Allgemeinheit bzw. Universalität, der sie auf alle Bereiche anwendbar macht.

Jede der drei Kategorien ist definitiv und „irreduzibel", das heißt, alle drei Kategorien sind zur Beschreibung eines Phänomens ausreichend, aber nicht aufeinander reduzierbar. Da der PEIRCEsche Pragmatismus alle drei Kategorien voraussetzt, ist er ein kategorial vollständiges, formales System, was in den letzten Jahren vor allem von MAX BENSE[33] in seinen Schriften untersucht und numerisch dargestellt worden ist.

Nach der kategorialen Grundlegung behandelt PEIRCE die Normativen Wissenschaften: Ästhetik, Ethik und Logik. Sie sind nach ihm ebenfalls „positive theoretische Wissenschaften", die mit den praktischen Wissenschaften der Herstellung von Kunstwerken, der Lebensführung oder des Verhaltens und des Denkens oder Schließens korrespondieren. Da die Methode der Normwissenschaften die „Bewertung" sei, die auf eine Übereinstimmung der Phänomene mit den Zwecken, die den Phänomenen nicht inhärent sind, abziele, erklärt PEIRCE diese Methode auch als **„Graduieren".** So unterscheide die Ästhetik verschiedene Unterschiede des *Qualitativen*, aber keinen reinen ästhetischen Grad der Vortrefflichkeit; die Ethik unterscheide verschiedene Arten des *Guten*; und die Logik unterscheide verschiedene Arten der *Wahrheit*.

Da nach PEIRCE das „logisch Gute" auch das „Gute der Repräsentation" ist, muß er seine Konzeption der Repräsentation hier etwas ausführlicher darlegen. Er unterteilt die Semiotik oder Zeichentheorie, wie schon gezeigt wurde, entsprechend den Universalkategorien in: 1. Reine oder Spekulative Grammatik; 2. Kritische Logik und 3. Reine oder Spekulative Rhetorik bzw. Methodeutik. Bei der Charakterisierung des Zeichens nennt er als seine wichtigste Eigenschaft: „der Wiederholung fähig zu sein". Die „Bestimmung eines Zeichens durch ein anderes Zeichen" ist eine andere wichtige Charakteristik. Da jedes Zeichen determinierbar und das heißt „interpretierbar" ist, ist jedoch keine Folge von Interpretationen durch Zeichen abschließbar, sondern nur durch einen „Gewohnheitswechsel". Außerdem gehört den Zeichen die besondere Art des Ästhetisch Guten, das „Ausdrucksvolle", an; sie muß in jedem Zeichen, in jedem „Rhema", „Dicent" und „Argument" enthalten sein.

Alles, was PEIRCE in den publizierten Manuskripten dieser Vorlesungen (wenn man die unpublizierten Manuskripte außer acht läßt), zur Zeichentheorie geäußert hat, muß für die meisten seiner Hörer unverständlich geblieben sein. Nicht allein die Begriffe waren neu, sondern auch ihre Einführung und Erklärung. Der Hinweis auf die Unterteilung der Drittheit oder Repräsentation in die Trichotomie: relativ-genuine Drittheit, relativ-reaktive Drittheit und relativ-qualitative Drittheit oder die Feststellung, daß jede dieser Stufen in bestimmter Weise weiter zerfallen kann, ist hoch abstrakt. Zwar macht PEIRCE an der Trichotomie: Icon, Index und Symbol klar, daß es für jede Stufe ebenfalls weitere Zerfallsprodukte gibt, z. B. „iconischer Index", „genuiner Index", usw., aber diese Formulierungen werden erst dann überschaubar, wenn sie numerisch notiert werden, wie wir das in Stuttgart gezeigt haben. (Wir schreiben für „iconischer Index" z. B. 2.2 2.1, für „indexikalischer Index" 2.2 2.2.) Es ist kaum möglich, diese feinen Unterschiede in der Umgangssprache verständlich zu machen, wie PEIRCE das hier versucht hat.

Ich möchte noch kurz auf seine Ausführungen zu Deduktion, Induktion und Abduktion eingehen, die PEIRCE in diesen Vorlesungen von einem etwas anderen Standpunkt aus darlegt. So führt er die Deduktion als „notwendiges oder mathematisches Schließen" ein, das mit Hypothesen beginnt und zu idealen Folgerungen gelangt. Er bezeichnet es auch als „diagrammatisches Schließen", das in bestimmten Figuren oder Formen (formalen Schlußfiguren) verläuft. Die Induktion betreffe die experimentelle Prüfung einer Theorie, den Grad der Übereinstimmung zwischen Tatsachen und Theorie, zu deren Darstellung die Wahrscheinlichkeitslehre oder die statistischen Häufigkeiten herangezogen werden. Die Abduktion (Hypothese oder Retroduktion) schließlich vermittle den Wissenschaften neue Ideen und beziehe sich auf das Studium der Tatsachen zwecks Findung einer Theorie, die die Tatsachen erklärt. Nur die Abduktion allein kann nach PEIRCE eine *„ars inveniendi"*, eine Erfindungskunst, sein: Innovation, Originalität oder Kreation seien geistige Tätigkeiten, die von der Vernunft im Rahmen der Abduktion geleitet werden.

Mit der Abduktion hängt ein weiterer bedeutsamer Punkt dieser Vorlesungen zusammen, nämlich die Diskussion des „Wahrnehmungsurteils". Das Wahrnehmungsurteil ist nach PEIRCE nicht wiederholbar, das heißt, es ist damit weder kontrollierbar noch kritisierbar. Es enthält jedoch allgemeine Elemente [die Ausdrucksmittel] und der wahrgenommene Gegenstand, das „Perzept", der durch das Wahrnehmungsurteil gegeben wird, enthält Merkmale, die interpretierbar sind, das heißt, jede Wahrnehmung verweise von sich aus immer schon auf Interpretation. Denn wir nehmen nur das wahr, auf dessen Interpretation wir „eingestellt" sind. Diese PEIRCEsche „Intentionalität" ist einer der vielen Berührungspunkte mit HUSSERL. Der Zusammenhang zwischen einem Wahrnehmungsurteil und einer Abduktion bestehe im allmählichen Übergang zwischen jenem und dieser, oder – wie PEIRCE es auch erklärt – die Abduktion ist der *extremste Fall* des Wahrnehmungsurteils. Der einzige Unterschied zwischen beiden liege in der „Verneinbarkeit" der Abduktion und der „Unverneinbarkeit" des Wahrnehmungsurteils. Allgemein könne die Abduktion als diejenige Schlußfolgerung verstanden werden, die eine Hypothese auf einen möglichen Grund oder eine mögliche Ursache zurückführt. Das Problem des Pragmatismus ist für PEIRCE dann gelöst, wenn die Abduktion geklärt ist und die Beziehungen der Induktion und Deduktion zur Abduktion aufgezeigt werden können. Alle drei logischen Argumentationsmethoden bildeten jedoch einen relationalen Zusammenhang; denn die Abduktion entspreche der Erstheit, die Induktion der Zweitheit und die Deduktion der Drittheit.

Die „Maxime des Pragmatismus", die nach PEIRCE auch die „Maxime der Abduktion" ist, vereinige Wahrnehmung, zweckvolle Handlung und Vernunft. Denn, so sagt er, „jeder Begriff tritt in seinen Elementen durch die Wahrnehmung in das logische Denken ein und verläßt es in der zweckvollen Handlung". Die Vernunft kontrolliere sowohl die Wahrnehmung als auch die zweckvolle Handlung und lasse nur das gelten, was durch beide gestützt wird.

Diese Ausführungen könnten den Eindruck erwecken, PEIRCE argumentiere hier psychologisch oder anthropologisch. Er hat sich selbst in der vierten Vorlesung gegen den möglichen Vorwurf einer „anthropomorphen Einstellung" mit folgenden Worten verteidigt: „... Ich antworte, daß jede wissenschaftliche Erklärung eines natürlichen Phänomens eine Hypothese ist, daß es etwas in der Natur gibt, dem die menschliche Vernunft analog ist; und alle Erfolge der Wissenschaft in ihren Anwendungen auf menschliche Bequemlichkeit sind Beweismittel dafür, daß es wirklich so ist." (CP 1.316)

Besonders wichtig sind die Bemerkungen von PEIRCE zur „Realität", die ihn ja schon lange vor diesen Vorlesungen zu immer neuen Untersuchungen veranlaßt hat. Er teilt die Realität nunmehr trichotomisch auf in „Realität der Erstheit", „Realität der Zweitheit" und „Realität der Drittheit", das heißt, er bestimmt die fundamentalen Kategorien als Stufen der Realität. Diese unterscheidbaren Realitätsstufen sind eine Überwindung des erstarrten Realitätsbegriffs seiner Vorläufer (und vieler Nachfahren). MAX BENSE hat die PEIRCEschen Vorstellungen der Realitäten übrigens mit der triadischen Zeichenrelation verknüpft und nachgewiesen, daß ein Zeichen als triadische Relation bzw. Zeichenklasse eine komplexe Realität darstellt, da schon ein Subzeichen (etwa ein Icon (2.1)) zwei Realitätsstufen vereinigt. Außerdem repräsentiert eine

Zeichenklasse nach BENSE jeweils eine bestimmte (komplexe) Realität auch dadurch, daß sie dualisierbar ist, das heißt, der Zeichenklasse (PEIRCE) entspricht dual eine Trichotomie (PEIRCE) bzw. eine „Realitätsthematik" (BENSE), zum Beispiel der Zeichenklasse (3.1 2.1 1.1) die Realitätsthematik (1.1 1.2 1.3). Wir gehen auf diesen Punkt im nächsten Kapitel näher ein.

Mit der Konzeption der Realitäten hängen nach PEIRCE die Modalitäten zusammen, die ebenfalls Realitätsstufen darstellen; denn der Möglichkeit entspricht die Realität der Erstheit, der Wirklichkeit die Realität der Zweitheit und der Notwendigkeit die Realität der Drittheit.

Da die Realitäten oder Modalitäten einen Zusammenhang darstellen, ist es naheliegend, daß PEIRCE auch die Metaphysik, die dann nicht mehr als „Unsinn" bezeichnet wird, wenn sie exakt dargestellt wird, dreifach unterteilt. Die metaphysischen Stufen von PEIRCE: Tychismus, Agapismus und Synechismus, die ja wiederum der Erstheit, Zweitheit und Drittheit entsprechen, müssen als zusammenhängende Stufen ausnahmslos in einem exakten metaphysischen System unterschieden und berücksichtigt werden. Auch wenn es sieben „Systeme der Metaphysik" geben kann, und zwar drei Systeme, die nur eine Stufe anerkennen, drei Systeme, die eine Kombination von zwei Stufen zulassen und ein System, das alle drei Stufen vereint, so betont PEIRCE, daß sein metaphysisches System selbstverständlich alle drei Stufen enthält. In Verbindung mit der Zeichenkonzeption könnte man das PEIRCEsche metaphysische System auch als „Semiotisches metaphysisches System"[34] bezeichnen und von anderen exakten Systemen (HUSSERL und SCHOLZ z. B.) unterscheiden.

Liest man die veröffentlichten Manuskripte zu diesen Vorlesungen nach, wird man verstehen, daß er seinen Hörern ein hohes Maß an Abstraktionsvermögen abverlangte, das heißt, mit Sicherheit nicht populär werden konnte. Er setzte nicht nur Verständnis für seine eigenen neuen Ideen voraus, sondern auch profunde Kenntnisse der Geschichte der Logik, Erkenntnistheorie und – für viele vielleicht noch schlimmer – Mathematik.

In der achten Vorlesung in der Mathematischen Abteilung, *Multitude and Continuity*, in der er auf seine Arbeiten zur „Lehre von den Mächtigkeiten" und auf DEDEKINDs kleines Buch *Was sind und was sollen die Zahlen?* sowie auf seine Graphentheorie hinweist, nimmt er die Gelegenheit wahr, den Philosophie- und Mathematik-Studenten einige Wahrheiten zu sagen: „Mathematiker sind immer die allerbesten Denker gewesen, während Metaphysiker die allerschlechtesten waren. Das ist ein ausreichender Grund dafür, warum Philosophiestudenten die Mathematik nicht vernachlässigen sollten. Aber während der letzten dreißig Jahre hat es eine außerordentliche Entwicklung der allgemeinen Lehre von den *Mächtigkeiten* (einschließlich *unendlicher Mächtigkeiten*) und der *Kontinuität* gegeben. Philosophen würden hinter ihrem wohlverdienten Ruf als Dummköpfe zurückbleiben, wenn sie dem viel Aufmerksamkeit liehen, bevor es ihnen von allen Seiten in die Ohren tönt. ..."

Er weist danach auf GEORG CANTORs Führungsrolle in dieser Forschungsrichtung hin, auf seine eigenen Beiträge zu diesen Themen, die er bereits 1867 gemacht habe und auf DEDEKINDs Buch, das 1887 erschienen war und von dem PEIRCE sagt: „Es enthielt keine einzige Idee, die nicht in meiner Schrift von 1881 [The Logic of Number] enthalten war, von der ihm ein Sonderdruck zugesandt wurde und sein Werk – woran ich nicht zweifele – beeinflußte. ..."

PEIRCE erklärt seinen Zuhörern schließlich, mit welcher Methode er diese Ideen analysiert habe. „Ich fordere nämlich, daß sie in einer gewissen diagrammatischen Form ausgedrückt werden. Dieses System nenne ich „Existenz-Graphen". Ich glaube nicht, daß es das bestmögliche ist, aber es ist das beste, das ich zu diesem Zweck zu erfinden vermochte..." Wir werden im nächsten Kapitel mehr über seine Graphen-Theorie sagen.

Die Erklärung seines Systems der „Existenz-Graphen" verknüpft PEIRCE gemäß der Lehre des Pragmatismus mit „vertrauten alltäglichen Ideen", indem er sagt: „Das 1. Prinzip erklärt, was ich meine, wenn ich einen Satz an die Tafel schreibe. Ich setze nämlich voraus, daß die Tafel, auf die ich schreibe, gleichgültig, ob schon etwas darauf geschrieben wurde oder nicht, ein *Universum* repräsentiert, das dem *Schreiber* und dem *Angeschriebenen* (writee), der Person, die schreibt, und der Person, die den Graphen interpretiert, vollkommen vertraut und wohlbekannt ist. Und wenn ich irgendeinen Satz an die Tafel schreibe, außer dem, was sonst noch dort angeschrieben ist, sage ich einfach, daß dieser Satz dadurch wahr ist, daß er geschrieben werden kann..." Dies ist ein neuer, ungewohnter Wahrheitsbegriff, der im Gegensatz zum logischen oder ontologischen als „semiotischer Wahrheitsbegriff" bezeichnet werden muß.

Aus diesem kleinen Zitat läßt sich bereits erkennen, daß PEIRCE seine „Existenz-Graphen" mit der Semiotik und der Konzeption der Kommunikation vereinigen wollte. Darüber hinaus verbindet er mit dem Begriff des „Universums" hier ebenfalls den kommunikativen Aspekt von Schreiber und Adressat (wie sich die Linguisten gern ausdrücken). Die Wahrheitskonzeption, die im letzten Satz des Zitats enthalten ist, wird allerdings nur dann verständlich, wenn man nicht logisch, sondern *semiotisch* argumentiert. Das heißt jedoch nicht, daß PEIRCE dabei auf Sprache abstellt. Er hat immer wieder darauf hingewiesen, daß Logik und Semiotik weder im engeren, noch im weiteren Sinne von Sprache abhängen. So heißt es zum Beispiel auch in dem umfangreichen MS 517 *Kaina Stoicheia* (Neue Elemente), das nach 1895 entstanden sein muß: „Wie die Konstitution des menschlichen Geistes die Menschen zu denken veranlaßt, ist nicht das Problem; und der Appell an die Sprache erscheint mir nicht besser als eine unbefriedigende Methode der Feststellung psychologischer Fakten, die für die Logik ohne jede Relevanz sind. Aber wenn ein solcher Appell gemacht werden muß (und Logiker machen ihn im allgemeinen, insbesondere scheint ihre Lehre von der Kopula allein darauf zu beruhen), müßten sie wohl die menschlichen Sprachen im allgemeinen mustern und sollten sich nicht auf die kleine und äußerst spezielle Gruppe der Arischen Sprachen beschränken."

Eine ähnliche Ansicht vertritt PEIRCE auch in MS 573 *Logical Algebra*, wo er die gewöhnliche Sprache als fehlerhaft und ungeeignet als Instrument für Logik und Semiotik bezeichnet. Gewöhnliche Sprache sei eher bildhaft als diagrammatisch und entspreche daher zwar den Absichten der Literatur, nicht aber denen der Logik.

Ich zitiere die letzteren Bemerkungen nur deshalb, weil PEIRCE offensichtlich in allen acht Vorlesungen des Frühjahrs 1903 den Zusammenhang des Pragmatismus mit Semiotik, Logik und Graphentheorie demonstriert hat, was ihn selbstverständlich von den Auffassungen anderer Pragmatisten grundlegend unterscheidet.

Zum Abschluß dieses Abschnitts möchte ich auf einen Punkt hinweisen, der in neuerer Zeit diskutiert wurde und der sich vor allem an der Frage entzündet, ob die Zeichenklassen und Trichotomien bzw. Realitätsthematiken, wie sie MAX BENSE und die Stuttgarter Schule verstehen, mit den PEIRCEschen Konzeptionen überhaupt vereinbar sind. Oder, anders gefragt, läßt sich die Anordnung der „Subzeichen" in der Kleinen Matrix (bzw. in der Großen Matrix), wie sie MAX BENSE unabhängig von PEIRCE vorgenommen hat, durch Ausführungen bei diesem selbst stützen? Ich zitiere dazu einen Abschnitt aus der zweiten Vorlesung[35]: „Ich glaube, es war 1883, als ich auf eigene Kosten eine Broschüre drucken ließ [Dichotomic Mathematics], die ihren rein mathematischen Aspekt präsentierte, – bei weitem nicht so gut, wie ich es heute machen könnte, aber doch ganz leidlich. Als sie fertig war und ich die letzten Fahnen korrigierte, bemerkte ich plötzlich, daß sie alles in allem nichts anderes waren als Cayleys Theorie der Matrizen, die erschien, als ich ein kleiner Junge war. Ich brachte jedoch dem großen Algebraiker Sylvester ein Exemplar. Er las es und sagte sehr geringschätzig: ‚Na ja, es ist nichts anderes als meine ‚umbral notation' (Schatten-Notation).' Ich fühlte mich zermalmt und verschickte keine Exemplare mehr." Ich bin der Auffassung, daß CHARLES PEIRCE mit diesen Worten sehr wohl zu erkennen gibt, daß ihm die Matrizen-Darstellung vertraut war, und daß er sie benutzen wollte, aber wegen der Priorität von CAYLEY und SYLVESTER davon Abstand genommen hat.

Hinweisen möchte ich noch auf die bisher von Mathematikern nicht beachtete PEIRCEsche Konzeption von drei verschiedenen Arten von Mathematik, die er in der 2. Vorlesung (MS 302) an Hand des Begriffs „Universum" unterscheidet, was bereits in der *Minute Logic* von 1902 kurz erwähnt wurde. Es handelt sich um:

1. die *Mathematik mit einem einzigen Element*, die aber deshalb unmöglich ist, weil, wenn es nur ein Element A gäbe, nur ein Satz über A formuliert werden könnte: „Es gibt nichts, das von A ausgesagt werden kann." Dies sei vom Reinen Nichts aber ununterscheidbar; denn wenn etwas von A

wahr wäre, müßte A eine Eigenschaft oder Qualität haben, die etwas anderes als A wäre.

2. handelt es sich um die *Dichotomische Mathematik*, die zwei Elemente oder Werte: B (bonum) und M (malum) voraussetzt. Das heißt, es gibt ein Universum mit zwei voneinander unterscheidbaren Dingen B und M. Wie kann man aber feststellen, ob etwas Unbekanntes, X, mit B oder M identisch ist? Wir wissen, sagt PEIRCE, daß es nicht beides zugleich sein kann und daß es das eine oder das andere ist. Außerdem gibt es im Universum mit den Bereichen B und M drei Hauptrelationen: 1) die Relation, die M zu B und zu nichts anderem hat, und die nur M zu etwas hat, 2) die konverse [inverse] Relation, die B zu M und zu nichts anderem hat, und 3) die Relation, die B zu M und M zu B und sonst nichts anderem hat. Die absurde Relation von Nichts zu irgend etwas werde er nicht berücksichtigen. Alle dyadischen Relationen seien Relationen des *Andersseins*. Als wichtigste dyadische Relation hatte PEIRCE bereits 1870 die *Inklusion* eingeführt. Hier nennt er als Beispiel für eine dyadische Relation nur die *Umkehrung*.

3. erörtert PEIRCE die *trichotomische Mathematik*, für die selbstverständlich triadische Relationen grundlegend sind. Die allgemeine triadische Relation nennt er *Aggregation* und erklärt sie folgendermaßen: „Die Relation zwischen M und B und die Relation zwischen B und M führt zu der Relation zwischen M und B und B und M." Daran schließt sich die Überlegung an: „Wenn man sagt, Z steht in der Relation der Aggregation zu X und Y, so heißt das, daß Z wahr ist, immer wenn X und immer wenn Y wahr ist, und daß entweder X oder Y wahr ist, immer wenn Z wahr ist." (NEM, IV, 149–153)

Dieser knappe Hinweis kann natürlich keine Klarheit über die weiteren Absichten von PEIRCE hinsichtlich der trichotomischen Mathematik liefern. Sie scheint aber sowohl mit der Semiotik als auch mit einer dreiwertigen Logik zusammenzuhängen. Wir werden darauf noch eingehen.

4. Die Vorlesungen am Lowell Institut im November–Dezember 1903

Nach den Vorlesungen über Pragmatismus im Frühjahr 1903 an der Harvard Universität wurde CHARLES PEIRCE aufgefordert, eine Reihe von acht Vorlesungen am Lowell Institut in Cambridge/Boston zu halten. Er gab ihnen den Titel *Some Topics of Logic Bearing on Questions Now Vexed*. Diese logischen Themen, die sich auf „vieldiskutierte Fragen" beziehen, konnte PEIRCE anscheinend ohne große Rücksicht auf Allgemeinverständlichkeit halten, obwohl sie, wie alle Vorlesungen des Lowell Instituts, öffentlich, das heißt für jedermann, nicht nur für Studenten, zugänglich waren. Welche logisch-wissenschaftstheoretisch-semiotischen Probleme er darlegte, läßt sich aus den Titeln der einzelnen Vorlesungen entnehmen:

1. *What Makes a Reasoning Sound?* (23. November)[36]
2. *A System of Diagrams for Studying Logical Relations* (27. November)[37]
3. *The Three Universal Categories and their Utility* (30. November)[38]
4. *Exposition of the System of Diagrams Completed* (3. Dezember)[39]
5. *The Doctrine of Multitude, Infinity and Continuity* (7. Dezember)[40]
6. *What is Chance?* (10. Dezember)[41]
7. *Induction as Doing, not mere Cogitation* (14. Dezember)[42]
8. *How to Theorize* (17. Dezember)[43]

Im Zusammenhang mit diesen Vorlesungen veröffentlichte CHARLES PEIRCE eine kleine Schrift von 23 Seiten mit dem Titel *A Syllabus of Certain Topics of Logic*[44], deren Vorwort mit dem 1. November 1903 datiert ist und die als Privatdruck im Verlag Alfred Mudge & Son in Boston erschien. Eine weitere Broschüre von 8 Seiten mit dem Titel *Nomenclature and Divisions of Dyadic Relations*[45] ließ er 1903 ebenfalls privat drucken. Er hatte geplant, ein wesentlich umfangreicheres Werk zu publizieren, wie aus der Korrespondenz mit dem Kurator des Lowell Instituts, W. T. SEDGWICK, hervorgeht. SEDGWICK hat jedenfalls die ersten 100 Seiten des Buchmanuskripts gelesen und es als *magnum opus* bezeichnet (MS L 257). An den Druckkosten, die weder das Lowell Institut noch PEIRCE selbst aufbringen konnten, scheiterte die Veröffentlichung des gesamten Manuskriptes, das wahrscheinlich einen Umfang von etwa 350 Seiten hatte. Etwa die Hälfte des Manuskriptes gilt als verschollen. Der gedruckte *Syllabus ...* besteht aus einem Vorwort und 23 Seiten aus MS 478; die *Nomenclature ...* umfaßt etwa die Hälfte des gleichnamigen Manuskripts (MS 539). Vermutlich hatte PEIRCE vor, nunmehr ein **Standardwerk** über Semiotik zu veröffentlichen; denn seit etwa vierzig Jahren hatte er sich ja mit der Ausarbeitung der Zeichentheorie befaßt. Das Scheitern dieser Publikation ist auch ein Grund dafür, daß seinen diesbezüglichen Intentionen erst ab den sechziger Jahren unseres Jahrhunderts die Aufmerksamkeit zuteil wurde, die sie verdienen. Daß erst seit 25 Jahren die Weiterentwicklung seiner Theorie (vor allem in Stuttgart) in Angriff genommen wurde, muß auch den Herausgebern der *Collected Papers* angelastet werden, die Auszüge aus diesen MSS auf *sieben* Bände verteilt haben, da sie ihre Bedeutung offensichtlich unterschätzten.

Aus den auf Mikrofilm erfaßten Manuskripten hat HELMUT PAPE nun das Buch: Charles Peirce, *Phänomen und Logik der Zeichen* (Frankfurt 1983) zusammengestellt, herausgegeben und übersetzt, in welchem auch Manuskripte verwendet wurden, die weder im gedruckten *Syllabus* noch in den *Collected Papers* enthalten sind. Diese Ausgabe ist zwar verdienstvoll, doch leider werden die bereits vorliegenden deutschen Übersetzungen und die Weiterentwicklungen der PEIRCEschen Semiotik nicht berücksichtigt.

Möglicherweise gehören auch folgende fragmentarische Manuskripte zu den Syllabus-Manuskripten: MS 541: *Syllabus 7*, MS 542: *Class of Dyadic Relations* und MS 543: *Triadic Relations*. In letzterem reduziert PEIRCE tetradische Relationen auf triadische und behauptet (was er mehrfach zu beweisen versuchte), daß jede höhere als dreistellige Relation in eine Kombination von triadischen Relationen aufgelöst werden könne.

In der 3. Lowell-Vorlesung (auszugsweise in CP 1.343–349) hat er ebenfalls einen solchen Beweis, und zwar mit Hilfe der Existenz-Graphen gegeben, indem er von der triadischen Zeichenrelation ausgeht und dann feststellt, daß „während ein Graph mit drei Enden (tails) nicht aus Graphen mit jeweils zwei oder einem Ende gebildet werden kann, Kombinationen von Graphen mit drei Enden hingegen ausreichen, um Graphen mit jeder beliebigen höheren Anzahl von Enden zu bilden.

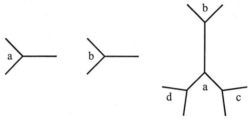

Und die Analyse wird zeigen, daß jede Relation, die tetradisch, pentadisch oder von irgendeiner höheren Anzahl von Korrelaten ist, nichts anderes als eine Zusammensetzung von triadischen Relationen ist. Es ist daher nicht überraschend, wenn man findet, daß außer den drei Elementen der Erstheit, Zweitheit und Drittheit nichts anderes im Phänomen zu finden ist." (1.347)[46] Selbstverständlich sind dies nur wenige Punkte unter vielen anderen, die aber insbesondere für die heutige Semiotik-Forschung von großem Interesse sind. Diese beiden Begleittexte sollten den Hörern der Vorlesungen die Möglichkeit geben, die doch recht ungewohnten Ausführungen durch Nachlesen besser zu verstehen.

Semiotik

Die im Vergleich zu früheren Darstellungen erweiterten **Zeichenvorstellungen** (MS 540) sind leider nur diesem Hörer- bzw. Leserkreis bekannt geworden und erst seit 1932 in den *Collected Papers* (2.233–272) allgemein zugänglich. PEIRCE definiert das Zeichen hier als ein *Repräsentamen*, welches das 1. Korrelat einer triadischen Relation ist, deren 2. Korrelat das *Objekt* und deren 3. Korrelat der *Interpretant* genannt wird. Er unterteilt diese drei Korrelate oder „Trichotomien", und zwar die 1. Trichotomie des Zeichens selbst (oder Zeichens an sich) in: Qualizeichen, Sinzeichen und Legizeichen; die 2. Trichotomie des Objekts in: Icon, Index und Symbol und die 3. Trichotomie des

Interpretanten in: Rhema, Dicent und Argument. Jede dieser trichotomischen Stufen oder jedes dieser „Subzeichen" (MAX BENSE) wird ausführlich erläutert. Anschließend stellt er die zehn *Zeichenklassen* auf, die sich aus der Kombination von einem Subzeichen aus je einer Trichotomie „ergeben" (result), ohne jedoch die Kombinationsmethode bekanntzugeben. Die 10 Zeichenklassen schreibt er hier:

1.	(Rhematisch)	(iconisches)	Qualizeichen
2.	(Rhematisch)	iconisches	Sinzeichen
3.	Rhematisch	indexikalisches	Sinzeichen
4.	Dicentisch	(indexikalisches)	Sinzeichen
5.	(Rhematisch)	iconisches	Legizeichen
6.	Rhematisch	indexikalisches	Legizeichen
7.	Dicentisch	indexikalisches	Legizeichen
8.	Rhematisch	symbolisches	(Legizeichen)
9.	Dicentisch	symbolisches	(Legizeichen)
10.	Argumentisch	(symbolisches)	(Legizeichen)

Er ordnet sie außerdem in folgendem Dreieck an:

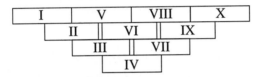

und erläutert anschließend den Zusammenhang dieser 10 Zeichenklassen untereinander. Außerdem unterteilt er das Argument in: Deduktion, Induktion und Abduktion sowie das Dicentische Symbol (das immer ein Legizeichen ist) in: partikuläre, universelle, relative und nicht-relative, hypothetische, konditionale, konjunktive und disjunktive Sätze sowie Definitionen.

Weitere Darlegungen betreffen die Satzformen (blank-forms) oder Satzfunktionen, die seiner Meinung nach Rhemata sind und aufgrund der Anzahl der Leerstellen unterteilt werden in: medadische (nullstellige), monadische (einstellige), dyadische (zweistellige), triadische (dreistellige) usw. Rhemata. Er erläutert auch die Sinzeichen, Indices und Dicents, die einerseits als genuine (ursprüngliche, echte) Sinzeichen und andererseits als degenerierte Legizeichen bzw. Symbole oder Argumente aufzufassen sind und die er dann *replicas* nennt. Das Wort *replica* ersetzte er 1910 durch *instance* [Beleg], was auch im Deutschen klarer zum Ausdruck bringt, was er damit ausdrücken wollte. (Vgl. CP 4.394 Anm. 1.) Drittens könnten sie aber auch als involvierte Qualizeichen, Icons und Rhemata zu verstehen sein.

Wie weit PEIRCE 1903 seine semiotischen Untersuchungen entwickelt hatte, zeigt sich in den Ausführungen über Sätze, Terme, Eigennamen, Kopula und Syntax, die er anschließend erörtert. Da er sie jedoch mit vielen anderen Themen zusammen vorgetragen hat, sind sie damals wohl kaum in das

Bewußtsein seiner Hörer bzw. der Leser seines Begleittextes eingedrungen und erst nach 1932 durch die Publikation in den *Collected Papers* erforschbar geworden.

Phänomenologie

Ein ganz anderes, ebenfalls bemerkenswertes Problem, das sowohl im *Syllabus* als auch in anderen Schriften in den folgenden Jahren behandelt wurde, aber bereits in den *Lectures on Pragmatism* eine große Rolle spielte, ist die Unterteilung der Philosophie einerseits und der „Wissenschaft von der Entdeckung" andererseits und ihre Abgrenzungen zu den Spezialwissenschaften.

Im *Syllabus* schreibt PEIRCE dazu: „*Idioskopie* umfaßt alle Spezialwissenschaften, die hauptsächlich damit beschäftigt sind, neue Fakten anzuhäufen." (CP 1.184) „*Phänomenologie* sichert und studiert die Arten von Elementen, die im Phänomen universal präsent sind; unter Phänomen wird verstanden, was zu beliebiger Zeit auf beliebige Weise dem Geist präsent ist. (. . .) Normative Wissenschaft beruht weitgehend auf Phänomenologie und Mathematik; Metaphysik auf Phänomenologie und Normativer Wissenschaft." (CP 1.186)

Auffallend ist die Akzentuierung der Phänomenologie, die er in den kommenden Jahren immer mehr in den Mittelpunkt seiner Forschung rückte. Am 8. Juni 1903 schrieb CHARLES PEIRCE auch an WILLIAM JAMES über Phänomenologie und sagte dort u. a.: „Unter *Phänomen* verstehe ich all das, was in jedem beliebigen Sinne vor unserem Geist ist. Die drei Kategorien werden als die drei Arten von Elementen vorausgesetzt, die aufmerksame Perzeption im Phänomen ausmachen kann. (CP 8.265) Das dritte Element des Phänomens ist, daß wir es als intelligibel wahrnehmen, das heißt, als dem Gesetz unterworfen oder als fähig, durch ein allgemeines Zeichen oder Symbol repräsentiert zu werden. Aber ich sage, dasselbe Element ist in allen Zeichen. Das wesentliche besteht darin, daß es fähig ist, repräsentiert zu werden. Was auch immer fähig ist, repräsentiert zu werden, ist selbst von repräsentativer Natur. Die Idee der Repräsentation involviert Unendlichkeit (infinity), da eine Repräsentation in Wahrheit keine solche ist, bevor sie in einer anderen Repräsentation interpretiert wird. Doch Unendlichkeit ist nichts anderes als eine besondere Wendung, die der Allgemeinheit gegeben wird. Es gibt nichts wirklich Allgemeines, das irrationale Existenzen nicht aktual mit sich selbst konform macht. Das ist der eigentliche Kern der Idee." (CP 8.268)

Im Brief an JOHN DEWEY (9. Juni 1904) verdeutlicht er seine Konzeption, indem er erklärt, daß Fakten das Phänomen nicht konstituieren. (CP 8.239)

In einem langen ausführlichen Brief an WILLIAM JAMES (3. Oktober 1904) über verschiedene Themen gibt er seiner Vorstellung des Phänomens noch eine andere Wendung: „Wie ich Dich dann verstehe, ist der Satz, den Du darlegst, ein Satz über das, was ich „Phänomenologie" genannt habe, das heißt genau die Analyse dessen, welche Arten von Konstituenten es in unserem Denken und Leben gibt (ob diese gültig oder ungültig sind, bleibt dabei außerhalb der Frage). Sie ist ein Zweig der Philosophie, an dem ich stark interessiert bin und an dem ich fast so viel gearbeitet habe wie an Logik. Er hat nichts mit Psychologie zu tun." (CP 8.295) „F. E. Abbot, einer der strengsten Denker, dem ich je begegnete, zeigte mir zuerst, daß es genau drei [Welten] gibt: die äußere, die innere und die logische Welt. Die anderen sind keine unterschiedlichen Welten." (CP 8.299) „Ich wünschte, Du würdest ernsthaft über den moralischen Aspekt der Terminologie nachdenken. Mein „Phänomen", für das ich ein neues Wort erfinden muß, kommt Deiner „reinen Erfahrung" sehr, aber nicht ganz nahe, da ich Zeit nicht ausschließe und daher nur von _einem_ „Phänomenon" spreche." (CP 8.301)

PEIRCE unterscheidet – wie wir schon sahen – Idioskopie von Phänomenologie dadurch, daß er erstere den speziellen Wissenschaften zuordnet, letztere dem Allgemeinen. Im _Syllabus_ hat er die Ideoskopie unterteilt in physische und psychische Wissenschaften. Zu letzteren rechnet er auch Ethnologie und Geschichte. An Lady WELBY schrieb er etwas später (12. Oktober 1904), daß Idioskopie darin bestehe, Ideen zu klassifizieren und zu beschreiben, die zur gewöhnlichen Erfahrung gehören oder ganz natürlich im Zusammenhang mit gewöhnlichem Leben erscheinen. (CP 8.328)

In einem Brief (um 1905) an den italienischen Philosophen MARIO CALDERONI erklärte er, daß er das Wort **„Phaneron"**, das er nunmehr an Stelle des Wortes „Phänomenon" gebrauchen wolle, dahingehend verstehe, daß es das meine, was dem Geist in irgendeiner Weise präsent ist, ohne Rücksicht darauf, ob es Faktum oder Fiktion ist. „Ich untersuche das Phaneron und bemühe mich, seine Elemente gemäß der Komplexität ihrer Struktur auszusondern. Auf diese Weise erreiche ich meine Kategorien." (CP 8.213)

Auch in den MSS 336 und 337 _Logic Viewed as Semeiotics, Introduction Number 2, Phaneroscopy_ (um 1904) gibt PEIRCE eine ähnliche Erklärung: „Nichts ist direkter Beobachtung so zugänglich wie Phanerons. ... Was ich _Phaneroskopie_ nenne, ist das Studium, das, von der direkten Beobachtung von Phanerons unterstützt und seine Beobachtungen generalisierend, verschiedene große Klassen von Phanerons aufzeigt; (...) und außer Frage beweist, daß eine ganz kurze Liste alle diese großen Kategorien von Phanerons, die es gibt, umfaßt; und schließlich zu der langwierigen und schwierigen Aufgabe fortschreitet, die Hauptunterteilungen jener Kategorien aufzuzählen." (CP 1.286)

In _What Pragmatism is_ (1905) bestimmt er das Phänomen bzw. Phaneron dann schließlich noch genauer, und zwar als „nicht irgendein besonderes Ereignis, das jemandem in der toten Vergangenheit widerfuhr, sondern das jedermann _mit Sicherheit_ in der lebendigen Zukunft widerfahren _wird_, der gewisse Bedingungen erfüllt." (CP 5.425) Er spricht dort auch von den „allgemeinen Arten experimenteller Phänomene" und sagt: „Denn ein experimentelles Phänomen ist das durch den Satz behauptete Faktum, daß Aktion einer gewissen Beschreibung eine gewisse Art von experimentellem Ergebnis haben wird; und experimentelle Ergebnisse sind die einzigen Ergebnisse, die das menschliche Verhalten beeinflussen können." (CP 5.427)

Das Thema wurde einige Jahre später im Brief an WILLIAM JAMES vom 17. Dezember 1909 noch einmal aufgegriffen, wo er definiert: *„Phaneroskopie ...* oder eine Beschreibung dessen, das vor dem Geist oder im Bewußtsein ist, so wie es in den verschiedenen Weisen des Bewußtseins *erscheint,* die ich unter (...) drei Titel (...) einordne: ... Erstens *Qualisense* (...). Zweitens *Molition,* was Volition minus jedem Wunsch und Ziel ist, (...). Drittens die Anerkennung von *Gewohnheit* jeder beliebigen Art im Bewußtsein." (CP 8.303) PEIRCE erläutert dem Freund diese Begriffe folgendermaßen: *„Qualisense* ist die Art von Bewußtsein jedes beliebigen Ganzen ohne Rücksicht auf etwas anderes und daher auch ohne Rücksicht auf die Teile jenes Ganzen. *Molition* ist ein doppeltes Bewußtsein von Einwirkung und Widerstand. *Gewohnheits-Be-wußtsein* ist ein Bewußtsein zugleich von Substanz der Gewohnheit, dem speziellen Fall der Anwendung und von der Verbindung von beiden." (CP 8.304)

Im selben Brief setzt er JAMES aber auch noch einmal seinen Zeichenbegriff auseinander, der in diesem Zusammenhang eine neue Dimension gewinnt, und erläutert: „Ich werde zeigen, daß ein Begriff ein Zeichen ist und werde ein Zeichen definieren und seine triadische Form aufzeigen. Ich werde die Modalität eines Zeichens definieren und zeigen, daß in dieser Hinsicht jedes Objekt entweder ein Kann-sein (can-be), ein Aktuales oder ein Würde-sein (would-be) ist. (...) Nach all dem werde ich es unternehmen zu zeigen (noch etwas unvollkommen), daß Begriffe einer solchen phaneroskopischen Analyse oder, in gemeinverständlicher Redeweise, einer „logischen Analyse" fähig sind; (...)" (CP 8.305)

Im *Syllabus* heißt es: „Da Denken mittels Zeichen vonstattengeht, darf Logik als die Wissenschaft der allgemeinen Gesetze der Zeichen betrachtet werden." (CP 1.191) Die schon bekannte Dreiteilung der Zeichentheorie in Spekulative Grammatik, Kritik und Methodeutik veranlaßt ihn zu betonen, daß jedes Glied der Einteilung vom vorhergehenden abhängt, das heißt, kategorial *geordnet* ist.

Aber kommen wir zu den Lowell-Vorlesungen von 1903 zurück. Aus den Auszügen, die in den *Collected Papers* veröffentlicht wurden, geht hervor, daß PEIRCE in diesen Vorlesungen alle Hauptthemen seiner wissenschaftstheoretischen Vorstellungen in differenzierter Weise vorgetragen hat. Von der Ästhetik im Vergleich mit Ethik und Logik ausgehend, kommt er hier auch zur Betonung der **Vernunft** und zur Forderung, der Mensch solle sein Leben und die Welt vernünftiger machen; denn das Einzige, dessen Bewundernswürdigkeit nicht einer höheren Vernunft verdankt werde, sei die Vernunft selbst in ihrer ganzen Fülle.

Er gibt auch einen Überblick über die Geschichte der Logik und betont seine eigene Haltung als Realist, die er seit seiner Rezension der FRASERschen BERKELEY-Ausgabe (1871) nicht geändert habe.

Seine Erläuterung der Universalkategorien ist ähnlich den bereits vorher gemachten Darlegungen. Er beweist hier noch einmal die Unreduzierbarkeit von Erstheit, Zweitheit und Drittheit sowie die Reduzierbarkeit höherstelliger Relationen auf die Kombination von dreistelligen Relationen. Auch definiert er die Drittheit als ein Triplett, das aus drei Paaren bestehe, und die Zweitheit als ein Paar, das aus zwei Einheiten bestehe. Da er echte Drittheit mit vollständiger Repräsentation identifiziert, kommt er zu der für Semiotiker interessanten Bemerkung, daß es zwei verschiedene Erstheiten gebe, nämlich die Erstheit – wie wir präzisieren können – im Sinne von **1**.1, **1**.2, **1**.3 (also der Trichotomie des Mittelbezugs) sowie die Erstheit im Sinne von **1**.1, 2.1, 3.1 (also der ersten Zeichenklasse). Ähnliches sagt er auch von der Zweitheit. Die Stufen der Drittheit erläutert er als 1. „vague Idee" oder „Geist" [3.1], 2. als „Information" [3.2] und 3. als „Kognition" bzw. „Repräsentation" [3.3] . Des weiteren stellt er die Operationen des Zeichens als „Semiosen" vor und unterscheidet „Zeichen" und „Repräsentamen". Unter dem „Zeichen" versteht er ein konkretes, realisiertes Zeichen, unter dem „Repräsentamen" ein formales Gebilde (in Anlehnung an BERNARD BOLZANO könnte man es auch ein „Zeichen an sich" nennen). Später ist er von dieser Unterscheidung wieder abgekommen, wie wir noch sehen werden.

Graphentheorie

Einen für ihn besonders wichtigen Punkt erörtert PEIRCE in der 4. Vorlesung: die **„Graphentheorie"**. Er unterteilt seine neue Theorie in einen Alpha-Teil, einen Beta-Teil und einen Gamma-Teil.

Der Alpha-Teil betrifft die Darstellung der Schlußweisen über logischen Relationen *allgemeiner Begriffe*, der Beta-Teil betrifft die Schlußweisen über Eigenschaften von Relationen *individueller Objekte* und der Gamma-Teil betrifft die Schlußweisen über *Abstraktionen* oder *Ideen*, doch dieser letzte sei noch längst nicht ausgearbeitet. Der Alpha-Teil besteht aus: „Graphen", „Behauptungsblatt" (sheet of assertion) und „Schnitten" (cuts). Der Beta-Teil enthält zusätzlich „Flecken" (spots) oder *lexeis* und „Ligaturen mit Selektiven". Der Gamma-Teil enthält anstelle des „Behauptungsblattes" ein „Buch mit getrennten Blättern". Nach PEIRCE kann das *leere* „Behauptungsblatt" wie ein „unentwickeltes Foto der Fakten des Universums" verstanden werden. Die Fakten gehen kontinuierlich ineinander über. Es kann auch als Landkarte verstanden werden, da eine Landkarte (map) alle Punkte einer Oberfläche durch entsprechende Punkte einer anderen Oberfläche repräsentiert. PEIRCE unterscheidet hier das dreidimensionale „Universum logischer Möglichkeiten" vom zweidimensionalen „Universum existierender Fakten". Er stellt auch modale Betrachtungen über Wahrheit und Falschheit an, die seiner Meinung nach vom jeweiligen Informationsstand abhängen.

Die Ausführungen über die Graphentheorie sind sowohl komplex als auch kompliziert und haben an sein Publikum sicherlich große, vielleicht zu große Anforderungen gestellt, wenn sie in der Art und Weise, wie sie auszugsweise gedruckt vorliegen, vorgetragen worden sind. PEIRCE betrachtete aber diese neuartige Theorie, die er nach 1903 weiterentwickelt hat, als seine größte Leistung, sein „chef d'œuvre", und er wollte sie unbedingt zur Diskussion stellen. Wir werden noch auf sie zurückkommen.

Modalitäten, Gesetze, Universum, Ökonomie etc.

Auch was er zur Modalitätentheorie und Modallogik sagt, verdiente eine genauere Darstellung, ebenso seine Ausführungen über „Zeit", die denjenigen HUSSERLs in den *Vorlesungen zur Phänomenologie des inneren Zeitbewußtseins* (hrg. von MARTIN HEIDEGGER, Halle 1928) ähneln.

Hinsichtlich der Begriffe „Gleichförmigkeit" und „Varietät" erläutert er in der 6. Vorlesung noch einmal seine eigene Konzeption: Gleichförmigkeiten sind für ihn nicht absolut exakt, so daß die Varietät des Universums ständig anwachsen kann. Hinsichtlich der Naturgesetze ist er der Meinung, daß auch Gesetze selbst Gesetzen unterworfen sind, und daß sich das **„Gesetz der Gesetze"** selbst **entwickelt**. Alle Gesetze müssen seiner Meinung nach daher als Ergebnisse der **Evolution** verstanden werden.

Als seine größten Vorläufer zitiert er: ARISTOTELES („der größte Intellekt, den die menschliche Geschichte aufweist"), DUNS SCOTUS und KANT. Seine Auseinandersetzung mit KANT und dessen „Dingen an sich" betreffen selbstverständlich die Frage der *Möglichkeit* der Erfahrung solcher „Dinge an sich" und die *Relativität* solcher Erfahrung bzw. Erkenntnis. Beide beziehen sich, meint PEIRCE, auf etwas, das unabhängig davon ist, daß es repräsentiert wird, aber kein Satz könne sich auf ein anderes als das repräsentierte Objekt beziehen.

Die drei Haupteigenschaften des **Erfahrungs-Universums** sind nach PEIRCE: *Varietät, Gleichförmigkeit* und der Übergang von Varietät zu Gleichförmigkeit, das heißt die *Tendenz, Gewohnheiten* (habits) *auszubilden*, die ihrerseits statistische Gleichförmigkeiten erzeugen.

Da er stets von der Logik her argumentiert, sind selbstverständlich lange Passagen der Deduktion, Induktion und Abduktion gewidmet. Den wichtigsten Punkt der Abduktion bezeichnet er hier als **„Ökonomie"**, und der Hinweis auf „Professor Ernst Mach, der das meiste getan hat, um die Wichtigkeit der Beachtung der Ökonomie in der Logik zu zeigen", wie er sagt, wird auch dazu benutzt, noch einmal auf seine diesbezügliche Schrift von 1878 hinzuweisen.

Der überreiche Inhalt dieser Vorlesungen am Lowell Institut kann mit diesen Darlegungen natürlich wiederum nur angedeutet werden.

5. Der Briefwechsel mit Lady Welby

Ein anderes Ereignis des Jahres 1903 muß als mindestens ebenso wichtig wie die Vorlesungsreihen an der Harvard Universität und am Lowell Institut beurteilt werden, vor allem weil es langjährige Folgen hatte: ich meine die Rezension von VICTORIA Lady WELBYs Buch *What is Meaning?* (1903), das CHARLES PEIRCE zusammen mit BERTRAND RUSSELLs *Principles of Mathematics* (1903) in The Nation am 15. Oktober 1903 besprach. Auf letzteres ging er allerdings nur mit wenigen Sätzen ein.

Lady WELBY[47] hatte PEIRCE bereits in ihrem Brief vom 24. Mai mitgeteilt, daß sie ihren Verleger gebeten habe, ihm ihr Buch zu schicken, da sie ihn durch seine Artikel über Logik in BALDWINs *Dictionary of Philosophy and Psychology* (1901–02) kennengelernt habe, und es für sie von größter Wichtigkeit sei, seine Meinung über ihr Werk zu erfahren.

Auch wenn seine Rezension mit dem Satz beginnt: „Lady Victoria Welbys Bändchen ist nicht das, was man unter einem wissenschaftlichen Buch verstehen würde", weist PEIRCE doch sogleich darauf hin, daß der größte Dienst, den das Buch erweisen könnte, darin bestehe, „die Frage, die seinen Titel bildet, eine ganz fundamentale Frage der Logik, die gemeinhin oberflächliche, formalistische Antworten erhalten hat", zu klären. Er stellt vor allem heraus, daß die Autorin drei Grade der Signifikation unterscheide und für moderne Vorstellungen eine moderne Bildersprache fordere. Er gibt dabei jedoch zu bedenken, daß, wenn man Sprache tatsächlich für die Wissenschaft geeignet machen möchte, das „Messer tief in den Sprachkörper" eindringen müsse, da sie von sich selbst her dafür ungeeignet sei. (Wir kennen diese Auffassung bereits.)

Nach dieser Rezension entwickelte sich zwischen Lady WELBY und CHARLES PEIRCE ein reger Briefwechsel, der – abgesehen von Dingen des persönlichen Lebens – fast ausschließlich semiotischen Fragen gewidmet war. Man kann ohne Einschränkung sagen, daß Lady WELBY der einzige echte Gesprächspartner war, den CHARLES PEIRCE auf diesem Gebiet je gefunden hat, und er äußerte ihr gegenüber einmal scherzhaft, daß man doch noch einen Linguisten, vielleicht MAX MÜLLER[48], für die Semiotik gewinnen sollte, damit man eine „Gruppe" wäre. MAX MÜLLER war aber, was PEIRCE nicht wußte, bereits 1900 in Oxford gestorben.

Mit einer unerklärbaren Pause zwischen 1906 und 1908 währte der Briefwechsel bis zum 31. Dezember 1911, als Lady WELBY ihren letzten Brief an PEIRCE schrieb. Aus dem Brief ihrer Schwiegertochter, MARIA L. H. WELBY, vom 25. Februar 1912 erfährt man von ihrer schweren Erkrankung. Wenig später muß sie gestorben sein.

Der erste Eindruck, den ihr Buch auf PEIRCE machte, nämlich nicht wissenschaftlich zu sein, ist leicht erklärbar, denn Lady WELBY hat weder eine Schule noch eine Universität besucht. Außer unregelmäßigem Privatunterricht hat sie keinerlei wissenschaftliche Ausbildung erfahren. Ihre Mutter hat sie allerdings viel auf Reisen mitgenommen, zum Beispiel auch 1849–50 nach Amerika, was ihre Beobachtungsgabe entwickelte. Daß VICTORIA WELBY wißbegierig war und einen scharfen Verstand hatte, ist aus ihren Büchern und Aufsätzen ersichtlich. Außerdem muß sie eine große persönliche Ausstrahlungskraft besessen haben, die verschiedene wichtige Persönlichkeiten ihrer Zeit anzog.

Sie korrespondierte außer mit PEIRCE auch mit C. LLOYD MORGAN, Sir OLIVER LODGE, WILLIAM JAMES, F. C. S. SCHILLER, J. COOK WILSON, G. F. STOUT, H. HÖFFDING, und beeinflußte C. K. OGDEN, I. A. RICHARDS und indirekt auch F. R. RAMSEY (einen Freund L. WITTGENSTEINs) sowie den Begründer der deutschen soziologischen Wissenschaft, FERDINAND TÖN-NIES. Sie selbst war auch an der Gründung der Soziologischen Gesellschaft in England beteiligt.

Ihr erstes Buch *Links and Clues* erschien 1881, ihr zweites *Witnesses to Ambiguity: A Collection* wurde 1891 als Privatdruck veröffentlicht. Es folgten *Grains of Sense* (1897), *What is Meaning?* (1903) und *Significs and Language* (1911). Außerdem publizierte sie eine Reihe von Aufsätzen und – außerge-wöhnlich, weil zu Lebzeiten – den Artikel *Significs* in der *Encyclopaedia Britannica* (11. Ausg., Band 25, S. 79, New York 1911). Nach ihrem Tode gab ihre Tochter, Mrs. HENRY CUST, zwei Briefsammlungen heraus: VICTORIA Lady WELBY, *Echos of Larger Life: A Selection from the Early Corresponden-ce* (London 1929) und VICTORIA Lady WELBY, *Other Dimensions: A Selection from the Later Correspondence* (London 1931). Die Briefe von CHARLES PEIRCE an Lady WELBY erschienen in einer Auswahl von IRWIN C. LIEB unter dem Titel *Charles S. Peirce's Letters to Lady Welby* (1953) und Auszüge aus Briefen von PEIRCE an VICTORIA WELBY wurden in den *Collected Papers*, Band 8 (1958)[49] veröffentlicht. 1977 gab CHARLES S. HARDWICK mit Unter-stützung von JAMES COOK den Briefwechsel zwischen CHARLES PEIRCE und Lady WELBY mit einer Einleitung, Anmerkungen und Anhängen heraus, der den Titel hat: *Semiotics and Significs. The Correspondence between Charles S. Peirce and Victoria Lady Welby*[50] (Indiana University Press, Bloo-mington and London 1977), dem ich einige Daten verdanke. Der schon genannte deutsche Soziologe FERDINAND TÖNNIES[51] publizierte einen „Wel-by Prize Essay" mit dem Titel *Philosophical Terminology* (Mind, July–October 1899), der im Dezember 1906 auch deutsch erschien. FERDINAND TÖNNIES war nicht nur mit Lady WELBY brieflich, sondern auch persönlich bekannt.

Wahrscheinlich interessierte sie an TÖNNIES seine Klärung von Begriffen wie „Gemeinschaft", „Gesellschaft", „Familie", „Volk", „Staat" usw., da sie an Begriffserklärungen allgemein interessiert war und selbst arbeitete. TÖNNIES und PEIRCE haben – soviel ich sehe – keine Berührungspunkte gehabt, auch in den Briefen zwischen Lady WELBY und PEIRCE wird er nicht erwähnt. Ich zitiere ihn hier auch nur als Beleg für die vielseitigen und weitreichenden

Victoria Lady Welby

Kontakte, die Lady WELBY pflegte, und die verschiedenen Wissenszweige, die sie interessierten.

In ihrem Artikel *Meaning and Metaphor* (The Monist (1892) 510–525) hat Lady WELBY auf die Problematik der Bedeutung (meaning) nachdrücklich hingewiesen und die Hoffnung ausgedrückt, daß diese Problematik intensiv studiert werde. „In der Tat brauchen wir eine ‚Kritik der reinen Bedeutung‘ ", bemerkte sie. (513) Ihr besonderes Anliegen, die Mißverständnisse und Mißdeutungen der Sprache (besser der Umgangssprache) zwischen den Menschen zu beseitigen, wird von ihr im Rahmen 1. des „Lebens-Kontexts", 2. des „sozialen Milieus" und 3. der „geistigen Welt" erörtert.

Den Hauptgegenstand des Briefwechsels zwischen PEIRCE und Lady WELBY, die sich nie persönlich kennenlernten, bildeten daher die jeweiligen Untersuchungen zum Problem der „Bedeutung", die bei beiden zunächst mit „meaning" bezeichnet wird, im Verlauf des Briefwechsels aber auf beiden Seiten Differenzierungen erfährt. Schon in ihrem Brief vom 18. November 1903 bezeichnet Lady WELBY die eigentliche Logik mit „significs", was ihr PEIRCE auszureden versucht, und was sie später dann für die nichtwissenschaftliche Bedeutungsforschung beansprucht, für die wissenschaftliche hingegen „semiotic" vorschlägt. Obwohl sie drei weitere Begriffe nur vague, das heißt, ohne strenge Definition einführte, war PEIRCE von dieser Differenzierung sehr angetan und hat sie später verschiedentlich präzisiert. Ihre Begriffe sind: „sense" als sinnliches Wahrnehmungsvermögen vom Biologischen bis zum Logischen, „meaning" als bewußte und immer rationalere Lebensintention und „significance" als Interpretation aller anderen kosmischen Fakten.

PEIRCE seinerseits machte die „Bedeutung" in erster Linie von der Ausarbeitung der Semiotik abhängig. Er legte Lady WELBY daher in dem für seine semiotische Konzeption wichtigen Brief vom 12. Oktober 1904 die drei Trichotomien des Zeichens mit ihren Unterteilungen [Subzeichen] und die Zeichenklassen dar, erläuterte auch seine Kategorien und betonte die Wichtigkeit der Drittheit für das Zeichen bzw. die Semiotik. Daß es sich bei PEIRCE um irreduzible Kategorien, also auch um irreduzible Drittheit handelt, hat sie sehr gut verstanden; denn sie rügte in ihrem Antwortbrief vom 20. November 1904 die Einführung der „Viertheit" bei BERTRAND RUSSELL, da diese doch nur „Twicetwoness" (Zweimalzweiheit) sei. Sie stellte auch eigene Überlegungen zum fundamentalen Charakter der Kategorien an, bemerkte jedoch zu den PEIRCEschen Zeichenkonzeptionen nur, daß sie so profund und weitreichend seien, daß sie im Moment für die Ausführungen nur danken könne, aber hoffe, sie noch ausführlicher gebrauchen zu können. In den weiteren Briefen lassen sich jedoch keine Spuren einer intensiven Beschäftigung mit semiotischen Problemen finden.

Im Brief vom 2. Dezember 1904 klagt PEIRCE, daß vieles von seinem Werk nie publiziert werden würde und bemerkt etwas resignierend, daß Philosophie eigentlich nur „von Mund zu Mund" vermittelt werden könne, damit Gelegenheit zu Frage und Widerspruch gegeben sei. Aber im Brief vom 16. Dezember erwähnt er auch „mächtige Feinde" und kommt am 16. April 1905 darauf zurück: „Ein Zug von Philosophen von Eastport/Maine bis San Diego/Kalifornien hat mich zur Zeit unter Feuer."

Zu seiner eigenen Auffassung von Philosophie schreibt er ihr: „Ich habe Philosophie nur insoweit studiert, als sie eine exakte Wissenschaft ist, nicht gemäß den kindischen Beweis-Vorstellungen der Metaphysiker, sondern gemäß der Wissenschaftslogik."

Aus den Briefen von PEIRCE zwischen 1904 und 1906 erfährt man einiges über die Lebensschwierigkeiten, die er in dieser Zeit zu bewältigen hatte. „Das Leben auf dieser Seite des Atlantik bringt viel Reibung mit sich, wenn man kein Multimillionär ist", heißt es am 12. Oktober 1904. Wahrscheinlich hat ihn die zeitlich so limitierte Arbeit an den Definitionen für den Supplement-Band des *Century Dictionary* stark belastet. Auch hat er sich offenbar z. B. über BERTRAND RUSSELL geärgert (daher die knappe Rezension seiner *Principles of Mathematics* in The Nation), denn er fand sein Buch so oberflächlich, daß es ihm „Übelkeit verursachte", weil es einige „alberne Bemerkungen" über seine „relative Addition" usw. enthalte, die barer Unsinn seien.

PEIRCE spricht auch wieder davon, daß er das Haus in Milford verkaufen wolle, um mit seiner Frau JULIETTE nach Frankreich zu übersiedeln. Später beklagt er sich über große Überarbeitung und äußert den Plan, eine Konsulstelle in Ceylon annehmen zu wollen. Wegen dieser Stelle hat er tatsächlich mit seinem Bruder HERBERT korrespondiert, der ihm am 16. Dezember 1904 schrieb, daß er sich zwar um seine Bewerbung um die Konsulstelle in Ceylon gekümmert habe, daß man aber die von CHARLES geforderten 2 500 Dollar pro Jahr nicht auswerfen wolle, sondern nur 1 500 Dollar zahlen wolle, so daß er, HERBERT, sich nach einer anderen Möglichkeit im diplomatischen Dienst umsehen werde.

PEIRCE teilte Lady WELBY auch mit, daß er seit Jahren mit ROOSEVELT befreundet und daß CABOT LODGE ein Vetter von ihm sei, er aber trotzdem nicht sicher sein könne, die Konsulstelle zu bekommen. Noch einmal bemerkt er, daß er „mächtige Feinde" habe. Die Hoffnung, sein Haus „Arisbe" verkaufen zu können, hat er wohl im Mai 1905 schon ziemlich aufgegeben.

Auch über seine Kontroverse mit WILLIAM JAMES und F. C. S. SCHILLER finden sich Bemerkungen in seinen Briefen an Lady WELBY.

Am 23. Februar 1906 bot ihm Lady WELBY an, ein Buch von ihm zu veröffentlichen, das für sein Gesamtwerk repräsentativ sein sollte. PEIRCE hat dafür viele Manuskriptseiten geschrieben, aber das Buch ist nicht zustandegekommen. (Wir kommen darauf noch zurück.)

Immer wieder ging es CHARLES PEIRCE in seinen Briefen um seine Arbeiten zur Semiotik, zu den Fundamentalkategorien und zur Graphentheorie. Lady WELBY argumentierte ihrerseits eher linguistisch. So vertrat sie zum Beispiel im Brief vom 21. Januar 1909 die Ansicht, man müsse jede Generation ermutigen, „ihre Ausdrucksmittel klarer, wählerischer, einfacher, in größerem Maße adäquat zu machen" sowie ihren konsistenten Gebrauch und den Kontext zu berücksichtigen.

Um zu erfahren, „welche Methode" und „welche Gründe für ihre Annahme" sie habe, macht PEIRCE seine Briefpartnerin 1909 auf seine kleine Schrift *Note on the Theory of the Economy of Research* (in *Report ... US Coast Survey* (1876, 197–201) aufmerksam, die er ihr zu schicken verspricht, um sie mit „seiner Methode" bekannt zu machen. Denn obwohl er den Wert ihrer Studien anerkennt, findet er sie zu sehr auf Sprache, oder genauer, auf die englische Sprache und darin vor allem auf die Wörter eingeschränkt, da sie selbst ja immer betont, vom linguistischen Standpunkt aus zu argumentieren und das „Wort qua Wort" ein „Bedeutungszeichen" nennt. PEIRCE seinerseits unterscheidet drei Klassen englischer Wörter: 1. die Wörter der Gesellschaftsklasse, zu der man gehört, 2. die Wörter der philosophischen und mathematischen Theorien und 3. die chemischen Wörter, auch wenn sie unerträglich lang sind. Auch bemerkt er, daß nicht die **Etymologie**, sondern die **Geschichte** der Wörter studiert werden sollte, da sie den „Schlüssel zu ihrer Bedeutung" liefere. Aber immer wieder weist er darauf hin, daß nicht allein die Sprache, sondern „alle Arten von Zeichen" erforscht werden müßten.

Lady WELBY hat neben dem Begriff „meaning", der sich auf Fakten bezieht, den Begriff „significance" (Bedeutsamkeit) benutzt, den sie mit dem Bewußtsein bzw. der Intelligenz, das heißt mit dem „Leben selbst" verknüpft; denn sie ist der Auffassung, daß der Zustand der Sprache von der physisch-psychischen Realität des Menschen abhängt. Die menschliche Realität sollte daher in einer modernen Wissenschaft der Bedeutung berücksichtigt werden und das Studium der „Significs" bereits für ein Kind das attraktivste Studium sein, da es aufgrund der physiologischen Ordnung die natürlichste Einführung in alle anderen Studien wäre, Mißverständnisse verringere und den „Consensus" erweitere. Lady WELBY erklärt die Bedeutung also vom linguistischen und psychologischen Standpunkt aus und betont des öfteren, daß das Ziel der Bedeutungsforschung nur in einer wissenschaftlichen **Psychologie** erreicht werden könne. Wie viele Linguisten hat sie aber nicht scharf genug zwischen „Objekt" und Bedeutung" unterschieden und versteht die Sprache eigentlich nur als *dyadische* Relation. Daher ist ihr der Ansatz von PEIRCE, d. h. die *triadische* Relation des Zeichens, trotz all seiner Bemühungen, sie ihr zu erläutern, anscheinend nie klar geworden.

Hinsichtlich der Wirkung der Arbeiten von VICTORIA Lady WELBY muß aber hier schon gesagt werden, daß sie mindestens zwei Zweige von Forschungen angeregt hat. Die erste Richtung betrifft die mit dem Werk *The Meaning of Meaning* (1923)[52] von C. K. OGDEN und I. A. RICHARDS, die mit Lady WELBY befreundet waren (RICHARDS wurde von ihr selbst als ihr „Jünger" bezeichnet), beginnende **Bedeutungsforschung**, von der auch CHARLES W. MORRIS in seiner Schrift *Foundations of the Theory of Signs* (1938) ausging. Allerdings führte MORRIS zum Thema der Bedeutung darin u. a. aus: „Nachdem wir den Ausdruck ‚Bedeutung' nur probehalber eingeführt haben, um die Implikationen der von uns bezogenen Position zu verdeutlichen, wollen wir von jetzt ab diesen Ausdruck nicht mehr gebrauchen – er fügt der Menge der semiotischen Begriffe nichts Neues hinzu."[53] (74)

Die Auffassung von MORRIS hat selbstverständlich weder etwas mit dem Bedeutungsbegriff von Lady WELBY, geschweige mit dem von CHARLES PEIRCE zu tun, obwohl MORRIS vorgibt, als Semiotiker zu argumentieren. Die von ihm übernommenen PEIRCEschen Begriffe „Icon", „Index" und „Symbol", die MORRIS einem PEIRCE-Text aus dem Anhang von *The Meaning of Meaning* entnahm, sind zwar durch ihn populär geworden (und zwar nicht nur bei Logikern des „Wiener Kreises", die später nach Amerika emigrierten, oder bei GEORG KLAUS, der als erster bei MAX BENSE 1948 in Jena promovierte und als Kybernetiker und Semiotiker der DDR bekannt wurde, sondern auch bei vielen Linguisten), stellen aber nur Bruchstücke der PEIRCEschen Semiotik dar. Von *The Meaning of Meaning* wurden übrigens auch eine Reihe von Hermeneutikern und Sprachphilosophen angeregt, zum Beispiel die sogenannte „Analytische Philosophie" in England und die Hermeneutik in Deutschland von HEIDEGGER bis GADAMER.

Die zweite Forschungsrichtung, die von Lady WELBY ausging, ist die in Holland begründete **„Signifische Bewegung"**, die Mitglieder aus verschiedenen Wissenszweigen hatte und mit Unterbrechung von 1919 bis 1924 als ein erster „Signifischer Kreis" bestand. Zu ihm gehörten der Sinologe BOREL, der Psychiater und Dichter F. van EEDEN sowie die Mathematiker L. E. J. BROUWER[54] und G. MANNOURY, später auch der „Sprachkenner" J. van GINNEKEN, S. J. Von der Zeitschrift „Synthèse" wurde 1937 eine zweite signifische Gruppe gegründet, die „Internationale Gruppe zum Studium der Signifik" (I. G. S. S.), zu der wiederum G. MANNOURY als Gründungsmitglied gehörte, und die aus einer „Inneren Gruppe" und einer „Randgruppe" verschiedener Wissensgebiete bestand.

Ab 1938 arbeitete sie mit dem „Unity of Science Movement" oder der „Einheitswissenschaft" in Chicago zusammen, das heißt mit PHILIPP FRANK, OTTO NEURATH, RUDOLF CARNAP, CHARLES MORRIS u. a., sowie mit der „Warschauer Logik-Schule", die von JAN ŁUKASIEWICZ, ALFRED TARSKI u. a. begründet worden war. Den „Signifikern" ging es wie den beiden anderen Gruppen um den Aufbau zweckmäßiger Terminologien und um die Entlarvung von Scheinproblemen in der Philosophie. Schließlich werden auch noch JEAN PIAGET und seine Genfer Schule zur Signifischen Bewegung[55] gezählt.

G. MANNOURY hat in seinem Artikel *Die signifischen Grundlagen der Mathematik* (1934)[56] seine Methode „mit einem von Lady Welby Ende vorigen Jahrhunderts eingeführten Ausdruck" als „signifisch" bezeichnet. Er verweist dabei auf ihren Artikel *Sense, Meaning, and Interpretation* (Mind, vol. 5 (Jan.-April 1896). MANNOURY hat übrigens schon in seinem Buch *Methodologisches und Philosophisches zur Elementarmathematik* (Harlem 1909) als einer der ersten auf die Bedeutung von CHARLES PEIRCE und dessen pragmatisch-konstruktive Auffassung der Mathematik hingewiesen und auch den Prioritätsstreit zwischen DEDEKIND und PEIRCE hinsichtlich der Grundlegung der „Theorie der endlichen Zahlen" auf Grund der sieben Jahre früheren Publikation von *On the Logic of Number* (1881) von PEIRCE vor DEDEKINDs *Was sind und was sollen die Zahlen?* (1888) eindeutig zu Gunsten von PEIRCE entschieden. Die „Signifische Bewegung"[57] und auch MANNOURY selbst haben sich jedoch, was die Bedeutungsfrage betrifft, nicht auf PEIRCE bezogen.

Hinsichtlich der Korrespondenz zwischen CHARLES PEIRCE und VICTORIA Lady WELBY ist zusammenfassend vor allem hervorzuheben, daß die beste Darlegung der Zeichen- und Graphentheorie von PEIRCE darin veröffentlicht worden ist.

6. Auseinandersetzungen mit einigen „Mit-Pragmatisten"

Durch WILLIAM JAMES waren gewisse pragmatische Konzeptionen am Anfang des Jahrhunderts auch in Europa aufgenommen worden; denn JAMES hatte freundschaftliche Beziehungen in Deutschland (STUMPF, JERUSALEM), Frankreich (BERGSON), der Schweiz (FLOURNOY), England (F. C. S. SCHILLER) und Italien (VAILATI, CALDERONI) angeknüpft, um nur einige Namen zu nennen. JAMES übte (ähnlich wie BERGSON) auf viele Zeitgenossen eine große Anziehungskraft aus, wie das bei unexakten Denkern ja häufig der Fall ist. Es ist also nicht erstaunlich, daß F. C. S. SCHILLER[58], seit 1903 Professor für Philosophie in Oxford, in seinem Buch *Humanism* (1903) seine Philosophie als Pragmatismus bezeichnete. WILLIAM JAMES besprach das Werk am 3. März 1904 in The Nation, indem er u. a. ausführte: „Das Wort ‚Pragmatismus', das vor dreißig Jahren zuerst von dem amerikanischen Philosophen Ch. S. Peirce zur Bezeichnung einer Betrachtungsweise der Beziehung zwischen Verstand und Realität benutzt wurde, ist neuerdings modern geworden."

CHARLES PEIRCE schrieb ihm dazu am 7. März 1904: „Ich möchte Dir danken, daß Du in Deiner Arbeit über Schillers ‚Humanismus' auf mich verwiesen hast. Das humanistische Element im Pragmatismus ist wahr und wichtig und eindrucksvoll, aber ich glaube nicht, daß man die Lehre so beweisen kann. Die heutige Generation liebt es, Beweise zu überspringen. Ich würde gern ein kleines Buch von 150 Seiten über den Pragmatismus schreiben, das meinen Standpunkt von der Sache umreißt. (. . .) Du und Schiller, Ihr treibt den Pragmatismus für mich zu weit. (. . .) Ich möchte noch sagen, daß der Pragmatismus vor allem kein reales Problem löst. Er zeigt nur, daß vermutete Probleme keine realen Probleme sind. (. . .)" (CP 8.258–259)

So wie in diesem Brief hat sich CHARLES PEIRCE mit dem Auftreten anderer Philosophen in Europa, die sich selbst Pragmatisten nannten, sehr schnell nicht einverstanden erklärt, und dies immer wieder mündlich und schriftlich zum Ausdruck gebracht. Um nicht mit ihnen verwechselt zu werden, hat er das Wort „Pragmatismus" dann bald durch das Wort „Pragmatizismus" ersetzt, wie wir noch sehen werden.

Auch der Brief von CHARLES PEIRCE an WILLIAM JAMES vom 3. Oktober 1904, aus Milford geschrieben, wirft Licht auf die divergierenden Auffassungen der Pragmatisten untereinander. PEIRCE schreibt u. a.: „. . . Es ist sehr verdrießlich, bei jeder Wendung als äußerst unverständlich bezeichnet zu werden, ungeachtet meines sorgfältigen Studiums der Sprache. Wenn ich sage, es ist verdrießlich, dann meine ich nicht, daß ich nicht so bezeichnet werden wollte. Im Gegenteil, ich weiß, daß meine Denk- und Ausdrucksweisen eigenartig und unbeholfen sind, und daß zwanzig Jahre zurückgezogenen Lebens sie noch mehr so gemacht haben, und ich bin allen dankbar, die mir helfen, indem sie mich korrigieren. Aber wenn ich – wie in diesem Falle – zeigen kann, daß die Anklage eine bloße Autosuggestion ist, die daher kommt, daß Du Dir gesagt hast, alles, was Peirce sagt, ist unverständlich, und Dir richtig befohlen hast, nicht zu verstehen, dann macht es mir einen gewissen Spaß, mich berechtigt zu fühlen, den von mir herrührenden Verdruß hervorzurufen. Du mit Deinem wirklich freundlichen Wesen wirst zufrieden sein, mir ein solch unschuldiges Vergnügen bereitet zu haben. ... Dein Verstand und der meine sind so wenig dazu gemacht, einander zu verstehen, wie es zwei Geister überhaupt nur sein können, und deshalb habe ich bei Dir immer das Gefühl, daß ich von Dir mehr lernen muß als von irgend jemandem sonst. Zugleich verleiht das unseren zahllosen Übereinstimmungen der Meinungen in meinem Denken großes Gewicht. ... Was Du „reine Erfahrung" nennst, ist überhaupt keine Erfahrung, sollte aber gewiß einen Namen bekommen. Es ist geradezu unmoralisch, Wörter so zu mißbrauchen, weil das die Philosophie daran hindert, eine Wissenschaft zu werden. Eines der Dinge, das ich dringend fordere (...), ist, daß es ein unerläßliches Erfordernis der Wissenschaft ist, ein anerkanntes technisches Vokabular zu besitzen, das aus so unattraktiven Wörtern besteht, daß ungenaue Denker nicht versucht sind, es zu benutzen; (...) und daß es für die Wissenschaft lebenswichtig ist, daß der, welcher einen neuen Begriff einführt, dazu angehalten werden sollte, sich verpflichtet zu fühlen, eine Reihe ausreichend unangenehmer Wörter zu erfinden, mit denen der Begriff ausge-drückt wird. Ich wünsche, daß Du ernsthaft über den moralischen Aspekt der Terminologie nachdenkst. (...)" (PERRY, 288)

In einem anderen Brief an WILLIAM JAMES (23. Juli 1905) argumentiert PEIRCE ähnlich: „Ich möchte mich zunächst nachdrücklich für Deine Schriften sowie für die Exemplare des ‚Leonardo' und einen Aufsatz von Professor Vailati bedanken, die zweifellos auf Deine Anregung hin geschickt wurden. ... Ich las den französischen Aufsatz („La notion de conscience", Archives de Psychologie, 5 (Juin 1905) 1–12) als ersten des Packens, den Du mir zuletzt geschickt hast. Ich fand ihn sowohl vollkommen klar als auch gut geschrieben. Wenn Du englisch schreibst (es ist besser das Unangenehme gleich zu sagen), kann ich sehr selten wirklich zufriedenstellend wissen, was Du beabsichtigst. Dein Schreiben wäre unendlich wirksam, wenn man wüßte, was Du meinst, aber man (Nr. 1) weiß es nicht. Wenn Du zum Beispiel davon sprichst, daß Du daran zweifelst, daß „Bewußtsein" existiert, bringst Du mich sofort dazu, eine Menge Bücher zu befragen (in diesem besonderen Falle genau 23, ohne Baldwins und Eislers Wörterbücher, etc.), um herauszufinden, was Du meinen könntest. Und sie ließen mich genau so im dunkeln wie immer. Aber wenn Du nun an die Regeln der französischen Rhetorik gebunden bist, wirst Du völlig deutlich; und ich wünschte, und ich bin sicher, eine Menge anderer ebenfalls, Du würdest Dich immer als derart gebunden betrachten. Weil man sieht, daß es der Kraft Deines Stils nur nützt. Natürlich kannst Du darüber lächeln, daß ich Dich über irgend etwas beraten möchte. Die Tatsache, daß Du es tun kannst, wenn Du willst, läßt es mich wagen, es zu sagen.

Ich stimme auch jedem Wort, das Du in dem französischen Aufsatz sagst, mit einer Ausnahme zu. Ich bin nämlich ganz sicher, daß die Lehre überhaupt nicht so neu ist. Meine letzten psychologischen Untersuchungen zeigen mir dies. Übrigens gibt es nichts anderes in der Welt außer der wohlbekannten Lehre von der unmittelbaren Wahrnehmung (natürlich auf andere Gebiete ausgedehnt). Dasselbe behauptet unser alter Freund, Sir William Hamilton, der die gleiche unbegründete Idee von ihrer Neuheit hatte. Nicht nur Reid, sondern auch Kant akzeptieren sie explizit. Die Scholastiker waren zweifellos, sofern sie von Augustinus beeinflußt waren, Medium-isten, wenn ich das Wort für diesen Zweck prägen darf. Aber soweit sie Aristoteles folgten, waren sie das, meine ich, nicht. Ich könnte ohne weiteres einige moderne erwähnen, die mit Dir übereinstimmen, und ich habe selbst, wie Du weißt, unmittelbare Wahrnehmung gepredigt. Du kannst keine Stelle finden, wo ich die objektive und subjektive Seite der Dinge unterscheide. Ich denke, ich schicke Dir einen Aufsatz, der im Januar 1901 in Popular Science Monthly gedruckt wurde [Rez. von KARL PEARSONs *Grammar of Science*], wo Du das erkennen wirst – nicht so schön entwickelt, wie Du es machst, aber genau dargelegt, meine ich. ... Ich will einige wenige Sätze daraus zitieren ... '... Wenn wir zuerst bei dem Faktum aufwachen, daß wir denkende Wesen sind ..., haben wir unsere intellektuelle Reise von dem Haus aus darzulegen, in dem wir uns schon befinden. Dieser Ort ist nun aber das Kirchspiel der *Perzepte*. Er ist nicht in unseren Köpfen, sondern außerhalb. Es ist die äußere Welt, die wir direkt beobachten. ... das Tintenfaß ist ein **reales** Ding. Auch wenn es real und extern ist, hört es natürlich nicht auf, ein rein psychisches Produkt zu sein, ein generalisiertes Perzept. Wenn ich nur die geringste Idee gehabt hätte, daß ich irgend etwas Neueres als die Lehre der unmittelbaren Wahrnehmung geäußert hätte, würde ich die Sache besser erörtert haben. Natürlich ist diese Lehre unmittelbarer Wahrnehmung ein Folgesatz aus dem Folgesatz des Pragmatizismus, daß das wahrgenommene Objekt das unmittelbare Objekt der bestimmten letzten Meinung ist – die natürlich nicht mit einem psychologischen Phänomen identisch ist; denn es wird nie eine notwendige letzte Meinung als psychologisches Phänomen geben, sondern als logisch und metaphysisch identisch. Ich bin ganz sicher, daß viele Andere dieselbe Ansicht vertreten haben, manche von ihnen sind Pragmatisten, manche nicht. (Ich hoffe, das Wort „Pragmatismus" wird, wie ich vorschlage, als der Terminus akzeptiert, der diese Dinge ausdrückt – vielleicht können wir nicht ganz sicher sein, was sie sind – in denen unsere Gruppe übereinstimmt, was die Interpretation des Denkens betrifft.)

Was den Humanismus betrifft, scheint er mir eine verwandte Lehre zu sein, der vollkommen mit dem Pragmatismus harmoniert, sich aber nicht genau auf dieselben Fragen bezieht. Ich ziehe, seit Schiller ihn mit dem alten Humanismus identifiziert, das Wort „Anthropomorphismus" vor, um *die wissenschaftliche Ansicht* auszudrücken. Denn der alte Humanismus war keine wissenschaftliche Ansicht, sondern ein Ziel; und ob er mit wissenschaftlichen Zielen harmoniert oder nicht, hier liegt er ganz außerhalb des wissenschaftlichen Zieles. (...) Der Gott meines Theismus ist nicht endlich. Das ginge ganz und gar nicht. Denn, um damit zu beginnen, Existenz ist Reaktion und daher kann nichts Existierendes **deutlich das Höchste** sein. Im Gegenteil, ein endliches Seiendes ist zweifellos und auf Grund der **Voraussetzung** ein Seiendes einer Art, so daß es meiner Meinung nach Polytheismus involviert. Außerdem impliziert Anthropomorphismus für mich vor allem, daß das wahre Ideal eine lebendige Kraft ist, die eine Variation des ontologischen Beweises ist, der, glaube ich, Moncure Conways Vorgänger, William Johnson (*nicht* James) Fox, zugeschrieben wird. Das heißt, das ästhetische Ideal, das wir *alle* lieben und bewundern, das gänzlich Bewundernswerte, hat, *als Ideal*, notwendigerweise eine Seinsweise, um lebendig genannt werden zu können. Weil unsere Ideen vom Unendlichen notwendigerweise äußerst vague sind und in dem Augenblick, wenn wir sie zu präzisieren versuchen, widersprüchlich werden. Aber dennoch sind sie nicht völlig bedeutungslos, obwohl sie nur in unserer religiösen Verehrung und den daraus folgenden Wirkungen auf das Verhalten interpretiert werden können. Das ist, meine ich, guter, vernünftiger, solider, kräftiger Pragmatismus. Nun ist das Ideal aber kein endliches Existierendes. Der menschliche Verstand und das menschliche Herz haben vielmehr ein Kindschaftsverhältnis zu Gott. Das ist für mich die bequemste Lehre. Zumindest finde ich es wunderbar, jeden Tag über meine Fehler und Missetaten nachzudenken. Pluralismus befriedigt hingegen weder meinen Kopf, noch mein Herz. Ich bin so sicher, wie ich es nur von irgend etwas sein kann, daß die logischen Lehren, die damit verbunden werden – Achilles und die Schildkröte, etc. – vollkommen falsch sind. Was das ‚Problem des Bösen' und ähnliches betrifft, sehe ich darin nur blasphemische Versuche, die Ziele des Höchsten zu definieren – oder besser, halte ich das im allgemeinen für Störungen des religiösen Bewußtseins; (...) Es ist zum Beispiel für mich ganz unerforschlich, warum meine drei Kategorien mir so klar geworden sind, ohne daß ich die Macht hatte, sie denen verständlich zu machen, die allein in der Lage sind, ihre Bedeutung zu verstehen, d. h. meinen Mit-Pragmatisten. Es scheint mir, daß Ihr alle einen blinden Fleck auf Eurer geistigen Retina haben müßt, daß Ihr nicht seht, was andere sehen, und was der Pragmatismus so viel klarer machen sollte; (...).“ (CP 8.260–263)

Die Auseinandersetzungen mit bzw. Abgrenzungen zu den anderen Pragmatisten beschäftigten PEIRCE aber nicht ausschließlich, wie man vielleicht auf Grund dieser Briefe annehmen könnte. Mathematische Probleme waren ihm mindestens gleich wichtig, wenn nicht wichtiger, wie man aus seiner Vortragstätigkeit in der National Academy ersehen kann.

7. Mathematische Vorträge 1904

Während der Tagung der National Academy of Sciences in Washington vom 19. bis 21. April 1904 sprach PEIRCE über *The Simplest Possible Branch of Mathematics.* Der Vortrag selbst ist nicht erhalten, aber eine Reihe von Manuskripten[59] über dasselbe Thema könnten als Unterlagen dafür angesehen werden. Ausführungen zu diesem Thema hatte er, wie erwähnt, schon früher gemacht.

Die „einfachste Mathematik" ist nach PEIRCE ein **zwei-**wertiges System; denn ein **ein-**wertiges System der Mathematik sei höchstens als "paradiesische Logik" möglich, vorausgesetzt, daß darin ein anderer Wert oder andere Werte nicht ganz verneint werden. Die „einfachste Mathematik" hänge selbstverständlich nicht nur mit der zweiwertigen Logik, sondern auch mit der **Graphentheorie** und der Anwendung der Mathematik auf deduktive Logik zusammen. Das einfachste bzw. zweiwertige System sei grundlegend für die Mathematik und alles Schließen überhaupt, das auf die Feststellung der Wahrheit oder Falschheit unserer Überzeugungen abziele. Außerdem sei die Beziehung zwischen Wahrheit und Falschheit eben genau diejenige eines dyadischen Wertesystems. In MS 4: *Sketch on Dichotomic Mathematics* gibt es darüber hinaus auch Ausführungen allgemeinerer Art über Zeichen, Form, Gesetz, Gewohnheit usw.

CHARLES PEIRCE schrieb übrigens über diese Tagung der Academy of Sciences in The Nation (28. April 1904)[60] einen kurzen Bericht.

Auch auf der Herbsttagung der Academy of Sciences vom 15. bis 16. November in New York hielt PEIRCE wieder einen mathematischen Vortrag, und zwar sprach er über *Topical Geometry*[61]. Auch dieser Vortrag ist nicht erhalten, aber aus Anmerkungen in relevanten Manuskripten geht hervor, daß er auch die Topologie mit Sicherheit in Verbindung mit wissenschaftstheoretischen und semiotischen Grundfragen dargestellt hat. Was PEIRCE „Topics", „Synectics", „Topical Geometry" etc. nennt, wird im Deutschen übrigens durchweg mit „Topologie" bezeichnet.

Auch über dieses Treffen der Academy referierte PEIRCE in The Nation (1. Dezember)[62], wo er auch eine Zusammenfassung seines eigenen Beitrags gab.

Wie wir schon sahen, bestand für PEIRCE kein Gegensatz zwischen Mathematik und Philosophie; im Gegenteil versuchte er die Philosophie exakt, nach dem Vorbild der Mathematik aufzubauen, was bekanntlich DESCARTES, BOLZANO und HUSSERL ebenfalls intendiert haben. Außerdem versuchte er aber auch, die Mathematik auf die Semiotik zu begründen, was sich zum Beispiel aus den Manuskripten 7, 8, 9, 10 und 11, die alle mit *On the Foundation of Mathematics*[63] betitelt sind, ablesen läßt. Die Begründung der Mathematik auf **Semiotik** ist jedoch keine Begründung auf **Logik**; denn wie wir bereits sahen, ist für PEIRCE die Mathematik als hypothetische Wissenschaft nicht auf Logik zurückführbar. Der Versuch der Fundierung der Mathematik auf Semiotik sollte die Mathematik als die semiotische Wissenschaft par excellence ausweisen, eine Auffassung, die vor ihm sowohl von LEIBNIZ als auch von LAMBERT vertreten worden ist, das heißt, beide haben schon Mathematik (insbesondere Algebra) und Semiotik gewissermaßen als Einheit aufgefaßt. Eine echte Begründung der Mathematik mit semiotischen Mitteln hat jedoch CHARLES PEIRCE erst in Angriff nehmen können, nachdem er sein semiotisches System in den Grundzügen konzipiert hatte.

8. Erste öffentliche Anerkennung während der Weltausstellung 1904 in St. Louis

Während der Weltausstellung von 1904 in St. Louis fand ein „Congress of Arts and Sciences"[64] statt, an dem CHARLES PEIRCE selbst jedoch nicht teilnahm.

In der Sektion „Philosophy/Mathematics" und der Unterabteilung „Normative Science" sprach am 20. September JOSIAH ROYCE[65], der ehemalige Schüler von PEIRCE an der Johns Hopkins Universität und seit 1892 Professor für Geschichte der Philosophie an der Harvard Universität, über *The Science of the Ideal*. In seinem Vortrag stellt ROYCE zunächst fest, daß die Mathematik seiner Meinung nach nun immer philosophischer und die Philosophie in naher Zukunft immer mathematischer werden würden. In diesem Zusammenhang geht er auf die „wesentlichen Kategorien des Denkens" ein, die „in einem neuen Licht" gesehen werden müssen. Die Logik habe daher vor allem die Frage zu untersuchen, „welches die Natur unserer Vorstellungen von Relationen" ist, welche „mögliche Typen von Relationen" es gibt, „wovon die Varietät dieser Relationstypen" abhängt und welche „Einheit hinter dieser Varietät" liegt. Als Logik bezeichnet ROYCE dabei erstens die „symbolische Logik, die Boole zuerst formulierte, die Herr Charles S. Peirce und seine Schüler in diesem Land schon so hoch entwickelt haben und welche Schroeder in Deutschland, Peanos Schule in Italien und eine Anzahl moderner englischer Schreiber so wirkungsvoll gefördert haben" und zweitens „die Logik der wissenschaftlichen Methode", die seiner Meinung nach „rasch neue Lösungen des Problems der fundamentalen Natur und der Logik der Relationen" finden wird. Noch einmal hebt er in diesem Vortrag das Verdienst von CHARLES PEIRCE hervor und meint, daß BERTRAND RUSSELL in seinen *Principles of Mathematics* die Grundlegung der Relationentheorie verfehlt habe, die doch von seinem Landsmann A. B. KEMPE schon 1890 so weit vorangetrieben worden sei. KEMPE wird in verschiedenen gedruckten und ungedruckten Schriften von CHARLES PEIRCE, vor allem auch im Briefwechsel mit Lady

WELBY – wie wir sahen – als wichtiger Theoretiker der „Graphentheorie" zitiert, wenngleich PEIRCE seine Auffassungen nicht akzeptiert.

Auf dem Kongreß in St. Louis hielt auch der Mathematiker MAXIME BÔCHER[66] einen Vortrag, der den Titel *Fundamental Conceptions and Methods of Mathematics* hatte, in dem er neben BENJAMIN PEIRCE, ERNST SCHRÖDER und PEANO ebenfalls CHARLES S. PEIRCE als mathematischen Logiker besonders hervorhebt und dessen „äußerst interessante Bemerkungen" hinsichtlich der „Mathematik als der abstraktesten aller Wissenschaften" erwähnt, die dieser in *The Regenerated Logic* (The Monist, vol. 7, 1896, S. 23–24) gemacht hatte. Es hieß bei PEIRCE: „... Das kommt daher, daß die Objekte, welche der Mathematiker beobachtet und mit denen seine Konklusionen verbunden sind, Objekte der Kreation seines eigenen Geistes sind."[67]

Es gab also nicht nur Feinde, sondern auch Anhänger und Verteidiger von PEIRCE, zu denen außer JOSIAH ROYCE und MAXIME BÔCHER auch WILLIAM JAMES, HUGO MÜNSTERBERG und viele andere gehörten, die sich mündlich oder schriftlich positiv über PEIRCE geäußert haben. Man kann hier auch MATTHEW MATTON CURTIS nennen, der im Brief vom 26. 10. 1904 an CHARLES PEIRCE (L 107) um Informationen bat über die „logische Doktrin und die philosophischen Ansichten" von PEIRCE, da er für die 10. Auflage der *Geschichte der Philosophie* von ÜBERWEG-HEINZE den Artikel über die nordamerikanische Philosophie schreiben sollte. CHARLES PEIRCE schickte ihm daraufhin eine philosophische Autobiographie von rund 25 Seiten (Tipskript mit Varianten)[68], in der er seine Hauptthemen umreißt. (L 107) Die Veröffentlichung von CURTIS hat davon jedoch nur einen Bruchteil berücksichtigt. (ÜBERWEG, Grundriß der Geschichte der Philosophie, Berlin [10]1906)

9. Weitere Veröffentlichungen und Manuskripte aus den Jahren 1903 und 1904

Neben den erwähnten Besprechungen der Bücher von Lady WELBY und BERTRAND RUSSELL publizierte CHARLES PEIRCE 1903 weitere 21 Artikel in The Nation[69]. Außerdem übersetzte er *On the Absorption and Emission of Air and its Ingredients for Light of Wave Lenghts from 250 μμ to 100 μμ* von VICTOR SCHUMANN für die Smithsonian Institution (Washington 1903).

Unveröffentlicht blieben zu Lebzeiten seine Studien über Existenz-Graphen, die in folgenden MSS niedergelegt sind: MS 479 *On Logical Graphs* (teilweise in CP 4.350–371); MS 491 *Logical Tracts No. 1. On Existential Graphs*, das hauptsächlich semiotische Erörterungen darstellt; und MS 492 *Logical Tracts*

No. 2. On Existential Graphs, Euler's Diagrams and Logical Algebra (teilweise in CP 4.418–509). Außerdem gehören die MSS 881 *Telepathy* (teilweise in 7.597–688) und MS 1134 *An Attempted Classification of Ends* (CP 1.585–588) in dieses Jahr.

Im Jahre 1904 publizierte CHARLES PEIRCE außer den Beiträgen in The Nation[70] einen Artikel: *French Academy of Science* (New York Evening Post, 5. März) und einen Brief über den Beweis des distributiven Prinzips in E. V. HUNTINGTONs *Sets of Independent Postulates for the Algebra of Logic* (Transactions of the American Mathematical Society, vol. 5 (1904) 288–309).[71]

Von den Manuskripten aus diesem Jahr, 1904, sind noch zu erwähnen:
MS 44   *First Definition of Ordinals (Topics)* (teilweise in CP 4.331–340);
MS 45   *Second Definition of Ordinals*;
MS 46   *Ordinals*;
MS 336 *Logic Viewed as Semeiotics. Introduction. Number 2. Phaneroscopy*
        (teilweise in CP 1.285–287 und 1.304);
MS 337 *Logic Viewed as Semeiotic. Introduction. Number 2. Phaneroscopy*;
MS 338 *Phanerology*;
MS 339 *Nichols Cosmology and Pragmaticism (Carus)*, Entwurf einer Bespre-
        chung von HERBERT NICHOLS' *A Treatise on Cosmology*, Bd. 1
        (teilweise in CP 8.194–195), aber mehr über eigene Probleme;
MSS 1476 und 1490 *Notes on Nichols* (teilweise in CP 8.191–193).

Die drei erwähnten Veröffentlichungen in The Monist erregten die Aufmerksamkeit vieler Philosophen. Zum Pragmatismus erschien in Amerika und Europa nun eine Flut von Aufsätzen und Büchern, die über PEIRCE, JAMES und SCHILLER ihre Übereinstimmungen und Unterschiede berichteten. Selbstverständlich kann es nicht überraschen, daß sich die Anhänger des einen oder anderen zu gewissen Strömungen zusammenfanden. Zum ersten entstand die lebensphilosophisch-pragmatische Richtung, die von JAMES und SCHILLER ausging und zum zweiten die logisch-wissenschaftstheoretische, exakte, pragmatizistische Richtung (die Semiotik wurde erst viel später rezipiert, wie wir noch zeigen werden), die von PEIRCE begründet wurde. Diese Richtungen unterschieden sich nicht nur, sondern bildeten dezidierte gegnerische Positionen. Daneben gab es eine dritte Gruppe der Realisten und später der Neo-Realisten, die sich wieder stärker auf PEIRCE beriefen. Die ersten Auseinandersetzungen fanden noch zu Lebzeiten von CHARLES PEIRCE, etwa zwischen 1906 und 1914, statt und setzten nach seinem Tode bzw. nach dem zweiten Weltkrieg erneut ein. Dazu kommen in jüngerer Zeit noch eine Gruppe von Neo-Pragmatisten.

Die allgemeine Diskussion des Pragmatismus entwickelte sich zunächst vor allem in verschiedenen Zeitschriften, und zwar in Amerika in The Monist[72] und im Journal of Philosophy, Psychology, and Scientific Methods.[73]

XIII. Die Verteidigung des Pragmatizismus

1. Die Pragmatismus- und Pragmatizismus-Schriften von 1905–1907

Nach den letzten brieflichen Auseinandersetzungen mit WILLIAM JAMES entwarf und schrieb CHARLES PEIRCE eine Reihe von Schriften für The Monist, um seine eigenen Auffassungen über Pragmatismus und Pragmatizismus einem breiteren Publikum darzulegen. Nur die folgenden drei Artikel sind erschienen:

1. *What Pragmatism is*[1]
2. *Issues of Pragmaticism*[2]
3. *Prolegomena to an Apology for Pragmaticism*[3].

Der 4. Artikel: *The First Part of an Apology for Pragmaticism*[4] sollte im Januar 1907 publiziert werden und zwei weitere sollten folgen. The Monist veröffentlichte diese Artikel jedoch nicht mehr.

Die Entwürfe zu den geplanten Abhandlungen sind wahrscheinlich folgende: MS 300: *The Bedrock beneath Pragmaticism*[5], MS (?) *Copy T*[6], MS 297: *An Apology for Pragmaticism*[7], MS 198: *Phaneroscopy* φαν[8], und MS 299: *Phaneroscopy: Or the Natural History of Concepts (Phy or Phaneroscopy)*[9].

Ich möchte zunächst einen Satz aus MS 299 zitieren, weil PEIRCE darin einen Zusammenhang zwischen Semiotik und Logik postuliert, der bisher unbeachtet blieb. Es heißt dort: „Deshalb dehne ich Logik so weit aus, daß sie alle notwendigen Prinzipien der Semiotik umfaßt, und ich berücksichtige eine Logik der Icons, und eine Logik der Indizes ebenso wie eine Logik der Symbole; und in dieser letzteren erkenne ich drei Unterteilungen: *Stecheotik* (oder Stoichoeiologie), die ich früher Spekulative Grammatik nannte, *Kritik*, die ich früher Logik nannte, und *Methodeutik*, die ich früher Spekulative Rhetorik nannte." Man erkennt darin einen neuen Versuch, sich terminologisch von seinen vorangehenden Unterscheidungen und damit auch von Logikern, von ARISTOTELES bis BOOLE, abzusetzen.

Übrigens gibt es sechs gleichlautende Manuskripte *The Basis of Pragmaticism*[10], die (laut CP, 8, G-1905, 1d) gemeinsam mit den genannten einen Teil des 4. Artikels ausmachen sollen. Da diese Manuskripte zusammen etwa 600 Seiten umfassen, sehe ich sie jedoch als eine größere Arbeit an, die PEIRCE möglicherweise als eigenes Buch veröffentlichen wollte, das vielleicht mit dem identisch ist, das er WILLIAM JAMES am 7. März 1904 im Brief angekündigt hat. Vielleicht gehören auch die Manuskripte: MS 328: *Sketch of Some Proposed Chapters on the Sect of Philosophy Called Pragmatism*[11] und MS 291: *Pragmatism, Prag (4) (P)*[12], die um 1905 datiert werden, zu dieser Serie.

Der erste dieser Monist-Artikel, *What Pragmatism is*, erschien im April 1905. PEIRCE wollte mit ihm noch einmal einen Überblick über die Hauptthemen seiner philosophisch-wissenschaftstheoretischen Auffassungen geben, die er seit 1867 entwickelt hatte. Ausgehend von einer Neuformulierung seiner Pragmatischen Maxime, die er 1903 in seinen *Vorlesungen über Pragmatismus* bereits anders gefaßt hatte als 1878, sagt er hier, daß „eine Vorstellung, das heißt der rationale Sinn eines Wortes oder eines anderen Ausdrucks, ausschließlich in ihrer erkennbaren Beziehung zur Lebensführung" liegt. „Wenn man, da offensichtlich nichts, das nicht aus einem Experiment stammen kann, irgendeine direkte Beziehung auf Verhalten haben kann, alle erkennbaren experimentellen Phänomene genau definieren kann, die die Affirmation oder Negation eines Begriffs implizieren könnten, hat man damit eine vollständige Definition des Begriffs; *und es gibt sonst absolut nichts in ihm.*" (CP 5.412).

Neu an dieser Fassung der Maxime ist die Betonung der „*experimentellen Phänomene*". PEIRCE wollte damit wohl überleiten zu seiner Definition der Philosophie als einer Lehre von der Strenge der Naturwissenschaften, „wo Forscher (...) zusammenarbeiten, (...) und unbezweifelbare Resultate vervielfachen; wo jede Beobachtung wiederholt wird und isolierte Beobachtung wenig gilt; wo jede Hypothese, die Aufmerksamkeit verdient, einer strengen, aber fairen Prüfung unterzogen wird, und nur nachdem die Voraussagen, zu denen sie führt, durch Experimente bemerkenswert bestätigt wurden, als zuverlässig gilt, und auch dann nur vorläufig; wo ein radikal falscher Schritt selten gemacht wird, da sogar die fehlerhaftesten jener Theorien, die weite Glaubwürdigkeit erlangen, in ihren wichtigsten experimentellen Vorhersagen wahr sind".

Natürlich hängt eine solche Philosophie nach PEIRCE von einer angemessenen Nomenklatur ab, in der jeder Begriff eine einzige Bedeutung haben sollte. Auch hier kommt er auf seine Forderung nach einer „Ethik der Terminologie" zu sprechen, die er, gedruckt und in Briefen an WILLIAM JAMES, immer wieder gestellt hat, und rühmt die klassifikatorischen Wissenschaften.

Und obwohl er WILLIAM JAMES und F. C. S. SCHILLER bestätigt, daß sie den Pragmatismus, obgleich in einem weiteren Sinne, doch in Übereinstimmung mit seinen eigenen Konzeptionen entwickeln, möchte er das Wort „Pragmatismus", das in die „Klauen der Literaten" gefallen sei, durch das häßlichere, aber vor Kidnappern sichere „Pragmatizismus" ersetzen. In diesem Artikel wollte PEIRCE aber nur *beschreiben*, worin seine Lehre besteht, in einem weiteren Artikel dann den *Beweis* erbringen, daß sie wahr ist. Übrigens sagt er in einer Anmerkung, daß er das Wort „Pragmatismus" bisher nicht publiziert, sondern nur in Diskussionen bzw. Reden verwendet habe, außer auf Verlangen in BALDWINs *Dictionary*, Ende 1890. Ein solcher Beweis sei der „einzige Beitrag von Wert, den er selbst zur Philosophie beisteuern könne; und dieser würde auch die Erstellung der Wahrheit des „Synechismus", der höchsten Stufe seiner exakten Metaphysik, involvieren.

Man kennt bereits seine Begriffe „Zweifel" und „Überzeugung", die er in diesem Artikel noch einmal klarmacht und die bei ihm mit dem Wahrheitsbegriff eng verknüpft sind. Denn das, „was man überhaupt nicht bezweifeln kann, muß man als unfehlbar, als absolut wahr betrachten, und tut es auch". Doch Wahrheit und Falschheit sind deshalb nicht beliebig, wie andere Pragmatisten meinten, sondern sollen im Sinne von „definierbaren Begriffen" und „im Verlauf von Experimenten" gewonnen werden, anderenfalls spreche man von Entitäten, über deren Existenz man nichts sagen kann und die OCCAMs Rasiermesser wegschneiden müßte. „Überzeugung" ist nach PEIRCE auch keine augenblickliche Bewußtseinsweise, sondern eine für eine gewisse Zeit wesentliche „Denkgewohnheit". Hingegen ist „Zweifel" das Fehlen einer Gewohnheit und muß durch Gewinnung einer solchen überwunden werden.

PEIRCE unterscheidet hier außerdem „Selbstkontrolle", „Selbstvorbereitung zur Handlung" und „Reflexion, als Teil der Selbstvorbereitung". Denn auch „Denken" ist eine Art Lebensführung, die jedoch der Selbstkontrolle unterworfen ist, und logische Selbstkontrolle ist ein Spiegel der ethischen.

Ein **Experiment**, als Teil des rationalen Lebens, ist nach PEIRCE in jedem Falle eine **Denkoperation**.

Man könnte annehmen, daß PEIRCE von einer Person im Sinne des Individuums ausgeht, wenn er von Selbstkontrolle, Zweifel und Überzeugung spricht. Er ist jedoch der Meinung, daß man beim Urteilen das kritische Selbst, das man ist, überzeugen will, und daß alles Denken ein Zeichen (meistens von der Natur der Sprache) ist, so daß der gesellschaftliche Kreis eines Menschen wie eine locker-kompakte Person und in mancher Beziehung von höherem Rang als die Person eines individuellen Organismus anzusehen sei.

Bei der nachfolgenden Darlegung des „Pragmatizismus" benutzt PEIRCE die Form des Dialogs. Noch einmal von der Pragmatischen Maxime ausgehend, erklärt er fast jeden Satz der „ontologischen Metaphysik" als „sinnlos oder absurd" und meint, daß von der Philosophie nur eine Reihe von Problemen übrigbleibe, die mit Hilfe der „experimentellen Methode der echten Wissenschaften" untersucht werden können. Die Wahrheit könne dann wie in den positiven Wissenschaften erreicht werden, und Philosophie sei nicht länger ein „Amüsement für eitle Geister, mit dem Vergnügen als Voraussetzung und dem Lesen eines Buches als Methode".

Pragmatizismus nennt er auch eine Art von „Fast- bzw. Vor-Positivismus" (prope-positivism), der sich von anderen Richtungen unterscheidet durch 1. das Festhalten an einer gereinigten Philosophie, 2. die volle Einbeziehung instinktiver Überzeugungen und 3. dem Beharren auf der Wahrheit des Scholastischen Realismus. Das heißt, der Pragmatizismus lehne nicht die gesamte Metaphysik ab, sondern gewinne aus ihr eine wertvolle Essenz, mit deren Hilfe Kosmologie und Physik klar und lebendig gemacht würden.

Nach diesen eher allgemeinen Gesichtspunkten wendet sich PEIRCE erneut dem Problem des **Experimentes** zu und erläutert, daß es sich ja nie um ein einzelnes, isoliertes Experiment, sondern um eine zusammenhängende Reihe von Experimenten handele, die als ein „kollektives Experiment" anzusehen seien. Dazu gehörten wichtige Bestimmungsstücke: 1. ein Experimentator aus Fleisch und Blut, 2. eine verifizierbare Hypothese, das heißt ein Satz, der den Experimentator mit dem umgebenden Universum verbindet und 3. ein echter Zweifel hinsichtlich der Wahrheit dieser Hypothese im Geist des Experimentators. Des weiteren gehören dazu: Ziel, Plan und Lösung; Selektion der Objekte, Anwendung von Operationen auf diese, die Aktion, durch die die Objekte modifiziert werden und die Reaktion der Welt auf den Experimentator und schließlich die Erkenntnis der Lehre des Experiments. Die rationale Bedeutung werde aber nicht in **einem** Experiment, sondern in experimentellen Phänomenen erreicht, das heißt in etwas, das mit Sicherheit in Zukunft geschehen würde, wenn gewisse Bedingungen erfüllt wären, oder wenn der Experimentator nach einem „gewissen geistigen Schema" handelte. Allgemeine Arten von Experimenten könnten wie allgemeine Objekte als real bezeichnet werden; denn alles, was wahr ist – und demnach auch die Naturgesetze – repräsentierten etwas Reales.

Experimentelle Ergebnisse, führt PEIRCE weiter aus, sind die einzigen Ergebnisse, die die Lebensführung beeinflussen können. Wenn ein Mensch zweckvoll handele, handele er auf Grund einer Überzeugung von einem experimentellen Phänomen. Daher mache die Summe der experimentellen Phänomene, die ein Satz impliziert, sein ganzes Gewicht auf die Lebensführung aus.

Allerdings ist der PEIRCEsche Pragmatizismus, wie er sagt, nicht als durchgehender **Phänomenalismus** zu definieren, der nur ein Teil von ihm ist.

Nach Erörterung des Unterschieds von „objektiv und subjektiv allgemein" kommt PEIRCE schließlich noch einmal auf das Problem des Realen zu sprechen und definiert es, ganz ähnlich wie BERNARD BOLZANO in seiner *Wissenschaftslehre* (1837), als etwas, das diese oder jene Eigenschaften hat, unabhängig davon, ob jemand meint oder nicht meint, daß es solche Eigenschaften habe. Wahrheiten haben nach ihm übrigens eine größere Tendenz, geglaubt zu werden, als Falschheiten. Und Gerechtigkeit und Wahrheit seien die mächtigsten Kräfte, die die Welt bewegen. Da PEIRCE Allgemeinheit als unumgängliches Ingredienz der Realität versteht, ist „bloße individuelle Existenz oder Aktualität ohne Regularität eine Nullität". Folglich ist nach PEIRCE das „Chaos" ein „reines Nichts".

Aber noch einmal betont er, daß für den Pragmatizisten das höchste Gut nicht in Aktion bestehe, sondern im Prozeß der **Evolution**, die sich auf vernünftige Allgemeinheiten hin entwickele. Formen seien ebensowenig die einzigen Realitäten der Welt wie der vernünftige Inhalt eines Wortes die einzige Art der Bedeutung sei. Kontinuität sei ein unerläßliches Element der Realität und sei das, was „Allgemeinheit in der Logik der Relative" ist. Sie sei ebenso wie die Allgemeinheit eine Angelegenheit des Denkens und sogar seine Essenz; denn Realität bestehe nicht nur aus Empfindung und Aktion, sondern auch aus „Denken oder Repräsentation, triadischer Relation, Mediation oder echter Drittheit". Mit anderen Worten, **Drittheit** sei ein wesentlicher Bestandteil der Realität, konstituiere aber allein nicht Realität, da diese Kategorie kein konkretes Sein ohne **Aktion** haben könne, so wie Aktion nicht ohne das unmittelbare Sein der **Empfindung** existieren könne.

Obwohl sein Pragmatizismus mit HEGELs Idealismus eng verbunden sei, unterscheide er sich jedoch in der dritten Kategorie, meint PEIRCE, da diese für HEGEL nur eine Stufe des Denkens darstelle.

Zu diesem programmatischen Artikel erschienen im gleichen Jahr drei Rezensionen, und zwar von GEORGE H. SABINE (The Philosophical Review, 14 (Sept. 1905) 628–629), HENRY A. RUGER (The Journal of Philosophy, Psychology, and Scientific Methods, 2 (Dec. 1905) 694–695) und GIOVANNI VAILATI (Leonardo, 3 (1905)). Es gab also zum ersten Mal im Leben von PEIRCE von verschiedenen Seiten ein Echo auf einen Artikel aus seiner Feder.

Der kleine Artikel *Substitution in Logic*, der im gleichen Heft des Monist (April 1905) 294–295) erschien, ist zwar von FRANCIS C. RUSSELL, dem Freund aus Chicago, gezeichnet, stammt aber wahrscheinlich ebenfalls von PEIRCE; denn das Thema der **Substitution** hatte er bereits früher behandelt und überdies als die wichtigste Operation der Logik bzw. Semiotik bezeichnet.

Der zweite Artikel der Monist-Serie *Issues of Pragmaticism* erschien im Oktober 1905.

PEIRCE zitiert zunächst seine 1877/78 publizierte „Pragmatische Maxime" und gibt dieser Maxime eine neue Fassung, indem er sie stärker auf das „rationale Verhalten" und damit auf die Akzeptierung des symbolischen Zeichens, das dem rationalen Verhalten zugrundeliege, abstellt. Für PEIRCE noch wichtiger ist aber die Darlegung seiner philosophischen Konzeption als „Critical Commonsensism", die als eine Variante der Philosophie des Schottischen Common-sense bezeichnet werden könne. Das Adjektiv „kritisch" erläutert er sogleich durch die Angabe von sechs charakteristischen Eigenschaften. So unterscheidet er z.B. Schließen als „logische Argumentation" von Schließen im Sinne von „akritischem Folgern", wie es z.B. im „cogito, ergo sum" AUGUSTINUS' (DESCARTES wird hier nicht genannt) vorliege. „Selbstkontrolle", die schon 1877/78 als wichtigstes intellektuelles Verhalten bezeichnet wurde, erfährt nun eine noch stärkere Betonung. Dazu bemerkt PEIRCE, daß man, da sich die „unbezweifelbaren Sätze" bei einem denkenden Menschen von Jahr zu Jahr ändern, selbst wenn solche Veränderungen von Generation zu Generation kaum bemerkbar sind, diese Sätze untersuchen müsse. Im übrigen stimme er THOMAS REID hinsichtlich des „Common-sense" und KANT hinsichtlich der „unmittelbaren Wahrnehmung" durchaus zu.[13]

Bei der sich daran anschließenden Erörterung der Instinkte unterscheidet PEIRCE zwischen instinktiven und rationalen Überzeugungen. Er bemerkt z. B. hinsichtlich des Selbstmordes, daß er allein in der christlichen Welt als Mord angesehen werde; denn die Christenheit („die am schlimmsten ernste und untoleranteste der Religionen") habe bekanntlich keine andere als die christliche Moral gelten lassen und Selbstmord nur als Bekenntnis oder Martyrium für die Kirche akzeptiert. Es könne aber weder eine instinktive noch eine rationale Überzeugung von Selbstmord als Mord geben, wenn dies allein von der christlichen Moral abhängig sei. Ja, die Vernunft würde diese Überzeugung sogar als falsch abstempeln.

Was die Ansicht des Schottischen Common-sense über das „unkritisch Unbezweifelbare" als das „unveränderlich Vague" betrifft, so gibt PEIRCE zu bedenken, daß die Logiker versäumt hätten, das Vague zu analysieren, das er selbst in seinen Arbeiten zu „Stechiologie, Kritik und Methodeutik" (also zur Semiotik – können wir hinzufügen) untersucht habe. Er legt dar, daß ein Zeichen „in jeder Hinsicht objektiv unbestimmt", d. h. objektiv allgemein ist, sofern jeder Interpret es immer weiter bestimmen kann.

Wenn ein Zeichen objektiv unbestimmt ist, so ist es auch objektiv vague. Sollte es in einer Hinsicht nicht vague sein, nennt er es „definit" oder „präzis". Mit dem Begriff „präzis" verbindet PEIRCE sogleich den Begriff „abstrakt", der sich sowohl auf die Idee des Präzisen wie die Idee der Kreation des „ens rationis" beziehe, d. h. auf die Operation der „hypostatischen Abstraktion", die der Mathematik so viel Gewicht verleihe. Determination, Allgemeinheit und Vagueheit spiegelt PEIRCE z. B. an singulären (determinierten), universalen (allgemeinen) und partikulären (vaguen) Sätzen und betont, daß man auch die Übergänge (intermediacies) zwischen diesen Stufen nicht außer Acht lassen dürfe.

Ein anderer Punkt, in dem sich der Kritische vom Schottischen Common-sense unterscheidet, ist nach PEIRCE der große Wert, den der Kritische Common-sense dem *echten* Zweifel beimißt. Auch wegen seiner Beziehung zu KANT nenne er seinen Common-sensimus „kritisch"; denn der Kantianer müßte nur das „Ding an sich" fallen lassen und die Einzelheiten von KANTs Lehre entsprechend korrigieren, dann würde aus ihm ein Kritischer Common-sensist.

Selbstverständlich verteidigt PEIRCE auch hier seinen realistischen Standpunkt bzw. den Scholastischen Realismus.

Seine Bemerkungen zu den Modalitäten werden übrigens ebenfalls im Zusammenhang mit Zeichen gemacht, sowie objektive und subjektive Modalitäten unterschieden. Die sehr ausführlichen Erläuterungen führen zu der Feststellung, daß die *Negation* nicht zu den Modalitäten gehört. Diese Betrachtungen leiten zu der Frage über, wie denn ein Begriff überhaupt Einfluß auf unser Verhalten gewinnen kann, und, damit verbunden, auf die Frage, wie Vergangenheit, Zukunft und Gegenwart auf unser Verhalten einwirken. PEIRCE erklärt, daß die *Vergangenheit* zwar der „Speicher unseres Wissens" sei, daß jedoch allein die *zukünftigen* Fakten „kontrollierbar" seien und daß demnach das einzige Verhalten, das kontrollierbar ist, das zukünftige sei. Aber wie wirkt die *Gegenwart* auf unser Verhalten ein? fragt PEIRCE und er antwortet, daß wir nur feststellen können, daß sie der „status nascendi des Aktuellen" ist. Alle diese Ausführungen seien aber nur Andeutungen, die den Begriff der „Zeit" keineswegs erschöpften, der genauer dargestellt werden müsse.[14]

Auch zu dieser Abhandlung erschienen zwei Rezensionen: 1. *C. S. Peirce's Issues of Pragmaticism* von GEORGE H. SABINE (The Philosophical Review, 15 (Sept. 1906) 565–566) und 2. *Pragmatisme et Pragmaticisme* von ANDRÉ LALANDE (Revue Philosophique, 61 (1906) 121–146).

Was den dritten Artikel dieser Monist-Serie, *Prolegomena to an Apology for Pragmaticism*, der im Oktober 1906 erschien, betrifft, stellte PEIRCE hier wohl insgesamt zu hohe Anforderungen an seine – selbst die philosophisch, logisch und mathematisch vorgebildeten – Leser, und man begreift, daß die Zeitschrift keine weiteren Artikel dieser Art von ihm bringen wollte.

Der Artikel beginnt mit der Einführung des Begriffs „Diagramm" bzw. „diagrammatisches System" und der Behauptung, man könne „exakte Experimente an gleichförmigen Diagrammen" machen, d. h. Experimente an realen Dingen durch Operationen an Diagrammen ersetzen. Denn auch bei chemischen Experimenten zum Beispiel seien nicht die einzelnen Experimente oder die einzelne Probe, sondern die „Molekular**struktur**" der Gegenstand des chemischen Experimentierens und entsprechend sei der Gegenstand des Diagramms die „**Form** einer Relation".

Die anschließenden allgemeineren Ausführungen zur Semiotik, insbesondere zum Wesen des Zeichens, zu Icon, Index und Symbol sind, ebenso wie die Erläuterungen hierzu, noch leicht zu verstehen. Zum Beispiel daß Symbole uns zum Abstrahieren und Zählen befähigen sowie die eigentlichen Waffen der Vernunft sind, unser Wissen jedoch nicht erweitern, daß die Indices hingegen uns positive Gewißheit von der Realität ihrer Objekte liefern, ohne das Objekt allerdings anschaulich zu repräsentieren, etc. Desgleichen bieten die Ausführungen über die Doppelfunktion der Zeichen (zum Beispiel daß der Fußabdruck, den Robinson im Sand entdeckt, sowohl als Index für ein Lebewesen als auch als Symbol für die Idee des Menschen anzusehen ist und als Icon Gewißheit über das, was sich vor dem geistigen Auge entfaltet, gibt, auch wenn es nur einen Teil des Objektes, sofern es nur „logisch möglich" ist, repräsentiert) keine allzugroßen Schwierigkeiten. Doch wenn PEIRCE dann ausführt, daß Icons beim Schließen erforderlich sind, und daß ein Diagramm ein „Icon intelligibler Relationen" oder ein „Icon relationaler Formen" und „seine Tauglichkeit zur Repräsentation *notwendiger* Schlüsse leicht einzusehen" sei, ist das zumindest nicht einfach nachzuvollziehen. Was er zu Mengen (collections), gegebenen Mengen, involvierten Mengen, Gliedern von Mengen, Klassen und Unterklassen, möglichen Mengen und Nullmenge sagt, sind für den mathematisch nicht hinreichend gebildeten Leser jedoch zu neu, d. h. schlechthin unverständlich. Und kaum einer seiner Leser konnte wohl seinen Ausführungen über „Graphen" bzw. das „System der Existenzgraphen" folgen, auch wenn PEIRCE es auf den vorangestellten Begriff des Diagramms bezieht und semiotische Differenzierungen zur Darstellung der Graphen heranzieht.

Denn auch die semiotischen Erörterungen sind zu ungewohnt und zum Teil ganz neu, wie zum Beispiel die zum ersten Mal erwähnten zwei Objekte, das „unmittelbare" und das „dynamische" Objekt sowie die drei Interpretanten, der „unmittelbare", „dynamische" und „finale" Interpretant, die Trichotomien (bzw. Realitätsthematiken) darstellen, sowie die knappe Erwähnung von insgesamt zehn „Unterteilungen" (Trichotomien). In seiner neuen Terminologie wird für den Mittelbezug „Tone", „Token" und „Type" anstelle von „Quali-", „Sin-" und „Legizeichen" und für den Interpretantenbezug „Sema" (Zeichen), „Phema" (Satz) und „Deloma" (Beweis) anstelle von „Rhema", „Dicent" und „Argument" benutzt. Ein Graph wird als Phema, eine Folge von Graphen als Deloma eingeführt.

Die erkenntnistheoretischen Differenzierungen hinsichtlich von „Perzept", „dynamischem Objekt des Perzepts", „Faktum der Perzeption" bzw. „Wahrnehmungsurteil", „perzeptuellem Universum", der „Wahrheit als höchstem Universum", etc. stellen ebenfalls erhebliche Anforderungen an den Leser, dagegen sind die Beispiele zur Nützlichkeit der Verwendung von Icons, Indices und Symbolen oder die Unterschiede der Modi und der Universen sowie der Kategorien (als „Prädikate von Prädikaten" definiert) leichter zu übersehen.

Die Ausdehnung des Begriffs „denken", den PEIRCE nicht unbedingt nur mit einem Gehirn verbindet, auf die „Arbeit der Bienen", den „Aufbau der Kristalle" und „auf die gesamte physikalische Welt", dürfte die idealistischen Nominalisten unter seinen Lesern zum Widerspruch gereizt haben. Überfordert waren die Leser auf jeden Fall dann bei der Darlegung seiner Theorie der Graphen bzw. Theorie der Existenz-Graphen, die den zweiten Teil des Artikels ausmacht und die sowohl technisch zu kompliziert als auch insgesamt zu neuartig war, obwohl sie vielleicht für einige wenige mathematische Logiker verständlich genug dargelegt worden ist.

PEIRCE kommt hier zunächst auf seine schon früher gemachte Feststellung zurück, daß es keine isolierten Zeichen geben kann und daß Zeichen mindestens einen Quasi-Sender und einen Quasi-Empfänger erfordern, auch wenn diese beiden **im** Zeichen selbst vereint sind; denn Denken (in Zeichen) sei stets „dialogisch". Dann wird der Graph als Phema (früher Dicent) eingeführt und die

Elemente oder Glieder des Graphen als Semata (bzw. Rhemata). Der Sender zeichnet den Graphen auf ein „Graphen-Blatt" (sheet) auf und wird „Graphist" genannt. Der Empfänger, der den Graph liest, heißt Interpret. Die Graphentheorie ist eine Methode der Darstellung logischer Zusammenhänge, die PEIRCE aber nie nur formal, sondern auf der Grundlage der Semiotik untersucht hat. An Stelle der logischen Ausdrücke: Begriff, Satz und Schluß läßt er hier neue semiotische Ausdrücke auftreten: Sema, Phema und Deloma, die selbstverständlich den Interpretantenbezug, den wir als Rhema, Dicent und Argument kennenlernten, repräsentieren. Der Graph oder das Phema setzt sich aus Semata zusammen; eine Folge von Graphen oder Phemata wird unter bestimmten Bedingungen oder Regeln in ein Deloma transformiert. Das wichtigste dabei ist die Aufzeichnung der Graphen, die Möglichkeit der Verbindung mehrerer Graphen und die Transformation der Graphen zu einem Deloma, wodurch der Prozeßcharakter der Transformation, das heißt des Schließens sichtbar gemacht wird. Als Beispiel für eine solche Transformation führe ich das von PEIRCE hier angegebene an:

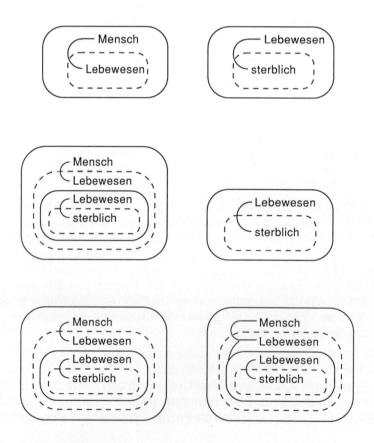

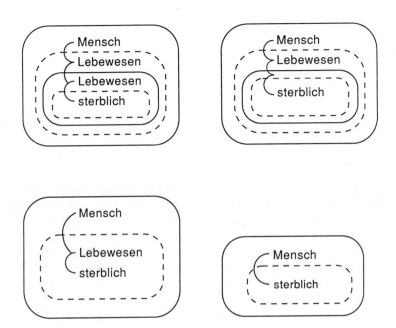

Es kann sein, daß DAVID HILBERT dem „vollkommen analytischen System der Satzdarstellung" und den damit verbundenen „einzigen unzerlegbaren Transformationen": „Abtrennung" und „Einsetzung", die auch bei ihm eine zentrale Rolle spielen, zugestimmt hätte; denn PEIRCE erläutert A $\rightarrow$ B folgendermaßen: A $\rightarrow$ AB (d. h. B wird eingesetzt) und AB $\rightarrow$ B (d. h. A wird abgetrennt). Durch die beiden Transformationen gewinnt er einen echten Übergang von A zu B.

All dies ist natürlich nur für diejenigen interessant gewesen, die sich tatsächlich selbst mit mathematischer oder formaler Logik beschäftigt haben. Das sich daran schließende „Graphen-System" hat jedoch bis heute noch nicht einmal die Logiker zur Ausarbeitung oder zur näheren Erläuterung gereizt, sieht man von den Darstellungen von DON DAVIS ROBERTS *The Existential Graphs of Charles S. Peirce* (The Hague 1973) und KENNETH LAINE KETNER *The Best Example of Semiosis and its Use in Teaching Semiotics* (American Journal of Semiotics, vol. 1 & 2 (1981) 47–85) ab.

Dieser Artikel von PEIRCE wurde nur von G. W. CUNNINGHAM (The Philosophical Review, 16 (Sept. 1907) 564–565) kurz besprochen. Und obwohl PEIRCE seine Darlegung als Teil seines Pragmatizismus verstand, publizierten ihn auch die Herausgeber der *Collected Papers* nicht in Band V *Pragmatism and Pragmaticism*, sondern in Band IV *The simplest mathematics*.

In den folgenden Jahren breiteten sich gewisse Ideen des Pragmatismus auch in Europa aus, offensichtlich auf Grund der Bücher von WILLIAM JAMES: *The Varieties of Religious Experience* (1902), das 1907 deutsch unter dem Titel *Die religiöse Erfahrung* herauskam und vor allem *Pragmatism. A New Name of Some Old Ways of Thinking* (1907), das bereits 1908 in deutscher Übersetzung von WILHELM JERUSALEM unter dem Titel *Der Pragmatismus. Ein neuer Name für alte Denkmethoden* vorlag. Eine Neuausgabe mit einer Einleitung besorgte KLAUS OEHLER (Hamburg 1977).

In Deutschland publizierten CONSTANTIN GUTBERLET, *Der Pragmatismus* (Phil. Jahrbuch d. Görres-Gesellschaft (1908) 4 und 437–458) und THEODOR LORENZ, *Das Verhältnis des Pragmatismus zu Kant* (Kant-Studien, 14 (1909). In Italien erschien *Le origini e l'idea fondamentale del pragmatismo* (Rivista di Psicologia Applicata, 5, 1 (1909) 10–29) von GIOVANNI VAILATI und MARIO CALDERONI. Außerdem wurden eine Anzahl von Büchern zum Pragmatismus veröffentlicht, zum Beispiel: GÜNTHER JAKOBY, *Der Pragmatismus: Neue Bahnen der Wissenschaftslehre des Auslandes* (Leipzig 1909); JAMES B. PRATT, *What is Pragmatism* (New York 1909); H. H. BAWDEN, *The Principles of Pragmatism* (Boston 1910); D. L. MURRAY, *Pragmatism* (New York 1912); GIOVANNI VAILATI, *Scritti* (Leipzig und Florenz 1911); GIOVANNI PAPINI, *Sul pragmatismo: Saggi e Ricerche* (Milano 1913), wo es hinsichtlich des Pragmatismus heißt: „Die Lehre, die von Peirce ihren Namen, von James ihren Ruhm hat." (S. VIII, zitiert nach PERRY, 314); RENÉ BERTHELOT, *Un romantisme utilitaire. Etude sur le mouvement pragmatiste*, 3 Bde. (Paris 1911); VIOLET PAGET (Pseudonym VERNON LEE), *Vital Lies: Studies of Some Varieties of Recent Obscurantism* (London 1912) und WILLIAM CALDWELL, *Pragmatism and Idealism* (London 1912).

Aus den Titeln dieser Bücher und Aufsätze ist zu entnehmen, wie verschiedenartig der Pragmatismus nicht nur konzipiert, sondern auch rezipiert wurde. Daß es im Lager der mathematischen Logiker wegen des „Romantizismus" und Irrationalismus, der in den Werken von JAMES, SCHILLER u. a. gefunden wurde, zu heftiger Ablehnung der ganzen Richtung kam, ist nur zu verständlich, auch wenn CHARLES PEIRCE selbstverständlich davon ausgenommen wurde. Denn schon seit Mitte der siebziger Jahre wurden die logischen, mathematischen und naturwissenschaftlich-geodätischen Arbeiten von PEIRCE nicht nur in Amerika, sondern auch in England, Frankreich und Deutschland beachtet. Zum Teil haben wir bereits darauf hingewiesen. Ab den achtziger Jahren setzten sich verschiedene Autoren vor allem mit PEIRCEs *Algebra of Logic* und anderen logischen Schriften auseinander. Neben ERNST SCHRÖDER, CHRISTINE LADD-FRANKLIN und EDMUND HUSSERL sowie anderen schon genannten auch eine Anzahl von berühmten mathematischen Logikern, die hier natürlich nicht alle genannt werden können, aber zumindest müssen die Namen W. STANLEY JEVONS, HUGH McCOLL, C. T. MICHAELIS, J. J. SYLVESTER, J. VENN, HENRY AUGUSTUS ROWLAND, ARTHUR CAYLEY, A. B. KEMPE, FRANCIS C. RUSSELL, FLORIAN CAJORI, E. STUDY, ALFRED NORTH WHITEHEAD, BERTRAND RUSSELL, LOUIS COUTURAT, FEDERIGO ENRIQUES und GERRIT MANNOURY erwähnt werden.

Als The Monist nach dem dritten die anderen geplanten Artikel nicht mehr publizierte, wollte CHARLES PEIRCE einen Artikel (vielleicht auch mehrere) für The Nation schreiben, der 1907 erscheinen sollte. Die Publikation kam aber dann doch nicht zustande, nur eine Reihe von Entwürfen sind erhalten, die wieder *Pragmatism*[15], nicht *Pragmaticism* als Titel haben. Erst 1934/35 wurden diese Aufzeichnungen unter dem Herausgeber-Titel *A Survey of Pragmaticism* in den *Collected Papers* auszugsweise publiziert (CP 5.11–13, 5.464–496 und 1.560–562). Aus den veröffentlichten Passagen gehen die Hauptthemen hervor, die mit zum Teil schon geäußerten, aber nicht publizierten Auffassungen von PEIRCE identisch sind. Vor allem betont er die Einigkeit *aller* Pragmatisten hinsichtlich der prominenten Rolle, die die **experimentelle Methode** bei der Bestimmung der Bedeutung von Wörtern und Begriffen spielt. Doch gleichzeitig zeigt er die Unterschiede der Auffassungen von WILLIAM JAMES, F. C. S. SCHILLER und ihm selbst auf. Er verstehe unter Pragmatismus eine Methode, um die Bedeutung „intellektueller Begriffe" festzustellen. Diese seien die einzigen „Zeichenträger", die zu Recht Begriffe genannt würden. Sie enthielten tatsächlich Implikationen, die sich auf das allgemeine Verhalten eines bewußten Wesens oder eines unbelebten Objektes bezögen.

Dieses Verhalten eines „bewußten Wesens" begreift PEIRCE aber nicht im Sinne eines tatsächlichen Verhaltens eines existierenden Wesens, sondern als ein „would-be", das heißt als eines von allen „daseinszufälligen Merkmalen" (HUSSERL) unabhängigen oder eines „Verhaltens-an-sich" (BOLZANO). In einer Anmerkung bringt er hier ein Beispiel von Mengen, insbesondere nicht-abzählbaren Mengen, und Wahrscheinlichkeiten, auch von Wahrscheinlichkeiten von Aussagen. Das „Wesen des Pragmatismus" beweist nach PEIRCE ein Prinzip, daß nämlich „die vollständige Bedeutung eines intellektuellen Prädikats darin liegt, daß im Lauf der Erfahrung bestimmte Ereignisse unter bestimmten gegebenen Bedingungen von Zeit zu Zeit eintreten **würden**". Daran schließen sich Überlegungen zu „Stoff und Form" unter Heranziehung der chemischen Klassifikation MENDELEJEFFs an, von denen aus er den Begriff der „Wertigkeit" (valency) dann auch auf Prädikate ausdehnt, so daß in der Logik der Relative unzerlegbare einwertige (z. B. „ist blau"), zweiwertige (z. B. „tötet") und dreiwertige (z. B. „gibt": A gibt B an C) Begriffe bzw. Prädikate unterschieden werden. (In der Linguistik ist der Begriff der „Valenz" in den letzten Jahren in gleicher Weise benutzt worden.) Diesen drei „Wertigkeitsstufen unzerlegbarer Begriffe" entsprechen nach PEIRCE „drei Klassen von Eigenschaften oder Prädikaten", nämlich „Erstheit", „Zweitheit" und „Drittheit". Und er fügt hier den Satz an, der nicht unterschlagen werden darf, weil er seine Selbsteinschätzung sehr deutlich zeigt: „Das wenige, das ich zum Pragmatismus (...) beigetragen habe, ist ausschließlich die Frucht dieses Herauswachsens aus der formalen Logik und ist – wie die Zukunft erweisen wird – weit wertvoller als das unbedeutende Gesamtergebnis meines übrigen Werkes." Das ist aber nichts anderes als noch einmal der Ausdruck der Überzeugung von der überragenden Bedeutung der Semiotik, die er im weiteren skizziert; denn für den Pragmatismus von PEIRCE ist das Wesentliche, „daß jeder Gedanke ein Zeichen" ist. Der logische Unterschied zwischen dem, was ein Ausdruck bezeichnet (nominat) – seine Breite, sein Umfang oder seine Extension – und dem, was er bedeutet (significat) – seine Tiefe, sein Inhalt oder seine Intension – leitet zu der Unterscheidung zwischen dyadischen (kausalen) und triadischen (semiotischen) Aktionen über. Triadische Aktionen oder **„Semiosen"** unterscheiden sich z. B. auch von „automatischer Regulierung", etwa eines Thermometers.

Noch einmal kommt er auf die „bedeutungsvolle Wirkung" von Zeichen, den Interpretanten des Zeichens, zu sprechen und unterteilt die Wirkung des Interpretanten in drei Klassen: 1. den emotionalen, 2. den energetischen und 3. den logischen Interpretanten. Die letzte Stufe ist für PEIRCE insofern die wichtigste, als sich damit die Überlegung zum „letzten logischen Interpretanten" bzw. zur „Gewohnheit" und zum „Gewohnheitswechsel" verbindet. Ein Gewohnheitswechsel wird nach ihm wieder drei Klassen von Ereignissen verdankt: 1. der Überraschung, 2. der muskulären oder geistigen Anstrengung und 3. der Überzeugung, die der Selbstkontrolle unterworfen ist. Das Wesen des logischen Interpretanten kann daher nur die „Gewohnheit" sein. Gewohnheiten bilden sich aber sowohl in der äußeren wie in der inneren Welt aufgrund von Wiederholungen aus, und – führt PEIRCE aus – „diese Gewohnheiten haben die Macht, das tatsächliche Verhalten in der äußeren Welt zu beeinflussen". Er entschuldigt sich an dieser Stelle, die Semiotik so unwissenschaftlich dargestellt zu haben, aber er sei nur ein Pionier in dieser Wissenschaft und müsse sich auf die wichtigsten unter den mehr als 400 Fragen beschränken.

Klarer und konsequenter als F. C. S. SCHILLER spricht PEIRCE dann vom **„Interesse",** das vor allen Überlegungen geklärt sein muß, da „der Weg, den der Interpret bei seiner Untersuchung einschlägt, sehr stark von der Art seines Interesses an ihr abhängt". Der Begriff „Interesse", der von KANT in der *Kritik der reinen Vernunft* eine wichtige Rolle bei der Erkenntnisgewinnung spielte, ist nach PEIRCE vor allem von GEORGE HERBERT MEAD, der neben JOHN DEWEY und CLARENCE IRVING LEWIS zur zweiten Generation von Pragmatisten gehört, in dem posthum erschienenen Werk *Mind, Self and Society* (Chicago 1934) aufgenommen und sozialphilosophisch interpretiert worden. Er erfuhr neuerdings in *Erkenntnis und Interesse* (1968) von JÜRGEN HABERMAS eine Wiederbelebung. Anhand des speziellen Problems, Landkarten mit vier Farben zur Darstellung der Länder zu kennzeichnen (die berühmte Vier-Farben-Hypothese, die erst jetzt durch Computer bewiesen wurde, vgl. S. 265 f), erhärtete PEIRCE seine Auffassung.

Was er hinsichtlich der Wahrheit ausführt, soll kurz erwähnt werden, auch wenn dies nur eine Andeutung sein kann: Seiner Meinung nach, und entgegen vor allem derjenigen von WILLIAM JAMES, ist die Wahrheit unabhängig von individuellen Meinungen, da sie „ein vorbestimmtes Resultat ist, zu dem jede ausreichende Untersuchung schließlich führen **würde**", aber einerseits gebe es für **keine** Frage eine absolute Wahrheit, andererseits wüßten wir jedoch, daß „alle Probleme im Laufe der Zeit gelöst werden".

Daß er die „ontologische Metaphysik" sehr skeptisch beurteilte, geht auch aus den Schlußpassagen dieses Artikels hervor, wo er den Standpunkt vertritt, daß wichtige Fragen der Metaphysik aufgrund einer *logischen* Maxime gelöst werden, was ausreichend beweise, daß sie eben nicht zur Metaphysik, sondern zur Erkenntnislehre (oder Epistemologie) gehörten.

2. Die nicht gehaltenen „Adirondack Summer School Lectures" von 1905

Kommen wir noch einmal auf Ereignisse der Jahre 1905 und 1906 zurück, unter denen zunächst die Vorlesungen an der Adirondack Summer School zu nennen wären, die im Sommer 1905 stattfinden sollten. CHARLES PEIRCE machte dazu Aufzeichnungen in zwei Notizbüchern (MS 1334 *Adirondack Summer School Lectures*; z.T. in CP 1.284). Er wollte demnach in diesen Vorlesungen ähnliche Themen wie 1903 an der Harvard Universität oder am Lowell Institut behandeln. Er beabsichtigte außerdem, einige neue Begriffe einzuführen wie „prattospude" (Tun), „taxospude" (Anwenden) und „heurospude" (Entdecken). Des weiteren wollte er den **Common-sense** als unbezweifelbar und die **Zeichenlehre** als erweiterte Logik darstellen. Besonders wichtig war ihm aber nun seine **Phänomenologie**, die in diesen Jahren sein Hauptinteressengebiet ausmachte. Daher definiert er hier seine phänomenologische Theorie oder „phaneroscopy", wie er sie vorzugsweise nennt, folgendermaßen: „Phaneroskopie ist die Beschreibung des Phanerons; und unter Phaneron verstehe ich die kollektive Totalität von allem, das irgendwie und in irgendeiner Weise dem Geist gegenwärtig ist, ganz unabhängig davon, ob es irgendeinem realen Ding entspricht oder nicht. (...) Soweit ich diese Wissenschaft der Phaneroskopie entwickelt habe, beschäftigt sie sich mit den formalen Elementen des Phanerons." (CP 1.284)

Die Vorlesungen kamen jedoch leider nicht zustande. Wie PEIRCE an WILLIAM JAMES am 23. Juli 1905 aus Milford schrieb, litt er sehr darunter, „daß sich die Hoffnung auf diese Woche bei den Sommerkursen der Universität nicht erfüllt hat. (...) Ich ahne, daß ich keine Hoffnung auf eine Vorlesung haben kann. Wie unverständlich! (...)" (Vgl. PERRY, 289)

In seinem Antwortbrief vom 1. August 1905 tröstet JAMES den Freund, indem er ihm erzählt, daß er in der Summer School in Hurricane/New Hampshire zwei Vorträge gehalten habe, aber beklagenswerterweise vor einem Publikum von nur einem Dutzend Hörerinnen und zwei Männern. Übrigens habe das Honorar nicht einmal für den Aufenthalt ausgereicht. „Vergieße darüber keine Tränen!" meint er. Er selbst sei auch nur hingefahren, weil er vor Jahren dort ein Haus gekauft habe, und weil er gerne in der Gegend sei. WILLIAM JAMES ist mit seiner Familie tatsächlich oft in diesem Haus in Chocorua/New Hampshire gewesen und fünf Jahre später, am 26. August 1910, auch dort gestorben.

3. Drei Vorträge vor der National Academy of Sciences 1905/06

CHARLES PEIRCE hatte als Mitglied stets Gelegenheit, vor der National Academy of Sciences zu sprechen. So hielt er während der Herbsttagung 1905 und der Frühjahrs- sowie Herbsttagung 1906 jeweils einen Vortrag.

Am 14. bzw. 15. November 1905 in New Haven sprach PEIRCE über *The Relation of Betweenness and Royce's O-Collections*[16], wobei es wahrscheinlich um die Themen der Kontinuität, des Infinitesimalen und Infiniten ging, die ROYCE ebenso wie PEIRCE immer wieder untersuchten. Es ließen sich keine Aufzeichnungen zu diesem Vortrag finden, aber man kann hier daran erinnern, daß er den Begriff „zwischen" (between) zur Illustration der Dreistelligkeit verwendet hat (b liegt zwischen a und c, zum Beispiel). Über die Tagung der Akademie berichtete er in The Nation am 14. Dezember unter dem Titel *The National Academy of Sciences at New Haven*.

Wir hatten bereits auf ROYCE hingewiesen, der, ein ehemaliger Schüler und späterer Verteidiger und Freund, von PEIRCE besonders geschätzt wurde, obwohl er seine Ansichten nicht ausnahmslos teilte. Über ROYCE hat er bereits 1904 im MS 45 *Second Definition of Ordinals* bemerkt: „Royce ist der einzige lebende Philosoph mit echter Kraft des Denkens, den ich kenne." Und in MS 284 *The Basis of Pragmaticism* hat er ihn als einzigen Pragmatisten bezeichnet, der in seinem Buch *The World and the Individual* (1900/01) die Bedeutung des Pragmatismus besser erfaßt habe als irgendein anderer Pragmatist.

Auf der Frühjahrstagung der Akademie vom 16. bis 18. April 1906 in Washington sprach CHARLES PEIRCE über *Recent Developments of Existential Graphs and their Consequences for Logic*[17]. Das MS 490 *Introduction to Existential Graphs and an Improvement on the Gamma Graphs* mit der Bemerkung „For the National Academy of Sci. 1906 Meeting in Washington" wurde auszugsweise in den *Collected Papers* (4.573–584) veröffentlicht. Man kann daraus ersehen, daß PEIRCE seine Graphentheorie nun noch enger mit logischen, semiotischen und pragmatischen Überlegungen verband, die bis zu seinem „Synechismus" reichen. Doch war er der Meinung, der Akademie keinen Vortrag über Metaphysik zumuten zu können und brach seinen Vortrag deshalb an der Stelle, wo er über Metaphysik hätte sprechen müssen, ab. Auch über diese Tagung der Akademie hat er in The Nation am 26. April 1906 berichtet.

Schließlich hielt PEIRCE während der Herbsttagung der Akademie in Boston vom 20. bis 22. November 1906 einen Vortrag über *Phaneroscopy, or Natural History of Signs, Relations, Categories, etc.: A Method of Investigating this Subject Expounded and Illustrated*[18]. Das MS 299 *Phaneroscopy or the Natural History of Concepts* (z.T. in CP 1.332–334 und 1.335–336) könnte diesem Vortrag zugrundegelegen haben, was jedoch nicht sicher ist.

Man sieht aus den Themen der drei Vorträge, daß sich CHARLES PEIRCE immer von neuem bemühte, seine mathematischen, graphentheoretischen, logischen, semiotischen und phaneroskopischen Untersuchungen bekanntzu-machen. Die einzige Chance, damit überhaupt an die Öffentlichkeit zu gelan-gen, waren neben den Publikationen in Zeitschriften vor allem solche Vorträge. In den Rezensionen für The Nation konnte er ja nur spärlich auf eigene Untersuchungen hinweisen, doch sind selbstverständlich auch dort Spuren seiner eigenen Forschungstätigkeit in fast allen Artikeln zu finden.

Notieren wir hier noch ein paar Einzelheiten aus dem privaten Leben. JULIET-TE muß in dieser Zeit immer wieder krank gewesen sein, und so vermerkte CHARLES PEIRCE am 27. Dezember 1905 in seinem Kalender: „Juliette sehr sehr krank. Mein armer Schatz. Gott, wenn sie genommen wird, laß mich nicht eine Stunde länger bleiben." Immer wieder machte er sich die größten Sorgen um ihren Gesundheitszustand, doch sie überlebte ihn, wie schon gesagt, um zwanzig Jahre.

Am 21. März 1906 starb im Alter von 75 Jahren der ältere Bruder JAMES PEIRCE in Cambridge, wo er bis zu seiner Erkrankung gelehrt hat, plötzlich an Lungenentzündung. Die Brüder CHARLES und JAMES hatte das Interesse an Mathematik, Physik und Literatur verbunden, und nach den erhaltenen Briefen zu urteilen, war ihr Verhältnis freundlich und tolerant. Aber dies war wohl nur die eine Seite. Denn der Biograph des Vaters, RAYMOND CLARE ARCHI-BALD, hat in seinem Artikel *Benjamin Peirce's Linear Associative Algebra and C.S. Peirce* (AMM (1927) 525–527) eine zweiseitige Notiz von CHARLES PEIRCE veröffentlicht, die in seinem Exemplar des *Traité des Substitutions et des Equations Algébriques* (1870) von CAMILLE JORDAN lag. Sie ist mit dem 28. Juni 1910 datiert, also vier Jahre nach dem Tod von JAMES PEIRCE geschrieben worden. CHARLES äußert sich darin zunächst zu den Anregun-gen, die er seinem Vater vergebens zu dessen *Linear Associative Algebra* gegeben hat. Der Vater habe sie nicht berücksichtigt, weil es fast unmöglich war, ihn dazu zu bewegen, eine Sache vom logischen Standpunkt aus zu betrachten. Er sei immer ein Gefühlswesen (creature of feeling) mit einer abergläubischen Verehrung der „Wurzel aus minus eins" gewesen. Er, CHAR-LES, habe das Glück gehabt, das Buch von JORDAN 1870 in London kaufen zu können, habe es aber der Coast Survey überlassen müssen. Da er sich nicht als Fachmathematiker betrachte, sei es ihm in der kurzen Zeit, als er es zur Verfügung hatte, nicht gelungen, seinen Inhalt zu meistern. Als sein Bruder JAMES 1874 das Buch auch gekauft habe, habe er ihm nahegelegt, es eingehend zu studieren, weil es sehr erleuchtend sei. JAMES habe aber nur den ersten Bogen aufgeschnitten. Als Professor für Mathematik hätte er doch versuchen müssen, Einblicke in die neueren Entwicklungen der Mathematik zu gewinnen, aber er sei eben auch ein Gefühlswesen gewesen. Als er starb, habe er ihm „als einziges, aber ausreichendes Legat" seine mathematischen Bücher hinterlassen, von denen er aber alle diejenigen vorher schon weggege-ben hätte, von denen er wußte, daß sie ihn interessieren. „Er dachte, ich besäße ein Exemplar von diesem [JORDANschen] Buch." Diese Bemerkungen von CHARLES PEIRCE, wahrscheinlich nicht für die Öffentlichkeit bestimmt, sind zufällig erhalten geblieben. Sie korrigieren das Bild uneingeschränkter Bewunderung für den Vater und ungetrübter Zuneigung für den Bruder, was in den Briefen ja nicht offenbar wird. Man darf das natürlich nicht überbewerten; denn das sind Verhaltensweisen, die in jeder Familie zu finden sind. Die Beziehungen der einzelnen Familienmitglieder untereinander unterliegen ebenso wie diejenigen zu anderen Menschen eben auch bestimmten Konven-tionen, die die wahren Gefühle bzw. Urteile verbergen.

Daß sich CHARLES PEIRCE nicht nur mit Mathematik, Semiotik, Erkenntnis-theorie usw., sondern auch mit schöner Literatur beschäftigte – wir hatten schon Beispiele dafür genannt – geht auch aus dem Brief vom 4. April 1906, dem Geburtstag des Vaters, an Bruder HERBERT hervor, wo er u. a. sagt, daß SAINTE-BEUVE eines seiner Idole sei und HERBERT empfiehlt, unbedingt das Buch *Le roman de Sainte Beuve* von GUSTAVE SIMON zu lesen.

4.   Weitere Publikationen von 1905 und 1906

Außer den genannten Artikeln in The Monist publizierte PEIRCE dort auch die Rezension von HERBERT NICOLS' *A Treatise on Cosmology* (Januar 1905) 157–158; dazu kamen 31 Beiträge in The Nation.[19]

Außerdem publizierte CHARLES PEIRCE 1906 in The Monist einen kleinen Beitrag mit dem Titel *Mr. Peterson's Proposed Discussion* (Januar 1906 plus Erratum April 1906, vollständig in CP 5.610–614), in dem er zu dem Artikel von JAMES B. PETERSON, *Some Philosophical Terms* (The Monist, Oktober 1905), Stellung nimmt.

Es geht darin hauptsächlich um „Erfahrung", wie sie von ARISTOTELES und LOCKE verstanden wurde. PEIRCE weist dabei auf seine Methode hin, immer einen Packen von ungefähr 50 Zetteln (Papier oder Karton) bei sich zu tragen, um Gedanken sofort notieren zu können, was er später in seinem Artikel *Some Amazing Mazes. First Curiosity* (1908) ebenfalls darlegte. Dazu kommt noch die Rezension der *Foundations of Sociology* von EDWARD ALSWORTH ROSS in The Monist (Juli 1906) sowie 13 Beiträge in The Nation[20] und die Artikel: *Men of Science in Session* (The Sun, 28. November 1906) sowie *Mars as a Planet to Inhabit* (The Sun, 2. Dezember).

5. Manuskripte zur „Realität Gottes"

Die Manuskripte MS 841 *A Neglected Argument of the Reality of God*, das erst 1908 im Hibbert Journal veröffentlicht wurde, MS 842[21] und MS 843 mit den gleichen Titeln sowie MS 845 *Answers to Questions Concerning My Belief in God*[22] und MS 844 *Additament to the Article a Neglected Argument for the Reality of God*, die einen Umfang von etwa 400 Seiten haben, wurden auszugsweise erst in den *Collected Papers* publiziert (CP 6.452–480, 2.755–772, außer 757 Anm. 1, 6.486–491 und 6.494–521).

Diese Manuskripte können als Vorstudien zu einem Buch über Religion angesehen werden, das CHARLES PEIRCE 1911 vom Standpunkt logischer Kritik des christlichen Glaubens schreiben wollte. Die relevanten Manuskripte dazu sind: MSS 846–856, die etwa 100 Seiten Umfang haben (nur MS 846 wurde vollständig in CP 7.97–109 publiziert) und MS 864 *Notes for my little book on Religion*, die alle von Januar bis Oktober 1911 datiert sind. Ob andere Manuskripte mit ähnlichen Themen bzw. Titeln dazugehören, läßt sich wohl kaum genau feststellen. PEIRCE plante anscheinend auch einen Kurs über dieses Thema, aber ob er in diesen Jahren stattfinden sollte und durchgeführt wurde, ist ebenfalls nicht bekannt (vgl. MS 876 *Suggestions for a Course of Entretiens leading up through Philosophy to the Questions of Spiritualism, Ghosts, and finally to that of Religion* und MS 857 *Lecture I*).

6. Drei Vorträge über Methodeutik in Cambridge 1907

CHARLES PEIRCE wurde im April 1907 vom Harvard University Philosophy Club eingeladen, drei Vorlesungen über Wissenschaftliche Methode zu halten. Da ihn dieses Thema ganz besonders interessierte, war er sicher erfreut, in

Cambridge darüber sprechen zu können. Die Titel der Vorlesungen waren: 1. *Logical Methodeutik: I. Retroduction, or the Framing of Hypothesis* (8. April), 2. *Induction, or the Experimental Method* (12. April) und 3. *Deduction* (13. April).[23]

Schon aus den Titeln ist ersichtlich, daß er Wissenschaftliche Methode bzw. Methodeutik selbstverständlich als Logische Methodik verstanden hat, oder, denkt man an seine ersten Vorlesungen an der Harvard Universität von 1865, als Wissenschafts*logik* (logic of science) bezeichnete. Das *Aufstellen von Hypothesen*, das *Testen von Erfahrungsdaten* und die *deduktive Ableitung* bildeten ja von Anfang an die Grundpfeiler seiner Methodenlehre.

Als PEIRCE diese Vorlesungen in Cambridge hielt, war das Buch *Pragmatism*[24] von WILLIAM JAMES gerade erschienen und ihm zugeschickt worden. Am 13. Juni schrieb PEIRCE seinem Freund u. a.: „Mein liebster William, (...) gerade in diesem Augenblick habe ich Dein Buch ‚Pragmatism' erhalten. Ich sah mir gleich das Register an und entdeckte Peirce, C., Santiago, S. Ich fand eine Darstellung meiner eigenen Gedanken, die ich anerkennen kann, da ich an meiner Methode monatelang gearbeitet und mich damit gequält habe – mich gequält mit einer Menge technischer Dinge, Einwände und Dämlichkeiten – und Du hast es auf Deiner Seite mit äußerster Klarheit und offensichtlicher Leichtigkeit dargestellt. Nichts könnte befriedigender sein. (...)"[25] Im Nachwort zu diesem Brief heißt es jedoch halb lobend und halb tadelnd: „(...) Glaube mir, William, daß ich Dir keinen Schmerz zufügen will, und der Tag, an dem ich etwas um der eigenen Befriedigung willen wollte, ist weit entfernt. Das ist wahrer, als Du denkst. Aber das macht nichts, denke, was Du willst. Ich habe nur einen fortwährenden Wunsch um Deinetwillen und der Zahllosen, die Du direkt oder indirekt beeinflußt. Daß Du nämlich, wenn Du nicht zu alt bist, versuchen solltest, exakter zu werden. Ich glaube, daß, wenn Du nur zwei Wochen übrig hättest, ich etwas für Dich und damit für die Welt tun könnte. Aber vermutlich trage ich anderer psychischer Kondition als der rationalen nicht genügend Rechnung. (...) Ich habe sowohl in meinen Vorlesungen als auch in meinen Schriften oft hervorgehoben, wie viel größer die Fähigkeit des Urteilens aus sehr ungenauen Ideen sein muß als aus formalen Definitionen; ich bin mit meinen Methoden selbst so eng verbunden, daß ich oft beklage, daß Du mich nicht mit den genauen Angaben belieferst, mit denen umzugehen ich gewohnt bin. Ich sehe auch mit Be- und Verwunderung, wie Du dennoch in den meisten Fällen zu den richtigen Schlüssen gelangst, und noch wunderbarer ist es, wie Du es fertigbringst, Deine Hörer so nahe an die exakte Wahrheit heranzuführen, wie sie fähig sind, sie zu verstehen. Diese Fähigkeit macht jemanden nützlich, wohingegen ich wie ein Geizhals Dinge aufgreife, die für die richtige Person zur richtigen Zeit nützlich sein könnten, die in Wahrheit aber ausgesprochen nutzlos für irgend jemanden sind, und meistens auch für ihn selbst. Was ist Nützlichkeit, wenn sie auf eine einzige zufällige Person beschränkt ist? Wahrheit ist öffentlich."

R. B. PERRY bemerkt zu dieser nicht endenden Kontroverse zwischen PEIRCE und JAMES hinsichtlich der Quintessenz des Pragmatismus: „Vielleicht ist es richtig – und zwar für alle Teile –, wenn man sagt, daß die moderne Bewegung, die als Pragmatismus bekannt ist, größtenteils das Ergebnis des Jamesschen Mißverständnisses von Peirce ist." (281)

JAMES hat durch seine Bücher, Vorträge und Artikel eine riesige Wirkung, nicht nur in Amerika, sondern auch in England, Frankreich, Deutschland und Italien gehabt, und PEIRCE sah sich gezwungen, seine Auffassung des Pragmatismus und seine Gründe für die Abgrenzung gegen andere Pragmatisten nochmals öffentlich darzulegen. Deshalb wollte er den schon genannten größeren Artikel in The Nation publizieren. Ende Februar 1907 schrieb er dem Herausgeber von The Nation nochmals einen Brief; denn in der Februar-Nummer des Leonardo, dem Organ der italienischen Pragmatisten, das von 1903 bis 1907 bestand und danach durch La Voce ersetzt wurde, war der Essay *Introduzione al Pragmatismo* von GIOVANNI PAPINI erschienen. In diesem Brief heißt es: „In der ganzen Welt fließen gerade heute, wie Sie wissen, die philosophischen Zeitschriften von Pragmatismus und Antipragmatismus über. Die Nummer des ‚Leonardo‘, die mich heute Morgen erreichte, enthält ein ausgezeichnetes Stück zu diesem Thema von einem begabten Autor von großer literarischer Fertigkeit, Giovanni Papini. Gestern erhielt ich Nachricht über Diskussionen zum gleichen Thema in Neuseeland.[26] Man hört jedoch oft zungenfertige Äußerungen, die ein völliges Mißverstehen dieses neuen Elementes des Denkens unserer Zeit verraten, so daß ich Ihre Einladung, zu erklären, was der Pragmatismus wirklich ist, wie er ins Leben gerufen wurde und worauf er hinausläuft, mit Freude annehme."[27]

Wir hatten schon angemerkt, daß diese Publikation dann doch nicht zustande kam. Allerdings erschienen 1907 in The Nation noch sieben Rezensionen[28] und zwei Nachrufe[29].

7. Schwierige Lebensumstände um 1907

Trotz der Vorträge und Publikationen hatte CHARLES PEIRCE um 1907 – wie schon davor und danach – ständig Geldsorgen. Schließlich hatte er seit dem Ausscheiden aus der Coast Survey kein festes, regelmäßiges Einkommen. Als er hörte, daß PAUL CARUS und WILLIAM JAMES seine alten Artikel gesammelt publizieren wollten, war er natürlich sehr erfreut, vor allem auch wegen der zusätzlichen Einnahme, wie er JULIETTE am 21. Februar 1907 schrieb. WILLIAM JAMES hielt zu dieser Zeit Vorlesungen an der Columbia Universität in New York. Zur Ausgabe der Artikel von PEIRCE ist es aber leider nicht gekommen.

Im Brief vom 7. März an JULIETTE klagt PEIRCE erneut über Geldsorgen. Er scheint sehr depressiv gewesen zu sein; denn er spricht von Selbstmordgedanken, plant aber, zwei kleine Bücher zu schreiben, um JULIETTE „ein bißchen nützlich" zu sein. Er bittet sie, inzwischen Geld von JAMES und anderen Freunden anzunehmen, bis er selbst ihr etwas schicken kann. Doch auch im April geht es um die leidige Geldfrage, weil JAMES seine Zahlungen einstellen will. PEIRCE ist daher einverstanden, daß JULIETTE noch einmal einen Käufer für das Haus in Milford sucht, was sie bereits 1902 vergeblich versucht hatte.

C. S. Peirce und Juliette
am Ziehbrunnen vor ihrem Haus „Arisbe" um 1908

Auch Schwester HELEN wurde brieflich immer wieder um finanzielle Hilfe gebeten. Seit 1902 hatte JULIETTE Schwellungen am Hals und oft große Schmerzen, so daß CHARLES auch verschiedene Hausarbeiten erledigen mußte. Im April klagt er über die „schreckliche Trennung von JULIETTE" und sagt, daß er bald den Verstand verliere, wenn er daran denke, daß seine Frau Hungers sterben wird und er nicht in der Lage sein wird, da herauszufinden.

Im Brief vom 21. Juni beklagt er sich bitter über die Unzuverlässigkeit von JAMES, der ihm zwei Dollar pro Tag gegeben habe, aber nach einer Woche 80 Dollar zurückforderte, was er schließlich auf 20 Dollar reduziert habe. Auch habe er ihm feierlich versprochen, dafür zu sorgen, daß ein Artikel von PEIRCE gedruckt und bezahlt würde. Doch als er fertiggestellt war, habe er ihn wegen seiner Vollkommenheit gelobt, sich jedoch geweigert, sich für den Druck einzusetzen. Auf Anregung von JAMES habe er einen weiteren Artikel geschrieben, sei aber sicher, daß dieser alles tun werde, um den Druck zu verhindern; denn JAMES habe eben keinen Sinn für Exaktheit. Er, PEIRCE, habe auch einen Artikel für das Atlantic Monthly geschrieben. „Diese Dinge sind so viel leichter zu schreiben als [über] Pragmatismus, wo ich den Unsinn von James darlegen muß, ohne ihn zu offenkundig Unsinn zu nennen, was er doch ist." Er muß sich über den Freund oft geärgert haben.

Der Gesundheitszustand von JULIETTE machte ihm auch wieder große Sorgen, denn, wie er am 18. Juli an HERBERT schreibt, der in Christiana/ Norwegen amerikanischer Gesandter geworden war, sollte sich JULIETTE am Kropf operieren lassen. Eine ihrer besten Freundinnen halte sich übrigens zur Zeit am Hof von Christiana auf; sie sei eine enge Freundin der norwegischen Königin. HERBERT hat sich daraufhin wohl über das Temperament von JULIETTE geäußert, denn CHARLES antwortet am 1. November, daß er zwar zugebe, daß JULIETTE ein heftiges Temperament habe, aber „sie hatte in allen ihren jungen Jahren eine Schulung in Diplomatie von den größten Lehrmeistern", fügt er hinzu. Im gleichen Brief klagt er übrigens Präsident ELIOT und die Harvard Universität an, nichts für seinen Vater getan zu haben, der doch alles für Harvard getan habe.

Wenige Tage später, am 21. Juli, fleht er HELEN an zu helfen, anderenfalls würde der Sheriff alles versteigern und sie würden mittellos auf der Straße stehen. Der Brief enthält darüber hinaus eine interessante Bemerkung über JULIETTEs Herkunft. PEIRCE schreibt, daß JULIETTE nach Amerika kam, weil ein „teuflisches Komplott" von einem der höchsten Prinzen Europas sie dazu zwang. Der Prinz, die „schlimmste Art eines roué" habe ein reizendes junges Mädchen zur Heirat zwingen wollen, indem er den Ehrgeiz ihrer Mutter geweckt habe. JULIETTE plante, daß er durch seine eigene Tat seinen unangenehmen Charakter zeigen sollte, und damit war die Verbindung gestoppt. Es sei eine gute Tat gewesen, für die ihr die höchsten Persönlichkeiten wärmstens dankten. Er, der Prinz, mit seinem unbeschränkten Vermögen und ohne Skrupel, plante dann aber, sie in eine schlimme Lage zu bringen, und zwar durch ihre eigene großherzige Natur. PEIRCE nennt auch in diesem Brief keine Namen, und so bleibt auch dieser Hinweis zu allgemein, um ihre Familie sicher herauszufinden.

Wenn man heute durch den Campus der Harvard Universität oder durch die Stadt Cambridge geht, sucht man immer noch vergeblich nach einem Hinweis auf BENJAMIN PEIRCE oder seine Söhne JAMES und CHARLES. Weder in der Universität noch an irgendeinem der Häuser, in denen die Familie PEIRCE lebte, finden sich Gedenktafeln.[30] Auch ist natürlich keine Straße nach ihnen benannt. Nach WILLIAM JAMES ist hingegen zum Beispiel ein Hochhaus „James-Tower" getauft worden. Aber was muß nicht alles geschehen, bis die großen Wissenschaftler eines Landes die Würdigung erfahren, die sie verdienen! Wer von den sogenannten „Stadtvätern" sollte denn schon beurteilen können, daß CHARLES PEIRCE bedeutender als WILLIAM JAMES ist?

8.   Die letzten Aufsätze in The Monist von 1908/09

PAUL CARUS, der Herausgeber des Monist, publizierte 1908/09 trotz der abgebrochenen Serie von 1905/06 nochmals drei Aufsätze von CHARLES PEIRCE mit dem Haupttitel *Some Amazing Mazes*. Es handelt sich dabei um „erstaunliche Irrgärten", die mit „zyklischer Arithmetik" zusammenhängen, von PEIRCE aber mit Hilfe von Kartentricks, „die im Grunde gar keine sind", erklärt werden sollen.

Paul Carus
(1852–1919)

Der erste Aufsatz erschien im April 1908 unter dem Titel *Some Amazing Mazes: The First Curiosity* (227–244; vollständig in CP 4.585–593). PEIRCE macht darin zum Schluß auch auf die „luzide und elegante Darstellung Dede-

kinds der *Vorlesungen über Zahlentheorie* von LEJEUNE DIRICHLET[31]" aufmerksam, wo diese Seltsamkeit ebenfalls erklärt wird, verspricht aber im
nächsten Artikel eine eigene Erklärung.

Der zweite Artikel, *Some Amazing Mazes: Explanation of Curiosity the First*,
erschien im Juli-Heft 1908 (416–464; vollständig in CP 4.594–642). Ergänzend
schrieb PEIRCE hierzu zwei Manuskripte, datiert mit dem 24. Mai 1908:
MS 203 *Addition (Add)* und MS 204 *Supplement (A)* (Auszüge in CP 7.535,
Anm. 6). Diese angekündigten „Erklärungen" umfassen 48 Seiten im Monist.
Sie betreffen verschiedene mathematische Probleme bzw. Methoden und sind
insbesondere „zyklischen Systemen", „zyklischer Arithmetik", Mächtigkeiten,
Ordinalzahlen, Mengen, dem Kontinuum, um nur einiges zu nennen, gewid-
met, die mit Aufteilungen von Kartenspielen zusammenhängen. Doch argu-
mentiert PEIRCE nicht nur als Mathematiker, sondern auch als Logiker und
Wissenschaftstheoretiker und bezieht auch seine Graphentheorie mit ein.
Auch nimmt die Erörterung von mathematischen Überlegungen von EUKLID
und ARISTOTELES über FERMAT, EULER, LAMBERT, LEIBNIZ, GAUSS bis
zu seiner Zeit einen großen Raum darin ein. Diese Abhandlung weist CHAR-
LES PEIRCE als ebenso kenntnisreichen wie originalen Mathematiker und
Logiker aus. Doch für die Leser des Monist, einer allgemeinen philosophischen
Zeitschrift, muß die Lektüre des Artikels zumindest zu anspruchsvoll gewesen
sein. Welcher unter den Lesern war in Mathematik wohl so gebildet, daß er
diese Ausführungen wirklich verstehen konnte? Der bessere Ort für die Publikation wäre sicherlich eine mathematische Zeitschrift gewesen.

Die Abhandlung enthält übrigens einen kleinen allgemeinverständlichen Abschnitt, nämlich „drei Maximen für den Leser", die ich zitieren möchte: 1. sich
auf die Bücher beschränken, die es wert sind, mehrmals gelesen zu werden;
2. diese Bücher kritisch lesen und Einwände an den Rand schreiben; und
3. immer ein Päckchen mit Zetteln, etwa von Postkartengröße, bei sich tragen,
um wichtige Dinge sofort notieren zu können, die – nach Sachgebieten
geordnet – nach zwanzig Jahren eine ganze Enzyklopädie ergeben können.
(Wir hatten diese letzte „Maxime" bereits kennengelernt.)

Zu diesem zweiten Artikel gibt es eine Art Vorspruch von FRANCIS C.
RUSSELL, dem Freund aus Chicago, mit dem Titel *Hints for the Elucidation of
Mr. Peirce's Logical Work* (406–415), für den PEIRCE dem Freund dankte und
den er eine „wirklich geniale Verteidigung" nannte. (Brief vom 6. Juli 1908)

Der dritte Aufsatz *Some Amazing Mazes: A Second Curiosity* vom Januar 1909
(36–45; vollständig in CP 4.643–646) ist der allerletzte Aufsatz, der von
CHARLES PEIRCE zu Lebzeiten publiziert werden konnte. In diesem kleinen
Artikel von neun Seiten wird nach PEIRCEs Meinung ein leichter verständli-
ches Phänomen dargelegt, und zwar wiederum ein „Kartentrick", mit dessen
Hilfe eine Menge von Spielkarten, die in Reihen geordnet und dann vermischt
wurde, wieder in die ursprüngliche Ordnung gebracht werden könne.

Die beiden Artikel *The Third Curiosity* (MS 199; Auszüge in NEM, III/1, 557–592. Vgl. auch 4.647 Anm.*) und *The Fourth Curiosity* (MS 200; Auszüge in CP 6.318–348 und 4.647–681) erschienen nicht mehr in The Monist, sondern wurden erst in den *Collected Papers* bzw. den *New Elements* auszugsweise zugänglich gemacht. In *The Third Curiosity* legt PEIRCE verschiedene Zahlensysteme dar, das heißt neben dem Dezimalsystem das Duodezimalsystem und das Seximalsystem, um dann zum **binären System** überzugehen. Er bemerkt, daß dieses binäre System von LEIBNIZ erfunden und angewendet worden war und seiner Meinung nach der Embryo der Determinanten- und Matrizenrechnung ist. SYLVESTER habe diese Erfindung irrtümlich für sich in Anspruch genommen. PEIRCE stellt das binäre System ausführlich mit allen arithmetischen Operationsregeln dar und macht auch darauf aufmerksam, daß es sich besonders für das Rechnen mit Maschinen eignet.

MS 200 *The Fourth Curiosity* wurde von den Herausgebern der *Collected Papers* geteilt und in Band 6, *Scientific Metaphysics*, sowie in Band 4, *The Simplest Mathematics*, (im Anschluß an *The First* und *The Second Curiosity*) veröffentlicht. Im ersten Teil der Auszüge (6.318–348) geht es nicht um Kartentricks, sondern um Ausführungen zu: dyadischen und triadischen Relationen, Universen, Reduzierbarkeit höherstelliger auf triadische Relationen, Kategorien, Denken, rohe Fakten, mathematische Zeit als reine Möglichkeit (im Gegensatz zur erfahrbaren Zeit), real, extern, mental, Essenz und Existenz, Raum und Zeit als triadische Relationen, Bau triadischer Relationen im Zusammenhang mit dyadischen und monadischen Relationen, Denken als Dialog, Seinsweisen oder Kategorien und Zeichen. Im zweiten Teil (4.647–681) erörtert PEIRCE seine Vorstellungen über Arten, Klassen, Mengen, Mächtigkeiten, Kontinuum (wobei er ausführlich auf die *Paradoxien des Unendlichen* (1851) von BOLZANO eingeht), Kardinal- und Ordinalzahlen. Er verteidigt seine Auffassung, daß nicht die Kardinal-, sondern die Ordinalzahlen grundlegend sind, weil Kardinalzahlen einen **Grad** der Mächtigkeit bedeuten, das heißt einen **Rang**, was eine ordinale Idee sei. „Daher sind Kardinalzahlen nichts anderes als eine spezielle Klasse von Ordinalzahlen." (CP 4.659) Da das Zählen ordinal sei, helfe es auch dem Denken; denn Denken habe Prozeßcharakter. Es gehe von einem Startpunkt aus, gehe durch etwas anderes hindurch und komme zu einem Resultat. Auch dies sei eine ordinale Idee. Weitere Ausführungen betreffen Mächtigkeiten und Mengen und sind eine Auseinandersetzung vor allem mit Ideen von GEORG CANTOR.

In denselben Themenkreis gehören auch das umfangreiche Manuskript 201 (über 200 Seiten, von denen aber viele Seiten verloren sind) *A Contribution to the Amazes of Mathematics* (Auszüge in NEM, III/1, 613–625), MS 202 *Some Amazements of Mathematics* (Auszüge in NEM, III/1, 593–613) und MS 224 *All Pure Quantity Merely Ordinal* (ein Notizbuch, datiert mit dem 16. August 1908).

Diese nicht von PEIRCE selbst publizierten Manuskripte nehmen natürlich viele Gesichtspunkte auf, die er mündlich oder schriftlich zum Teil schon erörtert hatte. Doch ist man immer wieder überrascht, wie sie in neuen Zusammenhängen auch neue Bedeutungen erhalten und wie viele seiner Ideen er immer wieder überarbeitet, erweitert und korrigiert hat.

9. Weitere Publikationen von 1908/09

Der bereits erwähnte Artikel *A Neglected Argument for the Reality of God* erschien endlich im Oktober 1908 im Hibbert Journal (S. 90–112)[32]. CHARLES PEIRCE wollte darin keinen neuen Gottesbeweis darlegen, sondern vor allem den wichtigen Begriff des „Universums", den er ja bereits an mehreren anderen Stellen vom logisch-mathematischen Standpunkt aus erörtert hatte. Er unterscheidet hier insbesondere „drei Universen der Erfahrung", nämlich 1. das Universum der Ideen, 2. das Universum roher Fakten und 3. das Universum der Zeichen. Neben Deduktion, Induktion und Abduktion, die er hier als „Stadien der Forschung" einführt, erwähnt er von den semiotischen Begriffen nur Icon, Index und Symbol. Außerdem gibt er einen kurzen Abriß der Entstehungsgeschichte des „Pragmatismus" und distanziert sich nun in aller Öffentlichkeit von Teilen des JAMESschen Werkes nach 1897[33], dem er nicht mehr zustimmen kann, weil es der Logik widerspricht, wie er sagt.

Da er sich auch gegen die Verwendung des Wortes „Pragmatismus" bei GIOVANNI PAPINI[34] wendet, gibt er seiner „armen kleinen Maxime" daher den Namen „Pragmatizismus".

Was das „vernachlässigte (neglected) Argument" betrifft, ist PEIRCE der Auffassung, daß insbesondere seine „Universen" die Hypothese eines unabhängigen Schöpfers nahelegen.

Nach dem Tode von WENDELL PHILIPPS GARRISON, dem literarischen Herausgeber von The Nation, wurde CHARLES PEIRCE nicht mehr zur Mitarbeit an dieser Zeitschrift aufgefordert, wie er am 7. Januar 1908 an SIMON NEWCOMB schrieb[35]. Trotzdem erschienen noch zwei letzte Beiträge: die Rezension der *Logic* von JAMES MARK BALDWIN (20. August) und der Nachruf auf OLIVER WOLCOTT GIBBS (17. Dezember). The Nation feierte 1909 ihr vierzigjähriges Bestehen und aus diesem Anlaß erschienen die *Letters and Memoirs of Wendell Phillips Garrison, Literary Editor of ‚The Nation'*, in welchem Werk auch CHARLES PEIRCE im Kapitel *The Fortieth Anniversary of the Nation* einen kleinen Beitrag veröffentlichte (140 und 156–157).

10. Späte Manuskripte zur Logik

A Triadische Logik

MAX H. FISCH und A. TURQUETTE haben in ihrem Artikel *Peirce's Triadic Logic* (TCSPS, 2 (1966) 71–85) darauf hingewiesen, daß in den Logik-Notizbüchern: MS 339 *Logic* (vom 12. November 1865 bis 1. November 1910), MS 277 *The Prescott Book* (Mai 1907, 8. Juni bis 13. September 1910) und MS 678 *The Art of Reasoning Elucidated* (Ende 1910) eine „Triadische Logik" enthalten ist, die von CHARLES PEIRCE aber nur andeutungsweise ausgeführt wurde. Diese „triadische Logik" könne als „modale Logik" interpretiert werden, sagt PEIRCE, da sie aus „Potentialität" und „Realer Möglichkeit" resultiere, wohingegen die „dyadische Logik" vollständig durch „Aktualität" bestimmt werde. Die „Triadische Logik" sei universal wahr. (MS 678)

In MS 277 ordnet PEIRCE die Modalitäten folgendermaßen:
1. Potentialität – Ideen
2. Aktualität – Vorkommnisse
3. Notwendigkeit – Vermögen/Gewohnheiten.

Außerdem unterscheidet PEIRCE in MS 678 drei Arten von „Behauptungen":
1. Behauptung der Möglichkeit,
2. Behauptung der Aktualität und
3. Behauptung der Notwendigkeit.

Er definiert diese drei Behauptungsarten wie folgt:
„Eine Behauptung der Möglichkeit ist ihre Emanzipation vom Prinzip des Widerspruchs, während sie dem Prinzip des Ausgeschlossenen Dritten unterworfen bleibt. Eine Behauptung der Notwendigkeit ist die, die dem Prinzip des Widerspruchs unterworfen bleibt, aber das Joch des Prinzips des Ausgeschlossenen Dritten abwirft. Eine Behauptung der Aktualität ist beiden unterworfen."

Mit diesen Zitaten ist natürlich noch nichts Konkretes über die Konzeption einer triadischen, modalen Logik von PEIRCE gesagt. Eine genauere Darlegung versuchte A. TURQUETTE bereits in seiner Abhandlung *Peirce's Phi and Psi Operators for Triadic Logic* (TCSPS, 2 (1967).

Eine formale Darstellung und Beweise für die Gültigkeit der PEIRCEschen Auffassungen gab ILDIKO GÖRHELY in *Kritische Darstellung der drei- und mehrwertigen Systeme der Logik von J. Łukasiewicz und E. Post mit besonderer Berücksichtigung der triadischen Logik von Charles Sanders Peirce* (Magisterarbeit, Stuttgart 1975), die vor allem auch eine Analyse der beiden Operatoren (Phi und Psi) enthält. Da PEIRCE die Modalitäten gelegentlich den Universal-Kategorien zugeordnet hat (Erstheit = Möglichkeit, Zweitheit = Aktualität, Drittheit = Notwendigkeit), liegt es nahe, die modale bzw. triadische Logik als eine semiotische Theorie zu interpretieren oder – anders ausgedrückt

– die Semiotik mit Hilfe einer modalen Logik darzustellen. MAX BENSE hat zwar die Subzeichen der „Kleinen Matrix" durch Paare von Modalitäten dargestellt, aber bisher ist der Zusammenhang zwischen Modal-Logik und Semiotik aufgrund des PEIRCEschen Ansatzes weder von Semiotikern noch von Logikern weiter verfolgt worden.

B Das unvollendete Buch über Logik von 1908

Im Brief an Lady WELBY vom 23. Dezember 1908 spricht CHARLES PEIRCE von einem neuen Buch über Logik, an dem er arbeitet und das er gern „Logic Considered as Semeiotic" betiteln würde, wenn dies nicht zu deutsch („Logik als Semiotik betrachtet") klänge. Wahrscheinlich handelt es sich dabei um die Aufzeichnungen, die vom 23. September bis 1. Dezember datiert sind[36], aber fragmentarisch blieben und natürlich nicht veröffentlicht wurden. Möglicherweise gehören auch die undatierten Manuskripte dazu, die mit „L" bis „Liij" und mit „M" und „N"[37] markiert sind und ebenfalls logische Überlegungen enthalten.

In MS 608 zitiert PEIRCE wieder einmal die Definitionen der Mathematik von DEDEKIND und seinem Vater und schlägt eine eigene vor, die hier lautet: „Mathematik ist die Wissenschaft exakter Konklusionen, die rein hypothetische Zustände der Dinge betreffen."

Übrigens ist aus der Formulierung „Logic considered as semeiotic" (im Brief an Lady WELBY) zu schließen, daß es sich auch hier eher um die Darlegung der Semiotik als der üblichen Logik handeln sollte. Weshalb PEIRCE die Arbeit an diesem Projekt dann aufgegeben hat, ist ungewiß, aber wahrscheinlich hatte ihn der Briefwechsel mit seiner englischen Freundin angeregt, die Semiotik unter dem Gesichtspunkt der „Bedeutung" darzulegen; denn ab März 1909 datieren eine Reihe von Manuskripten, die alle mit „Meaning" gekennzeichnet sind.

11. Krankheiten von JULIETTE und CHARLES PEIRCE um 1909

Die täglichen Sorgen sollten CHARLES PEIRCE in seinen späten Jahren nicht verlassen. Dem Freund FRANCIS RUSSELL schreibt er am 1. Januar 1909 u. a.: „... Meine Frau ist sehr krank, und sehr energisch, gewissenhaft, und die sonderbarste Hausfrau, die ich bei weitem je kennenlernte. Selbst wenn ich nicht im Zustand der Armut wäre, in dem ich bin, würde es für mich (abgesehen vom Reichtum) nicht möglich sein, für die Diener zu sorgen, die ihr nervlicher Zustand und ihre Überarbeitung erfordern; und daß sie mir so ergeben ist und es auf sich nimmt, mein Los zu teilen, wo sie im Luxus schwimmen könnte, wenn sie mich verlassen würde, zerrt an meinen Herzfasern ... Dazu bringen mir geschäftliche Dinge nach dem Tod eines Bruders [JAMES] und die Tatsache, daß die Familie die Haltung mir gegenüber einnimmt, die Familien gewöhnlich einnehmen – obwohl ich meine, mehr als üblicherweise – zusätzlich eine Menge Arbeit." Daß sie, JULIETTE, im „Luxus schwimmen könnte, wenn sie ihn verlassen würde", kann doch wohl nur heißen, daß ihre Familie wohlhabend und wohl auch gesellschaftlich höhergestellt war. Es scheint, daß JULIETTE auch noch 1909 in den Genuß der Annehmlichkeiten ihrer Familie hätte kommen können, wenn sie CHARLES verlassen hätte. Auch an Lady WELBY schrieb er am 24. 2. 1909 von JULIETTEs erneuter Krankheit und vom Versuch, das Haus zu verkaufen, das für sie viel zu groß sei. „Ich werde alt", merkt er an. Später (im Brief vom 11. Oktober) fügt er hinzu, daß seine geistigen Kräfte stark nachließen.

Aber auch CHARLES selbst wurde krank, wie JULIETTE am 27. September 1909 an Lady WELBY schrieb, so daß sie einen Teil der Korrespondenz übernehmen mußte. Sie spricht in dem Brief auch von ihren „geringen Talenten, die nicht auf philosophischem Gebiet" lägen und davon, daß sie zur Zeit die meiste Zeit seiner Gesundheit und der Überwachung von Reparaturen am Haus widme, um es ihm im kommenden Winter bequemer zu machen.

Die beginnende Krebserkrankung muß CHARLES PEIRCE schon 1909 Schmerzen bereitet haben, doch ließ er sich dadurch nicht von seiner Arbeit am Thema „Meaning" abbringen und war durchaus noch in der Lage, zu reisen und Vorträge zu halten.

Seine Lektüre war noch immer umfangreich. Sein Temperament war derartig heftig, daß er wütend reagieren konnte, wenn ihm etwas so mißfiel wie zum Beispiel der Vergleich, den WILLIAM JAMES zwischen ihm und BERGSON anstellte.

Die Vorlesungen über *A pluralistic universe*, die JAMES als Hibbert-Lectures 1908 am Manchester College hielt, erschienen 1909 als Buch. Im Anhang C wird PEIRCE von JAMES mit HENRI BERGSON verglichen, so daß PEIRCE dem Freund nach Erhalt des Buches (9. März 1909) sehr ärgerlich u. a. schreibt: „... Ich stehe zu meinem ‚Tychismus' mehr denn je; aber daß man mich deshalb mit einer Person vergleicht, die über *devenir réel* redet, trifft mich so sehr wie einen Arzt, der sich ausdrückt, daß ein Patient so etwas wie *locomotor ataxia* hätte, weil er ein Hühnerauge unter seiner Ferse hat ... Ich dachte, Dein „Will to Believe" wäre eine sehr übertriebene Äußerung, die einen ernsthaften Mann sehr beleidigt, aber was Du jetzt sagst, ist noch viel selbstmörderischer. Ich habe mehrere Nächte lang wach gelegen aus Trauer darüber, daß Du so sorglos mit dem bist, was Du sagst... Das einzige, wonach ich in der Philosophie immer gestrebt habe, war die genaue Analyse verschiedener Begriffe ... und ich bin tief davon überzeugt, daß Philosophie

of my note, I shall not mention it to him. The
note was chiefly to say how much gratified we
should be to receive you here if we could do
justice to so honored a guest, and if the
exposure and distance would permit. I have
always found that among the many letters
he receives there are none that seem to give
him so much pleasure and refreshment as yours.
My own small talents lie in quite another
direction than toward philosophy; and so
letter from me could be very interesting.
At present, for example, most of my time is
given to doing what I can for his health
and to supervising some repairs of the house
to make him more comfortable next winter.

Brief von Juliette Peirce an Lady Welby (Auszug)

entweder eine Wissenschaft oder Geschwätz ist, und daß ein Mensch, der die
Wissenschaft zu fördern versucht, kaum eine größere Sünde begehen kann,
als die Begriffe seiner Wissenschaft zu benutzen, ohne die ängstliche Sorge,
sie mit strenger Genauigkeit zu benutzen; es ist mir nicht sehr angenehm, mit
einem Bergson gleichgestellt zu werden, der anscheinend sein Bestes tut, um
alle Unterschiede zu verwirren ...“[38]

JAMES antwortet ihm darauf, daß dies alles für die „logische Welt" sicher richtig sei, aber die logischen Begriffe markierten doch nur statische Positionen in einem Fluß, der nie statisch sei, eine Ansicht, die er von HENRI BERGSON übernommen hat. In einem anderen Brief (21. März 1909) meint er dann, daß sich sein und PEIRCEs Tychismus einzig und allein auf den „Fluß" bezögen. Er sah also in der Lehre des Tychismus eine Annäherung an die Lebensphilosophie BERGSONs, ohne den Einwänden von PEIRCE überhaupt folgen zu können.

CHARLES PEIRCE hörte nicht auf, ihn zu kritisieren, jedoch ohne jeden Erfolg. Nach dem Tode von WILLIAM JAMES, der am 26. August 1910 in seinem Ferienhaus in Chocorua/New Hampshire starb, erklärte er dem Sohn HENRY in seinem Beileidsbrief vom 21. September 1910 indessen, daß auch dann, wenn des Vaters letzte drei Bücher kritisiert werden könnten, alle dennoch den Menschen für immer ehren und lieben müßten, der ein echter Freund gewesen sei, so wie ihn LA FONTAINE beschrieben habe: „Qu'un ami véritable est une douce chose (. . .)."[39] CHARLES PEIRCE hat sich in seinem Beileidsbrief selbstverständlich freundschaftlich und vorsichtig ausgedrückt.

Welche Auffassung er von Wissenschaft im allgemeinen wirklich hatte, formulierte er im Brief vom 22. September 1909 an Bruder HERBERT, wo er unter anderem erklärt, daß Wissenschaft erstens nach vollständiger Wahrheit strebt; daß Wissenschaft zweitens die Unmöglichkeit anerkennt, zu vollständiger Wahrheit zu gelangen; und daß drittens diejenige Theorie, die in der Wissenschaft allein annehmbar ist, weit davon entfernt sein kann, die wahrscheinlichste Theorie zu sein. Und er fügt noch hinzu: „Wenn ich von ‚Wissenschaft' spreche, meine ich heuristische theoretische Wissenschaft, nicht Systematisierung von Kenntnissen, nicht Entwicklung von Kenntnissen mit der Absicht, ein Ziel zu verwirklichen, indem man Handlung auf Kenntnisse begründet."

Das ist die klare, kritische, aber eindeutige Haltung eines Forschers, dem es nicht an Anwendung, Praxis, Verwertung oder dergleichen liegt, sondern der tatsächlich der Theorie im Sinne eines Instruments der Forschung, deren Ergebnisse stets korrigierbar bleiben, den Vorrang einräumt.

Übrigens legte er dem Bruder in diesem Brief auch die Unterschiede zwischen Ereignis (event), Tatsache (fact) und Phänomen (phenomenon) auseinander, deren terminologische Trennung für den Aufbau seiner „Phaneroskopie" unabdingbar sei.

XIV Die letzten Lebensjahre in Milford

1. Die Essays on Meaning von 1909

Obwohl CHARLES PEIRCE ab 1909 gezwungen war, täglich gewisse Dosen Morphium einzunehmen, um die Schmerzen zu lindern, die von seiner Krebserkrankung herrührten, arbeitete er seit März des Jahres 1909 an seinem „wichtigen Buch", das er – wie er Lady WELBY am 11. Oktober 1909 schrieb – noch fertigstellen wollte, bevor ihn seine Kräfte ganz verließen. Es sollte den Titel *Essays on Meaning*[1] erhalten. Auch WILLIAM JAMES gegenüber erwähnt er dieses Buch im Brief vom 17. Dezember 1909. In seinem Nachlaß befinden sich 23 Manuskripte, die alle an der oberen linken Ecke jeden Blattes das Wort „meaning" enthalten und mit Tag, Monat, Jahr und Uhrzeit datiert sind. Die Manuskripte haben einen Umfang von etwa 350 Seiten, manche Seiten sind durchgestrichen, manche sind kürzer, andere länger. Neben verschiedenen Manuskripten zur Einleitung (Preface) gibt es eine Kennzeichnung „Kapitel I", aber keine weiteren Kapitelangaben.

Im Vorwort zu diesen Essays (MS 654 vom 18. August 1910) heißt es: „Jedes Schließen besteht im Interpretieren eines Zeichens. Denn wann immer wir denken, denken wir in Zeichen. Jede Aktion des Denkens ist entweder die *Formation* oder die *Applikation* oder die *Interpretation* eines Zeichens, oder aber es ist irgendeine andere Art der Aktion auf ein oder mehrere Zeichen; diese andere Art von Aktion ist eher psychologisch oder sagen wir physiologisch als rational. Jene Psychologen, die uns sagen, daß Denken Sprache benötigt und nicht stattgefunden haben könnte, bevor die Menschen Sprache besaßen, haben insofern recht, als Sprechen das instinktive Vehikel des Denkens ist (sogar von ihm selbst zum Selbst eines nachfolgenden Moments) und wir noch wenig oder nichts darüber wissen, wie diese Fähigkeit entstand. Doch jeder Mathematiker und jeder Logiker wird dem Linguisten sagen, daß sie ganz andere Zeichensysteme besitzen, in die sie Wörter und Formen von Wörtern übersetzen, an die sie gewöhnt sind, um sie so intelligibler zu machen. (19. August 1910) Ein solches System, das gleich einer Syntax und für die Logik von großem Nutzen ist, wird in jenem Band ausführlicher beschrieben, der das System der Existenz-Graphen genannt wird. Es ist das einfachst mögliche System, das mit Exaktheit jede mögliche Behauptung ausdrücken kann. In diesem System gibt es keines der gewöhnlichen Teile des Sprechens;

denn die unteilbaren Elemente sind alle vollständige Behauptungen. Vielleicht gibt es das in irgendeiner existierenden Sprache; (...) Doch in einem Fall sind die Existenz-Graphen auf jeden Fall von Sprache verschieden, nämlich statt allein in der *Zeit* ausgedehnt zu sein, sind ihre Ausdrücke Diagramme auf einer *Fläche* und müssen tatsächlich allein als eine Projektion auf diese Fläche eines Zeichens, das in drei Dimensionen ausgedehnt ist, verstanden werden. Die Dimensionen sind notwendig und ausreichend für den Ausdruck aller Behauptungen; so daß es, wenn das menschliche Denken ursprünglich auf die Sprech-Linie beschränkt war (was ich nicht bejahe), nun über die Beschränkung hinausgewachsen ist. Unter einem Zeichen verstehe ich irgend etwas, real oder fiktiv, das zu einer wahrnehmbaren Form fähig ist, das auf etwas anderes als sich selbst, das schon bekannt ist, anwendbar ist und das fähig ist, in einem anderen Zeichen interpretiert zu werden, das ich seinen Interpretanten nenne, um etwas mitzuteilen, das vorher über sein Objekt nicht bekannt war. Es gibt daher eine triadische Relation zwischen jedem beliebigen Zeichen, einem Objekt und einem Interpretanten."

Angeregt vom Briefwechsel mit Lady WELBY und ihrem Vorschlag, der Bedeutungsfrage den zentralen Platz in der Grundlagenforschung einzuräumen, verstand PEIRCE seine Entwürfe in erster Linie als eine Erweiterung und Grundlegung seiner Semiotik, in der allein das Problem der „Bedeutung" eine Klärung erfahren könne. Daher stößt man in diesen Aufzeichnungen immer wieder auf Neufassungen der den Lesern dieses Buches schon bekannten Ausführungen zur Natur der Zeichen, zu Unterteilungen der Semiotik als umfassender Theorie, zu Relationen, Kategorien, Triaden und Trichotomien, Existenzgraphen usw. neben historischen Angaben zu Vorläufern in Logik und Semiotik seit ARISTOTELES. Den Kritikern der modernen, numerischen Entwicklung der PEIRCEschen Semiotik, die die von MAX BENSE entwickelte (zunächst von PEIRCE unabhängige) Notation der „Subzeichen" als mit PEIRCE unvereinbar ansehen, seien insbesondere die Ausführungen vom 19. Mai 1909 (MS 620) zu lesen empfohlen, wo PEIRCE, sehr fragmentarisch, seine Relative, die – wie er sagt – den „umbrae" von SYLVESTER entsprechen, nach LEIBNIZ und CAUCHY als „Determinanten" bezeichnet. Er gibt in diesem Manuskript daher eine Matrix an, die der „Kleinen Matrix" der Subzeichen von MAX BENSE entspricht. Bei PEIRCE sieht sie folgendermaßen aus:

$$11, 12, 13$$
$$21, 22, 23$$
$$31, 32, 33$$

Allerdings erklärt PEIRCE weder die einzelnen Zeichenpaare noch die ganze Matrix als formales Schema der Subzeichen (Qualizeichen bis Argument), hatte diese Möglichkeit aber mit Sicherheit erwogen; denn in Briefen an Lady WELBY hat er diese Notation auch zur Charakterisierung von Subzeichen benutzt. (Briefe an Lady WELBY vom 24., 25. und 28.12.1908; dt. *Über*

Zeichen, edition rot, nr. 20 (stuttgart 1965) 18ff und in *Die Festigung der Überzeugung* (Baden-Baden 1967) 143–167.)

Dieses große Fragment über „Meaning" wurde abgelöst von einem weiteren Fragment, nämlich den Manuskripten MS 641: *Significs and Logic* (3.–18. Nov. 1909) und MS 642: *Significs and Logic* (25.–28. Nov. 1909).

Auch darin geht PEIRCE zunächst wieder von den Beziehungen zwischen Semiotik oder der „Physiologie der Zeichen" und Logik oder der „Theorie des Schließens" aus. Er verteidigt ausführlich seinen „realistischen" Standpunkt gegenüber dem nominalistischen, indem er eine genaue Definition des Wortes „real" gibt. Einen breiten Raum nehmen hier außerdem die Explikationen zum Begriff des „Perzepts" ein, die man als Kernpunkte seiner erkenntnistheoretischen Position bezeichnen kann. Er weist in diesem Zusammenhang auf seine früheren Aufsätze aus den sechziger Jahren des 19. Jahrhunderts bis zum Zeitpunkt dieser Niederschrift hin. Wiederum erörtert er Modalitäten und Kategorien, sowohl systematisch als auch historisch.

Ohne auf weitere Einzelheiten einzugehen, soll hier nur noch gesagt werden, daß sich CHARLES PEIRCE bemüht, seine Hauptgedanken präzis darzulegen, daß aber seine physischen und psychischen Kräfte wohl nicht ausreichten, eine konzentrierte Darstellung seiner Zeichenlehre zu schreiben. Immer wieder schweift er ab, zitiert eigene Schriften, macht historische Bemerkungen, wägt dieses gegen jenes Argument ab, erinnert sich an Kontroversen (etwa mit SYLVESTER), kommt auf andere Wissenschaften zu sprechen, vor allem auf Mathematik, und bemerkt dann wahrscheinlich selbst immer wieder, daß er in Sackgassen geraten ist. Seine Selbstkritik verbietet ihm die Publikation. Und wahrscheinlich wäre es, trotz vieler interessanter Passagen in diesen Manuskripten, seiner Bedeutung nicht angemessen, die Manuskripte so, wie sie vorliegen, zu veröffentlichen. Man sollte die für die Semiotik wichtigen Gedanken aufnehmen und weiterentwickeln, d. h. nicht philologisch, sondern wie der Naturwissenschaftler verfahren, ganz im Sinne von PEIRCE, der ja das eigene Gedankenexperiment über jede Art von „Lesen eines Buches" stellte.

Den Manuskripten *Significs and Logic"* folgte noch eine Reihe von Manuskripten mit den Titeln *Definition*[2] und eine andere Reihe zu *Reasonings*[3]. Drei zeitlich darauf folgende Manuskripte mit dem Titel *Quest for Quest*[4] gehören thematisch ebenfalls zu den vorangehenden.

Ab 1. Oktober 1910 erscheinen die Wörter „Reason" oder „Reasoning" in den Titeln von Manuskripten, die wahrscheinlich einen neuen Versuch der Zusammenfassung seiner grundlegenden Ideen darstellen. Es handelt sich um 15 Manuskripte[5], von denen die letzten vier[6] aber nicht unmittelbar an die vorhergehenden anschließen, sondern nach fast sechs Monaten geschrieben wurden. Es ist nicht sicher, ob alle zusammengehören.

Ein *Sketch of Logical Critic*[7] ist ebenfalls undatiert und behandelt wieder ähnliche Gegenstände wie die vorhergehenden. Wahrscheinlich wurde er ebenfalls um 1911 geschrieben.

Das Wort „Reasoning" haben auch eine Reihe von Manuskripten[8] im Titel, die „spät 1910", 1910, um 1913 und 1913 datiert werden konnten. Ob sie alle zu einer einzigen Abhandlung oder verschiedenen Arbeiten gehören, läßt sich nicht genau sagen. Die Themen sind wiederum dieselben wie in den vorangehenden Manuskripten.

Sechs Notizhefte (die Seiten sind mit 2–442 numeriert, meistens aber nur mit den geraden Zahlen und ohne Datum), bilden das MS 693: *Reason's Conscience: A Practical Treatise on the Theory of Discovery; wherein logic is conceived as Semeiotic*. Die Hauptthemen sind auch hier noch einmal: Phänomenologie, Ästhetik, Ethik, Logik, Sprache und Linguistik, Mathematik und Logik, Existenzgraphen usw.

Eines der letzten Manuskripte, vielleicht das letzte überhaupt, ist MS 752, das ebenfalls mit *„Reasoning"* betitelt ist. Es ist mit dem 15. März 1914 datiert, umfaßt nur vier Seiten, gibt noch einmal die Einteilung des Schließens in Deduktion, Induktion und Retroduktion und zeigt die Grenzen des PEIRCE-schen Vertrauens in die Wissenschaft auf. Ob die MSS 755, 756, 757, 760, 761 auch dazu gehören, ist nicht sicher, obwohl sie ebenfalls „reasoning"[9] im Titel haben. Aber auch diese Manuskripte sind nicht die einzigen, in denen es um „reasoning" geht. Da sie nicht datiert (oder datierbar) sind, können sie dem Komplex jedoch nur mit Vorbehalt zugeordnet werden. Nur eine genaue Analyse des Inhalts würde die Zugehörigkeit bestätigen oder widerlegen können.

Vier Manuskripte über „Rhetorik"[10] sollen noch erwähnt werden, obwohl auch sie nicht datiert werden können. Sie handeln aber von dem Gebiet, das PEIRCE außer mit „Rhetorik" auch mit „Methodeutik" bezeichnet und als dritten Bereich seiner Semiotik eingeführt hat. Themen sind daher, neben der Semiotik selbst, die klassische, gewöhnliche Rhetorik, die durch die verschiedenen Rhetoriken der schönen Künste, der Rede, der Sprache und der Wissenschaft erweitert werden müsse. Die Rhetorik der Wissenschaft unterteilt PEIRCE in Rhetorik der Kommunikation von Entdeckungen, der wissenschaftlichen Abrisse, und der Anwendung der Wissenschaft hinsichtlich spezieller Ziele. Unter dem Titel *Rhetorik als pragmatisches System*[11] hat REGINA PODLEWSKI diese Rhetorik-Manuskripte näher untersucht.

2.   Späte Pläne und letzte Vorträge

CHARLES PEIRCE hatte offensichtlich 1911 seine Absicht, das Haus „Arisbe" in Milford zu verkaufen, das ihm und seiner Frau eine große finanzielle und physische Belastung geworden war, noch nicht aufgegeben. Er wollte immer noch „nach Europa, in eine kleine französische Stadt" übersiedeln, wie er Lady WELBY (17. April 1911) schrieb. Er berichtete ihr auch, daß er gerade ein kleines Buch über „Reasoning" geschrieben habe, dem möglicherweise die vorher genannten Manuskripte 658 bis 672, vielleicht auch 678 und 679 zugrundeliegen.

Im Brief vom 20. Mai 1911 klagt er über die schlimme Lage, in der er und seine Frau durch Krankheit und Armut geraten seien. Seit Jahren habe er keine Neuerscheinung mehr gesehen. Zur eigenen Arbeit fehlten ihm viele Bücher. (1881 hatte er bereits – wie erwähnt – einen Teil seiner Logik-Sammlung, insgesamt 295 Bände, der Johns Hopkins Universität in Baltimore verkauft.) JULIETTEs Schicksal bedauert er in diesem Brief mit den Worten: „Sie war dazu geschaffen, eine Prinzessin zu sein und sie gab meinen Wünschen nach und wurde die Frau eines Mannes, der hätte vorhersehen müssen, daß dies für sie äußerste Armut bedeuten mußte." Sie könnten noch nicht einmal eine Haushaltshilfe bezahlen und die Vorschriften des Arztes befolgen. Er selbst müsse manche Hausarbeit selbst verrichten. Auf die vielen Mahnungen wegen des Artikels für die Anthologie, die Dr. SLAUGHTER auf Anregung von Lady WELBY vorbereiten sollte, gesteht er nun, daß es ihm unmöglich gewesen sei, einen Beitrag zu schreiben. Er habe große Schwierigkeiten beim Gehen, sein Gedächtnis lasse sehr nach, er käme nicht auf gewisse Worte, die er suche.

Im letzten Brief an Lady WELBY, den er am 25. Juli 1911 abfaßte, hofft er immer noch, das Buch über „Reasoning" schreiben, seine Lage verbessern und sein Haus verkaufen zu können. Alle diese Pläne mißlangen. Er konnte das Buch nicht vollenden, die finanzielle Lage nicht verbessern, das Haus nicht verkaufen. CHARLES und JULIETTE mußten in Milford bleiben. Er arbeitete weiter an mathematischen und semiotischen Problemen, soweit es sein Gesundheitszustand zuließ.

Trotz aller Schwierigkeiten hielt CHARLES PEIRCE noch zwei Vorträge auf der Herbsttagung der National Academy of Sciences vom 21. und 22. November 1911 mit den Titeln: *A Method of Computation*[12] und *The Reasons of Reasoning, or Grounds of Inferring*[13]. Der zweite Vortrag ist mit den Problemen des nicht vollendeten und nicht veröffentlichten Buches, das er Lady WELBY gegenüber mehrfach erwähnte, identisch.

Nach diesen Vorträgen wurde von CHARLES PEIRCE weder ein weiterer Vortrag gehalten, noch eine Abhandlung veröffentlicht. Alles, was er noch schrieb, blieb unveröffentlicht liegen. Tausende von meist handschriftlichen Seiten werden in der Widener und Houghton Library der Harvard Universität sowie an anderen Stellen aufbewahrt. Sie können wohl auch in Zukunft nur teilweise zugänglich gemacht werden. Die bisher vorliegenden Anthologien PEIRCEscher Schriften enthalten nur einen kleinen Teil des veröffentlichten und unveröffentlichten Werkes von CHARLES PEIRCE, aus denen seine Intentionen jedoch – wie schon gesagt – nicht immer klar genug entnommen werden können.

3.   Die letzten Wochen im Leben von CHARLES PEIRCE

Zwischen 1908 und 1911 notierte PEIRCE in einem Adreßbuch (MS 1626) u. a.: „Ich liebe und schätze den Mann, der weiß, wann er ein Schachspiel aufgeben muß und nicht darauf besteht, es bis zu einem langweiligen und melancholischen Matt hinzuziehen. Ich liebe und schätze den Mann, der dem Tod einen herzlichen Händedruck gibt, wenn die Zeit kommt, und, wenn er einen guten Kampf geführt hat, diesen nicht mit einer schwachen, verzettelnden, aufrührerischen, mürrischen Nutzlosigkeit beendet."

Ob CHARLES PEIRCE bei der Niederschrift dieser Sätze von seiner Krebserkrankung wußte, die um 1909 begonnen hat, ist zwar nicht bekannt, aber sehr wahrscheinlich. Trotz seiner Erkrankung hatte er im November 1911 – wie gesagt – noch zwei Vorträge gehalten und seine schriftstellerische Arbeit sogar bis zu seinen letzten Lebenstagen fortgesetzt. Jedenfalls schrieb JULIETTE in einem fragmentarischen Entwurf (MS 1644: *Death*): „Bei einer unserer letzten Unterhaltungen, als ich mich weigerte, ihm mehr Schreibpapier zu geben, hielt ich ihm vor, daß er sich bei harter geistiger Arbeit physisch nicht erholen könnte. Aber als er klagte, daß seine Schmerzen so groß seien und Schreiben seine Schmerzen erleichtern würde, willigte ich ein ..."

Die letzten Manuskripte, die er datierte, sind folgende: MS 1354: *Fragment on Map Projection* (7. Januar 1914); MS 1071: *Mathematical Notes on the Shape of the Earth* (7. Januar bis März 1914); MS 752: *Reasoning* (15. März 1914) und MS 1090: *John P. Hayford's Contributions to the Science of Geodesy* (20. März 1914). Er ist also auch in seinen letzten Lebenswochen nicht nur auf einen Gegenstand fixiert gewesen, sondern bearbeitete diejenigen Gebiete bis zum Ende, die ihn zeit seines Lebens am meisten interessiert hatten.

Die Eintragungen in seinem Taschenkalender von 1914 sind spärlich; viele betreffen nun die sehr schmerzhaft gewordene Krankheit. Ein Eintrag im Kalender vom 6. Januar 1914 bezieht sich wohl auf JULIETTE; denn er vermerkt: „Hodie uxor L anos nata est." Wenn dies heißen soll, daß JULIETTE vor 50 Jahren, am 6. Januar 1864, geboren wurde, so wäre das ziemlich unwahrscheinlich. Sie müßte dann 1876 im Alter von nur zwölf Jahren nach Amerika gekommen sein.

Über die Krankheit notiert er am 18. Januar: „Dr. Pobe wurde gerufen und kam und machte eine lange Visite." Der Arzt aus Port Jervis, der schon vorher öfter konsultiert worden war, verordnete das Medikament „Périque" oder „Périgue" (es ist in seiner zittrigen Schrift nicht gut zu entziffern), was wohl ein schmerzstillendes Mittel war.

Ein paar Wochen später (am 9. März) schreibt er: „. . . litt sehr." Am 12. März lautet der Eintrag: „Ich ging nach P.J., um den Doktor unser beider wegen aufzusuchen. Ich leide sehr." Am 16. März: „Dr. Pobe kam. Ließ verschiedene Medikamente da." Der letzte Eintrag datiert vom 29. März: „Abends 8.05. Öffnete dritte Schachtel Périque $8^d10^h15^m$."

Aber nicht allein die Schmerzen machten CHARLES PEIRCE zu schaffen. Er litt auch und vielleicht vor allem an der Lage, in der er und JULIETTE sich befanden, an Hunger und Kälte.

VICTOR LENZEN hat in seinen *Reminiscences of a Mission to Milford, Penns.* (TCSPS, 1 (1966) 3–11) die letzten Stunden von CHARLES PEIRCE auf Grund der Erzählung von CHARLES J. GASSMANN, dem damals zweiundzwanzigjährigen Nachbarssohn der PEIRCEs, geschildert. GASSMANN erzählte LENZEN, daß er eines Tages Mitte April ins PEIRCE-Haus kam. Er wurde von JULIETTE empfangen und trat in das Zimmer, in dem CHARLES PEIRCE mit seinem weißen Bart auf einem schmalen Feldbett lag. Der Raum war dunkel und trotz eines schwachen Feuers kalt. JULIETTE sagte, sie hätten kein Holz. PEIRCE freute sich, den Nachbarn zu sehen. GASSMANN ging hinaus und machte ein bißchen Holz, um den Ofen zu heizen. Als er sah, daß auch nichts zum Essen im Hause war, ging er nach Hause und brachte den beiden etwas. Am nächsten Tag, dem 19. April, kam er gegen 10 Uhr morgens wieder. JULIETTE sagte zu ihm: „Papa geht es heute nicht gut." Sie nannte ihren Mann immer „Papa", weil er so viel älter war als sie, und er nannte sie meistens „mein kleines Mädchen". Nach GASSMANNs Aussage war PEIRCE sehr dünn, schwach und leidend und sah auf dem Feldbett wie ein kleiner Junge aus. Als PEIRCE sagte, daß er fröre, legte GASSMANN Holz nach und um ihn besser zu wärmen, hob er ihn von seinem Feldbett hoch und hielt ihn in seinen Armen. PEIRCE keuchte zwei- dreimal, dann erstarrte er und starb. JULIETTE weinte sehr. GASSMANNs Mutter kam herüber, um sie zu trösten und ihr etwas zu essen zu bringen. Soweit der Bericht von GASSMANN in den *Reminiscences* von LENZEN.

Der Leichnam von CHARLES PEIRCE wurde verbrannt. JULIETTE bewahrte die Asche in einer Urne auf dem Kamin-Sims über ihrem Bett auf. Als sie am 4. Oktober 1934 starb, wurde die Urne mit ihrem Leichnam am 7. Oktober 1934 in einem Grab, das der alte Freund der PEIRCEs, GIFFORD PINCHOT, zur Verfügung stellte, auf dem Friedhof in Milford beigesetzt.

CHARLES PEIRCE war bei seinem Tode einem breiteren Publikum praktisch unbekannt. Erst nach dem zweiten Weltkrieg bzw. in den fünfziger Jahren wurde das Interesse an den PEIRCEschen Konzeptionen und Schriften durch Forschungen und Publikationen in aller Welt immer stärker dokumentiert. Nach dem Ausscheiden aus der Johns Hopkins Universität, das heißt seit 1885, hatte PEIRCE ja keine Schüler mehr gehabt, wenn man von den Privatschülern in Logik absieht. Er arbeitete zwar intensiv an seinen wissenschaftstheoretischen, mathematischen und naturwissenschaftlichen Schriften, konnte jedoch für kein Projekt einen Verleger finden. Nur durch Vorträge bzw. Vortragsreihen und Zeitschriften-Artikel sowie durch Beiträge in Wörterbüchern und Enzyklopädien wurde er in gewissen wissenschaftlichen und philosophischen Kreisen bekannt und als „Begründer des Pragmatismus" auch anerkannt.

Selbstverständlich erschienen verschiedene Nachrufe nach seinem Tode. Am 21. April 1914 veröffentlichte FREDERICK C. PEIRCE im Boston Evening Transcript den ersten Nachruf, in dem er u. a. schrieb: „Herr Charles Sanders Peirce, der bekannte Logiker, Mathematiker und Philosoph, starb letzten Sonntag Abend in der anheimelnden kleinen Hütte (sic!) in den Bergen hier in der Nähe, wo er siebenundzwanzig Jahre lang zurückgezogen lebte, um seinen Studien nachzugehen. Er ist lange Zeit krebskrank gewesen. Er war vierundsiebzig Jahre alt.

Seine einzige Gefährtin war seine zweite Frau, Juliette Froissy, die aus einer berühmten französischen Familie stammt, die seine Abgeschiedenheit und seine Arbeit teilte. Seine erste Frau, Frau Melusina Fay Peirce, die in Chicago lebt, ist eine berühmte Organisatorin von Frauenvereinigungen. (...)

(...) ‚Pragmatismus' war der Name, den er gewissen höheren philosophischen Prinzipien gab, die er formulierte. Herr Peirce wurde in Cambridge, Mass. geboren, war ein Vetter von U.S.Senator Lodge und seine Mutter war eine Tochter des späteren U.S.Senators Mills. Er war ein Bruder von Herrn Herbert Henry Davis Peirce, einem U.S.Diplomaten, der dieses Land bei den Friedensverhandlungen von Russland und Japan in Portsmouth, N.H. repräsentierte, und der dann Dritter Staatssekretär wurde."

JOSEPH JASTROW, der ehemalige Mitverfasser eines Artikels von PEIRCE, schrieb in seinem Nachruf mit dem Titel *The Passing of a Master Mind* am 14. Mai 1914 in The Nation u. a.: „Ich weiß nicht, ob Herr Peirce eine andere akademische Stelle als die Dozentur für wenige Jahre an der Johns Hopkins Universität inne hatte. Daß dies am persönlichen Temperament lag, das wohl schwierig genannt werden darf, sei zugegeben; derartig ist die Sinnesart des Genies. (...)" Er schrieb auch, daß PEIRCE in gewissem Sinne den „amerikanischen Helmholtz" verkörperte.

Auch HERBERT, der jüngste Bruder, veröffentlichte am 16. Mai einen langen Nachruf im Boston Evening Transcript, in dem er insbesondere die wissenschaftliche Tätigkeit vom Großvater, BENJAMIN PEIRCE sen., über den Vater,

BENJAMIN PEIRCE, und den Bruder, JAMES MILLS PEIRCE, bis zu CHARLES PEIRCE hervorhob, eine über hundertjährige Beschäftigung mit Wissenschaft in einer einzigen Familie. Er schilderte den Werdegang von CHARLES PEIRCE von der Kindheit an, als er sich ohne fremde Unterrichtung Lesen und Schreiben beibrachte, über Schul- und Universitätsjahre bis zu seinen späteren wissenschaftlichen Erfolgen, von denen er vor allem auch den „Pragmatismus" betonte. HERBERT PEIRCE beschloß seinen Nachruf mit dem Satz: „Seine Studien konnten ihm keinen populären Applaus einbringen, aber all denen, die ihn gut kannten, gab er ein Licht, das niemals erlöschen wird."

Um noch eine weitere Stimme zu berücksichtigen, seien einige Zeilen zitiert, die man im Nachruf von FRANCIS C. RUSSELL *In memoriam Charles S. Peirce* (The Monist, Juli 1914) lesen kann: „Was das Genie betrifft, seine zufällige Entdeckung und Erziehung, so lehrt uns die Geschichte, daß seine weltliche Angelegenheit mit seltenen Ausnahmen eine der äußersten Einfachheit ist. (...) Natürlich ist das Genie unbequem. (...) Man kommt oft schlecht mit ihm aus. Es strapaziert die Geduld bis an die Grenzen des Erträglichen. (...) Der Universale Geist hat ihn, und die Welt, die ihn vernachlässigte, wird für ihn sorgen – vielleicht nach vielen Tagen, aber ganz sicherlich."

4. JULIETTE nach dem Tod von CHARLES PEIRCE

Nach dem Tod ihres Mannes lebte JULIETTE zunächst allein in dem großen Haus bei Milford. Schon in den letzten Lebensjahren von CHARLES PEIRCE war das Leben dort – offensichtlich ohne Hausangestellte – nicht einfach, wie man aus der Korrespondenz mit Lady WELBY und Mitgliedern der PEIRCE-Familie entnehmen kann. Nunmehr sorgte zwar GIFFORD PINCHOT für die Erledigung der schweren Arbeiten wie Gras mähen und Holz anfahren, aber wie es scheint, hatte JULIETTE sonst keine oder nur geringe Hilfe. Auch wenn sie gute Nachbarn hatte und in die Milforder Gesellschaft völlig integriert war, wie uns MARIE CHOL OLSEN erzählte, hat sie anscheinend viele Stunden nur in Gesellschaft ihres Pudels verbracht. Um vom Haus „Arisbe" Milford zu Fuß zu erreichen, braucht man eine gute Stunde. Da die Winter dort kalt und schneereich sind, hat sie wohl häufig im Haus bleiben müssen. Doch hat sie immer wieder Wochen oder Monate lang in New York gelebt und während dieser Zeit ihr Haus auch vermietet.

1914 hat sich JULIETTE PEIRCE zunächst dem Nachlaß ihres Mannes gewidmet. Wie VICTOR LENZEN in seinem Artikel *Reminiscences of a Mission to Milford, Pa.* (TCSPS, 1, 1965) schreibt, begann JULIETTE kurz nach dem Tode von CHARLES ihre Korrespondenz mit dem Philosophie-Department der

Harvard Universität, da sie die nachgelassenen Manuskripte und einen Teil der PEIRCEschen Bibliothek der Harvard Universität „geben" wollte. In den Weihnachtsferien 1914 reiste VICTOR LENZEN im Auftrag der Fakultät nach Milford. Er hatte von Professor JAMES H. WOODS, dem Dekan, Informationen und Geld für sein Unternehmen erhalten. LENZEN beschreibt das PEIRCE-Haus als ein dreistöckiges Gebäude mit 25 Zimmern, dessen Inneres nie vollständig fertiggestellt wurde. Am Morgen, als er ankam, wurde er von JULIETTE sehr freundlich empfangen. Sie verabschiedete gerade einen Arbeiter, mit dem sie französisch sprach. LENZEN schildert sie als zarte, brunette Frau mit schmalem Gesicht, aber breiten Backenknochen. Sie hatte alle Manuskripte und Bücher für die Harvard Universität in CHARLES' Arbeitszimmer gebracht, und alle Tische und Stühle des Raumes waren mit ihnen belegt. Sie erklärte LENZEN, daß die Bücher und Manuskripte zusammenbleiben und einen Ehrenplatz in der Harvard-Bibliothek erhalten sollten, gewissermaßen als ein „Memorial für PEIRCE". LENZEN, der wußte, daß die Harvard Bibliothek die meisten dieser Bücher schon besaß, konnte nur zusagen, daß sie als aus

Die Widener Bibliothek
der Harvard Universität

dem PEIRCEschen Besitz stammend gekennzeichnet würden, wie das normalerweise mit Schenkungen gemacht wird. Erst im Laufe der Verhandlungen mit JULIETTE wurde ihm klar, daß sie das gesamte Material nicht geben im Sinne von „schenken", sondern für 500 $ verkaufen wollte, um den ersten Stock des Hauses ausbauen lassen zu können. Angeblich wollte sie durch Zimmervermieten ein bißchen Geld verdienen. Nach einer anderen Version ließ sie das Haus ausbauen, um eine Gedenkstätte für CHARLES PEIRCE zu schaffen. Im *Report of the President of Harvard University for 1914–15* ist, wie LENZEN schreibt, eine Erklärung des Bibliothekars der Harvard Bibliothek enthalten, aus der hervorgeht, daß 1200 Bände der PEIRCEschen Bibliothek von Frau JULIETTE PEIRCE gestiftet wurden, und daß ihr für die unveröffentlichten Manuskripte aus speziellen Stiftungen etwas gezahlt wurde, ohne jedoch eine bestimmte Summe zu nennen. Unter den Büchern, die JULIETTE am 28. Juni

1915 der Widener Library der Harvard Universität schenkte, ist z. B. auch die *Theory of Heat* von CLERK MAXWELL (1891) mit Marginalien von PEIRCE. (vgl. MS 1598).

Am 29. Dezember 1914 machte sich VICTOR LENZEN mit den in Kisten verpackten Büchern und Manuskripten auf den Rückweg nach Cambridge. Bis Port Jervis benutzte er einen Pferdeschlitten, von dort nahm er den Zug über New York nach Boston.

JULIETTE scheint durch den Verkauf des Nachlasses tatsächlich in der Lage gewesen zu sein, das Haus weiter ausbauen zu lassen. Zwei Jahre vor ihrem Tode, 1932, hat sie sogar noch die an den PEIRCEschen Besitz angrenzende „Quicktown School" dazu erworben, die bis 1920 als Schulhaus genutzt worden war. JULIETTE kaufte sie für nur 25 $. Nach ihrem Tode wurde sie über den Highway transportiert und gehört heute der Familie CICERONE, wie WILLIAM F. HENN in seinem Büchlein *Westfall Township. Gateway to the West* (Pike County Historical Society, Milford, Pa 1978) schreibt.

Als VICTOR LENZEN im Sommer 1959 von MAX FISCH hörte, daß dieser eine PEIRCE-Biographie vorbereite (sie ist noch nicht veröffentlicht worden), besuchte er das PEIRCE-Haus noch zweimal. 1934, nach dem Tode JULIETTEs war es von ROBERT PHILIPPS erworben worden. Anstelle des „Ballsaals" im Hof war eine Garage entstanden und 11 Zimmer des Hauses waren verändert worden. Das Haus war weiß gestrichen und davor eine Tafel der Pike County Historical Society aufgestellt worden. (s. Abb.) Nach dem Tod JULIETTEs wurden Möbel und andere Dinge aus dem PEIRCE-Haushalt versteigert oder vernichtet. Im Besitz des Hotel Fauchère befanden sich z. B. einige schöne Eßzimmerstühle, die mit rotem Leder bezogen waren, sowie ein großer Eßtisch, die uns MARIE CHOL OLSEN, als wir, MAX BENSE und ich, 1969 Milford zum ersten Mal besuchten, zeigte. Bücher und Porzellan hatte Frau BRYCE erworben, wie LENZEN schreibt. VICTOR LENZEN hat Milford im Sommer 1961 zum letzten Mal besucht. Durch Frau PHILIPPS, die damals im PEIRCE-Haus wohnte, lernte er EDNA QUICK, geborene GASSMANN kennen, die als junges Mädchen im PEIRCE-Haushalt gearbeitet und mit sechzehn Jahren eine Fotolehre gemacht hatte. Die GASSMANNs waren die nächsten Nachbarn und EDNAs Bruder CHARLES war derjenige, in dessen Armen CHARLES PEIRCE gestorben ist. Von EDNA stammen viele Fotos der PEIRCEs und ihres Hauses.

Kehren wir noch einmal in das Jahr 1916 zurück, als Amerika in den ersten Weltkrieg eintrat. JULIETTE arbeitete damals für das Rote Kreuz. Sie sammelte Geld und legte zu Gunsten des Roten Kreuzes die Karten. Im Milford Dispatch von damals kann man u. a. lesen: „... Mit den berühmten Karten und Methoden, die Napoleons Sturz vorhersagten, sagte sie [JULIETTE] die Zukunft voraus. Sie ist auch eine Kennerin der Astrologie. ..." In einer anderen Zeitungsnotiz heißt es, sie sei im Besitz der Spielkarten von Mademoiselle LE

NORMAND vom Hofe NAPOLEONs gewesen, die nach derem Tod einem Mitglied von JULIETTEs Familie übergeben worden seien und die JULIETTE als Kind bekommen habe. CHARLES PEIRCE habe ihr die rätselhaften Zeichnungen auf den Karten erklärt. (Im Museum der Pike County Historical Society wird heute ein gelbes Kleid mit schwarzen Punkten, Sternen und Halbmond gezeigt, in dem JULIETTE die Karten zu legen pflegte.) In anderen Zeitungsausschnitten, die sich in ihren hinterlassenen Papieren befinden, lesen wir, daß sie einmal für die Feuerwehr von Milford 20 $ stiftete; daß ihr Haus sechsmal beraubt wurde und einmal ein wertvoller Hermelinmantel im Wert von mehreren tausend Dollar gestohlen wurde. Sie wird in der Zeitung als „kleine gebildete Französin" und als „eine der größten Arbeiterinnen für das Rote Kreuz während des Krieges" bezeichnet. „Patriotische Frau Peirce", „Frau Peirces gute Arbeit", „Frau Peirce schlägt vor, ihren Besitz zu stiften" lauten andere Schlagzeilen. In ihrem Nachlaß befindet sich außer verschiedenen Zeitungsausschnitten auch ein Foto von Prinz ROBERT de BROGLIE, das sie ebenfalls einer Zeitschrift entnommen hatte. Zu den Besitzungen von Prinz de BROGLIE gehörte übrigens Schloß Chaumont bei Nancy, das während des ersten Weltkrieges das Hauptquartier der Amerikaner war und wo sich im Krieg 1870/71 das Hauptquartier des deutschen Kronprinzen befunden hatte. Weshalb sie das Foto von ROBERT de BROGLIE mehrfach aufbewahrte und welche Beziehungen sie zu ihm hatte, ließ sich noch nicht klären. JULIETTE hat ja mit den verschiedensten Personen korrespondiert, aber alles, was zu deutlich auf ihre Herkunft hätte hinweisen können, vernichtet. Sie führte ihre Korrespondenz in englischer oder französischer Sprache.

Aus französischen Briefen von und an LOUISE de GINSHEIM (MS L 529), die Lehrerin im Jeanne d'Arc Home in New York (251 W 24th Street) war, geht zum Beispiel hervor, daß JULIETTE sie während ihres Besuchs in Milford gemalt hat. Wie wir schon sagten, hatte sie vor der Übersiedlung nach Milford in den achtziger Jahren in New York noch Malunterricht genommen. Sie soll auch eine gute Sängerin gewesen sein. Ein Flügel war 1983 noch im PEIRCE-Haus zu sehen. Auch ihre Mutter war als Sängerin gerühmt worden, so z. B. in einem Brief von EDITH GWYNNE GILL aus Paris vom 19. November 1898 (MS L 165), die sich an den Gesang ihrer Mutter „im Schloß" (?) erinnert. Das Ehepaar GILL wechselte mit CHARLES und JULIETTE zwischen Oktober 1891 und März 1909 mehr als 90 Briefe. Die Anrede in einem dieser Briefe lautet: „Madame la Comtesse".

Gute Freunde JULIETTEs waren wohl auch das Ehepaar GIFFORD und CORNELIA PINCHOT sowie MARIE CHOL OLSEN, die Erbin des Hotel Fauchère in Milford. Um JULIETTE gerecht werden zu können, müßte man die erhaltene Korrespondenz in der Houghton Library der Harvard Universität genauer erforschen. Sie hat ja auch mit den Mitgliedern der PEIRCE-Familie, mit früheren Hausangestellten, mit ALICE JAMES, der Frau von WILLIAM JAMES, und mit HENRY JAMES jr., dem Sohn von WILLIAM JAMES, neben vielen anderen Personen korrespondiert. Auch wenn viele wichtige Briefe vernichtet, beschnitten oder verlorengegangen sind, ließe sich aus der umfangreichen Korrespondenz doch ein genaueres Bild dieser rätselhaften Frau gewinnen.

Als JULIETTE am 4. Oktober 1934 in Milford gestorben war, veröffentlichte die New York Times am 8. Oktober einen merkwürdigen Nachruf. Die Schlagzeile lautet: „Frau C. S. Peirce beerdigt. Gouverneur Pinchot bei der Beerdigung von Ex-Kaisers Spielkameradin (playmate)". Der weitere Text des Nachrufs ähnelt demjenigen den die Pike County Historical Society am 11. Oktober 1934 publizierte. Die Schlagzeile dort lautet: „Nachruf. Madame Juliette Peirce". Weiter heißt es, sie sei vor ihrem Tod einige Wochen lang krank gewesen, sie stamme aus Frankreich, wo sie ihre Jugend verbracht habe, mit sechzehn Jahren habe sie CHARLES PEIRCE kennengelernt und später geheiratet. (Danach wäre sie bei ihrem Tod etwa 74 Jahre alt gewesen.)

Des weiteren kann man dort lesen: „Madame Peirce war eine ungewöhnliche Persönlichkeit und diejenigen, denen es gestattet war, sie zu kennen, priesen diese Ehre, da es ihnen bewußt war, daß diese kleine Lady in Schwarz kein gewöhnliches Individuum war, sondern einen Hintergrund besaß, wie er nur wenigen vergönnt ist.

Hunderte werden sich an Madame Peirce wegen ihrer Verwendung der Karten erinnern, die Napoleons Verhängnis vorhersagten, um anderen das Schicksal vorauszusagen. Sie tat das nicht zu ihrem Gewinn, sondern gab alles, was sie erhielt, für die Armenhilfe in Milford und anderen Orten, und neben den Einheimischen gab es viele, die sie kannten und von weit her kamen. Während der letzten zwei oder drei Jahre war sie nicht in der Lage, so vielen Aktivitäten nachzugehen wie vordem, aber sie war immer heiter und hoffnungsvoll. ..."

Grabstein auf dem Friedhof in Milford

Auch im Nachruf der New York Times wird bestätigt, daß Frau Peirce in ihren letzten Jahren viel Zeit mit der Unterstützung örtlicher Projekte verbrachte.

JOSEPH JASTROW, ehemals Schüler und später Mitarbeiter von PEIRCE, veröffentlichte einen längeren Nachruf unter dem Titel *The Widow of Charles S. Peirce* (Science, vol. 80, Nr. 2081 (1934) 440–441), wo es u. a. heißt: „Ihre späteren Jahre waren ein pathetischer Epilog zu der Tragödie eines wahrhaft großen Mannes, mit dessen Schicksal sie ihr eigenes in rührender Loyalität verband. Denn es ist eine **Tragödie**, daß einer, der zur auserwählten Galaxie der meisterhaften Geister zählt, einen so abseitigen, so fast ausgeschlossenen Platz im akademischen Bereich gefunden hat." JASTROW erwähnt in seinem Nachruf übrigens auch die Auswahl bereits erschienener Essays von PEIRCE, die MORRIS R. COHEN 1923 unter dem Titel *Chance, Love and Logic* veröffentlicht hat und weist auf die Ausgabe der *Collected Papers*, deren beide ersten Bände 1931–32 erschienen waren, hin. Die Zeitgenossen, meint JASTROW, hätten PEIRCE in die „vorderste Front der großen befruchtenden Geister der Gegenwart" gestellt.

Er erzählt aber vor allem von seinem Besuch bei Frau PEIRCE in ihrem großen, nicht voll ausgebauten Haus in Milford 1932, dessen Seitenwände lange dem Wetter ausgesetzt waren. Überall hätten Bücher, wissenschaftliche Instrumente und Mitbringsel von Europareisen herumgelegen, die mit Zeitungen zugedeckt waren, um sie gegen Staub zu schützen. Die Möbel des Wohnzimmers, die Frau PEIRCE aus Frankreich mitgebracht hatte, hätten ihm das Aussehen eines verlassenen Salons gegeben. Das Eßzimmer sei durch einen Vorhang unterteilt worden, im kleineren Teil habe ein Bett und ein eiserner Ofen gestanden, auf dem sie ihre frugalen Mahlzeiten kochte und der die einzige Wärmequelle gewesen sei. Selbst im frühen September seien die Räume eisig kalt gewesen. JASTROW schätzt ihr Alter auf damals „ungefähr achtzig", wonach sie um 1852 herum geboren worden wäre. Sie stamme aus dem französischen Adel, bemerkt er, und selbst in den Ruinen habe sie die Würde und Distinktion einer hohen Lebensstellung bewahrt. Ihr einziger Gefährte sei ein französischer Pudel gewesen, der auf französische Kommandos seine Kunststücke vorführte. „Der Rest Einsamkeit und Erinnerungen". Als sich JASTROW bei seinem Besuch dem Haus näherte, sei ihm JULIETTE in einem schwarzen Kleid, einem Schutenhut mit Ripsbändern und einem Sonnenschirm aus schwarzer Spitze entgegengekommen. (Ein schwarzes und ein crèmefarbenes Kleid kann man im Museum der Pike County Historical Society in Milford noch besichtigen.) Haltung und Aussprache seien ganz französisch gewesen. JASTROW hatte sie seit vierzig Jahren nicht gesehen, sondern wegen der Publikation der Manuskripte ihres Mannes nur mit ihr korrespondiert. Sie habe von alten Tagen erzählt, von den Lowell-Vorlesungen, als sie so großartig empfangen worden sei, von ihrer Freundschaft mit ALICE JAMES, von der Krankheit ihres Mannes und von seinen letzten Atemzügen. Als sie einst keine anderen Mittel mehr hatten, mußte PEIRCE ihren Schmuck verkaufen. Sie habe davon mit Stolz, nicht mit Selbstmitleid gesprochen. Ihre Familie habe die Interessen ihres großartigen amerikanischen Ehemannes nicht verstehen können. Während ihres Gesprächs habe JASTROW das Bild eines stattlichen ländlichen Schlosses betrachtet, in dem sie ihre Mädchenjahre verbracht hatte. „Zwischen 18 und 80 kann viel passieren", fügt er an. Da ihr die philosophische Welt ihres Mannes sicherlich verschlossen war, lagen ihre Interessen wohl „in den edleren Reizen der feinen Lebenskünste". „Dieses Bild einer grazilen alten Dame in einem traurigen Hause blieb mir in Erinnerung."

JASTROW beendet seinen Nachruf mit dem Zitat des letzten Abschnitts aus PEIRCEs Essay *The Fixation of Belief*: „Der Genius der logischen Methode eines Menschen sollte geliebt und verehrt werden wie seine Braut, die er unter allen anderen erwählt hat. Er braucht die anderen nicht zu verachten, er kann sie sogar tief verehren und somit seine Braut noch mehr verehren. Aber sie ist diejenige, die er erwählt hat, und er weiß, daß er mit dieser Wahl recht hatte. Und da er es getan hat, wird er für sie arbeiten und kämpfen und wird sich nicht beklagen, daß er Schläge hinnehmen muß, und er hofft, daß er ebenso zurückschlagen kann, und er wird danach streben, ihr würdiger Knecht und Favorit zu sein, und von der Glut ihres Glanzes bezieht er seine Inspiration und seinen Mut." (dt. *Die Festigung der Überzeugung*, 57/58)

In diesen beiden Nachrufen wird JULIETTE mit viel Bewunderung, ja Ehrerbietung gewürdigt. Sie hat sich nicht nur Verdienste um CHARLES PEIRCE erworben, sondern war darüber hinaus eine Persönlichkeit, der man Hochachtung entgegenbrachte.

Ihr Leichnam wurde – wie gesagt – mit der Urne ihres Mannes auf dem Friedhof in Milford beigesetzt. Pläne, auch ihren Leichnam zu verbrennen und beide Urnen gemeinsam beizusetzen, zerschlugen sich. Nur ein schlichter Stein mit den Namen beider und der Jahreszahl 1934 kennzeichnen das Grab. Da es sehr schwer zu finden ist, wurde dem Stein später noch eine Steinvase beigegeben, was aber das Auffinden nicht sehr erleichterte. Obwohl man mit dem Auto durch den Friedhof fahren darf, lohnt es sich offensichtlich noch nicht, irgendwelche Hinweise für dieses Grab aufzustellen.

XV. Charles Peirce und seine Wirkungen

1. Der Nachlaß von CHARLES PEIRCE und das Sonderheft des Journal of Philosophy, Psychology, and Scientific Methods

Im Anschluß an VICTOR LENZENs Artikel (TCSPS, 1, 1965) veröffentlichte W. FERGUS KERNAN seine Erinnerungen an die PEIRCE-Manuskripte, ihren Verbleib und ihre Behandlung (TCSPS, 2, 1965). Nach KERNAN wurden die Manuskripte im Frühjahr 1915 in das Arbeitszimmer von Professor JOSIAH ROYCE in der Harvard Universität gebracht, wo sie alle verfügbaren Flächen auf Tischen, Stühlen und dem Fußboden bedeckten, so daß niemand mehr sitzen konnte, aber jeder wohl insgeheim den Wunsch hegte, sie zu ordnen, zu entstauben, instandzusetzen und vor allem zu **lesen.** Im Auftrag von ROYCE arbeitete KERNAN vom März 1915 bis zum Tod von ROYCE im September 1916 fast ausschließlich an diesen Manuskripten. Da er 1914 an der Harvard Graduate School of Arts and Sciences studierte, hörte KERNAN natürlich die Vorlesungen von ROYCE, der den Namen und die philosophischen Lehren von PEIRCE oft erwähnte. KERNAN fand die PEIRCEsche „Theorie der Interpretation von Zeichen", so wie sie ROYCE darlegte, ganz besonders interessant, wie er schreibt.

Im Januar 1915 hatte sich Professor WENDELL T. BUSH von der Columbia Universität in New York, der Herausgeber des Journal of Philosophy, Psychology, and Scientific Methods war, mit ROYCE wegen eines geplanten Sonderheftes der Zeitschrift für PEIRCE (wir wiesen bereits darauf hin) in Verbindung gesetzt und ihn gebeten, ihm weitere Autoren dafür zu benennen. ROYCE sagte für sich selbst zu und schlug CHRISTINE LADD-FRANKLIN, BENJAMIN I. GILMAN und JOSEPH JASTROW vor. Er erwähnte in seinem Brief auch die vielen logischen PEIRCE-Manuskripte, eine Schenkung der Witwe von PEIRCE, die bei ihm gelandet seien und die er für die Veröffentlichung arrangieren wollte. „Sie sind sicher fragmentarisch, enthalten aber gewiß auch einige wertvolle Momente seines einzigartigen und kapriziösen Genies", schreibt ROYCE. (13. 1. 1915)

Den versprochenen Artikel hat ROYCE dann doch nicht geschrieben, sondern schickte nur das Manuskript eines Vortrags über PEIRCE, den er am 26. März 1915 an der Harvard Universität gehalten hatte. Als BUSH im Januar 1916 einige Änderungen des Beitrags von ROYCE vorschlug, die dieser wegen Überlastung selbst nicht machen konnte, wurde KERNAN, der inzwischen Assistent von ROYCE geworden war und sich wegen der geplanten Dissertation, die aber nie fertiggestellt wurde, mit den PEIRCE-Manuskripten beschäftigte, mit den Änderungen sowie mit der Erstellung einer Liste **aller** PEIRCE-Manuskripte beauftragt. Daß dies ein schwieriges, wenn nicht unmögliches

Josiah Royce
(1855–1916)

Unternehmen für einen einzelnen Menschen darstellte, wird all denen einleuchten, die schon einmal diese Manuskripte in der Hand hatten. Der Katalog von KERNAN und ROYCE war zwar der erste, der veröffentlicht wurde, umfaßte aber nur neun Schreibmaschinenseiten.

Nach dem plötzlichen Tod von ROYCE im September 1916 waren an den PEIRCE-Manuskripten nur noch VICTOR LENZEN, JAMES H. WOODS, der Dekan des Philosophie-Departments der Harvard Universität, und FERGUS KERNAN interessiert. WOODS erteilte KERNAN den Auftrag, die Manuskripte in vorbereitete feste Aktenkästen zu verpacken, um sie später zu bearbeiten; denn das Arbeitszimmer von ROYCE mußte für dessen Nachfolger freigemacht werden. KERNAN beschriftete die Kisten und gab ihren ungefähren Inhalt auf dem Deckel an, doch durch die Kriegserklärung Amerikas an Deutschland änderten sich KERNANs Pläne: er wurde 1916 Soldat und schied erst 1944 als Oberst aus der Armee aus. Er bewahrte sich jedoch seine Liebe zu den Ideen von PEIRCE, und spricht in seinem Artikel die Hoffnung aus, daß irgend jemand in Zukunft (also nach 1965) einen vollständigen Katalog der Manuskripte erstellen möge.

Das Sonderheft des Journal of Philosophy ... für CHARLES PEIRCE erschien am 21. Dezember 1916. Die dort versammelten Beiträge stellen eine erste Würdigung des Lehrers und Wissenschaftlers dar. Es handelt sich dabei um folgende Arbeiten: JOSIAH ROYCE und FERGUS KERNAN: *Charles Sanders*

Peirce mit einer ersten *Bibliographie;* JOHN DEWEY: *The Pragmatism of Peirce;* CHRISTINE LADD-FRANKLIN: *Charles Peirce at the Johns Hopkins;* JOSEPH JASTROW: *Charles Peirce as a teacher;* MORRIS R. COHEN: *Charles Peirce and a tentative bibliography of his published writings.* Diese Bibliographie wurde von COHEN in The Journal of Philosophy (1918) ergänzt, erschien aber – wohl versehentlich – ungezeichnet.

2.   Die ersten Anthologien PEIRCEscher Schriften

MORRIS R. COHEN veröffentlichte die erste Anthologie PEIRCEscher Essays zusammen mit den bereits publizierten Bibliographien unter dem Titel *Chance, Love, and Logic*. Philosophical Essays by the late Charles Peirce, the founder of pragmatism (Harcourt, Brace & Co., New York 1923). Das Buch enthielt

Morris Raphael Cohen
(1880–1947)

neben einem kleinen Vorwort eine Einführung in das PEIRCEsche Werk sowie einige biographische Daten. Als Nachwort wurde der Artikel *The Pragmatism of Peirce* von JOHN DEWEY aus dem Journal of Philosophy nachgedruckt. Die Schriften von PEIRCE sind: *Proem* [die drei ersten Seiten aus *Some Consequences of Four Incapacities* von 1868]; *The Fixation of Belief; How to Make Our Ideas Clear; The Doctrine of Chances; The Probability of Induction; The Order of Nature; Deduction, Induction, and Hypothesis* (alle aus Popular Science Monthly, 1877/78); *The Architecture of Theories; The Doctrine of Chances Examined; The Law of Mind; Man's Glassy Essence; Evolutionary Love* (aus The Monist, 1891–93). Der Titel *Chance, Love, and Logic* ist übrigens auch eine Übersetzung der PEIRCEschen Begriffe: Tychismus, Agapismus und Synechismus, die die drei Teile seiner Metaphysik bezeichnen.

Das gründliche Studium der PEIRCEschen Konzeptionen konnte jedoch erst nach 1931 beginnen, als die *Collected Papers of Charles Sanders Peirce* zu erscheinen begannen. Die Herausgeber, CHARLES HARTSHORNE und PAUL WEISS, lehrten beide am Philosophie-Department der Harvard Universität. Die Ausgabe war auf etwa zehn Bände berechnet, die in rascher Folge herauskommen sollten, wie es in der Einleitung, datiert mit August 1931, heißt. HARTSHORNE und WEISS ordneten das publizierte und unpublizierte Material nach systematischen Gesichtspunkten. Band I: Principles of Philosophy (1931), Band II: Elements of Logic (1932), Band III: Exact Logic (1933), Band IV: The Simplest Mathematics (1933), Band V: Pragmatism and Pragmaticism (1934), Band VI: Scientific Metaphysics (1935). Erst 1954 konnte die Herausgabe weiterer Schriften von PEIRCE wieder in Angriff genommen werden, als die Rockefeller Foundation den Druck subventionieren konnte. Es erschienen aber nur noch zwei Bände, für die ARTHUR W. BURKS von der Universität von Michigan als Herausgeber bestellt wurde, anstelle von mindestens vier weiteren Bänden, und zwar Band VII: Science and Philosophy (1958) und Band VIII: Reviews, Correspondence, and Bibliography (1958). Vor allem war für die PEIRCE-Forschung durch die Bibliographie endlich die Möglichkeit gegeben, die Entwicklung der PEIRCEschen Ideen, seine nebeneinander entstandenen Abhandlungen aus den verschiedenen Arbeitsgebieten und die Originaltitel der Arbeiten nachzuschlagen. So eminent wichtig die Ausgabe der *Collected Papers* auch war, so brachten die beiden letzten Bände, die 23 Jahre nach Band VI erschienen, mit der Bibliographie erst diese wichtige Grundlage. Von vielen Seiten ist mit ausreichenden Gründen Kritik an den *Collected Papers* geübt worden. Der Haupteinwand richtete sich gegen die Zerstückelung der Originalarbeiten, die Vermischung gedruckter Artikel mit Manuskripten, die Aufgabe der chronologischen zu Gunsten einer systematischen Anordnung und die Ersetzung mancher PEIRCEscher Titel durch solche der Herausgeber. Trotz aller Mängel ist die PEIRCE-Forschung dieser Ausgabe jedoch deshalb verpflichtet, weil sie die erste Präsentation seiner Schriften aus allen wissenschaftlichen und philosophischen Bereichen, die er bearbeitet hat, darstellt.

Die *Collected Papers* wurden selbstverständlich in Amerika und Europa nach dem Erscheinen der Bände sogleich rezensiert. In Deutschland besprach RUDOLF METZ Band I und II in den Kant-Studien 38 (1933) 188–189) und HEINRICH SCHOLZ in der Deutschen Literaturzeitung (Heft 9, 4. März 1934), letzterer auch Band III und IV ebenda (Heft 4, 26. Januar 1936), um nur diese beiden zu nennen. Es würde zu weit führen, die Rezensionen in Amerika und anderen Ländern hier aufzuführen.

Der ersten Anthologie von MORRIS R. COHEN folgten später eine Reihe von weiteren, und zwar: *The Philosophy of Peirce: Selected Writings* von JUSTUS BUCHLER (New York 1940) und deren zweite Auflage mit dem neuen Titel *Philosophical Writings of Peirce* (New York 1955); *Essays in the Philosophy of Science* von VINCENT TOMAS (New York 1957); *Values in a Universe of Chance* von PHILIPP P. WIENER (New York 1958) und deren zweite Auflage mit dem geänderten Titel *Charles S. Peirce, Selected Writings* (Values in a

Universe of Chance) (New York 1966); sowie die erste Ausgabe der Briefe von PEIRCE an Lady WELBY: *Charles S. Peirce's Letters to Lady Welby* von IRWIN C. LIEB (New Haven 1953).

3. Die Katalogisierung und Publikation der hinterlassenen Manuskripte

Nur zwei Jahre nach dem erwähnten Artikel von KERNAN (1965) erschien der *Annotated Catalogue of the Papers of Charles S. Peirce* von RICHARD S. ROBIN (University of Massachusetts Press 1967). ROBIN bemerkt in seinem Vorwort, daß diese Manuskripte von verschiedenen Forschern vor ihm bearbeitet worden seien, und zwar von CHARLES HARTSHORNE, PAUL WEISS und ARTHUR BURKS, den Herausgebern der *Collected Papers*, sowie von MAX H. FISCH im Zusammenhang mit seinen Vorbereitungen einer „intellektuellen Biographie von Charles Peirce".

Die von ROBIN vorgefundenen Manuskripte waren in 61 Kisten und Bündeln in den Archiven der Widener Library der Harvard Universität untergebracht. Für zwei Teile davon gab es je einen Katalog, aber nicht für den dritten Teil. Dieses Material wurde 1941 von KNIGHT W. McMAHAN organisiert, in Kisten verpackt und katalogisiert. Der getippte Katalog umfaßte 99 Seiten und wurde später von JOHN F. BOLER mit einem Anhang von 11 Seiten ergänzt.

Anderes, genannt das „Houghton-Material", wurde in der Houghton Library aufbewahrt. Es bestand aus etwa 19 Kisten und wurde erst 1960 von JOHN BOLER klassifiziert und im *Interim-Catalogue* (Tipskript von 13 Seiten) erfaßt. Der Briefwechsel von CHARLES PEIRCE und der Familienbriefwechsel, der zuerst in den BENJAMIN PEIRCE-Schriften untergebracht war, wurde dann ebenfalls mit Genehmigung der Nichte von CHARLES PEIRCE, HELEN ELLIS, in die Houghton Library überführt.

Zu diesem Material kamen noch verstreute Manuskripte, die in den Katalogen der Widener und Houghton Library erfaßt waren, außerdem verschiedene Artikel von und über PEIRCE, Bücher aus seiner Bibliothek, Dokumente, Fotos und anderes unveröffentlichtes Material. Der *Annotated Catalogue* von ROBIN war der Versuch, alles, was die genannten Autoren vor ihm bearbeitet hatten, zusammenzufassen. ROBIN erwähnt auch ein Tipskript von VICTOR LENZEN *Notes on Papers and MSS in The Charles S. Peirce Collection* von 20 Seiten, das eine Bewertung des Inhalts und der physischen Verfassung der Manuskripte, die damals, im Dezember 1917, in 83 Kästen einsortiert waren, darstellt. ROBIN dankt in seinem Vorwort für die Hilfe, die er durch die Arbeit an den Manuskripten von MAX und RUTH FISCH, CAROLYN EISELE und DON D. ROBERTS erfahren hat.

Zusammen mit dem *Annotated Catalogue* wurde von der Harvard Universität eine *Microfilm Edition* der PEIRCE-Manuskripte herausgebracht, die auch einen kleinen Teil der Korrespondenz enthält. Es gibt noch immer Material, das nicht gefilmt werden darf, was vor allem Teile der Korrespondenz betrifft. Der *Catalogue* ist übrigens ebenso wie die *Collected Papers* systematisch angelegt, nur einzelne Teile wurden in sich gelegentlich chronologisch angeordnet, so daß natürlich immer wieder Themenüberschneidungen festzustellen sind, da PEIRCE seine Ideen oft von mehreren Gesichtspunkten aus behandelt hat. Der *Catalogue* gliedert sich in: Teil I: Mathematik, Pragmatismus, Phänomenologie, Logik, Metaphysik, Physik, Chemie, Astronomie, Geodäsie, Metrologie, Psychologie, Linguistik, Geschichte, „Sciences of Review", Praktische Wissenschaften, Besprechungen, Übersetzungen, Miscellanea, Biographisches; Teil II: Korrespondenz und vier Anhänge: 1. einen Nachtrag zum *Catalogue*, in dem Fehler nach der Erstellung der Mikrofilme berichtigt werden, 2. eine chronologische Liste der Manuskripte, die aber unvollständig ist, 3. Hinweise auf die Bibliographie in Band VIII der *Collected Papers* und 4. Hinweise auf den *McMAHAN-Catalogue*. Den Abschluß bildet ein allgemeines Namen- und Sachregister, das aber nicht vollständig ist.

Die Erfassung der Manuskripte der Houghton Library auf Mikrofilm in den Jahren 1963–66 und der dazu veröffentlichte *Annotated Catalogue* machen seither die Erforschung der PEIRCE-Manuskripte, die nicht oder nur auszugsweise in den *Collected Papers* abgedruckt wurden, auch außerhalb von Cambridge möglich.

RICHARD ROBIN gab in seinem Artikel *The Peirce-Papers: A Supplementary Catalogue* (TCSPS, vol. 7, Winter 1971) schließlich Nachricht von 1969 wiedergefundenen Manuskripten, die 1970 in einem *Supplementary Catalogue* erfaßt und ebenfalls auf Mikrofilm aufgenommen worden sind.

4. Weitere Ausgaben PEIRCEscher Schriften

Eine weitere wichtige Ausgabe PEIRCEscher Schriften stellt die Publikation der Beiträge von PEIRCE für The Nation dar, die unter dem Titel *Contributions to The Nation* in drei Bänden von KENNETH LAINE KETNER und JAMES EDWARD COOK herausgegeben wurden. Teil I erschien im Dezember 1975,

Teil II im November 1978 und Teil III im April 1979 (Texas Tech Press, Lubbock, Texas).

1976 gab CAROLYN EISELE mathematische Schriften von PEIRCE unter dem Titel *The New Elements of Mathematics* in vier Bänden heraus, in denen auch ein Teil der wissenschaftlichen Korrespondenz enthalten ist. (Mouton, Den Haag – Paris und Humanities Press, Atlantic Highlands, N. J.). Wir machten auf diese Ausgaben bereits aufmerksam.

Inzwischen hat ein Team unter der Leitung von MAX FISCH die Manuskripte noch einmal bearbeitet und chronologisch geordnet. Die davon hergestellten Elektroprints mit neuer Numerierung befinden sich im Peirce-Edition Project der Indiana Universität in Indianapolis, wo die neue, chronologisch angeordnete Ausgabe der PEIRCEschen publizierten Schriften zusammen mit einer Auswahl von Manuskripten unter dem Titel *Writings of Charles Sanders Peirce. A Chronological Edition*, die auf nunmehr 30 Bände geplant ist, erarbeitet wird. Die Ausgabe veröffentlicht die Indiana University Press, Bloomington, IN. Die ersten drei Bände sind erschienen. Band I (1982) enthält Publikationen und Manuskripte von 1857 bis 1866, Band II (1984) Schriften von 1867 bis 1871, Band III (1986) Schriften von 1872 bis 1878. Hauptherausgeber der beiden ersten Bände war MAX H. FISCH, des 3. Bandes CHRISTIAN J. W. KLOESEL, der auch die folgenden Bände herausgeben wird. Beide Hauptherausgeber stützen sich auf einen Herausgeber- und Beraterstab. In dieser neuen Ausgabe werden die Originaltitel beibehalten, so daß eine Orientierung leichter möglich ist als in den *Collected Papers*. Die chronologische Anordnung hat darüber hinaus den Vorteil, daß man einen Überblick über die Entwicklung der PEIRCEschen Ideen gewinnt, zumal die Schriften nicht gekürzt werden. Die Einführungen in die einzelnen Bände enthalten biographische Einzelheiten der jeweiligen Schaffensperiode von CHARLES PEIRCE.

CAROLYN EISELE veröffentlichte 1985 die *Historical Perspectives on Peirce's Logic of Science. A History of Science* (2 Bände, Mouton, Berlin – New York – Amsterdam). Wir wiesen darauf hin. Es enthält PEIRCEsche Schriften zur Wissenschaftsgeschichte, die fast alle aus Manuskripten gedruckt wurden, dazu einige andere naturhistorische Schriften anderer Autoren, eine Einführung und Kommentare von CAROLYN EISELE sowie einen Teil der wissenschaftlichen Beiträge von PEIRCE für die Coast Survey und Briefe von und an PEIRCE. Ein Mangel dieser Ausgabe liegt in der unübersichtlichen Anordnung, Betitelung und Autorschaft des Materials. Die Unterscheidung von Originalschrift und Kommentar ist oft nur mühsam zu machen.

5. Bibliographien PEIRCEscher Schriften und Schriften über ihn

Für die PEIRCE-Forschung sind aber nicht nur die Ausgaben und Anthologien der PEIRCEschen Schriften wichtig, sondern auch die Bibliographien, die seit 1916 bzw. 1923 (s. S. 366 ff) veröffentlicht wurden. Ich möchte hier nur noch die zwei letzten in Buchform erschienenen Bibliographien anführen:

1. *A Comprehensive Bibliography and Index of the Published Works of Charles Sanders Peirce with a Bibliography of Secondary Studies*, herausgegeben von KENNETH LAINE KETNER unter Mitwirkung von CHRISTIAN J. W. KLOESEL, JOSEPH M. RANSDELL, MAX H. FISCH und CHARLES S. HARDWICK (Johnson Associates, Ind., Greenwich/CO 1977) zusammen mit einer Microfiche-Ausgabe der publizierten Schriften. 2. *Charles Sanders Peirce. Bibliography and Published Works*, herausgegeben von KENNETH LAINE KETNER (Philosophy Documentation Center, Bowling Green State University, Bowling Green, Ohio 1986), eine revidierte und ergänzte Bibliographie der erstgenannten. Gleichzeitig erschien auch ein *New Microfiche Supplement*, das die erste *Microfiche Edition* der publizierten Schriften von PEIRCE von 1977 ergänzt. 3. *Bibliography of Charles Peirce 1976 through 1980* von CHRISTIAN J. W. KLOESEL (The Monist, vol. 65, No. 2 (April, 1982) 246–277). 4. *A German Supplement to the Peirce Bibliographies, 1877–1981* von WOLFGANG M. UEDING (American Journal of Semiotics, vol. 2, nos. 1–2 (1983) 209–224). 5. *Eine Ergänzung zu den bisher veröffentlichten Peirce-Bibliographien* von ELISABETH WALTHER (Semiosis 48 (1987) 36–58).

6. Erste größere Arbeiten über CHARLES PEIRCE

Schon zu Lebzeiten hat PEIRCE, wie wir sahen, auf Schüler und Kollegen durch seine Veröffentlichungen, Vorträge und Vorlesungen anregend gewirkt, und zwar in allen Bereichen, denen seine Interessen und Forschungen galten: in Geodäsie, Astronomie, Mathematik, Logik, Erkenntnis- und Wissenschaftstheorie, Phänomenologie, Semiotik, exakte Metaphysik, Pragmatismus usw. Seine Arbeiten wurden nicht nur in Amerika, sondern auch in Europa von Fachkollegen beachtet und entsprechend gewürdigt. Seine Schriften zum Pragmatismus, dessen Begründer er unbestreitbar ist, hatten jedoch nicht die populäre Breitenwirkung wie diejenigen von WILLIAM JAMES, JOHN DEWEY, F. C. S. SCHILLER und anderen, obwohl zum Beispiel JOHN DEWEY von 1893 bis 1949 zahlreiche Abhandlungen zu PEIRCEschen Problemen bzw. über

PEIRCEsche Konzeptionen publiziert hat. Nach dem Tod von PEIRCE erschienen aber nicht nur eine immer stärker anwachsende Flut von Abhandlungen in aller Welt zu speziellen PEIRCEschen Problemen, sondern auch Bücher, die der Entwicklung seines Denkens oder der Darstellung einzelner Bereiche seines Werks gewidmet waren.

Das erste größere Werk über PEIRCE war das Buch *An Introduction to Peirce's Philosophy* von JAMES K. FEIBLEMAN (1946), das in 2. Auflage mit dem geänderten Titel *An Introduction to the Philosophy of Charles S. Peirce* (1970) erschien. BERTRAND RUSSELL schrieb ein kurzes Vorwort dazu, in welchem er PEIRCE mit einem Vulkan vergleicht, der große Mengen an Gestein ausgeworfen hat, von denen sich einige Brocken als „pure Goldklümpchen" erwiesen hätten. RUSSELL hat nach eigenem Eingeständnis die PEIRCEschen Ideen zuerst durch SCHRÖDERs *Vorlesungen über die Algebra der Logik* kennengelernt und vor 1946 nur die Anthologie von COHEN gelesen. Er

John Dewey
(1859–1952)

betont, daß entgegen den Auffassungen von JAMES, SCHILLER und DEWEY der Pragmatismus von PEIRCE eine **Methode** sei, ein Gesichtspunkt, auf den wir ebenfalls bereits hingewiesen haben. FEIBLEMAN setzt sich auf 500 Seiten vor allem mit dem Philosophen PEIRCE auseinander. Das Buch gliedert sich in drei Teile: Teil I umfaßt zwei Kapitel über die Entwicklung der Person und des Denkens, der umfangreiche Teil II ist den Konzeptionen der Logik, Metaphysik, Epistemologie, Psychologie, Wissenschaft, Methodologie, Ethik, Ästhetik, Kosmologie und Theologie gewidmet und in Teil III wird der Platz von PEIRCE in der Geschichte der Philosophie dargestellt und sein Einfluß auf JAMES, ROYCE und DEWEY sowie auf Positivisten und Realisten aufgezeigt. Viele Zitate aus PEIRCEschen Schriften unterstützen die Ausführungen FEIBLE-MANs. Im Vorwort zur 2. Auflage (Juni 1969) weist er auf die inzwischen begründeten *Transactions of the Charles S. Peirce Society* hin, in denen er ein Anzeichen für die nunmehr intensiver einsetzende Beschäftigung mit CHARLES PEIRCE sieht. Diese erste Darstellung der PEIRCEschen Vorstellungen philosophischer und wissenschaftstheoretischer Art enthält nur wenige Hinweise auf seine Biographie. Auch bleiben der praktische Naturwissenschaftler und der Mathematiker PEIRCE hier ausgeklammert. Wenn auf Grund der systematischen Gliederung des Buches die chronologische Entwicklung des PEIRCEschen Denkens ebenfalls nicht berücksichtigt werden konnte, so war damit doch ein erster Überblick über wichtige Themen seines Werkes gegeben worden.

Dem Werk von FEIBLEMAN folgte eine Reihe weniger umfangreicher Bücher über CHARLES PEIRCE, und zwar *The Thought of C. S. Peirce* von THOMAS A. GOUDGE (Toronto 1950, 2. Aufl. New York 1969); *The Pragmatic Philosophy of C. S. Peirce* von MANLEY THOMPSON (Chicago 1953, 2. Aufl. 1963); *Peirce and Pragmatism* von W. B. GALLIE (Pelican Books A 254, Harmondsworth/Middlesex 1952); *Charles Sanders Peirce und der Pragmatismus* von JÜRGEN von KEMPSKI (Stuttgart 1952); *The Development of Peirce's Philosophy* von MURRAY G. MURPHEY (Cambridge/MA 1961); *The Pragmatism of C. S. Peirce* von HJALMAR WENNERBERG (Lund und Copenhagen 1962) und seither eine Reihe anderer Bücher in Amerika, Deutschland, Frankreich, Italien, Brasilien, Japan, usw. usw., auf die ausführlich hinzuweisen hier nicht möglich ist.

Für die Peirce-Forschung außerhalb Amerikas waren aber auch die Übersetzungen seiner Schriften mit zum Teil größeren Einleitungen der Herausgeber und/oder Übersetzer sowie die immer stärker wachsende Menge spezieller Untersuchungen und Dissertationen (in und außerhalb von Amerika) von großer Wichtigkeit (vgl. die ausgewählte Bibliographie). Hinweisen möchte ich außerdem auf Artikel-Sammlungen zum Werk von PEIRCE, z. B.: *Studies in the Philosophy of Charles Sanders Peirce*, herausgegeben von PHILIPP P. WIENER und FREDERICK H. YOUNG (Harvard University Press, Cambridge/MA 1952) mit 24 Essays verschiedener Autoren sowie bio- und bibliographischem Material; *Studies in the Philosophy of Charles Sanders Peirce, Second Series*, herausgegeben von EDWARD C. MOORE und RICHARD S. ROBIN (The University of Massachusetts Press, Amherst 1964) mit 26 Essays und weiterem bibliographischen Material; *Perspectives on Peirce*, herausgegeben von RICHARD J. BERNSTEIN (Yale University Press, New Haven and London 1965); *Peirce Studies. Studies in Peirce's Semiotic*, herausgegeben von KENNETH LAINE KETNER, JOSEPH M. RANSDELL et al. (Institute for Studies in Pragmaticism, Lubbock/Texas 1979) mit 9 Essays.

Dazu kommen die beiden Sonderhefte des Monist, in denen unter dem Titel *The Relevance of Charles Peirce* 11 bzw. 7 Essays über PEIRCE sowie eine Bibliographie von Schriften über ihn von 1976 bis 1980 enthalten sind (The Monist, vol. 63, 3 (July 1980) und vol. 65, 2 (April 1982)).

Selbstverständlich erschienen zahlreiche Artikel über Themen der PEIRCEschen Philosophie in zahlreichen philosophischen, wissenschaftstheoretischen, logischen und vor allem auch semiotischen Zeitschriften in aller Welt, die das wachsende Interesse an PEIRCEschen Konzeptionen und Methoden bezeugten, seine Anregungen aufnahmen und weiterentwickelten.

Es ist nicht nötig, darauf hinzuweisen, daß der Name von CHARLES PEIRCE in keinem der wichtigen Nachschlagewerke, Enzyklopädien, philosophischen Wörterbüchern in und außerhalb von Amerika fehlt. Schon 1863 findet man Arbeiten von PEIRCE im berühmten *Biographisch-literarischen Handwörterbuch* von JOHANN CHRISTIAN POGGENDORF, insbesondere in der Ausgabe von 1898 sowie im *Handwörterbuch für Mathematik, Astronomie, Physik, Chemie und verwandte Wissenschaftsgebiete*, ebenfalls von POGGENDORF (1926).

7. Die Peirce Society und ihre Transactions

Die Rezeption von PEIRCE wurde nicht nur durch Schriften, sondern auch durch Vorträge und Vorlesungen ermöglicht. Zum 100. Geburtstag am 10. September 1939 hat PAUL WEISS z. B. vor der American Philosophical Association an der Columbia University in New York einen Festvortrag gehalten.

Sechs Jahre später, am 15. Oktober 1945, hielt FREDERICK H. YOUNG vor den Mitgliedern der Pike County Historical Society einen Vortrag zu Ehren von CHARLES PEIRCE mit dem Titel *Charles Sanders Peirce. America's Greatest Logician and Most Original Philosopher*. Der Vortrag erschien als Privatdruck. Das Treffen der Historical Society in Milford/PA galt aber nicht nur der Ehrung von PEIRCE, sondern auch dem Versuch, in Milford ein würdiges „Memorial" für ihn zu schaffen. YOUNG, dessen Vortrag sich in einen biographischen und einen kritischen Teil gliederte, benutzte denn auch die Gelegenheit, die Bürger von Milford von der Bedeutung PEIRCEs zu überzeugen, der dreißig Jahre lang unter ihnen gelebt hat. Er belegte seine Ausführungen mit Zitaten vieler bekannter Philosophen wie WILLIAM JAMES, PAUL WEISS, CHARLES HARTSHORNE, SIDNEY HOOK, F. C. S. NORTHROP, ALFRED N. WHITEHEAD u. a. YOUNG schlug den Mitgliedern der Historical Society vor, die Werke von PEIRCE sowie die Literatur über ihn zu sammeln. Er regte auch an, einen Fonds zu gründen, um einem Jungen oder Mädchen den College-Besuch zu ermöglichen und griff die Anregung von PAUL WEISS auf, jedes Jahr zum Geburtstag von PEIRCE einen hervorragenden Forscher zu einem Vortrag einzuladen. In der Anmerkung am Schluß des Privatdrucks sagte Young, daß er drei Wochen nach seinem Vortrag eine Notiz an die wichtigsten philosophischen Zeitschriften in England und Amerika geschickt habe, um seinen Plan, in Milford eine Charles S. Peirce Society zu gründen, bekanntzugeben. Als erste wichtige Aufgabe einer solchen Gesellschaft nannte er die Aufstellung eines würdigen Grabdenkmals für CHARLES und JULIETTE

PEIRCE. Das Grabdenkmal ist bis heute nicht realisiert worden, aber bereits ein Jahr später, 1946, wurde die Peirce Society tatsächlich gegründet. Seit dem Frühjahr 1965 gibt die Peirce Society die *Transactions of the Charles S. Peirce Society* heraus, eine Zeitschrift, die aber nicht ausschließlich den Untersuchungen über PEIRCE gewidmet ist, sondern auch Beiträge über andere Philosophen aufnimmt. Im ersten Heft erschien der bereits genannte Artikel von VICTOR LENZEN über seine „Mission nach Milford" und ein Artikel von MURRAY MURPHEY sowie eine von MAX FISCH zusammengestellte Liste von Namen derer, die als Korrespondenten von PEIRCE bekannt waren oder vermutet wurden, deren Briefe aber noch nicht gefunden werden konnten.

Die Peirce Society hält zusammen mit der Society of American Philosophy ihre Jahresversammlung ab.

Vom 26. bis 28. Juni 1976 hat sie in Amsterdam den ersten großen Internationalen Peirce-Kongreß veranstaltet, an dem PEIRCE-Forscher aus aller Welt teilnahmen. Die *Proceedings of the C. S. Peirce Bicentennial International Congress* mit 56 Beiträgen wurden von KENNETH L. KETNER, JOSEPH M. RANSDELL, CAROLYN EISELE, MAX H. FISCH und CHARLES S. HARDWICK herausgegeben. (Texas Tech Press, Lubbock/Texas September 1981).

Zum 150. Geburtstag von CHARLES PEIRCE plant die Gesellschaft einen großen internationalen Kongreß an der Harvard Universität in Cambridge.

8. Weitere Publikationsorgane der PEIRCE-Forschung

Über aktuelle PEIRCE-Forschung informierte von 1973 bis 1985 das Faltblatt *The Charles S. Peirce Newsletter*, das vom Institute for Pragmaticism der Texas Tech Universität in Lubbock/Texas herausgegeben wurde. Es enthielt vor allem Berichte über Forschungsstätten und -vorhaben. Aus Geldmangel mußte es leider eingestellt werden.

Am 1. März 1976 erschien das erste Heft der von MAX BENSE, GERARD DELEDALLE, KLAUS OEHLER und ELISABETH WALTHER begründeten internationalen Zeitschrift für Semiotik und Ästhetik: *Semiosis*, die seither vor allem der Weiterentwicklung und Anwendung der von PEIRCE begründeten Zeichentheorie, aber auch damit zusammenhängenden Themen gewidmet ist. (Agis-Verlag, Baden-Baden)

Andere semiotische Zeitschriften in und außerhalb Amerikas sind nur sporadisch an den PEIRCEschen Semiotik-Konzeptionen interessiert und stellen daher keine Organe der PEIRCE-Forschung dar. Allerdings ist das Interesse an Semiotik in unserer Zeit ohne die Vorarbeit, die CHARLES PEIRCE geleistet hat, wohl kaum denkbar.

9. Würdigung der wissenschaftlichen Arbeit von PEIRCE für die Coast Survey

Die dreißigjährige erfolgreiche Arbeit von CHARLES PEIRCE, die zu Lebzeiten nicht die Anerkennung fand, die er sich wünschte (wir hatten über sein Ausscheiden ausführlich berichtet), ist im Oktober 1962 durch die Benennung eines Forschungsschiffes mit „S. S. Peirce" durch die in National Oceanic and Atmospheric Administration (NOAA) umbenannte U. S. Coast and Geodetic Survey gewürdigt worden. An Bord des Schiffes befindet sich ein Porträt von CHARLES PEIRCE sowie eine kleine PEIRCE-Bibliothek.

Das Schiff S. S. Peirce der NOAA

Am 4. Mai 1980 wurde der 10. Geburtstag des Schiffes an Bord in Washington gefeiert. CAROLYN EISELE hielt die Festrede.

Am 30. Dezember 1985 schrieb der Direktor des Office of Marine Operations, Konteradmiral CHARLES K. TOWNSEND an die eingeladenen Mitglieder der Peirce Society zu einer weiteren Feierstunde u. a.: „Wir teilen das Interesse an einem der originellsten und vielseitigsten Denker Amerikas. Charles Peirce wurde vom National Ocean Service, früher U. S. Coast and Geodetic Survey, für seine Bundeskarriere als Naturwissenschaftler und Logiker durch die Indienststellung des NOAA-Schiffes PEIRCE geehrt." Mit diesem Brief wurde den Mitgliedern der Peirce Gesellschaft ein Foto des Schiffes überreicht. CHRISTIAN KLOESEL sei gedankt für die Überlassung dieses Fotos zur Abbildung.

Später wurde von NOAA ein Denkmal und trigonometrischer Punkt (benchmark) in Milford/PA zu Ehren von CHARLES PEIRCE aufgestellt.

Am 30. Juni 1987 ehrte NOAA erneut die Arbeit von CHARLES PEIRCE durch Errichtung eines Geodätischen Monuments zu seinem Andenken. Die Einweihungs-Zeremonie fand auf dem Campus der Indiana Universität in Indianapolis statt.

Peirce Geodetic Monument in Indianapolis

Im Einweihungsprogramm heißt es: „Es gibt zwei Arten von geodätischen Bezugspunkten, die bei der Landvermessung, Kartographie, beim Ingenieurwesen, der Konstruktion, bei Landinformationssystemen und Erdwissenschaft gebraucht werden: vertikale (Höhe) und horizontale (Länge/Breite). Das Peirce Geodetic Monument wird eine vertikale und horizontale Kontrollstation erster Ordnung sein, die mit dem Nationalen Geodätischen Bezugssystem verbunden ist. Es ist die erste Station, die auch ein Denkmal ist, um an Peirces wissenschaftliche Leistungen zu erinnern und der ältesten Amerikanischen wissenschaftlichen Institution (U. S. Coast and Geodetic Survey, jetzt NOAAs National Ocean Service) Tribut zu zollen sowie dem Werk, das im Peirce Edition Project in der Indiana Universität–Purdue Universität in Indianapolis vollbracht wird."

Mit diesen Ehrungen ist der Naturwissenschaftler PEIRCE – wenn auch spät – gewürdigt worden, und zwar in einer Weise, wie sie nur wenigen zuteil wird.

10. Wirkungen von CHARLES PEIRCE in der Gegenwart

Inzwischen hat in aller Welt – in Nord- und Südamerika, Europa und Japan – eine immer intensivere Aufarbeitung der PEIRCEschen Konzeptionen begonnen. Die Vertreter der mathematischen oder symbolischen Logik, zu der PEIRCE entscheidende Beiträge geleistet hat, haben als Erste seine Anregungen aufgegriffen, dargestellt und weiterentwickelt. Ich erinnere an die Arbeiten von ERNST SCHRÖDER, FEDERIGO ENRIQUES, BERTRAND RUSSELL, ALFRED N. WHITEHEAD, HEINRICH SCHOLZ, J. BOCHENSKI, RICHARD M. MARTIN, DON D. ROBERTS und viele andere. Der Mathematiker und Naturwissenschaftler sowie Wissenschaftshistoriker PEIRCE wird nun, nach der Publikation seiner wichtigsten mathematischen und wissenschaftshistorischen Schriften, ebenfalls aufgearbeitet werden.

Obwohl CHARLES PEIRCE selbst keines der geplanten philosophischen, pragmatistischen, mathematischen, logischen, semiotischen etc. Bücher publizieren konnte – wir hatten verschiedene Gründe dafür aufgezeigt –, wird es durch die neuen Publikationen immer deutlicher, wie alle seine Einzelschriften einen systematischen Zusammenhang bilden, oder – anders ausgedrückt – wie einheitlich sein philosophisch-wissenschaftliches Weltbild war.

Die von ihm begründete neue **Semiotik** nimmt darin eine Schlüsselstellung ein, da sie als Grundlage (foundation) aller Wissenschaften bzw. der Erkenntnis überhaupt konzipiert worden war. Diese neue Semiotik wird bei PEIRCE ihrerseits von den in der Phänomenologie bzw. Phaneroskopie konstituierten universalen und fundamentalen **Kategorien** der Erstheit, Zweitheit und Drittheit begründet. Der entscheidende Zusammenhang von Zeichen- und Kategorietheorie wurde vor allem von MAX BENSE und seiner Stuttgarter Schule seit den fünfziger Jahren erkannt und weiterentwickelt, auch wenn selbstverständlich schon in den späten dreißiger Jahren CHARLES W. MORRIS, RUDOLF CARNAP, JOHN DEWEY u. a. Teile der PEIRCEschen Semiotik bzw. einige ihrer Begriffe dargestellt und angewendet haben.

Die Semiotik ist inzwischen weltweit zu einer der wichtigsten wissenschaftstheoretischen Thematiken überhaupt avanciert und hat nicht nur eine Flut von Büchern und Schriften von mehr oder weniger wissenschaftlichem Wert, sondern auch Gesellschaften erzeugt, die allerdings oft recht divergierende Wissensbereiche unter dem Titel „Semiotik" zusammenfassen. In vielen Fällen wird auch die Meinung vertreten, es gebe eben viele gleichwertige Semiotiken, die neben PEIRCE von anderen Autoren (z. B. de SAUSSURE) entwickelt worden seien. Aber dieser Standpunkt offenbart doch nur die Meinung, daß die Semiotik dann als eine beliebige Angelegenheit betrachtet wird. Denn wenn die Semiotik (wie die Mathematik oder irgendeine andere Wissenschaft) eine wissenschaftliche Disziplin ist, dann muß sie in erster Linie eine nachprüfbare, kontrollierbare und anwendbare **Theorie** sein. Bisher hat nur CHARLES PEIRCE eine solche Theorie konzipiert, die erweitert, differenziert und formalisiert werden kann. Kein anderer Autor hat seine Semiotik in gleicher Weise exakt begründen können. In den meisten Fällen ist schon die Definition des „Zeichens" als Grundbegriff der Zeichentheorie zu vage, oder eine Begründung des Zeichenbegriffs wird überhaupt nicht als möglich oder gar notwendig begriffen. Mit anderen Worten, die Semiotik ist oft nur ein modischer Schmuck, bestenfalls ein Mißverständnis, so daß man vielleicht überlegen sollte, wie man sich von den popularisierenden und/oder autodidaktischen semiotischen Autoren namentlich absetzen könnte – so wie PEIRCE seinen Pragmatismus 1905 in Pragmatizismus umbenannt hat. Alle Einwände gegen unwissenschaftliche Epigonen bedeuten indessen wenig. Aus allen Bemühungen um das PEIRCEsche Werk, seien sie mehr oder weniger gut, erkennt man doch zumindest die großen Wirkungen, die von diesem genialen Denker ausgegangen sind und auch weiterhin ausgehen werden.

In diesem Zusammenhang muß abschließend noch erwähnt werden, daß die ursprüngliche PEIRCEsche triadische Zeichenkonzeption im Institut für Philosophie und Wissenschaftstheorie der Universität Stuttgart eine theoretische und applikative Erweiterung erfahren hat. In dieser erweiterten Theorie wird insbesondere neben dem PEIRCEschen Zehnersystem der Zeichenklassen das ihm dual entsprechende Zehnersystem der Realitätsthematiken mit der singulären Klasse identischer Realitätsthematik bzw. „Eigenrealität" (BENSE) unterschieden, wodurch die Reichweite der Semiotik wesentlich verstärkt worden ist.

Abschließend sei noch einmal darauf hingewiesen, daß PEIRCE nicht nur immer wieder von „Methode", sondern von experimenteller, das heißt wissenschaftlicher Methode sprach. Auch hat er seinen Pragmatismus oder Pragmatizismus als „Methode zur Klärung schwieriger Begriffe" verstanden, was nichts anderes als die semiotische Methode sei. Daher nannte er die Semiotik auch die „**Methode der Methoden**", das heißt die universale und fundamentale Methode. Daß diese Methode von ihm allein zwar in ihren Grundlagen aufgestellt, aber selbstverständlich nicht in ihren Einzelheiten ausgearbeitet werden konnte, war ihm durchaus bewußt. Als wissenschaftliche Methode in seinem Sinne ist sie selbst ein offenes, erweiterbares Forschungsprojekt, das für viele Wissenschaftler auch in Zukunft interessante Aufgaben bereithalten wird.

Abkürzungen

AJM	=	American Journal of Mathematics
AJSA	=	American Journal of Science and Art
AMM	=	American Mathematical Monthly
BPSW	=	Bulletin of the Philosophical Society of Washington
Cat	=	R. Robin, Annotated *Catalogue* of the Papers of Ch. S. Peirce (1967) und The Peirce Papers: A Supplementary Catalogue (TCSPS, 1971). Die Manuskripte werden mit MS bzw. MSS (Mehrzahl), die Briefe mit L abgekürzt.
CP	=	Collected Papers of Charles Sanders Peirce, Band 1–6 (1931–35) hsg. C. Hartshorne und P. Weiss, Band 7 und 8 (1958) hsg. A. Burks. Hinweis auf Band und Paragraph (z. B. 1.240)
CS	=	Report of the Superintendent of the U.S. Coast and Geodetic Survey Showing the Progress of the Work for the Fiscal Year Ending with June...
HS	=	Historical Perspectives on Peirce's Logic of Science. A History of Science. 2 Bände, ed. C. Eisele (Berlin, New York, Amsterdam 1985)
JHUC	=	Johns Hopkins University Circulars
JHUR	=	Annual Report of the Johns Hopkins University for the Year
JSPH	=	Journal of Speculative Philosophy
MAAS	=	Memoirs of the American Academy of Science
N	=	C. S. Peirce: *Contributions* to The Nation, ed. K. Ketner und J. Cook (1975, 1978 und 1979)
NAR	=	North American Review
NEM	=	The New Elements of Mathematics, ed. C. Eisele, Band I, II, III/1, III/2 und IV (1976)
PAAAS	=	Proceedings of the American Academy of Arts and Sciences
PSM	=	Popular Science Monthly
RNA	=	Report of the National Academy of Sciences
SS	=	*Semiotics and Significs*. The Correspondence between C. S. Peirce und Victoria Lady Welby, ed. C. Hardwick (1977)
Studies	=	Studies in the Philosophy of C. S. Peirce I (1952) II (1964)
TCSPS	=	Transactions of the C. S. Peirce Society
W	=	*Writings* of Charles Sanders Peirce. A Chronological Edition, ed. M. Fisch et al. Band I (1982), Band II (1984), Band III (1986)

Anmerkungen

I. Kapitel

1 Vgl. Brief an Charles v. 20. 8. 1905

2 GEORGE BANCROFT (1800–1891) war der Autor der ersten bedeutenden Geschichte der Vereinigten Staaten von Amerika, *History of the United States from the Discovery of the Continent*, zehn Bände (Bd. I 1834). Er studierte an der Philips Academy in Exeter und an der Harvard-Universität, wo er 1817 sein Abschlußexamen ablegte. Anschließend studierte er in Göttingen und einigen anderen Orten in Deutschland, bis 1822 Theologie, danach Pädagogik, Philosophie und Literatur. Nach seiner Rückkehr aus Europa gründete er mit JOSEPH GREEN GOGSWELL die „Round Hill School" in Northampton/Mass. 1845/46 wurde er zum Staatssekretär für die Marine im Kabinett des Präsidenten JAMES K. POLK ernannt und gründete die US Naval Academy in Annapolis. Von 1846 bis 1849 war er Botschafter in Großbritannien. Nach seiner Rückkehr schrieb er weitere Bände seiner Geschichte der Vereinigten Staaten. Er war mit dem Schriftsteller NATHANIEL HAWTHORNE zeitweise auch in der berühmten „Brook-Farm" tätig.
Nach dem Bürgerkrieg war er von 1867 bis 1874 am Preußischen Hof bzw. beim Deutschen Bund und am Deutschen Kaiserhof in Berlin als Botschafter tätig. Danach lebte er in Washington, wo er weitere historische Studien betrieb und die Korrektur seiner Geschichte der Vereinigten Staaten besorgte, deren erste Gesamtausgabe 1874 erschien. (Eine Ausgabe in 6 Bänden erschien 1876). 1882 publizierte er *A History of the Formation of the Constitution*. Nach seinem Studienaufenthalt in Deutschland hatte er übrigens auch *Poems* (1823) und *The Life and Genius of Goethe; with Translations from his Poetical Works* (1824) publiziert. Er starb am 17. Januar 1891 in Washington. Vgl. RUSSEL B. NYE, *American Biography*, 19, S. 543 und *George Bancroft, Brahmin Rebel*, New York 1944; M. A. de W. HOWE, *The life and letters of G. Bancroft* in H. C. STRIPPEL, *A Bibliography* (New York 1908).

3 R. ARCHIBALD, *(Biographical Sketch,* in: AMM, vol. 32 (January 1925) 8–19 und *Benjamin Peirce, 1809–1880, Biographical Sketch and Bibliography* (Oberlin/Ohio 1925)).

4 F. KLEIN *Vorlesungen über die Entwicklung der Mathematik im 19. Jahrhundert* (1926–1927, Reprint Band 1 und 2, Heidelberg, Berlin, New York 1979)

5 a. a. O. (Bd. 2 (1927) 45)

6 WILLIAM ROWAN HAMILTON (1805–1865).

7 Weitere Literatur über BENJAMIN PEIRCE:
FLORIAN CAJORI, *The Teaching and History of Mathematics in the United States,* Washington 1890 (133–148, 278, 397);
F. B. MATZ, *Benjamin Peirce,* AMM (1895) 173–179;
B. F. FINKEL, *A Mathematical Solution Book,* Springfield/Mo., [4]1902

(524–528);
SIMON NEWCOMB, *Reminiscences of an Astronomer*, Boston 1903 (77–78, 276–277);
J. L. COOLIDGE, *The Story of Mathematics at Harvard*, Harvard Alumni Bulletin vol. 26 (Jan. 3, 1924);
Außerdem Daten und Schriften in: Poggendorf 1863, 1898.

8 R. C. ARCHIBALD, *The Writings of Peirce*, in: AMM, vol. 32, Januar 1925, S. 20–30.

9 Werke u. a.: *A Text Book of Analytic Geometry on the Basis of Professor Peirce's Treatise* (1857, zusammen mit CHARLES WILLIAM ELIOT); *Introduction to Analytic Geometry* (1869); *Three and Four Place Tables of Logarithmic and Trigonometric Functions* (1871); hsg. von BENJAMIN PEIRCEs Lowell Lectures *Ideality in the Physical Sciences* (1881, neu 1883): Literatur: J. K. WHITTEMORE, *James Peirce*, in: Science (July, 13, 1906); W. E. BYERLY and T. S. PERRY, *James Peirce*, in: Harvard Graduates Magazine (June 1906); W. E. BYERLY, *James Peirce*, in: PAAAS, vol. 59 (1925).

II. Kapitel

1 ROBERT JAMES WALKER (1801–1869) war Professor für Moral und intellektuelle Philosophie sowie Präsident des Harvard College.

2 FRANCIS BOWEN (1811–1890) war Professor für Metaphysik am Harvard College. *The Principles of Metaphysical and Ethical Science Applied to the Evidence of Religion* (1855).

3 THEODORE JOUFFROY (1796–1842). *Cours d'Esthétique* (Paris 1843).

4 THOMAS REID (1710–1796). Hauptvertreter des schottischen Common Sense. *Inquiry Into the Human Mind on the Principles of Common Sense* (1764).

5 JOHN STUART MILL (1806–1873). Britischer Logiker. *System of Logic, Ratiocinative and Inductive* (1843).

6 WILLIAM THOMSON (1819–1890). *An Outline of the Necessary Laws of Thought. A Treatise on Pure and Applied Logic* (New York [4]1857).

7 EVANGELINUS APOSTOLIDES SOPHOCLES (1807–1883)

8 CORNELIUS CONWAY FELTON (1807–1862)

9 ANTOINE AUGUSTIN COURNOT (1801–1877), französischer Mathematiker, Ökonom und Philosoph. PEIRCE scheint ihn sehr bewundert zu haben; denn in der Foto-Sammlung (MS 1643) befindet sich auch ein Stich COURNOTs, der offensichtlich einem Buch entnommen wurde.

10 Enthalten auch in T. A. GOUDGE, *The Thought of C. S. Peirce* (1950, [2]1969) und in P. P. WIENER, *Values in a Universe of Chance* (1958, [2]1966). Das Notizbuch (MS 1634) ist umfangreicher und weist Textvarianten auf.

11 Vgl. E. BRENNECKE, *U.S. Coast and Geodetic Survey*, Die Naturwissenschaften, H. 12 (23. März 1928).

12 CS (1860) (Washington 1861) 85–86.

13 CS (1861) *Report of Professor Benjamin Peirce, of Harvard, on an Example for the Determination of Longitudes by Occultations of the Pleiades* (Washington 1862) 196–221.

CS (1863) *Report . . . upon the Occultations of the Pleiades in 1841 and 1842* (Washington 1864) 146–154.

CS (1863) *Report . . . on Computations for Longitude from Occultations of the Pleiades* (Washington 1864) 114.

14 JEAN LOUIS RODOLPHE AGASSIZ (1807–1873), Schweizer Geologe und Gletscherforscher, war nach Studien in Lausanne, Zürich, Heidelberg, Erlangen und München, wo er promovierte, in Paris und Neuchâtel als Universitätslehrer tätig. 1846 wurde er zu Lowell-Lectures nach Cambridge eingeladen und wurde 1848 zum Professor für Naturgeschichte an die Lawrence Scientific School der Harvard-Universität berufen. Er begründete das Museum für vergleichende Zoologie in Cambridge sowie die Schule für Naturgeschichte auf der Insel Penikese in der Buzzard Bay. Er leitete geologische und zoologische Expeditionen in Europa, Nord- und Südamerika.

15 Die LAWRENCE SCIENTIFIC SCHOOL, deren erster ernannter Professor LOUIS AGASSIZ wurde, war durch die Spende von 50 000 Dollar des Textilunternehmers ABBOTT LAWRENCE 1857 an der Harvard-Universität gegründet worden. (Vgl. G. W. ALLEN, *William James*, 1969)

16 W I, 50–57.

17 HENRY DAVID THOREAU (1817–1862), *The Resistance to Civil Government* (1849); *Walden: or, Life in the Woods* (1854, dt. *Walden oder Leben in den Wäldern*, Zürich 1971); *The Last Days of John Brown* (1860); *Life without Principles* (1863).

18 Vgl. *Notable American Women. A Biographic Dictionary*, ed. Radcliff College, Harvard University Press, Cambridge/Mass. 1971, [2]1975.

19 Vgl. M. H. FISCH, W I, Introduction, XV–XXXV (XXXI).

20 In: The American Journal of Science and Art, 2nd series, 35 (January 1863) 78–82 und in W I, 95–101.

21 F. P. RAMSEY, *Foundations. Essays in Philosophy, Logic, Mathematics and Economics* (London 1978).

22 R. B. BRAITHWAITE, *Scientific Explanation. A Study of the Function of Theory, Probability and Law in Science* (Cambridge/Mass. 1968).

23 M. BUNGE, *The Structure and Content of a Physical Theory*, Delaware Seminare in the Foundations of Physics (1967).

24 R. CARNAP, *The Methodological Character of Theoretical Concepts* (1956).

25 W. STEGMÜLLER, *Induktive Logik und Wahrscheinlichkeit* (1961).

26 F. P. RAMSEY, a. a. O.

27 Vgl. MS 1036. Es enthält, neben Ausführungen über die Entdeckung neuer chemischer Elemente, Spektralanalyse und Mendelejefs Periodisches Gesetz, auch einen Bericht über die totale Sonnenfinsternis von 1869, die er als Mitglied der Expedition der Coast Survey und Assistent von Professor WINLOCK, dem Direktor des Harvard-College-Observatoriums, in Kentucky beobachtete. Er behauptet, damals als erster das Edelgas Argon beobachtet zu haben.
Vgl. zu chemischen Fragen: MSS 1040, 1030–1035, 1039, 1044, 1046 und 1041–1043 sowie 1037.

28 Vgl. W I, 101–115

III. Kapitel

1 NAR, 98 (April 1864) 342–369; W I, 117–143; MS 1575.

2 W I, 47–50.

3 W I, 45–47.

4 W I, 144–152.

5 W I, 37–43, 45–46, 57–84, 85–90, 91–94.

6 W I, 152.

7 W I, 85–90; Semiosis 2 (1976) 5–9.

8 Vgl. MAX BENSE, *Semiotische Prozesse und Systeme* (Baden-Baden 1976); MAX BENSE, *Vermittlung der Realitäten* (Baden-Baden 1977).

9 Vgl. C. S. PEIRCE, Vorlesungsreihe *Detached Ideas of Vitally Important Topics*, Vorlesung II, 1898 (CP 4.2ff).

10 PAAAS, 7 (1867) 287–298 (CP 1.545-559).

11 Dieses *Notebook* ist teils Englisch, teils Französisch geschrieben. Der Abschnitt *Traité de la logique* erschien Deutsch in edition rot, text 52, Stuttgart 1976. (W I, 337–351).

12 Vgl. W I, S. 303f.

13 MSS 340–348, 348 a, 349, 350; W I, 161–303 (Vorlesungen I, II, III, IV, VI, VII, VIII, X, XI).

14 FRANCIS ELLINGWOOD ABBOT (1836–1903). Vgl. F. E. ABBOT, *Papers*, Widener Archives, Harvard University.

15 Brief vom 29. 12. 1869 an HENRY BOWDITCH (vgl. PERRY ([2]1948) 119).

16 Was PEIRCE hier „Copy" nennt, bekam zunächst auch den Namen „likeness" und schließlich die Bezeichnung „icon". Vgl. die ausführliche Darstellung bei MECHTILD KEINER, *Untersuchungen zur Entwicklung des ‚icon'-Begriffes bei Charles S. Peirce*, (Diss. Stuttgart 1987).

17 Vgl. KARL POPPER, *Logik der Forschung* (1936).

18 Vgl. *The Oxford Companion to American Literature* (1941) 439.

19 HARRIET KNIGHT SMITH, *The History of the Lowell Institute* (1898) 63, wo von 12 Vorlesungen von PEIRCE gesprochen wird.

20 W I, 358–505; teilweise CP 7.131–138 und 7.579–596.

21 Vgl. R. GÄTSCHENBERGER, „*Zeichen, die Fundamente des Wissens*" (1932 [2]1976), der eine ganz ähnliche Auffassung, die wohl auf HELMHOLTZ zurückgeführt werden kann, vertritt.

22 Vgl. DAGOBERT D. RUNES, *Dictionary of Philosophy* (1956, [2]1968), in dem HERBART z. B. mehr Raum gewidmet wird als LEIBNIZ, PEIRCE, RUSSELL u. a.

23 Diese Auffassung widerspricht der „Ur-Intuition" des holländischen Mathematikers und Logikers BROUWER.

24 Vgl. W. A. STANLEY, *An American Philosopher, Charles Peirce: scholar, cartographer, mathematician and metrologist*, NOAA, vol. 8, No. 2 (April 1978).

25 Die Vorträge wurden vollständig in W II, 12–87 publiziert.

26 W II, 98–103.

27 MS 592 enthält den gedruckten Artikel mit Anmerkungen und Verbesserungen von 1893. Diese Schrift war als Kapitel 1 von *A Search for a Method* gedacht; das Buch ist aber nie erschienen. MS 811 enthält die Seiten mit den Anmerkungen von 1893.

28 Vgl. B. BOLZANO, *Wissenschaftslehre* (1837), der ähnliche Auffassungen vertritt; dazu B. BOLZANO, *Semiotik*, ed. E. WALTHER, edition rot, text 43 (Stuttgart 1971).

29 CORNELIE LEOPOLD, *Grundlegung der Logik bei Charles S. Peirce auf der Basis von Boole und Augustus De Morgan* (Staatsexamensarbeit (Stuttgart 1981) ungedruckt, im Institut für Philosophie und Wissenschaftstheorie der Universität Stuttgart vorhanden).

30 MS 421
Division II. Methodology, Kap. 15, *Breath and Depth* der *Grand Logic* von 1893. Mit einem Anhang *Terminology* sollte er auch den Essay III von *A Search for a Method* (1893) bilden. (CP 2.427–430).

31 AUGUSTO VERA, *Introduction à la philosophie de Hegel* (Paris 1855).

32 JSPh, 2 (1868) 57–61 (CP 6.619–624 und W II, 144–154), Artikel von W. T. HARRIS, 1 (1867) 250–256).

33 JSPh, 2 (1868) 190–191 (CP 6.625–630; W II, 155–158).

34 JSPh, 2 (1868) 103–114 (CP 5.213–263; W II, 193–211; dt. *Schriften*, I, 157–180).

35 JSPh, 2 (1868) 140–157 (CP 5.264–317; W II, 211–242; dt. *Schriften*, I, 184–224).

36 JSPh, 2 (1869) 193–208 (CP 5.318–357; W II, 242–273; dt. *Schriften*, I, 232–247 auszugsweise).
MS 593 ist der gedruckte Artikel mit Korrekturen von 1893, der Essay VI des geplanten Buches *Search for a Method* werden sollte.

37 Siehe auch MAX BENSE, *Repräsentation und Fundierung der Realitäten* (Baden-Baden 1986).

38 Vgl. ELIZABETH HARDWICK, ed. *The selected letters of William James* (Boston 1980) 82–83.

39 MS 584: *Lectures on British Logicians* (List of British Logicians), (Auszüge in CP 1.28–34; *Schriften*, II, 310–317).

40 MS 585 *Ockham* (Abstracts of Occam's Summa Logices), Geschichte der Logik, Kommentare zu Francis Bacon und J. St. Mill; W II, 317–337.

41 MS 586 *Whewell*. Vgl. auch PERRY, I, 321; W II, 337–348.

42 Vgl. auch bezüglich Daten und Publikation der Vorlesungen die Anmerkungen der Herausgeber der *Writings*, II, 534–538.

43 In: *Chemical News*, American Supplement (American Reprint, vol. 4, (June 1869) 339–340; W II, 282–285.

44 C. S. PEIRCE, *Contributions to The Nation*, Teil 1: 1869–1893; Teil 2: 1894–1900; Teil 3: 1901–1908, zusammengestellt und kommentiert von KENNETH LAINE KETNER und JAMES EDWARD COOK, Graduate Studies, Texas Tech University, Lubbock/Texas; I (Dez. 1975), II (Nov. 1978), III (April 1979).

45 NOAH PORTER (1811–1892) wurde 1846 als Clarke-Professor für Moralphilosophie und Metaphysik an die Yale Universität berufen. 1871 wurde er Präsident von Yale. Er war international bekannt und sein Buch wurde zu Lebzeiten einige Male neu aufgelegt. (N I, 23; W II, 273–282).

46 Sir HENRY ENFIELD ROSCOE (1833–1915) war ein bedeutender englischer Chemiker, der mit R. W. von BUNSEN in Heidelberg zusammenarbeitete. 1857 wurde er Ordinarius für Chemie am Owens College in Manchester, 1884 wurde er zum Ritter geschlagen und 1885 Mitglied des Parlaments von South Manchester. (W II, 285–290).

IV. Kapitel

1 MAAAS, ns 9 (1870) 317–378 (MS 529; CP 3.45–3.148 mit Korrekturen aus Peirces Exemplar), MS 529 als Buch bei Welch, Bigelow und Comp. (Cambridge/Mass., 1870) 62 Seiten; W II, 359–430.

2 J. D. GERGONNE, *Essai de Dialectique Rationelle*, Annales de Mathématiques pures et appliquées, VII (1816/17) 189–228.

3 Vgl. auch P. THIBAUD, *La Logique de Ch. S. Peirce* (1975).

4 AUGUSTUS De MORGAN, *On the Syllogism No. IV, and on the Logic of Relations* (1859) 331–358.

5 MAX BENSE, *Semiotische Kategorien und algebraische Kategorien,* in: Semiosis 4 (1976) 5–20.

6 Vgl. A. GROTHENDIECK, *Sur quelques points d'algèbre homologique*, (1957).

7 Vgl. MAX BENSE, *Das Universum der Zeichen* (Baden-Baden 1983) Schlußkapitel.

8 MAX BENSE, *Axiomatik und Semiotik* (Baden-Baden 1981). *Über 'tiefste' semiotische Fundierungen*, Semiosis 33 (1984) 5–10; *Fundierung und Relativität in der repräsentationstheoretischen Zeichenkonzeption*, Semiosis 34 (1984) 25–39.

9 In: Journal of Philosophical Logic, 7 (1978) 27–48.

10 C. I. LEWIS, *A Survey of Symbolic Logic* (1918) 106.

11 Vgl. PERRY, I, 533; W II, 433–439.

12 The Nation (4. August 1870) 77–78; und *Contributions to The Nation*, I, 38–41; sowie W II, 441–445.

13 ALEXANDER BAIN (1818–1903) studierte am Marischal College in Aberdeen. Von 1848 bis 1860 übte er in London verschiedene Berufe aus. 1860 wurde er zum Professor für Logik und Englisch in Aberdeen berufen. Er gab die Professur 1880 auf, war aber noch zweimal Rektor seiner Universität. Er veröffentlichte verschiedene Bücher über Psychologie, Logik und Ethik und begründete die philosophische Zeitschrift „Mind", die heute noch besteht. Als Biograph von JAMES MILL war er mit JOHN St. MILL freundschaftlich verbunden. (Vgl. N I, 38).

14 MS 587 *Notes for Lectures on Logic to be given first term 1870/71*. PEIRCE behandelte die Logik darin wiederum als Semiotik, was aus den Hauptthemen wie: Wahrheit, Bedeutung, Zeichen selbst, bezeichnete Sache, Realität und Bedeutung usw. hervorgeht.

15 Vgl. AMY FAY, *Music Study in Germany* (Chicago[11] 1888) 72–74.

16 Über POEs Raben-Gedicht gibt es von PEIRCE auch Versuche, es in Prosa zu fassen (MS 1629). Möglicherweise stammen sie aus seiner College-Zeit, also aus den Jahren zwischen 1849 und 1854.
    Über Typo- und Chirographie gibt es weitere Ausführungen in MS 1186.

17 Die Städtenamen sind inzwischen geändert worden, aber wir halten an der PEIRCEschen Schreibweise oder Bezeichnung fest.

18 Aus Briefen an ZINA vom 28. 8. 1870 aus Konstantinopel, vom 4. 9. vom Dampfer Neptun, vom 5. 9. beim Verlassen von Kavalla, am 15. 9. vom Dampfer nach Messina, am 22. 9. aus Siracusa.

19 Vgl. MSS 1135–1143, 1152, 1153, 1154, 1159–1161, 1172, 1178–1261, die alle linguistischen Fragen gewidmet sind.

20 Brief in CS (1870), 1873, 125–127; Brief von ZINA PEIRCE, ebenda, 220–224. Im Annex Nr. 21 eine Arbeit von C. PEIRCE *On the Theory of Errors of Observations.*

21 In Genf war der Kalender gekauft worden, in dem Reisenotizen gemacht wurden. Die Seiten nach dem 22. Februar wurden jedoch herausgerissen (MS 1614).

22 EMILE PLANTAMOUR (1815–1882), Professor und Leiter des Observatoriums in Genf.

23 Vgl. MAX H. FISCH, *Was there a metaphysical Club in Cambridge?*, Studies, 2, (1964) 3–32.

24 The Hibbert Journal, Oktober 1908 (CP 6.482).

25 CHAUNCEY WRIGHT (1830–1875), studierte Mathematik, Naturwissenschaften und Philosophie. Arbeitete viele Jahre als astronomischer Mathematiker, erhielt 1870/71 einen Lehrauftrag für Psychologie an der Harvard Universität und 1874, knapp ein Jahr vor seinem Tode, einen Lehrstuhl für Mathematische Physik. Er war DARWIN-Anhänger und beschäftigte sich mit Fragen der Evolution. Er verfaßte fast ausschließlich Essays, die zum Teil im „Mathematical Monthly", zum größeren Teil in der „North American Review" erschienen. PEIRCE schildert ihn (MS 620, 1909) rückblickend folgendermaßen:
    „Ich wurde eher in einer philosophischen als persönlichen Weise mit Chauncey Wright vertraut, einem Mathematiker und sehr eifrigen Studenten der Philosophie, einem Mann, der etwa zehn Jahre älter war als ich. Als ich ihn kennenlernte, war er ein Anhänger von Hamilton, war aber zu J. S. Mill übergegangen, und, so weit Mill ging, zu Comte. Er hatte eine niedere Meinung von Spencer – wie ein Mathematiker natürlich . . .
    Daneben war er ein Student von Dr. Asa Gray und wurde daher während meiner Bekanntschaft mit ihm ein enthusiastischer Anhänger von Darwin. Mir scheint, daß der ursprünglich beobachtende Geist Darwins am Ende Wrights Mill-Empirismus und -Individualismus schwächen mußte, der ein bloßes Erbe von Ockham war und so ‚hoch-priorisch' wie nur etwas sein kann. Einige Jahre lang schlugen wir uns fast täglich über Mill und Kant und die hauptsächlichen Gegenstände der Epistemologie (um einen gebräuchlichen, aber schlecht gewählten Terminus zu benutzen); und fraglos taten diese geistigen Faustschläge ohne Handschuhe viel, um mein Denken exakt zu machen, so wie es die ständigen Diskussionen mit meinem Vater taten."

26 NICHOLAS St. JOHN GREEN (1830–1876) war Rechtsanwalt und Lehrer an der Boston Law School. Er machte die Gruppe mit den Gedanken von ALEXANDER BAIN bekannt. Richter HOLMES bemerkte über ihn: „Ich glaube,

ich lernte mehr von Chauncey Wright und St. John Green, da ich Peirce sehr wenig sah." (Brief an CHARLES HARTSHORNE vom 25. 8. 1927. Vgl. M. FISCH, a. a. O.) Seine *Essays and notes on the law of tort and crime* erschienen erst 1933. Als er gestorben war, veröffentlichte PEIRCE einen unsignierten Nachruf in PAAAS (2. May 1877) 289.

27 JOHN FISKE (Geburtsname: EDMUND FISK GREEN) (1842–1901) wurde als Schriftsteller und Vortragsredner bekannt. Er war der führende Vertreter von DARWIN und SPENCER in America und schrieb evolutionistische und kosmologische Bücher, in denen er einen „kosmischen Theismus" verteidigte. U. a. *Outlines of Cosmic Philosophy*, I–IV (Einleitung von JOSIAH ROYCE) 1874; *The Destiny of Man (1884, dt. 1890)*.

28 OLIVER WENDELL HOLMES (1841–1935) studierte an der Harvard Law School. Er wurde 1870 Herausgeber des American Law Journal. 1871 wurde er Lektor, 1882 Professor an der Harvard Universität. Er gehörte zwanzig Jahre lang dem Supreme Judicial Court of Massachusetts an und wurde von Präsident Roosevelt 1902 an den U. S. Supreme Court berufen, dem er bis 1932 angehörte. Ein Kernsatz seiner Rechtsauffassung lautet: „Das Leben des Gesetzes ist nicht die Logik, sondern die Erfahrung gewesen." Er begründete eine soziologische oder pragmatische Jurisprudenz in Amerika und wurde durch viele Reden berühmt, in denen er unmißverständlich seine von der Regierungspolitik abweichende Meinung formulierte. Anläßlich einer Abhöraffäre 1928 schrieb er: „Wir müssen wählen, und ich, für mein Teil, denke, daß es das kleinere Übel ist, wenn einige Kriminelle entfliehen, als wenn die Regierung einen unehrenhaften Part spielt."

29 FRANCIS GREENWOOD PEABODY (1847–1936).

30 JOSEPH BANGS WARNER (1848–1923) studierte an der Harvard Universität, wo er 1873 seinen juristischen Doktor (LL. D.) machte. Er war Rechtsanwalt und Kurator (trustee) am Radcliff und am Simmons College. Mit O. W. HOLMES gab er *Commentaries on American Law* von JAMES KENT heraus.

31 FRANCIS ELLINGWOOD ABBOT (1836–1903) stand 1866 in engerer Wahl für einen Lehrstuhl der Philosophie in Harvard, den er wahrscheinlich wegen seiner unkonventionellen religiösen Ansichten nicht erhielt. 1888 vertrat er den Lehrstuhl von JOSIAH ROYCE für ein Jahr. Er nahm sich, nachdem er zehn Jahre lang an seiner *Syllogistic Philosophy* geschrieben hatte (sie erschien postum 1906), im Oktober 1903 auf dem Grab seiner Frau das Leben.

32 MS 620: *Essays Toward the Interpretation of our Thoughts (My Pragmatism)*, 25.–28. März 1909.

33 Journal of Philosophy . . ., 13 (1916) 719.

34 MS 318: *Pragmatism (Prag)* (CP 5.12).

35 *Notes*, The Nation (13. und 20. April 1871). Beide Stücke erschienen unsigniert. N I, 41–42; W II, 448–451.

36 The North American Review, 113 (Oktober 1871) 449–472, (CP 8.7–8.38). Deutsch auszugsweise in *Schriften*, I, 250–279. W II, 462–487.

37 Brief-Artikel: *Mr. Peirce and the Realists*, The Nation, (14. Dez. 1871); N I, 45; W II, 490–492.

38 BPSW, vol. 1 (1874) 35.

39 PAAAS, 8 (12. März 1872) 412.

40 J. K. F. ZÖLLNER (1834–1882), Astrophysiker und Philosoph in Leipzig, der später zum Spiritisten wurde. Das Instrument, das PEIRCE vorführte, kann nur

das Astrophotometer gewesen sein, das ZÖLLNER als erster zur Messung von Protuberanzen auch außerhalb einer Sonnenfinsternis benutzte. Vgl. auch

FELIX KLEIN: *Vorlesungen über die Entwicklung der Mathematik*, I (1926), (Reprint Berlin/Heidelberg/New York 1979) 169.

41 JULIUS ERASMUS HILGARD (1825–1891).

42 Vgl. M. H. FISCH, *Studies*, 2, 5.

43 In CS (1873) 200–224. Die Zusammenfassung des Artikels auch in: Annual Record of Science and Industry (1874) 324–325.

44 DANIEL COIT GILMAN (1831–1908) war der erste Präsident der Johns Hopkins Universität in Baltimore.

45 In: BPSW, 1 (1874) 68 (MS 1131).

46 In: *Studies on Logic by Members of the Johns Hopkins University*, hrsg. von C. S. PEIRCE (Boston 1883) 126–181. Er sollte als 14. Essay in das 1893 geplante, aber nicht veröffentlichte Werk *A Search for a Method* aufgenommen werden.

47 Vgl. N I, 46 und 46–52.

48 Hinweis in BPSW, 1 (1874) 88.
    Manuskripte mit dem Titel *Logical Algebra*:
    MS 559 von 121 Seiten
    MS 560 von 27 Seiten
    MS 573 von 28 Seiten
    MS 574 von 45 Seiten
    MS 576 von 50 Seiten. Alle MSS sind nicht datiert.

49 *Logic of 1873*
    MS 360 Kapitel I (7.315 Anm. 5, 7.316)
    MS 361 Kapitel I (7.313–314)
    MS 362 Kapitel I
    MS 363 Fragment (7.314 Anm. 4 auszugsweise)
    MS 364 Kapitel 2. Of Inquiry (7.317–325 auszugsweise)
    MS 365 Kapitel 2
    MS 366 Kapitel 3. Four Methods of Settling Opinion
    MS 367 Kapitel 4. Of Reality (teilweise in 7.327–335)
    MS 368 Kapitel 4
    MS 369 Kapitel 4
    MS 370 Kapitel 4. Of Reality (ganz in 7.336–345)
    MS 371 Kapitel IV. Of Reality
    MS 372 Kapitel IV. Of Reality
    MS 373 Of Reality (teilweise in 7.331 Anm. 9 und 7.313 Anm. 3)
    MS 374 On Reality
    MS 375 On Reality
    MS 376 Time and Thought (6. März 1873) (ganz in 7.346–353)
    MS 377 Time and Thought (8. März 1873)
    MS 378 Kapitel 5. (10. März 1873) (ganz in 7.354–357)
    MS 379 Kapitel 6. (10. März 1873) (teilweise in 7.336 Anm.)
    MS 380 Kapitel 7. Of Logic as a Study of Signs (14. März 1873)
    MS 381 On the Nature of Signs
    MS 382 Kapitel 9. (15. März 1873)
    MS 383 Kapitel X. The Copula and Simple Syllogism
    MS 384 Kapitel XI. On Logical Breadth and Depth
    MS 385 The List of Categories
    MS 386 Kapitel VIII: Of the Copula

MS 387 Kapitel IX. Of Relative Terms
MS 388 On Representations
MS 389 On Representation
MS 390 Kapitel IV. The Conception of Time essential in Logic (1. Juli 1873)
MS 391 Kapitel IV. The Conception of Time essential in Logic (2. Juli 1873)
MS 392 Kapitel V. That the significance of thought lies in its reference to the future (ganz in 7.358–361).
Eventuell gehören auch die MSS 393 bis 396 zu dieser *Logic*, zumindest betreffen sie ähnliche Themen. Es ist auffallend, daß die Kapitel einmal mit arabischen, zum anderen mit römischen Ziffern numeriert werden, andere MSS ohne Kapitel-Nummer vorhanden sind.
Rekonstruiert in W II, 14–109

50 Vgl. auch die Besprechung der *Psychology* von JAMES in The Nation vom 2. und 9. Juli 1891 (CP 8.55–90 und N I, 104–110) und die Briefe von PEIRCE an JAMES vom 12. 6. 1902, 28. 9. 1904 und 3. 10. 1904 (CP 8.270–8.302).

51 Brief von JAMES an PEIRCE vom 30. 9. 1904 (CP 8.285 Anm. 31).

52 J. A. REPSOLD (1838–1919) hat verschiedene Aufsätze in den „Mitteilungen der mathematischen Gesellschaft Hamburg", Bd. 1–8 (1881–1941) sowie das zweibändige Werk *Zur Geschichte der astronomischen Meßwerkzeuge von Purbach bis Reichenbach, 1450–1830*, Bd. 1 (Leipzig 1908) Bd. 2 (von 1830 bis 1900) (Leipzig 1914) veröffentlicht.

53 In: N I, 52–55.

54 Hinweis in BPSW, 1 (1874) 94.

55 Hinweis in BPSW, 1 (1874) 97.

56 MS 100.

57 MS 1569; auszugsweise in NEM, III/1, 547–51; W III, 173–177.

V. Kapitel

1 PAAAS, ns 2, ws 10 (Boston 1875) 473.

2 PAAAS, ns 2, ws 10 (Boston 1875) 392–294 (CP 3.150–151); MS 75; W III, 177–180.

3 J. J. SYLVESTER, *Word upon Nonions*, in: JHUC, No. 17, 242.

4 J. J. SYLVESTER, *Erratum*, JHUC, Circulars, No. 15.

5 C. S. PEIRCE, *Description of a Notation for the Logic of Relatives*, in: PAAAS (1870) (CP 3.45–3.149).

6 *A Communication from Mr. Peirce*, JHUC, No. 22 (April 1883) 86–88; (CP 3.646–48).

7 CLERK MAXWELL (1831–1879). Großer englischer Physiker. Er wurde in Edinburgh geboren, studierte von 1850–1856 in Cambridge und war dann bis 1860 Professor in Aberdeen. Von 1860 bis 1865 war er Professor am Kings College in London und wurde 1871 zum Leiter des Cavendish-Laboratory, des ersten selbständigen englischen physikalischen Forschungsinstituts berufen, das er bis zu seinem Tode 1879 leitete. Er faßte gewisse Versuche FARADAYs in einer heute noch grundlegenden Theorie des Elektromagnetismus zusammen.

8 JOHANN ADOLF REPSOLD (1838–1919) war Teilhaber der Firma und Professor.

9 General JOHANN JAKOB BAEYER (1794–1885) half FRIEDRICH WILHELM BESSEL bei der Triangulation Ostpreußens und war später Präsident des Geodätischen Instituts in Berlin. Sein Haus war ein gesellschaftlicher Mittelpunkt für Literaten und Künstler.

10 Hinweise auf PEIRCE in den Verhandlungen der „Permanenten Commission der Europäischen Gradmessung" bzw. „Association Géodésique Internationale" in Paris vom 20. bis 29. September 1875 in: CS (1881) 1883, 360 u. a.; und in Brüssel vom 5. bis 10. Oktober 1876. Hinweise auf die Arbeit von CSP a. a. O. und in den „Verhandlungen . . ." (Paris 1875) 13, 16, 19–23, 32, 51, 54, 58–61, 71; (Brüssel 1876) 12, 18, 19, 41f, 47–49.

11 HENRY JAMES, *Tagebuch eines Schriftstellers* (Notebooks), Köln 1965. HENRY JAMES (1843–1916), Bruder von WILLIAM JAMES, wurde nach kurzem Jurastudium Schriftsteller. Von 1875–76 war er Korrespondent in Paris, 1876 übersiedelte er nach London, 1896 nach Rye/Sussex. 1915 wurde er britischer Staatsbürger. Er starb 1916 in London.

12 MS 1018 *Color Experiments.*

13 Europäische Gradmessung, Konferenz in Brüssel 1876, (Berlin 1877) 41, 42; Bericht über die Vermessung Nordamerikas (Berlin 1877) 43; über Peirces Arbeiten auch S. 47, 48, 49.

14 Verhandlungen der europ. Gradmessung, Konferenz in Brüssel vom 5.–10. Oktober 1876 (Berlin 1877) 47.
Vgl. *Memorandum* von HENRY JAMES (Sohn von WILLIAM JAMES) vom 27. Dezember 1921 (MS L 723).

16 Heiratsurkunde als Anlage zum Brief von HENRY JAMES an Dr. HENRY S. LEONARD, Hunt Hall, Harvard University, Cambridge/Mass. vom 2. Oktober 1936 (MS L 723).

17 Die Sterbeurkunde, die HANNA BUCZYNSKA-GAREWICZ aus Laasow besorgte, hat denselben Wortlaut. Die Angaben bestätigte mir auch Großherzog FERDINAND von Württemberg.

18 JAMES FEIBLEMAN, *An Introduction to Peirce's Philosophy, Interpreted as a System*, New York and London 1946, und *An Introduction to the Philosophy of Charles S. Peirce*, MIT Press, Cambridge/Mass. 1970.

19 *Pendulum Observations* (17–18), *A Catalogue of Stars for Observations of Latitude* (138–174), *Note on the Theory of the Economy of Research* (197–201), ein Thema das bekanntlich auch ERNST MACH stark interessiert hat, und *Measurements of Gravity at Initial Stations in America and Europe* (202–337 und 410–416). Der letzte Bericht über Schweremessungen hatte einen Umfang von 140 Seiten! Ein Buch, das leider nicht gesondert erschienen ist. Vgl. CP 7.139–157 mit Verbesserungen aus MS 1093: *Note on the Theory of the Economy of Research* (nicht vor dem 4. 6. 1877). Vgl. auch ERNST MACH, *The Economical Nature of Physical Inquiry. Popular Scientific Lectures* (Chicago 1894).

20 Hinweis in PAAAS, ns 4, ws 12 (October 11, 1876) 283.

21 Vgl. M. H. FISCH, *Peirce's Place in American Thought,* Ars semeiotica, 1 (1977), wo dieser Brief zitiert wird.

22 W III, 191–195.

23 AJSA, 3rd s., 13, ws 113 (1877) 247–251; Nachdruck mit geringen Auslassungen in The London, Edinburgh and Dublin Philosophical Magazine and Journal of Science (1877) 543–547. W III, 211–217.

24 HERMANN GRASSMANN (1809–1877) studierte von 1827 bis 1830 Theologie und Philologie in Berlin und beschäftigte sich ab 1832 selbständig mit Mathematik, ohne je eine mathematische Vorlesung gehört zu haben. 1836 wurde er Lehrer in Stettin, legte 1839/40 noch eine Ergänzungsprüfung zum Lehramt ab und war von 1842 bis zu seinem Tode 1877 Gymnasiallehrer in Stettin.

25 In: Mathematische Annalen, Bd. 12, H. 2 (1877) 222–240.

26 In: PAAAS, ns 5, ws 13 (1878) 115–116. W III, 238–242.

27 Vgl. C. S. PEIRCE, *Algebra of Logic*, AJM, vol. 3 (1880) 15–57 (CP 3.242, Anm. 1); *A Second Curiosity*, The Monist, vol. 19 (1909) 36–45 (CP 4.668 und 4.669, Anm. 1), 8.41 (MS um 1885), worin es heißt: „Grassmann und Schröder allein verfolgen die einzige Methode, die positive Ergebnisse ermöglicht, die wirklich geeignet sind, gegen Irrtümer zu schützen.“

28 Vgl. FELIX KLEIN, *Vorlesungen über die Entwicklung der Mathematik im 19. Jahrhundert*, (1926/27), Reprint (New York 1979) 5, 8, 10, 11, 14, 21, 36, 42, 44, 46–48, 102.

29 MAXIME BÔCHER, u. a. *Einführung in die höhere Algebra*, Leipzig (1910, ²1925) (engl. New York 1907).

30 J. J. SYLVESTER, u. a. *On the General Theory of Associative Algebraical Forms*, Cambridge and Dublin Mathematical Journal, IV, (1851).

31 In: Verhandlungen der vom 27. September bis 2. Oktober 1877 zu Stuttgart abgehaltenen fünften allgemeinen Conferenz der Europäischen Gradmessung (Berlin 1878) 171–187. Übersetzung von CSP ins Englische mit Revisionen und Anmerkungen von 1882 in: CS (1881) 1883, 427–436. MS 1060 ist eine Lichtpause, die der gedruckten Abhandlung zugrundeliegt. Hinweis auf CSPs Pendel-Beobachtungen in CS (1874) 1877, 18.

32 Vgl. Astronomische Nachrichten, Nr. 697, Bd. 30 (1850).

33 *Photometric Researches, made in the years 1872–1875.* Annals of the Astronomical Observatory of Harvard College, vol. 9 (Wilhelm Engelmann, Leipzig 1878).

34 *The Fixation of Belief*, PSM vol. 12 (Nov. 1877) 1–15; *Comment se fixe la croyance*, Revue Philosophique, vol. 6 (Décembre 1878) 553–569; dt. *Die Festigung der Überzeugung*, in: *Die Festigung der Überzeugung und andere Schriften* (Baden-Baden 1967) 42–59.

35 *How to Make Our Ideas Clear*, PSM vol. 12 (January 1878) 286–302; *Comment rendre nos idées claires*, Revue Philosophique, vol. 7 (Janvier 1879) 39–57; dt. *Wie wir Ideen klar machen*, in: *Die Festigung* ... (Baden-Baden 1967) 59–79.

36 Vgl. Gérard Deledalle, *Les articles pragmatistes de Charles S. Peirce*, Revue philosophique, 1 (1980).

37 Brief an die Mutter vom 2. November 1878.

38 CHRISTINE LADD-FRANKLIN, *Charles S. Peirce at the Johns Hopkins*, The Journal of Philosophy ..., vol. 13, Nr. 26 (21. 12. 1916) 719.

39 Die Reihe erschien deutsch unter dem Titel *Die Festigung der Überzeugung und andere Schriften*, ed. ELISABETH WALTHER (Agis-Verlag, Baden-Baden 1967).
Die Reihe erschien englisch nun auch in W III, 242–375.

40 *The Fixation of Belief*, PSM (12. November 1877) 1–15. (Vgl. CP 5.358–387, außer 358n+ mit Verbesserungen und Anmerkungen von 1893, 1903 und 1910. MS 334 mit Einfügungen A, B, C, D, E, F, G, H, N und unmarkierten drei Seiten. *Comment se fixe la croyance*, Revue philosophique, 6, 12 (1878) 553–569.

41 Vgl. *What Pragmatism is*, The Monist, 15 (April 1905) 161–181 (CP 5.411–437).

42 MAX FISCH stellte mir diese Seiten des MS 328 zur Verfügung. Das im MS nicht genannte Werk von LUDWIG KNAPP ist nach meiner Überprüfung des Zitats das oben zitierte.

43 Vgl. u. a. GERALD FREDERICK TOBEN, *Die Fallibilismusthese von Ch. S. Peirce und die Falsifikationsthese von K. R. Popper. Untersuchung ihres Zusammenhangs*, Diss. Stuttgart 1977.

44 *How to Make Our Ideas Clear* (12, January 1878) 286–302. (Vgl. CP 5.388–410, außer 402n3, mit Verbesserungen und Anmerkungen von 1893 und 1903. MS 422, *Methodology. The Doctrine of Definition and Division*, Chapter XVI der Grand Logic of 1893, *Clearness of Apprehension*, das diesen Artikel enthält.) *Comment rendre nos idées claires*, Revue philosophique (7. Janvier 1879) 39–57.

45 *The Doctrine of Chances* (12, March 1878) 604–615. (Vgl. CP 2.645–660 mit Verbesserungen von 1893 und einer Anmerkung von 1910). MS 424: Chapter XVIII, *The Doctrine of Chances*, mit Korrekturen von 1893 und Anmerkung von 1910.

46 JOHN MAYNARD KEYNES (1883–1946), *A treatise on probability* (London 1921).

47 RUDOLF CARNAP, *Induktive Logik und Wahrscheinlichkeit* (1959).

48 A. Ö. KOLMOGOROFF, *Grundbegriffe der Wahrscheinlichkeitsrechnung* (1933).

49 *The Probability of Induction*, (12, April 1878) 705–718. (CP 2.669–693).

50 Das WEBER-FECHNERsche Grundgesetz lautet: „Damit die Empfindungsstärken in einer gleichmäßigen arithmetischen Reihe wachsen, müssen die Reizintensitäten in einer geometrischen Reihe zunehmen, oder: Die Empfindungsstärken E wachsen proportional den Logarithmen der zugehörigen Reize R × R : E = k × log R.

51 *The Order of Nature* (13, June 1878) 203–217. (Vgl. CP 6.395–427) MS 874.

52 *Deduction, Induction, and Hypothesis* (13, August 1878) 470–482. (CP 2.619–644).

53 W III, 382–495.

54 PAAAS, ns 5, ws 13, 396–401 (nachgedruckt in CS (1881), 1883, 437–441).

55 RNA, 1884, Appendix D, 49.

56 Internationale Geodätische Konferenz, Hamburg (1878) 1879, 116–120.

57 Internationale Geodätische Konferenz, Genf (1879) 1880, 19–20.

58 Internationale Geodätische Konferenz, München (1880) 1881, 30–32 (Brief an M. FAYE), 43, 84–86, 96, App. IIa, 5–8.

59 Internationale Geodätische Konferenz, Rom (1883) 1884, 41, 44–45, 50–52, 59–60, App. VIb.

60 Internationale Geodätische Konferenz, Nice (1887) 1888, 1, 2, 15, 16, App. IIa, Tafel IV und 1, 3, 15–17, App. IIf, Tafel IV.

61 Internationale Geodätische Konferenz, Paris (1900) 1901, Bd. 2, App. IX, 330–335.

VI. Kapitel

1 Hinweise in RNA (1883) 1884, App. D, 50.

2 Vgl. Verhandlungen der europäischen Gradmessung (1879) 1880, 7–10, 19–29.

3 Vgl. M. H. FISCH, *Was there a Metaphysical Club in Cambridge?*, a. a. O.

4 Hinweise in PAAAS, ns 7, ws 15 (1879) 369–370. Wahrscheinlich sind die Manuskripte 1073 und 1074 dafür die Grundlagen.

5 AJSA, 3[rd]s 18, ws 118 (August 1879) 112–119. MSS 1072–1075 betreffen dieses Thema.

6 Zusammenfassung der PEIRCEschen Arbeit von E. WIEDEMANN mit dem Titel *Fortschritte von Versuchen, die Wellenlänge mit einem Meter zu vergleichen*, Beiblätter zu den Annalen der Physik und Chemie, Bd. 3 (1879) 711.

7 ERNEST RUTHERFORD (1871–1937). 1908 Nobelpreis für Chemie. Rutherfordsches Atommodell.

8 AJM, 2 (1879) 394–396, erratum vol. 3 (1880); CS (1877) 1880, App. 15, 191–192; und in THOMAS CRAIG, *A Treatise on Projections* (Washington 1882) MS 1355.

9 AJM, 2 (1897) 381–382.

10 Vgl. PHILIPP P. WIENER, *The Peirce-Langley Correspondence and Peirce's Manuscript on Hume and the Laws of Nature*, Proc. of the American Philosophical Society, vol. 91, 2 (1947) 201–228.

11 DANIEL COIT GILMAN (1831–1908) war erster Präsident der Johns Hopkins Universität. Er veröffentlichte u. a. *University Problems in the United States* (1898) und *The Life of James Dwight Dana* (1899). Sein Biograph war ein Kollege und Freund von C. S. PEIRCE, der Mathematiker FABIAN FRANKLIN, der 1910 *The Life of Daniel Coit Gilman* publizierte.

12 GEORGE SYLVESTER MORRIS (1840–1889) studierte am Dartmouth College und am Union Theological Seminary sowie in Deutschland bei ULRICI in Halle und bei TRENDELENBURG in Berlin. Er kehrte 1868 nach Amerika zurück und lehrte zunächst moderne Sprachen und Literatur, dann Philosophie an der Michigan Universität. Er vertrat einen „dynamischen Idealismus", den er als Naturwissenschaft verstand. Er übersetzte ÜBERWEGs *Geschichte der Philosophie* ins Englische und begründete die Buchreihe *German Philosophical Classics*, die in Chicago veröffentlicht wurde. Als erster Band erschien I. KANTs *Kritik der reinen Vernunft* mit seiner Einleitung; Werke von LEIBNIZ , HEGEL, SCHELLING u. a. folgten. Von 1878 bis 1883 lehrte er an der Johns Hopkins Universität und ging dann als Präsident an die Michigan Universität zurück. Eines seiner Hauptwerke hat den Titel *Philosophy and Christianity* (1883).

13 JAMES JOSEPH SYLVESTER (1814–1897) wurde in London als Sohn einer jüdischen Familie, die bis zu seiner Generation namenlos war, geboren. Er war von 1841 bis 1845 Professor für Mathematik an der Universität von Virginia

und von 1845 bis 1855 Versicherungsmathematiker und Rechtsanwalt in London. Von 1855 bis 1871 lehrte er an der Militärakademie in Woolwich/ England. Nach verschiedenen Tätigkeiten erhielt er den Ruf an die Johns Hopkins Universität, wo er von 1879 bis 1884 lehrte. Er kehrte danach nach England zurück und wurde mit 70 Jahren Professor in Oxford, wo er bis zu seinem Tode 1897 unterrichtete. Vgl. auch FELIX KLEIN, *Vorlesungen über die Entwicklung der Mathematik im 19. Jahrhundert* (1926/27, Reprint 1979), wo er ausführlich dargestellt wird. Seine *Gesammelten Werke* erschienen in Cambridge 1904.

14 WILLIAM EDWARD STORY (1850–1930) studierte an der Johns Hopkins Universität Mathematik. 1889 wurde er „administrator", später Leiter der Mathematischen Abteilung der Clark-Universität. Er veröffentlichte verschiedene Aufsätze zur nicht-euklidischen Trigonometrie und Geometrie im AJM. Sein Hauptwerk ist *Khayyàm as a mathematician* (1919).

15 ANNIBALE FERRERO (1840–1902). Offizier (Tenente Colonello = Oberstleutnant) im italienischen Generalstab und Mathematiker. Seit 1875 Direktor aller geodätischen Arbeiten in Italien, Sekretär der Europäischen Gradmessungscommission.
W III, 375–382.

16 Vgl. WERNER von SIEMENS (1816–1892), der 1847 mit J. K. HALSKE die Telegraphenbauanstalt Siemens & Halske AG gegründet hatte, die heute weltweit als Siemens AG besteht. Er erfand den Zeigertelegraphen, die Dynamomaschine, den Doppel-T-Anker und vieles andere. Er baute die erste unterirdische Telegraphenleitung, die erste elektrische Lokomotive und Straßenbahn. Auch stiftete er die wichtige Physikalisch-technische Reichsanstalt in Berlin.

17 CHRISTINE LADD-FRANKLIN (1847–1930) veröffentlichte außerdem *The Nature of Coloursensations* in H. von HELMHOLTZ *Treatise on Physical Optics*, Bd. 2 (1924) sowie eine große Anzahl logischer Arbeiten. Vgl. auch JUDY GREEN und JEANNE LADUKE *Women in the American Mathematical Community: The Pre-1940 Ph. D.'s*, The Mathematical Intelligencer, vol. 9, no. 1 (1987) 11–23; und JUDY GREEN *Christine Ladd-Franklin (1847–1930)*, unveröff. Manuskript.

18 FABIAN FRANKLIN (1853–1939) veröffentlichte mathematische Abhandlungen sowie *The Life of Daniel Coit Gilman* (New York 1910), *The Cost of Living* (New York 1915); *Plain Talks on Economics, Leading Principles and their Applications to the Issues of Today* (New York 1924).

19 Vgl. *Studies*, I, 1952, App. III, 369f.

20 Hinweis in JHUC, 1, 1882, 18. Vgl. auch *The Metaphysical Club at the Johns Hopkins University*, Studies, I, 1952, App. IV, 371–374.

21 Vgl. MAX H. FISCH, *Was there a Metaphysical Club in Cambridge?*, Studies II (1964) 3–32 und *Was there a Metaphysical Club? A Postscript*, TCSPS, 2 (1981) 128–131.

22 JHUC, vol. 1 (1882).

23 JHUC, vol. 1 (1882) 34.

24 ALLAN MARQUAND (1853–1924).

25 JHUC, 1 (April 1882) 49.

26 JHUC, 1 (April 1882) 128.

27 JHUC, 1 (Juli 1882) 150.

28 JHUC, 1 (Febr. 1882) 172. Vgl. auch E. W. DAVIS, *C. Peirce at the Johns Hopkins*, The Mid-West Quarterly (Oct. 1914) 52.

29 JHUC, 1 (Febr. 1882) 177.

30 Die deutsche Zusammenfassung mit dem Titel *Gegenseitige Anziehung von Spektrallinien* von E. WIEDEMANN erschien in Beiblätter zu den Annalen der Physik und Chemie, Bd. 4 (1880) 278.

31 BASIL LANNEAU GILDERSLEEVE (1831–1924) war Gräzist und Latinist an der Johns Hopkins Universität.

32 Comptes Rendus des séances de l'Académie des Sciences, 90 (14. Juni 1880) 1401–1403.

33 CS (1881) App. Nr. 17, *On the Value of Gravity at Paris*, 461–462.

34 HERVE FAYE, *Rapport sur un Mémoir de M. Peirce concernant la constante de la pésanteur à Paris*, a. a. O. (21. Juni 1880) 1463–1466.

35 JEAN CHARLES BORDA (1733–1799) französischer Ingenieur und Kapitän. Er war an der französischen Gradmessung beteiligt und bestimmte die Länge des Sekundenpendels. (Poggendorf, 1863).

36 JEAN BAPTISTE BIOT (1774–1862) französischer Physiker. 1797 Professor der Mathematik, 1800 Professor der Physik am Collège de France. 1806 Astronom am Bureau des Longitudes. Zahlreiche Veröffentlichungen.

37 Comptes Rendus des Séances de l'Académie des Sciences, vol. 89 (1879) 462–463.

38 AJM, 4 (1881) 97–221 und 225–229 (CP 3.289–305).

39 JHUC, 1 (April 1881) 131.

40 JHUC, 1 (1882) 214, *Abstract*.

41 BENJAMIN PEIRCE, *Ideality in the Physical Sciences*, ed. JAMES M. PEIRCE (Boston 1881).

42 MS 528; CP 3.145–251, außer Anm. 1 zu 154 und Anm. zu 200, mit Verbesserungen.

43 Vgl. *Die Grundlegung der Logik bei Charles S. Peirce auf der Basis von George Boole und Augustus de Morgan* (Staatsexamensarbeit, Stuttgart 1981, 35).

44 C. T. MICHAELIS, Rez. *On the Algebra of Logic von Peirce*, Jahrbuch über die Fortschritte der Mathematik, Bd. 12 (1880) 1882, 41–44.

45 E. SCHRÖDER, *Algebra der Logik*, Bd. 1 (1890) 584.

46 H. BEHMANN, *Beiträge zur Algebra der Logik*, Math. Annalen, 86 (1922) 163–229.

47 D. HILBERT u. W. ACKERMANN, *Grundzüge der theoretischen Logik* (1931, [2]1938).

48 AJSA, 3rd series, 20, ws 120 (October 1880) 327. Nachdruck in: The London, Edinburgh, and Dublin Philosophical Magazine and Journal of Science, 5th series, 10 (November 1880) 387.

49 In: RNA (1884) Appendix D, 53.

50 In: CS (1877) 1880, 191–192. AJM, vol. 2 (1879) 394–396; nochmals publiziert in: THOMAS CRAIG, *A Treatise on Projections*, (Washington 1882) 132.

51 In: JHUC, 1 (April 1882) 128.

52 In: RNA (1883) 1884, App. D, 53.

53 In: PAAAS, S. XLIX Hinweis auf die Wahl.
   MSS 1072–1075 zum Vortragsthema.

54 RNA (1883), Washington Gov. Print. Office (1884) App. D, 54.

55 AJM, vol. 4 (1881) 85–95 (CP 3.252–288). Zusammenfassung in JHUC 1 (1882) 184.

56 RNA (1904) 16. MSS 44, 45, 46. Die MSS 41, 42, 43, 47 behandeln dieses Thema ebenfalls. MS 41 *The Axiom of Number* wurde von M. BENSE in *Das Universum der Zeichen* (1983) 192–203 ausführlich kommentiert und vor allem die semiotische Bedeutung der Zahl herausgestellt.

57 JULIUS WILHELM RICHARD DEDEKIND (1831–1916) vertrat die Ansicht, daß die Arithmetik auf Logik begründet werden müsse. Bei PEIRCE finden wir die entgegengesetzte Konzeption. Von seinen, DEDEKINDs, Werken seien hier nur erwähnt: *Stetigkeit und irrationale Zahlen* (1872) und *Was sind und was sollen die Zahlen?* (1888).

58 GERRIT MANNOURY (1867–?)

59 Nature, Bd. 24 (July 21, 1881) 262. Vgl. auch MSS 1072–1075 und 1089.

60 Beiblätter zu den Annalen der Physik und Chemie, Bd. 5 (1881) 665.

61 a. a. O., 12 (*Results of Pendulum Experiments*, 1880).

62 a. a. O., 48–50 (*On the Ghosts in Rutherford's Diffraction-Spectra*, 1880).

63 MS 895 *Notes on the Categories*. Fünf von 41 Seiten wurden als 1.353 in den CP veröffentlicht.
   MS 897 *One, Two, Three: Kantian Categories*.
   Dazu gehören eventuell auch die MSS 914 und 915, die beide die Reduktion von „Fourthness" oder „Viertheit" auf „Drittheit" behandeln, aber noch nicht publiziert wurden.

64 Privatdruck, Baltimore (7. January 1882) und Postscriptum vom 16. Januar. (CP 3.306–322)

65 JHUC 1 (Dezember 1879) 6 und 7.
   JHUC 1 (Januar 1880) 12.
   JHUC 1 (Februar 1880) 25.
   JHUC 1 (Mai 1880) 62.
   JHUC 1 (August 1880) 71.
   JHUC 1 (Dezember 1880) 76 und 77.
   JHUC 1 (April 1881) 124 und 125.
   JHUC 1 (Juli 1881) 139 und 142.
   JHUC 1 (Dezember 1881) 157, 159, 160 und 161.
   JHUC 1 (März 1882) 195 und 196.
   JHUC 1 (Juli 1882) 218, 233 und 234.

66 The Mid-West Quarterly, vol. 2 (Oct. 1914) 48–56.

67 JHUR (1881) 16 und JHUR (1882) 17, 47 und 61.

68 JHUC 1 (Februar 1882) 179 (vgl. CP 3.323).

69 JHUC 1 (Februar 1882) 178.

70 Die Aufsätze erschienen in: MAAAS, vol. 9 (1870); PAAAS (May 11, 1875); PAAAS (Oct. 10, 1877); AJM, vol. 3 (1880).

71 RNA (1883) m (1884m) App. D, 54; Hinweis in JHUC, 1 (1882) 172.

72 JHUC, 1 (August 1882) 249.

73 JHUC, 2 (November 1883) 11–12; Auszüge in CP 7.59–76.

74 JHUC, 1 (1882) 203.

75 Zusammenfassung und Anmerkung vom 30. 10. 1882 in JHUC, 2 (Nov. 1882) 3–4; CP 3.324–327.

76 Sir JOHN HERSCHEL (1837–?) war „royal engineer" und arbeitete als Major bei der Vermessung Indiens mit. Er war auch Mitglied des Universitätssenats in Calcutta. 1871 wurde er in die Royal Society in London gewählt.

77 AJSA, 3rd series 24, whole series 124 (October 1882) 254–255; span. *Irregularidades en las oscilaciones del péndulo*, Cronica Cientifica, Barcelona, vol. 6 (25. Oct. 1883) 447–449.

78 RNA (1883), 1884, App. D, 55.

79 a.a.O.

80 a.a.O.

81 Annals of the Astronomical Observatory of Harvard College, vol. 13, Teil 1 (Beiträge von PEIRCE: IV, 19–61, 63, 66–81, 83, 90, 148, 172, 184–187).

82 *Report of the US Superintendent of Weights and Measures;* und JHUR (1882) 112.

83 SIMON NEWCOMB (1835–1909), geboren in Wallace/Neu-Schottland (Kanada), war Dorfschul- und Privatlehrer, bevor er 1857 als Rechner für den „Nautical Almanac" in Cambridge/Mass. angestellt wurde. Von 1857 bis 1861 studierte er an der Lawrence Scientific School der Harvard Universität, vor allem bei BENJAMIN PEIRCE. 1861 wurde er Professor für Mathematik bei der Navy, 1876–1883 war er Lecturer in Mathematik an der Johns Hopkins Universität, 1884–1893 und 1898–1900 Professor für Mathematik und Astronomie ebenda. Von seinen Werken seien genannt: *Popular Astronomy* (New York 1878) und *Principles of Political Economy* (1886).

84 Vgl. MAX H. FISCH, *Data concerning the second wife of Charles Sanders Peirce*, Tipskript.

85 Nachforschungen von BEATE von PÜCKLER in den Archiven in Nancy 1974.

86 a.a.O.

87 Vgl. *Gebhardts Handbuch der Geschichte*, neu herausgegeben von FERDINAND HIRSCH (Stuttgart 1890) 730.

88 MARIE CHOL-OLSEN im Gespräch in Milford/Pa. 1976.

89 *Studies in Logic . . .* (Little Brown and Co., Boston 1883 und University Press, John Wilson and Son, Cambridge, Mass.), Copyright by C. S. Peirce; Reprinted on Demand (University Microfilms International, Ann Arbor/London 1981).

90 a.a.O., III–VI. Nachdruck in JHUC, 2 (Dec. 1882) 34; MS 588 mit Abweichungen.

91 a.a.O., 126–181 + 2 Tafeln. (CP 2.694–754 ohne Tafeln, aber mit Zusätzen aus P.s Exemplar. Vgl. auch CP 2.752 *Rainfall and Illiteracy . . .*)

92 a.a.O., 182–186 (CP 2.517–531). MS 416 ist eine Neufassung für *Grand Logic*.

93 a.a.O., 187–203. (CP 3.328–358 mit Marginalie und Angaben der Änderungen für *Grand Logic*). MS 419, wo die Relative ohne Π und Σ auftreten.

94 Mind, vol. 8 (1883) 594–603.

95 Mind, vol. 9 (1884) 321–322.

96 Mind, vol. 9 (1884) 322.

97 Jahrbuch über die Fortschritte der Mathematik, Bd. 14, Teil I (1884) 28–29.

98 Jahrbuch über die Fortschritte der Mathematik, Bd. 14, Teil II (1884) 594–595.

99 PSM, vol. 24 (1883) 131 und Science, vol. 1, 8 (June 1883) 514–516.

100 CS (1881), Washington 1883: *Pendulum Observations* (26); *On the Flexure of Pendulum Supports* (359–441, also eine Arbeit von 82 Seiten!); *On the Deduction of the Ellipticity of the Earth from Pendulum Experiments* (442–456); *On a Method of Observing the Coincidence of Vibration of Two Pendulums* (457–460); *On the Value of Gravity at Paris* (461–463).

CS (1882), Washington 1883, erschienen: *Figure of the Earth* (4); *Measurements of the Force of Gravity* (19); *Force of Gravity* (32–33); *Report of a Conference on Gravity Determinations held at Washington, D.C. in May 1882* (503–506); *Six Reasons for the Prosecution of Pendulum Experiments* (506–508); *Opinions Concerning the Conduct of Gravitation Work* (512–516); ein Nachruf von PEIRCE in *Tribute to the Memory of Carlyle P. Patterson, Superintendent of the Coast and Geodetic Survey from 1874 to 1881* (559–563)(PEIRCE auf 563).

CS *(1883)*, Washington 1884, folgende Beiträge von PEIRCE: *Determinations of the force of gravity at Montreal, Canada, Albany, N.Y., and Hoboken, N.J.* (27); *Determinations of gravity by pendulum experiments at Baltimore and Washington* (36–37); *Occupation of the station at Savannah, Ga., for the determination of the longitude of Saint Augustine, Fla., by exchange of telegraphic signals* (41–42); *Determination of the longitude of the transit of Venus station at Saint Augustine, Fla., by exchange of telegraphic signals with Savannah* (42); *Determinations of Gravity at Allegheny, Ebensburgh, and York, Pa., in 1879 and 1880* (473–487). Möglicherweise wurde auf diesen letzten Beitrag im vorhergehenden *Report* hingewiesen (vgl. *Comprehensive Bibliography*, 31, P 00263).

Auf seine Pendelarbeiten wurde außerdem auch in den *Verhandlungen der Europäischen Gradmessung (1883)*, Berlin 1884, an verschiedenen Stellen hingewiesen, aber kein Beitrag von PEIRCE publiziert.

101 Annals of the Astronomical Observatory of Harvard College, vol. 14, part 1, 98, 102–284, etc.

102 Science, 2 (Dec. 21, 1883) 788–789.

103 JHUC, 3 (January 1884) 32 und (June 1884) 119.

104 JHUC, 3 (January 1884) 46.

105 Vgl. H. M. SHEFFER, *A Set of Five Independent Postulates for Boolean Algebras, with applications to logical constants,* Transactions, American Mathematical Society, vol. 14 (1913) 481–488.

106 Vgl. Nature (December 20, 1883).

VII. Kapitel

1 Vgl. CS (1884), Washington 1885;
  1. Hinweise auf P.s Pendelarbeiten und Vergleiche der „Standards" in Europa und Amerika, 40, 80, 81 (Zitat von P. über das Verhältnis von Meter zu Yard), 89, 93.

2. Brief und Feststellung von P., Korrekturen am Thermometer des Kater-Pendels betreffend, App. 14, 442 f.

3. *On the Use of the Noddy for Measuring the Amplitude of Swaying in a Pendulum Support*, App. 15, 475–482.

4. *Note on the Effect of the Flexure of a Pendulum upon its Period of Oscillation*, App. 16, 483–485; separat gedruckt *in Methods and Results, Gravity Research...* (Washington 1885).

2 *Pendulum Observations at Fort Conger*, vom 1. bis 10. Dez. 1884, MS 1076.

3 Vgl. MSS 1077, 1078, 1079 (undatiert), die metrische Fragen betreffen, mit einem gedruckten Bericht des Repräsentantenhauses über das metrische System.

4 Vgl. W. S. STANLEY, a. a. O.

5 JHUC, 3 (March 1884) 70 und JHUC, 3 (June 1884) 102.

6 JHUC, 3 (March 1884) 70 (möglicherweise MS 875, nach R. ROBIN).

7 JHUC, 3 (July 1884) 138.

8 Hinweis in RNA (1885) 12.

9 Hinweis in RNA (1885) 13.

10 Hinweis in RNA (1885) 12. Publiziert in MAAS, 3, Part 1 (1884) 73–83; CP 7.21–35 (mit Korrekturen aus MS 11).

11 Vgl. ANGELIKA KARGER, *Untersuchungen zur Bewußtseinskonzeption bei Ch. S. Peirce* (Diss. Stuttgart 1982) 47–51.

12 JHUC, 4 (December 1884) 28.

13 S. 1–6 in CP, 8, Bibliography G-c. 1893, 4 und CP 7.392 n7.

14 Brief an den Herausgeber, Science, 4 (14. Nov. 1884) 453–454.

15 Science, 4 (5. Dec. 1884) 512–514.

16 Proceedings of the Am. Metrological Society, 5 (Mai 1884–Dec. 1885), 1885, 46–48 und 83.

17 Vgl. *Determination of Gravity at Key West*, CS (1885) 1886, 46.

18 Hinweis auf seine Arbeit in Cornell in Cornell Daily Sun, vol. 6 (5. Febr. 1886) 1, Sp. 1–2.

19 Hinweis in The Cornell Daily Sun, Ithaka, N. Y. (30. 11. und 3. 12. 1885).

20 Hinweis in The Cornell Daily Sun, Ithaka, N. Y. (3. 12. 1885).

21 New York Evening Post (14. 8. 1885) 3:3.

22 Science, 6 (21. 8. 1885) 158 (Brief vom 10. 8. aus Ann Arbor).

23 Washington 1886, 370–378, 839 und 852.

24 Washington 1886:
    1. Hinweise auf PEIRCEs „Gravity work" und seine experimentellen For-
    schungen 37 f, 46, 83 f.
    2. *Note on a Device for Abbreviating Time Reductions*, App. 15, 503–508.
    3. *On the Influence of a Noddy on the Period of a Pendulum*, App. 16, 509f.
    4. *On the Effect of Unequal Temperature upon a Reversible Pendulum*, App.
    17, 511 f.

25 *Exorbitant Expenditures* (25. Juli), *How the Money was Spent* (26. Juli), *The
Coast Survey Scandal* (3. August), *The Coast Survey Inquiry* (6. August),
Intoxicated – Demoralized (7. August), *The Geological Survey Next* (12.
August), *The Coast Survey Scandal* (17. Oktober 1886), *Mr. Thorn Heard From*
(18. Okt.).

26 *Note* (zur Forschung der Coast Survey), vol. 7 (9. April 1886) 325–326; *The
Present Condition of the Coast Survey*, vol. 8 (22. October 1886) 359–360.

27 AJM, 7 (1885) 180–202; CP 3.359–403, außer 369n und 384n; MS 527.

28 MS 567, vollständig in CP 3.403 A bis 403 M.

29 *The Reciprocity Treaty with Spain* (18. Dezember 1884, Brief an den Heraus-
geber).
The Spanish Treaty Once More (1. Januar 1885, Brief an den Herausgeber).
The Common Sense of the Exact Sciences von WILLIAM KINGDON CLIF-
FORD, hsg. von KARL PEARSON (3. September 1885).
The Religion of Philosophy; or The Unification of Knowledge von RAYMOND
S. PERRIN (19. November 1885).
Organic Scientific Philosophy: Scientific Theism von FRANCIS ELLINGWOOD
ABBOT (11. Februar 1886).

30 Auszugsweise in CP 1.369–72 und 1.376–78.

31 *F. E. Abbot Papers*

32 Vgl. CP 1.35.

33 Vgl. E. WALTHER, *Allgemeine Zeichenlehre* (Stuttgart [2]1979) 32 f.

34 Auszugsweise in CP 8.39–54.

35 RNA (1886), 1887, 6.

36 CS (1886), 1887, 41, 49, 85, 86, 99, 100, 103, 135, 137.

37 *The Century Dictionary and Cyclopedia* (New York 1889), MS 1597.

38 Vgl. *Völker, Staaten und Kulturen. Kartenwerk zur Geschichte* (Westermann
Verlag, 1963) 6.

39 Vgl. *Inöni Ansiklopedisi*, Bd. 3, Heft 21, Ankara 1949. Übersetzt von YÜKSEL
PARZAKAYA.

40 Einige Möbelstücke wurden nach dem Tod JULIETTEs im Hotel Fauchère
aufbewahrt, die später dem PEIRCE-Haus zurückgegeben werden sollten. Es
handelt sich um einen großen Eßtisch mit hohen, lederbezogenen Stühlen.

41 *Proceedings of the Assay Commission of 1888*, Treasury Department, Docu-
ment No. 1089.

42 Vgl. CP, 8, Bibliography G-1889, *Comprehensive Bibliography*, 43–87 und MS
1597. Weitere Informationen über seine Definitionen in CP 1.106, 1.209,
1.559n, 3.416, 3.427, 6.38n, 6.51n, 6.164n, 6.211n, 6.592, 6.618.

43 MS 1149 *Galton's Law*
    MS 1150 *Logarithm*
    MS 1151 *Planimeter*
    MS 1152 *English Color Names*
    MS 1153 *Some Color-Names*
    MS 1154 *Notes on Color Words and Words about Luminosity*
    MS 1155 *Definitions* (Tipskript)
    MS 1157 *Specimens of bad definitions in the Century Dictionary*
    MS 1158 *C. S. P.'s Definitions in the Century Dictionary. Notes* (unvollst.)
    MS 1163 *C. S. P.'s contributions. Definitions written or critically examined*
    MS 1164 *Point, n*
    MS 1165 (*Century Dictionary*)
    MS 1166 (*Century Dictionary*) (Tipskript) „particular" bis „pyrronism"
    MS 1167 (*Century Dictionary*) (Tipskript) „earth" bis „ethics" + „Cologne water"
    MS 1168 (*Century Dictionary*) (Tipskript) Wörter mit „p"
    MS 1169 *Mathematical Definitions in Q* „quadrangle", „quadrant", „quadratic", „quadric", „quadrilateral", „quadrivium", „quantity" etc.
    MS 1170 (*Notes for Contributions to the Century Dictionary*) „apeiry", „Cantorian", „cardinal number", „dyadic", „egoism", „eleuthercism", „empiriocriticism", „energism", „perlation", „system", „topology" etc.
    MS 1171 (*Century Dictionary Supplement*) „conceptual time", „conceptual space"
    MS 1253 *List of Interesting Words*
    MS 1574 *Miscellaneous Fragments* (über 1 000 Seiten!) Heft „lexicography" mit Notizen für Century Dictionary u. a.
    MS 1595 (*Notes for Definitions of Words Associated with Universities*)
    MS 1597 Peirces Exemplar des *Century Dictionary*, 24 Bände, mit Anmerkungen und Liste seiner wichtigsten Beiträge.

44 In: The Christian Register, 66 (7. April 1887) 214, Sp. 2–4 (CP 6.548–556) und in: *Science and Immortality*, ed. by S. J. BARROWS (Boston 1887) 69–76; 135 enthält einen kurzen Lebenslauf von PEIRCE.

45 In: The American Journal of Psychology, 1 (Nov. 1887) 165–170.

46 In: Proc. of the American Soc. f. Psychical Research, 1 (Dec. 1887) 150–157. Antwort von GURNEY, *Mr. Peirce's Rejoinder*, 180–215 (CP 6.549, 7.597n3); MS 884.

47 LOUIS BELL, *On the Absolute Wave-Length of Light*, AJSA, third series 33 (whole series 133), 167–182, und The London, Edinburgh, and Dublin Philosophical Magazine and Journ. of Science, fifth series, vol. 23, 265–282 sowie AJSA, third series 35 (whole series 135), 265–282 und 347–367.

48 HENRY A. ROWLAND, *On the Relative Wave-Length of the Lines of the Solar Spectrum*, AJSA, third series 33 (whole series 133), 182–190 und in: The London, Edinburgh, and Dublin Philosophical Magazine and Journ. of Science, fifth series, vol. 23, 257–265.

49 ALBERT A. MICHELSON and EDWARD W. MORLEY, *On a Method of making the Wave-Length of Sodium Light the actual and practical Standard of Length*, The London, Edinburgh, and Dublin Philosophical Magazine and Journal of Science, fifth series, vol. 24, 463–466.

50 JOHN TROWBRIDGE, *Wave-lengths of standard-lines*, AJSA, third series 35 (whole series 135) 337–338.

51 FERDINAND KURLBAUM, *Bestimmung der Wellenlänge Fraunhofer'scher Linien*, Annalen der Physik und Chemie, Bd. 269, 159–193 und 381–412.

52 PAUL KEMPF, Rezension von *On the Absolute Wave-length of Light by Kurlbaum and Bell*, Vierteljahresschrift der Astronomischen Gesellschaft, Bd. 23, 262–286.

53 WILLIAM HUGGINS (1824–1910), *On the Wave-length of the Principal Line in the Spectrum of the Aurora*, Proc. of the Royal Society of London, vol. 45, 430–436.

54 Vgl. C. EISELE, Vorwort zu NEM, I, XVIII

55 RNA (1889), Washington 1891, 6. Eine Notiz über ein Forschungsstipendium für PEIRCE auf 38.

56 Brief und Karte von Dr. FOUQUET an JULIETTE vom 24. 1. 1890, MS L 522

57 Vgl. N I, 81–99:
E. NOEL, *The Science of Metrology; or Natural Weights and Measures. A Challenge to the Metric System* (27. 2. 1890);
F. HOWARD COLLINS, *Epitome of the Synthetic Philosophy* (27. 3.);
RIBOT, *Psychology of Attention* (19. 6.);
W. STANLEY JEVONS, *Pure Logic, and Other Minor Works* (3. 7.);
PAUL CARUS, *Fundamental Problems: The Method of Philosophy as Systematic Arrangement of Knowledge* (7. 8.);
THOMAS MUIR, *The Theory of Determinants in the Historical Order of its Development, Part 1* (28. 8.);
E. E. CONSTANCE JONES, *Elements of Logic as a Science of Propositions* (18. 9.);
ALEXANDER CAMPBELL FRASER, *Locke* (25. 9.);
Note über die erste Nummer des Monist (23. 10.);
R. O. WILLIAMS, *Our Dictionaries, and Other English-Language Topics* (30. 10.).

58 HERBERT SPENCER (1820–1903), englischer Philosoph. Evolutionist, Vorläufer von CHARLES DARWIN, aber auch von ihm beeinflußt. Hauptwerk: *System of Synthetic Philosophy*. First Principle of Biology, Psychology, Sociology, Ethics (1862–92).

59 MS 909 *A Guess at the Riddle* und *Notes for a Book to be entitled: Guess at the Riddle*, ein korrigiertes Tipskript mit alternativen Entwürfen. Nur die Anmerkungen auszugsweise in CP 1.354–368, 1.373–375 und 1.379–416. Vgl. auch CP 8, Bibliography G-c. 1890–1.

60 CP 1.354.

61 Vgl. z. B. G. F. TOBEN, *Die Fallibilismusthese von Ch. S. Peirce und die Falsifikationsthese von K. R. Popper* (Diss. Stuttgart 1977).

62 Vgl. MS L 269: Drei Briefe an ALLAN MARQUAND vom 27. März 1890 bis 3. Februar 1894. ALLAN MARQUAND (1853–1924) war Professor für Mathematik an der Princeton University und hat eine „logische Maschine" entwickelt.

Vgl. auch MS 1101 *Our Senses as Reasoning Machines* (in NEM III, 2, 1114–1115).

VIII. Kapitel

1 RNA (1891), Washington 1892, 16. MS 1028 ist wahrscheinlich die Grundlage dieses Vortrags.

2 GEORGE SHEA, *The History of Duns Scotus* (12. Februar);
FLORIAN CAJORI, *The Teaching and History of Mathematics in the United States* (19. Februar);

F. H. LOUD und FLORIAN CAJORI, *The Teaching of Mathematics (12. März).*

3 In CP 8.72–90 wurden die Fragen: 3, 5, 12, 14, 21, 22, 23, 29, 30, 31, 32, 33, 36, 41 und 42 publiziert. Vgl. auch PERRY, Bd. 2, 105–108, die aus diesem MS stammen.

4 ERNST SCHRÖDER, *Über das Zeichen. Festrede bei dem feierlichen Akte des Direktorats-Wechsels an der grossh.badischen Technischen Hochschule zu Karlsruhe am 22. November 1890*, Karlsruhe 1890.

5 HERBERT SPENCER, *Essays, Scientific, Political, and Speculative* (8. Oktober);

J. H. GORE, *Geodesy* (15. Oktober);

G. F. CHAMBERS, *Pictorial Astronomy for General Readers* (26. November);

D. GREENE, *Introduction to Spherical and Practical Astronomy* (17. Dezember).

Außerdem schrieb er die Artikel *The Law of ‚Vis Viva'* (22. Oktober) und eine *Note* als Antwort auf *The Law of ‚Vis Viva'* von L. M. HOSKINS vom 22. Oktober (12. November).

6 PAUL CARUS (1852–1919), als Sohn eines evangelischen Pfarrers in Ilsenberg am Harz geboren, studierte in Straßburg und Tübingen. 1876 promovierte er in Tübingen zum Dr. phil. und lehrte anschließend kurze Zeit an der Militärakademie in Dresden. Wegen seiner liberalen Gesinnung angefeindet, emigrierte er zunächst nach England, 1883 nach Amerika. 1887 ernannte ihn der Verleger EDWARD C. HEGELER zum Herausgeber der Monatsschrift „Open Court Magazine". 1888 begründete CARUS die philosophische Vierteljahresschrift „The Monist", deren Herausgeber er bis zu seinem Tod war. Er wurde auch Herausgeber des Open Court Verlags in Chicago, in dem philosophische Klassiker in billigen Ausgaben herausgebracht wurden. PAUL CARUS veröffentlichte selbst rund 1 000 Titel. Er nannte sich einen „Atheisten, der Gott liebt". Die „Carus Foundation" und die „Carus Lectures" halten die Erinnerung an ihn wach. Zwischen 1890 und 1913 schrieb er 112 Briefe an CHARLES PEIRCE. (MS L 77) Von seinen Werken seien genannt: *Monism, its Scope and Import* (1892), *Religion and Science* (1893), *The Soul of Man* (1900), *Philosophy as a Science* (1909), *A Synopsis of Writings of Paul Carus, with an Introduction by Himself* (1909).

7 *The Architecture of Theories*, The Monist, 1 (January 1891) 161–176 (MS 956; CP 6.7–6.34; dt. *Schriften*, II).

8 *The Doctrine of Necessity Examined*, The Monist, 2 (April 1892) 321–337 (MS 959; CP 6.35–6.65; dt. *Schriften*, II).

9 PAUL CARUS, *Mr. Charles S. Peirce on Necessity*, The Monist, 2 (April 1892) 442.

10 PAUL CARUS, *What does Anschauung mean?*, The Monist, 2 (July 1892) 527–532.

11 *The Law of Mind*, The Monist, 2 (July 1892) 533–559 (MS 961; CP 6.102–163).

12 PAUL CARUS, *Mr. Charles S. Peirce's Onelaught on the Doctrine of Necessity*, The Monist, 2 (July 1892) 560–582.

13 *Man's Glassy Essence*, The Monist, 3 (October 1892) 1–22 (MSS 961 und 962; CP 6.238–271).

14 PAUL CARUS, *The Idea of Necessity, its Basis and its Scope*, The Monist, 3 (October 1892) 68–96.

15 *Evolutionary Love*, The Monist, 3 (January 1893) 176–200 (MS 957; CP 6.287–317).

16 *Reply to the Necessitarians*, The Monist, 3 (July 1893) 526–570 (MSS 958–960; CP 6.588–618).

17 PAUL CARUS, *The Founder of Tychism, his Methods, Philosophy and Criticism: in Reply to Mr. Charles Sanders Peirce*, The Monist, 3 (July 1893) 571–622.

18 Vgl. MS 673 *A Sketch of Logical Critic*, um 1911 (CP 6.182)

19 MS 1096a (Tipskript), evt. MS 1068 (Notizbuch Dezember 1884 – Februar 1885).

20 GEORGE GABRIEL STOKES (1819–1903), damaliger Präsident der Royal Society in London, hatte PEIRCE 1886 nach England eingeladen, damit er dort Versuche mit Katerpendeln machen konnte. PEIRCE konnte der Einladung jedoch nicht Folge leisten.

21 In TCSPS, vol. 5, No. 1 (Winter 1969) 20. LENZEN hat diesen *Report* im Archiv der Coast Survey entdeckt und kommentiert. Eventuell gehören MS 1095 (von 509 Seiten!!) und MS 1096 (18 Seiten) dazu.

22 THOMAS CORWIN MENDENHALL (1841–1924) amerikanischer Professor für Physik an verschiedenen Universitäten, war von 1889 bis 1894 Superintendent der Coast Survey.

23 Vgl. The Charles S. Peirce Newsletter (Lubbock/Texas November 1975).

24 MS 888, 4 + 6 Seiten.

25 Vollständig in CP 3.404–414.

26 MS 885 *Dmesis*, 5 Seiten.

27 Vollständig in CP 3.415–418.

28 MS 589, 52 Seiten, Auszug in CP 4.187 Anm. 1 (umfangreicher als der gedruckte Artikel) und nicht vollständig in NEM, IV, 82–95. MS 590, 23 + 16 Seiten (Mathematical Propositions a priori betreffend).

29 MS 591, 11 Seiten.

30 HARRISON *The Comtist Calendar* (21. Januar); *Science in America* (11. Februar); LOBATCHEVSKY *The Non-Euclidian Geometry* (11. Februar); LOMBROSO, *The Man of Genius* (25. Februar); *Science in America* (ungezeichnet, 3. März); *Is Induction an Inference?* (10. März); Übersetzung HALSTEDs von LOBATCHEVSKY, *Non-Euclidian Geometry* und gekürzte Ausgabe von JAMES, *Principles of Psychology* (17. März); McCELLAND, *A Treatise on the Geometry of the Circle, and some Extensions to Conic Sections by the Method of Reciprocation* (24. März); NETTO, *Theory of Substitutions* (12. Mai); EDWARDS, *Elementary Treatise on the Differential Calculus*; W. W. ROUSE BALL, *Mathematical Recreations, and Problems of Past and Present Times* (12. Mai); ARABELLA B. BUCKLEY, *Moral Teachings of Science* (2. Juni); WILLIAM RIDGEWAY, *The Origin of Metallic Currency and Weight Standards*

(23. Juni); KARL PEARSON, *The Grammar of Science* (7. Juli); S. S. CURRY, *The Province of Expression: A Search for Principles Underlying Adequate Methods of Developing Dramatic and Oratoric Delivery* (14. Juli); A. WORTHINGTON, *Dynamics of Rotation: An Elementary Introduction to Rigid Dynamics* (11. August); GEORGE STUART FULLERTON, *The Philosophy of Spinoza* (25. August); EDWARD STANTON, *Dreams of the Dead* (8. September); *The Boston Public Library* (6. Oktober); ALFRED SIDGWICK, *Distinction and the Criticism of Belief* (27. Oktober); WILLIAM J. HUSSEY, *Logarithmic and Other Mathematical Tables* (10. November).

31 The Open Court, Bd. 7 (16. February 1893) 3551–60, (CP 6.428–434).

32 The Open Court, Bd. 7 (15. June 1893) 3702.

33 The Open Court, Bd. 7 (27. July 1893) 3743–45, (CP 6.435–448; MS 887).

34 A. E. H. LOVE, *A Treatise on the Mathematical Theory of Elasticity* (2. Februar); *Annals of the Harvard College Observatory, Band 19, Teil 2* (27. Juli); GEORGE M. GOULD, *The Meaning and Method of Life: A Search for Religion in Biology* (3. August); E. E. HALE, *A New England Boyhood* (17. August); JOHN WELLESLEY RUSSELL, *An Elementary Treatise on Pure Geometry*; R. LACHAN, *An Elementary Treatise on Modern Pure Geometry*; PAUL H. HANUS, *Geometry in Grammar School* (24. August); OLIVER LODGE, *Pioneers of Science* (7. September); Antwort auf einen Brief *Was Copernicus a German?* (5. Oktober); ERNST MACH, *Science of Mechanics* (5. Oktober); HERBERT SPENCER, *Negative Beneficence and Positive Beneficence*, Teil V und VI der *Principles of Ethics* (19. Oktober); WERNER von SIEMENS, *Personal Recollections*, übersetzt von W. C. COUPLAND (26. Oktober); BECKFORD, *Vathek* (9. November); *Conundrum* (signierter Brief, 16. November); RITCHIE, *Darwin and Hegel* (23. November); LELAND, *Memoirs* (30. November); MAURICE BARRES, *L'ennemie des lois* (7. Dezember).

35 Vgl. HARRIETT KNIGHT SMITH, *The History of the Lowell Institute*, (1898) 88.

36 MS 1274, 1. Vorlesung: *General Review of the History of Science* (6 Seiten) (Auszug: HP, 143–144);
MS 1274a, 2. Vorlesung (7 Seiten);
MS 1275, *On the Early History of Science*, Lect. I + II, (92 Seiten); (HP, 157–200);
MS 1276, 3. Vorlesung (27 Seiten);
MS 1277, 5. Vorlesung (51 Seiten) (teilweise in CP 7.267 Anm. 8); (HP, 201–215);
MS 1278, 6. Vorlesung (81 Seiten) (HP, 216–226);
MS 1279, 8. Vorlesung (35 Seiten) (HP, 227–238);
MS 1280, 9. Vorlesung (58 Seiten) (HP, 239–257);
MS 1281, 10. Vorlesung (14 Seiten) (HP, 258–265);
MS 1282, 11. Vorlesung (39 Seiten) Teil I: Galileo (HP, 266–279);
MS 1283, 11. Vorlesung (18 Seiten) Teil II: Galileo (HP, 280–286);
MS 1284, *Keppler* (26 Seiten) (HP, 290–295);
MS 1285, *Keppler, Copernicus, Brahe* (22 Seiten) (HP, 258–265);
MS 1286, *Concluding Remarks to Lectures on the History of Science* (8 Seiten) (vollständig in CP 7.267–275; HP, 278–289).

37 Vgl. C. EISELE, NEM, I, 1976, General Introduction, XVIII ff.

38 Vgl. M. A. De WOLFE HOWE, *John Jay Chapman and his letters* (Boston 1937) 96 f und *Classic American Philosophy* (1951) 31.

IX. Kapitel

1 MSS 397–424.

MS 397 *How to Reason: A Critic of Arguments. Advertisement* (CP 8, S. 278 = erster Abschnitt von S. 1; NEM, IV, 353–358).

MS 398 (*Advertisement*) (CP 8, S. 278–279)

MS 399 (*Contents*) (CP 8, S. 279–280).

2 MS 400 Book I. *Of Reasoning in General. Introduction. The Association of Ideas* (CP 7.388–450 und 7.417 Anm. 21)

MS 401 (*Introduction*)

MS 402 (*Introduction*)

MS 403 *Division I. Formal Study of General Logic. Chapter I. The Categories*

MS 404 *Chapter II. What is a Sign?* (CP 2.281, 2.285, 2.297–302)

MS 405 *Division II. Transcendental Logic. Chapter III. The Materialistic Aspect of Reasoning* (vollst. CP 6.278–286)

MS 406 *Chapter IV. What is the Use of Consciousness?* (vollständig CP 7.559–564)

MS 407 *Chapter V. The Fixation of Belief* (vgl. Artikel in Popular Science Monthly, 1877; CP 5.358–387 mit Korrekturen von 1893, 1903 und um 1910)

MS 408 *Division III. Substantial Study of Logic. Chapter VI. The Essence of Reasoning* (teilweise CP 4.21–52, 7.463–467)

MS 409 *Division III. Substantial Study of Logic. Chapter VI. The Essence of Reasoning* (teilweise CP 4.53–56 und 4.61–79).

3 MS 410 *Book II. Introductory. Chapter VII. Analysis of Propositions*

MS 411 *Division I. Stecheology. Part I. Non Relative. Chapter VIII. The Algebra of the Copula*

MS 412 *Division I. Stecheology. Part I. Non Relative. Chapter VIII. The Algebra of the Copula*

MS 413 *Chapter IX. The Aristotelian Syllogistic* (teilweise in CP 2.445–460)

MS 414 *Chapter X. Extension of the Aristotelian Syllogistic* (fast vollständig in CP 2.532–535)

MS 415 *De Morgan's Propositional Scheme*

MS 416 *On a Limited Universe of Marks* (*CP 2.517–531*)

MS 417 *Chapter XI. The Boolian Calculus*

MS 418 *Division I. Part 2. Logic of Relatives. Chapter XII. The Algebra of Relatives*

MS 419 *Chapter XIII. Simplification for Dual Relatives* (CP 3.328–358)

MS 420 *Chapter XIV. Second Intentional Logic* (vollständig CP 4.80–84)

MS 421 *Division II. Methodology. Chapter XV. Breadth and Depth* (teilweise CP 2.391–426 und 2.427–430)

MS 422 *Methodology. The Doctrine of Definition and Division. Chapter XVI. Clearness and Apprehension* (vgl. *How to Make Our Ideas Clear* (1878) mit Zusätzen, CP 5.388–410)

4 MS 423 *Book III. Quantitative Logic. Chapter XVII. The Logic of Quantity* (teilweise CP 4.85–152)

MS 424 *Chapter XVIII. The Doctrine of Chances* (vgl. CP 2.645–660 des gleichlautenden Artikels von 1878 mit Korrekturen von 1893 und einer Anm. von 1910).

5 MSS 1310 und 1311 betreffen: *Prospectus*, korrigierte und mit Anmerkungen versehene Fahnen; Notizen und Übersetzungen sowie zwei Transskriptionen des MS 7378 der Bibliothèque Nationale in Paris, eine in der Handschrift von PEIRCE, die andere in der von Herrn TISSIER. MS 1311 enthält auch Notizen zur Geschichte des Magneten.

6 Vgl. HP, 45–48.

7 PAAAS, 7 (1867) 261–287 (CP 2.461–516).

8 PAAAS, 7 (1867) 287–298 (CP 1.545–559).

9 PAAAS, 7 (1867) 416–432 (CP 2.391–426).

10 Aus MS 421. Er sollte auch Teil von Chapter XV der *Grand Logic* von 1893 werden (CP 2.427–430).

11 JSPh, 2 (1868) 103–114 (CP 5.213–263).

12 JSPh, 2 (1868) 140–157 (CP 5.264–317).

13 JSPh, 2 (1869) 193–208 (CP 5.318–357)

14 PSM, 12 (1877) 1–15 (CP 5.358–387).

15 PSM, 12 (1878) 286–302 (CP 5.388–410).

16 PSM, 12 (1878) 604–615 (CP 2.645–660).

17 PSM, 12 (1878) 705–718 (CP 2.669–693).

18 PSM, 13 (1878) 203–217 (CP 6.395–427).

19 PSM, 13 (1878) 470–482 (CP 2.619–644).

20 *Studies in Logic* (1883) 126–181 (CP 2.694–754).

21 Vgl. CP, 8, S. 282.

22 Vgl. CP, 8, S. 282–286, wo die vollständige *Ankündigung* aus MS 1581 *Announcement and Endorsements of ‚The Principles of Philosophy'* abgedruckt ist.

23 Vgl. L 432, Briefe von 30 Subskribenten von 1894–95 und 13 Anfragen nach dem *Prospect* und *Syllabus*.

24 CHARLES PEIRCE, *The New Elements of Mathematics,* 4 Bände, Den Haag-Paris und Atlantic Highlands J. S. 1976. Band I: *Arithmetic;* Band II: *Elements of Mathematics* und *New Elements of Geometry based on Benjamin Peirce's Works and Teachings, Topical Geometry* und *21 Anhänge* (Appendices) über verschiedene Themen; Band III/1: *Elements of Trigonometry, Multitude, and Continuity, Probability, Finite Differences, Boolian Studies, Lowell Lectures 1903, Existential Graphs, The Four Color Problem, Map Projection, Linear Algebra and Matrices, Political Economy, Amazing Mazes, Logic Machines, Measurements, Non-euclidian Geometry, Application of Mathematics, N-Valued Logic;* Band III/2: *Mathematical Correspondence* (GEORG CANTOR, PAUL CARUS, HENRY B. FINE, F. W. FRANKLAND, WILLIAM JAMES, P. E. B. JOURDAIN, C. J. KEYSER, E. H. MOORE, HOWES NORRIS, Jr., JAMES M. PEIRCE, JOSIAH ROYCE, FRANCIS RUSSELL, F. C. S. SCHILLER), Mathematical Items for The Nation, 15 Anhänge über verschiedene Themen; Band IV: 25 Kapitel über ganz verschiedene mathematische und nicht-mathematische Themen.

25 MS 1542: *Old Arithmetics, Historically Valuable,* (16th and 17th centuries) und MS 1545 *Copy and Notes for Arithmetic.*

26 Bulletin of the New York Mathematical Society, Bd. 3 (May 1894) 199–200.

27 The New York Times (8. April 1894) 8. Sp. 1.

28 Vgl. NEM, I, XVIII.

29 S. Anm. 1.

30 Vgl. NEM, I, XVII–XVIII.

31 Bulletin of the American Mathematical Society, Bd. 1 (1894) 77 (wahrscheinlich MS 121).

32 Auszüge CP 1.300–301, 1.293, 1.303, 1.326–329 und wahrscheinlich 1.302.

33 ohne die 4 ersten Seiten CP 1.417–520.

34 Auszüge CP 1.340–342.

35 Auszüge CP 2.332, 2.278–280, 1.564–567, 2.340–356.

36 Auszug CP 1.43–125.

37 Auszug CP 6.492–493.

38 vollständig CP 6.449–551.

39 Kleines Notizbuch, datiert mit 8. Juni 1896.

40 Auszug CP 7.597 Anm.

41 A. C. McAULAY, *Utility of Quaternions in Physics* (4. Januar); LANGLEY, *The Internal Work of the Wind* (11. Januar und 22. Febr.); HUXLEY, *Essays* (11. Januar); SCOTT, *Familiar Letters* (8. Febr.); GILBERT *Early Magnetical Science – I.* (15. Februar); *Early Magnetical Science – II* (22. Februar); FUNK, *Standard Dictionary* (15. März); FORSYTH, HARKNESS, MORLEY, PICARD, *Mathematical Functions* (15. März); LOCKYER, *Dawn of Astronomy* (29. März); DAVID ALLYN GORTON, *The Monism of Man* und DAVID JAYNE HILL, *Genetic Philosophy* (12. April); WILLIAM ELWOOD BYERLY, *An Elementary Treatise on Fourier's Series and Spherical and Ellipsoidal Harmonics* (19. April); CAJORI, *History of Mathematics* (26. April); MABEL LOOMIS TODD, *Total Eclipses of the Sun (3. Mai);* ALBERT ROSS PARSONS, *New Light from the Great Pyramid* (31. Mai); CHARLES KENDALL ADAMS, Ed., *John's Universal Cyclopaedia. A New Enlarged Edition* (5. Juli); ALEXANDER T. ORMOND, *Basal Concepts in Philosophy* (12. Juli); R. H. THURSTON, *The Animal as a Machine and a Prime Mover, and the Laws of Energetics* (19. Juli); MUIR, CARNEGIE, EDWARD, *Alchemy and Chemistry* (23. August); *Helmholtz* (13. September); WINDELBAND, FALKENBERG, BASCOM, BURT, *Four Histories on Philosophy, I* (27. September); *II* (4. Oktober); T. E. THORPE, *Essays on Historical Chemistry* (25. Oktober); *Spinoza's Ethic* (8. November); *Hallucinations* (22. November); englische Übersetzung von WUNDT, *Vorlesungen über Menschen- und Thierseele* (22. November); C. D. P. HAMILTON, *Modern Scientific Whist* (6. Dezember); *Descartes and His Work* (27. Dezember).

42 CHRISTOPH SIGWART, *Logic,* 2. Aufl. (14. März); G. T. LADD, *Philosophy of the Mind. An Essay in the Metaphysics of Psychology* (21. März); A. VASILIEV, *Nicolai Ivanovich Lobachevsky* (4. April); JOHN WATSON, *Comte, Mill and Spencer. An Outline of Philosophy* (11. April); CHARLES DeGARMO, *Herbart and the Herbartians* (30. Mai); *Some Studies of Reasoning*: JONES, EBERHARD, KLEIN, DAVIS (4. Juli); I. W. HEYSINGER, *The Source and Mode of Solar Energy throughout the Universe* (11. Juli); JAMES MARK BALDWIN, *Mental Development in the Child and the Race. Method and Processes* (22. August); HIRAM M. STANLEY, *Studies in the Evolutionary Psychology of Feeling* (14. November); JAMES A. McLELLAN und JOHN DEWEY, *The Psychology of Number, and its Applications to Methods of Teaching Arithmetic* (28. November); *Acetylene and Alcohol* (19. und 26. Dezember); Sir ROBERT S. BALL, *Great Astronomers* (19. Dezember).

X. Kapitel

1 Vgl. PERRY, 283ff.

2 Gemeint ist das geplante Buch *The Principles of Philosophy*, für das er, wie erwähnt, mit einem Prospekt zur Subskription geworben hat. Der erste Band sollte den Titel *Review of the Leading Ideas of the Nineteenth Century*, der zweite Band den Titel *Theory of Demonstrative Reasoning* erhalten.

3 1. Vorlesung: MS 435 (teilweise in CP 1.649–677); MS 436;
                      MS 437 (teilweise in CP 1.616–648)
  2. Vorlesung: MS 441 (teilweise in NEM IV); MS 438 (teilweise in CP 4.1–5 und NEM I); MS 439 (teilweise in NEM IV)
  3. Vorlesung:?
  4. Vorlesung: MS 442 (teilweise in CP 5.574–589)
  5. Vorlesung: MSS 444 und 445 (teilweise in: The Hound and Horn, 2, Juli– September 1929, S. 398–416)
  6. Vorlesung: MS 443 (teilweise in CP 6.66–81, 7.518–523, 6.82–87); MS 446 (wahrscheinlich Anmerkungen zu MS 443)
  7. Vorlesung: MS 951 (teilweise in CP 7.468–517)
  8. Vorlesung: MS 948 (teilweise in NEM III/1).

4 *Contemporary American Philosophy*, ed. ADAMS und MONTAGUE (New York 1930).

5 Mit Auslassungen verschiedener Beweise von Theoremen publiziert in CP 4.153–169.

6 Es gibt verschiedene Manuskripte über *Graphs* bzw. *Logical Graphs*, die als Grundlage dieses Vortrages gelten könnten, etwa MS 482. Wahrscheinlich ist aber MS 498 *On Existential Graphs as an Instrument of Logical Research* die Grundlage, wie R. S. ROBIN vermutet (s. *Catalogue*). Es wurde nicht publiziert.

7 MS L 73, fünf Entwürfe von CSP vom 21.–23. Dezember 1900 (NEM, III/2, 767–779).

8 *Annual Report of the President of Bryn Mawr College* (1896), Philadelphia 1898, S. 35. Wahrscheinlich liegt dem Vortrag MS 25 *Multitude and Number* zugrunde. (Auszüge in CP 4.170–226 ohne Anm. 1 zu 4.187 und in NEM, III/2, 1059–1068).

9 The Monist, 7 (October 1896) 19–40; MS 518; CP 3.425–455.

10 The Monist, 7 (January 1897) 161–217; MSS 521–525; CP 3.456–552. Die Manuskripte sind wahrscheinlich Vorstudien dazu.

11 Die erste Darstellung bzw. Definition von „Graph" gab PEIRCE im Century Dictionary (1898). Hier spricht er von „entitative graphs", die er später (1903 bzw. 1906) zu „existential graphs" entwickelte. Wir kommen darauf zurück.

12 PARK BENJAMIN, *The Intellectual Rise in Electricity: A History* (2. Januar); J. HUMPHREY SPANTON, *Science and Art Drawing* (9. Januar); 4. Auflage der Übersetzung HALSTEDs von BOLYAI, *Absolute Science of Space* (6. Februar); A. D. RISTEEN, *Molecules and the Molecular Theory of Matter* (13. Februar); GEORGE JOHN ROMANES, *Mind and Motion, and Monism* (26. März); ERNST SCHRÖDER, *Algebra und Logik der Relative* (23. April); LEVI LEONARD CONANT, *The Number Concept. Its Origin and Development* (21. Mai); KÜL-PE, *Outlines of Psychology, Based upon the Results of Experimental Investigation* (23. Juli); H. DUREGE, *Elements of the Theory of Functions of a Complex Variable, with especial reference to the Methods of Riemann* (3. September).

13 Entwürfe dazu in MS 1331.

14 FRANK PODMORE, *Studies in Psychical Research* (4. November); D. MENDE-LEJEFF, *The Principles of Chemistry* (25. November); BOETHIUS, *The Conso-lation of Philosophy* (9. Dezember); PERRY, *Calculus for Engineers* (30. Dezember); JOSIAH ROYCE, JOSEPH LE CONTE, G. H. HOWISON, and SIDNEY EDWARD MEZES, *The Conception of God* (30. Dezember).

15 MS L 532 ELLEN M. HOPKINS (Mrs. DUNLAP).

16 DIMITRI IWANOWITSCH MENDELEJEFF (1834–1907). Russischer Chemiker. Arbeitete 1859–1861 im Labor von BUNSEN in Heidelberg. 1865 wurde er außerordentlicher und ordentlicher Professor an der Universität St. Peters-burg. 1869 fand er gleichzeitig mit JULIUS LOTHAR MAYER, ordentlicher Professor in Tübingen, das „periodische oder natürliche System der Elemen-te".

17 In: The University Chronicle, Berkeley, California, vol. 1, 287–310.

18 In: Journal of Philosophy, Psychology, and Scientific Method, vol. 1 (1904) 673–687.

19 Def. „Pragmatismus" in: *Wörterbuch der Philosophie*, ed. GEORGI SCHISCH-KOFF (Stuttgart 1965).

20 Def. „James, William", a. a. O.

21 EDUARD BAUMGARTEN, *Die geistigen Grundlagen des amerikanischen Ge-meinwesens, II: Der Pragmatismus. Emerson, James, Dewey* (1938). Es enthält nur den Hinweis, daß es außerdem noch CHARLES PEIRCE gebe.

22 CP 8.249–252.

23 BERTRAND RUSSELL, *History of Western Philosophy*, dt. Zürich (1950) 675.

24 Vgl. auch F. ENRIQUES und G. MANNOURY, a. a. O.

25 IGNATIUS SINGER und LEWIS H. BERENS, *Some Unrecognized Laws of Nature. An Inquiry into the Causes of Physical Phenomena, with Special Reference to Gravitation* (3. Februar); JAMES MARK BALDWIN, *Social and Ethical Interpretations in Mental Development* (31. März); F. W. EDRIDGE-GREEN, *Memory and its Cultivation* (21. April); AGNES M. CLERKE, A. FOW-LER, and J. ELLARD GORE, *Astronomy* (28. April); ALFRED H. LLOYD, *Dynamic Idealism. An Elementary Course in the Metaphysics of Psychology* und WILLIAM DE WITT HYDE, *Practical Idealism* (16. Juni); REYE, *Geometrie der Lage* (14. Juli); E. W. SCRIPTURE, *The New Psychology* (14. Juli); SIDIS, *The Psychology of Suggestion* (25. August); WALLACE, *The Wonderful Cen-tury. Its Successes and its Failures* (22. September); KERR, *Wireless Telegra-phy* (29. September); JAMES MARK BALDWIN, *Story of the Mind* (13. Okto-ber); CARVETH READ, *Logic. Deductive and Inductive* (20. Oktober); LAM-BERT, *Differential and Integral Calculus for Technical Schools and Colleges* (24. November); NOAH BROOKS, *The Story of Marco Polo* (24. November); H. H. FRANCIS HYNDMAN, *Radiation. An Elementary Treatise on Electroma-gnetic Radiation and on Röntgen and Cathode Rays* (1. Dezember); G. H. DARWIN, *Tides* (22. Dezember).

26 RNA (1899), Washington 1900, 13. MSS 153–158 sind wahrscheinlich Vorar-beiten bzw. Unterlagen zu diesem Vortrag.
  MS 153: *On the Problem of Coloring a Map (4 Colors)*: NEM, III/1, S. 449–463
  MS 154: *On the Problem of Map-Coloring and on Geometrical Topics in General*; NEM, III/1, S. 463–481; IV, 347–353
  MS 155: *Studies in Map-Coloring as Starting-point for Advance into Geomet-*

rical Topics
MS 156: *Map Coloring Vol. IV and Vol. V*
MS 157: *Link Coloring*; NEM, III/1, 481–484
MS 158: Fragments on *Map Coloring*
eventuell auch:
MSS 141–145, 148–152, 159–163.

27 Vgl. Cat, MS 17; MS 154.

28 SILAS W. HOLMAN, *Matter, Energy, Force, and Work* (2. Februar); LEIBNIZ, *The Monadology and Other Philosophical Writings*, trans. von ROBERT LATTA (16. März); KEPLER, *Somnium* (20. April); FLORIAN CAJORI, *A History of Physics in its Elementary Branches* (27. April); JOHN BEATTIE CROZIER, *My Inner Life* (4. Mai); *Galileo's Reasoning* (Antwort auf einen Brief von CAJORI mit gleichem Titel; 18. Mai); ROUGE ET NOIR, *The Gambling World* und JOHN ASTON, *The History of Gambling in England* (25. Mai); FRANK HALL THORP, *Outlines of Industrial Chemistry* (25. Mai); DAVID P. TODD, *Stars and Telescopes: A Hand-Book of Popular Astronomy, Founded on the Nineth Edition of Lynn's 'Celestial Motions'* (22. Juni); MARSHALL, *Instinct and Reason* (29. Juni); J. HARKNESS and F. MORLEY, *An Introduction to the Theory of Analytic Functions* (6. Juli); F. J. BRITTEN, *Old Clocks and Watches and their Makers* (27. Juli); *Leibniz Rewritten* (3. August); JOHN FISKE, *Through Nature to God* (10. August); ROBERT MACKINTOSH, *From Comte to Benjamin Kidd* (17. September); J. HOWARD MOORE, *Better-World Philosophy* (17. September); HERMANN SCHUBERT, *Mathematical Essays and Recreations* (21. September); AUGUSTUS De MORGAN, *The Study and Difficulties of Mathematics* (21. September); WILLIAM T. CAMPBELL, *Observational Geometry* (28. September); RAY STANNARD BAKER, *The Boy's Book of Inventions: Stories of the Wonders of Modern Science* (19. Oktober); FORD, *Franklin* (9. November); DANIEL C. GILMAN, *The Life of James Dwight Dana. Scientific Explorer, Mineralogist, Geologist, Zoologist, Professor in Yale University* (14. Dezember).

XI. Kapitel

1 W. J. LEWIS, *Treatise on Crystallography* (4. Januar); EDWARD PICK, *Lectures on Memory Culture* (4. Januar); JOHN FISKE, *A Century of Science* (4. Januar); J. J. FAHIE, *A History of Wireless Telegraphy* (25. Januar); Vicomte G. d'AVENEL, *Le Mécanisme de la vie moderne, vol. 3* (1. Februar), WEMYSS REID, *Memoirs and Correspondence of Lyon Playfair* (8. Februar); FRANK HALL THORP, *Outlines of Industrial Chemistry, revised edition* (15. Februar); WILLIAM RIPPER, *Steam-Engine Theory and Practice* (15. Februar); PHILIP ATKINSON, *Power Transmitted by Electricity* (15. Februar); ALBERT GAY und C. H. YEAMAN, *An Introduction to the Study of Central-Station Electricity Supply* (15. Februar); W. WATSON, *A Text-Book of Physics* (1. März); KARL PEARSON, *The Grammar of Science, second edition* (15. März); HEINRICH HERTZ, *The Principles of Mechanics Presented in a New Form* (15. März); DAVID EUGENE SMITH, *The Teaching of Elementary Mathematics* (22. März); JOSIAH ROYCE, *The World and the Individual* (5. April), CP 8.100–107; FRANCIS SEYMOUR STEVENSON, *Robert Grosseteste* (19. April); Sir NORMAN LOCKYER, *Inorganic Evolution as Studied by Spectrum Analysis* (10. Mai); WILHELM WINDELBAND, *History of Ancient Philosophy* (17. Mai); S. R. BOTTONE, *Wireless Telegraphy and Hertzian Waves* (31. Mai); F. THILLY, *Introduction to Ethics* (21. Juni), CP 1.589–590; P. LAFLEUR, *Illustrations of Logic*; J. ROBERTSON, A Short History of Free Thought, Ancient and Modern

(28. Juni); BOETHIUS, *De Consolatione Philosophiae* (5. Juli); A. FORSYTH, *Theory of Differential Equations* (19. Juli); HÖFFDING, *A History of Modern Philosophy* (26. Juli); O. MYER, *The Kinetic Theory of Gases* (26. Juli); H. JONES, *The Theory of Electrolytic Dissociation* (30. August); FERET, *Bordeaux and its Wines, Classed by Order of Merit* (20. September); VIVIAN B. LEWES, *Acetylene* (27. September); F. GREENSLET, *Joseph Glanvill* (11. Oktober); KARL FINK, *A Brief History of Mathematics* (18. Oktober); N. SHALER, *The Individual* (22. November); EDWARD W. BYRN, *The Progress of Invention in the Nineteenth Century* (6. Dezember); H. S. WILLIAMS, *The Story of Nineteenth Century Science* (27. Dezember).

2 MS 1123 *The Productiveness of the Nineteenth Century in Great Men* (auszugsweise CP 7.256–261)
   MS 1124 *The Productiveness of the Nineteenth Century in Great Men* (auszugsweise CP 7.262–266)
   MS 1125 *Great Men of the XIXth Century*
   MS 1126 Common Characteristics of the Great Men of the Past Century
   MS 1127 Preface to a Paper on Great Men in Science
   MS 1128 Fragments on Nineteenth-Century Ideas
   MS 1129 On the Nineteenth-Century

Vgl. auch FISCH and COPE, *Peirce at the Johns Hopkins University*, in *Studies*, I (1952) 290–291 und JOSEPH JASTROW, *Charles S. Peirce as a teacher*, The Journal of Philosophy, Psychology, and Scientific Methods, 13 (21. Dezember 1916) 724–725.

3 In: Smithsonian Institution Report, LV, 1900, S. 693–699; *The 19th Century* (New York 1901); Vgl. FISCH and SCOPE, *Studies*, I, (1952) 357.

4 *Dictionary of Philosophy and Psychology*, Herausgeber: JAMES MARK BALDWIN, New York, Band I (1901), Band II (1902), Neuauflage von Band I und II (1911).

5 Vgl. Briefwechsel zwischen BALDWIN und PEIRCE (MS L 34, 9. 10. 1900 bis 7. 12. 1903).

6 Die *Collected Papers* enthalten Definitionen in Band 1 bis 7:
   1.549 Anm. 1;
   2.203–218, 2.273, 2.303–308, 2.357–371, 2.372–390, 2.431–434, 2.536–549, 2.551–611, 2.609–611, 2.613–618, 2.779–790;
   3.609–645;
   4.347–349, 4.372–393;
   5.1–4, 5.565–573, 5.605–609;
   6.98–101, 6.169–173, 6.353–394;
   7.79–96.

7 Vgl. CP 8, Bibl. G 1901–6.

8 Vgl. PEIRCEs durchschossenes Exemplar des *Dictionary*, wo er diese Einfügung machte (CP 5.12).

9 Hinweis in RNA (Washington 1902) 16; CP 7.162–163; Report in The Nation (21. 11. 1901).

10 MS 690 *On the Logic of Drawing History from Ancient Documents especially from Testimonies*; CP 7.164–255, außer 7.182 Anm. 7 und 7.220 Anm. 18
    MS 691 *On the Logic of Drawing History from Ancient Documents especially from Testimonies*; auszugsweise CP 7.220 Anm. 18; NEM, I, Einl.; Beide Manuskripte haben zusammen einen Umfang von mehr als 450 Seiten!

MS 1344 enthält *Abstract of a Memoir ‚On the Logic of Drawing...'*

11 DAVID HUME, *Untersuchung über den menschlichen Verstand* (dt. Hamburg 1964), vor allem Abschnitt 6 und 10.

12 Vgl. RICHARD von MISES, *Wahrscheinlichkeit, Statistik und Wahrheit* (⁴1951); HANS REICHENBACH, *Wahrscheinlichkeitslogik*, in: Sitzungsberichte der Preußischen Akademie der Wissenschaften (Berlin 1932); RUDOLF CARNAP, *Induktive Logik und Wahrscheinlichkeit* (1959).

13 ALFRED RUSSELL WALLACE, *Studies, Scientific and Social* (10. Januar); JAMES SIME, *William Herschel and His Work* (24. Januar); *Webster's International Dictionary of the English Language*, Hsg. NOAH PORTER und W. T. HARRIS (24. Januar); *The Life, Unpublished Letters, and Philosophical Regimen of Anthony Earl of Shaftesbury*, ed. B. RAND; ANTHONY Earl of SHAFTESBURY, *Characteristics* (31. Januar); A. L. BOWLEY, *Elements of Statistics* (28. März); JOHN M. BACON, *By Land and Sea* (28. März); WILLIAM L. JORDAN, *Essays on Illustration of the Action of Astral Gravitation in Natural Phenomena* (13. Juni); EDMOND GOBLOT, *Le Vocabulaire Philosophique* (20. Juni); FREDERICK STORRS TURNER, *Knowledge, Belief, and Certitude* (25. Juli); *The Works of George Berkeley, D. D.*, Hsg. ALEXANDER CAMPBELL FRASER (1. August) (Neue Ausgabe, vgl. CP 8.7–38); PERSIFOR FRAZER, *Bibliotics* (1. August); ALFRED CALDECOTT, *The Philosophy of Religion in England and America* (15. August); OTTO LUMMER, *Contributions to Photographic Optics*; EUGENE LOMMEL, *Experimental Physics*; LASSARCOHN, *An Introduction to Modern Scientific Chemistry*; BERTRAM BLOUNT, *Practical Electro-Chemistry* (29. August); MICHAEL MAHER S. J., *Psychology: Empirical and Rational* (3. Oktober); SIDNEY EDWARD MEZES, *Ethics: Descriptive and Explanatory* (24. Oktober; CP 8.157–163 ohne 158 Anm. 3); *The National Academy at Philadelphia* (gez. M. D., 21. November; vgl. CP 7.162–163); ARTHUR H. WALL, *Concise French Grammar* (28. November); FRANK J. ADDYMAN, *Practical X-Ray Work* (12. Dezember).

14 SAMUEL P. LANGLEY (1834–1906). 1851–64 Zivilingenieur und Architekt, 1865 Assistent am Harvard Observatorium, 1866 Ass. Professor für Mathematik an der Naval Academy, 1867 Direktor des Allegheny Observatoriums und Professor für Physik und Astronomie an der Western University of Pennsylvania in Pittsburgh, 1887 Sekretär der Smithsonian Institution in Washington, D.C. Konstruierte 1903 ein Einmann-Flugzeug, das aber nicht funktionierte. Viele Forschungen in Astrophysik, Spektroskopie und der Vorgeschichte der Quantenmechanik.

15 MS 869 *Hume on Miracles* (vollständig in CP 6.522–547)
   MS 870 *What is a Law of Nature* (Law of Nat)
   MS 871 *What is a Law of Nature* (L of N)
   MS 872 *The Idea of a Law of Nature among the contemporaries of David Hume and Among Advanced Thinkers of the Present Day* (19. April 1901) (Auszug in CP 1.133–134)
   MS 873 *Hume's Argument against Miracles and the Idea of Natural Law (Hume)*
   vgl. auch
   MS 692 *The Proper Treatment of Hypotheses, a Preliminary Chapter, toward an Examination of Hume's Argument against Miracles, in its Logic and in its History.*

16 Proceedings of the American Philosophical Society, 91 (April 5, 1947) 201–228. Briefwechsel zwischen PEIRCE und LANGLEY ebd., 205–211, 214.

17 Journal of the History of Ideas, vol. 18 (Oct. 4, 1957) 537–547.

18 Hinweise in RNA (1903) 13.

19 MS 1339 *A Suggested Classification of the Sciences*
    MS 1340 *An Outline of the Classification of the Sciences*
    MS 1341 *Chapter 1. Of the Classification of the Sciences (I)*
    MS 1342 *Chapter II. Of the Classification of the Sciences (II)*
    MS 1343 *Of the Classification of the Sciences. Second Paper. Of Practical
              Sciences* (Auszüge in CP 7.53–58 und 7.381 Anm. 19)
    MS 1344 *Abstract of Logic-Book. Introduction. Section 1. The Classification
              of the Sciences (Abstract)*
    MS 1345 *On the Classification of the Sciences*
    MS 1346 *On the Classification of the Sciences.*

20 Hinweis in RNA (1903) 13.

21 Hinweis in RNA (1903) 13. Die Manuskripte über Geometrie im *Annotated
    Catalogue* umfassen die MSS 94 bis 163. Sie sind vollständig oder auszugs-
    weise in NEM, II, 4–551, 564–592, 596–623, 650–655; III, 687–710, 762–767,
    1055–1058; IV, 347–353 publiziert worden.

22 Hinweis in RNA (1903) 13.

23 MS 596 *Reason's Rule (RR)* (teilweise in CP 5.538–545)
    MS 597 *Reason's Rule (RR)*
    MS 598 *Reason's Rule (RR)*
    MS 599 *Reason's Rule (RR)*
    MS 600 *Reason's Rule (RR)*

24 Vollständig in CP 1.135–140.

XII. Kapitel

1 MS 425 *Chapter I. Intended Character of this Treatise (Logic)*, 170 plus 150
           Seiten einer anderen Fassung, sowie Tipskript (mit kleinen Auslas-
           sungen nach dem Tipskript fast vollständig in CP 2.1–2.118).

2 MS 426 *Chapter II. Prelogical Notions. Section I. Classification of the Scien-
           ces*, 41 plus 11 Seiten Varianten, datiert: 13. 2. 1902;
   MS 427 Gleicher Titel, 291 plus ca. 200 Seiten Varianten, datiert: 20. 2. 1902
           (Auszüge in CP 1.203–283, 7.374 Anm. 10, 7.279, 7.362–387).

3 MS 428 *Chapter II. Section II. Why Study Logic? (Logic II, ii)*, 128 plus 33
           Seiten Varianten, datiert: 28. und 30. 4. 1902 (vollständig in CP
           2.119–202).

4 MS 429 *Chapter III. The Simplest Mathematics.* Tipskript, 127 Seiten, datiert:
           Januar–Februar 1902 (Auszüge in CP 4.227–323);
   MS 430 gl. Titel, 106 Seiten, datiert: 2. Januar 1902;
   MS 431 gl. Titel, 198 Seiten, datiert: 5. und 28. Januar 1902 (NEM, III/1,
           540–543).

5 MS 432 *Chapter IV. Ethics (Logic IV)*, 8 Seiten;
       MS 433 gl. Titel, 21 Seiten (vollständig in CP 1.575–584);
       MS 434 gl. Titel, 222 Seiten (Auszüge in CP 6.349–352, nicht publiziert u. a.
               acht Regeln zur „Ethik der Terminologie").

6 Vgl. NORBERT WIENER, *Cybernetics or Control and Communication in the
   Animal and the Machine* (Paris 1948), dt. *Mensch und Menschmaschine* (Berlin
   1958); GOTTHARD GÜNTHER, *Das Bewußtsein der Maschinen* (Baden-Baden

1957); LOUIS COUFFIGNAL, *Les Machines à Penser* (Paris 1952), dt. *Denkmaschinen* (Stuttgart 1955).

7 FRIEDRICH ALBERT LANGE (1828–1875) war Professor der Philosophie an der Universität Marburg. Bekannt ist vor allem sein berühmtes Buch *Geschichte des Materialismus* (1866).

8 Nach JEREMIAS BENTHAMs Definition von *„kenoskopisch"*: „Mit ‚kenoskopischer Ontologie' wird jener Teil der Wissenschaft bezeichnet, der diejenigen Eigenschaften zu seinem Thema macht, die von allen Individuen, die zu der Klasse gehören, für die der Name Ontologie verwendet wird, d. h. für *alle Individuen* als gemeinsam besessen betrachtet werden." (CP 1.241)

9 Nach BENTHAMs Definition von „idioskopisch": „In der ‚idioskopischen Ontologie' haben wir dann den Zweig der Kunst und Wissenschaft vor uns, der solche Eigenschaften zu seinem Thema macht, die für verschiedene Klassen von Seienden als besondere betrachtet werden, einige für die eine, einige für die andere Klasse." (CP 1.242) Siehe: *Works*, Bd. VIII (Edinburgh 1843) 83, Anm.

10 Eine ausführliche Darstellung ästhetischer Konzeptionen von PEIRCE gab THEODORE ALBERT SCHULZ in *Panorama der Ästhetik von Charles Sanders Peirce* (Diss. Stuttgart 1961).

11 Vgl. auch MS 535 (um 1880) über eine BOOLEsche Algebra mit einer Konstanten. (CP 4.264)

12 H. M. SHEFFER, *A Set of Five Independent Postulates for Boolean Algebras, with Application to Logical Constants*, in: Transactions of the American Mathematical Society, 14 (1913) 481–88. Der „Sheffersche Strich", z. B. A/A, ist erklärt als –(A.B) bzw. $\bar{A}$ v $\bar{B}$; der PEIRCEsche Ampheck heißt $\bar{A}$. $\bar{B}$. Der Werteverlauf bei SHEFFER ist: f w w w, bei PEIRCE: f f f w. (Vgl. J. BOGARIN, *Der Peirce- Funktor „Ampheck"*, Semiosis, 41 (1986) 22–23).

13 PEIRCE geht hier (vgl. MS 434) von PLATOs „summum bonum" aus. Er schätzt PLATO vor allem als Ethiker, weniger als Logiker oder Metaphysiker. Er geht hier des weiteren auch auf das Leben von PLATO ein und schlägt eine Neuordnung der PLATONischen *Dialoge* vor. Zu Fragen der *Dialoge* s. auch MSS 974, 977, 978, 979, 980, 981, 989, 990 sowie 982 und 983. Eine Transkription und Übersetzung von PLATONs *Verteidigung des Sokrates* liegt in MS 973 vor.

14 MS L 75: Der Antrag von 76 Seiten, ein früherer Entwurf von 83 Seiten, Korrespondenz mit verschiedenen Personen der Carnegie-Institution. Auszüge des Antrages wurden in CP 7.158–161, 7.158 Anm. 5, 8.176 Anm. 3 und in NEM, IV, 13–73 abgedruckt.

15 J. B. CROZIER, *History of Intellectual Development on the Lines of Modern Evolution* (23. Januar); E. C. RICHARDSON, *Classification, Theoretical and Practical* (27. Februar); R. VALERY-RADOT, *The Life of Pasteur* (6. März); GIDDINGS, *Inductive Sociology* (3. April); *The National Academy of Sciences* (24. April) E. R. EMERSON, *The Story of the Vine* (29. Mai); DELTA, *Charades* (10. Juli); H. H. JOACHIM, *A Study of the Ethics of Spinoza* (10. Juli); ATKINSON, *Electrical and Magnetical Calculations* (17. Juli), FORSYTH, *Theory of Differential Equations*, vol. 4 (24. Juli); *Studies in Physiological Chemistry*, ed. R. H. CHITTENDEN; ALBERT B. PRESCOTT und OTIS C. JOHNSON, *Qualitative Chemical Analysis*; VICTOR von RICHTER, *Organic Chemistry*, ed. EDGAR F. SMITH; HARRY C. JONES, *The Elements of Physical Chemistry* (24. Juli); ROYCE, *World and the Individual* (31. Juli), *Annales* of the Paris International Congress of 1900, sect. History of Science (7. August);

THORPE, *Essays in Historical Chemistry* (21. August); PAULSEN, *Kant* (11. September); HERBERT AUSTIN AIKINS, *The Principles of Logic* (18. September); PAUL DRUDE, *The Theory of Optics* (2. Oktober); *Aviation (23. Oktober)*; J. B. BAILLIE, *The Origin and Significance of Hegel's Logic* (13. November); ANDREW RUSSELL FORSYTH, *Theory of Differential Equations*, Teil 3 (27. November); ELLWANGER, *Pleasures of the Table* (18. Dezember); ALICE MORSE EARLE, *Sundials and Roses of Yesterday* (25. Dezember).

16 Vgl. PERRY, 286 f.

17 WILLIAM JAMES, *Pragmatism. A new name for some old ways of thinking* (New York und London 1907); dt. von W. JERUSALEM, (Leipzig 1908), 2. Aufl. hsg. u. eingel. v. KLAUS OEHLER (Hamburg 1983)

18 vgl. CP, 5, S. 11 (vor 5.14).

19 Vgl. *The Selected Letters of William James*, ed. ELIZABETH HARDWICK (Boston 1980) 200.

20 C. S. PEIRCE, *Lectures on Pragmatism – Vorlesungen über Pragmatismus* (F. Meiner, Hamburg 1973).

21 Journal of Philosophy, Psychology, and Scientific Methods, 13, no. 26 (Dec. 21, 1916) 720.

22 PERRY, 287.

23 MS 301, Titel von den Herausgebern der CP (vollständig in CP 5.14–40).

24 MSS 302 – 306, Titel von den Herausgebern:
    MS 302 *Lecture II.*
    MS 303 *Lecture II.* PEIRCE schrieb auf die 1. Seite: „Ausgesondert. Keine Zeit dafür. Und es würde zwei, wenn nicht drei Vorlesungen erfordern."
    MS 304 *On Phenomenology.* Bemerkung von PEIRCE: „Erste Fassung. Muß neu geschrieben und komprimiert werden." (Auszüge in CP 1.322–323).
    MS 305 *On Phenomenology.* Bemerkung von PEIRCE: „Zweite Fassung. Das geht nicht. Wird nochmals geschrieben werden müssen." (Auszüge in CP 5.41–56).

25 MSS 307 und 308, Titel von den Herausgebern:
    MS 307 *Lecture III. The Categories Continued.* (Auszüge in CP 5.71, Anm. und 5.82–87).
    MS 308 *Lecture III. The Categories Defended.* Bemerkung von PEIRCE: „Das Eigentum von C. S. Peirce, 34 Felton Hall, 1640 Cambridge St., Cambridge, Mass. und ‚Arisbe', P. O. Milford, Pa., kindly return to him." (Auszüge in CP 5.66–81 und 5.88–92).

26 MS 309 *Lecture IV. The Seven Systems of Metaphysics.* (Titel der Herausgeber: *Die Realität der Drittheit*) (Auszüge in CP 5.71 Anm. und 5.112–119 sowie in 1.314– 316).

27 MSS 310 – 312, Titel von den Herausgebern:
    MS 310 *Lecture V.* Erste Fassung.
    MS 311 *Lecture V.* Zweite Fassung.
    MS 312 *Lecture V.* Dritte Fassung (Auszüge in CP 5.120–150).

28 MSS 313, 314 und 316, Titel von den Herausgebern:
    MS 313 *Lecture VI.* Erste Fassung.
    MS 314 *Lecture VI.* Bemerkung: „Die ersten 35 Seiten wurden vorgetragen." (vollständig in CP 5.151–179).

MS 316 *Lecture VI, 2.* Vorgetragen, aber nicht veröffentlicht.

29 MS 315 *Lecture VII.*, Titel von den Herausgebern (Auszüge in CP 5.180–212).

30 MS 316a *Multitude and Continuity.* Nicht veröffentlicht. Vgl. R. S. ROBIN, *The Peirce Papers. A Supplementary Catalogue* (1970), in dem außer diesem auch andere MSS, die als verloren galten, aber wiedergefunden wurden, aufgeführt sind.

31 Phaneroskopie =Beschreibung des Erscheinenden.

32 Vgl. EUGENE FREEMAN, *The Categories of Charles Peirce* (Chicago 1934), der als einer der ersten die Wichtigkeit der Kategorien für das PEIRCEsche philosophische System und ihren Zusammenhang mit der Relationenlogik betonte. Er diskutierte auch die Erläuterungen von PEIRCE hinsichtlich der Irreduzibilität der Kategorien mit den Mitteln der Graphentheorie und Aussagenlogik.

33 Vgl. z. B. MAX BENSE, *Repräsentation und Fundierung der Realitäten* (Baden-Baden 1986).

34 Vgl. E. WALTHER, Einleitung (LXXX ff) zu C. S. PEIRCE, *Lectures on Pragmatism . . .* (Hamburg 1973)

35 *Lecture II*, MSS 302 und 303; NEM, IV, 151.

36 MSS 447–454 (z. T. CP 1.591–615 und 8.176); MS 450 (z. T. NEM, III/2, 1111–1122).

37 MSS 455, 456 (NEM, III/1, 405–431).

38 MSS 457–466; MS 458 (z. T. NEM, III/1, 331–343 und z. T. CP 1.15–26, 1.324, 1.343–349, 1.521–544); MS 459 (NEM, III/1, 343-355); MS 466 (NEM, III/1, 355-365).

39 MS 467 (z. T. CP 4.510–529, 4.529 Anm.*).

40 MSS 468–471; 469 und 470 (NEM, III/1, 365–389); MS 471 (NEM, III/1, S. 389–392).

41 MS 472 (z. T. CP 6.88–97; NEM, III/1, 392–405).

42 MSS 473, 474 (z. T. CP 7.110–130).

43 MSS 475–476 (z. T. CP 5.590–604 und 7.182 Anm. 7).
Weitere Zitate aus diesen Vorlesungen auch in CP 3.45 Anm.* und 3.154 Anm. 1.

44 MS 478 *Syllabus of a Course of Lectures at the Lowell Institute beginning 1903, November 23. On Some Topics of Logic (Syllabus).* Dieses MS liegt dem gedruckten *Syllabus* zugrunde, und zwar: die Seiten 1–26 als 1–14, die Seiten 137–149 als 15–20. Sowie eine Zusammenfassung über Transformationsregeln für Existenzgraphen. Das gesamte MS besteht aus den Seiten 1–105 und 136–168 (die Seiten 106–136 sind verlorengegangen); einer 2. Titelseite, den Seiten 2–23 einer revidierten Fassung; 69 Seiten Varianten; einem korrigierten Exemplar des gedruckten *Syllabus.*
(Auszüge in CP 2.219–225, 2.274-277, 2.283–284, 2.292–294, 4.394–417)

45 MS 539 *Nomenclature and Divisions of Dyadic Relations (Syllabus),* S. 106–134 (S. 134 ist verlorengegangen); CP 3.571–597.
   MS 540 *Nomenclature and Divisions of Triadic Relations, as far as they are determined (Syllabus),* S. 134–155 + 7 Seiten Varianten; CP

2.233–72.

MS 538 *Divisions and Nomenclature of Dyadic Relations*, 15 Seiten.   MS 477 *Notes for a Syllabus of Logic* (Notizbuch), Juni 1903, 17 Seiten.

46 ROBERT MARTY (Perpignan) führte auf dem Semiotik-Colloquium in Suzette im September 1980 einen ähnlichen Beweis vor. Vgl. auch ROBERT MARTY, *Sur la réduction triadique*, Semiosis 17/18 (1980).

47 Ihr voller Name war: VICTORIA ALEXANDRINA MARIA LOUISA STUART-WORTLEY WELBY-GREGORY, Honourable Lady. Sie lebte von 1837 bis 1912, wurde 1861 Ehrendame der Königin VICTORIA und heiratete 1863 Sir WILLIAM WELBY-GREGORY of Denton Grantham.
Literatur:
WILLIAM MacDONALD, *Lady Welby*, in: The Sociological Review, V, 2 (April 1912) 152–156; CHARLES WHIBLEY, *Lady Welby*, in: Blackwoods, Bd. 191 (Mai 1912) 706–710; Mrs. W. K. CLIFFORD, *Victoria Lady Welby*, in: The Hibbert Journal, Bd. 23, 1 (Oct. 1924) 101–106; H. S. THAYER, *Meaning and Action* (New York 1968) 304–313; Mrs. HENRY CUST, *Wanderers. Episodes from the Travels of Lady Emmeline Stuart-Wortley and her daughter Victoria 1849–1855* (London 1928).

48 MAX MÜLLER (1823–1900), deutscher vergleichender Sprachforscher, der in Dessau geboren wurde, aber von 1846 bis zu seinem Tode in England lebte. Er hat 1843 promoviert und 1844 die erste Übersetzung der Sanskrit-Fabel-sammlung *Hitopadesa* veröffentlicht. 1845 ging er für ein Jahr nach Paris, 1846 übersiedelte er nach London, um *Veda*-Handschriften zu kopieren. 1847 hielt er in Oxford seinen 1. Vortrag über Sanskrit. 1848 ging er nach Oxford, um den Druck der *Rigveda* zu beaufsichtigen, die er übersetzt und kommen-tiert hatte, 1854 wurde er stellvertretender, 1856 ord. „Taylorian Professor" in Oxford. International bekannt waren vor allem seine *History of Ancient Sans-crit Literature* (1859) und *Science of Thought*, das in deutscher Übersetzung *Das Denken im Lichte der Sprache* 1888 erschien. 1886 wurde er 1. Präsident der englischen Goethe-Gesellschaft. Seine Frau (Engländerin) veröffentlichte zwei Jahre nach seinem Tod *Life and Letters*, 2 Bände (1902).

49 Fotokopien der Briefe befinden sich in der Yale University Library. Die Briefe von PEIRCE an Lady WELBY werden in der WELBY Collection der York University Library in Toronto aufbewahrt, die Briefe von Lady WELBY an PEIRCE in der Houghton Library der Harvard Universität.

50 Vgl. E. WALTHER, Rez. *Semiotics and Significs,* Semiosis, 12 (1978) 60–65.

51 FERDINAND TÖNNIES (1855–1936) begründete mit seinem Buch *Gemein-schaft und Gesellschaft* (1887, [8]1935) die Soziologie als Wissenschaft in Deutschland.

52 Dt. *Die Bedeutung der Bedeutung* (Frankfurt 1974). Die erste Auflage rezen-sierte FRANK P. RAMSAY (Mind, 1924), der vor allem auf den „ausgezeichne-ten Anhang über C. S. Peirce" hinwies. Es handelt sich um Auszüge aus Briefen an Lady WELBY und aus dem Artikel *Prolegomena to an Apology for Pragmaticism* (Monist 1906).

53 Zitiert nach der dt. Ausgabe (München 1972)

54 LUITZEN EGBERTUS JAN BROUWER (1881–1966) gilt als Schöpfer des mathematischen Intuitionismus, nach dem Mathematik nur insoweit existiert, als sie vom menschlichen Verstand *konstruiert* werden kann. BROUWER war gegen bedeutungsfreie Zeichen und Axiomatik in der Mathematik, d. h. gegen die Konzeptionen von DAVID HILBERT. *Collected Works* (Amsterdam, Oxford, New York 1975).

55 Vgl. D. VUYSJE, Überblick über die ‚Signifische Bewegung‘, Zeitschr. f. phil. Forschung, IV (1950) 427–437.

56 In: Erkenntnis, Bd. 4 (1934) 288–345. Frz. *Les fondements psycho-linguistiques des Mathématiques* (Neuchâtel 1947).

57 Vgl. auch VUYSJE, *Significs, its Tendency, Methodology, and Applications* (PAAAS, vol. 80 (Boston 1951–54), insbesondere vol. 80 (March 3, 1953) 223–270, mit Bibliographie); und *Der Terminus ‚Dialektik‘ im politischen Sprachgebrauch. Eine signifische Untersuchung* (Pouvoir de l'esprit sur le réel. Les 2èmes entretiens de Zurich sur l'idée de dialectique. Bibl. Scientif. 15, Série Dialectica (1949) 133–141). Herausgeber der Zeitschrift Dialectica waren F. GONSETH und P. BERNAYS.

58 FERDINAND CANNING SCOTT SCHILLER (1864–1937) war von 1903 bis 1929 Professor für Philosophie in Oxford, von 1929 bis 1937 in Los Angeles. Er gilt als Hauptvertreter des englischen Pragmatismus, nannte seine Lehre aber „Humanismus“.
Werke u. a.: *Humanism* (1903, ^{2}1912); *Studies in Humanism* (1907, ^{2}1912, dt. 1911); *Formal Logic* (1912, ^{2}1931); *Our Human Truths* (1939); *Selbstdarstellung* in: MUIRHEAD, *Contemporary British Philosophy*, Bd. 1 (1924); *The Economical Doctrine of the Concept* (1925).

59 Hinweis in RNA (1905) 14.
MS 1 *On the Simplest Possible Branch of Mathematics* (teilweise in NEM, I, III/1 und III/2)
MS 2 *On the Simplest Branch of Mathematics* (SM) und
MS 512 (SM) (erwähnt von C. EISELE in der Einleitung zu NEM, I und NEM, II)
Eventuell gehören auch folgende MSS dazu:
MS 3 *On Dyadics: The Simplest Possible Mathematics* (D) (NEM, II)
MS 4 *Sketch of Dichotomic Mathematics* (DM) (NEM, IV)
MS 5 *Dichotomic Mathematics* (DM) (NEM, III/1 und III/2)
MS 6 *Dyadic Value System*.

60 N, III, 164–169.

61 Hinweis in RNA (1905) 16. Folgende MSS hängen möglicherweise damit zusammen:
MS 95 *The Branches of Geometry: Ordinals* (teilweise in NEM, III/1)
MS 96 *The Branches of Geometry. Existential Graphs*
MS 97 *The Branches of Geometry* (teilweise NEM, III/1)
MS 137 *Topical Geometry* (Topics) (teilweise in NEM, II)
Evtl. MSS 138–145 und 148–152.

62 N, III, 192–196.

63 MS 7 *On the Foundations of Mathematics* (1903) und *Traité de la Logique* (um 1898) wurden unter dem Titel *Zur semiotischen Grundlegung von Mathematik und Logik* von MAX BENSE herausgegeben (edition rot, nr. 52, Stuttgart 1976).

64 *Congress of Arts and Sciences. Universal Exposition, St. Louis, 1904,* ed. HOWARD J. ROGERS, vol. I, (Boston and New York, 1905) 151–171.

65 JOSIAH ROYCE (1855–1916) studierte an der Universität von Kalifornien (1875 B. A.), 1875–76 in Göttingen und Leipzig; 1878 Ph. D. an der Johns Hopkins Universität in Baltimore, wo er auch bei PEIRCE hörte. 1878–82 Dozent für Englische Literatur und Logik an der Universität von Kalifornien in Berkeley; 1882 Vertretung von WILLIAM JAMES an der Harvard Universität, anschließend Dozent; 1885–92 Assistenz-Professor, 1892–1914 Professor, 1914–16 Alford-Professor of Natural Religion, Moral Philosophy, and Civil Policy. Doktor der Rechte (LL. D.) Universität Aberdeen/Schottland und der Johns Hop-

kins Universität. Werke u. a.: *The Religious Aspect of Philosophy* (1885); *The Spirit of Modern Philosophy* (1892); *The World and the Individual* (1900/01); *The Hope of the Great Community* (1916); *Fugitive Essays*, ed. J. LOEWEN-BERG (1925). Nach dem Tod von WILLIAM JAMES 1910 war ROYCE der einflußreichste Philosoph Amerikas.

66 MAXIME BÔCHER (1867–1918), amerikanischer Mathematiker. Werke u. a.: *Über die Reihenentwicklungen der Potentialtheorie*, Vorwort FELIX KLEIN (Leipzig 1894); *Einführung in die höhere Algebra* (engl. New York 1907), (dt. Leipzig 1910, ^{2}1925). Vgl. auch FELIX KLEIN, *Vorlesungen über die Mathematik im 19. Jahrhundert*, Bd. 2 (Reprint, Springer, Berlin 1979).

67 a. a. O., S. 456–474.

68 Die deutsche Übersetzung des Manuskripts ist nun in C. S. PEIRCE, *Semiotische Schriften*, Band 1, herausgegeben und übersetzt von CHRISTIAN KLOESEL und HELMUT PAPE (Frankfurt 1986) S. 64–76 veröffentlicht worden.

69 Beiträge in The Nation 1903:
THOMAS SMITH, *Euclid. His Life and System* (29. Januar); HENRY AUGUSTUS ROWLAND, *The Physical Papers* (5. März); *A Correction* (zu einem Brief von J. S. AMES) (19. März); JOHN FISKE, *Cosmic Philosophy* (2. April); *The National Academy Meeting* (30. April); MELLOR, *Higher Mathematics for Students of Chemistry and Physics* (21. Mai); J. G. HIBBEN, *Hegel's Logic Interpreted* (21. Mai); WHITTAKER, *A Course of Modern Analysis* (28. Mai); HENRY CECIL STURT, ed., *Personal Idealism: Philosophical Essays by Eight Members of the University of Oxford* (4. Juni); BALDWIN, *Dictionary of Philosophy and Psychology* (11. Juni); PAUL CARUS, ed., KANT, *Prolegomena to any Future Metaphysics* (18. Juni); NORMAN SMITH, *Studies in the Cartesian Philosophy* (16. Juli); J. I. D. HINDS, *Inorganic Chemistry: With the Elements of Physical and Theoretical Chemistry* (23. Juli); CLERKE, *Astrophysics* (30. Juli); A. A. MICHELSON, *Light Waves and Their Uses* und J. A. FLEMING, *Waves and Ripples in Water, Air, and Eather* (13. August); COHN, *Tests and Reagents* (3. September); KRAUCH, *The Testing of Chemical Reagents for Purity* (10. September); PERRINE, *Conductors for Electrical Distribution* (10. September); *British and American Science* (1. Oktober); *Practical Application of the Theory of Functions (22. Oktober); Francis Ellingwood Abbot* (5. November).

70 4 Bücher über Elektrizität von WALMSLEY, FOSTER und PORTER, BARNETT, und PARR (11. Februar); FAHIE, *Galileo* (11. Februar); HILTON, *Mathematical Crystallography and the Theory of Groups of Movements* (3. März); CAMPBELL, *Introductory Treatise on Lie's Theory of Finite Continous Transformation Groups* (3. März); WOODBRIDGE, *The Philosophy of Hobbes in Extracts and Notes collected from his Writings* (17. März); HALSEY, *The Metric Fallacy*; DALE, *The Metric Failure in the Textile Industry* (17. März); van't HOFF, *Physical Chemistry in the Service of the Sciences* (24. März); SIMON NEWCOMB, *The Reminiscences of an Astronomer* (24. März); M. E. BOOLE, *Lectures on the Logic of Arithmetic* und JOSEPH BOWDEN, *Elements of the Theory of Integers* (14. April); *The National Academy Meeting;* LEVY-BRUHL, *Comte's Philosophy* (28. April); JONES, *Notes on Analytical Geometry* (19. Mai); RYDER, *Electric Traction* (26. Mai); HAWKINS und WALLIS, *The Dynamo* (26. Mai); TURNER, *History of Philosophy* (7. Juli); R. A. DUFF, *Spinoza's Political and Ethical Philosophy (21. Juli);* T. C. ALLBUTT, *Notes on the Composition of Scientific Papers* (28. Juli); BUCHANAN, *Mathematical Theory of Eclipses* (25. August); SYLVESTER, *The Collected Mathematical Papers* (8. September); *Logical Lights* (15. September); JOSIAH ROYCE, *Outlines of Psychology* (29. September); MENDELEEF, *An Attempt Toward a Chemical*

Conception of the Ether (17. November); MURRAY, *Introduction to Psychology* (17. November); CAJORI, *Introduction to the Modern Theory of Equations* (17. November); GEORGE MALCOLM STRATTON, *Experimental Psychology and its Bearing upon Culture* (17. November); *The National Academy in New York* (1. Dezember); OLSEN, *Textbook of Quantitative Chemical Analysis* (8. Dezember).

71 MS 705 *Notes on the List of Postulates of Dr. Huntington's Section 2 (CP 4.324–330).*

72 In The Monist schrieben u. a.:
PAUL CARUS, *Pragmatism* (July 1908) 321–362;
PAUL CARUS, *A Postscript on Pragmatism* (Jan. 1909) 85–94;
PAUL CARUS, *A German Critic of Pragmatism* (Jan. 1909) 136–148;
PAUL CARUS, *A Letter from Professor James* (ebd., 156;
PAUL CARUS, *Philosophy as Science* (ebd., 154 und 159);
JOHN E. BOODIN, *Pragmatic Realism* (Oct. 1910) 602–614;
JOHN E. BOODIN, *From Protagoras to William James* (Jan. 1911) 73–91.

73 In the Journal of Philosophy, Psychology, and Scientific Methods:
A. O. LOVEJOY, *The Thirteen Pragmatisms* (1908) 5–12 und 29–39;
MAX MEYER, *The Exact Number of Pragmatisms* (1908) 321–326;
A. C. ARMSTRONG, *The Evolution of Pragmatism* (1908) 645–650;
W. P. MONTAGUE, *May a Realist be a Pragmatist? I. The Two Doctrines Defined* (1909) 460–463, II. *The Implications of Instrumentalism* (1909) 485–490; III. *The Implications of Psychological Pragmatic* (1909) 543–548; IV. *The Implications of Humanism and the Pragmatic Criterion* (1909) 561–571;
A. O. LOVEJOY, *Pragmatism and Realism* (1909) 575–580;
J. E. BOODIN, *What Pragmatism Is and Is Not* (1909) 627–635;
H. M. KALLEN, *The Affiliations of Pragmatism* (1909) 655–663;
A. C. McGIFFERT, *The Pragmatism of Kant* (1910) 197–203;
H. M. KALLEN, *Pragmatism and Its Principles* (1911) 617–636.

XIII. Kapitel

1 The Monist, 15 (April 1905) 161–181 (CP 5.411–437; dt. *Schriften*, 2); MS 285: *Analysis of ‚What Pragmatism is'* (unvollständige Zusammenfassung um 1910).

2 The Monist, 15 (October 1905) 481–499 (CP 5.438–463; dt. *Schriften*, 2); MS 286: *Analysis of ‚Issues of Pragmatism'* (um 1910); Wahrscheinlich auch: MS 288: *Materials for Monist Article: The Consequences of Pragmaticism*, MS 289: *Consequences of Pragmaticism* (CP), MS 290: *Issues of Pragmaticism* (z. T.: CP 5.402 Anm.).

3 The Monist, 16 (October 1906) 492–546 und Errata, The Monist, Januar 1907, S. 160. (Mit den publizierten Korrekturen und Material aus anderen MSS CP 4.530–572, dt. ed. Friederike Roth, reihe rot, Nr. 44 (stuttgart 1971). Wahrscheinlich auch: MS 287: *Analysis of Prolegomena* (um 1910), MS 292: *Prolegomena to an Apology for Pragmaticism* ($\pi\lambda$) (z. T. CP 1.288–292), MS 293: *PAP* (z. T. NEM, IV), MS 294: *Prolegomena to an Apology for Pragmaticism (Pr)*, MS 295: ($\pi\lambda$).

4 MS 296: *The First Part of an Apology for Pragmaticism* (A_1)

5 MS 300: *The Bed-Rock Beneath Pragmaticism* (Bed) (z. T. CP 4.561 Anm., 4.553 Anm. 2, 6.174–176).

6 MS: *Copy T.*

7 MS 297: *Apology for Pragmatism (Apol)* (z. T. CP 1.305).

8 MS 298: *Phaneroscopy (φ and φ α ν)* (z. T. CP 4.534
   Anm. 1, 4.6–11, 4.553 Anm. 1, 1.306–311).

9 MS 299: *Phaneroscopy: Or, The Natural History of Concepts (Phy or Phaneroscopy)* (z. T. CP 1.332–336).

10 MS 279: *The Basis of Pragmaticism. Meditation the First (Med)*
   MS 280: *The Basis of Pragmaticism (Basis)*
   MS 281: *The Basis of Pragmaticism (Basis)*
   MS 282: *The Basis of Pragmaticism (BP)* (mit geringen Auslassungen CP
   5.497–501)
   MS 283: *The Basis of Pragmaticism (Basis)* (fast 400 Seiten!) (z. T. CP
   1.573–574, 5.549–554, 5.448 Anm. 1)
   MS 284: *The Basis of Pragmaticism* (zwei Notizhefte, zus. 91 Seiten), z. T. CP
   1.294–299, 1.313 und 1.313 Anm., 1.350–352.

11 MS 328 (z. T. CP 1.126–129 aus der *Introduction*).

12 MS 291 (z. T. CP 5.502–537).

13 Vgl. ELISABETH WALTHER, *Common-Sense bei Kant und Peirce*, Semiosis
   23 (1981) 58–67.

14 Eine ausführliche Darstellung des Zeitbegriffs von PEIRCE gibt DINKAR MA-
   GADUM in: *Raum und Zeit. Kommentiert aus den veröffentlichten und nicht-
   veröffentlichten Schriften von C. S. Peirce* (Diss. Stuttgart 1982).

15 MS 317 *Topics of the Nation Article on Pragmatism* (Topics) (eine Liste der
   Hauptthemen), 6 Seiten davon, ohne Brief, in P. P. WIENER, *Evolution
   and the Founders of Pragmatism* (1949) 21.
   MS 318 *Pragmatism (Prag)*, gezeichnet mit Charles Santiago Sanders Peirce
   auf S. 34, 77 und 86. Unter dem Titel *A Survey of Pragmaticism*
   (auszugsweise in CP 5.11–13, ohne 5.13 Anm. 1, 5.464–496,
   1.560–562); NEM, III/1, 489–497; T. und J. SEBEOK, *You know my
   method* (1980), dt. *Du kennst meine Methode* (1982).
   MS 319 *Pragmatism (Prag)*
   MS 320 *Pragmatism (Prag)*
   MS 321 *Pragmatism (Prag)*
   MS 322 *(Prag)* „Pragmatismus als eine Methode, um Bedeutung zu bestimmen, nicht eine Lehre von der Wahrheit der Dinge."
   MS 323 *(Prag)* (auszugsweise CP 5.5–10)
   MS 324 *(Prag)* (PEIRCE sagt, daß Pragmatismus „sich nicht auf das, was wahr
   ist, sondern auf das, was gemeint ist", bezieht.)

16 Hinweis in RNA (Washington 1906) 15.

17 Hinweis in RNA (Washington 1907) 15.

18 Hinweis in RNA (Washington 1907) 18.

19 M. E. BOOLE, *The Preparation of the Child for Science* (5. Januar); J. ROYCE,
   Spencer (26. Januar); Hon. R. J. STRUTT, *The Becquerel Rays and the
   Properties of Radium* (2. Februar); ARTHUR SCHUSTER, *An Introduction to
   the Theory of Optics* (16. März); R. MULLINEAUX WALMSLEY, *Modern
   Practical Chemistry* (16. März); LAURENT, *Les Grands Ecrivains Scientifiques*
   (23. März); ALEXANDER FINDLAY, *The Phase Rule and its Applications*
   (30. März); *The National Academy of Sciences* (27. April); ROBERT FLINT,

Philosophy as Scientia Scientarium, and a History of the Classification of the Sciences (4. Mai); C. S. PEIRCE, *A Syllabus of Certain Topics of Logic* (4. Mai); GARCIN, *N-Rays* (11. Mai); MENDELEEF, *Principles of Chemistry,* [3]edition (1. Juni); ROBERT BRANDON ARNOLD, *Scientific Fact and Metaphysical Reality* (1. Juni); SANTAYANA, *Life of Reason, or the Phases of Human Progress, I/II* (8. Juni); FREUND, *The Study of Chemical Composition* (22. Juni); ANDREW CARNEGIE, *James Watt* (29. Juni); BACON, *Balloons, Airships, and Flying Machines* (13. Juli); HAMPSON, *Radium Explained* (13. Juli); E. ROSS, *Foundations of Sociology;* SOCIOLOGICAL SOCIETY, ed. *Sociological Papers* (13. Juli); WUNDT, *Principles of Physiological Psychology* (20. Juli); *Notes* (über neuere Pragmatismus-Artikel) (3. August); M. de FLEURY, *Nos Enfants au Collège* (7. September); Sir H. E. ROSCOE und C. SCHORLEMMER, *A Treatise on Chemistry* (7. September); HENRY de VARIGNY, *La Nature et la Vie* (5. Oktober); GEORGE WILLIAM HILL, *The Collected Mathematical Works* (19. Oktober); SHIELD, *Philosophia Ultima* (26. Oktober); FINE, *College Algebra* (26. Oktober); WIART, *La Cité Ardente* (9. November); *The National Academy of Sciences at New Haven* (23. November); GOSSE, *Sir Thomas Browne* (14. Dezember).

20 E. RUTHERFORD, *Radio-Activity* (18. Januar); A. R. WALLACE, *My Life* (22. Februar); HALDANE, *Descartes* (22. März); *Meeting of the National Academy of Sciences* (26. April); H. J. ROGERS, ed., *Congress of Arts and Sciences, Universal Exposition, St. Louis, 1904,* vol. 1 (7. Juni); JACQUES LOEB, *The Dynamics of Living Matter* (5. Juli); GUSTAV MANN, *Chemistry of the Proteids* (5. Juli), Sir HENRY ENFIELD ROSCOE, *The Life and Experiences* (12. Juli); CLERKE, *System of the Stars* (26. Juli); T. MARSHALL, *Aristotle's Theory of Conduct* (13. September); H. W. JOSEPH, *An Introduction to Logic* (25. Oktober); NEWCOMB, *Sidelights on Astronomy and Kindred Fields of Popular Science* (20. Dezember).

21 MS 842 (175 Seiten, z. T. CP 2.755–772).

22 MS 845 (58 Seiten, z. T. CP 6.494–521).

23 MS 754 *Second Talk to the Phil. Club – Second Talk, On Deduction.* Wahrscheinlich gehören folgende MSS zu diesen Vorlesungen: MS 746 *[Introductory Remarks to a Course in Logic]*, wo C. P. sagt, daß die Logik die Wissenschaft ist, die Methoden analysiert.
MS 751 *[Lecture on Logic]*
MS 773 *Third Lecture on Methodeutic*
Hinweis in PERRY, 290 und PAUL WEISS, *Charles Sanders Peirce*, in: *Dictionary of American Biography*, Bd. 14 (New York 1937) 402.

24 WILLIAM JAMES, *Pragmatism. A New Name for Some Old Ways of Thinking* (New York and London 1907, [13]1923 ...); dt. *Der Pragmatismus. Ein neuer Name für alte Denkmethoden. Volkstümliche philosophische Vorlesungen*, hsg. und übersetzt von WILHELM JERUSALEM (Leipzig 1908), Neuauflage mit einer Einleitung hsg. von KLAUS OEHLER (Hamburg 1977).

25 Vgl. PERRY, 290.

26 Nach M. H. FISCH, *Alexander Bain and the Genealogy of Pragmatism*, Journ. of the Hist. of Ideas, 15 (1954) 413 und 443, erhielt PEIRCE von seinem Freund F. W. FRANKLAND am 25. Februar 1907 Nachrichten aus Neuseeland.

27 Nach M. H. FISCH wurde der Brief am 26. Februar 1907 begonnen. MSS 317–324 sind Entwürfe dazu. Aus MS 318 und MS 323 sind Teile in CP 5.5–10, 5.11–13, 5.464–496 und 1.560–562 abgedruckt.

28 J. WILLARD GIBBS, *The Scientific Papers* (24. Januar); ERNEST von MEYER, *A History of Chemistry* (21. Februar); BALDWIN, *Thought and Things* (28. Februar); BALDWIN, *Thought and Things,* II (20. August); STICKNEY, *Organized Democracy* (12. September); GEORGE WILLIAM HILL, *The Collected Mathematical Works* (17. Oktober); *The Work of George W. Hill* (Antwort auf einen Brief von S. NEWCOMB) (31. Oktober).

29 *Lord Kelvin*, Nachruf (19. Dezember); *Lord Kelvin*, Nachruf (26. Dezember).

30 Am Geburtshaus von CHARLES PEIRCE in Cambridge ist seit 1986 eine Gedenktafel angebracht. Zur Zeit befindet sich ein Jesuiten Kolleg in diesem Haus. (s. Abb.)

31 PETER GUSTAV LEJEUNE DIRICHLET (1805–1859) war Professor für Mathematik an den Universitäten Breslau, Berlin und Göttingen (Nachfolger von GAUSS). Seine *Zahlentheorie* wurde unter dem Titel *Bestimmte Integrale (Analysis)* 1871 von DEDEKIND und 1904 von G. F. MEYER und G. ARENDT herausgegeben.

32 MS 481 (vollständig CP 6.452–480). Weitere MSS zum gleichen Thema sind: MS 842, 843, 844, wie bereits erwähnt.

33 WILLIAM JAMES, *The Will to Believe, and Other Essays in Popular Philosophy* (1897); *The Pragmatic Method*, Journal of Philosophy, 1 (1904) 673–687; *The Varieties of Religious Experience* (1902); *Giovanni Papini and the Pragmatic Movement in Italy*, Journal of Philosophy, 3 (1906) 337–341.

34 GIOVANNI PAPINI (1881–1965) veröffentlichte u. a.: *Il crepusculo dei filosofi* (1906), *Introduzione al Pragmatismo*, Leonardo (Februar 1907), *Sul Pragmatismo. Saggi e Ricerche* (1913).

35 Vgl. CAROLYN EISELE, *The Charles S. Peirce – Simon Newcomb Correspondence*, Proc. of the American Philos. Soc., vol. 101 (Oct. 5, 1957).

36 MS 609 *Chapter I. What Logic is (Logic)* (23.–28. 9. 1908)
    MS 610 *Logic. Introduction. (Logic. Introd.)* (24. 10.–28. 11. 1908)
    MS 611 *Chapter I. Common Ground (Logic)* (28.–31. 10. 1908)
    MS 612 *Chapter I. Common Ground (Logic)* (2.–15. 11. 1908)
    MS 613 *Logic. Book I. Analysis of Thought. Chapter I. Common Ground (Logic I.i)* (16.–18. 11. 1908)
MS 614 *Logic. Book I. Analysis of Thought. Chapter I. Common Ground (Logic I.i)* (17.–20. 11. 1908)
MS 615 *Logic. Book I. Analysis of Thought. Chapter I. Common Ground (Logic I.i)* (28. 11.–1. 12. 1908).

37 MS 601 *(L)* (auszugsweise CP 7.49–52)
    MS 604 *(L), Ch. I. Ways of Life*
    MS 605 *(Lii), Chapter II. On the Classification of Sciences*
    MS 608 *(Liii), Chapter III. The Nature of Logical Inquiry* (in NEM, II, 633)
    MS 606 *(Liij), Chapter III. The Nature of Logical Inquiry*
    MS 607 *(Liij), Chapter III. The Nature of Logical Inquiry*
    MS 602 *(M), On Classification of the Sciences*
    MS 603 *(N),* (auszugsweise CP 7.77–78).

38 PERRY, 291.

39 PERRY, 235.

XIV. Kapitel

1 MS 628 *Studies in the meanings of our thoughts . . . Chapt. I The Fixation of Belief* (Meaning), März 1909.
   MS 629 desgl., März 1909.
   MS 630 *Studies of Meaning (Meaning)*, 22.–25. März 1909.
   MS 619 *Studies in Meaning (Meaning)*, 25.–28. März 1909.
   MS 618 *Introduction (Meaning Introd.)* 28.–29. März 1909 (z. T. CP 5.358n[+]).
   MS 620 *Essays toward the interpretation of our thoughts. My Pragmatism (Meaning Pragmatism)*, 6. April bis 24. Mai 1909.
   MS 621 *(Meaning Pragmatism)*, 24. Mai bis 1. September 1909.
   MS 622 *(Meaning Pragmatism)*, 26. Mai bis 3. Juni 1909.
   MS 623 *(Meaning Pragmatism)*, 5. bis 7. Juni 1909, (z. T. CP 1.27)
   MS 624 *(Meaning Pragmatism)*, 7. Juni 1909.
   MS 625 *(Meaning Pragmatism)*, 12. bis 24. Juni 1909.
   MS 626 *(Meaning Pragmatism)*, 12. Juni 1909.
   MS 627 *(Meaning Pragmatism)*, 14. Juni 1909.
   MS 631 *Preface (Meaning)*, 24. August 1909.
   MS 632 *Preface (Meaning)*, 24. bis 29. August 1909.
   MS 633 *Preface (Meaning)*, 4. bis 6. September 1909.
   MS 634 *Preface (Meaning)*, 8. bis 17. September 1909.
   MS 635 *Meaning Preface*, 14. September bis 2. Oktober 1909.
   MS 636 *Meaning Preface*, 22. bis 30. September 1909.
   MS 637 *Meaning Preface*, 3. bis 13. Oktober 1909.
   MS 638 *Meaning Preface*, 4. bis 6. Oktober 1909.
   MS 639 *Essays on Meaning. Preface (Meaning Preface)*, 20. 10. 1909.
   MS 640 *Essays on Meaning. Preface*, 22. bis 23. Oktober 1909.

2 MS 643 *Studies of Logical Analysis, or Definition*, (12.–13. 12. 1909).
   MS 644 *On Definition or The Analysis of Meaning*, (21. 12. 1909).
   MS 645 *How to Define*, (22. 12. 1909–12. 1.1910).
   MS 646 *Definition*, (4. Entwurf, 13. 1.–13. 2.1910).
   MS 647 *Definition*, (5. Entwurf, 16.–26. 2. 1910).
   MS 648 *Definition*, (27. 2.–22. 3. 1910).
   MS 649 *On Definition and Classification*, (6. Entwurf, 12. 4.–27. 5. 1910, z. T. CP 1.312).
   MS 650 *Diversions of Definitions*, (20. 7.–5. 8. 1910).

3 MS 651 *Essays toward the Full Comprehension of Reasoning*, (Juli 1910).
   MS 652 *Essays toward the Full Comprehension of Reasoning, Preface*, (12.–17. Juli 1910).
   MS 653 *Exercises in Definition, or Analysis of Concepts*, (20. Juli 1910).
   MS 654 *Essays (First Preface)* (17.–19. 8. 1910).

4 MS 655 *Quest of Quest* (Q/Q) (26. 8. bis 7. 9. 1910).
   MS 656 *(Q/Q)*, (9.–10. 9. 1910).
   MS 657 *Preface (QQ Preface)* (16. 9. 1910).

5 MS 658 *The Ground Plan of Reason* (G), (1.–3. 10. 1910).
   MS 659 *The Rationale of Reason* (G') (7.–22. 10. 1910).
   MS 660 *On the Foundation of Ampliative Reasoning* (AR) (24.–28. 10. 1910).
   MS 661 *(AR$_1$)*, (3.–13. 11. 1910).
   MS 662 *(AR$_M$)*, (14.–17. November 1910).
   MS 663 *The Rationale of Reasoning (AR$_N$)* (17.–19. 11. 1910).
   MS 664 *The Rationale of Reasoning (AR)* (22.–30. 11. 1910).
   MS 665 *The Rationale of Reasoning (AR)* (2.–3. 12. 1910).
   MS 666 *(AR)*, (2.–3. 12. 1910).

MS 667 *The Rationale of Reasoning (AR)* (8.–12. 12. 1910).
MS 668 *(AR)*, o. D.

6 MS 669 *Assurance Through Reasoning (A Thr R)* (25. 3.–2. 6. 1911).
MS 670 *Assurance Through Reasoning (A Thr R)* (7.–16. 6. 1911).
MS 671 *First Introduction*, (o. D., um 1911).
MS 672 *Second Essay. On the Essence of Reasoning and its Chief Varieties (II)*, (o. D., um 1911).

7 MS 673 *A Sketch of Logical Critic*, (z. T. CP 6.177–184).
MS 674 *A Sketch of Logical Critic.*
MS 675 *A Sketch of Logical Critic.*
MS 676 *A Sketch of Logical Critic.*

8 MS 678 *The Art of Reasoning Elucidated.*
MS 679 *The Art of Reasoning Elucidated* (1910).
MS 680 *Analysis of the Trustworthiness of the Different Kinds of Reasoning.*
MS 681 *A Study How to Reason Safely and Efficiently* (1913).
MS 682 *An Essay toward Improving Our Reasoning in Security and in Uberty* (um 1913).
MS 683 *An Essay toward Improving Our Reasoning in Security and in Uberty.*
MS 684 *A Study of Reasoning in its Security and its Uberty* (26.–31. 8. 1913).
MS 685 *The Art of Reasoning Regarded from the Point of View of A.D. 1913. Book I. The Foundations of the Art. Introduction* (1913).
MS 686 *Reflexions upon Reasoning*

9 MS 755 *(On three kinds of reasoning)*
MS 756 *Retroduction*
MS 757 *What is Reasoning*

10 MS 774 *Ideas, Stray or Stolen, about scientific writing, No. 1*
MS 775 *Jottings on the Language of Science. No. 1 or Ideas, stray or stolen, about scientific writing. No. 1*
MS 776 *The Rhetoric of Scientific Communications*
MS 777 *Plan of an Essay on the Rhetoric of Scientific Communication in two parts of ten of these MS pages each. Part I. General. Part II. Special.*

11 REGINA PODLEWSKI, *Rhetorik als pragmatisches System*, Diss. Hamburg 1980 (Georg Olms Verlag Hildesheim-New York 1982).

12 Hinweis in RNA (Washington 1912) 24.
MSS 212–215 sind dafür wahrscheinlich grundlegend (NEM, I, 199–203 und NEM, III/1, 263–269).

13 RNA (Washington 1912) 24.

Zeittafel

1839	am 10. September in Cambridge/Mass. als zweites von fünf Kindern von Benjamin und Sarah Peirce geboren.
1849–54	Besuch der High School in Cambridge.
1851	Richtet ein chemisches Labor ein und schreibt eine Geschichte der Chemie.
1855	Beginn des College-Studiums am Harvard College.
1859	Abschluß des College-Studiums mit dem Bachelor of Arts. Hilfskraft bei der United States Coast and Geodetic Survey. Expeditionen nach Maine und Louisiana. Sechs Monate lang Studium von Klassifikationstechniken bei Louis Agassiz.
1860	Prüfungsaufseher am Harvard College. Beginn des Chemie-Studiums an der Harvard Scientific School.
1861	1. Juli Ernennung zum „regular Aid" bei der Coast Survey.
1862	16. Juli Master of Arts. 16. Oktober Eheschließung mit Harriet Melusina Fay. Freundschaft mit William James.
1863	15. Juli Bachelor of Science in Chemie „summa cum laude".
1864/65	Lehrauftrag für Logik und Geschichte der Logik an der Harvard Universität. Vorlesungen über *The Logic of Science* mit Erweiterungen der Logik und ersten Ansätzen von Semiotik und Kategorienlehre.
1866	Vorlesungen am Lowell Institute in Cambridge über *The Logic of Science and Induction*. Dazu Privatdruck: *Memoranda Concerning the Aristotelian Syllogism*.
1867	Artikelserie über die erweiterte Logik in den „Proceedings of the American Academy of Arts and Sciences."
1868/69	Artikelserie zu Erkenntnis- und Zeichentheorie in „The Journal of Speculative Philosophy."
1869/70	Vorlesungen über *British Logicians* an der Harvard Universität. Arbeiten am Harvard Observatorium. Erste Veröffentlichungen in „The Nation".
1870	*Description of a Notation for the Logic of Relatives...* in den „Memoirs of the American Academy of Arts and Sciences" und als kleines Buch in Cambridge. 1. Europareise zur Bestimmung des geeignetsten Ortes zur Beobachtung der Sonnenfinsternis im Dezember. Wahl von Catania (Sizilien) und Teilnahme als Mitglied der amerikanischen Expedition unter Leitung seines Vaters.

430

1871	Arbeiten am Observatorium von Harvard und Programm für photo-metrische Forschungen.
	Gründung des ersten „Metaphysical Club" Anfang der siebziger Jahre mit William James und anderen. Stellt seine pragmatische Methode vor.
	Berkeley-Rezension in der „North American Review". Gravitations-forschungen für die Coast Survey.
1872	Spektroskopische Arbeiten, Vorträge und Veröffentlichungen.
1873	Algebraisch-logische Vorträge vor der „Philosophical Society of Washington".
	Manuskript der *Logic of 1873* mit vielen Ausführungen zur Semio-tik.
1875	3. April 2. Europareise mit seiner Frau. Offizieller Vertreter Amerikas beim Treffen der „Internationalen Geodätischen Konferenz" in Pa-ris.
	Seine Frau trennt sich Ende des Jahres in Paris von ihm.
	Freundschaft mit dem Romancier Henry James.
1876	Pendelversuche in Berlin, Hamburg und Genf.
	Übersiedelung nach Washington.
1877	Mitglied der „American Academy of Arts and Sciences".
	3. Europareise zur Teilnahme an der Internationalen Geodätischen Konferenz in Stuttgart. Hält einen Vortrag in französischer Sprache, der in den Akten abgedruckt wird.
1877/78	Artikelserie zur Erkenntnis- und Wissenschaftstheorie in „The Po-pular Science Monthly", die sehr berühmt wird.
1878	Veröffentlicht das einzige größere Buch: *Photometric Researches* in Leipzig.
1879	Ernennung zum „half-time lecturer of logic" an der 1876 gegründe-ten Johns Hopkins Universität in Baltimore. Dort Gründung des 2. „Metaphysical Club".
	Logische und spektroskopische Forschungen.
1880	4. Europareise nach Paris zum Vortrag vor der „Académie des Sciences".
	On the Algebra of Logic im „American Journal of Mathematics".
	Tod des Vaters.
1881	Vorträge über astronomische, mathematische und geodätische Themen. *On the Logic of Number*. Neuausgabe der *Linear Asso-ciative Algebra* seines Vaters mit eigenen Zusätzen. Schlägt eine bestimmte Wellenlänge des Sonnenlichts als Standardmaß für die Entfernungsmessung von Sternen vor.
1882	Privatdruck: *A Brief Description of the Algebra of Relatives*, die Ernst Schröder zu seiner *Algebra und Logik der Relative* anregte.
1883	Gibt die *Studies in Logic by Members of the Johns Hopkins University* heraus.

Versuche mit dem Reversionspendel und zwei Pendeln zwecks Erdschwerebestimmungen.

24. April Scheidung von seiner ersten Frau und am 26. April Eheschließung mit Juliette Annette Pourtalai.

5. Europareise mit Juliette nach Paris, England, Brüssel, Lüttich und Köln.

Übersiedlung nach Baltimore.

1884   26. Januar: die Johns Hopkins Universität verlängert den Vertrag mit Peirce nicht. Er verläßt Baltimore mit seiner Frau.

Ernennung zum „Special Assistant of Gravity Research" bei der Coast Survey. Reisen in Amerika.

1885   *On the Algebra of Logic: A Contribution to the Philosophy of Notation* im „American Journal of Mathematics".

1887   Aufenthalt in New York. Privater Logik-Unterricht und Arbeiten für das *Century Dictionary*.

20. April Übersiedlung nach Milford/Penns. Wohnt mit Juliette ein Jahr lang im Hotel Fauchère. Erwerb und Renovierung eines Bauernhauses, das „Arisbe" genannt wird.

Tod der Mutter.

Arbeit am *Century Dictionary*.

1889   Juliette reist allein nach Europa und Ägypten.

1891   Wahl in die „New York Mathematical Society".

Artikelserie in „The Monist" über Notwendigkeit, Evolution und exakte Metaphysik.

31. Dezember gibt seine Stelle bei der Coast Survey auf. Lebt von Vorträgen und schriftstellerischen Arbeiten.

1892/93 Artikelserie in „The Open Court" über traditionelle und moderne Logik.

Vorlesungsreihe am Lowell Institute über *The History of Science*.

1893   Artikelserie in „The Open Court".

Fertigstellung von nie publizierten Buch-Manuskripten: *Grand Logic; Search for a Method*; englische Ausgabe von *De Magnete* von Petrus Pelegrinus; *The Principles of Philosophy: or Logic, Physics, and Psychics, Considered as a Unity, in the Light of the Nineteenth Century*, das, auf 12 Bände geplant, sein Hauptwerk werden sollte. Mathematische Buchprojekte: *Arithmetic; The New Elements of Mathematics; The New Elements of Geometry*, die größtenteils fertiggestellt, aber nicht publiziert wurden.

1894   Mathematische Vorträge.

Schlägt den Terminus „galileo" für die Einheit der Beschleunigung: c. g. s. vor.

1896   Vorträge, Übersetzungen und Rezensionen.

1897   William James widmet ihm sein Buch *The Will to Belief*. Peirce fügt seinem Namen aus Dankbarkeit „Santiago" (spanische Form von Saint James) ein.

1898	10. Februar bis 7. März Vorlesungsreihe *Reasoning and the Logic of Things* in Cambridge, aber nicht an der Harvard Universität.
1899	Vorträge und zahlreiche Beiträge in „The Nation" und anderen Zeitschriften.
1900–02	Mitarbeit am *Dictionary of Philosophy and Psychology*, herausgegeben von James Mark Baldwin. Vorträge, Übersetzungen, Rezensionen.
1902	Umfangreiches Manuskript *Minute Logic*. Antrag auf ein Stipendium der Carnegie Institution, das abgelehnt wird.
1903	26. März bis 15. April Vorlesungsreihe über *Pragmatism* an der Harvard Universität. 17. April Vortrag über *Multitude and Continuity* in der Mathematischen Fakultät. 23. November bis 12. Dezember Vorlesungsreihe *Some Topics of Logic Bearing on Questions Now Vexed* am Lowell Institute mit ausführlicher Darlegung von Semiotik, Phaneroskopie und Graphentheorie. Beginn des Biefwechsels mit Victoria Lady Welby.
1904	Auseinandersetzung mit William James, F. C. S. Schiller und anderen Pragmatisten. Mathematische Vorträge. Erste öffentliche Anerkennung seines Werkes in St. Louis. Zahlreiche Publikationen. Manuskripte über Ordinalzahlen, Phaneroskopie und Semiotik.
1905–07	Artikelserie in „The Monist" zwecks Abgrenzung von anderen Pragmatisten. Vorträge über Graphen und Phaneroskopie. Zahlreiche Publikationen in Zeitschriften.
1907	April, drei Vorträge im „Harvard University Philosophical Club" über Logische Methoden.
1908–09	Letzte Artikelserie in „The Monist" über *Amazing Mazes*. Artikel über die Realität Gottes im „Hibbert Journal". Beendigung der Mitarbeit an „The Nation". Manuskripte einer *Logic; Essays on Meaning; Significs and Logic*. Beginn der Krebskrankheit.
1911	Letzte Vorträge vor der „National Academy of Sciences".
1914	19. April gestorben in Milford/Penns.

Bibliographien

1. Die zu Lebzeiten veröffentlichten Schriften von C. S. Peirce mit einer Bibliographie von Schriften über PEIRCE bis 1976 sind umfassend aufgeführt (aufgrund der Vorarbeiten von E. L. BURCHARD, MORRIS R. COHEN, IRVING C. SMITH, DANIEL C. HASKELL, ARTHUR W. BURKS, MAX H. FISCH, RUTH B. FISCH, KENNETH LAINE KETNER und JAMES EDWARD COOK) in: *A Comprehensive Bibliography and Index of the Published Works of Charles Sanders Peirce with a Bibliography of Secondary Studies*, herausgegeben von KENNETH LAINE KETNER (Hauptherausgeber und Herausgeber der Primärliteratur), CHRISTIAN J. W. KLOESEL und JOSEPH M. RANSDELL (Herausgeber der Sekundärliteratur) und MAX H. Fisch und CHARLES S. HARDWICK (Beratende Herausgeber) am Institute for Studies in Pragmaticism der Texas Tech University, Johnson Associates, Inc., Greenwich/Connecticut 1977.

2. Diese 1. Bibliographie erschien in zweiter, verbesserter Auflage, herausgegeben von KENNETH LAINE KETNER mit Unterstützung von ARTHUR FRANKLIN STEWART und CLAUDE V. BRIDGES, Philosophy Documentation Center, Bowling Green State University, Bowling Green/Ohio 1986. Dazu erschienen Bibliographien von Sekundärliteratur, und zwar:

3. CHRISTIAN J. W. KLOESEL: *Bibliography of Charles Peirce 1976 through 1980* in: The Monist, vol. 65, no. 2 (April 1982) 246–277.

4. WOLFGANG M. UEDING: *A German Supplement to the Peirce Bibliographies, 1877–1981*, in: American Journal of Semiotics, vol. 2, no. 1–2 (1983) 209–224.

5. ELISABETH WALTHER: *Eine Ergänzung zu den bisher veröffentlichten Peirce-Bibliographien*, in: Semiosis 48, 12. Jahrgang, Heft 4 (1987) 36–58.

Selbstverständlich sind alle diese Bibliographien nicht vollständig, nicht nur weil sie zu schnell überholt sind, sondern auch weil niemals alle Veröffentlichungen überall bekannt werden. Da die genannten Bibliographien leicht zugänglich sind, werde ich keine weiteren detaillierten Angaben machen.

Die posthum veröffentlichten Schriften

CHARLES S. PEIRCE, *Chance, Love and Logic*, edited by MORRIS R. COHEN, Harcourt, Brace & Comp., New York 1923; [2]1949 Peter Smith, New York; [3]1956, George Braziller, New York.

Collected Papers (8 Bände)
Band I-VI edited by CHARLES HARTSHORNE und PAUL WEISS,
Harvard University Press, Cambridge/Mass. 1931–1935; Band VII und VIII
edited by ARTHUR W. BURKS, The Belknap press of Harvard University press,
Cambridge/Mass. and London/England, 1958.

Vol. I: *Principles of Philosophy* 1931, ^{2}1959, ^{3}1965
    Book I: General Historical Orientation
    Book II: The Classification of the Sciences
    Book III: Phenomenology
    Book IV: The Normative Sciences

Vol. II: *Elements of Logic*, 1931, ^{2}1959, ^{3}1965
    Book I: General and Historical Survey of Logic
    Book II: Speculative Grammar
    Book III: Critical Logic

Vol. III: *Exact Logic (Published Papers)*, 1933, ^{2}1960, ^{3}1961, ^{4}1974
    I. *On an Improvement in Boole's Calculus of Logic* (1870)
    II. *Upon the Logic of Mathematics* (1867)
    III. *Description of a Notation for the Logic of Relatives, Resulting from an Amplification of the Conceptions of Boole's Calculus of Logic* (1870)
    IV: *On the Application of Logical Analysis to Multiple Algebra* (1875)
    V: *Note on Grassmann's Calculus of Extension* (1877)
    VI: *On the Algebra of Logic* (1880)
    VII: *On the Logic of Number* (1881)
    VIII: *Associative Algebras* (1881)
    IX: *Brief Descriptions of the Algebra of Relatives* (1882)
    X: *On the Relative Forms of Quaternions* (1882)
    XI: *On a Class of Multiple Algebras* (1882)
    XII: *The Logic of Relatives* (1883)
    XIII: *On the Algebra of Logic: A Contribution to the Philosophy of Notation* (1885)
    XIV: *The Critic of Arguments* (1892)
    XV: *The Regenerated Logic* (1896)
    XVI: *The Logic of Relatives* (1897)
    XVII: *The Logic of Mathematics in Relation to Education* (1898)
    XVIII: *Infinitesimals* (1900)
    XIX: *Nomenclature and Division of Dyadic Relations* (1903)
    XX: *Notes on Symbolic Logic and Mathematics* (1901 und 1911)

Vol. IV: *The Simplest Mathematics*
    Book I: Logic and Mathematics
    Book II: Existential Graphs
    Book III: The Amazing Mazes

Vol. V: *Pragmatism and Pragmaticism* 1934, [2]1935, [3]1965
      Book I: *Lectures on Pragmatism*
      Book II: Published Papers
      Book III: Unpublished Papers

Vol. VI: *Scientific Metaphysics* 1934, [2]1935, [3]1965
      Book I: Ontology and Cosmology
      Book II: Religion

Vol. VII: *Science and Philosophy* 1958, [2]1966, [3]1979
      Book I: Experimental Science
      Book II: Scientific Method
      Book III: Philosophy of Mind

Vol. VIII: *Reviews, Correspondence, and Bibliography* 1958, [2]1966,[3]1979
      Book I: Reviews
      Book II: Correspondence
               Bibliography

The Philosophy of Peirce: Selected Writings, edited by JUSTUS BUCHLER, Routledge and Kegan Paul, Ltd., 1940;
Philosophical Writings of Peirce, selected and edited with an introduction by JUSTUS BUCHLER, Dover, New York 1955, [2]1958, [3]1966.

Charles S. Peirce's Letters to Lady Welby, edited by IRWIN C. LIEB, Whitlock's Inc.; New Haven, Conn. 1953

CHARLES S. PEIRCE, *Essays in the Philosophy of Science*, edited with an introduction by VINCENT TOMAS, The Liberal Arts Press, New York 1957.

CHARLES S. PEIRCE, *Values in a Universe of Chance*, edited by PHILIPP P. WIENER, Doubleday & Company, New York 1958;
CHARLES S. PEIRCE, *Selected Writings* (Values in a Universe of Chance), edited with an introduction and notes by PHILIP P. WIENER, Dover, New York 1966

CHARLES S. PEIRCE, *über zeichen*, übersetzt, mit nachwort und anmerkungen versehen von ELISABETH WALTHER, edition rot, text 20, stuttgart 1965.

CHARLES SANDERS PEIRCE, *Die Festigung der Überzeugung und andere Schriften*, herausgegeben und eingeleitet von ELISABETH WALTHER, übersetzt von BEATE von LÜTTWITZ, et al., Agis, Baden-Baden o. J. (1967); [2]1985, Ullstein Materialien, Ullstein Buch Nr. 35230, Frankfurt, Berlin, Wien.

CHARLES S. PEIRCE, *Über die Klarheit unserer Gedanken*, Text, Übersetzung, Kommentar von KLAUS OEHLER, Vittorio Klostermann, Frankfurt am Main 1968.

CHARLES S. PEIRCE, *Schriften I. Zur Entstehung des Pragmatismus*, mit einer Einführung herausgegeben von KARL-OTTO APEL, Suhrkamp, Frankfurt am Main 1967; *Schriften II. Vom Pragmatismus zum Pragmatizismus*, mit einer Einführung herausgegeben von KARL-Otto APEL, Suhrkamp, Frankfurt am Main 1970.

charles sanders peirce, *graphen und zeichen. prolegomena zu einer apologie des pragmatizismus*, übersetzung und vorwort von friederike roth, edition rot, text 44, stuttgart 1971.

CH. S. PEIRCE, *Lectures on Pragmatism – Vorlesungen über Pragmatismus*, mit Einleitung und Anmerkungen herausgegeben von ELISABETH WALTHER, Felix Meiner, Hamburg 1973 (Philosophische Bibliothek Band 281).

Charles Sanders Peirce: Contributions to The Nation, Part One: 1869–1893, Compiled and Annotated by KENNETH LAINE KETNER and JAMES EDWARD COOK (Graduate Studies, Texas Tech University, No. 10, Lubbock/Texas December 1975); Part Two: 1894–1900 (No. 16, November 1978), Part Three: 1901–1908 (No. 19, April 1979)

CHARLES S. PEIRCE, *The New Elements of Mathematics*, edited by CARO-LYN EISELE, Mouton, The Hague-Paris und Humanities Press, Atlantic Highlands, N. J. 1976;
Volume I: *Arithmetic*; Volume II: *Algebra and Geometry*; Volume III/1: *Mathematical Miscellanea*, Volume III/2: *Mathematical Miscellanea (Mathematical Correspondence);* Volume IV: *Mathematical Philosophy*.

Zur semiotischen Grundlegung von Logik und Mathematik. Unpublizierte Manuskripte von CHARLES SANDERS PEIRCE, herausgegeben von MAX BENSE und ELISABETH WALTHER, übersetzt aus dem englischen und französischen von GUDRUN SCHOLZ, edition rot, text 52, stuttgart 1976.

Semiotic and Significs. The Correspondence between CHARLES S. PEIRCE and VICTORIA LADY WELBY, edited by CHARLES S. HARDWICK, Indiana University Press, Bloomington and London 1977.

CHARLES S. PEIRCE, *Écrits sur le signe*, rassemblés, traduits et commentés par GÉRARD DELEDALLE, Editions du Seuil, Paris 1978.

CHARLES SANDERS PEIRCE, *Studies in Logic* by members of the Johns Hopkins University, Little, Brown, and Company, Boston 1883, authorized facsimile of the original book, University Microfilms International, Ann Arbor, Mich.-London, England 1981

Writings of Charles S. Peirce. A Chronological Edition, Vol. 1: 1857–1866, MAX H. FISCH, General Editor, CHRISTIAN J. W. KLOESEL, EDWARD C. MOORE, DON D. ROBERTS, Associate Editors, LYNN A. ZIEGLER, Textual Editor, NORMA PATKINSON, Research Associate. Indiana University Press, Bloomington/Indiana 1982;

Volume 2: 1867–1871, EDWARD C. MOORE, Editor, MAX H. FISCH, Consulting Editor, CHRISTIAN J. W. KLOESEL, Senior Associate Editor, DON D. ROBERTS, Associate Editor, LYNN A. ZIEGLER, Textual Editor, 1984;
Volume 3: 1872–1878, CHRISTIAN J. W. KLOESEL, Editor, MAX H. FISCH, Senior Editor, NATHAN HOUSER, Assistant Editor, URSULA NIKLAS, Research Associate, LYNN A. ZIEGLER, Textual Editor, DON D. ROBERTS, Associate Editor, ALETA HOUSER, Copy Editor, EDWARD C. MOORE, Founding Editor, 1986.

CHARLES S. PEIRCE, *Phänomen und Logik der Zeichen*, herausgegeben und übersetzt von HELMUT PAPE, suhrkamp taschenbuch wissenschaft, Suhrkamp, Frankfurt am Main 1983.

C. S. PEIRCE, *Textes anticartésiens*, Présentation et traduction de JOSEPH CHENU, Aubier, Paris 1984.

Historical Perspectives on Peirce's Logic of Science. A History of Science, edited by CAROLYN EISELE, Mouton, Berlin–New York–Amsterdam 1985, Part I and II.

CHARLES S. PEIRCE, *Semiotische Schriften*, Band I, herausgegeben und übersetzt von CHRISTIAN KLOESEL und HELMUT PAPE, Suhrkamp, Frankfurt am Main 1986.

Namenregister

446

Sachregister

459

Verzeichnis der Abbildungen

Bildnachweis:
Carl Suck/Harvard (2); Harvard (22, 23, 30, 32, 33, 34, 50, 93, 119,167, 188, 340); E. Walther (20, 122, 145, 147, 188, 363); Runes (60, 270, 342, 367, 368, 374); Alice Boughton, Crossing Cards, Trumansburg, N.Y. 14886, No. 27 (116); Correspondence Lady Welby (307); NOAA (378); Christian Kloesel (379).

Charles S. Peirce

Die Festigung der Überzeugung
und andere Schriften

Die erste deutschsprachige Ausgabe grundlegender Schriften von Charles Sanders Peirce sowie die Darlegung seiner Zeichentheorie in Briefen an Lady Welby.

Herausgegeben und ausführlich eingeleitet von Elisabeth Walther, Stuttgart. Biographie und umfangreiche Bibliographie. Literaturverzeichnis aller zu Lebzeiten und nach dem Tode veröffentlichten philosophischen Schriften sowie aller größeren unveröffentlichten philosophischen Arbeiten des amerikanischen Naturwissenschaftlers, Mathematikers und Philosophen.

Aus einer Rundfunkbesprechung vom 13.8.1968:

„Warum diese plötzliche Hinwendung zu einem amerikanischen Philosophen, der bereits im Jahre 1914 starb? Die Antwort ist, daß Peirce gewiß seiner Zeit voraus war und mit seinen logischen und zeichentheoretischen Untersuchungen erst über die moderne Logik und Semantik ins Bewußtsein der philosophischen Öffentlichkeit der Gegenwart drang. Mit seiner Zeichentheorie hat er namentlich auf die Linguistik und die moderne Ästhetik gewirkt, und vorwiegend unter diesem Aspekt sind in dem Band des Agis-Verlags von der Herausgeberin Elisabeth Walther einige wichtige Aufsätze von Peirce zusammengestellt worden.

... Das ist überdies eine Wiedergutmachung der Sünden unserer philosophischen Väter, die namentlich in Deutschland so schmählich und völlig unsachgemäß und eben ohne Kenntnis der Werke des Begründers des Pragmatismus diese Philosophie als platt und naiv abgetan hatten.“

Dr. Willy Hochkeppel

ISBN 3-87007-005-6

195 Seiten
Paperback, DM 26,–

AGIS-VERLAG, 7570 BADEN-BADEN, POSTFACH 22 20